权威·前沿·原创

皮书系列为
"十二五""十三五"国家重点图书出版规划项目

北京律师蓝皮书
BLUE BOOK OF BEIJING LAWYERS

北京律师发展报告 No.5
（2020）

ANNUAL REPORT OF BEIJING LAWYERS No.5
(2020)

主　　编／王清友
执行主编／冉井富

社会科学文献出版社
SOCIAL SCIENCES ACADEMIC PRESS (CHINA)

图书在版编目（CIP）数据

北京律师发展报告 . No. 5，2020/王清友主编 . --北京：社会科学文献出版社，2021.4
（北京律师蓝皮书）
ISBN 978－7－5201－7995－9

Ⅰ.①北⋯ Ⅱ.①王⋯ Ⅲ.①律师业务－研究报告－北京－2013－2015 Ⅳ.①D927.15

中国版本图书馆 CIP 数据核字（2021）第 032147 号

北京律师蓝皮书
北京律师发展报告 No.5（2020）

主　　编 / 王清友
执行主编 / 冉井富

出 版 人 / 王利民
组稿编辑 / 刘晓军
责任编辑 / 易　卉
文稿编辑 / 郭锡超

出　　版 / 社会科学文献出版社·集刊分社（010）59367161
　　　　　 地址：北京市北三环中路甲 29 号院华龙大厦　邮编：100029
　　　　　 网址：www.ssap.com.cn
发　　行 / 市场营销中心（010）59367081　59367083
印　　装 / 三河市东方印刷有限公司
规　　格 / 开　本：787mm × 1092mm　1/16
　　　　　 印　张：33.5　字　数：503 千字
版　　次 / 2021 年 4 月第 1 版　2021 年 4 月第 1 次印刷
书　　号 / ISBN 978－7－5201－7995－9
定　　价 / 168.00 元

本书如有印装质量问题，请与读者服务中心（010－59367028）联系

▲ 版权所有 翻印必究

北京律师蓝皮书编委会

主 任 委 员 王清友

副主任委员 萧骊珠　徐志锋

委　　　员 王卫东　刘　军　李　凯　孙卫宏　王　隽
　　　　　　　杨汉卿　孟　冰　任鸿雁　王　冉　徐建军
　　　　　　　杜慧力　方登发　李　佳　张振祖

撰稿人/执笔人简介

冉井富 中国社会科学院法学研究所副研究员
陈 宜 中国政法大学教授,法律职业伦理研究所副所长,中国法学会律师法学研究会常务理事、副秘书长
周 琰 司法部法治调研局调研员
汤超颖 中国科学院大学教授、博士生导师

总　序

改革开放以来，我国律师制度日渐完善，律师队伍日渐壮大，律师业务日渐宽广。迄至今日，一个运行有序的律师制度已然成为社会主义司法制度的重要组成部分，成为有中国特色的制度文明和政治文明的重要内容；一支专业精干的律师队伍，已然活跃在社会生活的各个领域，成为推动国家经济社会发展和法治进步的重要力量；律师提供的各类型法律服务，已然成为社会公平正义的重要保障，成为国家治理体系和治理能力现代化的重要体现。

然而，对于这样一支队伍，对于这样一个行业，人们还缺乏全面客观的了解。人们心目中的律师形象，人们所想象的律师工作，与律师的实际活动相比，与律师在社会生活中发挥的实际作用相比，还有一定的出入。这种出入，对于不同的人来说，可能是陌生，可能是误会，可能是以偏概全，可能是资讯陈旧，也可能是评价标准不符合法治要义，等等。这种出入，从国家和社会的角度说，不利于培育正确的社会主义法治理念，不利于符合中国国情的律师制度的改革和完善，进而不利于国家法治建设事业的推进，不利于国家政治、经济、文化活动的顺利开展；从社会组织和个人的角度说，不利于积累关于法律服务的知识，不利于恰当地聘用律师维护权利和实现利益，不利于有效地借助法律服务成就各自的事业；从行业的角度说，不利于律师个人形成正确的职业定位，不利于律师机构制定合理的职业发展规划，不利于律师管理部门正确制定和实施有关的制度、政策和措施。有鉴于此，我们决定以行业发展蓝皮书的形式，推出这套系列的、连续出版的《北京律师发展报告》，以期增进社会各界对律师行业发展状况的了解，提高对律师社会功能及职业使命的认知，从而促进先进的法治理念的培育，促进律师法律服务作用的发挥。

《北京律师发展报告》以蓝皮书的体例,重点介绍北京律师的发展情况,是一本地区性、行业性发展报告。尽管重点介绍北京律师,但是本丛书有时也涉及全国律师行业的发展状况。这是因为,一方面,我国是单一制国家,基本的律师制度是全国统一的,律师制度建立和改革的进程也是全国一盘棋,在这种情况下,有时需要考察全国的情况,才能更好地说明北京的律师发展状况;另一方面,虽然基本制度是全国统一的,但是北京作为首都,政治、经济、文化的发展,法治理念的进步和市场资讯的聚集,在全国都处于领先地位,这使得北京律师的发展,包括规模方面和业务方面,都处于领先地位,在这种情况下,为了分析和说明北京律师发展的突出成就,需要对比考察全国律师发展的平均水平和其他地区的发展水平。此外,为了说明北京律师在某些方面的发展成就或阶段特征,本丛书还会适当提到或介绍国外律师发展的某些制度设置或指标数据,以资佐证。尽管如此,展示北京律师的发展状况仍是本丛书的中心任务,介绍和考察其他地区、其他国家的律师状况,目的仍在于更充分有效地说明北京律师发展的水平和特色。

律师行业发展反映在许多方面,经验素材无比丰富,《北京律师发展报告》采取点、线、面相结合的原则确定考察的范围和叙述的特色。具体言之,本丛书各卷在内容上包括三个部分——总报告、分报告和大事记,三个部分分别代表了北京律师行业发展的面、线、点,分别提供特殊的知识和信息,从多种角度、以多种方式增进人们对北京律师行业发展的了解。

总报告部分旨在全面地、概观地介绍和分析北京律师行业年度发展的基本情况,其特点包括以下几个方面。(1)概观性。本部分所展示的,是北京律师发展整体的、宏观的发展状况,为了实现这一目标,本部分对大量的经验材料进行整理和浓缩,力图以指标、图表、标志性事例,展示北京律师发展的宏观图景。(2)直观性。本部分尽量利用指标技术和图表技术,将北京律师发展的成就、问题、趋势,直观地展示出来,一目了然,方便读者阅读和了解。(3)定量为主,定性为辅。本部分尽可能通过量化的指标数据,展示北京律师的发展状况,与此同时,也有一定比例的制度分析或事件说明。定性分析的必要性在于,有时统计指标的内涵和意义需要借助定性分析揭示，有时考察对象本身更适合定性描述，比如重点事件分析。（4）客观性。本部分立足于经验材料，尽可能客观地展示北京律师的发展状况，尽可能让统计数据、现实事例自己"说话"。当然，客观是相对而言的，指标的设置、结构的安排、事件的取舍等，在一定程度上都体现了我们对律师制度的理解和认识，因而具有一定的理论性和主观性。（5）连续性。除了所涉年份不同外，本丛书各卷的总报告具有基本相同的结构和内容，保持基本稳定的风格和特色，因此，各卷总报告对北京律师行业发展基本情况的考察前后相续，形成一个系列，连续反映北京律师行业的发展历程。

本丛书各卷包括分报告3~6篇，具体内容为北京律师行业发展某个方面的深入研究，以专题分析、深度考察为特色。各卷分报告的题目按照一定的理论框架进行选择，并兼顾现实针对性。在理论框架上，分报告的题目分属律师队伍、律师机构、律师业务、律师收入、律师执业活动、律师公益活动、律师行业管理等七个领域。这七个领域涵盖了律师行业发展的基本内容，各卷分报告的题目在这些领域中确定，并尽可能均衡分布，借以保证本丛书各卷分报告在体系和结构上的统一性。与此同时，在各个领域中如何确定具体的题目，又考虑了现实针对性，以确保每个题目都是当下北京律师行业发展中的重大问题或焦点问题。总之，本丛书各卷的分报告既体现了框架上和体例上的统一性、连续性，又体现了丛书各卷在各年度的现实性和针对性。

大事记是对北京律师行业在一定时期内的重要活动所做的客观而简明的记录，这些记录是北京律师行业发展的若干个"点"，这些"点"串起来，以另一种方式体现了北京律师行业发展的特殊历程。在本丛书第一卷（2011卷）中，大事记的记录不限于年度发生的活动，还包括新中国成立以来截至2009年发生的重大事件。第二卷（2013卷）以后，大事记仅记录年度重要活动。我们按照体现北京律师行业发展的意义的大小筛选各项事件，并尽量保证全面和客观。然而，从结果上看，北京市律师协会的各项自律活动在大事记中占有较大的比重，这是因为，一方面，在"两结合"的管理体制中，北京市律师协会的行业自律工作越来越积极主动，越来越富有成效；另一方面，北京市律师协会各项工作的档案记录十分及时和完整，为大

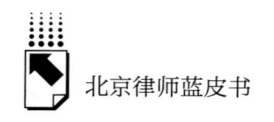

事记的选择和编纂提供了极大的便利。

本丛书是课题组分工负责、紧密协作的结果。课题组成员来自三个方面：一是从事学术研究的法学、社会学、管理学专家，他们利用专业的理论和先进的方法制定律师行业发展报告的研究方案和写作框架，承担子课题，撰写研究报告；二是资深律师，他们以对律师行业实际的深刻理解和生动感受参与蓝皮书各卷的议题选择、问题研讨、书稿修订等工作；三是律师行业管理人员，他们根据行业管理的经验和职责负责审定研究方案和写作框架、组织或协助课题调研、组织研讨会议、提供数据和资料、审核研究报告、联系出版等多方面的事务。得益于这种人员构成，本丛书融合了理论研究、执业经验和管理实践三方面的知识和视角。不同的知识和视角相互印证和补充，力求准确反映北京律师发展状况。对于这些反映不同知识和视角的作品，经过主编统稿审订后，全书统一了体例和风格，整合了结构和内容，协调了主要的立场和观点，规范了名词和概念的使用。在一些章节中，存在一些概括或评论，可能不够平和、不够成熟、不够公允，但是出于对作者观点的尊重，出于对探索性思考的鼓励，我们在统稿时部分予以了保留。然而，这些概括或评论仅供参考，不代表律师协会或主编人员的看法。

本丛书由社会科学文献出版社出版。社会科学文献出版社是中国皮书的发源地和集大成者，本丛书的出版计划和体例选择，源于社会科学文献出版社已出版的系列皮书的启发。在本丛书的创建工程中，社会科学文献出版社谢寿光社长在丛书的内容定位、写作方向等方面给予了诸多意见，刘骁军主任对丛书各卷的结构安排、写作特色等方面提出了有益的建议。这些意见和建议对本丛书的顺利编写，对本丛书的特色和品质的提升，均有重要意义。

本系列丛书的出版既是一个不断进行研究和写作的过程，也是一个不断改进和提升品质的过程。对于丛书各卷中存在的问题和不足，我们敬请读者诸君批评指正，以促进我们对丛书后续版本的改进和提高。

北京市律师协会

本卷前言

本书是北京律师蓝皮书系列的第五卷,旨在分析和说明北京律师行业2018~2019年度发展状况,部分篇章内容延至2020年。本书在框架上和叙事体例上充分体现了丛书的统一性和连续性,同时又在具体内容上,体现对2018~2019年度北京律师行业发展实际的针对性。

按照丛书既定的体例,本书在框架上划分为三个部分:一是两篇总报告,分别以"北京律师2018~2019年度发展状况"和"2020年北京律师行业发展指数评估报告"为题,全面而概要地分析和说明北京律师行业2018~2019年度发展总体情况;二是三篇分报告,分别以"北京律师'一带一路'涉外法律服务的调查与分析"、"北京律师执业权利保障调查与分析"和"北京市女律师职业状况调查与分析"为题,深入考察北京律师行业相应领域的发展情况;三是一篇大事记,客观地记录2018~2019年度北京律师行业中发生的重大事件。

从具体内容上看,总报告"北京律师2018~2019年度发展状况"从律师队伍、律师机构、业务收入、业务办理、履行行业社会责任、行业管理与保障等六个方面对北京律师行业在2018~2019年度的发展状况做出了分析考察。具体而言,在律师队伍方面,主要考察了北京律师总人数及各类型律师人数的变化,分析了北京律师队伍的构成特点;在律师机构方面,主要对北京各类律师机构的数量变化及构成特点、北京律师机构的规模状况等指标进行分析和说明;在律师业务收入方面,主要对北京律师业务收入总额、律师人均业务收入、律师行业纳税额等指标进行分析和说明;在业务办理方面,主要对北京律师业务总量及构成、特殊类型律师业务数量及变化进行分析和说明;在履行社会责任方面,主要对北京律师从事公益法律服务、建立和完善公共法律服务平台、提供各类公共法律服务情况予以考察和说明；在行业管理与行业保障方面，主要对北京律师行业在保障律师权益、改善律师执业环境、加强对律师培训、提升律师涉外业务办理能力、参加和举办学术研讨会、加强律师行业的表彰和宣传、惩戒违法违规行为、加强律师执业考核工作、开展党建工作等方面的工作和成效予以考察和说明。报告最后对北京律师发展前景做出了展望，指出北京律师行业未来发展中可能面临的机遇和挑战。

指数评估是对法治发展水平进行量化评测的一项重要方法，也是国外广泛开展的一项法治实践。在2016年度，北京律师行业首次使用该方法对北京律师行业发展水平进行了量化评估，其发现和结论对于律师职业发展规划和律师行业管理均有重要的参考意义。在2020年度，北京市律师协会重启该项目，运用和2016年度相同的方法（略有调整和优化）对北京律师行业发展水平进行指数评估，由此形成总报告"2020年北京律师行业发展指数评估报告"。评估的指标体系在律师行业发展总指数之下，共设置3个一级指标、9个二级指标、31个三级指标。而31个三级指标的评分，26个基于问卷调查，4个基于政府发布的统计数据，1个基于问卷调查和政府统计数据的结合。评估主要的发现和结论包括北京律师行业总体发展状况、各项指标对应领域的发展水平、北京律师行业发展的优势领域和薄弱环节、2020年度发展状况对比2016年的变化与发展等四个方面。

"一带一路"及相关政策的出台为北京涉外法律服务发展提供了新的机遇和挑战。为了解北京律师服务"一带一路"及开展涉外法律服务情况，北京市律师协会设立了专门的课题项目，进行了相关的调研。调研包括对律师及律师事务所发放近万份调查和进行十几次的走访，以及对近千家律所进行了等距系统抽样分析。对于调研材料的整理和研究，形成分报告"北京律师'一带一路'涉外法律服务的调查与分析"。报告的基本结论体现在北京涉外律师人才数量优势、北京律师事务所在核心涉外业务领域的业绩表现、北京律师事务所和律师提供涉外法律服务面临的一些挑战和问题等方面。报告最后提出建议措施以增强北京律师的竞争力，助力提升北京涉外法律服务综合实力。

律师的执业权利是律师享有的法律权利的总和，是律师群体依法履职、维护当事人合法权益的重要基础。为了保障律师执业活动的正常进行，各国法律都对律师的权利作了明确规定。律师执业权利的保障程度关系到当事人合法权益能否得到有效维护，也关系到律师的社会作用能否得到有效发挥。分报告"北京律师执业权利保障调查与分析"概要介绍了我国律师执业权利保障制度及北京市律师执业权利保障的制度建构、实践举措、经典案例，并列举了北京市律师协会律师权益保障委员会委托社会第三方开展多次深度访谈、对比分析问卷调查结果所反馈的北京市律师执业权利保障的问题与困境，以及就完善北京市律师执业权利保障提出的对策与建议。

在北京律师队伍中，女律师群体占有十分重要的地位。截至2020年5月底，北京有女律师14976人，占律师总人数的45%。对于这一群体的职业发展状况，分报告"北京市女律师职业状况调查与分析"进行了深入的考察和说明。报告的调查包括行业管理数据收集和问卷调查两个方面。问卷调查的对象包括两类群体：一是北京市女律师，共收集有效问卷823份；二是社会公众，共收集有效问卷1059份。通过调查材料的整理和分析，报告对北京律师群体在年龄、执业年限、学历、婚姻状况、所工作的律师事务所类型、工作类型和所内职务等方面的构成和分布情况进行了描述和说明，进而从女律师群体肖像特征、职业心理状况、职业发展对策与职业表现、社会公众的总体印象等四个方面分析和总结了北京市女律师的职业发展状况。最后，报告针对女律师职业发展现状，在女律师自我素质提升、律所管理、行业引导方面提出相关建议。

对于北京律师行业2018~2019年度发生的重大事件，本书将其集中整理为"2018~2019年北京律师大事记"。所谓"重大"，是就对律师行业发展的影响而言。重大事件以发生时间为序，按照发生的年份和月份进行分类整理，以便于检索。针对2018年度，大事记共整理重大事件记录160则，针对2019年度，共整理重大事件记录121则，合计281则。

本书是课题组分工负责、紧密协作的结果。课题组成员包括王清友、

萧骊珠、徐志锋、刘军、李凯、王卫东、冉井富、陈宜、周琰、汤超颖、孙卫宏、王隽、杨汉卿、孟冰、任鸿雁、王冉、徐建军、杜慧力、方登发、李佳、张振祖等人。全书分工撰稿完成后，冉井富、刘军、李凯等从不同的角度对全书进行了统稿审订。对于本书的编写，北京市律师协会秘书处承担了大量的组织和保障工作，在会议召开、资料提供、安排调研、联系出版等方面发挥了重要作用。

本书各章节的撰稿人和审稿人中，既有专门从事法学、社会科学研究的理论工作者，也有长期从事律师工作的实务专家，还有律师行业自律管理岗位的工作人员。得益于这种人员构成，本书充分融合了理论研究、执业经验和管理实践三方面的知识和视角。不同的知识和视角相互印证和补充，力求准确反映北京律师发展状况。对于这些反映不同知识和视角的作品，经过主编统稿审订后，全书统一了体例和风格，整合了结构和内容，协调了主要的立场和观点，规范了名词和概念的使用。

在出版过程中，社会科学文献出版社刘骁军主任、姚敏编辑纠正了书中一些文字错误，优化了一些叙述和表达，总体提高了本书的质量，在此谨致谢忱！

由于水平有限，在资料和数据获取方面存在困难，加上时间仓促，本书的不足乃至错误在所难免，敬请读者批评指正，并在分报告的题目选择、叙述风格和体例等方面，留下宝贵的评论和意见。

北京市律师协会
二〇二〇年九月

目 录

Ⅰ 总报告

B.1 北京律师2018~2019年度发展状况 …………………… 冉井富 / 001

B.2 2020年北京律师行业发展指数评估报告 ……………… 冉井富 / 078

Ⅱ 分报告

B.3 北京律师"一带一路"涉外法律服务的调查与分析 …… 周 琰 / 171

B.4 北京律师执业权利保障调查与分析 …………………… 陈 宜 / 248

B.5 北京市女律师职业状况调查与分析 …………………… 汤超颖 / 312

Ⅲ 大事记

B.6 2018~2019年北京律师大事记 ……………………………………… / 465

总 报 告

General Report

B.1 北京律师2018~2019年度发展状况

冉井富

摘　要： 在2018~2019年度，北京律师行业发展呈现如下特点：（1）律师人数持续增加；（2）律师人数居全国前列；（3）两公律师的人数和业务均快速增长；（4）大型律所规模继续扩大；（5）多种类型业务的数量显著增加；（6）律师业务收入总额持续增长；（7）履行社会责任方式灵活多样；（8）律师协会多种方式提升律师业务能力；（9）律师协会多渠道维护律师合法权益，改善律师执业环境。

关键词： 北京律师　律师事务所　律师业务　律师社会责任　律师行业管理

前 言

在2018～2019年度，北京律师行业持续发展，呈现出一些新的变化，其中既有取得积极效果的新措施、新思路、新经验，也有需要给予特别关注和及时解决的新老问题。对于北京律师两年来的这些发展变化，本报告将进行全面的描述和分析，并做出概要的归纳和总结。

根据律师行业发展的指标意义，本报告选取律师行业年度发展的六个方面作为考察的范围。对于每个方面的考察，尽可能分别设置一定的指标，作为描述和评价的依据。这六个方面及其指标设置如下。

（1）律师队伍。具体从四个角度考察：一是执业律师的数量变化，二是律师的类别构成，三是律师辅助人员的数量变化。

（2）律师机构。具体从三个角度进行考察：一是律所的数量变化，二是律所的组织形式，三是律所的规模变化，四是律师事务所的派驻机构、分所和办事处。

（3）业务收入。具体从四个角度进行考察：一是律师业务收入总额的变化，二是律师人均业务收入的变化，三是律师业务收入占地区生产总值的比例变化，四是人均产值的跨行业对比。

（4）业务类型。这方面主要考察法律顾问、民事诉讼业务、行政诉讼业务、刑事诉讼业务、非诉讼法律事务、公职律师业务、公司律师业务、涉外法律事务等业务类型的数量变化和收入变化。

（5）社会责任。这方面具体考察律师的三类活动，即参加公益法律服务活动、承担公共法律服务项目和参政议政。

（6）管理保障。这方面主要考察司法行政机关和律师的自律性组织——律师协会在维护行业秩序、促进行业发展方面所做的工作。

本报告对每个方面的描述和分析，尽可能通过量化的指标方法，以求精确和直观。但是也有一些方面的发展通过对特定事件的列举来说明，这是因为这些事件的发生，本身就具有指标意义，它们的发生标志着律师行业在某方面的重大发展，或者某种值得关注的转向。

为了进一步揭示各类指标的意义，本报告将根据情况，进行地区性的对比和历时性的对比。对比是初步的，只能得出一些大致的结论。如果要对这些对比的意义做更精确的理解和说明，还需要在本报告的基础上，结合更详尽的材料，做更进一步的分析。对于本报告的部分主题，本书的分报告有着更为深入、系统的描述和分析。

本报告将使用大量的统计资料和案例材料。这些材料部分来源于司法行政机关的统计报表（通过律师协会调研获得），部分来源于律师协会的档案材料和数据库，部分来源于有关部门的官网，还有部分来源于公开的出版物。前两类数据有关部门尚未公开发布，所以，将来正式公布的统计数据可能会做一定的调整。我们力求使用最新的统计资料，但是由于统计工作存在一定的周期，在报告撰写截止时，一些很有意义的统计数据仍未完整收集，于是某些考察未能截止到 2019 年底，或者考察不够精确和全面。这一问题在一定程度上影响了本报告的考察的完整性和时效性。

对于前面所述的六个方面，本报告将分六个专题分别进行考察。在这些考察的基础上，报告的第七部分对北京律师行业年度发展进行总结，对北京律师行业的发展前景做出展望。展望具有较大程度的主观性和不确定性，仅供读者参考。

一　律师队伍

（一）律师人数持续增长

截至 2019 年底，北京律师人数达到 34755 人，实现了自 2012 年以来持续 8 年的增长。在最近的两年中，北京律师人数在 2018 年的年增长率达到 9.7%，2019 年达到 8.2%。

北京律师人数变化最主要的影响因素是北京律师的人才引进政策。近几年来，北京市相关机构和部门陆续出台了一些措施解决律师行业人才引进口径偏紧的问题。2017年12月,北京市司法局发布《北京市律师执业管理办法实施细则》,进一步调整了非京户籍律师进京执业的存档政策。2018年3月,北京市人力资源和社会保障局做出了有利于律师行业人才引进的两项政策调整:一是北京律师事务所可以为其聘用的优秀律师申请办理北京市工作居住证;二是将律师事务所纳入北京人才引进的范围,符合条件的优秀律师均可享受多项人才引进待遇。由于这些措施的影响,北京律师人数自2017年来保持着较高的增速(见图1和图2)。

图1 2010~2019年北京律师人数变化

资料来源:(1) 2010~2018年的数据来源于《北京统计年鉴》历年版本;(2) 2019年的律师人数来源于北京市司法局官网2020年2月1日发布的《2019年1~12月行政统计数据及分析》。以下涉及北京律师人数均来源于此,不再一一说明。

图2 2010~2019年北京律师人数年增长率

（二）北京律师人数增长速度低于全国平均水平

自2012年以来，北京律师人数虽然持续平稳增长，但是增长速度低于全国平均水平，也低于广东、上海等一些律师大省（市）。

如表1和图3所示，在2018年度，全国律师人数平均增速达到18.6%，显著高于北京同期的9.7%；在2019年度达到11.6%，高于北京同期的8.2%。由于增速相对较低，近年来北京律师人数占全国的比例持续下降，截至2019年底，该比例降至7.3%。

表1　2009~2019年北京律师人数年增长率和全国平均水平对比

单位：人，%

年份	全国律师		北京律师		
	律师人数	年增长率	律师人数	年增长率	占全国比例
2009	173327	10.6	21215	13.8	12.2
2010	195170	12.6	22937	8.1	11.8
2011	214968	10.1	22100	-3.6	10.3
2012	232384	8.1	22796	3.1	9.8
2013	248623	7.0	23761	4.2	9.6
2014	271452	9.2	24467	3.0	9.0
2015	297175	9.5	25542	4.4	8.6
2016	325540	9.5	26953	5.5	8.3
2017	357193	9.7	29297	8.7	8.2
2018	423758	18.6	32134	9.7	7.6
2019	473073	11.6	34755	8.2	7.3

资料来源：（1）全国2018年及以前的律师人数来源于《中国统计年鉴》历年版本；（2）全国2019年律师人数来源于司法部律师局统计数据，统计时间截至2019年12月31日。

（三）北京律师人数在全国处于前列

2018年底，在全国各省、自治区、直辖市中，共有8个地区律师人数超过2万，其中，北京地区的律师人数排在第二位。如图4所示，这8个地

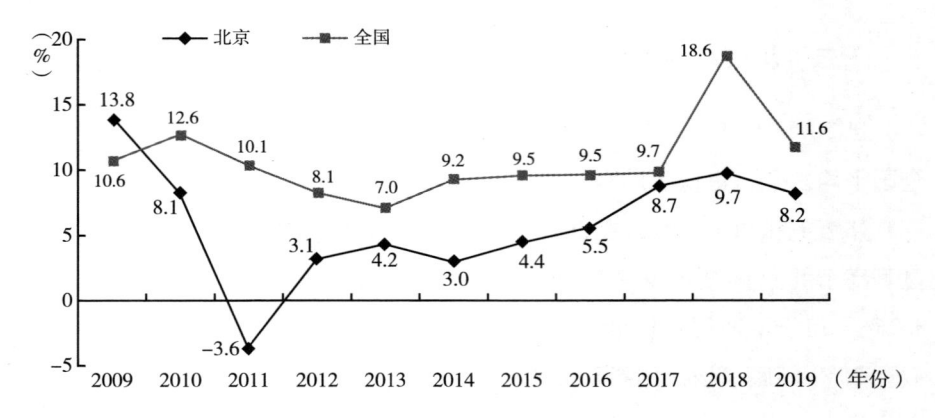

图3　2009~2019年北京律师年增长率和全国对比

区按照律师人数多少排列，依次是广东43434人，北京32134人，山东26986人，浙江26912人，江苏26570人，上海25412人，河南21760人，四川21206人。

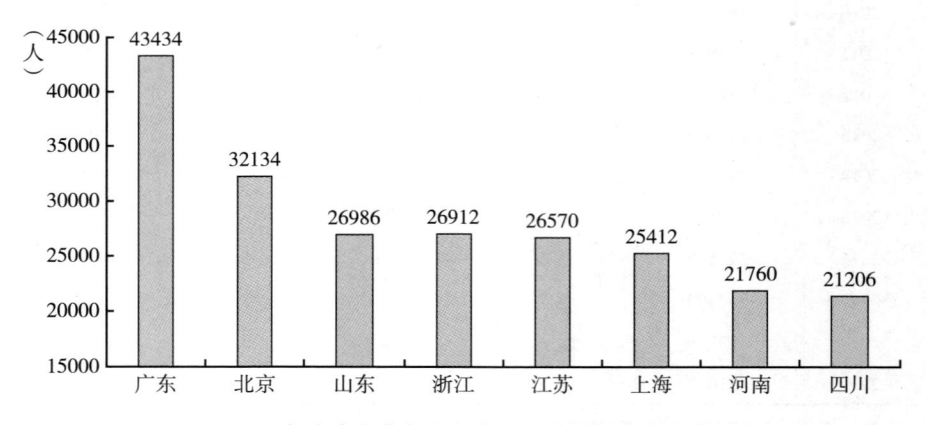

图4　2018年底全国律师人数超2万的地区律师人数对比

资料来源：各地律师人数来源于各地区的统计年鉴的官网版本。

在每10万人口律师人数中，北京高达149.2人，排在第一位。而上述其余7个地区从高到低排列依次是上海104.8人，浙江53.8人，广东38.3人，江苏33.0人，山东26.9人，四川25.4人，河南20.0人。全国平均数是30.4人（见图5）。

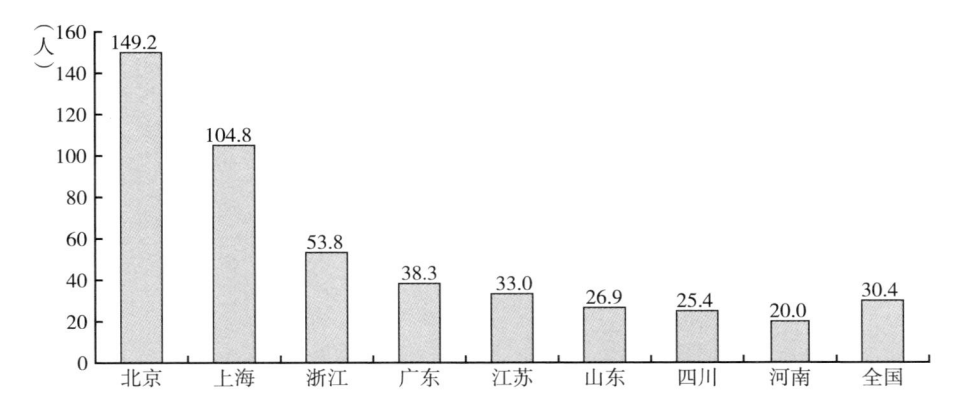

图 5　2018 年底律师人数超 2 万地区每 10 万人口律师数

资料来源：指标计算中的全国人口数来源于《中国统计年鉴 2019》，各地区的人口数据来源于各地区的统计年鉴的官网版本。

本报告从各地司法厅（局）官网、各地律协新闻发布会等渠道收集到 2019 年度全国律师人数超 2 万的省市的执业律师人数。从目前收集到的统计数据看，北京律师人数仍然位居全国前列。如图 6 所示，在排名前四位的地区中，广东有 48971 名执业律师，排名第一，也是唯一上 4 万人的地区；北京 34755 人排第二；江苏 30461 人排第三；山东 29960 人排第四。

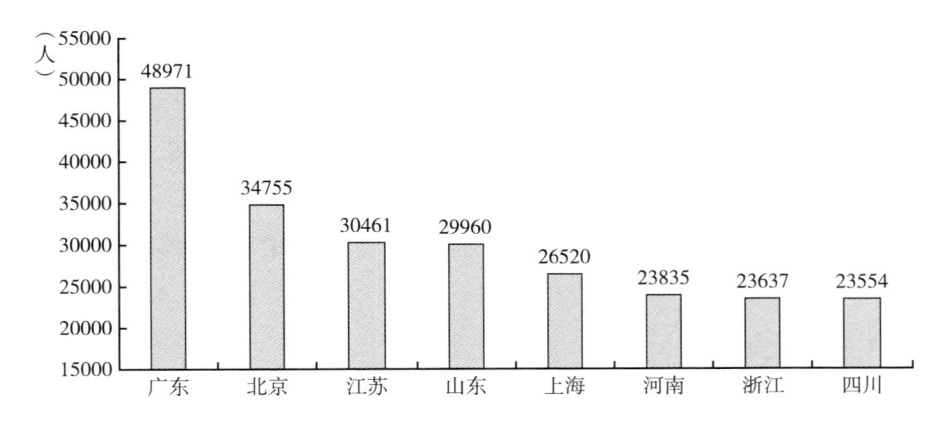

图 6　2019 年底全国律师人数超 2 万地区律师人数对比

资料来源：河南省律师人数来自司法部律师局，其他省市数据来源于各地司法厅（局）官网或律师协会新闻发布会。

而在每10万人口律师人数指标中,如图7所示,北京也以161.4人高居第一,远远超过排在第二位的上海。

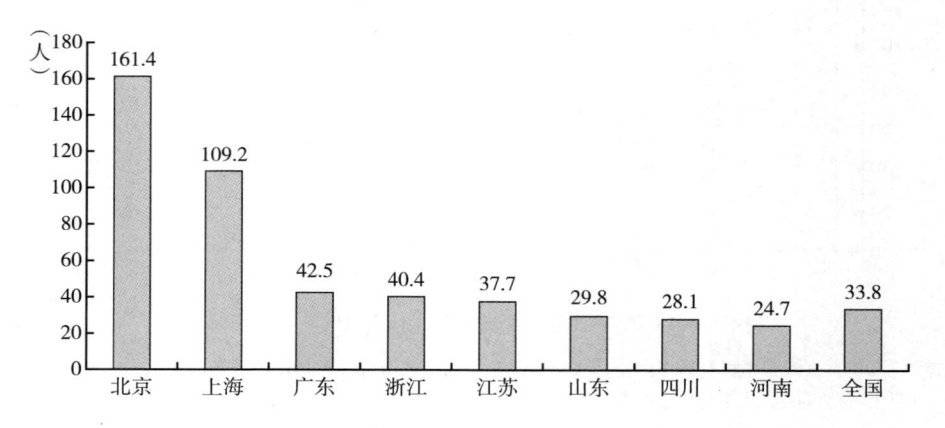

图7 2019年底律师人数超2万地区每10万人口律师数

地区	每10万人口律师数(人)
北京	161.4
上海	109.2
广东	42.5
浙江	40.4
江苏	37.7
山东	29.8
四川	28.1
河南	24.7
全国	33.8

资料来源:指标计算中的人口数来源于各地统计局官网发布的《2019年国民经济和社会发展统计公报》中的"年末常住人口数"指标。

(四)专职律师占绝大多数

在我国当前,执业律师划分为专职律师、兼职律师、公职律师、公司律师、军队律师和法律援助律师等几种类型,其中专职律师和兼职律师又合称为社会律师。在这些类型中,专职律师占绝大多数,也是律师从事法律服务的主要形式;其他类型的律师则是律师队伍的重要补充,他们在特定范围内或者以特定的形式提供法律服务。

2019年底,北京共有各类律师合计34755人,其中专职律师31872人,占91.7%;兼职律师943人,占2.7%;公职律师1334人,占3.8%;公司律师606人,占1.7%。

虽然在2019年底北京律师的构成中,专职律师仍然是主体,但是两公律师的比例有所增加。如表2所示,两公律师的比例在2017年度为2.6%,2019年底则增至5.6%,增幅显著。正是由于两公律师人数的快速增长,从2017年到2019年专职律师所占比例略有下降。

表 2　北京律师类别构成

单位：人，%

年份	指标名称	律师人数合计	律师类别			
			专职律师	兼职律师	公职律师	公司律师
2017	律师人数	29297	27608	938	339	412
	所占比例	100	94.2	3.2	1.2	1.4
2018	律师人数	32205	29562	932	1191	520
	所占比例	100	91.8	2.9	3.7	1.6
2019	律师人数	34755	31872	943	1334	606
	所占比例	100	91.7	2.7	3.8	1.7

资料来源：北京市司法局官网 2018 年 1 月 18 日发布的《2017 年 1~12 月行政统计数据及分析》、2019 年 2 月 18 日发布的《2018 年 1~12 月行政统计数据及分析》和 2020 年 2 月 1 日发布的《2019 年 1~12 月行政统计数据及分析》。因为实际统计截止时间差异，北京市司法局官网发布的 2018 年底律师人数和《北京统计年鉴 2019》发布的数据略有不同。

（五）执业律师大多数处于黄金执业年龄段

在行业内存在一种被广泛认可的说法，即律师的黄金执业年龄是 30~50 岁。这个年龄段的律师既有执业经验，又有干劲和冲劲，通常会在律师业务办理和律师事务所管理中承担中流砥柱的作用。借用这种说法，北京律师在 2019 年底的年龄段分布特点是：大多数律师处于黄金执业年龄段。如图 8 所示，在 2019 年底，北京有 12419 名律师处于 30~39 岁，占 37.3%；有 11377 名律师处于 40~49 岁，占 34.2%。两个年龄段律师合计 23796 人，占 71.5%，在律师总数中占大多数。

从 2018 年到 2019 年律师年龄段分布的变动看，北京新入行的律师中，低龄律师较少，加上律师年龄自然增长，导致律师群体总体上有着平均年龄逐步增加的趋势。如表 3 所示，在 29 岁及以下和 30~49 岁年龄段，2019 年的律师人数占比都低于 2018 年；而在 50~64 岁、65 岁及以上年龄段，2019 年的律师人数占比都高于 2018 年。而且从变动的幅度看，这正是新进低龄律师少、原有律师年龄自然增长的结果。

从 2019 年底北京律师年龄段分布和全国的对比来看，北京律师的平均年龄明显大于全国平均水平。如表 3 所示，在 29 岁及以下这个年龄段的律师人

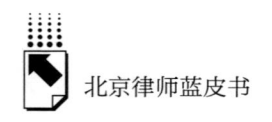

数,北京只有5.7%,显著低于全国的17.0%。而在30岁及以上的几个年龄段的律师所占比例,都是北京高一些。其中,30~49岁段律师所占比例,北京是71.4%,全国是64.0%;50~64岁段律师所占比例,北京是19.1%,全国是16.1%;65岁及以上律师所占比例,北京是3.7%,全国是2.9%。

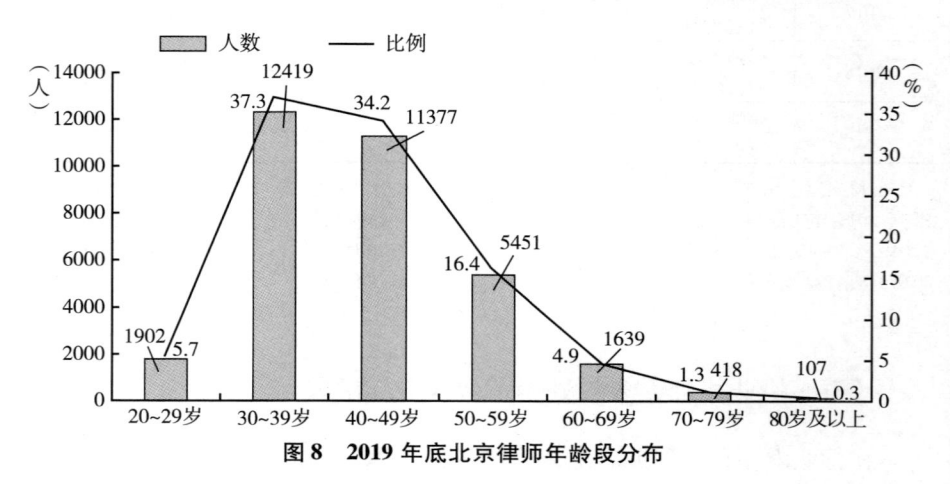

图8 2019年底北京律师年龄段分布

资料来源:北京市律师协会。

表3 北京律师年龄段分布和全国对比

指标名称			29岁及以下	30~49岁	50~64岁	65岁及以上	合计
北京	2018年	人数(人)	2322	24048	4963	801	32134
		比例(%)	7.2	74.8	15.4	2.5	100
	2019年	人数(人)	1902	23796	6377	1238	33313
		比例(%)	5.7	71.4	19.1	3.7	100
全国	2019年	人数(万人)	8.1	30.3	7.6	1.3	47.3
		比例(%)	17.0	64.0	16.1	2.9	100

资料来源:(1)全国2019年底律师数据来源于司法部官网《2019年度律师、基层法律服务工作统计分析》,其中的各年龄段律师比例是司法部发布的文章所提供,并非本报告计算得出;(2)北京的律师数据来源于北京市律师协会。

(六)律师学历层次逐年提高

在北京律师的学历构成中,普通本科学历、专科及以下学历所占比例越来越小,双学士本科及研究生学历所占比例越来越大。如表4所示,自

2010年到2019年，普通本科学历律师从68.4%降到57.4%，专科及以下学历律师从5.3%降至1.4%；相反，硕士研究生、双学士本科律师从24.0%升至36.4%，博士研究生律师从2.3%升至4.7%。

从专业构成角度看，在北京2019年底本科及以上律师中，法律专业占90.7%，非法律专业占9.3%，前者占绝大多数。而在不同学历群体中，学历越高，非法律专业所占比例越大。如表5所示，在博士研究生中，非法律专业占18.2%；在硕士研究生、双学士本科群体中，非法律专业占11.5%；在普通本科群体中，非法律专业只占7.2%。这种差异表明，学历越高，学历优势越能够弥补专业背景的不足。

表4 北京律师学历构成变化

单位：人，%

		合计	博士研究生	硕士研究生、双学士本科	普通本科	专科及以下
2010年	人数	22937	535	5505	15684	1213
	比例	100.0	2.3	24.0	68.4	5.3
2013年	人数	23776	1069	7160	14960	587
	比例	100	4.5	30.1	62.9	2.5
2016年	人数	26953	901	8298	16613	1141
	比例	100	3.3	30.8	61.6	4.2
2019年	人数	34907	1658	12716	20031	502
	比例	100	4.7	36.4	57.4	1.4

资料来源：北京市司法局。

表5 2019年底北京律师专业构成

单位：人，%

项目	本科及以上			博士研究生			硕士研究生、双学士本科			普通本科		
	合计	法律专业	非法律专业合计	合计	法律专业	非法律专业	合计	法律专业	非法律专业	合计	法律专业	非法律专业
人数	34405	31209	3196	1658	1356	302	12716	11260	1456	20031	18593	1438
比例	100	90.7	9.3	100	81.8	18.2	100	88.5	11.5	100	92.8	7.2

资料来源：各类数据来源于北京市司法局；所占比例系本报告计算得出。

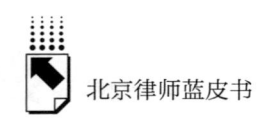

（七）具备涉外业务技能的律师人数逐年增加

在律师行业当前的统计数据中，一些指标可以大致反映出律师的涉外业务技能。如表6所示，2019年北京律师中"在境外接受过教育并获得学位人数"的有1676人，占4.8%，较2018年略有增长。此外，北京每年有大约300名律师赴境外培训。虽然每年参加培训的人数没有明显增长，但是累计人数逐年显著增加。

2018~2019年度，北京律师行业继续多方面采取措施提升律师的涉外法律服务技能，这些措施主要包括：（1）律师赴境外培训；（2）继续实施培养涉外律师人才的"扬帆计划"；（3）建立"涉外法律服务大讲堂"；（4）发布涉外业务相关的指引。①

表6　具备涉外业务技能的北京律师

单位：人，%

年份	律师人数合计	具有相当外语水平人数	比例	在境外接受过教育并获得学位人数	比例	赴境外培训	
						当年人数	累计人数
2010	22937	10421	45.4	—		221	802
2011	22100	12849	58.1	—		278	1080
2012	22796	12818	56.2	—		240	1320
2013	23776	13363	56.2	—		282	1602
2014	24169	13455	55.7	—		272	1874
2015	25610	14218	55.5	—		258	2132
2016	26953	15042	55.8	—		308	2440
2017	29297	—		1481	5.1	349	2789
2018	32134	—		1481	4.6	425	3214
2019	34907	—		1676	4.8	216	3430

资料来源：各类数据来源于北京市司法局；所占比例和累积人数系本报告计算得出。

---

① 这些措施的具体说明，请参看本报告第六部分"行业管理与行业保障"。

（八）中共党员比例逐年增加

从政治面貌角度看，北京律师中民主党派律师比例较低，但近年来比较稳定，大约占2.0%；中共党员律师比例较大，并且近年来有逐年增加的趋势。截至2019年，北京中共党员律师共有12977人，占37.2%（见表7）。

表7 北京律师的政治面貌

单位：人，%

年份	律师人数合计	中共党员		民主党派	
		人数	比例	人数	比例
2010	22937	5626	24.5	358	1.6
2011	22100	6067	27.5	444	2.0
2012	22796	6700	29.4	385	1.7
2013	23776	6549	27.5	525	2.2
2014	24169	6571	27.2	540	2.2
2015	25610	7125	27.8	561	2.2
2016	26953	8496	31.5	544	2.0
2017	29297	9757	33.3	607	2.1
2018	32134	11605	36.1	652	2.0
2019	34907	12977	37.2	715	2.0

资料来源：各类数据来源于北京市司法局；所占比例系本报告计算得出。

（九）北京律师达到一定的专业化水平

专门或主要从事某个领域的业务是律师专业化的体现，达到一定的专业化水平的律师简称"专业律师"。2019年底，北京专业律师有21963人，占62.9%。在21963名专业律师中，公司法律师所占比例最大，达到24.6%；金融证券保险律师次之，占13.4%。接下来依次是：婚姻家庭律师，占11.6%；刑事律师，占11.3%；知识产权律师，占10.3%；劳动法律师，占9.2%；建筑房地产律师，占8.9%；涉外法律服务律师，占5.8%；行政法律师，占4.9%（见表8）。

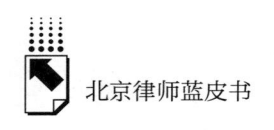

表8 2019年北京律师的专业化表现

单位：人，%

项目	律师人数合计	专业律师									
		合计	其中								
			刑事	婚姻家庭	公司法	金融证券保险	建筑房地产	知识产权	劳动法	涉外法律服务	行政法
人数	34907	21963	2477	2557	5402	2935	1965	2262	2012	1269	1084
比例	100	62.9	7.1	7.3	15.5	8.4	5.6	6.5	5.8	3.6	3.1
占专业律师比例		100	11.3	11.6	24.6	13.4	8.9	10.3	9.2	5.8	4.9

注："涉外法律服务"是指国际投资、国际贸易、涉外知识产权业务、WTO争端解决等业务类型。
资料来源：各类数据来源于北京市司法局；所占比例系本报告计算得出。

（十）两公律师人数快速增长

北京律师在构成上的一个重大变化是近三年来两公律师，尤其是其中的公职律师人数快速增长。

首先是公职律师人数快速增长。如图9所示，在2016年以前，北京公职律师人数每年都有一定的变化，但是没有稳定的变化趋势，而且总人数一直在200人以内。然而2017年，公职律师人数大幅增长，从2016年的

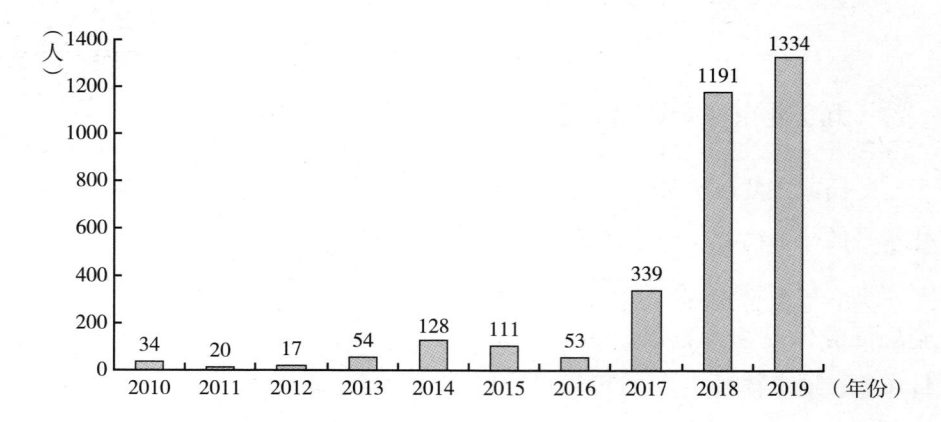

图9 2010～2019年北京公职律师人数变化

资料来源：北京市司法局。

53人增至339人,增长了539.6%,所占律师总数比例则从0.2%增至1.2%;2018年增至1191人,同比增长251.3%,所占比例增至3.7%;2019年增至1334人,同比增长12.0%,所占比例增至3.8%。

其次是公司律师人数的增幅也大于前些年。如图10所示,在2017年以前,北京公司律师人数在400人以下起伏波动。然而在2018年,公司律师人数大幅增长,从2017年的412人增至520人,增长了26.2%,所占律师总数比例则从1.4%增至1.6%;2019年增至606人,同比增长16.5%,所占比例增至1.7%。

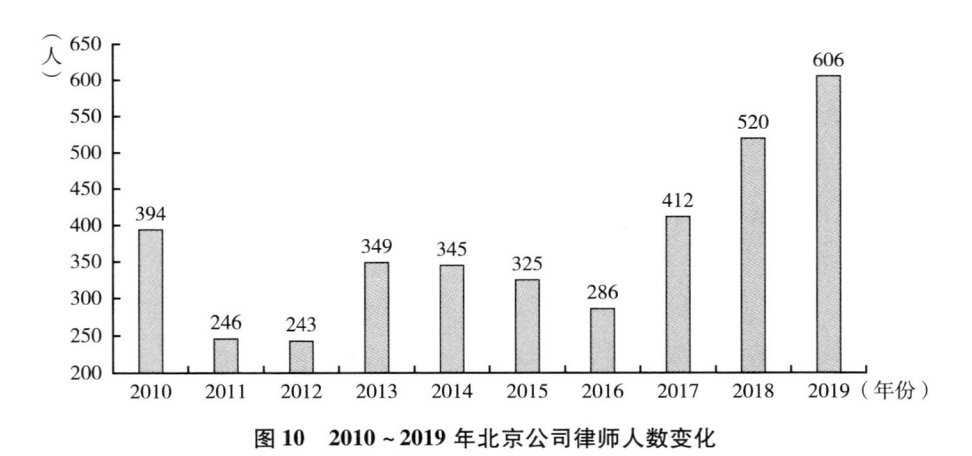

图10 2010~2019年北京公司律师人数变化

资料来源:北京市司法局。

北京2017年来两公律师数量的大幅增长与近年来国家大力推行政府法律顾问制度和两公律师制度有关。2014年10月发布的《中共中央关于全面推进依法治国若干重大问题的决定》提出:"积极推行政府法律顾问制度,建立政府法制机构人员为主体、吸收专家和律师参加的法律顾问队伍,保证法律顾问在制定重大行政决策、推进依法行政中发挥积极作用。""构建社会律师、公职律师、公司律师等优势互补、结构合理的律师队伍。""各级党政机关和人民团体普遍设立公职律师,企业可设立公司律师,参与决策论证,提供法律意见,促进依法办事,防范法律风险。明确公职律师、公司律师法律地位及权利义务,理顺公职律师、公司律师管理体制机制。"这些要求从顶层设计的层面明确了两公律师在中国特色社会主义法治体系中的属性、地位和发展方向。2016年6月，中共中央办公厅、国务院办公厅印发了《关于深化律师制度改革的意见》，对两公律师的发展做出了具体的部署，提出要"积极发展公职律师、公司律师队伍，构建社会律师、公职律师、公司律师等优势互补、结构合理的律师队伍"，"吸纳律师担任各级党政机关、人民团体、企事业单位法律顾问"，"建立健全政府购买法律服务机制，将律师担任党政机关和人民团体法律顾问、参与信访接待和处理、参与调解等事项统筹列入政府购买服务目录"。同月，中共中央办公厅、国务院办公厅还印发了《关于推行法律顾问制度和公职律师公司律师制度的意见》，就两公律师的发展做出专门规定，并提出目标任务："2017年底前，中央和国家机关各部委，县级以上地方各级党政机关普遍设立法律顾问、公职律师，乡镇党委和政府根据需要设立法律顾问、公职律师，国有企业深入推进法律顾问、公司律师制度，事业单位探索建立法律顾问制度，到2020年全面形成与经济社会发展和法律服务需求相适应的中国特色法律顾问、公职律师、公司律师制度体系。"正是中央和国家层面的这些关于两公律师发展的纲领性要求和具体措施，促进了北京市2017年以来两公律师人数大幅增长。

二 律师机构

（一）律所数量继续增长

截至2019年底，不含境外律师事务所的办事处，北京共有2732家律师事务所，其中包括2619家本地律师事务所和113家外地律师事务所分所。

自2010年以来，北京律所数量呈持续增长的趋势，在最近两年中，2018年的年增长率为2.3%，2019年的年增长率为6.3%。

（二）个人所数量持续快速增长

按照律师法的规定，从组织形式上看，律所可以划分为合伙律师事务所（简称"合伙所"）、个人律师事务所（简称"个人所"）和国家出资设立的律师事务所（简称"国资所"）。其中，合伙所又可以分为普通合伙所和特殊的普通合伙所。

从实际构成上看，如表9所示，北京的国资所自2015年来在统计中就不再出现，只有合伙所和个人所两种类型。在这两种类型中，合伙所的数量一直占多数，在2019年占63.3%，是主要的律所类型；个人所虽然是少数，但是近年来增长较快，截至2019年底，比例上升至36.7%。

表9 2010~2019年北京律师事务所的数量与构成

单位：家，%

年份	律所总数	基本构成			本地所组织形式构成			
		本地所	外地所分所	国资所	合伙所		个人所	
					数量	占比	数量	占比
2010	1486	1409	77	1	1228	87.2	180	12.8
2011	1609	1526	83	1	1285	84.2	240	15.7
2012	1672	1586	86	1	1303	82.2	282	17.8
2013	1782	1693	89	1	1344	79.4	348	20.6
2014	1926	1837	89	1	1404	76.4	432	23.5
2015	2100	2009	91	0	1474	73.4	535	26.6
2016	2252	2157	95	0	1513	70.1	644	29.9
2017	2513	2411	102	0	1665	69.1	746	30.9
2018	2570	2466	104	0	1616	65.5	850	34.5
2019	2732	2619	113	0	1658	63.3	961	36.7

资料来源：（1）2010~2018年的数据来源于《北京统计年鉴》相应年度的版本；（2）2019年的数据来源于北京市司法局官网2020年2月1日发布的《2019年1~12月行政统计数据及分析》。

从2010年以来的统计数据看，个人所数量的增长速度明显快于合伙所。如图13所示，2010~2017年，个人所的年增长率一直在15%以上，近两年来有所下降，但年增长率仍然维持在两位数。其中，个人所数量在2018年

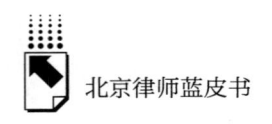

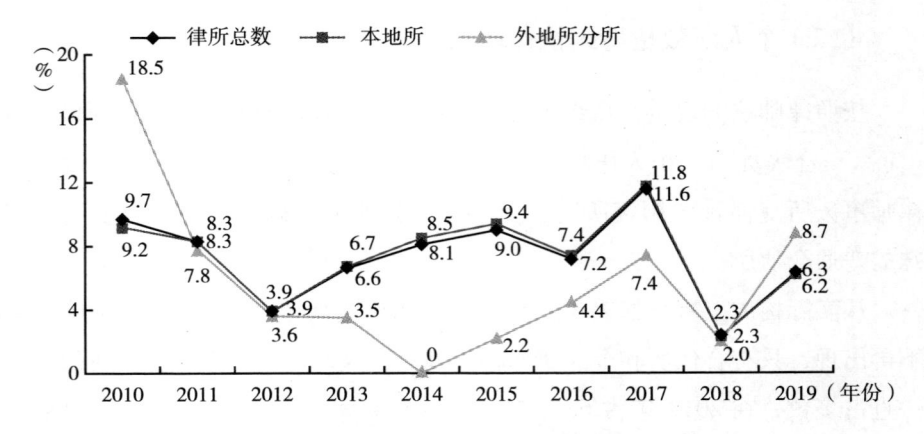

图11 2010~2019年北京各类律师机构数量年增长率对比

的增长率为13.9%，在2019年的增长率为13.1%。而合伙所的年增长率则基本维持在个位数，甚至在2018年还出现负增长。由于增速不同，个人所的比例由2010年的12.8%快速增长到2019年的36.7%。

个人所数量的快速增加，表明这种组织形式受到越来越多的青睐。但是当前，合伙所仍然是北京律所主要的组织形式，超过90%的律师在合伙所执业，在个人所执业的律师不到10%。

图12 北京市2010~2019年个人所和合伙所数量变化对比

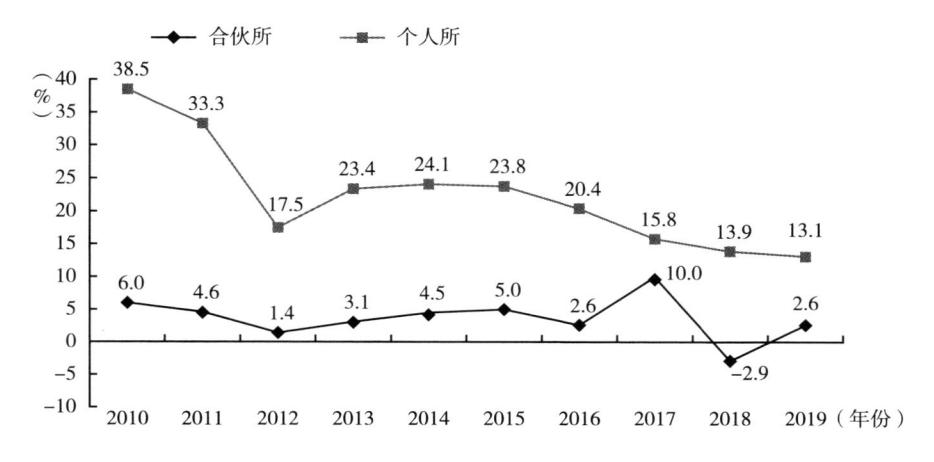

图 13　北京市 2010~2019 年个人所和合伙所数量年增长率对比

（三）特殊的普通合伙所数量逐年增加

合伙所分为普通合伙所和特殊的普通合伙所两种类型。二者的区别主要在于两个方面：一是设立的条件不同，特殊的普通合伙更严格，需要更多的合伙人作为设立人，需要更多的资产；二是合伙人律师对律所的债务承担责任的范围不同，在特殊的普通合伙所中，一个合伙人或者数个合伙人在执业活动中因故意或者重大过失造成合伙企业债务的，其他合伙人以其在律所中的财产份额为限承担责任。

对于合伙律师来说，特殊的普通合伙既有优点，也有不足。不足之处是律所具有较高的设立条件，"有二十名以上合伙人作为设立人""人民币二千万元以上的资产"这些资质，一般中等规模的律所难以具备。而优点也比较明显，就是可以降低合伙人的执业风险。一般来说，律所规模越大，因为其他合伙人故意或过失带来的风险也越大，而特殊的普通合伙这种组织形式可以降低这种风险。

从实际情况来，如图 14 所示，随着特大型律所数量的增加，特殊的普通合伙所数量也呈逐年增加之势。截至 2019 年底，北京市共有 33 家特殊的普通合伙所。而作为对比，2017 年是 21 家，2018 年是 29 家。

虽然北京当前特殊的普通合伙律所数量不多，但是因为这类律所大多数规模较大，所以在律师行业有着重要的地位。在北京2019年底发布的律师执业年度考核公告中，规模在100名执业律师以上的律师事务所有40家，其中有27家采取特殊的普通合伙的组织形式。在该公告中，一共有33家特殊的普通合伙所，共有律师6351人，占律师总数的20.4%（公告中律师数量共计31069人）。

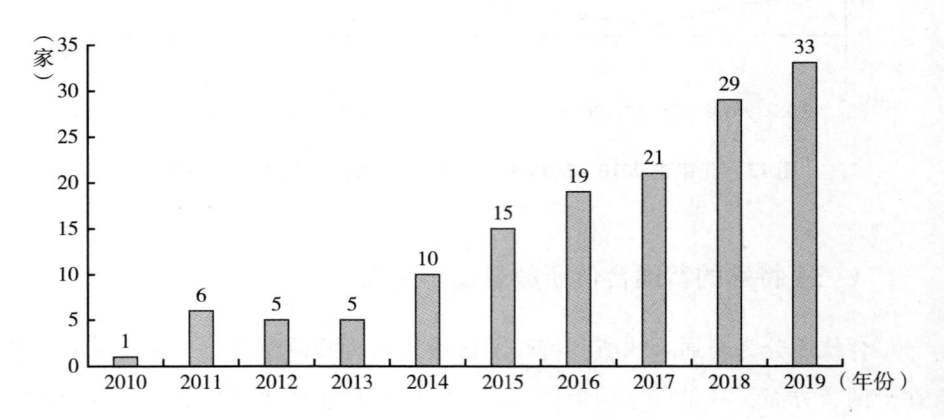

图14　北京市2010～2019年特殊的普通合伙律所数量变化

资料来源：北京市司法局。

（四）不同规模律所的比例趋于稳定

为了便于描述律所的规模分布，这里按照司法行政机关每年在统计报表中的分类，将执业律师30人及以下律所称为小型所，将31～100人的律所称为中型所，将101人及以上律所称为大型所。按照这种类型的划分，近年来北京律所的规模变化具有如下特点。

第一，近两年来，各类律所的绝对数量均有所增长。如表10和图15所示，小型所从2017年的2366家，增加至2018年的2413家；中型所从2017年的110家，增加至2018年的116家；大型所从2017年的37家，增加至2018年的41家。

第二，各类律所的比例趋于稳定。如表10和图16所示，在2018年底，小型所占93.9%，中型所占4.5%，大型所占1.6%。其中，相比2017年，大型所和中型所的比例略有增加，小型所的比例略有减少。

表10 2009～2018年北京市不同规模律所构成变化

单位：家，%

年份	律所总数	小型所			中型所			大型所		
		数量	年增长率	比例	数量	年增长率	比例	数量	年增长率	比例
2009	1355	1231		90.8	105		7.7	19		1.4
2010	1486	1358	10.3	91.4	103	-1.9	6.9	25	31.6	1.7
2011	1609	1476	8.7	91.7	109	5.8	6.8	24	-4.0	1.5
2012	1672	1538	4.2	92.0	103	-5.5	6.2	31	29.2	1.9
2013	1782	1553	1.0	87.1	197	91.3	11.1	32	3.2	1.8
2014	1926	1789	15.2	92.9	108	-45.2	5.6	29	-9.4	1.5
2015	2100	1968	10.0	93.7	104	-3.7	5.0	28	-3.4	1.3
2016	2252	2122	7.8	94.2	102	-1.9	4.5	28	0	1.2
2017	2513	2366	11.5	94.2	110	7.8	4.4	37	32.1	1.5
2018	2570	2413	2.0	93.9	116	5.5	4.5	41	10.8	1.6

资料来源：（1）各类规模律所数量来源于北京市司法局，小型所和中型所经过合并计算得出；（2）所占比例系本报告计算得出。

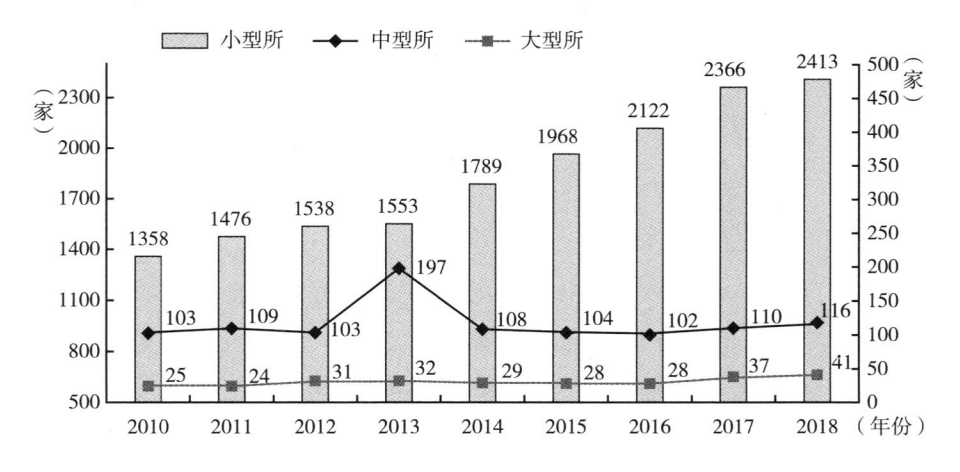

图15 北京市2010～2018年不同规模律所数量变化对比

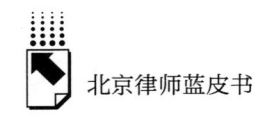

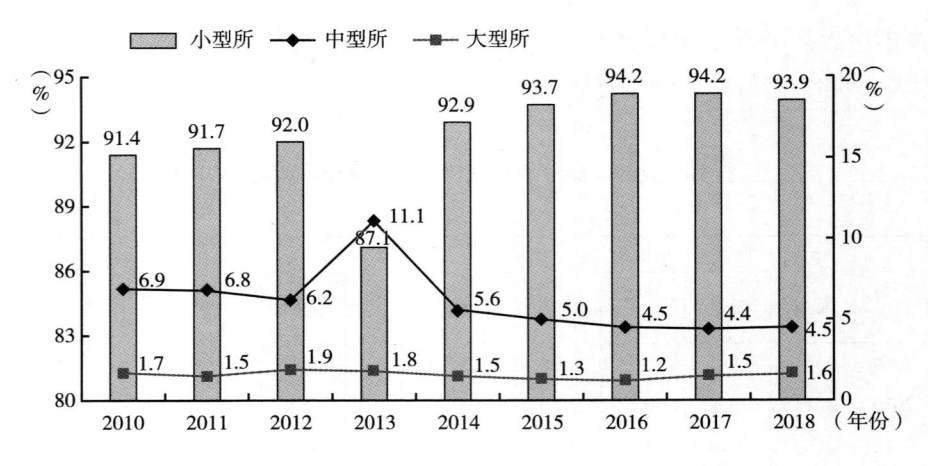

图 16　北京市 2010~2018 年不同规模律所所占比例变化

（五）律所平均规模有所回升

律所的平均规模是指整个律师行业中平均每个律所的执业律师人数，具体由当年的律师总数除以律所总数计算得出。总体来看，近年来北京律所平均规模的变化具有如下特点。

第一，北京律所平均规模持续缩小。如表 11 和图 17 所示，在 2017 年及以前，北京律所的平均规模逐年缩小，从 2009 年的 15.7 人缩小至 2017 年的 11.7 人；2018 年以来，律所规模有所回升，其中 2018 年升至 12.5 人，2019 年升至 12.8 人。

第二，北京律所平均规模低于全国平均水平。如表 11 所示，2019 年，北京律所的平均规模是 12.8 人，全国平均水平是 14.8 人，后者更高。

第三，在 2018 年度全国律师人数超过 2 万的 8 个地区中，北京律所的平均规模最小。如图 18 所示，在律师人数超过 2 万的 8 个省级地区中，律所平均规模最大的是浙江，该指标达到 17.7 人，余下依次是河南（16.3 人），上海（15.8 人），四川（14.5 人），江苏（14.1 人），广东（13.5 人），山东（13.3 人），北京（12.5 人）。

表 11 2009～2019 年北京和全国律所平均规模对比

单位：家，人

年份	北京			全国		
	律所	律师	平均规模	律所	律师	平均规模
2009	1355	21215	15.7	15888	173327	10.9
2010	1486	22937	15.4	17230	195170	11.3
2011	1609	22100	13.7	18235	214968	11.8
2012	1672	22796	13.6	19361	230105	11.9
2013	1782	23761	13.3	20609	248623	12.1
2014	1926	24535	12.7	22166	271452	12.2
2015	2100	25610	12.2	24425	297175	12.2
2016	2252	26953	12.0	26150	325540	12.4
2017	2513	29297	11.7	28382	357193	12.6
2018	2570	32134	12.5	30647	423758	13.8
2019	2732	34907	12.8	32000	473073	14.8

资料来源：（1）全国 2009～2018 年的数据来源于《中国统计年鉴》，北京 2009～2018 年的数据来源于《北京统计年鉴》，其中北京 2014 年的律师人数因为增加了法律援助律师人数而有所调整；（2）律所平均规模系计算得出。

图 17 2009～2019 年北京和全国律所平均规模对比

资料来源：人口数和律师数分别来自全国和各地的统计年鉴。

（六）大型律所规模继续扩大

大型律所的数量和规模是反映律师行业运营方式和发展状况的重要指

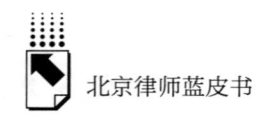

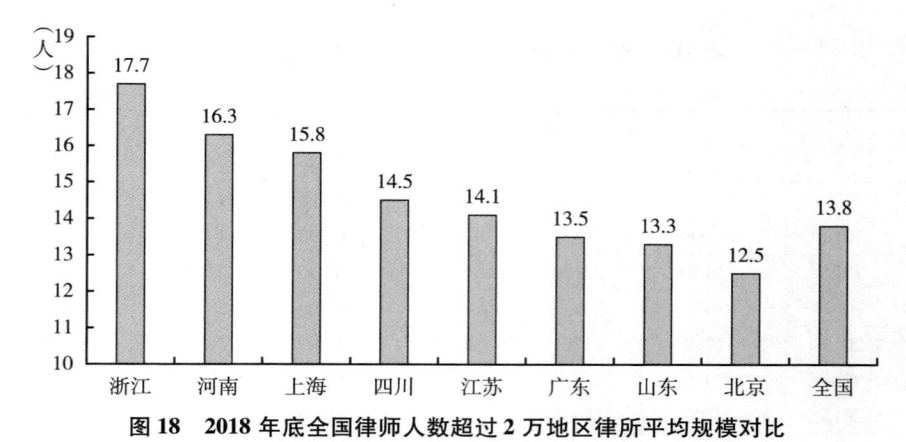

图 18　2018 年底全国律师人数超过 2 万地区律所平均规模对比

资料来源：人口数和律师数分别来自全国和各地的统计年鉴。

标。本报告根据北京市司法局和北京市律师协会联合发布的律师执业年度考核公告统计出当年的律师总数、101 名律师及以上律所的律师数及其所占比例，整理成表 12 "北京律师执业年度考核公告中 101 名律师及以上大型律所情况"。而表 13 则是北京 2019 年执业年度考核公告中大型律所的律师人数、组织形式及其规模排名情况。

如表 12 和表 13 所示，北京大型律所的发展情况具有三个特点。第一，大型律所数量呈逐年增长的趋势；第二，在 2019 年度，已有大多数大型律所选择特殊的普通合伙组织形式；第三是大型律所中的律师人数占当年公告中的律师总数的比例逐年增长。前两个特点本报告前文已有说明。就第三个特点而言，在 2012 年度，大型律所中的律师人数占公告中的律师总数的 19.9%；在 2015 年度，这个比例增至 22.9%；在 2019 年度，这个比例再增至 30.1%。增长趋势十分显著。

此外，大型律所的平均规模也呈逐年扩大趋势。如表 12 所示，2012 年 25 家大型律所的平均规模是 172.9 人，2015 年 30 家大型律所的平均规模是 184.5 人，而 2019 年 40 家大型律所的平均规模则高达 233.4 人。由此可见，大型律所不仅数量逐年增加，平均规模也在逐年扩大。

大型律所规模的扩大还可以通过另外一个指标，即规模前十名律所的平均规模体现出来。如图 19 所示,2012 年度,北京规模前十的律所的平均规模是 243.4 人;该指标在 2015 年增至 283.8 人;2019 年再增至 478.6 人。规模顶尖律所的规模扩大速度非常快。

表 12　北京律师执业年度考核公告中 101 名律师及以上大型律所情况

年份	律师总数（人）	101 名律师及以上律所			
		数量(家)	律师人数(人)	律师所占比例(%)	律所平均规模(人)
2012	21746	25	4323	19.9	172.9
2015	24127	30	5535	22.9	184.5
2019	31069	40	9337	30.1	233.4

表 13　北京 2019 年律师执业年度考核公告中 101 名律师及以上大型律所情况

单位：人

排名	律师事务所名称	律师人数	组织形式
1	京师律师事务所	924	普通合伙
2	大成律师事务所	631	特殊的普通合伙
3	盈科律师事务所	626	普通合伙
4	德恒律师事务所	444	特殊的普通合伙
5	天驰君泰律师事务所	420	普通合伙
6	中银律师事务所	411	特殊的普通合伙
7	中伦律师事务所	361	特殊的普通合伙
8	金杜律师事务所	337	特殊的普通合伙
9	炜衡律师事务所	324	特殊的普通合伙
10	中闻律师事务所	308	特殊的普通合伙
11	康达律师事务所	240	特殊的普通合伙
12	京都律师事务所	238	特殊的普通合伙
13	两高律师事务所	232	普通合伙
14	君合律师事务所	197	特殊的普通合伙
15	国浩(北京)律师事务所	193	特殊的普通合伙
16	浩天信和律师事务所	182	特殊的普通合伙
17	德和衡律师事务所	176	特殊的普通合伙
18	天元律师事务所	173	特殊的普通合伙
19	隆安律师事务所	163	特殊的普通合伙
20	观韬中茂律师事务所	160	普通合伙
21	兰台律师事务所	154	特殊的普通合伙

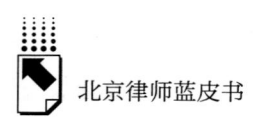

续表

排名	律师事务所名称	律师人数	组织形式
22	一法律师事务所	153	普通合伙
23	时代九和律师事务所	151	普通合伙
24	安理律师事务所	144	特殊的普通合伙
25	尚公律师事务所	140	特殊的普通合伙
25	通商律师事务所	140	特殊的普通合伙
27	华泰律师事务所	139	普通合伙
28	鑫诺律师事务所	138	特殊的普通合伙
29	中伦文德律师事务所	137	普通合伙
30	天达共和律师事务所	132	普通合伙
31	金诚同达律师事务所	128	特殊的普通合伙
32	润天睿律师事务所	124	特殊的普通合伙
32	北斗鼎铭律师事务所	124	普通合伙
34	环球律师事务所	121	特殊的普通合伙
35	中咨律师事务所	120	特殊的普通合伙
36	竞天公诚律师事务所	119	特殊的普通合伙
37	浩东律师事务所	116	普通合伙
38	百瑞律师事务所	112	特殊的普通合伙
39	京平律师事务所	103	普通合伙
40	汉坤律师事务所	102	特殊的普通合伙

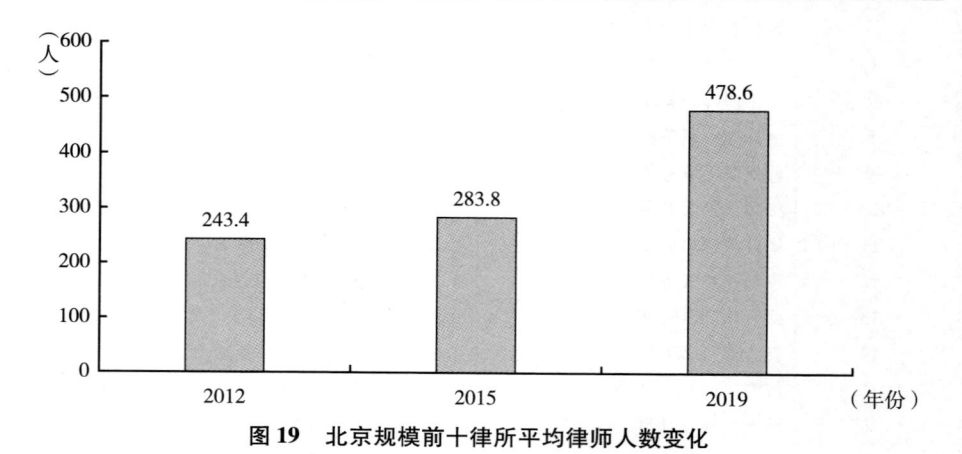

图 19 北京规模前十律所平均律师人数变化

（七）北京律所境外分支机构数量波动较大

2013~2016年，北京律所境外分支机构的数量一直维持在40个，不增不减。2017年，境外分支机构的数量一下增到144个，增长了两倍多。然而在2018年又大幅下降到46个，几乎回到2016年及之前的水平。而在2019年境外分支机构数量又有大幅回升，达到73个。所以最近三年境外分支机构数量在统计上的特点是起伏较大。

北京律师境外分支机构数量大幅变化的原因，与中美和中欧经贸形势急剧紧张有关。如表14所示，在2017年度的144个境外分支机构中，分布在美国的机构有37个，占25.7%；在欧洲国家有39个，占27.1%；美国和欧洲合计76个，占52.8%。而到了2019年，驻美国的分支机构下降到17个，占23.3%；驻欧洲的分支机构下降到13个，占17.8%；合计30个，占41.1%。换言之，从2017年到2019年，北京律所境外分支机构减少了近一半，而驻美国和欧洲分支机构减少的幅度尤其大，不仅绝对数量从76个降到30个，而且所占比例也从52.8%降到41.1%。

表14 北京律师事务所境外分支机构数量

单位：个

年份	合计	国家及地区			
		美国	欧洲国家	亚洲国家和地区	其他
2010	18				
2011	29				
2012	34				
2013	40				
2014	40				
2015	40				
2016	40				
2017	144	37	39	19	49
2018	46	12	8	14	12
2019	73	17	13	21	22

资料来源：(1) 原始数据来源于北京市司法局；(2) 为了保证可比性，"国别及地区"部分指标重新分类和归并整理。

（八）我国港澳台地区及外国律所驻京代表处数量和业务量有所下降

2017~2019年，我国港澳台地区及外国律所驻京代表处的总体特点是

数量和业务量呈下降趋势。如表15所示，2017年，代表处有105个，业务量有72919件；而在2018年，代表处数量降至94个，业务量降至29802件；2019年，代表处数量继续降至91个，但是业务量略有回升，达到45346件。

这种变化的总体趋势和北京律所驻境外分支机构数量的变化是一致的，都是因为中美和中欧经贸形势变化，境外律师业务需求减少，从而导致北京和境外律所相互派驻的机构数量减少。

表15 我国港澳台地区及外国律师事务所驻京代表处情况

年份	代表处合计（个）	国家及地区（个）			业务量（件）	收入额（万元）
		美国	香港	其他		
2017	105	50	16	39	72919	—
2018	94	45	14	35	29802	188374
2019	91	42	12	37	45346	194911

资料来源：（1）原始数据来源于北京市司法局；（2）为了保证可比性，"国别及地区"部分指标重新分类和归并整理。

三 律师业务收入

（一）北京律师业务收入总额快速增长

北京律师业务收入总额在2013年经历了较大幅度的下降，① 自2014年以来，北京律师业务收入总额呈现快速增长的趋势，一直持续到2019年最新的统计结果，年增长率都在两位数。如图20和图21所示，2018年北京律师业务收入总额234.68亿元，年增长率是17.8%；2019年收入总额273.73亿元，年增长率16.6%。收入总额持续增长的趋势表明，近年来北京律师行业发展形势较好。

---

① 大幅下降的原因，参见《北京发展报告NO.3》的具体分析。

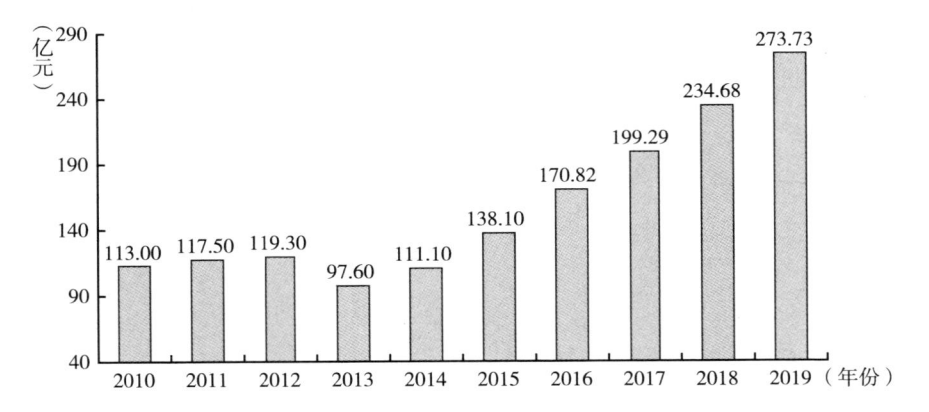

图 20　2010～2019 年北京律师业务收入总额变化

资料来源：北京律师业务收入总额由北京市律师协会提供。

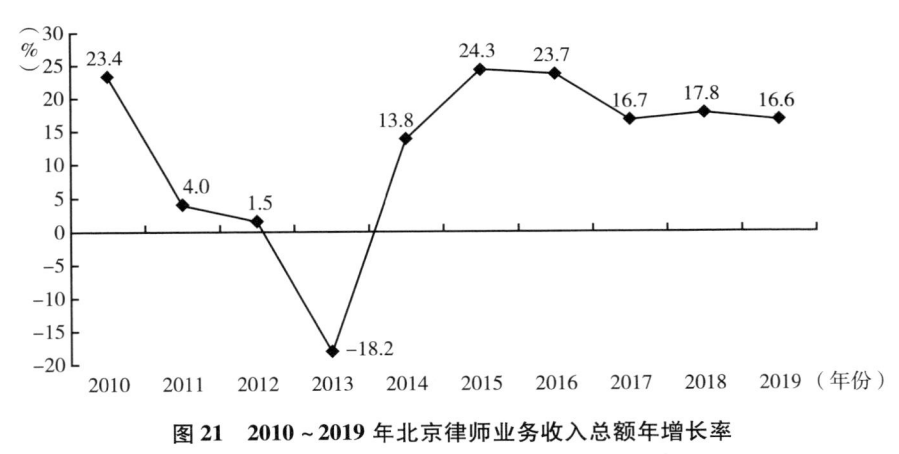

图 21　2010～2019 年北京律师业务收入总额年增长率

（二）北京律师人均业务收入显著增长

近两年来，虽然北京律师业务收入总额有着显著的增长，但是律师人数也在增加，综合起来看，北京律师人均业务收入略有下降。如图 22 和图 23 所示，在 2017 年，北京律师人均业务收入 74.86 万元，年增长率 2.5%；2018 年，北京律师人均业务收入 73.00 万元，下降 2.5%；2019 年，北京律师人均业务收入 78.40 万元，年增长率 7.4%，接近 2017 年的水平。

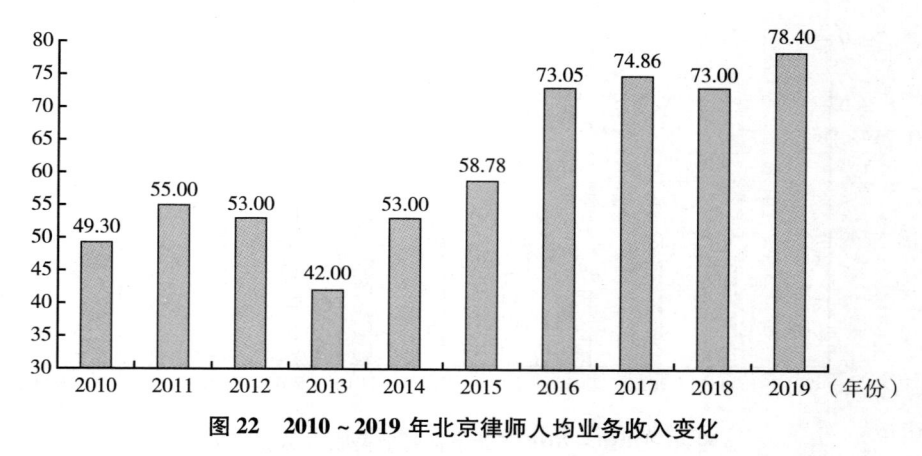

图22 2010～2019年北京律师人均业务收入变化

资料来源：2011～2017年的数据由北京市律师协会提供，非本报告计算得出。

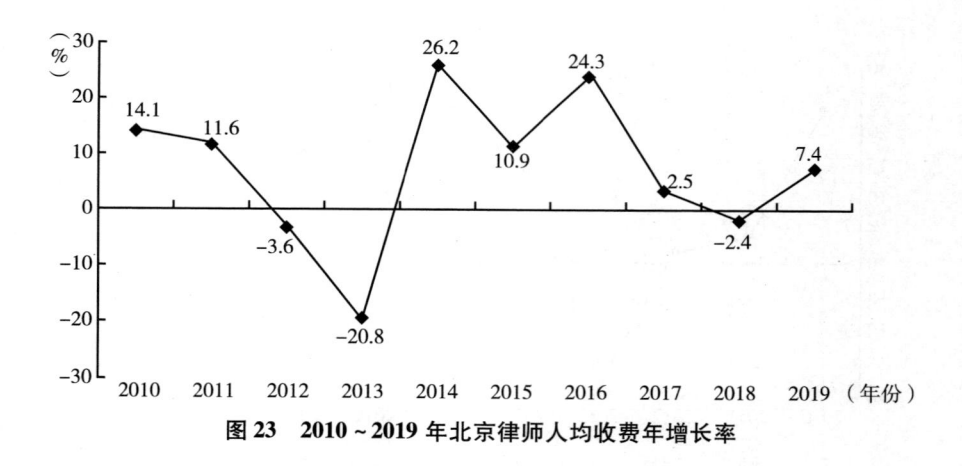

图23 2010～2019年北京律师人均收费年增长率

（三）律师业务收入占地区生产总值的比例先降后升

律师行业属于第三产业，律师业务收入是地区生产总值的组成部分，律师业务收入占地区产值的比例，以及不同行业人均产值的对比，是反映律师行业发展状况的一项重要指标。综合分析相关指标，北京律师行业发展状况具有如下特点。

第一，2018年度，北京律师业务收入总额增长速度快于地区生产总值和第三产业产值增长速度。如表16所示，2018年度，北京律师业务收入总额年增长率为17.8%，快于地区生产总值的8.3%和第三产业产值的8.8%。北京律师业务收入总额所占比例也有所增加，其中，占地区生产总值比例从2017年的0.71%升至0.77%，占第三产业总值比例从2017年的0.88%升至0.96%。

第二，在2019年度，北京律师业务收入总额增长速度慢于地区生产总值和第三产业产值增长速度。如表16和图24所示，在2019年度，北京律师业务收入总额年增长率为16.6%，略慢于地区生产总值的16.7%，慢于第三产业产值的20.3%。北京律师业务收入总额所占比例也持平或者有所下降。其中，占地区生产总值比例保持在0.77%，占第三产业产值比例从0.96%降至0.93%（见图25）。

第三，律师行业人均产值显著高于第三产业平均水平。律师业务收入总额除以律师行业从业人员（包括执业律师和律师辅助人员总数），得到律师行业人均产值。同理可以算出第三产业人均产值和其他行业的人均产值。表17和图26对比展示了北京律师行业、第三产业和其他六个行业的人均产值。从指标对比来看，2018年度北京律师行业人均产值是43.5万元，显著高于第三产业的平均水平19.8万元，但是也显著低于金融行业的87.4万元。

表16 2010~2019年北京律师业务收入总额占地区生产总值比例变化

单位：亿元，%

年份	地区生产总值		第三产业产值		北京律师业务收入			
	数额	年增长率	数额	年增长率	数额	年增长率	占地区生产总值比例	占第三产业产值比例
2010	14113.6	16.1	10665.2	15.5	113.00	23.4	0.80	1.06
2011	16251.9	15.2	12439.5	16.6	117.50	4.0	0.72	0.94
2012	17879.4	10.0	13768.7	10.7	119.30	1.5	0.67	0.87
2013	19800.8	10.7	15348.6	11.5	97.60	-18.2	0.49	0.64
2014	21330.8	7.7	16627.0	8.3	111.10	13.8	0.52	0.67
2015	23014.6	7.9	18331.7	10.3	138.10	24.3	0.60	0.75
2016	25669.1	11.5	20594.9	12.3	170.82	23.7	0.67	0.83
2017	28000.4	9.1	22569.3	9.6	199.29	16.7	0.71	0.88
2018	30320.0	8.3	24553.6	8.8	234.68	17.8	0.77	0.96
2019	35371.3	16.7	29542.5	20.3	273.73	16.6	0.77	0.93

资料来源：（1）2010~2018年的数据来源于《北京统计年鉴》；（2）2019年的数据来源于《北京市2019年国民经济和社会发展统计公报》。

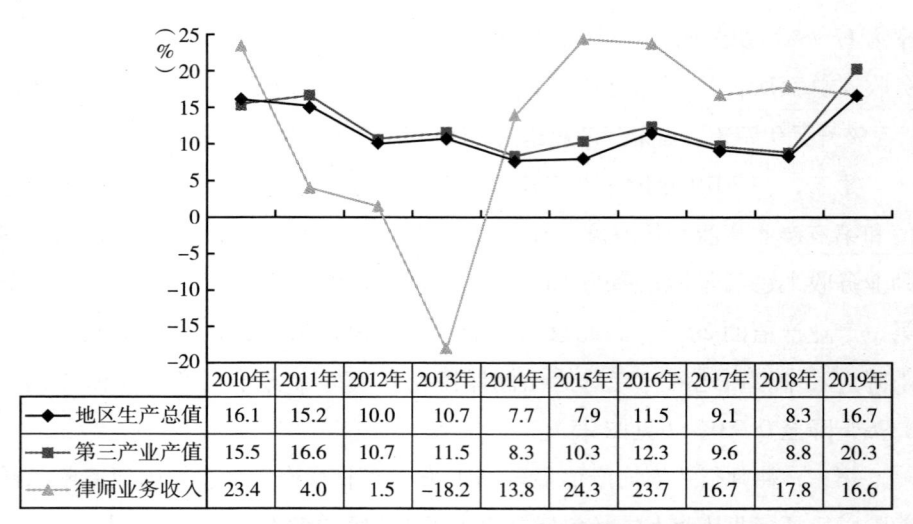

年份	2010年	2011年	2012年	2013年	2014年	2015年	2016年	2017年	2018年	2019年
地区生产总值	16.1	15.2	10.0	10.7	7.7	7.9	11.5	9.1	8.3	16.7
第三产业产值	15.5	16.6	10.7	11.5	8.3	10.3	12.3	9.6	8.8	20.3
律师业务收入	23.4	4.0	1.5	-18.2	13.8	24.3	23.7	16.7	17.8	16.6

图 24 北京 2010～2019 年相关行业产值年增长率变化对比

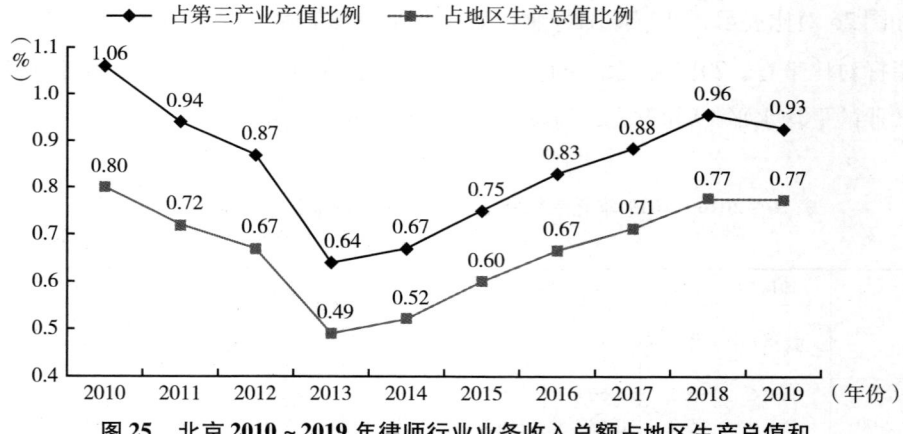

图 25 北京 2010～2019 年律师行业业务收入总额占地区生产总值和第三产业产值比例变化

表 17 2018 年北京地区部分行业人均产值对比

行业	产值（亿元）	从业人员（万人）	从业人员人均产值（万元）
第三产业	24553.6	1237.8	19.8
律师行业	234.7	5.4	43.5
建筑行业	1274.9	72.9	17.5
文娱行业	645.9	24.9	25.9

续表

行业	产值(亿元)	从业人员(万人)	从业人员人均产值(万元)
房地产业	1748.3	63.4	27.6
科技行业	3223.9	104.3	30.9
信息行业	3859.0	111.5	34.6
金融行业	5084.6	58.2	87.4

注:"从业人员"是"全市法人单位从业人员年末人数"的简称,律师行业从业人员包括执业律师和律师辅助人员;"文娱行业"是"文化、体育和娱乐业"的简称;"科技行业"是"科学研究和技术服务业"的简称;"信息行业"是"信息传输、软件和信息技术服务业"的简称。

资料来源:律师行业以外的数据来源于《北京统计年鉴2019》。

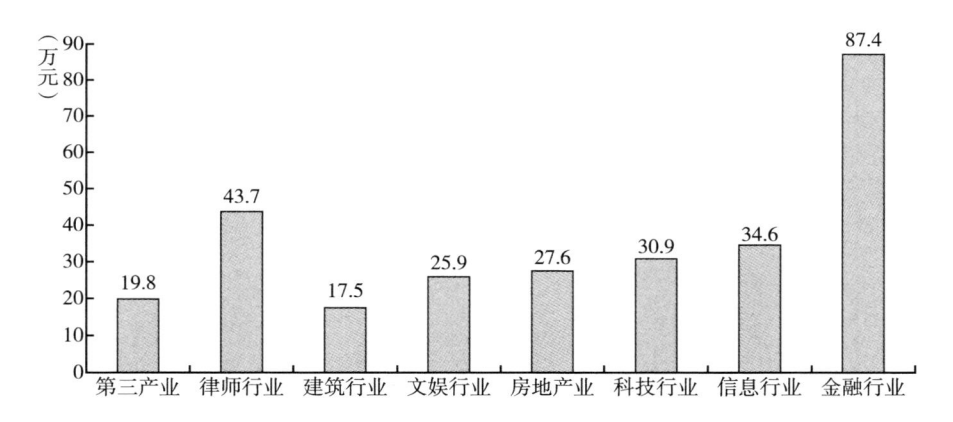

图 26　北京市 2018 年部分行业从业人员人均产值对比

(四)纳税额持续增长

自 2012 年前后实施"营改增"以及合伙人个人所得税查账征收的改革以来,北京律师行业的税收体制一直处于改革和调整过程之中,而律师的税收指标一方面反映律师行业的运营形势,另一方面也反映律师行业税收政策的实施情况。整理北京律师行业近年来纳税情况的统计数据,得出图 27 和图 28。分析图中指标,北京律师行业近年来的纳税情况主要有如下特点。

第一,律师行业纳税总额持续增长。随着 2015 年以来北京律师业务收入总额的持续增长,北京律师行业纳税总额也逐年增加。如图 27 所示,

2014年北京律师行业纳税总额是15.63亿元，2015年增至17.88亿元，2016年增至22.69亿元，2017年增至28.26亿元，2018年增至32.95亿元，2019年再增至34.70亿元。

第二，律师行业平均税负有所减轻。平均税负是指行业纳税总额占业务收入总额的比例。如图28所示，北京律师行业在完成税制改革之后的2013年税负达到16.9%，相对较高，但是随后有所下降。在最近的两年中，税负相对于2017年有所下降。具体言之，北京律师行业在2017年的平均税负为14.2%，2018年降至14.0%，2019年再降至12.7%。

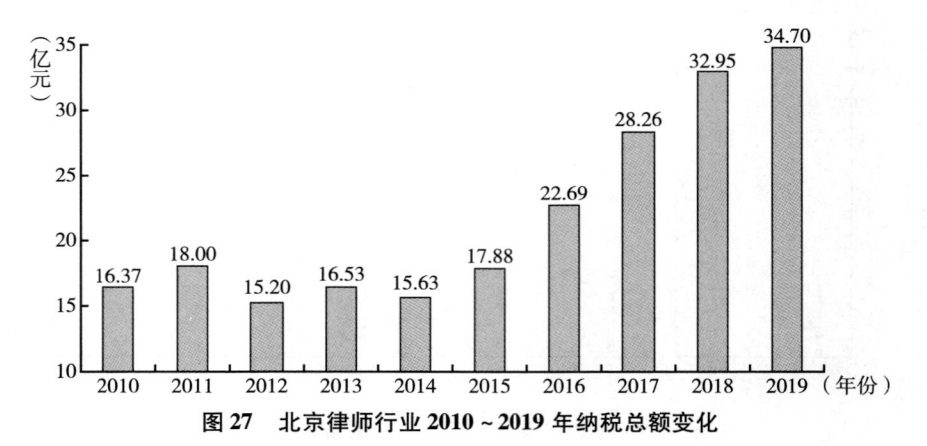

图27 北京律师行业2010～2019年纳税总额变化

资料来源：北京市律师协会提供。

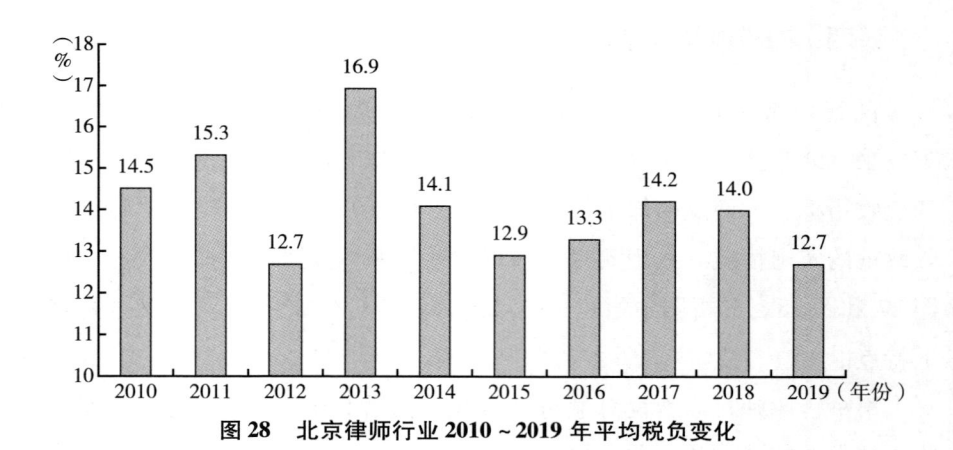

图28 北京律师行业2010～2019年平均税负变化

四 律师业务办理

(一)2019年度各类业务的数量均有显著增长

担任法律顾问、民事诉讼代理、刑事诉讼辩护及代理、行政诉讼代理、非诉讼法律事务等是我国律师主要的五种业务类型。对于北京律师办理上述五种业务的情况，整理为表18至表20和图29至图38。考察上述图表，针对北京律师历年完成的业务数量的变化，可以总结出如下几个特点。

第一，在2018年度，各类业务办理数量有升有降。其中，行政诉讼代理增加了52.0%，非诉讼法律事务增加了41.3%，民事诉讼代理增加了33.6%，担任法律顾问下降了5.4%，刑事诉讼辩护及代理下降了39.1%。

第二，在2019年度，各类业务办理数量均有显著的增长。其中，担任法律顾问增加了31.1%，民事诉讼代理增加了23.6%，刑事诉讼辩护及代理增加了21.8%，行政诉讼代理增加了18.3%，非诉讼法律事务增加了11.0%。

第三，北京律师办理非诉讼法律事务数量高于全国平均水平。如表19所示，以2014~2018年五年合计，北京律师办理的非诉讼法律事务数量占全国的12.9%，而同期北京的律师人数仅占8%左右，所以北京律师办理非诉讼法律事务的数量高于全国平均水平。同理，北京律师办理行政诉讼代理的数量和全国平均水平相当，担任法律顾问、民事诉讼代理、刑事诉讼辩护及代理等三项业务的数量则低于全国平均水平。

表18 2014~2019年北京和全国律师业务办理数量对比

单位：家（件）

	业务类型	2014年	2015年	2016年	2017年	2018年	2019年
北京	担任法律顾问	22872	25366	30358	35015	33131	43436
	民事诉讼代理	90115	94480	93990	106391	142176	175792
	刑事诉讼辩护及代理	25144	26976	26162	29089	17705	21557
	行政诉讼代理	4384	6614	6852	11977	18201	21527
	非诉讼法律事务	86884	89638	90046	117637	166195	184534

续表

	业务类型	2014年	2015年	2016年	2017年	2018年	2019年
全国	担任法律顾问	507289	548260	579360	617000	700027	736917
	民事诉讼代理	2100102	2476112	2744896	3818000	3969240	4792176
	刑事诉讼辩护及代理	667391	717283	704447	684000	814570	1094423
	行政诉讼代理	64545	86455	98989	153000	165840	189342
	非诉讼法律事务	673080	784264	844414	894000	1058594	1336860

资料来源：(1) 北京 2014~2018 年的数据来源于《北京统计年鉴》；(2) 北京 2019 年的数据来源于北京市司法局；(3) 全国的数据来源于《中国统计年鉴》。

表19　北京律师 2014~2018 年业务数量合计及占全国的比例

单位：家（件），%

业务类型	担任法律顾问	民事诉讼代理	刑事诉讼辩护及代理	行政诉讼代理	非诉讼法律事务
全国	2951936	15108350	3587691	568829	4254352
北京	146742	527152	125076	48028	550400
占全国的比例	5.0	3.5	3.5	8.4	12.9

表20　2014~2019 年北京律师各类业务数量的年增长率

单位：%

业务类型	2014年	2015年	2016年	2017年	2018年	2019年
担任法律顾问	5.3	10.9	19.7	15.3	-5.4	31.1
民事诉讼代理	-8.6	4.8	-0.5	13.2	33.6	23.6
刑事诉讼辩护及代理	-10.4	7.3	-3.0	11.2	-39.1	21.8
行政诉讼代理	-9.0	50.9	3.6	74.8	52.0	18.3
非诉讼法律事务	19.8	3.2	0.5	30.6	41.3	11.0

（二）案件收费金额构成

律师办理业务体现在案件数量和案件规格两个方面，后者很大程度上可以通过案件收费来衡量，即越复杂、越专业、越耗时的案件，收费越高。北京律师业务中各类收费金额案件的数量及其比例，整理为表21和表22。考察表21和表22，北京律师办理的案件在收费方面具有如下特点。

第一，不同金额段的业务数量呈金字塔形。综合近三年的数据来看，收

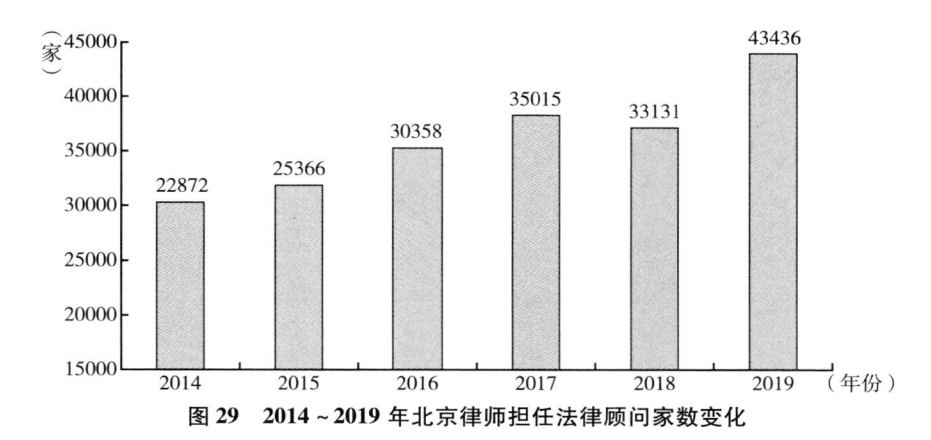

图 29　2014~2019 年北京律师担任法律顾问家数变化

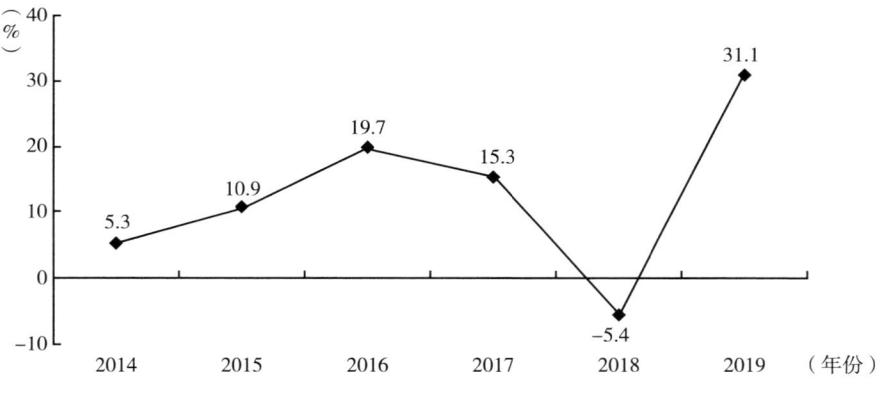

图 30　2014~2019 年北京律师担任法律顾问业务年增长率

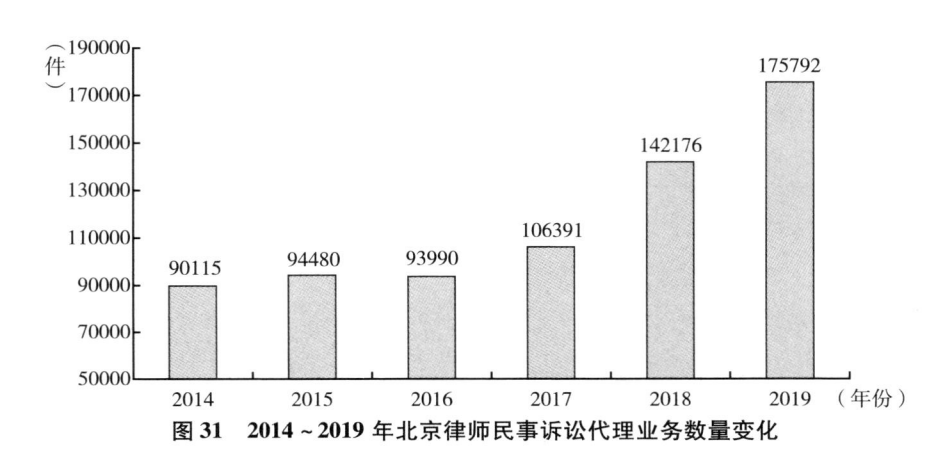

图 31　2014~2019 年北京律师民事诉讼代理业务数量变化

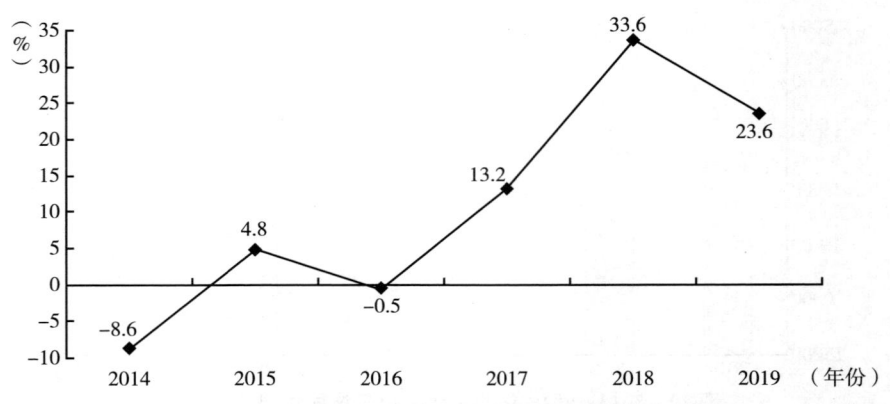

图32　2014~2019年北京律师民事诉讼代理业务年增长率

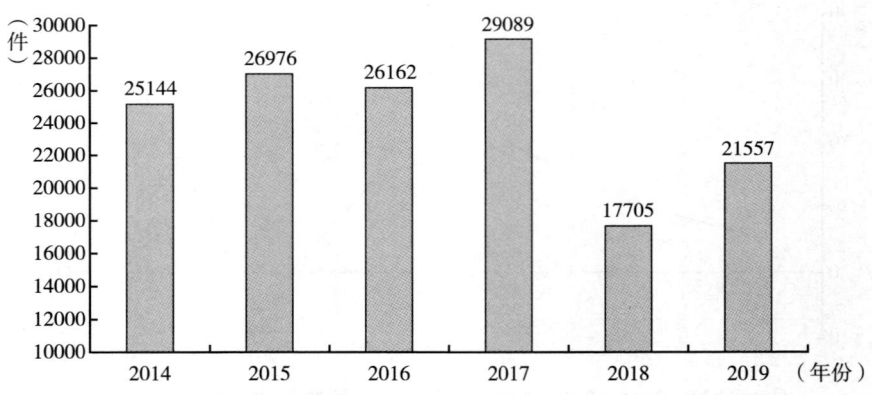

图33　2014~2019年北京律师刑事诉讼辩护及代理业务数量变化

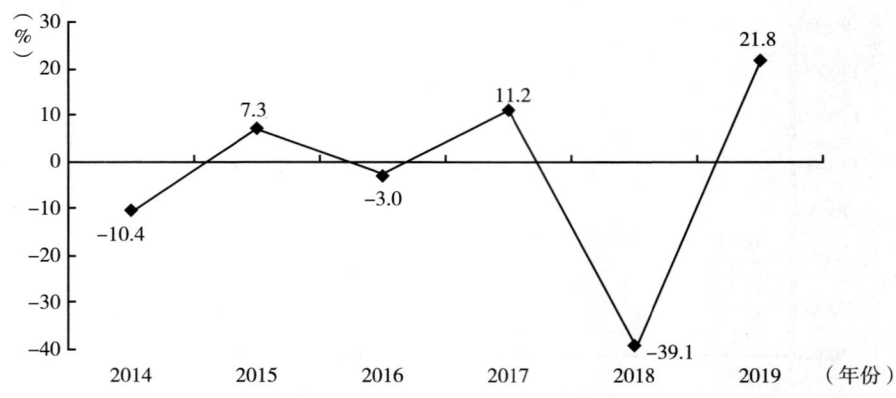

图34　2014~2019年北京律师刑事诉讼辩护及代理业务年增长率

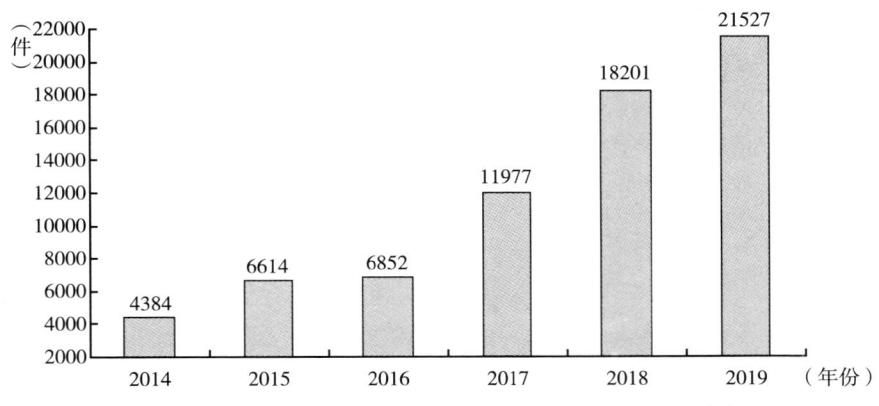

图35　2014～2019年北京律师行政诉讼代理业务数量变化

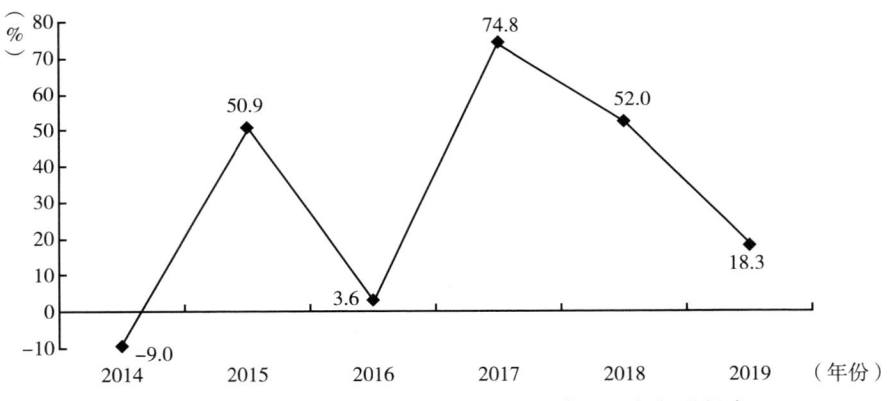

图36　2014～2019年北京律师行政诉讼代理业务年增长率

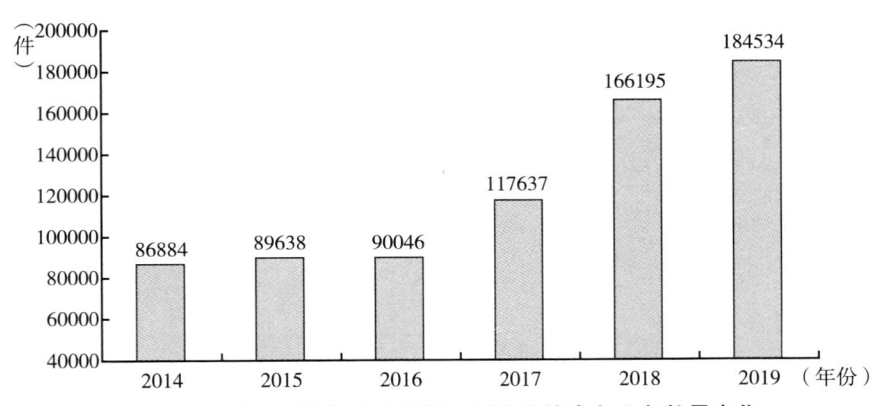

图37　2014～2019年北京律师非诉讼法律事务业务数量变化

图38　2014～2019年北京律师非诉讼法律事务业务年增长率

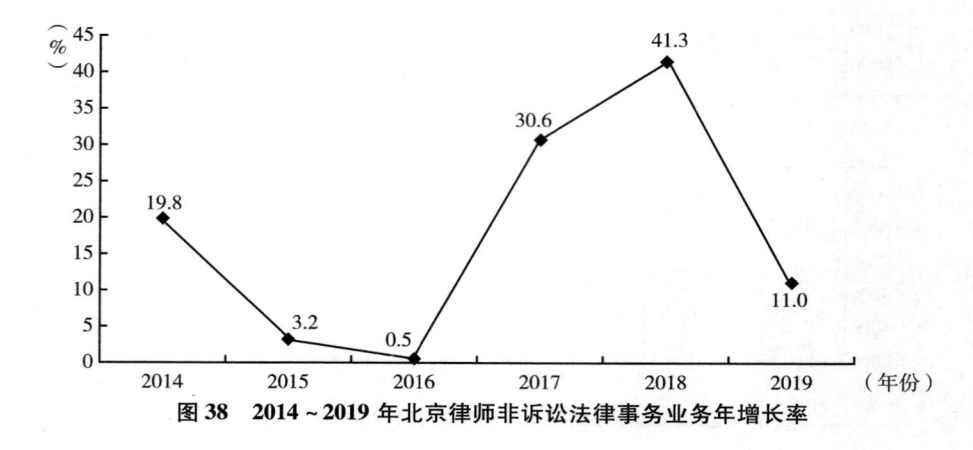

费1万元以下的案件数量最大，略超1/3，构成金字塔的塔底；收费1万（含）～5万元的案件数量次之，达到或超过1/4；收费5万（含）～10万元的案件数量位居第三；收费10万（含）～50万元的案件数量占10%左右；收费50万（含）～100万元的案件数量占2%～3%；收费100万元（含）以上的案件数量只有1%，处于金字塔的顶端。

第二，各年度相同金额段的案件的数量所占比例较为接近。在最近的三年中，相同收费金额段的案件所占比例虽然存在一定的差异，但是总体上十分接近。换言之，各类案件所占的比例的变化，需要较长时期的统计跟踪才能体现出来。

表21　北京律师业务案件收费金额构成

单位：件

	2017年	2018年	2019年
1万元以下	97005	170843	198632
1万（含）~5万元	75663	123076	128756
5万（含）~10万元	46365	68204	125623
10万（含）~50万元	30890	62231	42563
50万（含）~100万元	6506	8588	15235
100万元（含）以上	2714	4557	5202
收费案件合计	259143	437499	516011

资料来源：（1）原始数据来源于北京市司法局；（2）为了保证跨年度的可比性，本表对部分指标做了合并整理。

表22　北京律师业务案件收费金额所占比例

单位：%

	2017年		2018年		2019年	
	比例	累计比例	比例	累计比例	比例	累计比例
1万元以下	37.4	37.4	39.0	39.0	38.5	38.5
1万(含)~5万元	29.2	66.6	28.1	67.2	25.0	63.4
5万(含)~10万元	17.9	84.5	15.6	82.8	24.3	87.8
10万(含)~50万元	11.9	96.4	14.2	97.0	8.2	96.0
50万(含)~100万元	2.5	99.0	2.0	99.0	3.0	99.0
100万元(含)以上	1.0	100	1.0	100	1.0	100

（三）刑事诉讼辩护及代理业务的构成

律师办理的刑事案件业务包括刑事诉讼辩护和刑事诉讼代理两种类型，刑事诉讼辩护中包含当事人自行委托辩护、依申请的刑事法律援助、法定通知辩护和扩大通知辩护等类型。

北京律师2019年共办理刑事案件业务21557件，其中，刑事诉讼辩护占63.8%，刑事诉讼代理占36.2%。在刑事诉讼辩护业务中，当事人自行委托辩护案件占48.3%，依申请的刑事法律援助案件占18.7%，法定通知辩护的案件占12.2%，扩大通知辩护的案件占3.1%（见表23）。

表23　北京律师2019年刑事诉讼辩护及代理业务案件构成

单位：件，%

	合计	刑事诉讼代理	刑事诉讼辩护	刑事诉讼辩护案件类型			
				当事人自行委托辩护	依申请的刑事法律援助	法定通知辩护	扩大通知辩护
案件数	21557	7796	13761	6640	2570	1674	433
比例	100	36.2	63.8	48.3	18.7	12.2	3.1

资料来源：北京市司法局。

（四）民事诉讼代理业务的构成

律师办理的民事诉讼代理业务包括婚姻家庭纠纷案件、公司案件、金融银行案件、证券纠纷案件、保险纠纷案件、海事海商案件、建设工程与房地产案件、劳动争议案件、知识产权案件、破产与重组案件、医疗纠纷案件等类型。

北京律师2019年度共办理民事诉讼代理业务175792件，其中，公司案件最多，占22.2%；知识产权案件次之，占18.6%；婚姻家庭纠纷案件第三，占8.7%；劳动争议案件第四，占7.6%；金融银行案件第五，占7.5%；建设工程与房地产案件第六，占6.2%（见表24）。

表24 北京律师2019年民事诉讼代理业务案件构成

单位：件，%

	合计	民事诉讼代理业务案件类型										
		婚姻家庭纠纷案件	公司案件	金融银行案件	证券纠纷案件	保险纠纷案件	海事海商案件	建设工程与房地产案件	劳动争议案件	知识产权案件	破产与重组案件	医疗纠纷案件	其他
数量	175792	15216	39046	13179	1582	5706	334	10817	13295	32715	875	2232	40795
比例	100	8.7	22.2	7.5	0.9	3.2	0.2	6.2	7.6	18.6	0.5	1.3	23.2

资料来源：北京市司法局。

（五）非诉讼法律事务的构成

律师办理的非诉讼法律事务包括公司法、金融银行、证券、保险、反垄断、建设工程与房地产、知识产权、税法、劳动法、海事海商、环境资源与能源、破产与重组等类型。

北京律师2019年度共办理非诉讼法律事务184534件，其中，知识产权业务最多，超过一半，达到57.9%；公司法业务次之，占14.3%；金融银行业务位居第三，占5.7%；证券业务位居第四，占3.3%；建设工程与房地产业务位居第五，占2.6%；劳动法业务位居第六，占1.9%（见表25）。

表 25　北京律师 2019 年非诉讼法律事务案件构成

单位：件，%

	合计	非诉讼法律事务案件类型											
		公司法	金融银行	证券	保险	反垄断	建设工程与房地产	知识产权	税法	劳动法	海事海商	环境资源与能源	破产与重组	其他
数量	184534	26397	10570	6150	1579	1177	4755	106758	526	3524	123	859	1750	20366
比例	100	14.3	5.7	3.3	0.9	0.6	2.6	57.9	0.3	1.9	0.1	0.5	0.9	11.0

资料来源：北京市司法局。

（六）法律顾问业务的构成

律师担任法律顾问的聘用单位包括党政机关、人民团体、事业单位、企业等类型。北京律师在 2019 年度共受聘担任法律顾问 43436 家。其中，担任企业法律顾问 32561 家，占 75.0%；担任事业单位法律顾问 3598 家，占 8.3%；担任党政机关、人民团体法律顾问 3321 家，占 7.6%（见表 26）。

表 26　北京律师 2019 年担任法律顾问案件构成

单位：家，%

	合计	担任法律顾问案件类型			
		担任党政机关、人民团体法律顾问	担任企业法律顾问	担任事业单位法律顾问	其他
数量	43436	3321	32561	3598	3956
比例	100	7.6	75.0	8.3	9.1

数据来源：北京市司法局。

（七）仲裁案件的构成

律师办理的仲裁业务包括劳动争议仲裁、国内商事仲裁和国际商事仲裁等三种类型。

北京律师 2019 年度共办理仲裁业务 21569 件。其中，劳动争议仲裁

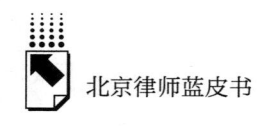

13948件，排第一，占64.7%；国内商事仲裁5623件，排第二，占26.1%；国际商事仲裁1998件，排第三，占9.3%（见表27）。

表27 北京律师2019年仲裁业务案件构成

单位：件，%

	合计	仲裁业务案件类型		
		劳动争议仲裁	国内商事仲裁	国际商事仲裁
数量	21569	13948	5623	1998
比例	100	64.7	26.1	9.3

资料来源：北京市司法局。

（八）公职律师业务大幅增长

相对于社会律师而言，公职律师的业务主要是承担和政府机关的职能有关的法律方面的事务。这类法律事务可以划分为三种类型：一是政府机关作为行使公权力、管理公共事务的主体需要处理的法律事务；二是政府机关作为行政诉讼的被告需要处理的法律事务；三是政府机关作为民事主体需要处理的法律事务。对北京市2017～2019年公职律师上述三方面业务的办理情况进行整理得出表28。考察表中数据，公职律师的业务办理情况具有如下两个特点。

第一，公职律师业务办理数量快速增长。从公职律师办理业务总数看，2019年增长了248.7%。从具体的业务类型看，增幅最大的是"办理民事案件的诉讼和调解、仲裁等法律事务"，2019年比2018年增长了2734.7%。其他类型的业务也有大幅增长，增幅最小的是"参与信访接待、矛盾调处、涉法涉诉案件化解、突发事件处置、政府信息公开、国家赔偿等工作"，2019年增幅达197.1%。

第二，从构成上看，协助政府机关落实公共管理职能在公职律师办理的业务中占较大比例。在2019年度，公职律师"参与信访接待、矛盾调处、涉法涉诉案件化解、突发事件处置、政府信息公开、国家赔偿等工作"占

41.5%。在"参与行政处罚审核、行政裁决、行政复议、行政诉讼等工作""起草、修改、审核重要的法律文件或者合同,参与合作项目的洽谈、对外招标政府采购等事务""为所在单位讨论决定重大事项提供法律意见""落实'谁执法谁普法'的普法责任制,开展普法宣传教育""参与法律法规规章起草、党内法规草案和规范性文件送审稿的起草、论证"等方面的工作,也全部或部分和聘用机关的管理职能有关。另外,"办理民事案件的诉讼和调解、仲裁等法律事务"是聘用机关作为民事主体需要处理的法律事务,这类业务占27.0%。

表28 北京市2017~2019年公职律师业务办理情况

单位:件,%

公职律师业务类型	2017年数量	2018年数量	2019年数量	2019年比例	2019年比上年增长
参与信访接待、矛盾调处、涉法涉诉案件化解、突发事件处置、政府信息公开、国家赔偿等工作		4990	14823	41.5	197.1
参与行政处罚审核、行政裁决、行政复议、行政诉讼等工作		2392	11046	30.9	361.8
办理民事案件的诉讼和调解、仲裁等法律事务		340	9638	27.0	2734.7
起草、修改、审核重要的法律文件或者合同,参与合作项目的洽谈、对外招标政府采购等事务		1356	5691	15.9	319.7
为所在单位讨论决定重大事项提供法律意见	501	618	1910	5.3	209.1
落实"谁执法谁普法"的普法责任制,开展普法宣传教育			1571	4.4	
参与法律法规规章起草、党内法规草案和规范性文件送审稿的起草、论证	188	218	730	2.0	234.9
所在单位委托或者指派的其他法律事务		330	5645	15.8	1610.6
合计	5750	10244	35725	100	248.7

注:(1)统计报表中各年度部分业务类型的名称略有不同,但统计范围基本一致,所以本表经过技术处理后忽略该差异;(2)空白表示当年统计表未统计该项数据,各项数据之和不等于总数,司法局提供的统计表(纸质)如此。

资料来源:北京市司法局。

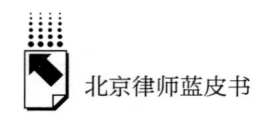

（九）公司律师业务大幅增长

公司律师为所在公司提供法律服务，这类服务可以划分为两种类型：一是代表或协助所在公司和外部的组织或个人打交道，处理相关的法律事务，简称"对外法律事务"；二是处理所在公司内部管理方面的法律事务，简称"内部法律事务"。对北京市2017~2019年公司律师上述两方面业务的办理情况进行整理得出表29。考察表中数据，公司律师的业务办理情况具有如下特点。

第一，各类业务的数量增幅较大。从公司律师办理业务总数看，2019年比2018年增长了808.7%。从具体的业务类型看，"参与企业章程、董事会运行规则等企业重要规章制度的制定、修改"比2018年增长了1000.8%，"参与企业对外谈判、磋商、起草、审核企业对外签署的合同、协议、法律文书"比2018年增长了807.7%；"办理各类诉讼和调解、仲裁等法律事务"比2018年增长了629.1%，"为企业改制重组、并购上市、产权转让、破产重整等重大经营决策提供法律意见"比2018年增长了360.2%。

第二，对外法律事务所占比例较大。在表29所列公司律师业务类型中，"参与企业对外谈判、磋商、起草、审核企业对外签署的合同、协议、法律文书"和"办理各类诉讼和调解、仲裁等法律事务"这两类属于对外法律事务，两类业务的总和所占比例高达91.2%，占绝大多数。

表29　北京市2017~2019年公司律师业务办理情况

单位：件，%

公职律师业务类型	2017年 数量	2018年 数量	2019年 数量	2019年 比例	2019年 比上年增长
参与企业对外谈判、磋商、起草、审核企业对外签署的合同、协议、法律文书	—	11933	108321	89.5	807.7
组织开展合规管理、风险管理、知识产权管理、法治宣传教育培训、法律咨询等工作	—	—	3955	3.3	
为企业改制重组、并购上市、产权转让、破产重整等重大经营决策提供法律意见	—	598	2752	2.3	360.2
参与企业章程、董事会运行规则等企业重要规章制度的制定、修改	1726	244	2686	2.2	1000.8

续表

公职律师业务类型	2017年 数量	2018年 数量	2019年 数量	2019年 比例	2019年 比上年增长
办理各类诉讼和调解、仲裁等法律事务	—	275	2005	1.7	629.1
所在单位委托或者指派的其他法律事务	—	274	3362	2.8	1127.0
合计	71117	13324	121076	100.0	808.7

注：（1）统计报表中各年度部分业务类型的名称略有不同，但统计范围基本一致，所以本表经过技术处理后忽略该差异；（2）空白表示当年统计表未统计该项数据，各项数据之和不等于总数，司法局提供的统计表（纸质的）如此。

资料来源：北京市司法局。

（十）涉外法律服务数量逐年增长

近年来北京律师行业涉外法律服务情况整理为表30。表中数据显示，自2017年以来，北京律所涉外服务服务呈逐年增长趋势。

增长首先体现在业务数量上。在2017年度，北京律所共办理涉外法律服务55465件，2018年增至68738件，年增长率为23.9%；2019年再增至75042件，年增长率为9.2%。增长趋势较为明显。

其次，涉外法律服务收入额也有所增长。表30中没有统计2017年的收入额，2018年的收入额是305857万元，2019年增至388325万元，增长了27.0%，增幅显著。

表30 北京律师事务所涉外法律服务情况

年份	涉外法律服务数量（件） 合计	涉外法律服务类型 跨境投资并购	知识产权	两反一保	在境外参与诉讼、仲裁	其他	各种类客户数量（个） 中国国有企业	中国民营企业	其他	收入额（万元）
2017	55465	1761	48318	487	335	4564	1204	3536	4675	—
2018	68738	2214	62462	492	509	3061	618	2481	10285	305857
2019	75042	2090	68634	655	454	3209	1277	2985	10892	388325

资料来源：北京市司法局。

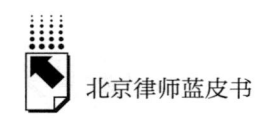

五 履行社会责任

(一)积极参加公益法律服务活动

2018~2019年度,北京律师关爱社会、热心公益,以多种形式参与公益法律服务活动。

第一,北京市律师协会公益法律服务中心组织志愿律师提供公益法律服务活动。具体来说,在2018年度,公益法律服务中心组织志愿律师500余人次,接听咨询电话1155次,接待现场咨询1486人次;在2019年度,公益法律服务中心组织志愿律师741人次,累计值班247天,接听咨询电话1088次,接待现场咨询1911人次。

第二,北京市律师协会组织女律师宣讲法律。据统计,在2018年度,北京市律师协会女律师工作委员会组织20名女律师举办"巾帼维权·送法到家"女律师以案释法宣讲活动139场,累计受众1.2万人次;在2019年度,举办该项活动共148场,累计受众8000余人次。

第三,制作和播放电视节目《律师来了》。《律师来了》是中央电视台社会与法频道推出的法律服务公益节目。节目为百姓提供面对面的律师帮助机会,为电视观众普及法律知识,着力打造"中国法律传媒公益服务第一平台"。节目于2017年9月3日起每周六18:00在中央电视台社会与法频道首播。2018年9月,北京市律师协会荣获中央电视台社会与法频道公益法律服务节目《律师来了》第一季"2017~2018年度'最佳组织奖'",封跃平等15位律师荣获"优秀法律顾问奖",曹凤林等9位律师荣获"优秀法律服务奖",王晶等4位律师荣获"最佳公益代理奖",刘琳律师荣获"节目杰出贡献奖"。

第四,为社会弱势群体提供免费法律服务。北京律师每年都会履行行业社会责任,为弱势群体提供一定数量的免费法律援助。具体来说,在2018年度,北京律师为社会弱势群体提供免费法律服务合计99092件,其中,为老年人提供免费法律援助 30231 件，为妇女提供免费法律援助 18716 件，为未成年人提供免费法律援助 7559 件，为农民工提供免费法律援助 16544 件，为残疾人提供免费法律援助 4050 件。在 2019 年度，北京律师为社会弱势群体提供免费法律服务合计 81771 件，其中，为老年人提供免费法律援助 23312 件，为妇女提供免费法律援助 18719 件，为未成年人提供免费法律援助 8688 件，为农民工提供免费法律援助 18564 件，为残疾人提供免费法律援助 5266 件（见表 31）。

表 31　北京律师为社会弱势群体提供免费法律服务

单位：件

年份	合计	老年人	妇女	未成年人	农民工	残疾人	其他
2017	90917	29868	22688	2541	21276	5091	9453
2018	99092	30231	18716	7559	16544	4050	21992
2019	81771	23312	18719	8688	18564	5266	7222

资料来源：北京市司法局。

（二）建立和完善公共法律服务平台

近年来，北京律师快速推进公共法律服务体系建设，着力建立和完善公共法律服务平台，发挥北京律师在提高国家治理体系和治理能力现代化水平方面的重要作用。

第一，北京市司法局建立北京公共法律服务的四大平台，即全覆盖的实体平台、多功能的网络平台、便捷化的热线平台、社会化的项目平台。其中项目平台是北京市对公共法律服务体系建设的创新。项目平台的定位是集成司法行政各类法律服务资源，围绕经济社会发展和公共法律服务需求，建设门类齐全、覆盖广泛、群众普惠的公共法律服务项目库，为特定群体、特定机构、特定事项研发、定制法律服务项目，提供公共法律服务产品，满足社会不同群体个性化的法律服务需求，北京公共法律服务项目在北京法律服务网发布。北京法律服务网于 2018 年 6 月 22 日正式上线。依托于北京法律服

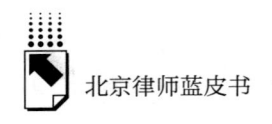

务网，北京公共法律服务项目平台同时发布了首批《北京市公共法律服务项目（产品）目录》。2018年共发布三批目录。截至2020年1月，北京市律师协会共报送各律师事务所提供的230个法律服务项目入库。

第二，北京市律师协会和有关部门会商，建立和完善律师参与涉法涉诉信访工作新机制。2018年6月6日，北京市律师协会会长高子程应邀参加最高人民检察院控告检察厅组织的座谈会，就组织北京律师参与最高检控告检察厅涉法涉诉信访化解及代理工作达成一致。同年9月17日，北京律师参与最高检化解和代理涉法涉诉信访案件工作正式开始。12家律师事务所共120名律师参与值班工作。最高检控告检察厅每个信访接待日安排一名北京律师在现场为上访群众评析案件、化解案件，引导群众依法信访。

2019年1月29日，北京市公益法律服务促进会到北京市律师协会调研、座谈。双方围绕"如何共同建立对参与涉法涉诉信访及代理申诉工作的律师事务所和律师选拔机制，激励、奖励机制""如何完善律师参与涉法涉诉信访及代理申诉工作的保障机制、工作培训机制""如何进一步发挥律师在涉法涉诉信访及代理申诉工作中的作用"等议题进行了充分的沟通和交流。同年3月5日，在北京市委政法委的指导下，北京市律师协会与北京市公益法律服务促进会共同召开"2019年度第三方社会力量参与北京市法院系统涉法涉诉信访终结工作专题会"。会议高度肯定了律师在涉法涉诉信访工作中的热忱与努力，鼓励律师继续利用自身专业优势热情参与涉法涉诉信访案件的终结工作。会后，市公益法律服务促进会对2019年终结案件进行了任务分解。

第三，北京市律师协会和有关部门会商，建立和完善律师参与案件调解新机制。2018年6月22日，北京市律师协会与东城区人民法院在东城法院举行"《关于开展律师调解工作的框架协议》签约仪式"。

2018年7月27日，北京市高级人民法院、北京市律师协会共同召开"实习律师参与人民法院诉前调解工作培训会"。会议介绍了实习律师参与诉前调解相关工作内容，明确了工作要求，强调了工作纪律，并详细解答了实习律师提出的问题。同年8月1日，北京市律师协会与北京市高级人民法院共同召开"实习律师参与诉前调解工作部署会"。会上，宣读了29位实习律师参与诉前调解工作的分配方案，各基层法院领导与实习律师进行了对接。2019年7月30日，北京市高级人民法院、北京市司法局、北京市律师协会联合召开实习律师参与诉前调解工作推进会。会上，2018年参与诉前调解工作的4名实习律师代表做了经验交流；北京市京师律师事务所介绍了律所支持实习律师参与诉前调解工作的举措；朝阳区律师协会、通州区法院分别介绍了实习律师参与诉前调解工作的相关情况。北京市高级人民法院通报了实习律师参与诉前调解工作的情况：2018年试点工作启动以来，第一批29名实习律师在法院工作6个月，共成功调解1753件纠纷，调解成功率为35.4%。

第四，北京市律师协会参与建立北京市民营企业产权保护社会化服务体系。北京市民营企业产权保护社会化服务体系由北京市工商联、北京市司法局、北京市律师协会等单位根据有关文件精神共同发起建立。2019年7月16日，市律协与市司法局、市工商联共同签订了《组建律师团队服务北京民营企业战略合作协议》。根据该协议，市律协与市司法局、市工商联共同建立高水平的公益性民营企业律师团队，团队在以下方面提供公益法律服务：(1)发挥专业优势，为民营企业开展法治体检活动；(2)通过举办大讲堂、讲座、座谈研讨、以案释法等形式，向民营企业宣讲企业经营活动常用法律知识，提高企业依法经营、规范管理、合规发展能力；(3)帮助民营企业建立健全常见法律风险预警防范机制，并结合形势和需要，对在工作中发现的民营企业法律风险进行研判，提出防范处置建议；(4)围绕为民营企业发展营造良好法治环境议政建言，积极参与相关立法研讨和决策论证；(5)担任商会调解组织的调解员，在商业纠纷调解方面发挥专业优势和实践优势。

第五，继续施行"村居"法律顾问项目。在2018年度，北京有担任村居法律顾问的律师3856人，建立村居法律顾问微信群6942个，这两个数据分别与2017年的数据持平。2018年9月19~21日，北京市委社会工委、北京社会建设工作领导小组办公室共同主办的第四届"北京社会公益汇"在京举办。北京市律师协会申报的"村居法律顾问"项目获得第四届北京市社会组织公益服务品牌铜奖。

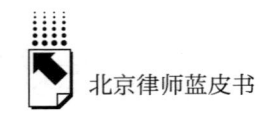

但是，2019年这两个指标显著下降。其中，担任村居法律顾问的律师有1946人，建立村居法律顾问微信群2669个，两个指标都显著低于2018年的水平（见表32）。

表32 北京市村居法律顾问项目运行情况

单位：人，个

年份	担任村居法律顾问的律师数量	建立村居法律顾问微信群数量	服务对象	
			农村数量	社区数量
2017	3856	6942	3872	3070
2018	3856	6942	3872	3070
2019	1946	2669	3964	3281

资料来源：北京市司法局。

（三）积极承担公共法律服务业务

北京律师积极承担公共法律服务工作，办理了较大数量的公共法律服务业务。在2018年度，北京律师共办理公共法律服务案件（法律援助案件、信访案件、调解案件和城管执法案件之和）53896件，较2017年大幅增长了26.2%，但是2019年下降了17.4%，只有44542件（见表33）。

接受相关机构的指派，北京律师在2018年度共办理法律援助案件37310件，较2017年增长了30.3%，但是2019年下降了38.6%，只有22920件。

北京律师在2018年度共有910人参与信访接待和处理，共办理案件6896件，较2017年下降了34.9%。在2019年度，北京共有1047名律师参与信访接待和处理，办理案件数大幅增长了73.3%，达到11948件。

北京律师在2018年度共调解案件9629件，较2017年大幅增长了176.5%，其中，在人民法院律师调解工作室调解案件8118件，在律师协会律师调解中心调解案件838件，在律师事务所设立的调解工作室调解的案件1119件。

在2019年度共调解案件9592件，较2018年小幅下降了0.4%，其中，在人民法院律师调解工作室调解案件7852件，在律师协会律师调解中心调解案件1396件，在律师事务所设立的调解工作室调解的案件2018件。

北京律师在2018年度共有19人入驻城管执法队，共参与办理案件61件。在2019年度，北京共有29名律师入驻城管执法队，共参与办理案件数大幅增长了34.4%，达到82件。

北京多名资深律师在2019年担任国资外部董事。2019年10月，北京市国有资产监督管理委员会颁发《关于北京市市属国有独资公司外部董事的选聘办法》，按照该办法，北京多名资深律师考核合格担任市国有独资公司外部董事，按照规定履行监督国有独资公司决策和运营的职责。

表33 北京律师办理公共法律服务数量

单位：人，件

项目				2017年	2018年	2019年
公共法律服务业务合计				42706	53896	44542
其中	办理法律援助案件合计			28637	37310	22920
	其中	参与信访	参与信访接待和处理的律师人数	1040	910	1047
			参与信访接待和处理案件数	10586	6896	11948
		律师调解	调解案件合计	3483	9629	9592
		其中	在人民法院律师调解工作室调解案件	3306	8118	7852
			在律师协会律师调解中心调解案件	177	838	1396
			在律所调解工作室调解的案件	—	1119	2018
		参与城管执法	驻队律师人数		19	29
			参与处置城管执法事件数		61	82

资料来源：北京市司法局。

（四）大力支持中西部欠发达地区律师行业发展

北京律师采取多种措施，持续多年支持中西部欠发达地区的律师行业发展。第一项措施是落实一年一度的"1+1"中国法律援助志愿者行动。2018年度，北京地区派出19名志愿律师参与"1+1"中国法律援助志愿者行动。在2019年度，北京派遣了11名律师参加"1+1"中国法律援助志愿

者行动，派遣了13名律师参加援藏律师服务团。

第二项措施是为中西部地区培训律师事务所管理人才。在2018年度，根据宁夏律师协会的要求，北京市律师协会举办"宁夏律师事务所高级管理人才培训班"，并在培训期间组织50位律师分别走访大成、中伦、德和衡、亿达等4家北京律师事务所，就律所专业化运行、人才培养、品牌建设等内容进行交流和探讨。在2019年度，北京市律师协会在北京律师培训基地举办"北京·遵义律师事务所管理培训班"，30余名北京中小律师事务所主任、管理合伙人和50名遵义律所主任参加培训。培训班包括管理培训、业务培训、座谈交流和参观学习四部分内容。

第三项措施是举办特殊培训班，提升中西部地区律师的业务能力。例如，2018年7月3日，蒙汉双语青年律师培训座谈会在北京市律师协会召开。内蒙古律协选派10名青年律师赴北京市所属律师事务所进行为期两个月的学习培训。安理所、大成所、国浩所、尚公所、中洲所分别就本所的情况及培训安排做了简要介绍。8月30日，项目结业仪式在北京举行。

（五）积极参政议政

利用法律专家的身份和特长，积极、广泛地参政议政，是北京律师的一个重要特色。在2018~2019年度，北京律师的参政议政活动主要体现在以下五个方面。

第一，担任人大代表并履行职责。在2018年度，北京律师共有46人担任人大代表，其中32人担任设区的市级、县级人大代表，8人担任省级人大代表，6人担任全国人大代表。这些代表在2018年度共计参与各级人大的调研127次，参与执法检查55次，参与立法、修法31次，提出议案160次。

在2019年度，北京律师共有66人担任人大代表，其中48人担任设区的市级、县级人大代表，14人担任省级人大代表，4人担任全国人大代表。这些代表在2019年度共计参与各级人大的调研134次，参与执法检查34次，参与立法、修法61次，提出议案127次。

表34　北京律师担任人大代表情况及履职情况

单位：人，次

年份	担任人大代表					履职情况				
	合计	全国人大代表	省级人大代表	设区的市级人大代表	县级人大代表	提出议案	参与立法、修法	参与执法检查	参与调研	其他
2017	47	3	14	30	0	116	40	49	114	56
2018	46	6	8	17	15	160	31	55	127	126
2019	66	4	14	31	17	127	61	34	134	153

资料来源：北京市司法局。

第二，担任政协委员并履行职责。在2018年度，北京律师共有70名律师担任政协委员。其中，52名律师担任设区的市级、县级政协委员，13名律师担任省级政协委员，5名律师担任全国政协委员。这些委员在2018年度共计参与各级政协的调研222次，参与座谈协商268次，参与立法、修法100次，提出提案162次。

在2019年度，北京律师共有120名律师担任政协委员。其中，101名律师担任设区的市级、县级政协委员，16名律师担任省级政协委员，3名律师担任全国政协委员。这些委员在2019年度共计参与各级政协的调研208次，参与座谈协商242次，参与立法、修法90次，提出提案170次。

表35　北京律师担任政协委员情况及履职情况

单位：人，次

年份	担任政协委员					履职情况				
	合计	全国政协委员	省级政协委员	设区的市级政协委员	县级政协委员	提出提案	参与立法、修法	参与协商座谈	参与调研	其他
2017	71	3	8	60	0	194	58	271	186	123
2018	70	5	13	28	24	162	100	268	222	127
2019	120	3	16	64	37	170	90	242	208	112

资料来源：北京市司法局。

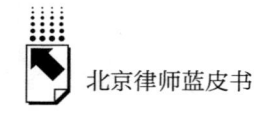

第三，担任党代会代表。在2018年度，北京律师共有8名律师担任党代会代表。其中，有7名律师担任设区的市级党代会代表，有1名律师担任省级党代会代表。在2019年度，北京市共有12名律师担任党代会代表。其中，有9名律师担任设区的市级、县级党代会代表，有3名律师担任市党代会代表。

表36 北京律师担任党代会代表情况

单位：人

年份	合计	全国党代会代表	省级党代会代表	设区的市级党代会代表	县级党代会代表
2017	11	0	3	8	0
2018	8	0	1	7	0
2019	12	0	3	8	1

资料来源：北京市司法局。

第四，担任特殊司法机构成员。在2018年度，北京律师共有47名律师担任特殊司法机构成员。其中，有20名律师担任人民检察院特约监督员、特约检察员，有22名律师担任人民法院特约监督员，有3名律师担任检察官遴选委员会委员，有2名律师担任法官遴选委员会委员。在2019年度，北京律师共有71名律师担任特殊司法机构成员。其中，有21名律师担任人民检察院特约监督员、特约检察员，有29名律师担任人民法院特约监督员，有9名律师担任检察官遴选委员会委员，有12名律师担任法官遴选委员会委员。

表37 北京律师担任特殊司法机构成员情况

单位：人

年份	法官遴选委员会委员	检察官遴选委员会委员	人民法院特约监督员	人民检察院特约监督员、特约检察员
2018	2	3	22	20
2019	12	9	29	21

资料来源：北京市司法局。

第五，律师机构加盟北京市工商业联合会智库基地。2018年6月1日，北京市工商联成立特邀顾问聘任暨专门委员会和参政议政智库基地，北京市尚公律师事务所等律师机构入选北京市工商联参政议政智库基地名录。智库基地的作用在于广泛收集工商界的意见建议，组织开展专题调研，促进提高工商界别参政议政的能力和水平。

2018~2019年度，北京市律师协会继续采取措施大力支持、协助律师代表和律师委员参政议政。例如，2018年12月5日，北京市律师协会参政议政促进工作委员会和法治北京促进研究会共同召开"征集2019年北京市两会建议案、提案"座谈会。与会人员就律师参与冬奥会及冬残奥会筹办法律服务、河北雄安新区法律服务、公共法律服务体系建设、疏解整治促提升、涉法涉诉等工作展开探讨，还就律师事务所设立相关问题、律师会见难、开设法院律师安检通道等执业过程中遇到的具体问题进行了交流讨论，提出了几十项意见、建议。

2019年12月10日，北京市律师协会参政议政促进工作委员会召开"两会"议案提案线索征集座谈会。与会人员围绕"一带一路"建设、京津冀协同发展、疏解整治促提升、冬奥会法律服务保障、公共法律服务体系建设、服务优化营商环境、律师权益保障及律师行业发展中的热点难点问题等，提出了50余条意见、建议。与会人大代表、政协委员认真听取了律师的意见建议，并就相关问题进行了回应和研讨。

六 行业管理与行业保障

（一）保障律师权益

北京市律师协会高度重视律师权益保障工作，而2017年3月揭牌成立的北京市律师协会"维护律师执业权利中心"负责保障律师权益的具体事务。在2018年度，北京市律师协会维权中心协调解决个案维权案件14起；在2019年度，北京市律师协会维权中心协调解决个案维权案件15起。

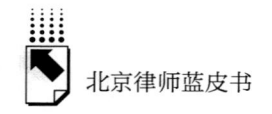

除了协调办理律师维权具体案件外，北京市律师协会还进一步加强律师权益保障的体制机制建设。2018年11月22～23日，北京市律师协会召开市区两级律协2018年度权保工作会暨权保培训会，提高维护律师执业权利中心的业务能力。2018年12月17～18日，北京市律师协会赴海口、哈尔滨、西安，与海南、黑龙江、陕西三省律师协会签署律师维权互助协议，并就律师维权工作进行经验交流。截至2018年12月，北京市律师协会已经与国内30家省级律师协会分别签署了律师维权协议，实现了北京律师维权互助合作网络全覆盖。2019年11月28日，北京市律师协会一行7人赴福建省律师协会就律师权益保障工作进行交流座谈。双方就如何加强两地维权协作进行探讨，就执业过程中出现的律师会见难、立案难等问题进行座谈，对发生律师人身伤害案件一小时内属地律协快速介入事宜达成共识。

（二）改善律师执业环境

在2018年和2019年，北京市律师协会继续采取措施改善律师的执业环境，具体包括三个方面。

第一，进一步优化北京律师人才引进政策。2018年3月，北京市律师协会会长高子程作为市人大代表提出《关于将北京律师业高精尖人才纳入优先办理户籍范围的建议》，北京市人力资源和社会保障局对此建议予以了答复，答复的内容实现了律师工作的两项突破：一是北京律师事务所可以为其聘用的优秀律师申请办理"北京市工作居住证"；二是将律师事务所纳入北京人才引进的范围，符合条件的优秀律师均可享受多项人才引进待遇。

第二，推进北京律师行业税收制度合理化。2018年5月3日，北京市律师协会召开北京市律师行业税收政策座谈会，围绕北京市律师行业税收政策相关问题展开讨论。2019年3月12～19日，北京市税务局、北京市司法局、北京市财政局、北京市律师协会组成的北京市律师行业税收政策联合调研组赴大成、金诚同达、金台、华贸硅谷、国联、致诚、慧海天合、集佳、李晓斌等9家律师事务所进行实地调研，了解了2016～2019年律师事务所财务管理、纳税核算和纳税申报的情况，特别是律所开展公益活动和党建活动的状况，听取了各所对行业税收征收的建议。通过这些会议和调研形成材料，推动律师行业税收政策的改进，提升税收政策的合理化水平。

第三，协调和相关部门的关系，解决律师执业中的体制机制性障碍，主要措施如下。

2018年4月26日，北京市律师协会与北京市高级人民法院就优化首都营商环境，便利当事人及其他诉讼参与人参与诉讼活动举行了座谈会。

2018年12月27日，北京市律师协会与北京市公安局监管总队召开"2018年度监管系统律师会见工作座谈会"。与会双方表示将加强双方联系和沟通，畅通解决问题的渠道，及时解决律师会见中发生的各种问题，充分保障律师正当合法的执业权益。

2019年7月2日，北京市律师协会与北京市高级人民法院就国际商事纠纷问题举行座谈会。与会双方围绕涉外商事审判中遇到的问题、涉外商事纠纷案件变化情况及涉外仲裁裁决的确认与执行等进行了沟通与交流。

2019年9月11日，北京市律师协会与朝阳区看守所举行了律师会见工作协调会。与会人员就朝阳看守所律师会见的特点、整体情况及具体会见工作中存在的问题等进行了沟通和交流，对进一步推动律师会见方式改革及解决会见过程突出问题交换了意见。

2019年10月30日，北京市检察院第五检察部一行三人赴北京市律师协会，与北京市司法局、北京市律师协会就律师会见工作进行交流座谈。会上，市检察院通报2019年以来北京律师在监管场所会见犯罪嫌疑人存在的一些问题以及改进的措施、建议。与会人员分别从落实律师执业权利、规范律师执业行为的角度就律师会见工作进行讨论，并有针对性地提出了相关意见和建议。

（三）加强对律师的培训

2018~2019年度，北京市律师协会继续以多种形式对律师进行培训，提升律师的业务能力和思想素质。据统计，如表38所示，在2018年度，北京律师共计参加各种培训41531人次，较2017年增长了21.8%；2019年较2018年增长了11.1%，达到46156人次。

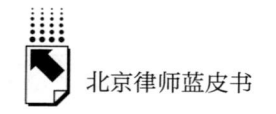

在2018年度,各种律师培训的数量(人次数)较2017年均有所增长。具体言之,北京申请律师执业实习人员集中培训2332人次,较2017年增长了2.0%;北京律师参加思想政治培训7536人次,较2017年增长了13.0%;北京律师参加职业道德和执业纪律培训10235人次,较2017年增长了12.6%;北京律师参加律师业务培训21003人次,较2017年增长了33.7%;北京律师赴境外培训425人次,较2017年增长了21.8%。

在2019年度各种律师培训中,除了"律师赴境外培训"外,其他培训较2018年也有所增长。具体言之,北京申请律师执业实习人员集中培训3588人次,较2018年增长了53.9%;北京律师参加思想政治培训8926人次,较2018年增长了18.4%;北京律师参加职业道德和执业纪律培训11826人次,较2018年增长了15.5%;北京律师参加律师业务培训21600人次,较2018年增长了2.8%;北京律师赴境外培训216人次,较2018年下降了49.2%。

北京律师培训的方式灵活多样。在2018年度,北京市律师协会举办大型业务培训2期,参加律师1050人次;举办小型业务培训51期,参加律师6860人次。各专业委员会举办业务研讨活动64期,参加委员3530人次。北京律师学院举办律师业务专题培训班31期,参加律师4970人次。

在2019年度,北京市律师协会举办大型业务培训4期,参加律师2000余人次;举办小型业务培训47期,参加律师7110人次。各专业委员会举办业务研讨会27期,参加委员2050人次。北京律师学院举办律师业务专题培训班23期,参加律师3860人次。

表38　北京律师参加各种培训情况统计

单位:人次

年份	参加各种培训合计	申请律师执业实习人员集中培训	律师思想政治培训	律师职业道德和执业纪律培训	律师业务培训	律师赴境外培训
2017	34107	2287	6671	9087	15713	349
2018	41531	2332	7536	10235	21003	425
2019	46156	3588	8926	11826	21600	216

资料来源:北京市司法局。

（四）提升律师涉外业务办理能力

2018~2019年度，北京律师继续通过多种措施提升律师的涉外业务办理能力。其中第一项措施就是律师赴国外或境外培训。北京律师2018年赴境外培训425人次，2019年216人次。

第二项措施是北京在2018年和2019年继续实施"扬帆计划"，培养涉外律师人才。2018年9月1~16日，北京市律师协会与中国法学学术交流中心联合主办"扬帆计划"之百人涉外法律培训计划第三期"国际经济合作与争议解决法律实务培训班"。培训班为期3周，57名律师顺利结业。2019年11月30日至12月8日，北京市律师协会与对外经济贸易大学联合主办"扬帆计划"之百人涉外法律培训计划第四期"'一带一路'争议解决法律实务培训班"。

第三项措施是建立"涉外法律服务大讲堂"。2018年6月22日，北京市律师协会与对外经济贸易大学法学院联合举办"涉外法律服务大讲堂"项目启动仪式。培训班为期2周，64名律师结业。北京市律师协会与对外经济贸易大学法学院共同签署了"涉外法律服务大讲堂"项目合作备忘录。

第四项措施是发布涉外业务相关的指引。例如，2018年1月23日，北京市律师协会举办新书发布会，发布《"一带一路"沿线六十五个国家中国企业海外投资法律环境分析报告汇编暨外国投资法律制度分析报告汇编》；2018年10月，北京市律师协会组织完成《欧洲国别法律风险与投资案例专题研究报告》的最后校对及刊印工作。

（五）参加和举办学术研讨会

2018~2019年度，北京律师积极参加或举办相关议题的学术研讨，借以提升业务能力。近两年主要的学术研讨会如下。

（1）2018年1月6日，北京市律师协会传媒与新闻出版法律事务专业委员会与中国传媒大学媒体法规政策研究中心联合主办"2017年度中国十大传媒法事例发布会暨学术研讨会"。

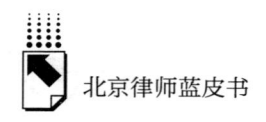

（2）2018年1月22~23日，由北京、广东、上海、广州、深圳五省（市）律师协会共同主办的"第二届中国竞争与反垄断实务论坛"在广州举行。

（3）2018年3月7日，北京市律师协会与中国法学学术交流中心召开座谈会，围绕共同推进律师更好地为国家"一带一路"倡议提供法律服务，更多参与国家重大法律事务等方面展开沟通与交流，并商谈该年度重点工作及培训项目等合作事宜。

（4）2018年8月27日，由中国法学会主办的第五届"国际投资经贸法律风险及对策研讨会"在北京友谊宾馆举行。北京市律师协会派代表参加了开幕式，并以"'一带一路'法律服务合作"为题发言。

（5）2018年9月6~7日，由北京、上海、广东、广州、深圳五省（市）律师协会共同主办，北京市律师协会竞争与反垄断法律专业委员会承办的第三届中国竞争与反垄断实务研讨会在北京律师培训基地举办。

（6）2018年11月24~25日，由中华全国律师协会环境、资源与能源法专业委员会和北京市律师协会共同主办的"新环保执法环境下的律师环保、资源业务——中华全国律师协会环境、资源与能源法专业委员会2018年年会暨京津冀律师环保研讨会"在北京律师培训基地召开。

（7）2019年5月28~29日，北京市律师协会参加中国国际服务贸易交易会。5月28日，北京市律师协会推荐的5家从事涉外业务的律师事务所代表参加全球服务贸易峰会，并同与会嘉宾围绕"全球服务，互惠共享"主题展开深入探讨；5月29日，法治中国互通论坛发布了"2019北京商务服务业创新品牌和国际品牌百强榜"，27家北京律师事务所入围。

（8）2019年12月18日，香港律政司刑事检控科高级检控官傅悦耳女士拜访北京市律师协会。双方就两地司法合作、刑事业务领域业务探讨等进行了交流。

（六）加强对律师行业的表彰和宣传

北京律师行业管理十分重视对律师和律师事务所的表彰和宣传。表彰和宣传方式与时俱进，灵活多样，富有成效。

第一，编辑北京律师行业发展口述历史。2018年2月8日，北京市律师协会召开老律师座谈会，介绍《口述历史——回眸北京律师业发展历程》第一辑的编写情况，并就第二辑编印工作征求老律师、历届会长的意见和建议。2019年5月5日，北京市律师协会组织编印完成《口述历史——回眸北京律师业发展历程》第二辑。该书通过采访12位曾在国办所执业的老律师，全面回顾了北京律师行业恢复重建以来的改革历程及发展脉络，以展现和传承北京律师行业的优良传统。

第二，在传统媒体和新媒体发布文章。据统计，在2018年度，北京律师协会在报纸、杂志、电台、电视台刊发宣传稿件2000余件；通过微信公众号发布文章691篇，累计阅读量达到486522人次，截至12月底关注人数达到15312人；通过北京时间号和腾讯企鹅号两个专区发表文章243篇；通过官方微博发布文章484篇；通过今日头条北京律协专号发布文章17篇。

在2019年度，协会在报纸、杂志、电台、电视台刊发宣传稿件2000余件；通过微信公众号发布文章695篇，累计阅读量达到871303人次，截至12月底关注人数达到30143人；通过北京时间号和腾讯企鹅号两个专区发表文章534篇；通过官方微博发布文章682篇；通过今日头条北京律协专号发布文章65篇。

第三，通过抖音媒体发布行业资讯。2019年2月23日，北京市律师协会正式开通抖音账号，通过发送记录行业重大活动及律师先进事迹等内容的短视频，向社会及时报道和集中展示北京律师行业整体风貌及优秀律师个人风采。

第四，举办活动展示北京律师行业风采，主要活动如下。

2018年10月23日，北京市律师协会主办的"改革开放四十年　北京律师成果展示——优秀辩护词代理词原音重现"活动在北京梅地亚中心多功能厅举行。王人宪（百瑞所）、李赫（中伦文德所）、张莉（中伦所）、王鑫（国舜所）、李永（盈渊所）、师晓燕（金诚同达所）获得"最佳口才奖"；董梅（炜衡所）、张学明（金朔所）、石红英（英弘所）、张砾心（中

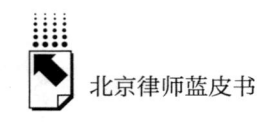

盈所)、由莉雅(圣奇所)、史欣悦(君合所)获得"最佳风采奖"。

2019年12月4日,"弘扬宪法精神 推进国家治理体系和治理能力现代化——司法行政70年"司法行政在身边——北京市律师协会开放日活动在北京市律师协会举办。活动组织30余名高校学生参观了北京律师博物馆,介绍了北京市律师协会和北京律师行业的基本情况,志愿律师为市民群众解答了有关婚姻、劳动纠纷等多个社会热点和百姓关心的法律问题,协会还发放了宪法、"70年与法同行系列专题片"等资料、书刊及宣传折页。

2019年12月13日,北京市律师协会举办纪念律师制度恢复重建40年座谈会。整场座谈会分为开篇、奠基与致敬、开拓与创新、传承与展望四个篇章。开篇中,高子程会长宣布文集《40年40人 讲述律师故事》和影集《100场1000人 凝固经典瞬间》发布,并向影集作者陈立元律师赠书。在奠基与致敬篇章,中华全国律师协会原会长高宗泽、北京市司法局原副局长周纳新为老律师代表张宏久律师、田文昌律师、张月姣律师颁发了"光荣执业三十年"纪念牌和荣誉勋章;纪念4位已故北京律师,也是文集中律师故事的主人公——傅志人律师、柳谷书律师、张涌涛律师、于宁律师;王志强监事长向捐献物品的3位律师代表牛琳娜律师、金莲淑律师和周塞军律师颁发了"北京律师博物馆收藏证书"。开拓与创新篇章以采访形式展开,主持人按照专业领域、公益领域、行业发展领域、参政议政领域4个方面对律师故事中的15位主人公进行采访。传承与展望篇章主题是"历任会长话行业发展",北京市律师协会第四、五届会长武晓骥律师,第六届会长张庆律师,第七届会长李大进律师,第八、九届会长张学兵律师,第十、十一届会长高子程律师与来宾们一同回顾了北京律师行业的发展。

第五,北京市律师协会和北京律师荣获各类奖项。2018年2月11日,由北京市司法局、首都文明办主办,北京市律师协会承办的"2017北京榜样·寻找律师楷模"主题活动揭晓仪式在北京电视台演播厅举行。丁琛等10位律师荣获"律师楷模"称号。

2018年3月21日,北京市妇联召开2018年度北京市三八红旗奖章获得者(社会推荐)表彰会,郝春莉(东卫所)、李军(易和所)、段凤丽(天驰君泰所）3 位律师荣获奖章。

2018 年 5 月初，北京市司法局在全市司法行政系统组织开展了"法治好青年"评选表彰活动。欧阳继华（中同所）、芦云（汇佳所）、于旭坤（致诚所）3 位律师荣获首都司法行政系统"法治好青年"荣誉称号，常铮（尚权所）、陈娜（纳诚所）、程晓璐（德恒所）、郭宏（亚东所）、韩雪（嘉观所）、何欢（兰台所）、胡家润（东卫所）、李瑞（中伦所）、卢亮（君合所）、孙莹（双利所）、唐容（檀州所）、王阳（观韬中茂所）、周保民（亚太所）等 13 位律师荣获首都司法行政系统"法治好青年"推荐提名奖。

2018 年 12 月 4 日，北京市律师协会参加由司法部普法与依法治理局指导，法制日报社、中共陕西省委普法办、陕西省司法厅主办的首届全国快乐学法大赛总决赛（现场赛）。北京代表队获得团体第三名，北京市律师协会获得组织奖，高婷婷律师获得个人优胜奖，韩映辉、于虹飞、刘明明、王聪 4 位律师获得个人优秀奖。

2018 年 12 月 21 日，中华全国律师协会 2018 年走基层、进律所媒体交流日活动在北京举行。北京市律师协会被评为先进集体，荣获"守正出新奖"；北京市律师协会秘书处宣传（国际）联络部主任李凯被评为优秀个人，获得"锐意创新奖"；北京市律师协会荣获"寻找律师感人瞬间"活动"优秀组织奖"；陈立元律师的摄影作品《北京市律师协会 7 任会长图》荣获"寻找律师感人瞬间"活动优秀摄影作品征集活动"特等奖"。

2018 年 12 月，中央政法委"改革开放 40 周年政法系统新闻影响力人物"评选结果揭晓，北京市致诚律师事务所主任佟丽华获此殊荣。

2019 年 7 月 23 日，由光明日报社、公安部新闻宣传局、最高人民检察院新闻办、最高人民法院新闻局、司法部法治宣传中心指导，由光明舆情、新浪微博、今日头条、清博大数据、抖音提供数据支持的第六届"政法系统新媒体应用案例"推选活动颁奖仪式暨研讨交流会在北京举行。北京市律师协会《风雨无阻！专业敬业的首都律师刷爆朋友圈》荣获 2018 全国司法行政系统"十佳新媒体案例奖"。北京市律师协会副会长高警兵代表协会参加会议并领奖。

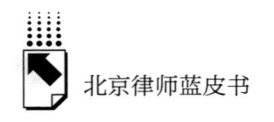

2019年8月29日，北京大成律师事务所主任彭雪峰荣获"全国非公有制经济人士优秀中国特色社会主义事业建设者"称号。

2019年12月4日，司法部、全国普法办和中央广播电视总台共同主办"宪法的精神、法治的力量——2019年度法治人物评选及颁奖礼"，高宗泽律师被评为"CCTV 2019年度致敬奖"，吴金钻律师被评为"CCTV 2019年度法治人物"。

2019年12月27日，由司法部、人民日报社、中央广播电视总台、光明日报社、法制日报社、爱奇艺6家单位共同主办的"新时代司法为民好榜样"正式揭晓。刘凝、时福茂、佟丽华、马兰等4位北京律师获此殊荣。

第六，受省级以上表彰奖励。据统计，北京律师2018年受省级以上表彰奖励182人，2019年受省级以上表彰奖励120人（见图39）。北京律师事务所2018年受省级以上表彰奖励81家，2019年受省级以上表彰奖励56家（见图40）。

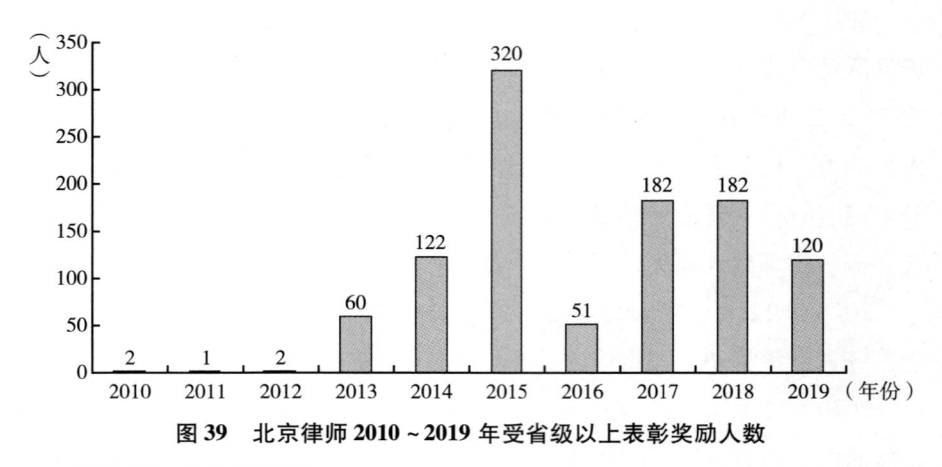

图39 北京律师2010~2019年受省级以上表彰奖励人数

资料来源：北京市司法局。

2018~2019年度，北京律师行业管理部门在律师表彰和宣传方面取得了突出的成绩。2018年11月2~3日，全国律协宣传工作会议暨律师行业新媒体宣传培训班在苏州召开。中华全国律师协会对北京市律师协会的宣传工作给予肯定及表扬，王笑娟副秘书长代表北京市律师协会做典型发言。

图40 北京律师事务所2010～2019年受省级以上表彰奖励情况

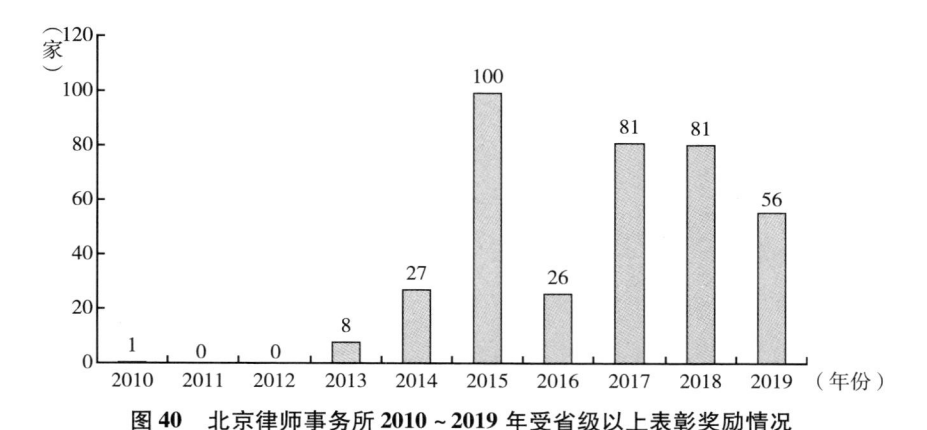

资料来源：北京市司法局。

2018年8月20日，全市司法行政系统新闻舆论工作会议召开。北京市律师协会荣获北京市司法行政系统新闻宣传工作先进单位，北京市律师协会官方微博当选北京市司法行政系统十大最具影响力新媒体，北京市律师协会秘书处宣传（国际）联络部主任李凯被评为北京市司法行政系统新闻宣传优秀通讯员。秘书长萧骊珠就"全面提升新时代首都律师行业宣传工作水平"做典型发言。

（七）惩戒违法违规行为

2018～2019年度，北京市司法局和北京市律师协会依法依规查处案件，惩戒违法违规律师，维护行业秩序，促进行业健康稳步发展。这方面的主要工作如下。

第一，受理和查处案件。在2018年度，北京市律师协会共接到当事人投诉612件（次），接到各区律协报送的建议给予行业纪律处分的案件84件，立案111件，2018年召开听证会76次，审结97件（含上一年度立案未审结案件），对26家律师事务所、37名律师做出纪律处分。北京市司法局接到当事人投诉案件173件，对12家律所做出行政处罚，对28名律师做出行政处罚。

在2019年度，接到当事人投诉632件（次），接到各区律协报送的建议给予行业纪律处分的案件134件，立案154件，召开听证会75次，审结99件（含上一年度立案未审结案件），对19家律师事务所、31名律师做出纪律处分。北京市司法局接到当事人投诉案件183件，对12家律所做出行政处罚，对18名律师做出行政处罚。

第二，对违纪律师做出行业处分（见表39）。在2018年度，北京市律师协会共对37名律师做出违纪处分，其中，训诫11人，警告3人，通报批评10人，公开谴责5人，中止会员权利一个月以上一年以下4人，取消会员资格4人。

在2019年度，北京市律师协会共对31名律师做出违纪处分，其中，训诫8人，警告6人，通报批评8人，公开谴责1人，中止会员权利一个月以上一年以下6人，取消会员资格2人。

第三，对违法律师做出行政处罚（见表40）。在2018年度，北京市司行政机关共对18名律师做出行政处罚，其中，警告10人，罚款3人，停业三个月以上一年以下1人，吊销执业证书4人。

在2019年度，北京市司法行政机关共对27名律师做出行政处罚，其中，警告21人，罚款1人，停止执业三个月以下1人，停业三个月以上一年以下2人，吊销执业证书2人。

第四，对违纪律所做出行业处分（见表41）。在2018年度，北京市律师协会共对26家律所做出违纪处分，其中，训诫13家，警告3家，通报批评6家，公开谴责1家，中止会员权利一个月以上一年以下2家，取消会员资格1家。

在2019年度，北京市律师协会共对19家律所做出违纪处分，其中，训诫6家，警告4家，通报批评5家，公开谴责2家，中止会员权利一个月以上一年以下2家。

第五，对违法律所做出行政处罚（见表42）。在2018年度，当事人投诉的案件共173件，北京市司法行政机关共对12家律所做出行政处罚，其中，警告9家，停业整顿三个月以上六个月以下2家，吊销执业证书1家。

在2019年度，当事人投诉的案件共183件，北京市司法行政机关共对12家律所做出行政处罚，其中，警告11家，停业整顿三个月以上六个月以下1家。

第六，案件复查。2018年北京市律师协会受理会员纪律处分复查申请12件，审结11件（含上年度申请复查案件）。2019年受理会员纪律处分复查申请12件，审结11件（含上年度申请复查案件）。

表39　北京律师受行业处分情况

单位：人

年份	受行业处分的律师	其中					
		训诫	警告	通报批评	公开谴责	中止会员权利一个月以上一年以下	取消会员资格
2010	44	18	0	13	13	0	0
2011	22	10	0	4	8	0	0
2012	13	8	0	3	1	0	1
2013	22	10	0	6	2	0	4
2014	37	20	0	7	8	0	2
2015	23	7	0	8	7	0	1
2016	32	12	0	10	5	0	5
2017	35	14	1	10	6	0	4
2018	37	11	3	10	5	4	4
2019	31	8	6	8	1	6	2

资料来源：北京市律师协会。

表40　北京律师受行政处罚情况

单位：人

年份	受行政处罚的律师	其中				
		警告	罚款	停止执业三个月以下	停业三个月以上一年以下	吊销执业证书
2010	4	0	—	—	0	4
2011	1	0	—	—	1	0
2012	4	1	—	—	—	3
2013	3	0	—	—	1	2
2014	8	4	—	—	1	3
2015	8	3	—	—	1	4
2016	12	8	—	—	1	3
2017	23	17	1	1	1	3
2018	18	10	3	0	1	4
2019	27	21	1	1	2	2

资料来源：北京市司法局。

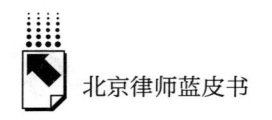

表41　北京律所受行业处分情况

单位：家

年份	受行业处分的律所	其中					
		训诫	警告	通报批评	公开谴责	中止会员权利一个月以上一年以下	取消会员资格
2010	42	18	0	13	11	0	0
2011	18	6	0	5	7	0	0
2012	8	3	0	3	2	0	0
2013	8	5	0	1	2	0	0
2014	14	5	0	5	4	0	0
2015	9	2	0	5	2	0	0
2016	17	7	0	6	4	0	0
2017	22	11	1	6	2	0	2
2018	26	13	3	6	1	2	1
2019	19	6	4	5	2	2	0

资料来源：北京市律师协会。

表42　北京律所受行政处罚情况

单位：家，件，个

年份	受行政处罚的律所	其中				
		警告	罚款	停业整顿三个月以上六个月以下	吊销执业证书	当事人投诉的案件数
2010	0		0	0	0	
2011	1		0	1	0	
2012	1		0	0	0	
2013	1				0	
2014	2		1	1	0	
2015	0		0	0	0	
2016	2		1	0	1	
2017	13	12	0	0	1	
2018	12	9	0	2	1	173
2019	12	11	0	1	0	183

资料来源：北京市司法局。

（八）加强律师执业考核工作

2018~2019年度，北京市律师协会认真部署和落实律师考核工作。律师考核工作包括实习律师考核和律师执业年度考核两种类型。

第一，实习律师考核。在2018年度，协会收到《实习律师备案申请表》4150份，为符合申报条件的3886人发放了"实习律师证"。组织实习律师集中培训9期，2796人次参加，考核合格2732人。组织实习期满申请律师执业人员面试考核64期，2560人次参加，考核合格2218人。组织重新申请律师执业人员和异地变更执业机构人员面试考核12期，490人次参加，考核合格370人。

在2019年度，协会收到《实习律师备案申请表》5235份，为符合申报条件的4780人发放了"实习律师证"。组织实习律师集中培训11期，3386人次参加，考核合格3344人。组织实习期满申请律师执业人员面试考核79期，3160人次参加，考核合格2780人。组织重新申请律师执业人员和异地变更执业机构人员面试考核15期，609人次参加，考核合格458人。

第二，律师执业年度考核。2018年5月，北京2390家律师事务所的28847名律师参加北京市律师协会律师2018执业年度考核。其中，考核结果为称职的律师共28777人，考核结果为基本称职的律师共43人，考核结果为不称职的律师共5人，暂缓考核的律师共22人。

2019年5月，北京2555家律师事务所的31009名律师参加北京市律师协会律师2019执业年度考核。其中，考核结果为称职的律师共30950人，考核结果为基本称职的律师共40人，考核结果为不称职的律师共2人，暂缓考核的律师共17人。

（九）全面开展党建工作

2018~2019年度，北京律师行业党建工作全面展开，并取得显著成绩。党建工作的主要措施如下。

第一，加强党务培训。2018年10月29日至11月2日，北京市律师行

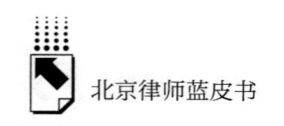

业党委在延安举办北京市律师行业党务工作者专题培训班,并举行了北京、延安两地律师协会党建互联共建签约仪式。

2018年11月6~7日,北京市司法局和北京市律师协会共同举办"2018年青年骨干律师和入党积极分子培训班暨青年律师读书会"。

2018年11月28~29日,北京市司法局和北京市律师协会举办"2018年优秀律所党支部书记、优秀党员律师培训班"。全市16个区38个律师事务所的42名律师参加了本次培训。

2019年7月31日至8月1日,北京市司法局、市律师行业党委联合举办律师行业党组织书记示范培训班。

第二,开展主题教育活动。2019年9月27日,第十一届北京市律师协会理事会召开第三次会议。会议传达了全国律师行业"不忘初心、牢记使命"主题教育动员部署会议精神。

2019年11月5~9日,北京市律师行业党委在湖南举办党组织书记主题教育示范培训班。11月6日,王群同志为全体学员讲授专题党课;湘潭县委党校赵湘芝教授作"不忘初心、牢记使命,做信仰坚定的共产党员"专题讲座。培训期间,北京市律师行业党委和湖南省律师行业党委在上海建纬(长沙)律师事务所举行座谈会,围绕贯彻落实全国律师行业主题教育推进会精神,推进律师行业主题教育和党建工作进行了深入交流。

2019年11月21~22日,北京市律师行业党委召开"不忘初心、牢记使命"主题教育推进会。会议传达了全国律师行业"不忘初心、牢记使命"主题教育推进会精神和全国律师行业主题教育督导组督导北京律师行业主题教育情况;通报了全市律师行业"不忘初心、牢记使命"主题教育工作进展情况;朝阳区律师行业党委、德恒律师事务所党委、扬轩律师事务所党支部分别作经验交流,丰台区律师行业党委作表态发言,京师律师事务所刘亚晶分享了参加国庆阅兵女民兵方阵的感悟与体会;表彰了北京律师行业庆祝新中国成立70周年先进集体和先进个人。

2019年10~12月,北京市律师行业主题教育指导组到全市16个区指导"不忘初心、牢记使命"主题教育工作并召开座谈会。指导组听取了各区律师行业主题教育工作进展情况汇报，围绕学习教育规定动作及方式方法创新、律所党组织规范化建设、加强无党员律所党建工作、规范联合党支部建设、支部书记轮训、党建工作力量配备、党建促所建、主题教育常态化、整改落实律所建设、公益法律服务等问题进行了沟通交流。

北京律师行业党建工作所的成绩得到有关方面的认可。2018年6月27日，市委社工委召开社会领域纪念中国共产党成立97周年暨党建重点任务推进会，对全市社会领域先进党组织、优秀共产党员、优秀党务工作者和优秀党建活动品牌进行表彰。北京市律师行业共有2个党委、4名个人和3个项目获奖。君合律师事务所党委、西城区律师行业党委荣获"北京市社会领域先进党组织"称号，周凯（北京市律师协会）、王辉（东城区律师协会）、牛琳娜（易和所）、邵浩（方正所）荣获"北京市社会领域优秀党务工作者"称号，市律师行业党委"思想道德建设委员会"、京师律师事务所党总支"京师千百万法律促和谐"、奥援律师事务所党支部"党建服务疏解非首都功能提升首都核心价值"被评为"北京市社会领域优秀党建活动品牌"。

2019年6月30日，全国律师行业党委在青岛召开"全国律师行业党建工作先进典型表彰暨经验交流会议"。北京市天同律师事务所党支部等5个党组织、牛琳娜等14名律师、宋晓江等3名同志分别获得"全国律师行业先进党组织""全国律师行业优秀党员律师""全国律师行业优秀党务工作者"称号。易和所牛琳娜律师作为优秀党员律师代表作"党员律师使命不变　初心不改"大会发言，天同律师事务所党支部作为先进党组织代表作"以党建促发展　传递诉讼正能量"大会发言。

七　总结和展望

（一）北京律师2018~2019年度发展总结

综合上文六个方面的考察，并结合本书各分报告的专题分析，可以总结

出北京律师行业 2018~2019 年度发展的八个显著特点。

1. 律师人数持续增长

自 2017 年以来，北京律师人数进入平稳增长阶段。2018~2019 年度，年增长率分别是 9.7% 和 8.2%。纵向对比看，该速度高于北京律师人数 2011~2015 年的下降和低增长时代，但是也低于 2009 年以前的高增长时代，属于中速平稳增长阶段。横向对比看，北京律师人数的增长速度低于全国 2018 年 18.6% 的平均水平和 2019 年 11.6% 的平均水平，也低于广东、上海等律师大省（市）的水平。总体来看，北京律师人数当前的增长速度是法律服务市场需求和律师人才引进政策调整共同作用的结果。从律师行业反馈回来的信息看，目前的增长速度基本能够满足律师人才引进的需要。

2. 律师人数居全国前列

虽然北京律师人数增速低于全国平均水平，但是北京律师人数仍居于全国前列。以 2018 年底计，北京律师总人数达 32134 人，每 10 万人口拥有 149.2 名律师；以 2019 年底计，北京律师总人数达 34755 人，每 10 万人口拥有 161.4 名律师。在全国省级地区排名中，连续两年都是律师总人数排名第二（仅少于广东省），而每 10 万人口律师则高居第一，并且以较大的幅度超过排在第二位的上海。因此，总体来看，北京律师人数仍然处于全国前列。

3. 公职律师人数快速增长

2018~2019 年度，北京公职律师人数延续 2017 年度的势头，大幅增长，从 2017 年的 339 人增至 2018 年 1191 人，2019 年再增至 1334 人；公职律师占律师总人数的比例也从 2017 年的 1.2% 增至 2019 年的 3.8%，增幅较大。之所以发生这些变化，是中共中央《关于全面推进依法治国若干重大问题的决定》，中共中央办公厅、国务院办公厅《关于深化律师制度改革的意见》，中共中央办公厅、国务院办公厅《关于推行法律顾问制度和公职律师公司律师制度的意见》，中共中央办公厅、国务院办公厅《关于加快推进公共法律服务体系建设的意见》等文件关于推行中国特色法律顾问制度和两公律师制度的要求在北京市得以贯彻执行的结果。

4. 大型律所规模继续扩大

北京大型律所的数量和平均规模分别呈继续增长和扩大的趋势。从数量上看，在2017年度，101名律师及以上的律所有37家，在2018年增至41家。从平均规模上看，在2012年度，北京规模前十的律所的平均规模是243.4人；该指标在2015年增至283.8人；2019年再增至478.6人。扩大趋势十分显著。

5. 多种类型的业务有显著增长

以2017年、2018年、2019年三年相比较而言，北京律师多种类型的业务显著增长：（1）担任法律顾问家数在2018年下降了5.4%，但是在2019年增长了31.1%；（2）民事诉讼代理业务件数在2018年增长了33.6%，在2019年增长了23.6%；（3）行政诉讼代理业务件数在2018年增长了52.0%，在2019年增长了18.3%；（4）非诉讼法律事务件数在2018年增长了41.3%，在2019年增长了11.0%；（5）公职律师业务件数在2018年增长了78.2%，在2019年增长了248.7%；（6）涉外法律服务件数在2018年增长了23.9%，在2019年增长了9.2%。

6. 律师业务收入总额持续增长

2018~2019年度，北京律师业务收入总额持续增长，从2017年的199.29亿元增至2018年的234.68亿元，再增至2019年的273.73亿元。

北京律师业务收入总额持续增加，律师人均业务收入也有所增长。但是因为律师人数也在增加，所以增幅较小。律师人均业务收入甚至在2018年还有小幅下降。具体而言，2017年北京律师人均业务收入74.86万元，到2018年下降至73.00万元，2019年小幅回升至78.40万元，到达历史最高值。

7. 履行社会责任方式灵活多样

除了传统的义务咨询、法律援助、参政议政以外，北京律师尝试以更多的形式从事公益活动，履行社会责任。这主要包括：组织女律师宣讲法律，制作和播放电视节目《律师来了》，推出公共法律服务项目，支援中西部地区，为企业免费"法治体检"，等等。以更多的形式履行社会责任，有助于

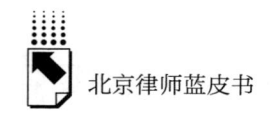

展现律师不同的专长，有助于产生更好的社会效果。

8. 多种方式提升律师业务能力

2018~2019年度，北京市律师协会继续组织了大量的业务培训，有力地促进了北京律师的业务提升。除此之外，北京律师协会还采取其他方式提升律师的素质和能力。例如举办了数量较多的学术研讨会，编辑和发布重要的资料或指引文件，组织同有关部门或机构的交流，等等。

（二）北京律师发展前景展望

根据上文分析，在过去的2018~2019年度，北京律师行业在各方面都取得了一定的成绩，这些成绩为行业的进一步发展提供了坚实的基础和有力的保障。综合考虑今后国家经济、政治、文化和法治环境的变化以及律师行业管理政策措施的调整，北京律师行业未来几年的发展存在如下趋势。

1. 北京律师行业的规模将平稳扩大

律师行业的规模主要体现在律师人数和律师业务收入总额两个方面。在未来几年中，律师人数将持续增长，增幅将在5%~10%。而业务收入总额短期内可能受到新冠肺炎疫情的影响，呈与之前持平或下滑趋势，但是从长期来看，克服疫情的冲击后，有望恢复增长。

2. 公共法律服务体系将继续巩固和发展

随着中共中央办公厅、国务院办公厅《关于加快推进公共法律服务体系建设的意见》的贯彻落实，随着依法治国、依法执政的全面推进，国家和北京市的公共法律服务体系将进一步巩固和发展。发展的方向主要是两个方面：一是探索律师以更多样的、更适宜的形式提供公共法律服务；二是公共法律服务的业务数量将会持续增长，依托公共法律服务进行社会的管理和治理将会逐步常态化。

3. 线上法律服务将有飞跃式的发展

近年来，随着信息技术、人工智能、大数据技术的发展和进步，互联网线上法律服务成为众多律所和律师重点发展的方向。线上法律服务模式在体量上虽然不及传统模式的法律服务,但是已经有了许多尝试和创新。而2020年初以来的新冠肺炎疫情,将成为线上法律服务发展的一个十分重大的推动力量。一方面,疫情对众多行业的冲击将刺激信息互联网技术的发展;另一方面,长期持续的疫情将催生线上法律服务的需求。因此可以预见,疫情将推动线上法律服务的重大发展,线上法律服务将成为一种有较大潜力的法律服务模式。

4. 新冠肺炎疫情将对律师行业产生较大冲击

可以预见,新冠肺炎疫情将对律师行业产生重大影响,这种影响将在今后的年度统计数据中显示出来。总体来说,这种影响是相当负面的,而产生这种影响的原因在于两个方面:一方面,疫情抑制线下服务模式的需求,从而减少律师业务数量;另一方面,疫情将冲击整体的经济形势,进而减少法律服务需求,或者降低法律服务的购买力。由于疫情的这种影响,广大律师和律所需要密切关注,寻找应对措施。

B.2
2020年北京律师行业发展指数评估报告

冉井富

摘　要： 运用法治发展指数的方法对北京律师行业2020年度发展状况进行评估，主要的发现和结论有以下几个方面。（1）北京律师行业总体发展状况评估得分为79.7分，处于中等偏上、十分接近良好的水平。（2）从3项一级指标看，律师服务效果优秀，律师服务体系较为坚实有效，律师服务能力发展水平相对较为薄弱。（3）从9项二级指标得分对比看，当事人满意度、业务收入等指标的分值在90分以上；业务办理能力和市场运营能力等指标则处于及格水平。（4）对比31项三级指标得分看，80分以上的指标有18个，占56.1%，这些指标代表了北京律师行业发展的优势领域，其分值集中反映了北京律师行业发展所取得的成绩；不足70分的指标有5个，占16.1%，这些指标反映了北京律师行业发展相对薄弱的环节，存在的问题与不足需要有关方面予以研究和改进。（5）与2016年的调查评估相比，2020年度绝大多数指标的分值有所提升，综合起来，律师行业发展总指数从2016年的76.3分增至2020年的79.7分，有3.4分的增幅。

关键词： 北京律师　律师行业　律师行业发展水平　行业发展指数评估

一 评估的方法与过程

（一）评估的对象

本报告评估的对象，是2020年度北京律师行业发展。该对象的具体内容与边界体现在三个方面。

第一，律师行业。律师作为一个行业，其核心要素是律师和律所为社会提供法律服务，并因此获得业务收入。围绕这个核心要素，律师行业具体可以划分为三个方面：一是规范、保障和支持行业活动的各种要素，在本报告中，这些要素合称为法律服务体系，具体包括律师行业秩序的规范与管理、律师行业运行的支持与保障、律师执业的社会环境等三个方面；二是律师行业提供法律服务的能力，具体包括律师队伍发展、业务办理能力和市场运营能力等三个方面；三是法律服务的效果，具体包括业务收入、当事人满意度、社会效果等三个方面。

第二，北京地区。本报告评估律师行业限于北京地区。对于全国性的体制、制度与政策，本报告重点考察它们在北京的具体实施情况。此外，有时为了对比说明北京律师行业发展水平，可能参照全国或其他省级地区的律师行业发展情况。

第三，2020年度。本报告评估的时间范围是2020年度，该范围主要体现在各类数据的来源和时效上。具体言之，本报告的问卷调查是于2020年4~6月完成的，本报告所使用的统计资料，包括律师人数、人口数量、业务收入、生产总值等，则是截至2019年底的数据。

（二）评估的基本方法

本报告采用多指标综合评价方法评价北京律师行业的发展状况。该方法的基本操作是建立一个总的发展指数及其指标体系，用来评估律师行业的发

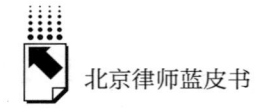

展。在北京市律师协会2015年的课题项目中,课题组构建和论证了这样一个指标体系,名称是"律师行业发展指数评估模型",本报告的评估即是该模型的具体运用。

在"律师行业发展指数评估模型"的指标体系中,一共有31个三级指标,这些指标的数据都采用实证方法获取。而对于三级指标的上级指标直至最后的总指数,则采用综合法计算获得。在综合形成上一级指标时,指标之间都采用平均分配权重法(下文简称"平权法")。

对于三级指标数据的获取,本项目主要采用两种方法。一是问卷调查的方法。在31个三级指标中,共有27个指标采用这种方法。所谓问卷调查的方法,在本项目中是指针对律师行业发展的某个方面,由被调查者给予评价或打分的方法。本项目的被调查者共有三种类型,即执业律师、司法工作人员和当事人。二是统计数据测算的方法。在31个三级指标中,共有5个指标采用这种方法。[①] 这种方法的特点是通过收集和整理官方发布的统计数据,计算相应指标的得分。

(三)指标体系

本报告采用2015年完成的"律师行业发展指数评估模型"课题所构建的律师行业发展指数评估指标体系,各项指标的具体含义以及合理性论证,请参看该项目的成果。在2016年度,北京市律师协会相关的课题组首次采用该指标体系完成了对北京律师行业发展的指数评估。相对于2016年评估报告,本报告对指标体系又做了一定的调整和优化。

调整和优化之后,指标体系在律师行业发展总指数之下,共设置3个一级指标、9个二级指标、31个三级指标。该指标体系的具体内容、逻辑关系以及数据来源参见表1。

---

① "业务合作"指标同时采用了问卷调查和统计数据两种方法。

表1 律师行业发展指数评估指标体系

一级指标	二级指标	三级指标	数据来源
律师服务体系	行业秩序管理的有效性	律师—委托人关系管理的有效性	问卷调查
		诉讼与仲裁秩序管理的有效性	问卷调查
		律师同行关系管理的有效性	问卷调查
		律师执业推广管理的有效性	问卷调查
		公益活动组织与动员的有效性	问卷调查
		律师纠纷调处公平有效	问卷调查
		律师违规惩戒公正及时	问卷调查
	行业发展保障的有效性	维护律师权益的有效性	问卷调查
		改善律师执业环境的有效性	问卷调查
		律师业务指导与培训的有效性	问卷调查
		职业共同体建设的有效性	问卷调查
		特殊群体关怀和帮扶的有效性	问卷调查
		对外宣传与交流的有效性	问卷调查
	社会环境的亲和性	执业环境的亲和性	问卷调查
		律师职业的社会声望	问卷调查
律师服务能力	律师队伍发展	律师队伍的数量	统计数据
		律师的职业道德水平	问卷调查
		律师的政治思想水平	问卷调查
		职业价值认同度	问卷调查
	业务办理能力	专业化	问卷调查
		业务合作	问卷调查＋统计数据
	市场运营能力	业务推广能力	问卷调查
		经济危机应对能力	问卷调查
律师服务效果	业务收入	业务总收入	统计数据
		人均业务收入	统计数据
		地区产值占比	统计数据
	当事人满意度	专业水平满意度	问卷调查
		服务态度满意度	问卷调查
	社会效果	促进法律正确实施	问卷调查
		维护社会公平正义	问卷调查
		促进社会和谐稳定	问卷调查

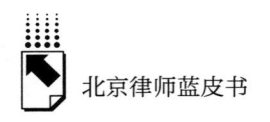

(四)问卷调查的对象及样本选择

本报告问卷调查的对象确定为三类人员,分别是执业律师、司法工作人员和当事人。其中,司法工作人员包括审判人员、检察人员和仲裁人员三种类型。根据了解律师行业的程度和范围的不同,本报告针对不同群体设计了不同的调查问卷,分别称为《执业律师卷》、《司法工作人员卷》和《当事人卷》。

截至2019年底,北京共有执业律师34755人,本报告的《执业律师卷》问卷调查实际完成有效样本1158份。

司法工作人员调查样本包括审判人员、检察人员、仲裁人员三类人群,本报告的《司法工作人员卷》问卷调查合计回收有效样本审判人员1840份,检察人员183份,仲裁人员22份。

本报告的《当事人卷》问卷调查共收回当事人有效问卷162份。

(五)调查结果处理的一般原则

对于调查结果的处理,本报告统一遵循一些原则。这些原则主要包括以下方面。

第一,关于赋值。在问卷调查中,部分问题设置五级选项,在计算分值时,除非特别调整,这五个选项按照其性质和行业发展方向之间的关系,依次赋值100、80、60、40和20,选项赋值以回答次数为权重,计算得出评价分值。

第二,关于百分制问题的分值计算。问卷调查中有一些题目是由受访者按照百分制直接打分,对于这种题目,直接按照受访者给出的分数计算平均分。

第三,对于五级选项的设置,报告分析调查结果时,在具体表述中,为了行文简洁,也为了方便对比,一般将最好的两项评价合并为"好评",将最差的两项评价合并为"差评",中间的选项称为"中评"。

第四，关于分值的定性评价。对于指标分值，报告中会给出一个定性评价，定性评价和分值之间的关联是：90分及以上为优秀，80~89分为良好；70~79分为中等，60~69分为及格，59分及以下又分为较差、差和非常差等评价。

第五，本报告中"司法工作人员"分为审判人员、检察人员和仲裁人员，三者按照4:4:2的权重分配计算总体评分。

二 评估的主要结论

（一）北京律师行业总体发展状况接近良好水平

律师行业发展指数首先划分为律师服务体系、律师服务能力、律师服务效果三个一级指标，反映律师行业发展的三个方面。三个一级指标按照平权法进行综合，最后形成反映律师行业发展总体水平的律师行业发展指数。总指数在2020年度的调查结果和2016年度的对比整理为图1"北京律师行业发展水平总指数综合得分"。[①] 考察图1，2020年度北京律师行业总体发展水平具有如下两个特点。

第一，北京律师行业总体发展状况接近良好水平。如图1所示，北京律师行业发展水平最终的得分是79.7分，处于中等偏上、十分接近良好的水平。这个分数说明，北京律师行业发展取得了不错的成绩，并得到被访者广泛的认可。

第二，相比2016年，北京律师行业发展总指数有显著提升。在2016年的调查中，北京律师行业发展总指数的分值是76.3分，2020年增至79.7分，增幅达到3.4分，综合反映了两次调查之间律师行业在各方面所取得的进步与变化。

---

① 在2020年评估中，对三级指标的数量和算法进行了一定的调整和优化，为了保证可比性，图1中2016年度总指数已按照本报告的方案重新进行了计算。相关的调整和优化，参看本报告在相应指标考察中的说明。

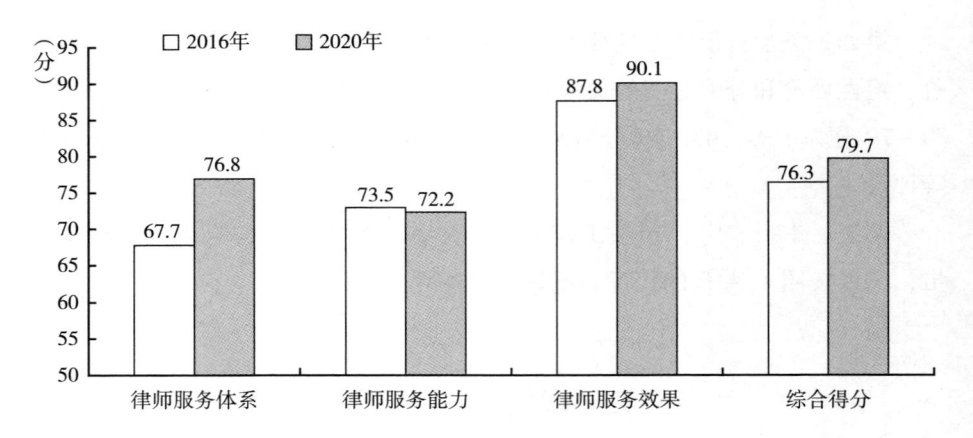

图1 北京律师行业发展水平总指数综合得分

（二）律师服务效果良好

一级指标律师服务效果划分为业务收入、当事人满意度、社会效果等三个二级指标，三个指标按照平权法综合得出律师服务效果的分值。该指标在2020年度的调查结果和2016年度的对比整理为图2"北京律师服务效果指标综合得分"。[①] 考察图3，律师服务效果指标得分情况具有如下特点。

第一，北京律师服务效果良好。如图1所示，在三个一级指标中，律师服务效果得分最高，达到90.1分，跨入优秀行列。从具体构成来看，三项二级指标都在80分以上，其中的当事人满意度和业务收入两项指标得分最高，反映了北京律师行业在获取业务收入、满足当事人法律服务需求、兼顾社会效果等方面取得了优良的成绩。

第二，相比2016年，北京律师服务效果有一定的提升。如图2所示，相比2016年，在二级指标层面，2020年的"业务收入""当事人满意度"两项指标微幅提升，而"社会效果"指标增幅则较为明显，综合反映在一

---

① 在2020年评估中，律师服务效果指标之下的个别三级指标的分值计算办法有一定的调整，为了保证可比性，2016年项目中的律师服务效果指标及之下的二级指标按照新的算法做了相应的调整。分值计算办法调整的三级指标及调整内容，参看下文三级指标部分的说明。

级指标层面，则是律师服务效果从 2016 年的 87.8 分增至 2020 年的 90.1 分，增幅达 2.3 分。

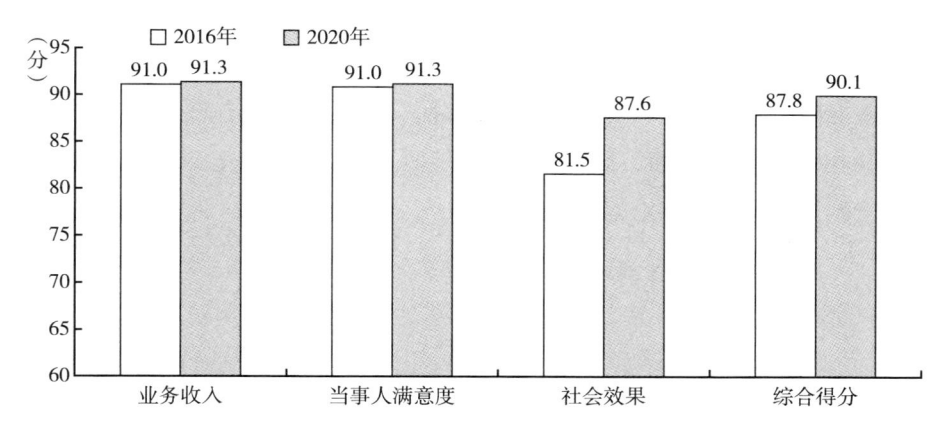

图 2　北京律师服务效果指标综合得分

（三）律师服务体系较为坚实有效

一级指标律师服务体系划分为三个二级指标，即行业秩序管理的有效性、行业发展保障的有效性和社会环境的亲和性。三个二级指标之间按照平权法进行合成，得出律师服务体系的分数。该指标在 2020 年度的调查结果和 2016 年度的对比整理为图 3 "北京律师服务体系指标综合得分"。[①] 考察图 3，律师服务体系指标得分情况具有如下特点。

第一，律师服务体系较为坚实有效。如图 3 所示，律师服务体系综合获得 76.8 分，处于中等偏上水平。这个分值表明，严格的行业管理、有效的行业保障可以为北京律师行业的运营与发展提供较为坚实有效的体制基础。

第二，律师执业社会环境有待改善。从具体构成来看，三个二级指标之中，行业秩序管理的有效性指标得分最高，达到 81.7 分，反映了律师行业管理机构在规范和保障律师行业发展方面的努力与成效；社会环境的亲和性

---

① 2020 年的调查删除了二级指标"律师制度的先进性"，为了保证可比性，2016 年项目中的律师服务体系指标分值已扣除"律师制度的先进性"后重新计算。

得分最低，只有70.8分，揭示了律师服务体系中的薄弱环节，为律师行业发展指明了努力的方向。

第三，相比2016年，北京律师服务体系有了显著的进步。如图4所示，相比2016年，在二级指标层面，2020年的"行业秩序管理的有效性""行业发展保障的有效性""社会环境的亲和性"三项指标都有显著提升；而综合反映在一级指标层面，则是从2016年的67.7分提升至2020年的76.8分，增幅达到9.1分，增幅较大。

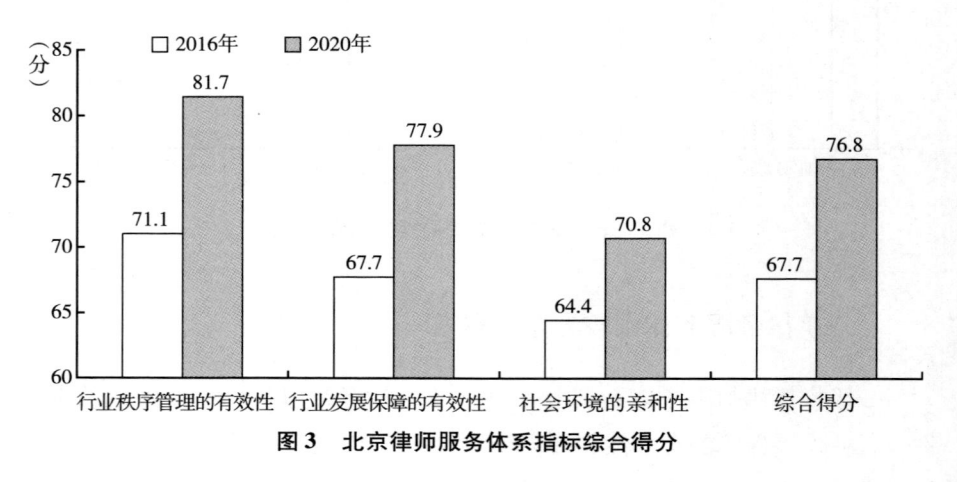

图3 北京律师服务体系指标综合得分

（四）律师服务能力相对薄弱

一级指标律师服务能力划分为三个二级指标，即律师队伍发展、业务办理能力和市场运营能力。三个二级指标之间按照平权法，综合形成一级指标律师服务能力。该指标在2020年度的调查结果和2016年度的对比整理为图4"北京律师服务能力指标综合得分"。① 考察图4，律师服务能力指标得分情况具有如下特点。

第一，律师服务能力相对薄弱。如图4所示，律师服务能力综合得分

---

① 在2020年评估中，律师服务能力指标之下的个别三级指标的分值计算办法有一定的调整，为了保证可比性，2016年项目中的律师服务能力指标及之下的二级指标按照新的算法做了相应的调整。分值计算办法调整的三级指标及调整内容，参看下文三级指标部分的说明。

72.2分，处于中等水平。一方面，这个分数在三个一级指标中最低，这表明相对来说，律师服务能力是当前北京律师行业发展中较为薄弱的环节，还有改进和提升的空间。另一方面，"中等水平"的分数也表明，北京律师的服务能力基本能够满足律师执业实践的要求，但是在高端业务的服务能力方面还存在较大的提升空间。

第二，二级指标之间相差较大。在三个二级指标之间，律师队伍发展得分最高，达到86.5分，这说明北京律师行业拥有一支数量充足、素质过硬、具有一定的职业自豪感的律师队伍。然而，业务办理能力和市场运营能力两项指标均在70分以下，这说明北京律师行业还需要在专业化、业务协作、业务推广等方面做出更多的尝试和探索。

第三，相比2016年，北京律师服务能力未见提升。如图4所示，相比2016年，在二级指标层面，2020年的"律师队伍发展""业务办理能力"两项指标小幅提升，但是"市场运营能力"指标有较大降幅，而综合反映在一级指标层面，则是从2016年的73.5分降至2020年的72.2分。

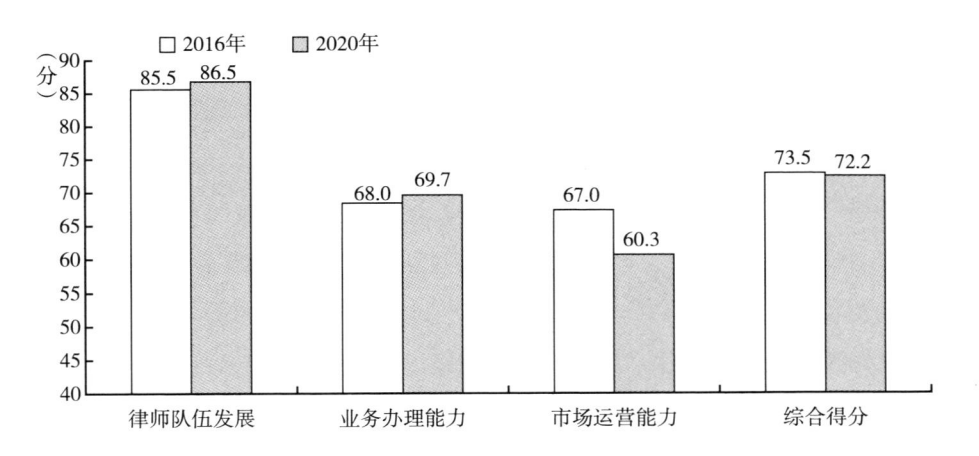

图4　北京律师服务能力指标综合得分

（五）二级指标得分对比

将9个二级指标汇总到一起，指标之间的得分差异可以较为直观地显示

出来。如图5所示，对比9个二级指标的得分，可以总结出以下三个特点。

第一，所有二级指标都在60分以上，都达到了及格及以上的水平。

第二，业务收入、当事人满意度两项指标分值在90分以上，达到优秀水平，体现了北京律师行业发展中的成绩和优势。

第三，业务办理能力和市场运营能力两项指标分值刚过及格线，反映了目前律师行业发展的瓶颈和不足之处。

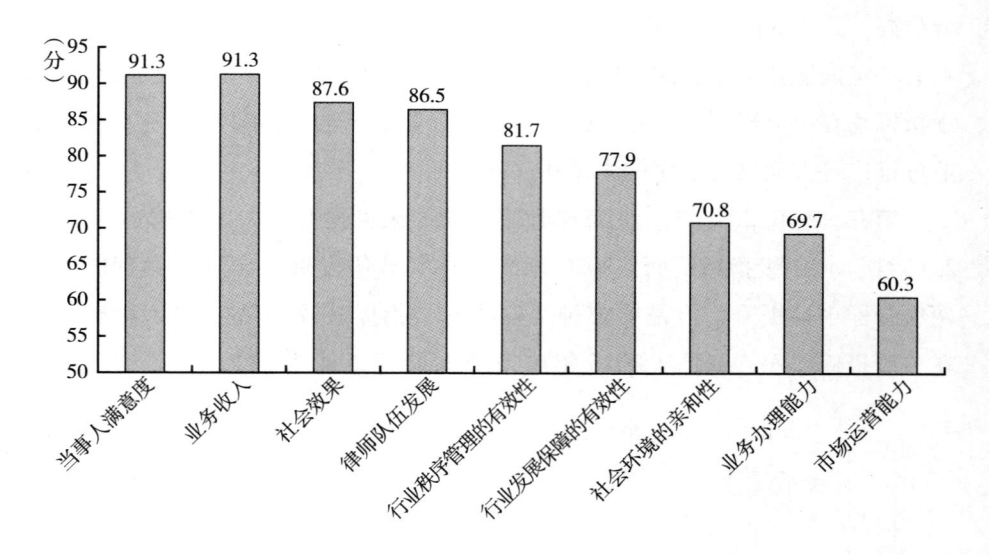

图5 二级指标得分对比

（六）三级指标得分对比

律师行业发展指标体系一共有31个三级指标，将所有31个三级指标汇总成图6"三级指标得分对比"，指标之间的分值分布也呈现一些值得注意的特点。

第一，两个及格线附近的指标是北京律师行业发展最薄弱的环节。这两个指标是：经济危机应对能力（59.9分）和业务推广能力（60.7分）。除此之外，执业环境的亲和性（68.1分）、业务合作（67.4分）等指标分值也不高，也是律师行业发展中的短板。

第二，80分以上的指标有18个，占全部三级指标数量的58.1%。在这

18个指标中，又有5个指标分值在90分以上，达到优秀水平。这些指标反映了北京律师行业发展的成绩、特色和优势。

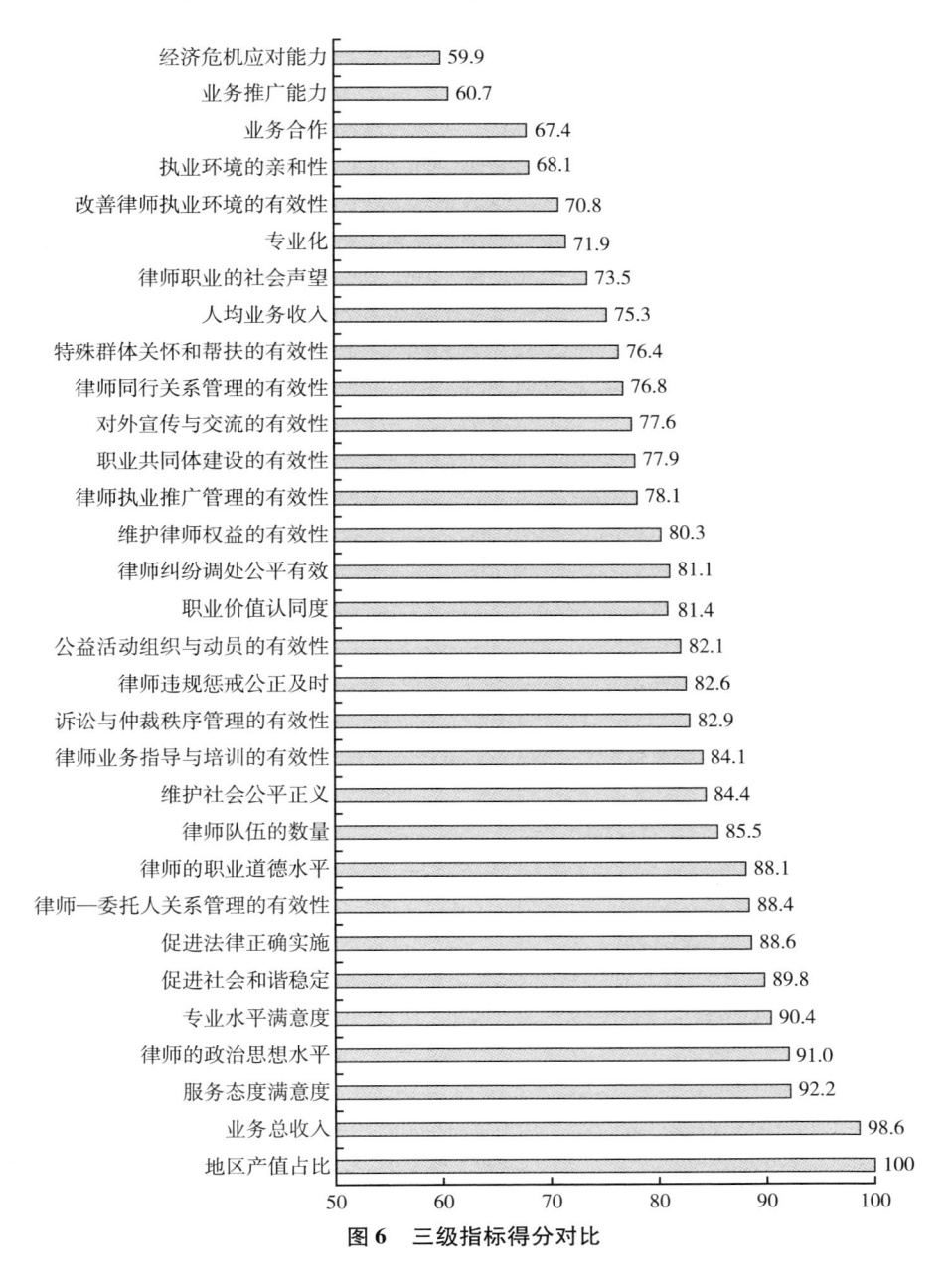

指标	得分
经济危机应对能力	59.9
业务推广能力	60.7
业务合作	67.4
执业环境的亲和性	68.1
改善律师执业环境的有效性	70.8
专业化	71.9
律师职业的社会声望	73.5
人均业务收入	75.3
特殊群体关怀和帮扶的有效性	76.4
律师同行关系管理的有效性	76.8
对外宣传与交流的有效性	77.6
职业共同体建设的有效性	77.9
律师执业推广管理的有效性	78.1
维护律师权益的有效性	80.3
律师纠纷调处公平有效	81.1
职业价值认同度	81.4
公益活动组织与动员的有效性	82.1
律师违规惩戒公正及时	82.6
诉讼与仲裁秩序管理的有效性	82.9
律师业务指导与培训的有效性	84.1
维护社会公平正义	84.4
律师队伍的数量	85.5
律师的职业道德水平	88.1
律师—委托人关系管理的有效性	88.4
促进法律正确实施	88.6
促进社会和谐稳定	89.8
专业水平满意度	90.4
律师的政治思想水平	91.0
服务态度满意度	92.2
业务总收入	98.6
地区产值占比	100

图6　三级指标得分对比

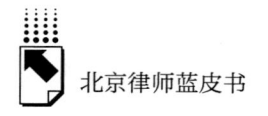

（七）指标体系得分概览

表2　北京律师行业发展水平指标体系得分概览

单位：分

总指数	一级指标	二级指标	三级指标	评分
北京律师行业发展水平（79.7）	律师服务体系（76.8）	行业秩序管理的有效性（81.7）	律师—委托人关系管理的有效性	88.4
			诉讼与仲裁秩序管理的有效性	82.9
			律师同行关系管理的有效性	76.8
			律师执业推广管理的有效性	78.1
			公益活动组织与动员的有效性	82.1
			律师纠纷调处公平有效	81.1
			律师违规惩戒公正及时	82.6
		行业发展保障的有效性（77.9）	维护律师权益的有效性	80.3
			改善律师执业环境的有效性	70.8
			律师业务指导与培训的有效性	84.1
			职业共同体建设的有效性	77.9
			特殊群体关怀和帮扶的有效性	76.4
			对外宣传与交流的有效性	77.6
		社会环境的亲和性（70.8）	执业环境的亲和性	68.1
			律师职业的社会声望	73.5
	律师服务能力（72.2）	律师队伍发展（86.5）	律师队伍的数量	85.5
			律师的职业道德水平	88.1
			律师的政治思想水平	91.0
			职业价值认同度	81.4
		业务办理能力（69.7）	专业化	71.9
			业务合作	67.4
		市场运营能力（60.3）	业务推广能力	60.7
			经济危机应对能力	59.9
	律师服务效果（90.1）	业务收入（91.3）	业务总收入	98.6
			人均业务收入	75.3
			地区产值占比	100
		当事人满意度（91.3）	专业水平满意度	90.4
			服务态度满意度	92.2
		社会效果（87.6）	促进法律正确实施	88.6
			维护社会公平正义	84.4
			促进社会和谐稳定	89.8

三 行业秩序管理的有效性

（一）指标的含义与设置

律师行业的健康发展与有序运行，需要行业管理机构以"看得见"的手进行规范和管理。根据《律师法》以及相关的法规、规章和律师行业自律性规范的规定，律师行业秩序管理职能主要由司法行政机关和律师协会承担，而管理的职责范围主要包括七个方面：（1）律师—委托人关系管理；（2）律师同行关系管理；（3）维护诉讼与仲裁秩序；（4）规范律师执业推广行为；（5）动员、组织和管理律师公益活动；（6）调处律师行业发生的纠纷；（7）调查和惩戒律师行业的违法违规行为。本报告所谓的行业秩序管理的有效性，就是指承担律师行业管理职能的司法行政机关和律师协会对于行业秩序上述七个领域的管理的有效性。

（二）律师—委托人关系管理的有效性

律师行业管理机构和部门负责对律师—委托人关系进行多方面的监管，监管范围主要包括：（1）委托代理协议的签署；（2）沟通和交流；（3）勤勉和尽职；（4）禁止虚假承诺；（5）禁止非法牟取委托人权益；（6）利益冲突审查；（7）保管委托人财产；（8）转委托；（9）委托关系的解除与终止。对于北京地区律师—委托人关系管理的有效性，调查问卷《执业律师卷》和《当事人卷》中分别设置了比较接近的问题，考察两类受访者的评价。

《执业律师卷》设置的问题是由被调查者对律师—委托人关系的监管效果按照百分制评分。调查结果整理为表3"执业律师对北京律师—委托人关系管理的评价分布"。

《当事人卷》设置的问题是：

13. 根据《律师法》以及有关的行政法规、部门规章和行业自律性规

范的规定，律师和当事人联系和往来时，需要遵守一系列的纪律，这些纪律主要包括：按照规定签署委托代理协议；积极和当事人沟通和交流；勤勉和尽职；禁止虚假承诺；禁止非法牟取委托人权益；按照规定进行利益冲突审查；按照规定保管委托人的财产；必要时按照规定进行转委托；按照规定解除或终止委托关系。对于北京律师在这些方面的表现，您的总体评价是：

A. 表现非常好，很少违规

B. 表现比较好，较少违规

C. 表现一般，存在一定数量的违规行为

D. 表现比较差，违规行为比较多

E. 表现非常差，违规形象严重

14. 如果最高分为 100 分，最低分为 0 分，请您对北京律师在表中所列各方面的表现打分。

项目	分数	项目	分数
坚持中国共产党的领导		专业水平	
坚持中国特色社会主义道路		服务态度	
维护社会稳定大局		忠实于当事人的立场和利益	
遵守宪法和法律		勤勉尽责	
促进法律正确实施		保守秘密	
遵守诉讼和仲裁秩序		手续规范	
热心公益			

问题包含五个选项，评价由高到低。调查结果整理为表 4"当事人对北京律师—委托人关系管理的评价分布"。

2020 年度的调查结果和 2016 年度的调查结果对比整理为图 7"律师—委托人关系管理效果指标评分情况"。考察表 3、表 4 和图 7，受访者对北京律师行业律师—委托人关系管理有效性的评价和该指标得分主要有四个方面的特点。

第一，对于律师—委托人关系的管理，当事人和执业律师都给予了较高的评价。在两类被访者中，83.1%的执业律师的评价在80分以上，91.4%的当事人的评价在"表现比较好"及以上。

第二，当事人的评分高于执业律师的评分。综合计算分值，执业律师的评价是84.0分，当事人的评价是92.7分，后者明显高于前者。

第三，律师—委托人关系管理的有效性指标综合得分达到良好水平。按照平权法，根据执业律师的评分和当事人的评分综合计算得出律师—委托人关系管理有效性的分值，该分值为88.4分，达到良好水平。

第四，律师—委托人关系管理有效性的分值在2020年度的调查中有所提高。和2016年度的调查相比，当事人的评分略有增加，但是比较接近；执业律师的评分则增幅较大，从73.8分增加到84.0分。综合来看，律师—委托人关系管理的有效性在2016年是83.2分，在2020年增加到88.4分，增幅较为明显。

表3 执业律师对北京律师—委托人关系管理的评价分布

	0~29分	30~59分	60~79分	80~89分	90~99分	100分	总计	分值(分)
数量(人)	25	25	146	351	394	217	1158	84.0
比例(%)	2.2	2.2	12.6	30.3	34.0	18.7	100	
累计比例(%)	2.2	4.3	16.9	47.2	81.3	100		

表4 当事人对北京律师—委托人关系管理的评价分布

评价选项	数量(人)	赋值(分)	比例(%)	累计比例(%)
表现非常好,很少违规	123	100	75.9	75.9
表现比较好,较少违规	25	80	15.4	91.4
表现一般,存在一定数量的违规行为	10	60	6.2	97.5
表现比较差,违规行为比较多	2	40	1.2	98.8
表现非常差,违规形象严重	2	20	1.2	100
合计/均值	162	92.7	100	

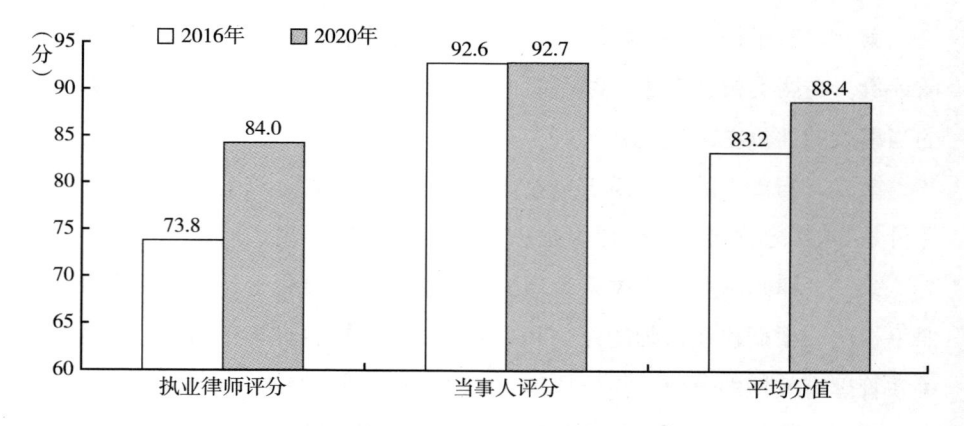

图7 律师—委托人关系管理效果指标评分情况

（三）诉讼与仲裁秩序管理的有效性

律师行业管理机构和部门对律师参与诉讼或仲裁活动进行多方面的监管，监管范围主要包括：（1）调查取证行为；（2）和司法工作人员的接触和交往；（3）法庭秩序的尊重与维护；（4）庭审仪表和语态。对于北京地区有关方面对这些秩序的监管和维持的效果，调查问卷《执业律师卷》和《司法工作人员卷》分别设置了较为接近的问题，分别考察两类受访者的评价。

《执业律师卷》设置的问题是由被调查者对北京律师行业在规范诉讼和仲裁秩序方面的表现按照百分制打分。调查结果整理为表5"执业律师对北京诉讼与仲裁秩序管理的评价分布"。

《司法工作人员卷》由被调查者对北京执业律师在遵守诉讼和仲裁秩序方面的表现打分，间接地评价北京律师行业在规范诉讼和仲裁秩序方面的表现。调查结果整理为表6"司法工作人员对北京律师在遵守诉讼与仲裁秩序方面的评价分布"。①

---

① 本报告中"司法工作人员"分为审判人员、检察人员和仲裁人员，三者按照4∶4∶2的权重分配计算总体评分，本报告下文沿用此原则，不再一一注明。

2020年度的调查结果和2016年度的调查结果对比整理为图8"诉讼和仲裁秩序管理效果指标评分情况"。

考察表5、表6和图8，受访者对北京律师行业诉讼和仲裁秩序管理效果的评价和该指标得分主要有以下五个方面的特点。

第一，大多数被访者对律师遵守诉讼和仲裁秩序给予了较高的评价。在四类被访者中，81.1%的执业律师给予了80分及以上的评价；76.7%的审判人员给予了80分及以上的评价；85.8%的检察人员给予了80分及以上的评价；81.8%的仲裁人员给予了80分及以上的评价。

第二，三类司法工作人员中，检察人员的评分最高，仲裁人员的评分最低。具体言之，三类人员的评分依次是：检察人员86.2分，审判人员80.6分，仲裁人员78.6分。

第三，执业律师的评分略高于司法工作人员。执业律师的评价为83.3分，司法工作人员的评价折算总体分值为82.4分，前者略高于后者。

第四，诉讼和仲裁秩序管理有效性指标达到良好水平。执业律师评分和司法工作人员评分按照平权法计算，得出诉讼和仲裁秩序管理有效性指标的分值，为82.9分，显示被访者认为诉讼和仲裁秩序的管理达到良好效果。

第五，2020年度的调查比2016年有明显增幅。和2016年的调查相比，无论是各类被调查者的评分还是平均分值，均有明显增加。具体言之，2020年度执业律师的评价是83.3分，高于2016年的73.2分；2020年度司法工作人员的评价是82.4分，高于2016年的77.9分；2020年度诉讼和仲裁秩序管理有效性指标平均得分是82.9分，高于2016年的75.5分。

表5 执业律师对北京诉讼与仲裁秩序管理的评价分布

	0~29分	30~59分	60~79分	80~89分	90~99分	100分	总计	分值（分）
数量（人）	30	23	166	348	385	206	1158	
比例（%）	2.6	2.0	14.3	30.1	33.2	17.8	100	83.3
累计比例（%）	2.6	4.6	18.9	49.0	82.2	100		

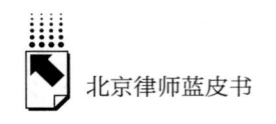

表6 司法工作人员对北京律师在遵守诉讼与仲裁秩序方面的评价分布

		0~29分	30~59分	60~79分	80~89分	90~99分	100分	总计	分值（分）
审判人员	数量（人）	135	48	245	445	490	477	1840	80.6
	比例（%）	7.3	2.6	13.3	24.2	26.6	25.9	100	
	累计比例（%）	7.3	9.9	23.3	47.4	74.1	100		
检察人员	数量（人）	11	2	13	26	53	78	183	86.2
	比例（%）	6.0	1.1	7.1	14.2	29.0	42.6	100	
	累计比例（%）	6.0	7.1	14.2	28.4	57.4	100		
仲裁人员	数量（人）	2	1	1	6	9	3	22	78.6
	比例（%）	9.1	4.5	4.5	27.3	40.9	13.6	100	
	累计比例（%）	9.1	13.6	18.2	45.5	86.4	100		
司法工作人员									82.4

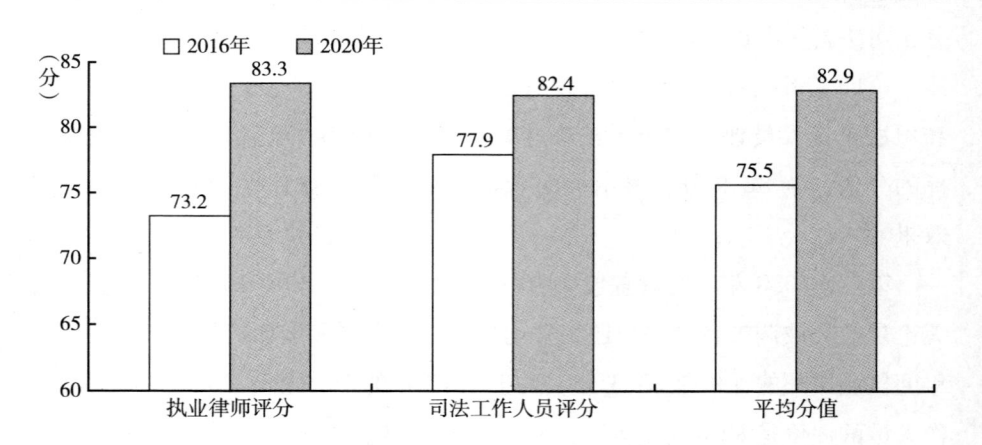

图8 诉讼和仲裁秩序管理效果指标评分情况

执业律师评分：2016年 73.2，2020年 83.3
司法工作人员评分：2016年 77.9，2020年 82.4
平均分值：2016年 75.5，2020年 82.9

（四）律师同行关系管理的有效性

律师行业管理部门对律师同行关系进行多方面的监管，监管范围主要包括：（1）尊重与合作；（2）禁止不正当竞争；（3）有序流动。对于北京地区有关方面对这些秩序的监管和维护的总体效果，《执业律师卷》设置一个问题考察受访者的评价。该问题是由被调查者对北京律师行业规范行业竞争的有效性按照百分制打分。调查结果整理为表7"执业律师对北京规范行业竞争的评价分布"。2020年度调查结果和2016年度调查结果的对比整理为图9"规范行业竞争效果指标评分情况"。

考察表7和图9，执业律师对北京律师行业规范行业竞争的评价具有如下特点。

第一，大多数被访者对规范行业竞争给予了较高的评价。如表7所示，对于规范行业竞争的有效性，63.0%的受访者给予了80分及以上的评价。

第二，受访者的评价总体上达到中等偏上的水平。如表7所示，规范行业竞争指标得到76.8分的评分，为中等偏上水平。

第三，2020年度的调查比2016年有明显增幅。如图9所示，规范行业竞争指标在2016年的调查中获得68.4分，在本年度达到76.8分，有较大增幅。

表7 执业律师对北京规范行业竞争的评价分布

	0~29分	30~59分	60~79分	80~89分	90~99分	100分	总计	分值(分)
数量(人)	46	88	295	309	270	150	1158	76.8
比例(%)	4.0	7.6	25.5	26.7	23.3	13.0	100	
累计比例(%)	4.0	11.6	37.0	63.7	87.0	100		

（五）律师执业推广管理的有效性

律师法律服务是一种市场行为，因此需要进行业务推广。与此同时，律师的法律服务又具有很强的公益属性和较高的职业伦理要求，所以，律师的业务推广又应该有一定的限制。律师行业管理的一个重要任务，就是规范律师的业务推广行为，使这些行为符合律师的职业道德。对于北京律师行业管理机构和部门在这方面的监管效果，《执业律师卷》设置了一个问题考察受访者的评价。该问题是由被调查者对北京律师执业推广管理的有效性按照百

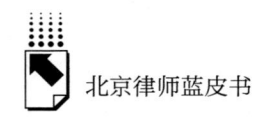

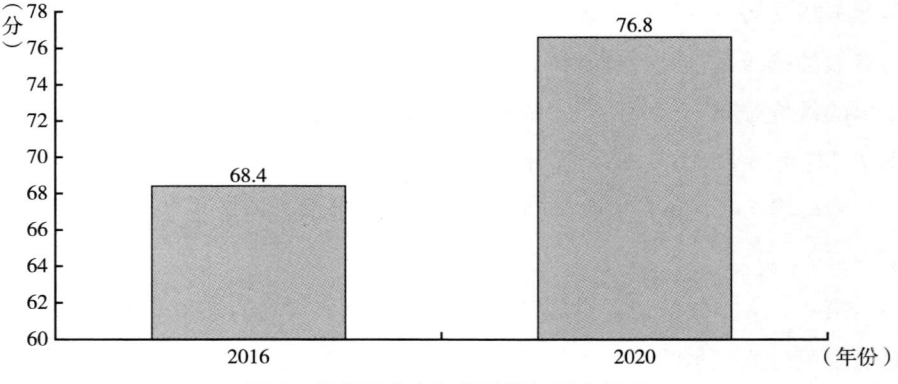

图9 规范行业竞争效果指标评分情况

分制打分。调查结果整理为表8"执业律师对北京执业推广管理有效性的评价分布"。2020年度调查结果和2016年度的对比整理为图10"执业推广管理效果指标评分情况"。

考察表8和图10，执业律师对北京律师执业推广管理有效性的评价具有如下特点。

第一，大多数被访者对规范行业竞争给予了较高的评价。如表8所示，对于北京律师执业推广管理的有效性，66.1%的受访者给予了80分及以上的评价。

第二，受访者的评价总体上达到中等偏上的水平。如表8所示，律师执业推广管理有效性指标得分为78.1分，为中等偏上水平。

第三，2020年度的调查相比2016年有较大的增幅。如图10所示，律师执业推广管理指标在2016年的调查中获得62.9分，在2020年度达到78.1分，增幅较大。

表8 执业律师对北京执业推广管理的评价分布

	0~29分	30~59分	60~79分	80~89分	90~99分	100分	总计	分值(分)
数量(人)	39	68	286	317	277	171	1158	78.1
比例(%)	3.4	5.9	24.7	27.4	23.9	14.8	100	
累计比例(%)	3.4	9.2	33.9	61.3	85.2	100		

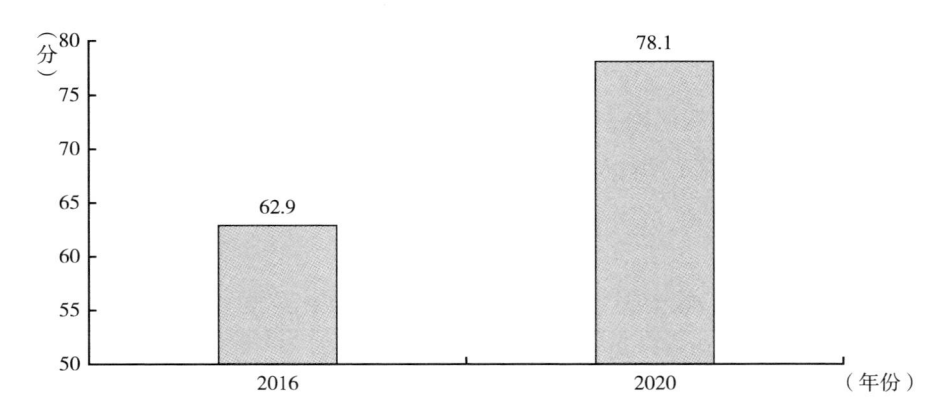

图 10　执业推广管理效果指标评分情况

（六）公益活动组织与动员的有效性

律师行业管理机构和部门的一项任务是组织律师从事公益活动，借以引导和敦促律师履行社会责任、改善律师执业环境、拓展律师业务范围。对于北京市律师行业管理机构和部门组织律师从事公益活动的数量和效果，《执业律师卷》设置了一个问题考察受访者的评价。该问题是由被调查者对北京律师管理机构和部门组织律师从事公益活动的总体效果按照百分制打分。调查结果整理为表 9 "执业律师对北京组织律师从事公益活动的评价分布"。2020 年度调查结果和 2016 年度的对比整理为图 11 "组织律师从事公益活动效果指标评分情况"。

考察表 9 和图 11，执业律师对北京律师管理机构和部门组织律师从事公益活动的评价具有如下特点。

第一，近八成的受访者对北京律师管理机构和部门组织律师从事公益活动的表现给予了较高的评价。如表 9 所示，对于北京律师管理机构和部门组织律师从事公益活动总体效果，77.1% 的受访者给予了 80 分及以上的评价。

第二，受访者的评价总体上达到良好水平。如表 9 所示，北京律师

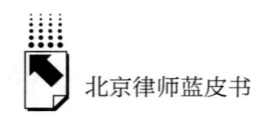

管理机构和部门组织律师从事公益活动指标得分为82.1分,达到良好水平。

第三,2020年度的调查相比2016年有较大的增幅。如图11所示,北京律师管理机构和部门组织律师从事公益活动指标在2016年的调查中获得67.9分,在2020年度达到82.1分,增幅较大。

表9　执业律师对北京组织律师从事公益活动的评价分布

	0~29分	30~59分	60~79分	80~89分	90~99分	100分	总计	分值(分)
数量(人)	27	44	194	328	345	220	1158	
比例(%)	2.3	3.8	16.8	28.3	29.8	19.0	100	82.1
累计比例(%)	2.3	6.1	22.9	51.2	81.0	100		

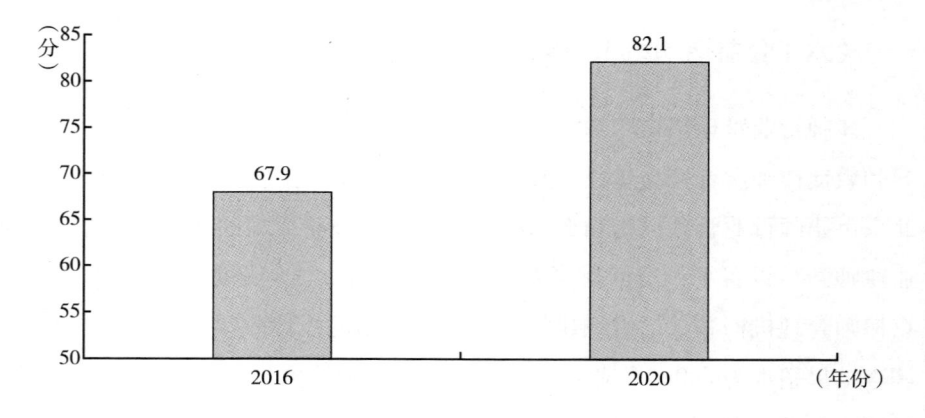

图11　组织律师从事公益活动效果指标评分情况

(七)律师纠纷调处公平有效

根据《律师法》的规定,律师协会具有调处律师执业纠纷的职能。律师协会调处律师执业纠纷,要尽量做到公正、公平、效率的原则。对北京市律师协会履行该职能的情况,《执业律师卷》设置一个问题考察受访者的评价。该问题是由被调查者对北京律师管理机构和部门实现执业纠纷调处公平有效的程度按照百分制打分。调查结果整理为表10"执业律师对北京律师执业纠纷调处公平有效的评价分布"。2020年度调查结果和2016年度的对比整理为图12"执业纠纷调处公平有效指标评分情况"。

考察表10和图12，执业律师对北京律师管理机构和部门执业纠纷调处公平有效的评价具有如下特点。

第一，超过七成的受访者对执业纠纷调处公平有效的程度给予了较高的评价。如表10所示，对于北京律师管理机构和部门执业纠纷调处公平有效的程度，75.9%的受访者给予了80分及以上的评价。

第二，受访者的评价总体上达到良好水平。如表10所示，北京律师管理机构和部门执业纠纷调处公平有效指标得分为81.1分，达到良好水平。

第三，2020年度的调查相比2016年有较大增幅。如图12所示，执业纠纷调处公平有效指标在2016年的调查中获得71.7分，在2020年度达到81.1分，有明显增幅。

表10 执业律师对北京律师执业纠纷调处公平有效的评价分布

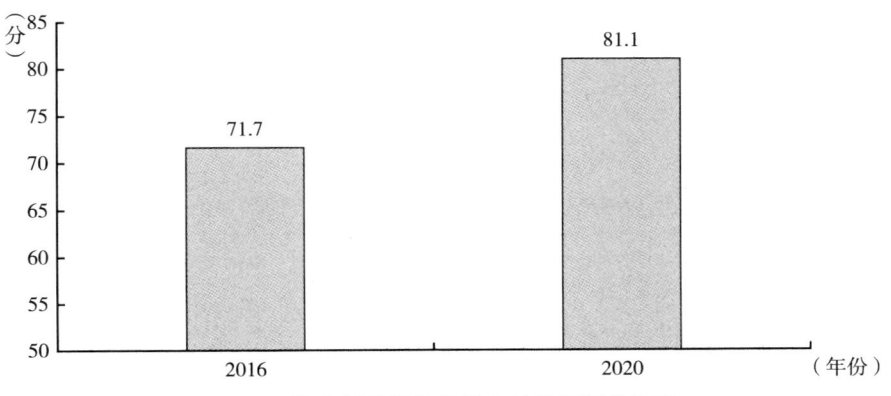

	0~29分	30~59分	60~79分	80~89分	90~99分	100分	总计	分值（分）
数量（人）	33	44	202	348	348	183	1158	81.1
比例（%）	2.8	3.8	17.4	30.1	30.1	15.8	100	
累计比例（%）	2.8	6.6	24.1	54.1	84.2	100		

图12 执业纠纷调处公平有效指标评分情况

(八)律师违规惩戒公正及时

根据《律师法》的规定,司法行政部门和律师协会具有惩戒违规律师、律师事务所的职能。履行这一职能,要做到反映及时、程序公正、事实清楚、处理正确。对北京地区司法行政主管部门和律师协会对这一职责的履行情况,《执业律师卷》设置了一个问题考察受访者的评价。该问题是由被调查者对北京律师管理机构和部门实现惩戒违规律师公正及时的程度按照百分制打分。调查结果整理为表11"执业律师对北京惩戒违规律师公正及时的评价分布"。2020年度调查结果和2016年度的对比整理为图13"惩戒违规律师公正及时指标评分情况"。

考察表11和图13,执业律师对北京律师管理机构和部门惩戒违规律师公正及时的评价具有如下特点。

第一,接近八成的受访者对惩戒违规律师公正及时的程度给予了较高的评价。如表11所示,对于北京律师管理机构和部门惩戒违规律师公正及时的程度,79.4%的受访者给予了80分及以上的评价。

第二,受访者的评价总体上达到良好水平。如表11所示,北京律师管理机构和部门惩戒违规律师公正及时指标得分为82.6分,达到良好水平。

第三,2020年度的调查相比2016年有较大增幅。如图13所示,惩戒违规律师公正及时指标在2016年的调查中获得68.0分,在2020年度达到82.6分,有较大的增幅。

表11 执业律师对北京惩戒违规律师公正及时的评价分布

	0~29分	30~59分	60~79分	80~89分	90~99分	100分	总计	分值(分)
数量(人)	31	34	174	327	388	204	1158	82.6
比例(%)	2.7	2.9	15.0	28.2	33.5	17.6	100	
累计比例(%)	2.7	5.6	20.6	48.9	82.4	100		

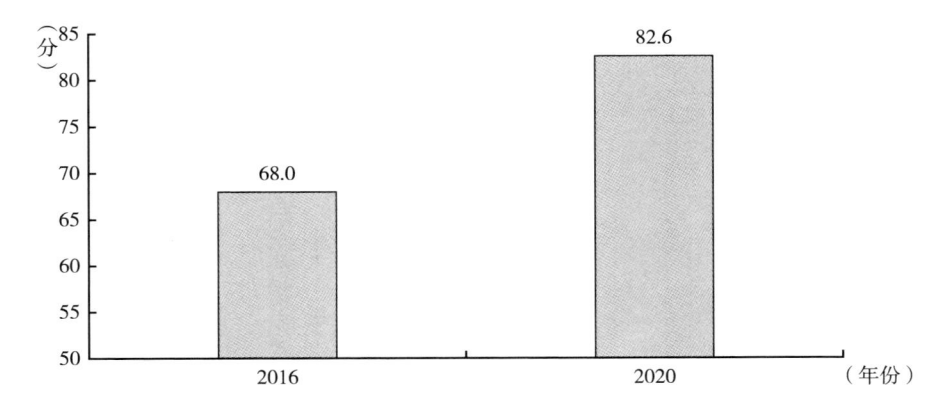

图 13　惩戒违规律师公正及时指标评分情况

（九）行业秩序管理有效性指标综合得分

三级指标律师—委托人关系管理的有效性、诉讼与仲裁秩序管理的有效性、律师同行关系管理的有效性、律师执业推广管理的有效性、公益活动组织与动员的有效性、律师纠纷调处公平有效、律师违规惩戒公正及时之间按照平权法，综合得出二级指标行业秩序管理有效性的评分。该指标在 2020 年度的调查结果和 2016 年度的对比则整理为图 14"北京律师行业秩序管理有效性指标综合得分"。考察图 14，行业秩序管理有效性指标得分情况具有如下特点。

第一，在七个三级指标之中，律师—委托人关系管理有效性得分最高，为 88.4 分；律师同行关系管理有效性得分最低，只有 76.8 分。

第二，行业秩序管理有效性综合得分为 81.7 分，达到良好水平。这个分数表明律师行业秩序管理取得了较好的成绩，获得了比较普遍的认可。

第三，行业秩序管理有效性指标得分有了显著的增加。如图 14 所示，行业秩序管理有效性指标在 2016 年的调查中获得 71.1 分，而在 2020 年度的调查中增至 81.7 分，有较大幅度的增长。该项增长表明，相比于四年前，律师行业秩序管理有较大的进步。

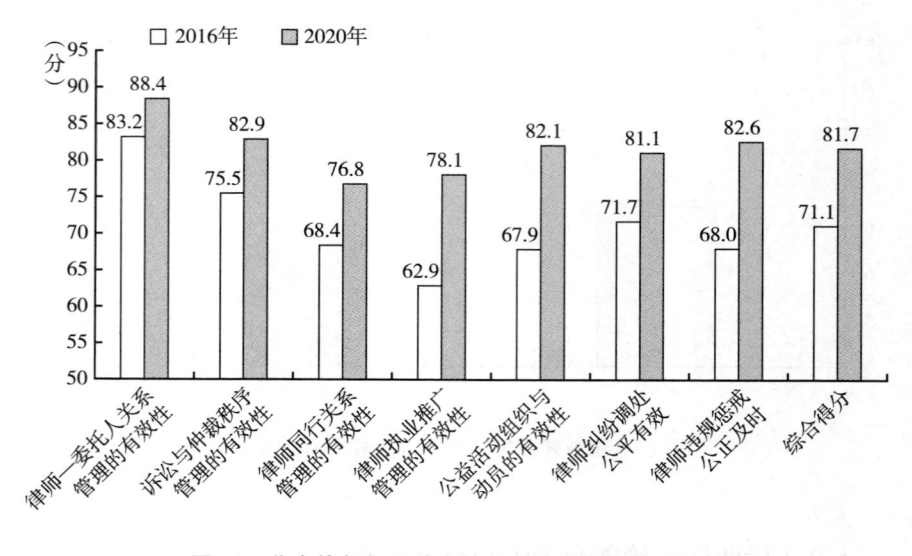

图14 北京律师行业秩序管理有效性指标综合得分

四 行业发展保障的有效性

（一）指标的含义与设置

律师行业运营与发展，除了需要加强行业秩序的规范与管理以外，还需要不同层面、不同角度的支持与保障。在我国特定的政治、经济、法律、文化环境下发展律师行业，支持与保障的意义尤其重大。

根据《律师法》以及相关的法规、规章、行业自律性规范的规定，律师行业的保障职能主要由司法行政机关和律师协会承担，而律师协会又承担了其中的大部分工作。从现行制度和规范看，司法行政机关及律师协会支持和保障律师行业发展工作主要包括以下六个方面：（1）维护律师权益；（2）改善律师执业环境；（3）律师业务指导与培训；（4）律师职业共同体建设；（5）律师特殊群体关怀和帮扶；（6）律师行业对外联系与交流。本报告所谓的行业发展保障有效性，就是指承担律师行业管理职能的司法行政机关和律师协会，在上述六个方面支持和保障律师行业发展的有效性。这里的有效性，体现在积极作为、手段与措施先进、成效显著等方面。

（二）维护律师权益的有效性

根据《律师法》的规定，律师行业管理机构具有"保障律师依法执业，维护律师的合法权益"的职责。对于该项职责的履行情况，《执业律师卷》设置了一个问题，考察受访者对这方面的评价。该问题是由被调查者对北京在维护律师权益方面的表现按照百分制打分，调查结果整理为表12"执业律师对北京维护律师合法权益的评价分布"。2020年度调查结果和2016年度的对比则整理为图15"维护律师合法权益指标评分情况"。

考察表12和图15，执业律师对北京市维护律师合法权益的评价具有如下特点。

第一，超过七成的受访者对北京市维护律师合法权益的努力和成效给予了较高的评价。如表12所示，对于北京市维护律师合法权益的努力和成效，73.1%的受访者给予了80分及以上的评价。

第二，受访者的评价总体上达到良好水平。如表12所示，北京市维护律师合法权益指标得分为80.3分，达到良好水平。

第三，2020年度的指标分值相比2016年有较大增幅。如图15所示，北京市维护律师合法权益指标在2016年的调查中获得62.1分，在2020年度达到80.3分，增长了18.2分。

表12 执业律师对北京维护律师合法权益的评价分布

	0~29分	30~59分	60~79分	80~89分	90~99分	100分	总计	分值（分）
数量（人）	37	58	217	328	342	176	1158	
比例（%）	3.2	5.0	18.7	28.3	29.5	15.2	100	80.3
累计比例（%）	3.2	8.2	26.9	55.3	84.8	100		

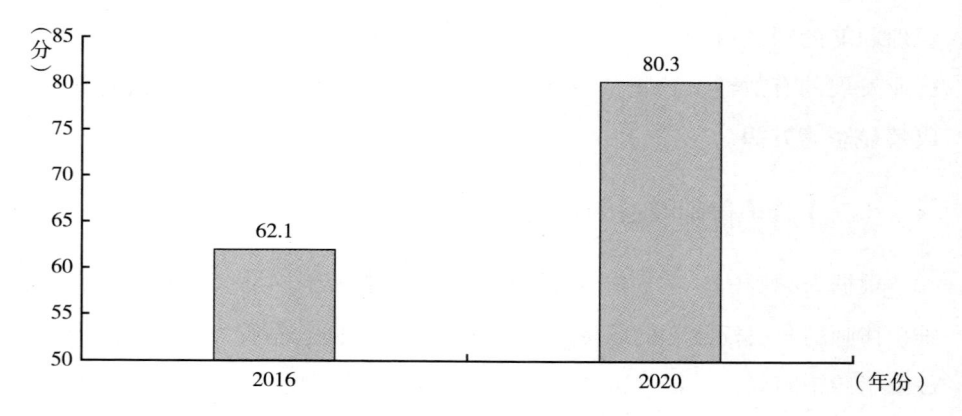

图15 维护律师合法权益指标评分情况

(三) 改善律师执业环境的有效性

改善律师的执业环境，是指改善社会中的法律、政治、经济和文化因素，促进公众、当事人、社会组织和国家机关对于律师工作的尊重和认同，从而减少律师执业的阻力和压力。在这方面，律师行业管理机构和部门，尤其是律师协会，可以有一定的作为。对于北京市律师协会改善律师执业环境的积极性及其成效，《执业律师卷》设置了一个问题，考察受访者对这方面的评价。该问题是由被调查者对北京市促进律师税收制度合理化的努力和成效按照百分制打分。促进律师税收制度合理化只是改善律师执业环境的一个方面或一个措施，但在当前确实具有一定的代表性。调查结果整理为表13"执业律师对促进律师税收制度合理化的评价分布"。2020年度调查结果和2016年度的对比整理为图16"改善律师执业环境有效性指标评分情况"。

考察表13和图16，执业律师对北京市改善律师执业环境的评价具有如下特点。

第一，只有大约一半的受访者对北京市改善律师执业环境的努力和成效给予较高的评价。如表13所示，对于北京市改善律师执业环境的努力和成效，只有51.4%的受访者给予80分及以上的评价，另有19.2%的受访者给予及格线以下的评价。

第二，受访者的评价总体上达到中等水平。如表13所示，北京市改善律师执业环境指标得分为70.8分，处于中等水平。

第三，2020年度的指标分值相比2016年有明显增长。如图16所示，北京市改善律师执业环境指标在2016年的调查中获得61.6分，在2020年度达到70.8分。

表13　执业律师对促进律师税收制度合理化的评价分布

	0~29分	30~59分	60~79分	80~89分	90~99分	100分	总计	分值(分)
数量(人)	82	140	341	266	213	116	1158	70.8
比例(%)	7.1	12.1	29.4	23.0	18.4	10.0	100	
累计比例(%)	7.1	19.2	48.6	71.6	90.0	100		

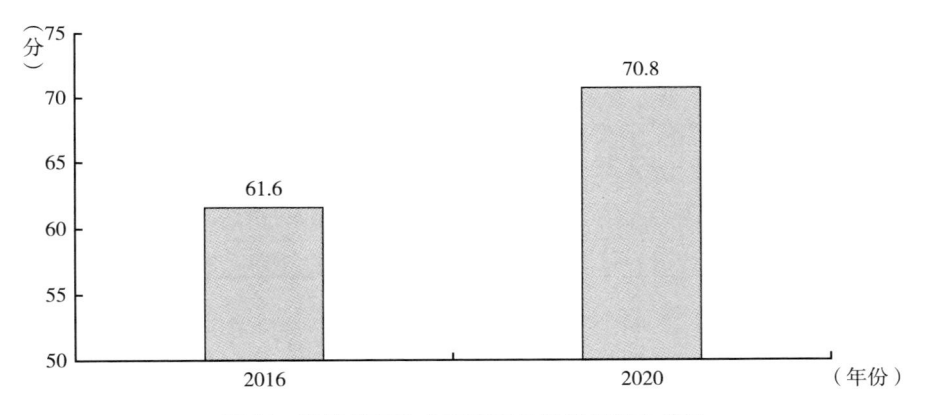

图16　改善律师执业环境有效性指标评分情况

（四）律师业务指导与培训的有效性

根据《律师法》和律师协会章程的规定，律师协会具有对执业律师进行业务培训和业务指导的职责。对于北京市律师协会业务培训和业务指导工作的积极性及其成效，《执业律师卷》设置了一个问题，考察受访者对这方面工作的评价。该问题是由被调查者对北京市律师协会的律师业务指导与培训工作按照百分制打分。调查结果整理为表14"执业律师对北京律师业务

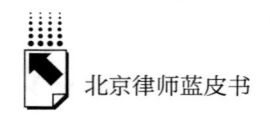

指导与培训的评价分布"。2020年度调查结果和2016年度的对比整理为图17"律师业务培训与指导有效性指标评分情况"。

考察表14和图17,执业律师对北京市律师协会的律师业务指导与培训工作的评价具有如下特点。

第一,超过八成的受访者对北京市律师协会的律师业务指导与培训工作给予了较高的评价。如表14所示,对于北京市律师协会的律师业务指导与培训工作,81.0%的受访者给予80分及以上的评价。

第二,受访者的评价总体上达到良好水平。如表14所示,北京市律师协会的律师业务指导与培训工作指标得分为84.1分,达到良好水平。

第三,2020年度的指标分值相比2016年有小幅增长。如图17所示,北京市律师协会的律师业务指导与培训工作指标在2016年的调查中获得82.2分,在2020年度则达到84.1分,有所增长。

表14 执业律师对北京律师业务指导与培训的评价分布

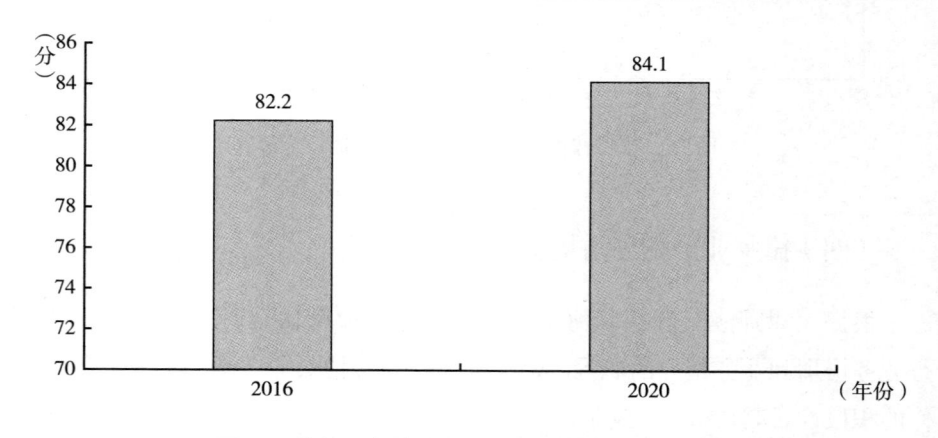

	0~29分	30~59分	60~79分	80~89分	90~99分	100分	总计	分值(分)
数量(人)	22	21	177	327	409	202	1158	84.1
比例(%)	1.9	1.8	15.3	28.2	35.3	17.4	100	
累计比例(%)	1.9	3.7	19.0	47.2	82.6	100		

图17 律师业务培训与指导有效性指标评分情况

(五)职业共同体建设的有效性

律师职业共同体的建设,是指通过职业伦理的宣传和执业规范的实施,以及通过促进律师之间的交流与互动,使得律师群体对外具有专业化、正规化、忠于法律、忠于当事人的社会形象,对内具有高度的认同感、归属感和自豪感。对于北京市律师协会律师职业共同体建设的积极性及其成效,《执业律师卷》设置了一个问题,考察受访者对这方面工作的评价。该问题是由被调查者对北京市律师职业共同体建设工作按照百分制打分。调查结果整理为表15"执业律师对北京律师职业共同体建设的评价分布"。2020年度调查结果和2016年度的对比整理为图18"职业共同体建设有效性指标评分情况"。

考察表15和图18,执业律师对北京市职业共同体建设工作的评价具有如下特点。

第一,近七成的受访者对北京市律师职业共同体建设工作给予了较高的评价。如表15所示,对于北京市律师职业共同体建设工作,66.2%的受访者给予80分及以上的评价。

第二,受访者的评价总体上达到中等偏上水平。如表15所示,北京市律师职业共同体建设工作指标得分为77.9分,处于中等偏上水平,接近良好。

第三,2020年度的指标分值相比2016年有明显增长。如图18所示,北京市律师职业共同体建设工作指标在2016年的调查中获得66.6分,在2020年度则达到77.9分,有超过10分的增幅。

表15 执业律师对北京律师职业共同体建设的评价分布

	0~29分	30~59分	60~79分	80~89分	90~99分	100分	总计	分值(分)
数量(人)	39	66	286	348	268	151	1158	77.9
比例(%)	3.4	5.7	24.7	30.1	23.1	13.0	100	
累计比例(%)	3.4	9.1	33.8	63.8	87.0	100		

(六)特殊群体关怀和帮扶的有效性

一些特殊的律师群体,比如年轻律师、女律师等,需要特别的关怀和扶持。

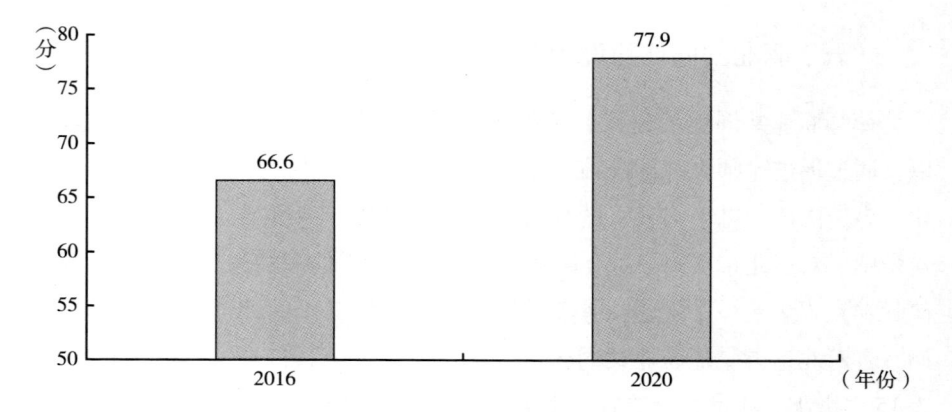

图 18　职业共同体建设有效性指标评分情况

关怀和扶持这些群体，关系到律师结构的均衡，关系到律师行业的可持续发展，关系到律师群体的职业归属感，因而意义重大。对于北京地区律师协会这方面工作的积极性及其成效，《执业律师卷》设置了三个问题，分别考察受访者对三个方面的评价。三个问题是由被调查者分别对北京市关爱女律师群体、北京市帮扶年轻律师群体和北京市支持中小所发展等三个方面的工作打分，打分的范围是0～100分。调查结果分别整理为表16"执业律师对北京关爱女律师群体的评价分布"、表17"执业律师对北京帮扶年轻律师群体的评价分布"和表18"执业律师对北京支持中小所发展的评价分布"。2020年度调查结果和2016年度的对比整理为图19"律师特殊群体帮扶有效性指标评分情况"。

考察表16、表17、表18和图19，执业律师对北京市律师行业帮扶工作的评价具有如下特点。

第一，对女律师群体的帮扶评价最高。在三类帮扶中，对于关爱女律师群体指标，七成的受访者给予了80分及以上的评价，折算分值达到80.0分；对于帮扶年轻律师群体，约六成的受访者给予了80分及以上的评价，折算分值达到75.5分；对于支持中小所发展，只有55.4%的受访者给予80分及以上的评价，折算分值为73.7分。

第二，律师行业帮扶平均分值处于中等偏上水平。三类帮扶按照平权法，计算得出律师行业帮扶平均分值为76.4分，该分值一方面说明律师行业帮扶做了大量的工作，取得了一定的成效，另一方面也说明工作还有不到位的地方，还有加强和提升的空间。

第三，2020年度的指标分值相比2016年有明显增长。如图19所示，北京市律师职业共同体建设工作指标在2016年的调查中获得63.9分，在2020年度则达到76.4分，有12.5分的增幅。

表16 执业律师对北京关爱女律师群体的评价分布

	0~29分	30~59分	60~79分	80~89分	90~99分	100分	总计	分值（分）
数量（人）	30	50	267	329	322	160	1158	80.0
比例（%）	2.6	4.3	23.1	28.4	27.8	13.8	100	
累计比例（%）	2.6	6.9	30.0	58.4	86.2	100		

表17 执业律师对北京帮扶年轻律师群体的评价分布

	0~29分	30~59分	60~79分	80~89分	90~99分	100分	总计	分值（分）
数量（人）	44	100	318	329	252	115	1158	75.5
比例（%）	3.8	8.6	27.5	28.4	21.8	9.9	100	
累计比例（%）	3.8	12.4	39.9	68.3	90.1	100		

表18 执业律师对北京支持中小所发展的评价分布

	0~29分	30~59分	60~79分	80~89分	90~99分	100分	总计	分值（分）
数量（人）	55	100	361	313	210	119	1158	73.7
比例（%）	4.7	8.6	31.2	27.0	18.1	10.3	100	
累计比例（%）	4.7	13.4	44.6	71.6	89.7	100		

（七）对外宣传与交流的有效性

根据律师协会章程的规定，律师协会具有"开展对外宣传与对外交流，扩大行业的对外影响"的职责。对于北京市律师协会开展对外宣传与对外交流工作的积极性及其成效，《执业律师卷》设置了一个问题，考察受访者对这方面工作的评价。该问题是由被调查者对北京市律师协会对外宣传与交流工作按照百分制打分。调查结果整理为表19"执业律师对北京律师对外

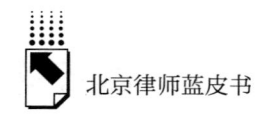

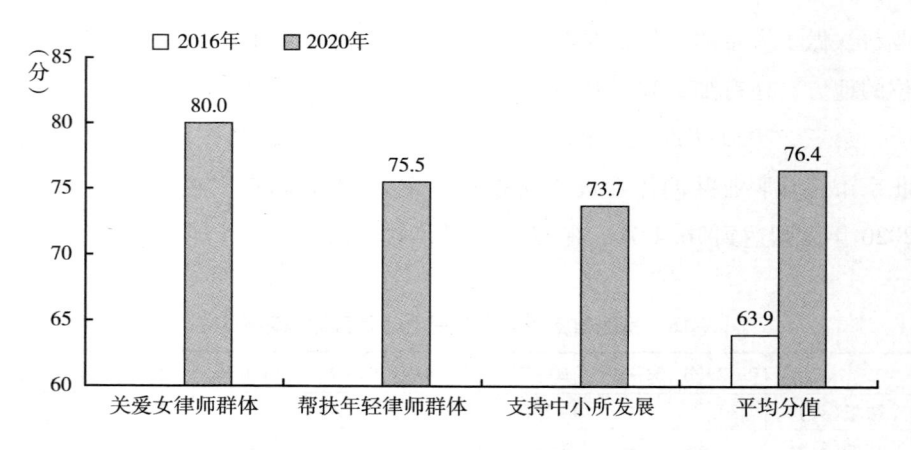

图 19　律师特殊群体帮扶有效性指标评分情况

宣传与交流的评价分布"。2020年度调查结果和2016年度的对比整理为图20"对外宣传与交流有效性指标评分情况"。

考察表19和图20，执业律师对北京市律师协会对外宣传与交流的评价具有如下特点。

第一，超过六成的受访者对对外宣传与交流工作给予了较高的评价。如表19所示，对于北京市律师协会的对外宣传与交流工作，65.5%的受访者给予80分及以上的评价。

第二，受访者的评价总体上达到中等偏上水平。如表19所示，对外宣传与交流有效性指标得分为77.6分，处于中等偏上水平。

第三，2020年度的指标分值相比2016年有一定增长。如图20所示，北京市律师协会对外宣传与交流有效性指标在2016年的调查中获得69.5分，在2020年度则达到77.6分，有8.1分的增长。

表19　执业律师对北京律师对外宣传与交流的评价分布

	0~29分	30~59分	60~79分	80~89分	90~99分	100分	总计	分值（分）
数量（人）	43	71	285	335	277	147	1158	77.6
比例（%）	3.7	6.1	24.6	28.9	23.9	12.7	100	
累计比例（%）	3.7	9.8	34.5	63.4	87.3	100		

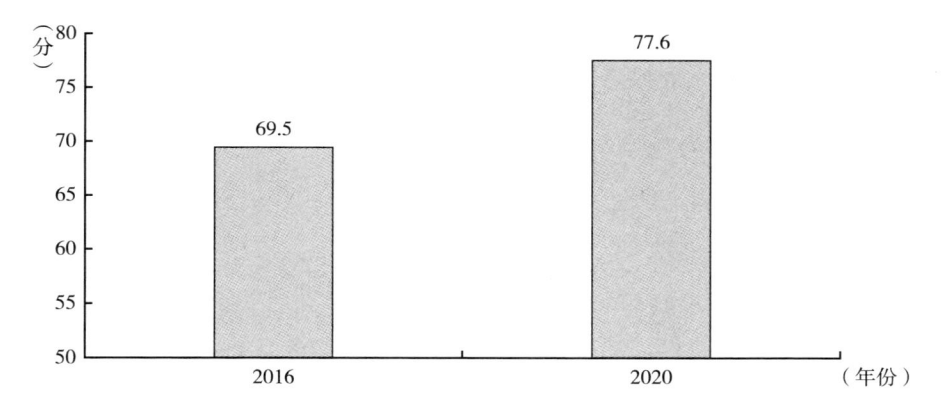

图 20 对外宣传与交流有效性指标评分情况

（八）行业发展保障有效性指标综合得分

三级指标维护律师权益的有效性、改善律师执业环境的有效性、律师业务指导与培训的有效性、职业共同体建设的有效性、特殊群体关怀和帮扶的有效性和对外宣传与交流的有效性之间实行平权法，综合得出二级指标行业发展保障有效性的评分。该指标在2020年度的调查结果和2016年度的对比整理为图21"北京律师行业发展保障有效性指标综合得分"。考察图21，律师行业发展保障有效性指标得分情况具有如下特点。

第一，在六个三级指标之中，律师业务指导与培训有效性指标和维护律师权益有效性两项指标比较高，分别获得84.1分和80.3分，达到了良好的水平，显示这两方面的工作获得了受访者广泛的认可。改善律师执业环境的有效性得分最低，只有70.8分，表明该领域的工作需要更多的作为，需要取得更好的成效。

第二，行业发展保障有效性指标综合得分为77.9分，处于中等偏上的水平。这个分数接近良好，表明律师行业管理机构在律师行业发展保障方面做了大量的工作，取得了一定的成效。

第三，行业发展保障指标分值有了显著的增加。如图21所示，行业发展保障指标在2016年的调查中只获得67.7分，而在2020年度的调查中，

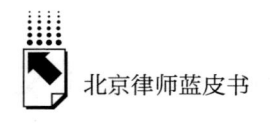

增至77.9分，增加了10.2分。该项增长表明，近四年来，律师行业管理机构加大了律师行业发展保障工作的力度。

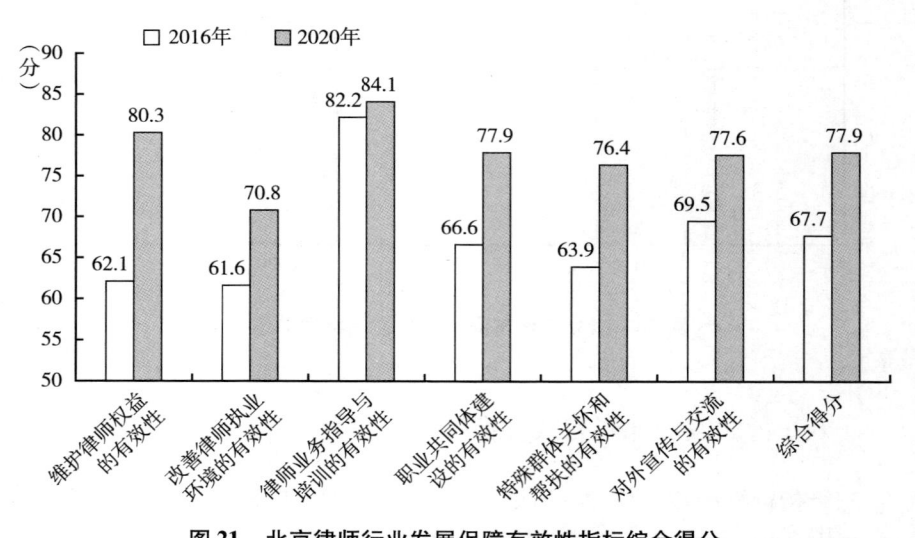

图21 北京律师行业发展保障有效性指标综合得分

五 社会环境的亲和性

（一）指标的含义与设置

社会环境是律师行业产生、运行、发展的社会基础，其中蕴含着制约或促进律师行业发展的各种社会因素。对于社会环境对律师行业的这种促进或制约作用，本报告用"亲和性"这个概念来形容和衡量。亲和性（Agreeableness）一词一般用来形容一种事物所具有的对其他事物认可、包容、接纳的特质。在本报告中，亲和性用来描述社会环境和律师职业之间的这种关系，即社会环境对律师职业的认可、尊重、接纳、包容、支持的程度。社会环境的亲和性强，表示社会环境对律师职业的认可、尊重、接纳、包容、支持的程度高；反之，如果社会环境的亲和性弱，则表示社会环境对律师职业的认可、尊重、接纳、包容、支持的程度低。

然而，社会环境是一个复杂的、包罗万象的大系统，经济、政治、法律、文化等不同的环境因素都会对律师职业的亲和性产生影响，所以，对社会环境亲和性的全面、精确衡量将是一个庞大的工程。本报告将这个问题简化处理，仅考察执业环境的亲和性和律师职业的社会声望。这样简化的理由在于：第一，执业环境对于律师行业运行有直接的影响，而且影响易于评测；第二，律师职业的社会声望是经济、政治、法律、文化等因素的综合反映，窥一斑可知全豹。

（二）执业环境的亲和性

执业环境的亲和性指标考察在律师执业过程中与律师打交道的相关主体是否尊重律师的执业权利。结合律师业务的内容特点，《执业律师卷》中设置了五个问题，分别考察执业环境的五个主要方面：（1）在诉讼活动中，审判人员是否尊重律师的执业权利？（2）在诉讼活动中，检察人员是否尊重律师的执业权利？（3）在诉讼活动中，警察是否尊重律师的执业权利？（4）在行政复议业务办理中，行政机关工作人员是否尊重律师的执业权利？（5）在律师业务所需要的调查和取证活动中，有关单位和个人是否尊重律师的执业权利？

调查结果整理得出表20、表21、图22和图23。分析调查结果，受访者对于律师执业环境的评价和评分具有以下特点。

第一，从得分上看，不同人员对律师执业权利的尊重程度从高到低依次是：审判人员（73.1分）、检察人员（72.8分）、行政机关工作人员（69.9分）、警察（63.0分）、调查取证相关单位和个人（61.5分）。

第二，从获得好评的比例上看，"非常尊重""比较尊重"合计所占比例从高到低依次是：审判人员（65.0%）、检察人员（61.5%）、行政机关工作人员（51.1%）、警察（37.2%）、调查取证相关单位和个人（32.8%）。

第三，从获得差评的比例上看，"不太尊重""很不尊重"合计所占比例从低到高依次是：检察人员（6.3%）、审判人员（7.1%）、行政机关工作人员（8.1%）、警察（22.9%）、调查取证相关单位和个人（23.0%）。

第四，对律师执业权利的尊重程度，审判人员和检察人员比较高，而且比较接近；警察和调查取证相关单位和个人比较低，而且比较接近。

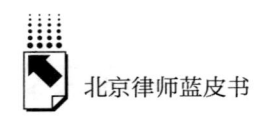

第五，从总体上看，各相关人员对律师执业权利的尊重程度都不算高。在五类人员中，最高分也只有73.1分（审判人员），最低分则低至61.5分（调查取证相关单位和个人）。如图23所示，对不同人员的支持度运用平权法进行综合，得到律师执业环境的亲和性的综合得分为68.1分，处于及格水平。这种得分情况表明，当前律师的执业环境不太理想，需要进一步改善。

第六，四年来，各类人员对律师执业权利的尊重程度均有所增加。如图23所示，和2016年的调查结果相比，审判人员的尊重程度从62.5分增至73.1分；检察人员的尊重程度从63.2分增至72.8分，行政机关工作人员的尊重程度从58.0分增至69.9分，警察的尊重程度从52.7分增至63.0分，调查取证相关单位和个人的尊重程度从52.5分增至61.5分，而执业环境的亲和性平均分值则从57.8分增至68.1分。

表20　不同人员对律师执业权利尊重情况对比

单位：分，人

评价选项	赋值	不同人员数量				
		审判人员	检察人员	警察	行政机关工作人员	调查取证相关单位和个人
非常尊重	100	103	94	66	78	55
比较尊重	80	638	486	300	401	310
一般	60	318	304	392	382	491
不太尊重	40	64	47	165	59	178
很不尊重	20	17	12	60	17	78
合计		1140	943	983	937	1112
分值		73.1	72.8	63.0	69.9	61.5

表21　不同人员对律师执业权利尊重占比情况对比

单位：%

评价选项	审判人员	检察人员	警察	行政机关工作人员	调查取证相关单位和个人
非常尊重	9.0	10.0	6.7	8.3	4.9
比较尊重	56.0	51.5	30.5	42.8	27.9
一般	27.9	32.2	39.9	40.8	44.2
不太尊重	5.6	5.0	16.8	6.3	16.0
很不尊重	1.5	1.3	6.1	1.8	7.0
合计	100	100	100	100	100

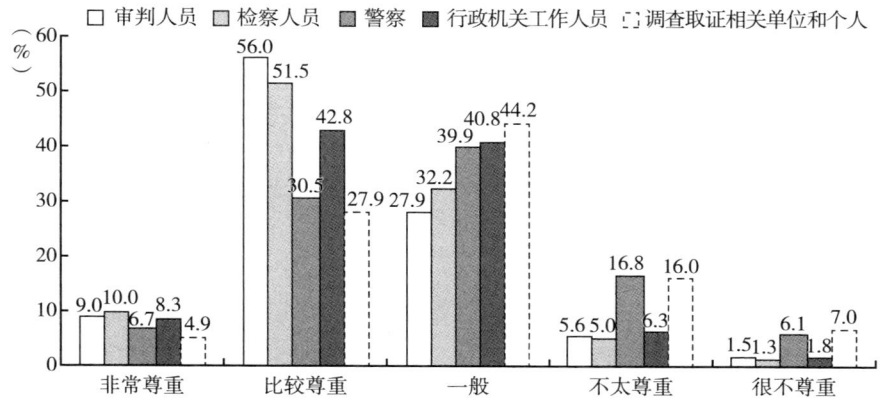

图 22 不同人员对律师执业权利尊重占比情况对比

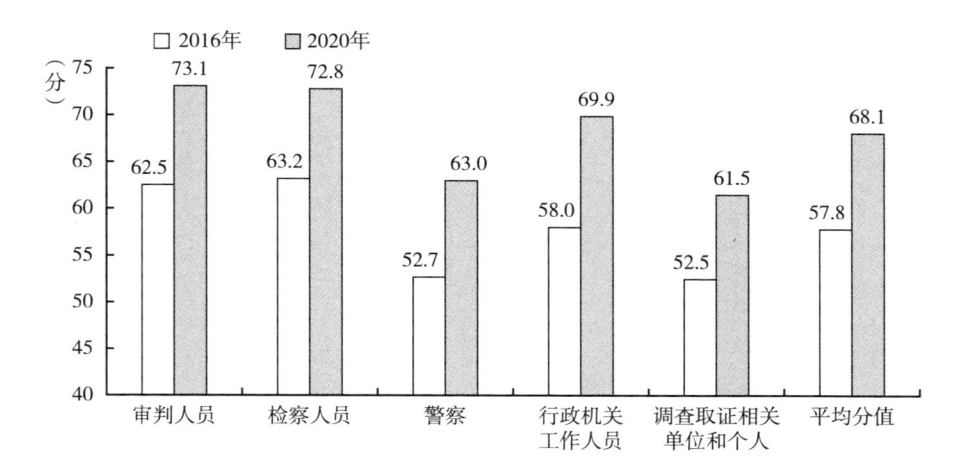

图 23 执业环境亲和性指标评分情况

（三）律师职业的社会声望

对于律师职业的社会声望，本项目化繁为简，只在《执业律师卷》中设置一个问题，考察受访者对律师在社会生活中受人尊重程度的评价。调查结果整理得出表 22"执业律师对律师职业社会声望的评价分布"。2020 年度调查结果和 2016 年度的对比整理为图 24"律师职业社会声望指标评分情况"。分析调查结果，律师的职业声望具有如下特点。

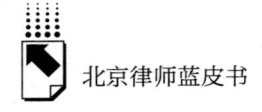

第一,从评价分布看,律师职业获得了过半数的好评。如表 22 所示,在社会生活中,"律师非常受人尊重""比较受人尊重"两个选项合计占比 63.9%;差评相对较少,"不太受人尊重""被人瞧不起"两项合计占比 2.8%。

第二,按照给定的赋值方案进行计算,律师职业声望得分为 73.5 分,处于中等水平。

第三,四年来,律师的社会声望略有上升。如图 24 所示,和 2016 年的调查结果相比,律师的社会声望从 71.0 分升至 73.5 分,显示了律师社会声望缓慢上升的趋势。

表22 执业律师对律师职业社会声望的评价分布

评价选项	数量(人)	赋值(分)	比例(%)	累计比例(%)
非常受人尊重	77	100	6.6	6.6
比较受人尊重	663	80	57.3	63.9
一般	386	60	33.3	97.2
不太受人尊重	29	40	2.5	99.7
被人瞧不起	3	20	0.3	100
合计/均值	1158	73.5	100	

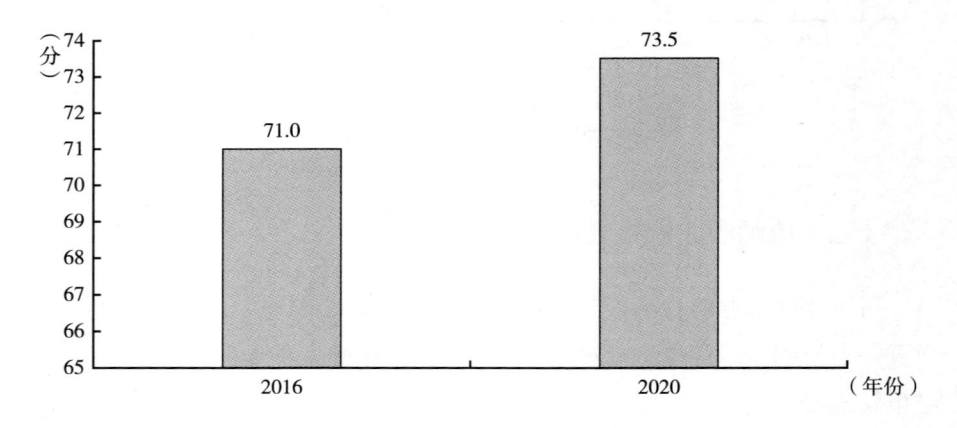

图24 律师职业社会声望指标评分情况

（四）社会环境亲和性指标综合得分

三级指标律师执业环境的亲和性和律师职业的社会声望通过平权法综合得出二级指标社会环境亲和性的评分。该指标在2020年度的调查结果和2016年度的对比整理为图25"北京律师社会环境亲和性指标分值构成"。考察图25，律师社会环境亲和性指标得分情况具有如下特点。

第一，在两个三级指标之间，律师职业社会声望的分值高于执业环境亲和性。前者得73.5分，后者得68.1分。这种差距表明，律师执业过程中的相关主体由于利益或立场的原因，对律师的尊重程度不及社会公众。

第二，社会环境亲和性指标综合得70.8分，处于中等水平。这个分数表明律师的执业环境还存在较大的改善空间。

第三，四年来，社会环境亲和性指标分值有了一定的提升。如图25所示，社会环境亲和性指标在2016年的调查中只获得64.4分，而在2020年度的调查中，增至70.8分。虽然只增加了6.4分，但是展现了社会环境不断变好的趋势。

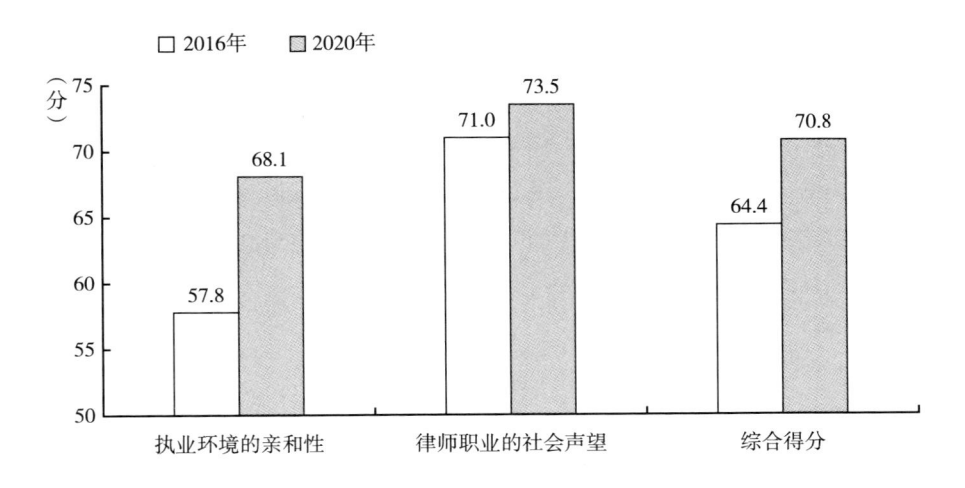

图25　北京律师社会环境亲和性指标分值构成

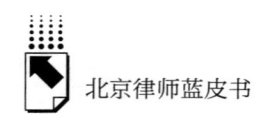

六 律师队伍发展

（一）指标的含义与设置

律师行业发展，主要体现在律师队伍的数量和律师队伍的素质两个方面。其中，律师队伍的数量体现在律师人数、单位人口内律师人数、律师数量排名等方面；而律师队伍的素质，主要包括法律服务的专业技能、职业道德水平、政治思想水平和职业价值认同等方面。

各行各业都需要具备一定素质的从业人员，但是相对来说，律师对于律师行业的运营和发展意义尤其重大。这是因为，律师是以专门知识和技能为客户提供有偿服务的专业服务人员，服务的质量与水平在很大程度上取决于律师的素质。这里的素质，首先是指法律事务办理的专业技能。此外，由于法律服务的多数场合需要律师独立分析、独立判断、独立取舍，外在的制约因素难以发挥作用，所以，还需要律师具有较高的职业道德水平、良好的政治思想觉悟以及强烈的职业价值认同感，引导和约束律师发自内心做好法律服务工作。

基于律师行业的这些特点，律师队伍发展体现在律师队伍的数量、律师的专业技能、律师的职业道德水平、律师的政治思想水平和职业价值认同度等方面。由于律师的专业化专门设置了二级指标，所以，在律师队伍发展之下，仅考察律师队伍的数量、律师的职业道德水平、律师的政治思想水平和职业价值认同度四个三级指标。

（二）律师队伍的数量

1. 数据来源与评分标准

对于律师队伍数量的水平，本项目从两个角度进行衡量：一是绝对数量，即执业律师的人数；二是相对数量，即特定地区平均每10万人口拥有律师人数。前者体现的是律师队伍的规模，这种规模本身就是律师行业发展水平的重要体现；后者扣除人口因素的影响，增强律师人数之间的可比性。这两项指标所使用的两种数据，即律师人数和人口数量，均来自国家和地方统计部门出版的统计年鉴。

对于律师人数，本项目的评分标准如下。以全国律师人数最多的省级地区为100分，被考察地区的律师人数和该地区的比值乘以100，为被考察地区律师人数的得分。

对于每10万人口拥有律师人数，本项目的评分标准如下。（1）全国每10万人口拥有律师人数最多的省级地区为100分，全国平均水平为60分。（2）被考察地区得分根据比例计算。假定每10万人口拥有律师人数全国平均值为L_0，最高值L_h，被考察地区为L_x，被考察地区指标得分为X。如果被考察地区每10万人口拥有律师人数高于全国平均值，则指标得分计算公式为：$X = 60 + (L_x - L_0) \times 40 / (L_h - L_0)$；如果被考察地区每10万人口拥有律师人数低于全国平均值，则指标得分计算公式为：$X = 60 L_x / L_0$。

2. 数据整理与得分计算

对有关的人口数和律师人数进行整理得到表23和图26。2019年底，北京有执业律师34755人，在全国省级地区中排名第二，仅次于广东省。按照前面设定的计分规则和计算方法，北京律师人数指标得分为71.0分。

如果扣除人口因素的影响，计算每10万人口拥有律师人数，则北京以161.4人高居第一。按照前面设定的计分规则，北京每10万人口拥有律师人数指标得分为100分。

如图26所示，综合律师的绝对数量和相对数量两个指标的得分，北京律师数量得85.5分。这个分数在全国省级地区中排名第一，这也说明北京律师队伍的规模在各省级地区中具有显著的优势。

按照这样的标准计算，北京律师数量指标在2016年的调查中达到93.2分，而2020年度的分数与之相比不增反降，这种变化说明北京律师在数量方面的优势有逐年缩小的趋势。

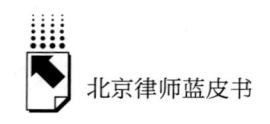

表 23　2019 年底部分省级地区律师人数与指标得分

地区	人口数（万人）	律师人数			每10万人口拥有律师人数			律师数量综合得分（分）
		人数（人）	排名	得分（分）	人数（人）	排名	得分（分）	
广东	11521	48971	第一	100	42.5		62.7	81.4
北京	2153.60	34755		71.0	161.4	第一	100.0	85.5
上海	2428.14	26520		54.2	109.2		83.5	68.9
全国	140005	473073			33.8		60	

资料来源：（1）全国和各地区 2019 年末人口数分别来自全国和各地区 2020 年初发布的统计公报；（2）全国 2019 年底律师人数来自司法部权威发布《2019 年度律师、基层法律服务工作统计分析情况》；（3）各地 2019 年底律师人数系各地司法行政机关或律师协会发布。

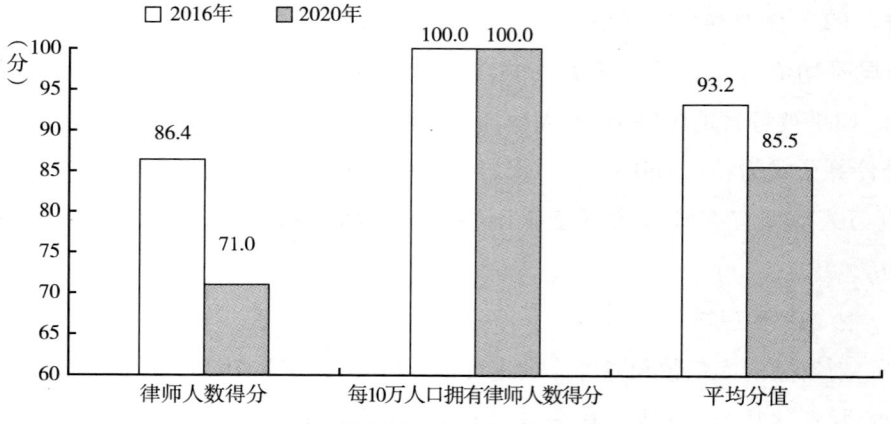

图 26　律师队伍数量指标评分情况

（三）律师的职业道德水平

关于律师的职业道德水平，《执业律师卷》、《司法工作人员卷》和《当事人卷》分别设置了相同的问题，分别由执业律师、司法工作人员、当事人对律师的职业道德水平做出评价。评价实行百分制，由受访者对北京律师在四项道德准则方面的表现评分，四项评分按照平权法计算得出职业道德水平的总体分值。

而作为评测依据的道德准则，在 2016 年和 2020 年两次调查中有所不同。在 2016 年的调查中，被访者评价的道德准则包括忠实于当事人的立场和利益、勤勉尽责、保守秘密、公平竞争四个方面；而在 2020 年的调查中，被访者评价的道德准则包括遵守宪法和法律、忠实于当事人的立场和利益、勤勉尽责、保守秘密四个方面。

根据调查结果整理得出表24、表25、图27和图28，考察图表中的数据，可以总结出律师职业道德水平的如下特点。

第一，不同群体的评分存在差异。在司法工作人员中，检察人员的评分最高，达到85.5分；审判人员次之，达到79.7分；仲裁人员评分最低，只有77.7分。

在执业律师、司法工作人员、当事人三类被访者中，当事人的评分最高，达到93.0分；执业律师次之，达到89.7分；司法工作人员评分最低，达到81.6分。

第二，各项道德要求没有明显短板。在问卷调查所考察的四项道德准则中，遵守宪法和法律90.5分，忠实于当事人的立场和利益87.6分，勤勉尽责86.2分，保守秘密87.9分。四项道德准则均达到良好及以上水平。

第三，总体来看，律师职业道德水平获得受访者的普遍好评。四项道德准则按照平权法，计算得出北京律师职业道德水平的总体得分为88.1分，达到良好水平，接近优秀水平。

第四，四年来北京律师职业道德水平进一步提升。在2016年的调查中，律师职业道德水平达到82.6分，在2020年度的调查中，该项指标更进一步，达到88.1分。

如果两次调查的分值分别只计算相同的项目，即只计算"忠实于当事人的立场和利益""勤勉尽责""保守秘密"三项，则在2016年的调查中，律师职业道德水平达到84.0分；在2020年度的调查中，该项指标也有所提高，达到87.3分，但是增幅变小。

表24 司法工作人员对北京律师职业道德水平的评分情况

单位：分

评分主体	遵守宪法和法律	忠实于当事人的立场和利益	勤勉尽责	保守秘密	职业道德平均得分
审判人员	82.3	80.4	76.9	79.3	79.7
检察人员	86.7	86.0	84.1	85.3	85.5
仲裁人员	83.7	77.7	72.0	77.3	77.7
综合得分	84.3	82.1	78.8	81.3	81.6

表25 有关人员对北京律师职业道德水平的评分情况

单位：分

评分主体	遵守宪法和法律	忠实于当事人的立场和利益	勤勉尽责	保守秘密	职业道德平均得分
当事人	94.4	92.4	92.1	93.0	93.0
执业律师	92.9	88.4	87.8	89.5	89.7
司法工作人员	84.3	82.1	78.8	81.3	81.6
综合得分	90.5	87.6	86.2	87.9	88.1

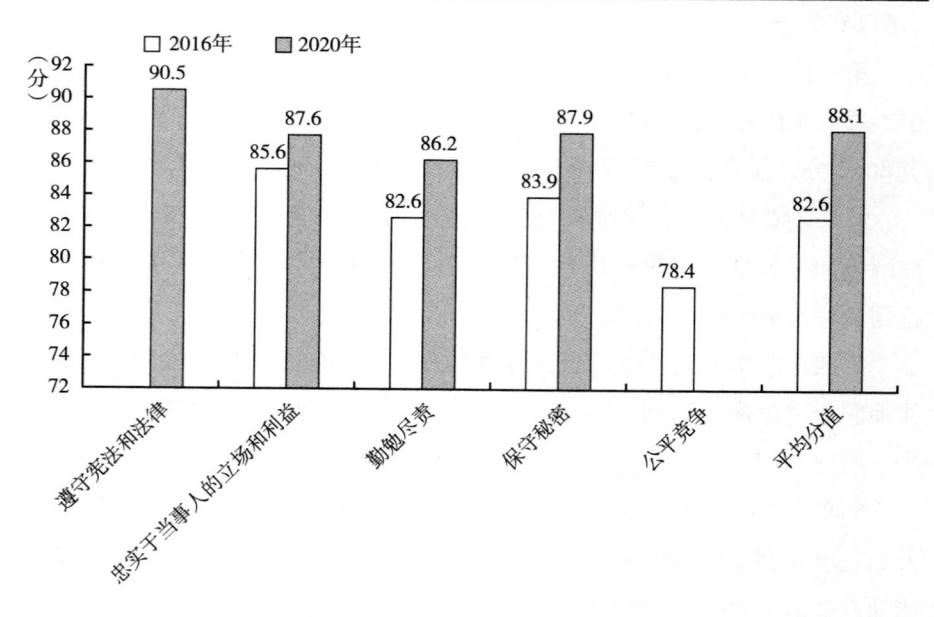

图27 律师职业道德水平指标评分情况

（四）律师的政治思想水平

对于律师的政治思想水平，本项目在《执业律师卷》、《司法工作人员卷》和《当事人卷》中设置了相同的问题，分别由执业律师、司法工作人员、当事人对律师的表现做出评价。评价实行百分制，由评价主体就北京律师在坚持中国共产党的领导、坚持中国特色社会主义道路等两个方面的表现

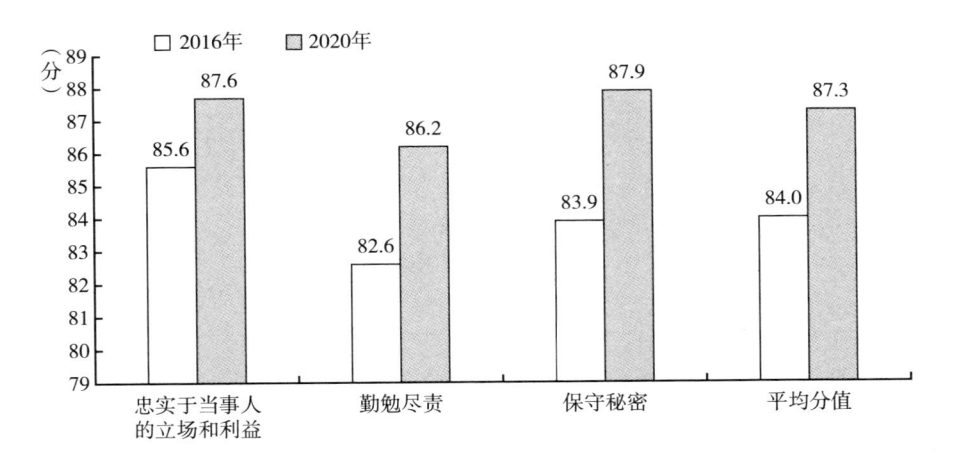

图 28　律师职业道德水平指标评分情况（增强可比性）

评分，各项评分按照平权法计算得出政治思想水平的总体分值。

根据调查结果整理得出表26、表27和图29。考察上述图表，可以总结出律师政治思想水平的如下特点。

第一，不同群体的评分存在差异。在司法工作人员中，检察人员的评分最高，达到87.5分；审判人员次之，达到82.7分；仲裁人员评分最低，但也达到81.6分。

在执业律师、司法工作人员、当事人三类被访者中，当事人的评分最高，达到95.3分；执业律师次之，达到93.2分；司法工作人员评分最低，达到84.4分。

第二，各项道德要求没有明显短板，而且在四舍五入的情况下完全相同。在问卷调查所考察的两项政治原则中，坚持中国共产党的领导和坚持中国特色社会主义道路分别为90.9分和91.0分，达到优秀水平。

第三，总体来看，律师政治思想水平符合当前基本政治原则的要求。北京律师政治思想水平的总体得分为91.0分，达到优秀水平。

第四，四年来北京律师政治思想水平进一步提高。在2016年的调查中，律师政治思想水平达到85.0分，在2020年度的调查中，该项指标进一步提升，达到91.0分。

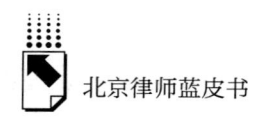

表26 司法工作人员对北京律师政治思想水平的评分情况

单位：分

评分主体	坚持中国共产党的领导	坚持中国特色社会主义道路	政治思想水平平均得分
审判人员	82.5	83.0	82.7
检察人员	87.3	87.7	87.5
仲裁人员	81.4	81.8	81.6
综合得分	84.2	84.6	84.4

表27 有关人员对北京律师政治思想水平的评分情况

单位：分

评分主体	坚持中国共产党的领导	坚持中国特色社会主义道路	政治思想水平平均得分
当事人	95.3	95.3	95.3
执业律师	93.2	93.2	93.2
司法工作人员	84.2	84.6	84.4
综合得分	90.9	91.0	91.0

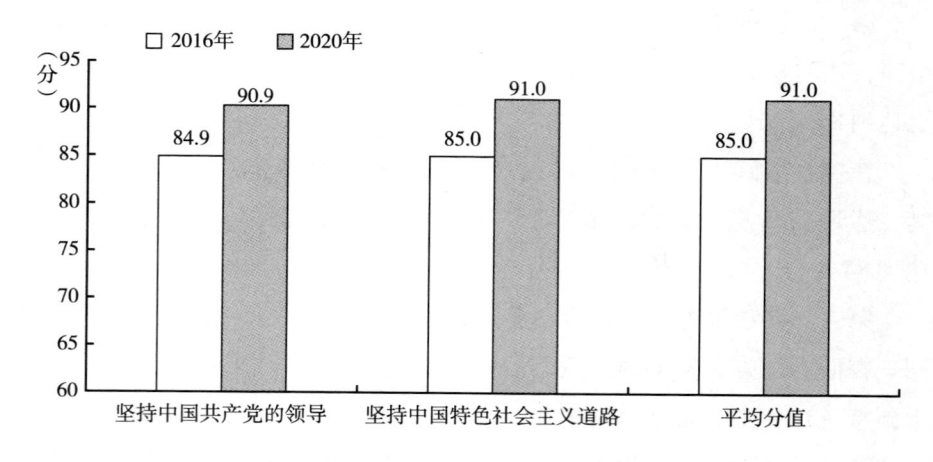

图29 律师政治思想水平指标评分情况

（五）职业价值认同度

对于执业律师对律师职业价值的认同度，《执业律师卷》中设置了一个问题，通过了解律师的职业选择理由间接地考察这一指标。根据调查结果整理得出表28"选择律师职业的主要理由分布"。2020年度调查结果和2016年度的对比则整理为图30"律师职业价值认同指标评分情况"。考察上述图表，可以总结出北京律师职业价值认同度主要有如下特点。

第一，从选项分布上看，被访者对律师职业价值认同度比较高。如表28所示，在被调查的执业律师群体中，有41.4%是因为单纯认同律师工作的价值目标而选择律师职业，还有30.6%是因为喜欢律师的工作方式而从事律师职业，二者之和达到72.1%。而为了学有所用而选择律师职业的，比例有24.0%。因为收入选择律师职业的，比例仅有1.2%。"因为没有找到其他更合适的工作"而被动从事律师职业的，仅有2.7%。前三个选项在一定程度上是认同律师职业价值要求的，三种选择的比例合计达到96.0%，由此可见，律师职业价值在北京执业律师群体中得到了广泛的认同和追求。

第二，律师职业价值认同度达到良好水平。按照给定的赋值方案计算，律师群体职业价值认同度指标得到81.4分，体现了较高的价值认同度。

第三，四年来北京律师职业价值认同度较为稳定。在2016年的调查中，律师职业价值认同度达到81.3分，而在2020年度的调查中，该项指标分值为81.4，略有增长，但总体上处于同一水平。

表28 选择律师职业的主要理由分布

理由选项	数量（人）	赋值（分）	比例（%）	累计比例（%）
我从内心认为律师工作是一种崇高的事业	472	100	41.4	41.4
我比较喜欢律师职业的工作方式	349	80	30.6	72.1
因为学的专业是法律，律师工作最能学有所用	273	60	24.0	96.0
因为律师工作收入高	14	40	1.2	97.3
因为没有找到其他更合适的工作	31	20	2.7	100
合计/均值	1139	81.4	100	

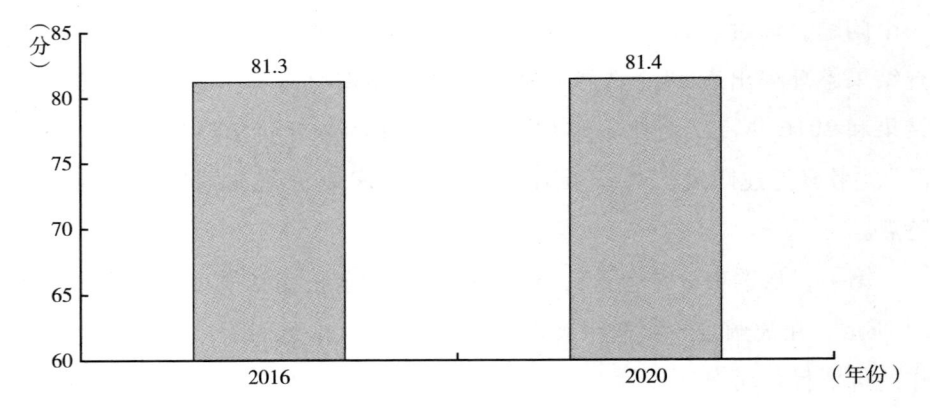

```
(分) 85
       81.3                    81.4
80
75
70
65
60
       2016                    2020              (年份)
```

图30 律师职业价值认同度指标评分情况

（六）律师队伍发展指标综合得分

律师队伍数量、律师职业道德水平、律师政治思想水平和职业价值认同度四个三级指标按照平权法，综合得出二级指标律师队伍发展水平指标的分数。该指标在2020年度的调查结果和2016年度的对比整理为图31"北京律师队伍发展指标综合得分"。考察图31，律师队伍发展指标得分情况具有如下特点。

第一，所有三级指标的分值都达到了良好及以上的水平。在四项三级指标中，律师政治思想水平得分最高，达到91.0分，余下三项指标分别是律师职业道德水平88.1分，律师队伍数量85.5分，律师职业价值认同度81.4分。

第二，律师队伍发展指标得分处于较高的水平。如图31所示，律师队伍发展综合得分为86.5分，体现了北京律师队伍发展的成绩和优势。

第三，四年来，律师队伍发展指标小幅增长。如图31所示，在二级指标层面，律师队伍发展指标在2016年的调查中获得85.5分，而在2020年度的调查中获得86.5分，增长了1分。在三级层面，律师队伍数量指标有所下降，具体从93.2分降至85.5分，其余三项指标则有所增加，其中律师政治思想水平从85.0分增至91.0分，律师职业道德水平从82.6分增至88.1分，律师职业价值认同度从81.3分增至81.4分。

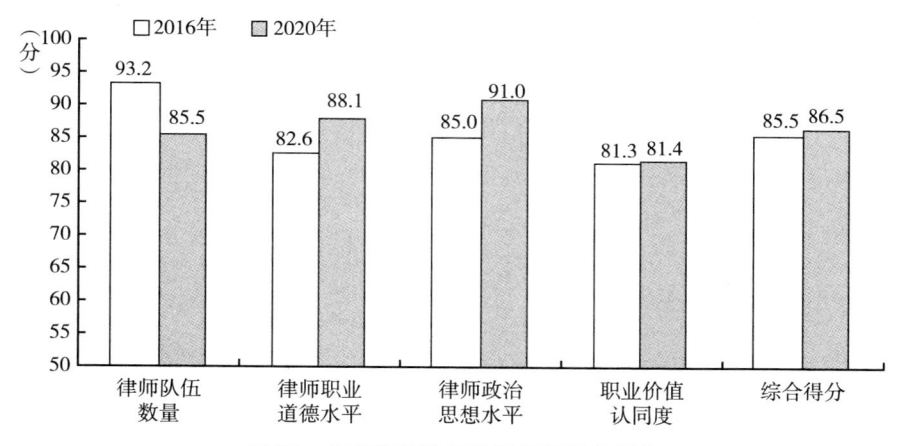

图 31 北京律师队伍发展指标综合得分

七 业务办理能力

（一）指标含义与设置

这里所谓的业务办理能力，主要指律师办理法律事务的技术能力。总体来看，律师的业务办理能力主要受两方面因素的影响。

一是专业化水平。律师作为一种职业，具有高于常人的法律技术水平，这是社会专业化发展的结果。而在律师职业内部，律师还可以通过专注于特定的业务类型成为专业律师，从而进一步提升专业化水平。专注于特定的业务类型，必然会提高律师对该类型业务的办理能力，但是相应地，律师对于其他类型业务的办理能力就会有所弱化，这是"专"与"广"、"精"与"博"之间的一个矛盾。

二是律师之间的协作水平。律师之间的协作一方面可以克服专业化产生的技术"偏科"问题，还可以在高端复杂业务的办理中，弥补单个律师的精力、效率方面的不足。由此可见，专业化和协作之间，具有相辅相成、相互促进的关系，而律师业务办理能力，主要就体现在这两个方面。

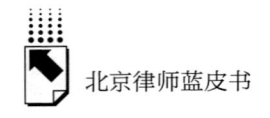

基于这种关系,本项目在律师业务办理能力之下,设置两个三级指标,即律师个人的专业化水平和律师行业内部的业务合作水平。从发生机制来看,业务合作可以划分为行政协作和市场合作。所谓行政协作,是指在律所内部通过组建律师团队实现的协作;所谓市场合作,是指在律所之间基于协议实现的横向合作。

(二)律师的专业化

1. 问题和选项

对于律师的专业化,《执业律师卷》中设置了两个问题,分别从两个角度进行考察:一是律师实际上专注于特定业务类型的程度,可以称为专业化效果;二是律师的专业化意识,或者说律师主观上提升专业化的努力程度,体现了专业化的主动性和稳定性。

2. 专业化效果:律师专注于特定业务类型的程度

在第一个问题中,被调查律师填答本人各单项业务的收费所占的比例,从中可以看出被调查者是否实际上集中于某些业务类型,进而可以衡量被调查者的专业化程度。然而,专业化程度是相对而言的,我们人为地设定一个标准:如果单项业务收入所占比例大于或等于50%,该律师即为特定领域的专业化律师。依据该标准,根据调查结果整理得出表29"调查结果中律师单项业务收入占比超过50%的人数和比例"。

如表29所示,在1158份有效回答问卷中,有90人"刑事业务"收费占比超过50%;有510人"民事诉讼代理业务"收费占比超过50%;有69人"行政复议、行政诉讼业务"收费占比超过50%;有150人"非诉讼法律事务"收费占比超过50%;有78人"婚姻家庭继承业务"收费占比超过50%;有43人"涉外与涉港澳台商事业务"收费占比超过50%;有13人"海事海商业务"收费占比超过50%;有15人"国际贸易与WTO业务"收费占比超过50%;有45人"商事仲裁业务"收费占比超过50%;有50人"劳动法业务"收费占比超过50%。"民事诉讼代理业务"收费占比超过50%的律师人数减半计算后(减半计算的原因参见下文),共有808人某单项业务收入超过

50%，占有效回答问卷数的 69.8%。

综合考虑各方面的因素，设定如下标准计算专业化的分值：（1）因为律师本身就是专业化程度较高的职业，所以即使没有 1 个律师单项业务收入超过 50%，律师行业仍然存在一定程度的专业化，我们设定为 50 分；（2）如果律师行业中每一个律师都有大于或等于 50% 的收费源于单项业务，这是专业化程度最高的体现，我们设定为 100 分；（3）实际情况介于这两极之间，我们假定某地律师行业中，有 $n\%$ 的律师单项业务收入所占比例大于或等于 50%，则该地律师行业专业化效果得分为：$50 + n/2$；（4）考虑到民事诉讼代理业务和其余多项业务之间存在交叉或包含关系，而且民事诉讼代理业务比较广博，"专"的程度较弱，所以民事诉讼代理业务收入占 50% 以上的律师人数减半计算。假设民事诉讼代理业务收入占 50% 以上的律师所占比例为 $m\%$，则专业化效果最终的计算公式调整为：$50 + (n - m/2)/2$。

根据上述调查结果和计分标准，2020 年北京律师行业中，有 69.8% 的律师单项业务收入所占比例超过 50%，有 44.0% 的律师民事诉讼代理业务收入超过 50%，带入公式计算，专业化效果得分为 $50 + (91.8 - 44.0/2)/2$，即 84.9 分。

同理，在 2016 年的调查中，有 42.0% 的律师单项业务收入所占比例超过 50%，有 35.6% 的律师民事诉讼代理业务收入超过 50%，带入公式计算，专业化效果得分为 $50 + (59.7 - 35.6/2)/2$，即 71.0 分（见图 32）。

表 29 调查结果中律师单项业务收入占比超过 50% 的人数和比例

业务类型	2016 年调查中单项业务收入占比超过 50% 的律师		2020 年调查中单项业务收入占比超过 50% 的律师	
	人数（人）	所占比例（%）	人数（人）	所占比例（%）
刑事业务	7	2.2	90	7.8
民事诉讼代理业务	115	35.6	510	44.0
行政复议、行政诉讼业务	3	0.9	69	6.0
非诉讼法律事务	46	14.2	150	13.0
婚姻家庭继承业务	11	3.4	78	6.7
涉外与涉港澳台商事业务	1	0.3	43	3.7
海事海商业务	0	0	13	1.1

续表

业务类型	2016年调查中单项业务收入占比超过50%的律师		2020年调查中单项业务收入占比超过50%的律师	
	人数(人)	所占比例(%)	人数(人)	所占比例(%)
国际贸易与WTO业务	0	0	15	1.3
商事仲裁业务	2	0.6	45	3.9
劳动法业务	8	2.5	50	4.3
专业化律师合计	174	59.7	1063	91.8
问卷调查有效回答总数	323	100	1158	100
专业化效果评分(分)	71.0		84.9	

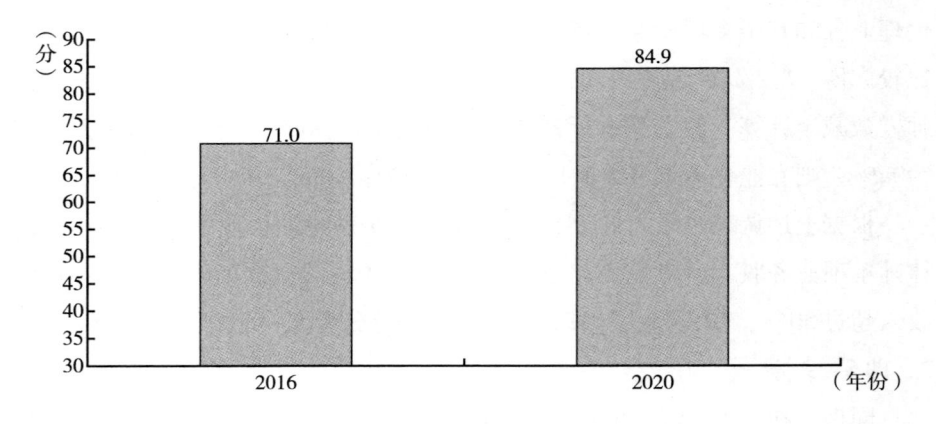

图32 律师专业化效果评分情况

3. 专业化意识

第二个问题的调查结果整理为表30"律师对实际业务类型收入比例形成原因的说明"。如该表所示，21.6%的律师有意识地对案源进行选择，形成自己的专业化特色；有26.6%的律师业务办理类型完全依赖于案源的影响。其余律师的情形依次是：18.4%的律师因为律所的专业化确定业务类型，专业化由律所和律师共同推进；19.5%的律师虽然不对案源进行挑选，但是业务推广有重点、有选择；13.9%的律师是根据律所领导的工作分配办理业务。

根据表30中关于专业化主观意识的赋值方案进行计算，北京律师专业化意识平均得58.9分，与2016年相比有所下降（见图33）。

表30 律师对实际业务类型收入比例形成原因的说明

原因选项	数量(人)	赋值(分)	比例(%)	累计比例(%)
自己对案源进行选择后形成	241	100	21.6	21.6
因为所在律所的专业化形成	205	80	18.4	40.0
受案源影响形成，但是业务推广有重点和选择	217	60	19.5	59.5
因为律所领导的工作分配形成	155	40	13.9	73.4
受案源影响自然形成	296	20	26.6	100
合计/均值	1114	58.9	100	

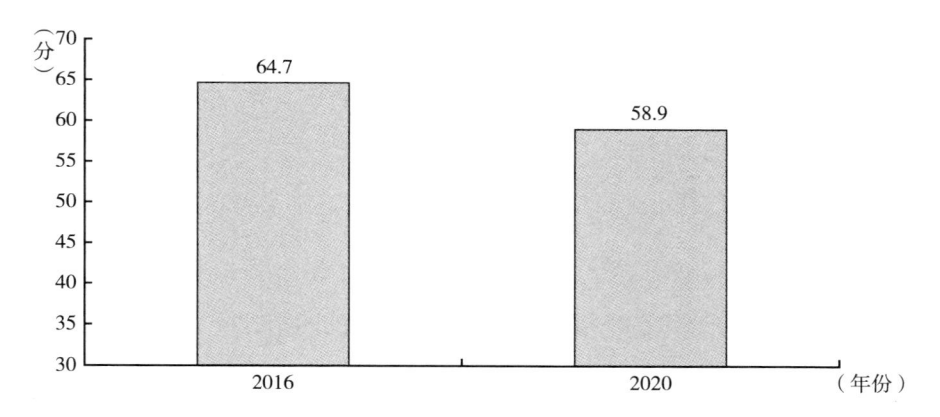

图33 律师专业化意识评分情况

4. 律师专业化水平的分值及其特点

专业化的效果、专业化的意识按照平权法，综合计算得出律师专业化指标的分值。该指标在2020年度的调查结果和2016年度的对比整理为图34"律师专业化指标评分情况"。考察图34，北京律师专业化水平的具有如下特点。

第一，截至2020年项目调查时间，北京律师专业化达到较高水平。如图34所示，北京律师专业化的效果达到84.9分，但专业化的意识只有58.9分，合计分值专业化水平达到71.9分，处于中等偏下的水平。

第二，四年来，北京律师专业化水平有所提高。如图34所示，在2016年的调查中，北京律师专业化水平只有67.9分，四年后增至71.9分有明显增长。

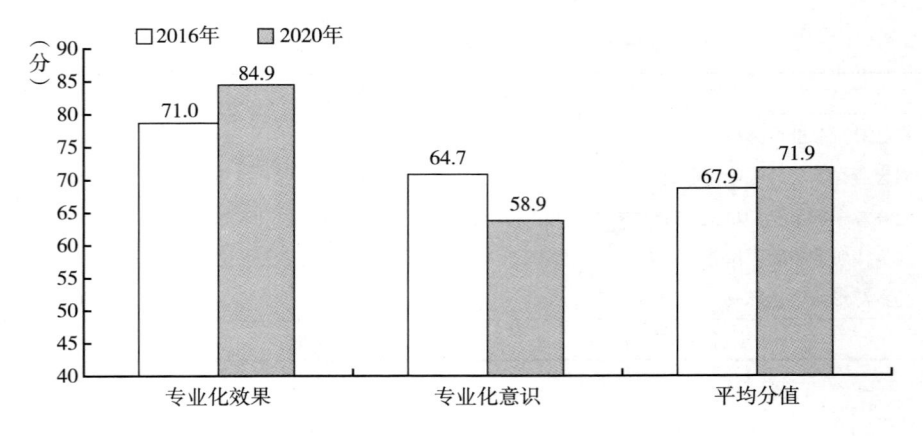

图 34 律师专业化指标评分情况

（三）业务合作

1. 指标含义

专业化和业务合作是律师提升业务办理能力的两个方向。专业化让律师在特定类型中的业务办理能力增强，但是精通的业务类型范围变窄；合作则将多种能力组合起来，既克服专业化的"专"的不足，又能发挥"专"的特长。因此，衡量律师业务办理能力，需要分别衡量律师行业的专业化水平和业务合作水平。

业务合作有两种模式，一种是行政协作，另一种是市场合作。在本项目中，将分别考察北京律师的行政协作水平和市场合作水平，二者按照平权法计算得出业务合作指标的分值。

2. 行政协作

无论是从理论上看，还是从实际情况看，律师行业行政协作水平主要受两方面因素影响：一是律所的规模，二是律所内部的组织结构。前者的影响在于：只有律所人数达到一定的规模，才能聚集拥有多种专长的律师，才能组建各种专业团队，才能有更多的案源保证各种专业团队有足够的工作量；后者的影响则是直接的：律所一定数量的律师，按照团队合作的需要进行部门设计、职务安排和具体工作调度。在律师行业实际中，这两个方面存在紧密的联系：规模越大的律所，内部资源整合程度越高，团队合作的制度设计越先进。鉴于这种关系，律师事务所的规模可以大致地反映律师行业行政协作水平。

基于上述分析，本项目采用律师年检公告中 101 人及以上大型律所中的律师人数占律师总数的比例间接地衡量律师行业的行政协作水平。假定该比例的值是 $m\%$，则律师行业行政协作水平的分值是：$50+m$。如果 m 大于 100，则最高取值 100 分。其中 50 是基准分，即假定 m 为 0 时，行政协作水平为 50 分。

北京市律师协会 2015 年 8 月和 2019 年 12 月分别发布了当年度的律师事务所和律师年度执业考核公告，通过对公告内容的整理，得到表 31 "北京市律师年度考核公告律师人数统计及行政协作水平"和图 35 "北京律师行政协作水平评分情况"。①

考察表 31 和图 35 发现，按照 2015 年的律师年度考核公告进行统计和计算，北京律师行业的行政协作水平为 72.9 分；按照 2019 年的律师年度考核公告进行统计和计算，行政协作水平升至 80.1 分，有明显的增长。

表 31　北京市律师年度考核公告律师人数统计及行政协作水平

项目	2015 年北京律师年度考核公告			2019 年北京律师年度考核公告		
	总人数	101 人及以上律所	行政协作水平分值（分）	总人数	101 人及以上律所	行政协作水平分值（分）
律师人数（人）	24127	5535	72.9	31069	9337	80.1
比例（%）	100	22.9		100	30.1	

3. 市场合作

关于市场合作，本项目在《执业律师卷》中设置了两个问题，分别

---

① 2016 年项目中的律师行政协作指标的分值已按照本报告的规则重新计算。

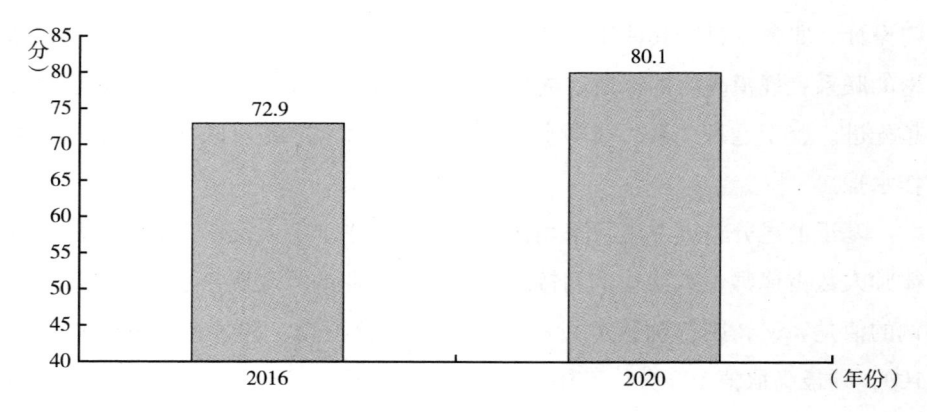

图 35　北京律师行政协作水平评分情况

考察两个市场合作的两个方面。（1）您或您所在的律所，是否有如下经历：接受了一个业务，但是因为技术上的需要，于是通过支付一定的报酬，从其他律所聘请律师联合完成？（2）您或您所在的律所，是否有如下经历：对于那种大型的、复杂的法律事务，联合其他律所共同投标或争取洽谈？

律师业务中，绝大多数属于普通的、常规的类型，不需要业务合作即可办理。而且，即使是少数大型的、需要特殊技术的业务，大型律所的律师也可以通过律所内部的行政协作来解决。所以，律师服务中的市场合作本身属于不常见的现象，为此，需要对选项赋值方案做出一定的调整，使最后计算得出的分值更符合实际。而调整的方向，就是适当提高选项的赋值分数，具体赋值情况参见表32和表33。

市场合作调查结果分别整理为表32"因技术需求进行市场合作的人数与比例分布"、表33"大型复杂业务联合投标的人数与比例分布"和图36"律师市场合作水平评分情况"。考察表32、表33和图36，北京律师行业的市场合作情况具有如下特点。

第一，从比例分布上看，市场合作发生的概率非常小。其中，对于因技术需求进行合作，回答"经常""不少"的，合计只有3.8%，而回答"较少"的有27.2%，回答"没有"的有49.7%。

对于大型复杂业务联合投标，发生概率更小，其中回答"经常""不少"的，合计只有4.3%，而回答"较少"的有25.0%，回答"没有"的有53.7%。

第二，按照给定的赋值方案计算，两种市场合作的分值都非常低。其中，因技术需求进行合作得分只有55.3分，大型复杂业务联合投标得分只有54.1分。

第三，市场合作水平总体上不高。两项指标按照平权法计算，得出市场合作的平均分值。如图36所示，该分值为54.7分，这说明律师行业横向的、跨所的市场合作还很不流行。

第四，律师行业的市场合作呈逐年倒退的趋势。如图36所示，在2016年的调查中，北京市律师行业的市场合作水平为63.0分，而在2020年的调查中，该指标分值降至54.7分，下降幅度明显。

表32 因技术需求进行市场合作的人数与比例分布

选项	人数(人)	赋值(分)	比例(%)	累计比例(%)
经常	22	100	1.9	1.9
不少	22	90	1.9	3.8
有一些	224	80	19.3	23.1
较少	315	60	27.2	50.3
没有	575	40	49.7	100
合计/均值	1158	55.3	100	

表33 大型复杂业务联合投标的人数与比例分布

选项	人数(人)	赋值(分)	比例(%)	累计比例(%)
经常	23	100	2.0	2.0
不少	27	90	2.3	4.3
有一些	196	80	16.9	21.2
较少	290	60	25.0	46.3
没有	622	40	53.7	100
合计/均值	1158	54.1	100	

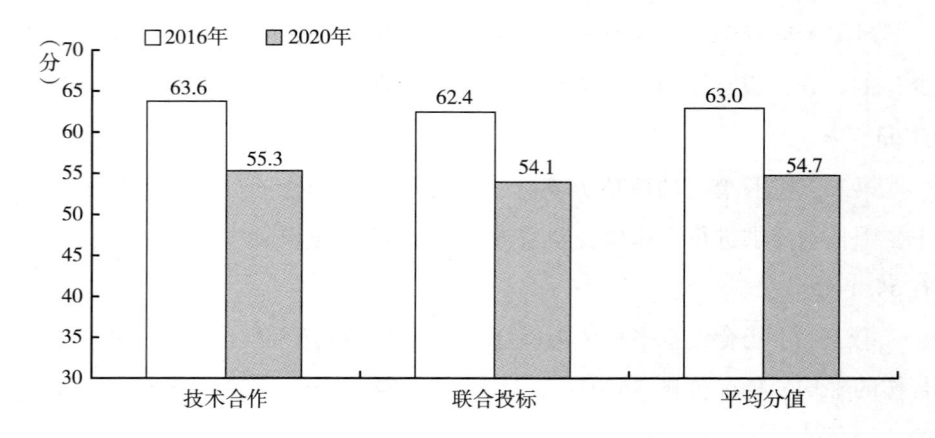

图36 律师市场合作水平评分情况

4.业务合作评分情况

行政协作和市场合作按照平权法综合得出业务合作指标的分值。该指标在2020年度的计算结果和2016年度的对比整理为图37"律师业务合作指标评分情况"。考察图37，北京律师业务合作具有如下特点。

第一，北京市律师行业的业务合作水平不高。如图37所示，在本年度的调查中，律师行业的业务合作水平只有67.4分，处于及格水平。

第二，四年来，北京律师业务合作水平略有退步。如图37所示，在2016年的调查中，北京律师业务合作水平为68.0分，四年后小幅降至67.4分。

（四）业务办理能力指标综合得分

专业化、业务合作两个指标按照平权法，综合得出二级指标律师业务办理能力指标的分数。该指标在本年度的评分情况和2016年度的对比整理为图38"北京律师业务办理能力指标综合得分"。考察图38，北京律师业务办理能力指标得分情况具有如下特点。

第一，两项三级指标的分值都只是处于及格水平。在两项三级指标中，业务合作水平分值稍低，只有67.4分；专业化水平分值稍高，达到71.9分。

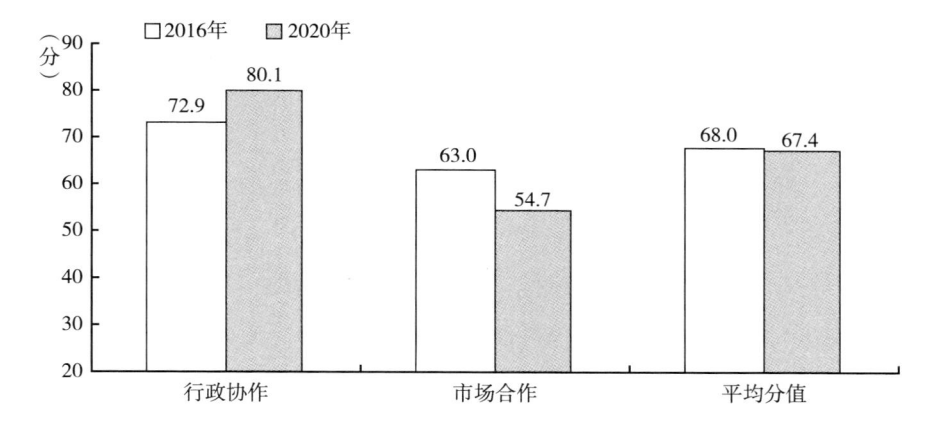

图 37 律师业务合作指标评分情况

第二，律师业务办理能力指标分值水平偏低。如图 38 所示，律师业务办理能力指标综合得分为 69.7 分。由于专业化和业务合作侧重反映律师行业高端业务的处理模式，所以，目前的分值说明北京律师在高端业务办理能力方面还有一定的提升空间。

第三，四年来，律师业务办理能力有小幅增长。如图 38 所示，在二级指标层面，律师队伍发展指标在 2016 年的调查中获得 68.0 分，而在本年度的调查中获得 69.7 分，增长了 1.7 分。

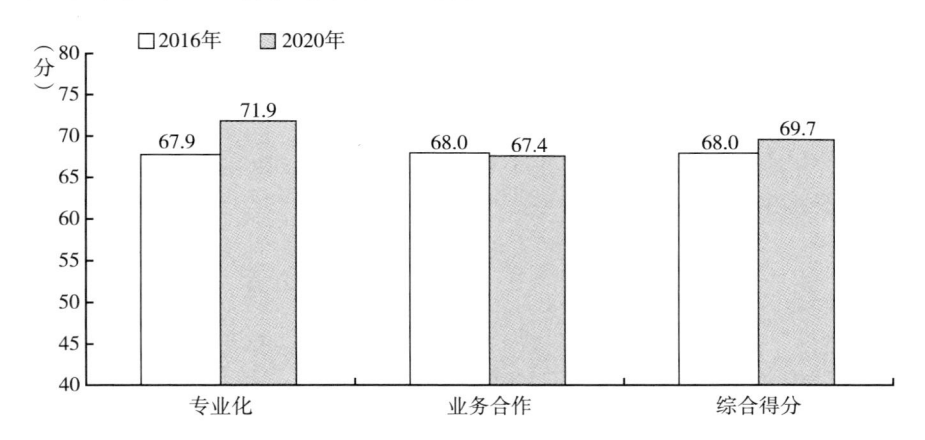

图 38 北京律师业务办理能力指标综合得分

八　市场运营能力

（一）指标的含义与设置

律师行业具有较强的公益属性，有较多的伦理约束，与此同时，律师是一个市场化的行业，市场也是促进律师行业发展、提高律师服务能力的重要机制。当然，市场是机制，是机会，也是风险和挑战，所以，律师行业的市场运营能力既包括对市场机制的充分发挥和利用，也包括对市场风险的规避和应对。

本项目在二级指标市场运营能力之下，设置两个三级指标，分别考察两个方面。一是律师行业的业务推广能力。律师为了获得更多的案源，需要进行业务推广。然而，由于律师行业具有公益属性，目前律师的业务推广方式受到诸多限制。因此，本报告考察的是律师行业在制度允许的范围内业务推广的能力和效果。

二是律师行业的风险防范能力。多年来的实践表明，律师行业充满风险，因此，如何预防、规避、化解各种风险，是律师行业市场运营能力的重要方面，也是律师服务能力的重要体现。从经验的角度看，律师行业的风险主要来自两个方面，即经济形势变化和承担法律责任。本报告仅考察前者，即律师行业对经济危机的应对能力。

（二）业务推广能力

关于业务推广能力，本项目在《当事人卷》中设置了两个问题，分别从律所和律师层面考察业务推广能力。具体如下：（1）最近三年在初次和律所联系的过程中，您是如何了解律所的专业、特长、服务方式、收费方式等这些特点的？（2）最近三年在初次和律师联系的过程中，您是如何了解律师的专业、特长、服务方式、收费方式等这些特点的？

根据调查结果整理得出表 34 "当事人了解律所渠道分布"、表 35 "当事人了解律师渠道分布"和图 39 "律师业务推广能力指标评分情况"。分析调查结果，可以总结出律师行业业务推广能力以下四个方面的特点。

第一，当面口头介绍是当事人获得律师和律所信息的重要渠道。如表 34、表 35 所示，有 37.3% 的当事人是"通过律所工作人员的介绍"了解律所的相关特点的，有 31.7% 的当事人是"通过对方（律师）的自我介绍了解"律师的相关特点的。而对于律所来说，工作人员的介绍是当事人排在第一位的了解渠道。

第二，律所的网站或媒体的广告页面等较为正式的介绍方式发挥着一定的作用。如表 34、表 35 所示，有 18.7% 的当事人是"通过律所的网站或媒体的广告页面了解"律所的相关特点的，有 13.7% 的当事人是通过这种渠道了解律师的。这种比例表明，较为正式的业务推广方式还有较大的提升空间。

第三，综合来看，律师行业的业务推广能力较低。如图 39 所示，业务推广能力只有 60.7 分，处于刚及格的水平，表明律师行业在改进业务推广的方面还需要更多的关注和投入。

第四，经过四年的发展，北京律师的业务推广能力不进反退。如图 39 所示，在 2016 年的调查中，北京律师的业务推广能力有 66.5 分，而在 2020 年的调查中，该指标分值降至 60.7 分，而且降幅较大。

表 34 当事人了解律所渠道分布

渠道选项	人数（人）	赋值（分）	比例（%）	累计比例（%）
通过律所的网站或媒体的广告页面了解	28	100	18.7	18.7
通过律所提供的宣传资料了解	17	80	11.3	30.0
通过律所工作人员的介绍了解	56	60	37.3	67.3
通过接触直观地了解和判断	43	40	28.7	96.0
没有合适的途径，很难了解	6	20	4.0	100
合计/均值	150	62.4	100	

表 35 当事人了解律师渠道分布

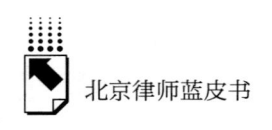

渠道选项	人数(人)	赋值(分)	比例(％)	累计比例(％)
通过对方的网站或媒体的广告页面了解	19	100	13.7	13.7
通过对方提供的宣传资料了解	20	80	14.4	28.1
通过对方的自我介绍了解	44	60	31.7	59.7
通过接触直观地了解和判断	47	40	33.8	93.5
没有合适的途径,很难了解	9	20	6.5	100
合计/均值	139	59.0	100	

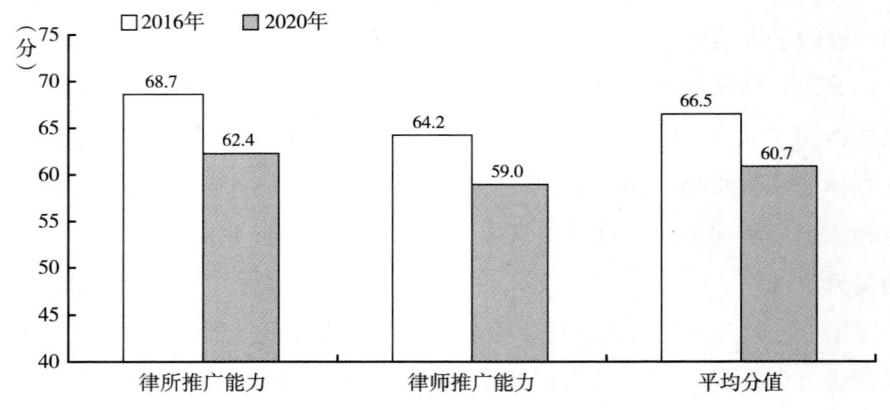

图 39 律师业务推广能力指标评分情况

（三）经济危机应对能力

关于经济危机的应对能力，本项目在《执业律师卷》中设置了两道题目，分别从律师的角度和律所的角度，考察经济形势严重下滑所产生的影响。具体如下：（1）在过去三年中，在经济形势严重下滑时，您本人的律师服务业务收入受到影响了吗？（2）在过去三年中，在经济形势严重下滑时，您所在的律所的业务收入受到影响了吗？

调查结果整理为表 36 和表 37，该指标在 2020 年度的调查结果和 2016 年度的对比整理为图 40"律师经济危机应对能力指标评分情况"。分析调查结果，可以总结出律师行业经济危机应对能力的几个特点。

第一，在经济严重下滑时，约七成的律师和律所会受到明显的影响。表

36和表37所示,当经济形势严重下滑时,有70.3%的律师会受到"一定影响"及以上的影响,有70.8%的律所会受到"一定影响"及以上的影响。

第二,总体来看,律师行业应对经济危机的能力较弱。律师的应对能力和律所的应对能力按照平权法计算,得出律师行业经济危机应对能力的分值。在2020年度的调查中,该指标为59.9分,处于不及格的水平。

第三,经过四年的发展,律师行业应对经济危机的能力反而有所退步。如图40所示,在2016年的调查中,北京市律师行业的经济危机应对能力为67.4分,在2020年的调查中,该指标为59.9分,有明显的降幅。下降的主要原因,一是近年来经济下行的形势,二是小型律所数量增加,律师行业抗风险能力略有下降。

表36 经济形势严重下滑对律师本人的收入的影响

影响程度选项	人数(人)	赋值(分)	比例(%)	累计比例(%)
受到了非常大的影响	124	20	11.4	11.4
受到了比较大的影响	201	40	18.5	29.9
受到了一定的影响	439	60	40.4	70.3
影响比较小	230	80	21.2	91.5
没有影响	92	100	8.5	100
合计/均值	1086	59.4	100	

表37 经济形势严重下滑对律师所在律所的收入的影响

影响程度选项	人数(人)	赋值(分)	比例(%)	累计比例(%)
受到了非常大的影响	99	20	9.1	9.1
受到了比较大的影响	189	40	17.4	26.5
受到了一定的影响	482	60	44.3	70.8
影响比较小	231	80	21.2	92.0
没有影响	87	100	8.0	100
合计/均值	1088	60.3	100	

(四)市场运营能力综合得分

三级指标业务推广能力和经济危机应对能力按照平权法,综合形成二级指标市场运营能力。该指标在2020年度的计算结果和2016年度的对比整理

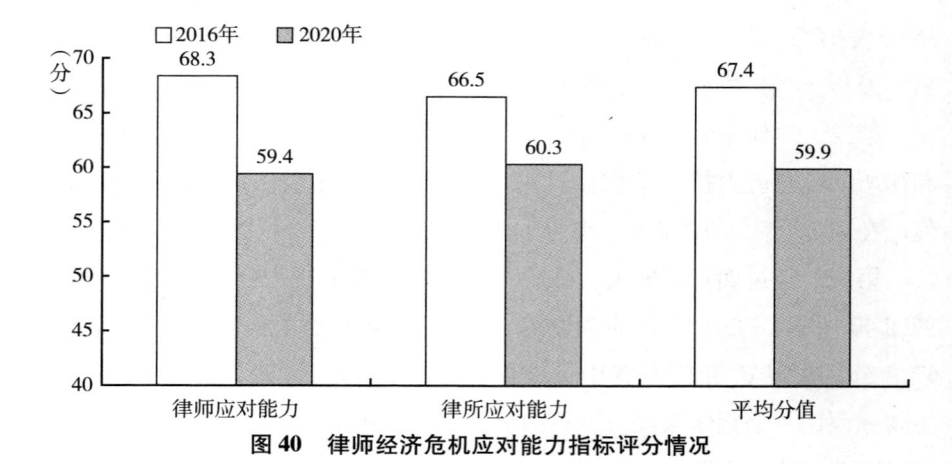

图40 律师经济危机应对能力指标评分情况

为图41"北京律师行业市场运营能力指标综合得分"。考察图41，北京律师行业市场运营能力具有如下特点。

第一，北京律师行业市场运营能力处于刚及格的水平。如图41所示，北京律师行业市场运营能力只有60.3分，如何整合资源、挖掘市场潜力、大力提高市场运营能力，是律师行业需要共同面对的难题。

第二，相比2016年的调查，市场运营能力有明显的退步。如图41所示，在2016年的调查中，北京律师行业市场运营能力有67.0分，然而经过四年的发展，该指标反而降至60.3分，降幅明显。

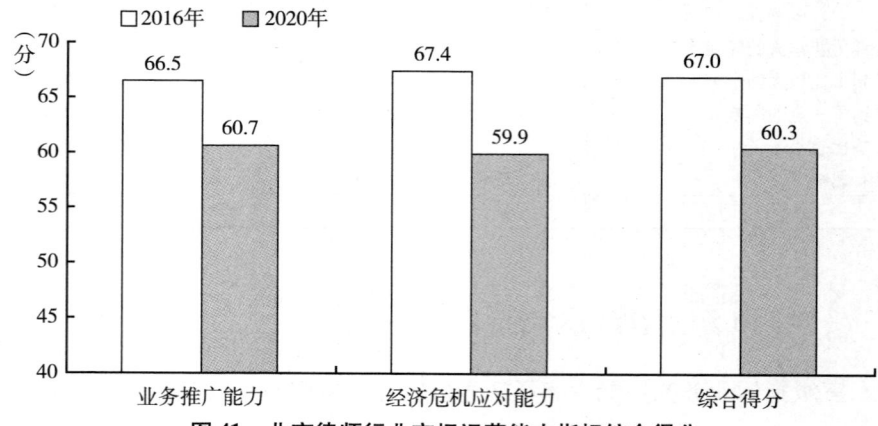

图41 北京律师行业市场运营能力指标综合得分

九 律师业务收入

（一）指标的含义与设置

业务收入就是律师提供法律服务获取的收入。业务收入下设三个三级指标：一是律师业务总收入，即特定地区律师行业年度所有收入之和；二是律师人均业务收入，由律师业务总收入除以律师人数得出；三是律师业务总收入占地区生产总值的比例（简称"地区产值占比"）。

对于律师行业发展水平来说，业务收入具有重要的指标意义。首先，业务收入作为律师的追求目标，虽然不是唯一的，却是最重要、最直接的目标，尤其是当我们将律师作为一个行业来看待时。其次，律师业务收入是社会对律师服务的价值的肯定。再次，律师业务收入是律师行业发展壮大的前提和基础。只有拥有充足的、不断增长的收入，律师行业才会增强吸引力，才会激励律师加强业务学习，才会焕发律师的服务热情。最后，作为一个行业，律师业务收入对所在地区的经济发展、财税收入也有直接的、积极的意义。

（二）业务总收入

对于客观指标律师业务总收入，本项目采取最为简单的计分标准，即排名确定。具体的计算办法是：将国内省级地区律师业务总收入进行排名，最高者100分，余者按照和最高者总收入的比值计算分数。

根据相关地区的律师业务总收入及指标分值，整理得出表38"2020年部分地区律师业务总收入指标分值"；该指标在2020年度的分值和2016年度的对比整理为图42"律师业务总收入指标评分情况"。

如表38和图42所示，北京律师业务总收入在全国各省级地区中排名第二，所以分值也较高。在2016年度，北京律师业务总收入排名第一，因此总收入指标为100分。在2020年度，北京律师业务总收入排在第二位，但是和排名第一的上海十分接近，所以总收入指标仍有98.6分。

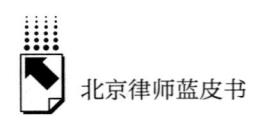

表38　2020年部分地区律师业务总收入指标分值

地区	总收入（亿元）	排名	指标分值（分）
北京	273.73	第二	98.6
上海	277.635	第一	100.0

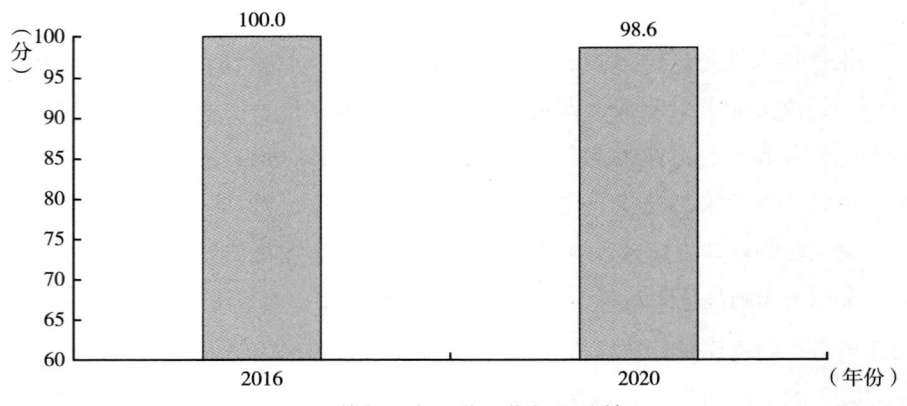

图42　律师业务总收入指标评分情况

（三）人均业务收入

对于人均业务收入的分值，本项目采取和律师业务总收入指标一样的计分标准，即排名确定。具体的计算办法是：将国内省级地区律师人均业务收入进行排名，最高者100分，余者按照和最高者人均业务收入的比值计算分数。

根据相关地区的律师人均业务收入及指标分值，整理得出表39"2020年部分地区律师人均业务收入指标分值"；该指标在2020年度的分值和2016年度的对比整理为图43"律师人均业务收入指标评分情况"。①

如表39和图43所示，北京律师人均业务收入在全国各省级地区中排在第二位，但是和排名第一的上海地区有着较大的差距，所以计算下来，北京律师人均业务收入指标的分值不算特别高。具体言之，在2016年度，北京

---

① 2016年项目中的律师人均业务收入指标的分值已按照本报告的规则重新计算。

律师人均业务收入指标分值为73.0分。而在2020年度，北京律师业务收入因为和上海的差距有所缩小，所以小幅升至75.3分。

表39 2020年部分地区律师人均业务收入指标分值

地区	律师人数（人）	业务总收入（亿元）	律师人均业务收入		
			收入（万元）	排名	指标得分（分）
北京	34755	273.73	78.8	第二	75.3
上海	26520	277.635	104.7	第一	100

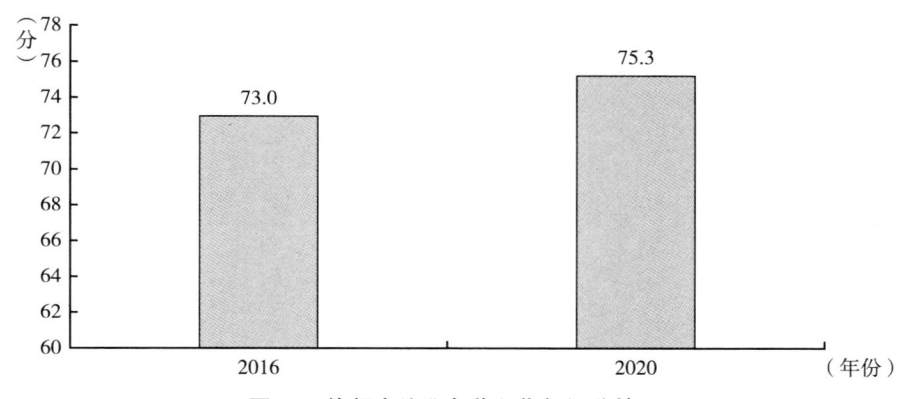

图43 律师人均业务收入指标评分情况

（四）地区产值占比

对于律师业务总收入占地区生产总值比例指标的分值，本项目同样采取排名的方式确定。具体的计算办法是：对国内省级地区律师业务总收入占地区生产总值比例进行排名，最高者100分，余者按照和最高者的占比的比值计算分数。

相关地区的地区产值占比数据整理为表40"2020年部分地区律师业务总收入占地区产值比例指标分值"；该指标在2020年度的分值和2016年度的对比整理为图44"律师业务总收入占地区产值比例指标评分情况"。[①]

如表40和图44所示，在2016年度和2020年度，北京律师业务收入总

---

① 2016年项目中的律师业务总收入占地区生产总值的比例指标的分值已按照本报告的规则重新计算。

收入占地区生产总值比例连续位居第一,所以,地区产值占比指标在2016年度和2020年度都是最高的100分。

表40 2020年部分地区律师业务总收入占地区产值比例指标分值

地区	地区生产总值（亿元）	业务总收入（亿元）	业务总收入占地区产值比例		
			比例(%)	排名	指标分值(分)
北京	35371.3	273.73	0.774	第一	100.0
上海	38155.3	277.635	0.728	第二	94.1

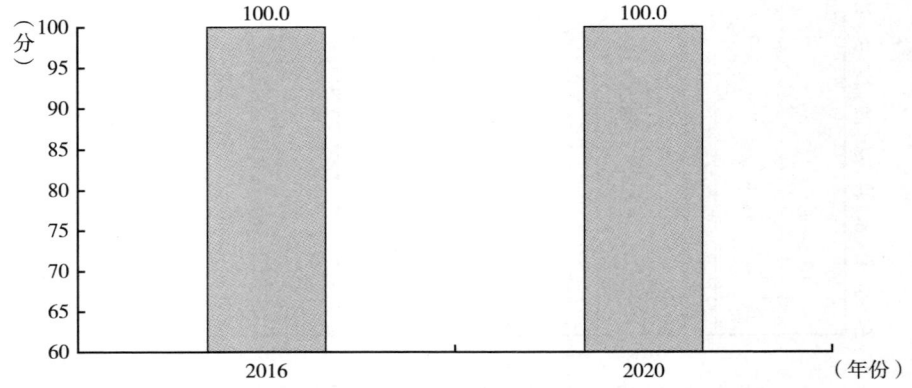

图44 律师业务总收入占地区生产总值比例指标评分情况

（五）律师业务收入指标综合得分

在三级指标律师业务总收入、律师人均业务收入、地区产值占比之间采用平权法,综合得出二级指标律师业务收入平均得分。该指标在2020年度的分值以及和2016年度分值的对比整理为图45"北京律师业务收入指标综合得分"。[①] 考察图45,总结出北京律师业务收入指标分值的如下特点。

第一,律师业务收入指标的平均分值处于优秀的水平。如图45所示,在2020年度,该指标的分值高达91.3分,达到优秀水平。由于指标分值是通过客观指标的排名计算得出的,所以该分值表明北京律师行业的业务总收

---

① 2016年项目中的律师业务收入指标的分值已根据三级指标的变化做了重新计算。

入、人均业务收入、地区产值占比等客观指标在全国省级地区中排在前列。

第二，纵向对比看，北京律师业务收入指标的分值较为稳定。如图45所示，在2016年度，北京律师业务收入指标为91.0分；在2020年度，该指标为91.3分，变化幅度微小。这种稳定性表明北京律师业务收入在全国省级地区中长期保持着较大的优势地位。

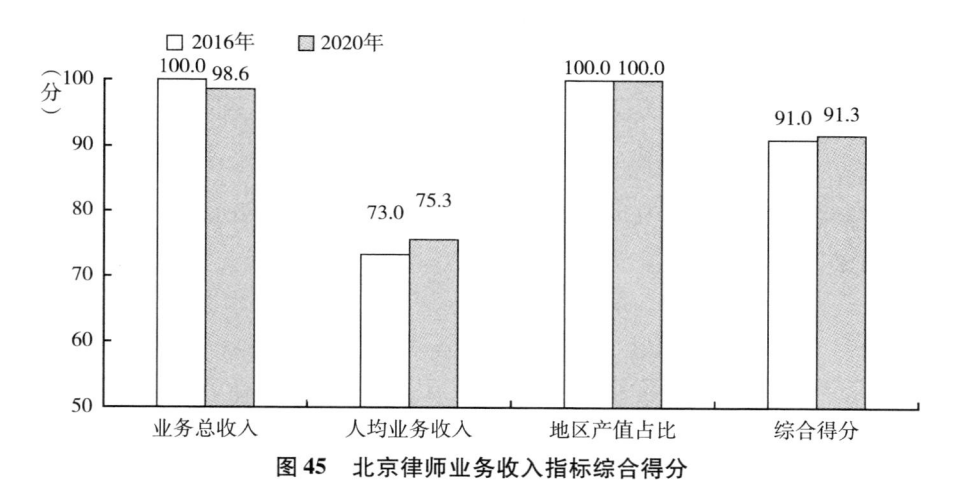

图45 北京律师业务收入指标综合得分

十 当事人满意度

（一） 指标的含义与设置

当事人是律师的客户，是律师基于契约关系的服务对象，所以律师按照当事人的意愿和要求提供法律服务，既具有法律上和伦理上的正当性，也关系到律师的利益以及法律服务行业的可持续发展。

对于当事人满意度，本项目设置了两个三级指标，从两个角度考察当事人的满意度：（1）对律师专业水平的满意度；（2）对律师服务态度的满意度。

（二） 专业水平满意度

对于律师的"专业水平满意度"，《当事人卷》设置了一个问题考察受访者

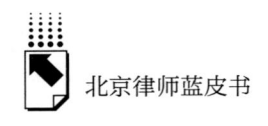

的评价。该问题是由被调查者对北京律师的专业水平按照百分制评分。调查结果整理为表41"当事人对北京执业律师专业水平的评价分布"。2020年度调查结果和2016年度调查结果的对比整理为图46"专业水平满意度指标评分情况"。

考察表41和图46,当事人对北京律师专业水平的评价具有如下特点。

第一,绝大多数被访者对律师的专业水平给予了较高的评价。如表41所示,对于律师的专业水平,89.5%的受访者给予了80分及以上的好评。

第二,受访者的评价总体上达到优秀水平。如表41所示,律师专业水平满意度指标达到90.4分,体现了当事人对律师专业水平的充分肯定。

第三,2020年度的调查相比2016年增幅微小。如图46所示,律师专业水平满意度指标在2016年的调查中获得89.7分,在2020年度达到90.4分,仅增长了0.7分。

表41　当事人对北京执业律师专业水平的评价分布

	0~29分	30~59分	60~79分	80~89分	90~99分	100分	总计	分值(分)
数量(人)	4	8	5	15	43	87	162	90.4
比例(%)	2.5	4.9	3.1	9.3	26.5	53.7	100	
累计比例(%)	2.5	7.4	10.5	19.8	46.3	100		

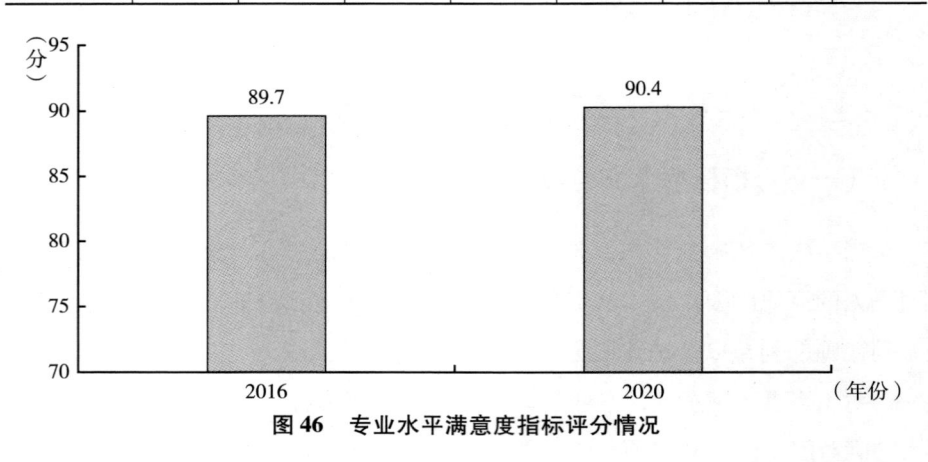

图46　专业水平满意度指标评分情况

(三)服务态度满意度

对执业律师的"服务态度满意度",《当事人卷》设置了一个问题考察受访者的评价。该问题是由被调查者对北京律师的服务态度按照百分制评分。调查结果整理为表 42 "当事人对北京执业律师服务态度的评价分布"。2020 年度调查结果和 2016 年度调查结果的对比整理为图 47 "服务态度满意度指标评分情况"。

考察表 42 和图 47，当事人对北京律师服务态度的评价具有如下特点。

第一，超过九成的被访者对律师的服务态度给予了较高的评价。如表 42 所示，对于律师的服务态度，92.0% 的受访者给予了 80 分以上的好评。

第二，受访者的评价总体上达到优秀水平。如表 42 所示，律师服务态度满意度指标达到 92.2 分，这说明当事人对律师的服务态度总体上非常满意。

第三，2020 年度的调查结果与 2016 年保持一致。如图 47 所示，律师服务态度满意度指标在 2016 年的调查中获得 92.2 分，该指标在 2020 年度仍然保持在 92.2 分，在四舍五入的情况下完全相等。

表 42　当事人对北京执业律师服务态度的评价分布

	0~29 分	30~59 分	60~79 分	80~89 分	90~99 分	100 分	总计	分值(分)
数量(人)	2	7	4	12	45	92	162	
比例(%)	1.2	4.3	2.5	7.4	27.8	56.8	100	92.2
累计比例(%)	1.2	5.6	8.0	15.4	43.2	100		

图 47　服务态度满意度指标评分情况

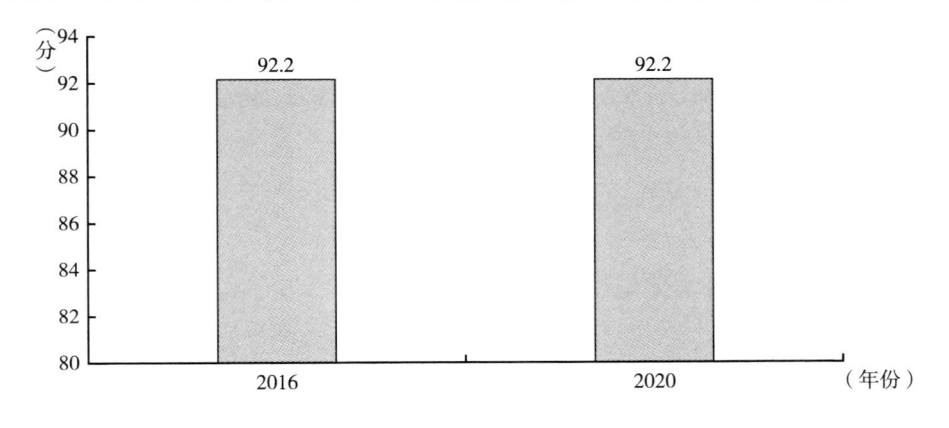

(四)当事人满意度指标综合得分

三级指标专业水平满意度、服务态度满意度之间按照平权法综合形成二级指标当事人满意度。该指标在2020年度的分值以及和2016年度分值的对比整理为图48"当事人对北京律师服务满意度指标综合得分"。① 考察图48,总结出当事人满意度指标的如下特点。

第一,当事人满意度指标达到优秀水平。如图48所示,在2020年度,该指标的分值高达91.3分,体现了当事人对北京律师提供的法律服务的高度认可。

第二,纵向对比看,当事人满意度指标的分值较为稳定。如图48所示,在2016年度,当事人满意度指标为91.0分;在2020年度,该指标为91.3分,变化幅度微小。这种稳定性表明北京律师提供的法律服务能够长期获得当事人肯定。

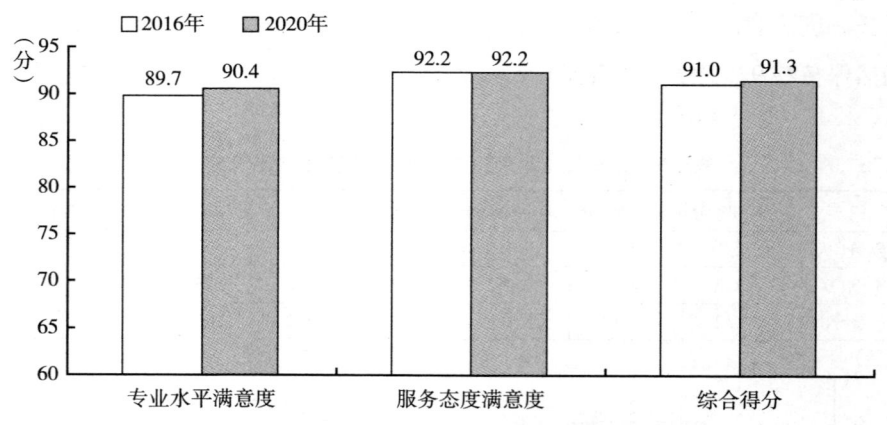

图48 当事人对北京律师服务满意度指标综合得分

十一 社会效果

(一)指标的含义与设置

律师提供法律服务的直接目的,是维护委托人的合法权益,实现委托

---

① 三级指标减少为两项后,2016年项目中当事人满意度指标的分值已经重新计算。

人满意的法律后果。然而，在实现这一目的的同时，律师的服务还会产生一些积极的社会效果。在一个法治社会中，律师服务的社会效果主要体现在促进法律正确实施、维护社会公平正义等方面。而在我国，当前律师还肩负着促进社会和谐稳定的职责。因此，在本项目中，律师服务的社会效果指标下设三个三级指标，即促进法律正确实施、维护社会公平正义和促进社会和谐稳定。

三个三级指标均以执业律师、司法工作人员、当事人为调查对象，调查三类人员对律师服务在促进法律正确实施、维护社会公平正义、促进社会和谐稳定三个方面的效果做出评价。三类人员的评价按照平权法计算相应指标的平均分值。

（二）促进法律正确实施

对于北京律师在促进法律正确实施方面的作用或表现，《当事人卷》、《执业律师卷》和《司法工作人员卷》设置了相同的问题，分别考察三类受访者的评价。该问题是由被调查者对北京律师在促进法律正确实施方面的作用或表现按照百分制评分。

调查结果整理为表43"司法工作人员对北京律师促进法律正确实施的评分情况"和表44"相关人员对北京律师促进法律正确实施的评分情况"。2020年度的调查结果和2016年度的调查结果对比整理为图49"促进法律正确实施指标评分情况"。考察表43、表44和图49，受访者对北京律师促进法律正确实施的评价主要有如下特点。

第一，司法工作人员中，检察人员的评分最高。如表43所示，对于北京律师促进法律正确实施的作用，检察人员给予85.9分，在三类司法工作人员中评分最高。审判人员和仲裁人员的评分比较接近，前者给予79.5分，后者给予79.7分。

第二，在三类被访者群体中，当事人的评分最高，司法工作人员的评分最低。如表44所示，对于北京律师促进法律正确实施方面的作用，当事人给予92.9分，评分最高；司法工作人员给予82.1分，评分最低。

第三，北京律师促进法律正确实施指标处于较高水平。如表44所示，当事人评分、执业律师评分和司法工作人员评分按照平权法计算，得出促进法律正确实施指标的分值，该分值达到88.6分，处于良好、接近优秀的水平。

第四，相比2016年的调查，北京律师促进法律正确实施指标有明显增幅。如图49所示，在2016年度的调查中，北京律师促进法律正确实施指标为80.6分，而在2020年度的调查中，该指标分值增至88.6分，增加了8分，增幅显著。

表43 司法工作人员对北京律师促进法律正确实施的评分情况

单位：分

评分主体	审判人员	检察人员	仲裁人员	综合得分
分值	79.5	85.9	79.7	82.1

表44 相关人员对北京律师促进法律正确实施的评分情况

单位：分

评分主体	当事人	执业律师	司法工作人员	综合得分
分值	92.9	90.8	82.1	88.6

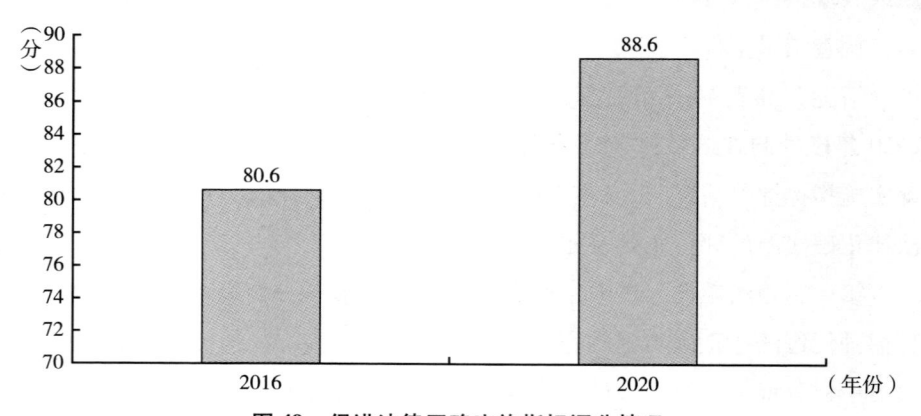

图49 促进法律正确实施指标评分情况

（三）维护社会公平正义

对于北京律师在维护社会公平正义方面的作用或表现，《当事人卷》、

《执业律师卷》和《司法工作人员卷》设置了相同的问题，分别考察三类受访者的评价。该问题是由被调查者对北京律师在维护社会公平正义方面的作用或表现按照百分制评分。

调查结果整理为表45"司法工作人员对北京律师维护社会公平正义的评分"和表46"相关人员对北京律师维护公平正义的评分"。2020年度的调查结果和2016年度的调查结果对比整理为图50"维护社会公平正义指标评分情况"。考察表45、表46和图50，受访者对北京律师维护社会公平正义的评价主要有如下特点。

第一，司法工作人员中，检察人员的评分最高。如表45所示，对于北京律师维护社会公平正义的作用，检察人员给予81.2分，在三类司法工作人员中评分最高。审判人员和仲裁人员的评分比较接近，前者给予73.6分，后者给予73.5分。

第二，在三类被访者群体中，当事人的评分最高，司法工作人员的评分最低。如表46所示，对于北京律师维护社会公平正义的作用，当事人给予89.3分，评分最高；司法工作人员给予76.6分，评分最低。

第三，北京律师维护社会公平正义指标处于较高水平。如表46所示，当事人评分、执业律师评分和司法工作人员评分按照平权法计算，得出北京律师维护社会公平正义指标的分值，该分值达到84.4分，处于良好水平。

第四，相比2016年的调查，北京律师维护社会公平正义指标有所退步。如图50所示，在2016年度的调查中，北京律师维护社会公平正义指标得分为86.4分，而在2020年的调查中，该指标分值降至84.4分，有一定程度的下降。

表45 司法工作人员对北京律师维护公平正义的评分

单位：分

评分主体	审判人员	检察人员	仲裁人员	综合分值
分值	73.6	81.2	73.5	76.6

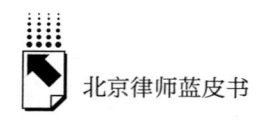

表46　相关人员对北京律师维护公平正义的评分

单位：分

评分主体	当事人	执业律师	司法工作人员	综合分值
分值	89.3	87.2	76.6	84.4

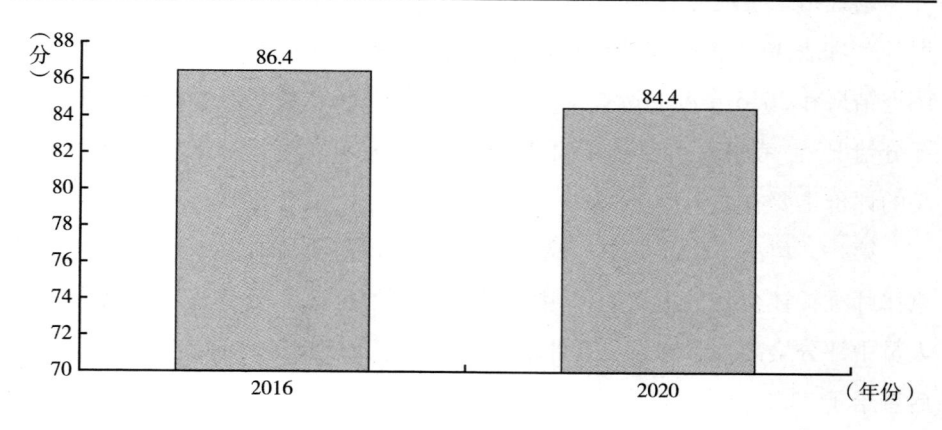

图50　维护社会公平正义指标评分情况

（四）促进社会和谐稳定

对于北京律师在促进社会和谐稳定方面的作用或表现，《当事人卷》、《执业律师卷》和《司法工作人员卷》设置了相同的问题，分别考察三类受访者的评价。该问题是由被调查者对北京律师在促进社会和谐稳定方面的作用或表现按照百分制评分。

调查结果整理为表47"司法工作人员对执业律师促进社会和谐稳定的评分"和表48"相关人员对执业律师促进社会和谐稳定的评分"。2020年度的调查结果和2016年度的调查结果对比整理为图51"促进社会和谐稳定指标评分情况"。考察表47、表48和图51，受访者对北京律师促进社会和谐稳定的评价主要有如下特点。

第一，司法工作人员中，检察人员的评分最高。如表47所示，对于北京律师促进社会和谐稳定的作用，检察人员给予85.0分，在三类司法工作人员中评分最高。仲裁人员给予82.7分，排在第二位。审判人员的评分最低，只有79.4分。

第二，在三类被访者群体中，当事人的评分最高，司法工作人员的评分最低。如表48所示，对于北京律师促进社会和谐稳定的作用，当事人给予93.8分，评分最高；司法工作人员给予82.3分，评分最低。

第三，北京律师促进社会和谐稳定指标处于较高水平。如表48所示，当事人评分、执业律师评分和司法工作人员评分按照平权法计算，得出促进社会和谐稳定指标的分值，该分值达到89.8分，处于良好水平，并且非常接近优秀水平。

第四，相比2016年的调查，北京律师促进社会和谐稳定指标有较大进步。如图51所示，在2016年度的调查中，北京律师促进社会和谐稳定指标得分为77.6分；而在2020年的调查中，该指标分值大幅增至89.8分，增加了12.2分。

表47 司法工作人员对执业律师促进社会和谐稳定的评分

单位：分

评分主体	审判人员	检察人员	仲裁人员	综合分值
分值	79.4	85.0	82.7	82.3

表48 相关人员对执业律师促进社会和谐稳定的评分

单位：分

评分主体	当事人	执业律师	司法工作人员	综合分值
分值	93.8	93.2	82.3	89.8

（五）社会效果综合得分

促进法律正确实施、维护社会公平正义、促进社会和谐稳定三项三级指标按照平权法，综合形成二级指标律师服务社会效果。该指标在2020年度的分值以及和2016年度分值的对比整理为图52"北京律师社会效果指标综合得分"。考察图52，总结出社会效果指标的如下特点。

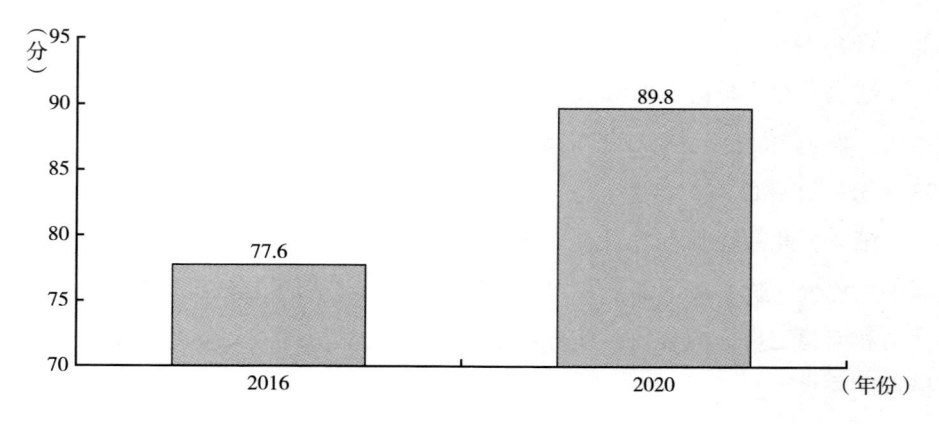

图 51 促进社会和谐稳定指标评分情况

第一，社会效果指标达到良好水平。如图52所示，在2020年度，该指标的分值达到87.6分，说明北京律师执业活动的社会效果获得各方的广泛认可。

第二，纵向对比看，2020年度社会效果有显著提升。如图52所示，在2016年度，社会效果指标的评分为81.5分；在2020年度，该指标升至87.6分，增加了6.1分。

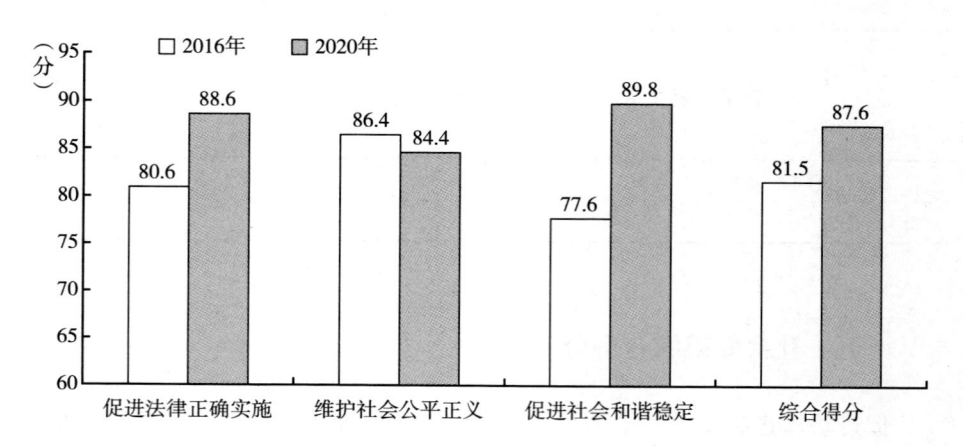

图 52 北京律师社会效果指标综合得分

北京律师行业发展调查问卷
执业律师卷

尊敬的律师朋友，您好！

我们是北京市律师协会"律师行业发展状况研究"课题组，想向您调查一些问题，用于我们的课题研究。这些问题是关于北京律师发展状况的。我们希望了解您的真实看法，调查是不记名的，您的回答无对错之分。

问卷的填答大约需要20分钟。

感谢您的支持与配合！

北京市律师协会"律师行业发展状况研究"课题组

2020年4月15日

一　基本情况

1. 您的年龄是_____

   A. 29 岁及以下　　　　B. 30~39 岁　　　　C. 40~49 岁

   D. 50~59 岁　　　　　E. 60 岁及以上

2. 您的性别是_____

   A. 男　　　　　　　　B. 女

3. 您的学历是（已毕业最高学历）_____

   A. 博士研究生　　　　B. 硕士研究生　　　　C. 双学士本科

   D. 大学本科　　　　　E. 大学专科　　　　　F. 高中或高中以下

4. 您在律师类型中，属于_____

   A. 社会律师中的兼职律师

   B. 社会律师中的专职律师

   C. 公司律师

   D. 公职律师

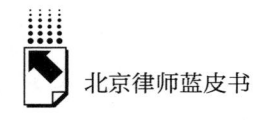

5. 您从事律师工作多少年了？（以获得律师执业证书时间起算）_____
_____

    A. 1 年以内【含 1 年】   B. 1~3 年【含 3 年】

    C. 3~5 年【含 5 年】   D. 5~10 年【含 10 年】

    E. 10~20 年【含 20 年】   F. 20 年以上

6. 请问您所在的律师事务所的注册地是在哪个省、自治区、直辖市？_____

    A. 北京【继续答题】   B. 天津【终止答题】

    C. 内蒙古【终止答题】   D. 广东【终止答题】

    E. 其他【终止答题】

二　经历、了解和看法

7. 如果最高为 100 分，最低分为 0 分，请您对北京律师行业管理在表中所列各方面的表现打分。

项目____分数____

规范"律师—委托人"关系

规范诉讼和仲裁秩序

规范律师行业业务推广

规范行业竞争

组织公益活动

实现执业纠纷调处公平有效

实现律师违规惩戒公正及时

8. 如果最高为 100 分，最低分为 0 分，请您对北京律师行业保障在表中所列各方面的表现打分。

项目____分数____

维护律师合法权益

拓展律师业务

加强律师业务的培训和指导

加强法律职业共同体建设

关爱女律师群体

帮扶年轻律师群体

支持中小所发展

促进律师行业税收制度合理化

加强对外宣传与交流

9. 如果最高为100分，最低分为0分，请您对北京律师在表中所列各方面的表现打分。

项目____分数____

坚持中国共产党的领导

坚持中国特色社会主义道路

维护社会稳定大局

遵守宪法和法律

促进法律正确实施

遵守诉讼和仲裁秩序

热心公益

专业水平

服务态度

忠实于当事人的立场和利益

勤勉尽责

保守秘密

手续规范

10. 在诉讼活动中，审判人员是否尊重律师的执业权利？您自己的体会是：

    A. 非常尊重   B. 比较尊重   C. 一般

    D. 不太尊重   E. 很不尊重   F. 不了解

11. 在诉讼活动中，检察人员是否尊重律师的执业权利？您自己的体会是：

    A. 非常尊重   B. 比较尊重   C. 一般

D. 不太尊重　　　　　　E. 很不尊重　　　　　　F. 不了解

12. 在诉讼活动中，警察是否尊重律师的执业权利？您自己的体会是：

A. 非常尊重　　　　　　B. 比较尊重　　　　　　C. 一般

D. 不太尊重　　　　　　E. 很不尊重　　　　　　F. 不了解

13. 在行政复议业务办理中，行政机关工作人员是否尊重律师的执业权利？您自己的体会是：

A. 非常尊重　　　　　　B. 比较尊重　　　　　　C. 一般

D. 不太尊重　　　　　　E. 很不尊重　　　　　　F. 不了解

14. 在律师业务所需要的调查和取证活动中，有关单位和个人是否尊重律师的执业权利？您自己的体会是：

A. 非常尊重　　　　　　B. 比较尊重　　　　　　C. 一般

D. 不太尊重　　　　　　E. 很不尊重　　　　　　F. 不了解

15. 在执业活动以外的社会生活中，律师是否受人尊重？您自己的体会是：

A. 非常受人尊重　　　　B. 比较受人尊重　　　　C. 一般

D. 不太受人尊重　　　　E. 被人瞧不起

16. 您之所以选择从事律师工作，可能有多方面的原因，其中最主要的原因是：

A. 我从内心认为律师工作是一种崇高的事业

B. 我比较喜欢律师职业的工作方式

C. 因为律师工作收入高

D. 因为学的专业是法律，律师工作最能学有所用

E. 因为没有找到其他更合适的工作

F. 其他原因_____

17. 在您最近三年所办理的律师业务中，从您为律所创造收入的角度看，表中这些业务各自所占的比例是（估算即可，因为表中各项业务可能互有交叉或重叠，所以表中各项业务之和可以大于100%，如没有该项业务请填0）：

业务类型____在您业务总收入中所占比例（%）

担任法律顾问

刑事业务

民事诉讼代理业务

行政复议、行政诉讼业务

非诉讼法律事务（含知识产权、房地产、公司、金融、证券、期货、税务代理等业务）

婚姻家庭继承业务

涉外与涉港澳台商事业务

海事海商业务

国际贸易与 WTO 业务

商事仲裁业务

劳动法业务

18. 您的上述业务比例形成的原因主要是：

A. 自己对案源进行选择后形成

B. 因为所在律所的专业化形成

C. 受案源影响形成，但是业务推广有重点和选择

D. 因为律所领导的工作分配形成

E. 受案源影响自然形成

F. 其他原因_____

19. 您或您所在的律所，是否有如下经历：接受了一个业务，但是因为工作量太大，于是通过支付一定的报酬，从其他律所聘请律师联合完成？

  A. 经常   B. 不少   C. 有一些

  D. 较少   E. 没有

20. 您或您所在的律所，是否有如下经历：接受了一个业务，但是因为技术上的需要，于是通过支付一定的报酬，从其他律所聘请律师联合完成？

  A. 经常   B. 不少   C. 有一些

  D. 较少   E. 没有

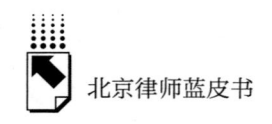

21. 您或您所在的律所,是否有如下经历:对于那种大型的、复杂的法律事务,联合其他律所共同投标或争取洽谈?

    A. 经常　　　　　　　　B. 不少　　　　　　　　C. 有一些

    D. 较少　　　　　　　　E. 没有

22. 在过去三年中,在经济形势严重下滑时,您本人的律师服务业务收入受到影响了吗?

    A. 受到了非常大的影响　　　　B. 受到了比较大的影响

    C. 受到了一定的影响　　　　　D. 影响比较小

    E. 没有影响　　　　　　　　　F. 不适用

23. 在过去三年中,在经济形势严重下滑时,您所在的律所的业务收入受到影响了吗?

    A. 受到了非常大的影响　　　　B. 受到了比较大的影响

    C. 受到了一定的影响　　　　　D. 影响比较小

    E. 没有影响　　　　　　　　　F. 不适用

24. 您作为在律所执业的社会律师,您上一年度从律所获得的税后可支配收入大致处于以下哪个区间?(如果您不是社会律师,请选择最后一项"不适用")

    A. 5万元及以下　　　　　　　B. 5万~10万元【含10万元】

    C. 10万~20万元【含20万元】　D. 20万~50万元【含50万元】

    E. 50万~100万元【含100万元】 F. 100万元以上

    G. 不适用,因为本人不在律所执业

25. 您作为公司/公职律师,上一年度从单位获得年薪处于以下哪个区间?(如果您不是公司/公职律师,请选择最后一项"不适用")

    A. 5万元及以下　　　　　　　B. 5万~10万元【含10万元】

    C. 10万~15万元【含15万元】　D. 15万~25万元【含25万元】

    E. 25万~50万元【含50万元】　F. 50万元以上

    G. 不适用,本人不属于公司/公职律师

北京律师行业发展调查问卷
司法工作人员卷

尊敬的法官/检察官/仲裁员：

我们是北京市律师协会"律师行业发展状况研究"课题组，想向您调查一些问题，这些问题是关于您对律师的了解和看法的，调查的结果只用于我们的课题研究。我们希望了解您的真实看法，调查是不记名的，您的回答无对错之分。

问卷的填答大约需要 8 分钟。

感谢您的支持与配合！

北京市律师协会"律师行业发展状况研究"课题组

2020 年 4 月 15 日

1. 您的年龄是_____

   A. 29 岁及以下　　　　B. 30~39 岁　　　　C. 40~49 岁

   D. 50~59 岁　　　　　E. 60 岁及以上

2. 您的性别是_____

   A. 男　　　　　　　　B. 女

3. 您的职务是_____

   A. 审判工作人员　　　B. 检察工作人员

   C. 仲裁员

4. 您从事司法/仲裁工作的年限是_____

   A. 1 年及以内　　　　　B. 1~3 年【含 3 年】

   C. 3~5 年【含 5 年】　　D. 5~10 年【含 10 年】

   E. 10~20 年【含 20 年】　F. 20 年以上

5. 您的工作单位的所在地是_____

   A. 北京

B. 其他省、自治区、直辖市

6. 您因为工作上的需要，和北京律师接触多吗？_____

A. 非常多 B. 比较多

C. 有一定的接触 D. 接触很少

E. 没有接触【终止回答】

7. 如果最高为 100 分，最低分为 0 分，请您对北京律师在表中所列各方面的表现打分。

项目	分数	项目	分数
坚持中国共产党的领导		专业水平	
坚持中国特色社会主义道路		服务态度	
维护社会稳定大局		忠实于当事人的立场和利益	
遵守宪法和法律		勤勉尽责	
促进法律正确实施		保守秘密	
遵守诉讼和仲裁秩序		手续规范	
热心公益			

北京律师行业发展调查问卷
当事人卷

尊敬的女士/先生：

我们是北京市律师协会"律师行业发展状况研究"课题组，想向您调查一些问题，这些问题是关于您对律师的了解和看法的，调查的结果只用于我们的课题研究。我们希望了解您的真实看法，调查是不记名的，您的回答无对错之分。

问卷的填答大约需要 12 分钟。

感谢您的支持与配合！

北京市律师协会"律师行业发展状况研究"课题组

2020 年 4 月 15 日

一　基本情况

1. 您的年龄是_____

   A. 18～29 岁　　　　　B. 30～39 岁　　　　　C. 40～49 岁

   D. 50～59 岁　　　　　E. 60 岁及以上

2. 您的性别是_____

   A. 男　　　　　　　　B. 女

3. 您的学历是（已毕业或在读最高学历）_____

   A. 小学或小学以下　　B. 初中

   C. 高中（包括高中、中专、师范、职业高中、职业技术学校）

   D. 大学（含专科、本科）　　E. 研究生及以上

4. 您最近三年主要居住于（"主要"指一半以上的时间）_____

   A. 大城市（包括直辖市和副省级城市）的市区

   B. 地级市的市区　　　　C. 县级市的市区

   D. 县城　　　　　　　　E. 乡镇

   F. 农村　　　　　　　　G. 不稳定

5. 您现在的户籍是_____

   A. 非农业　　　　　　　B. 农业

6. 您的职业（近三年中主要从事的职业）或者待业前的职业是（若有重复，以最主要的身份限选一项）_____

   A. 公务员（根据《公务员法》的划分标准）

   B. 企业事业单位的中高级管理人员

   C. 企业事业单位的专业技术人员（具有初级以上职称）

   D. 企事业单位基层管理人员或普通职员

   E. 工人（企事业单位的体力劳动者）

   F. 农民（近三年一半以上的时间实际从事农林牧副渔的农民）

   G. 个体工商户

   H. 自由职业者

I. 军人

J. 无职业

K. 在校学生

L. 其他_____

7. 您个人的年收入在（包括所有的可支配收入）_____

A. 5000 元及以下

B. 5000~1 万元【含 1 万元】

C. 1 万~2 万元【含 2 万元】

D. 2 万~5 万元【含 5 万元】

E. 5 万元~10 万元【含 10 万元】

F. 10 万~20 万元【含 20 万元】

G. 20 万元~50 万元【含 50 万元】

H. 50 万元以上

I. 无收入

8. 您最近三年内是否曾经委托北京律师办理法律事务？

A. 是　　　　　　　　B. 否【终止答题】

9. 您委托北京律师办理的法律业务主要属于下列哪种类型？_____

A. 担任法律顾问

B. 民事行政诉讼

C. 刑事诉讼

D. 申诉

E. 非诉讼法律服务（含知识产权、房地产、公司、金融、证券、期货、税务代理等业务）

F. 咨询、代写法律文书

G. 其他业务_____

二 对北京律师的了解和看法

10. 在最近三年中，如果您或您的单位曾经因为法律事务需要律师服务，您是如何联系的？

　　A. 直接和律师联系

　　B. 多数情况下直接和律师联系

　　C. 有时候直接和律师联系，有时候先联系律师事务所，由律所推荐律师

　　D. 多数情况下先联系律师事务所，由律所推荐律师

　　E. 先联系律师事务所，由律所推荐律师

　　F. 没有这方面的经历

　　11. 最近三年在初次和律师联系的过程中，您是如何了解律师的专业、特长、服务方式、收费方式等这些特点的？

　　A. 通过对方的网站或媒体的广告页面了解

　　B. 通过对方提供的宣传资料了解

　　C. 通过对方的自我介绍了解

　　D. 通过接触直观地了解和判断

　　E. 没有合适的途径，很难了解

　　F. 通过其他渠道了解：＿＿＿＿＿＿＿

　　G. 没有这方面的经历

　　12. 最近三年在初次和律所联系的过程中，您是如何了解律所的专业、特长、服务方式、收费方式等这些特点的？

　　A. 通过律所的网站或媒体的广告页面了解

　　B. 通过律所提供的宣传资料了解

　　C. 通过律所工作人员的介绍了解

　　D. 通过接触直观地了解和判断

　　E. 没有合适的途径，很难了解

　　F. 通过其他渠道了解：＿＿＿＿＿＿＿

　　G. 没有这方面的经历

　　13. 根据《律师法》以及有关的行政法规、部门规章和行业自律性规范的规定，律师和当事人联系和往来时，需要遵守一系列的纪律，这些纪

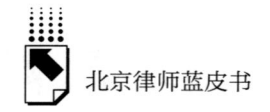

律主要包括：按照规定签署委托代理协议；积极和当事人沟通和交流；勤勉和尽职；禁止虚假承诺；禁止非法牟取委托人权益；按照规定进行利益冲突审查；按照规定保管委托人的财产；必要时按照规定进行转委托；按照规定解除或终止委托关系。对于北京律师在这些方面的表现，您的总体评价是：

A. 表现非常好，很少违规

B. 表现比较好，较少违规

C. 表现一般，存在一定数量的违规行为

D. 表现比较差，违规行为比较多

E. 表现非常差，违规形象严重

14. 如果最高分为 100 分，最低分为 0 分，请您对北京律师在表中所列各方面的表现打分。

项目	分数	项目	分数
坚持中国共产党的领导		专业水平	
坚持中国特色社会主义道路		服务态度	
维护社会稳定大局		忠实于当事人的立场和利益	
遵守宪法和法律		勤勉尽责	
促进法律正确实施		保守秘密	
遵守诉讼和仲裁秩序		手续规范	
热心公益			

分 报 告
Topical Reports

B.3
北京律师"一带一路"涉外法律服务的调查与分析

周 琰

摘　要： 根据近年来北京律师服务"一带一路"项目的基本情况，北京市律师协会开展了对涉外律师和律师事务所的调研项目，调研基本结论如下。(1) 自习近平主席2013年9月提出"一带一路"发展倡议后，北京律协加大了对涉外律师的培训力度。(2) 北京涉外律师人才数量在当前居全国领先地位，具体体现在：在钱伯斯评选出的2017~2018年度中国顶级律师排行榜中，北京律师在国际贸易、海外投资以及证券与资本市场领域优势显著；在司法部2018年发布的《全国千名涉外律师人才拟入选名单》中，北京律师有170位，约占总人数的17.21%，位列全国第一；在全国律协2017年成立的"一带一路"跨境律师人才库中，有21位北京律师入库，占所有

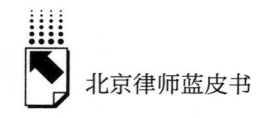

中方律师的25%，位列全国各省级行政区第一。在北京开展了涉外业务的律所占比为47%，涉外法律业务广泛分布在国际贸易/世贸、争议解决、海外投资、海外上市等领域，其中国际贸易/世贸、争议解决和海外投资为占比最高的三个领域。(3) 北京律师事务所在核心业务领域业绩表现良好。在2018年十大香港IPO项目中，北京律师参与的有9项，11家律所中有8家来自北京；2018年中企赴美上市的最大五起IPO项目中，北京市律师事务所参与了4项。(4) 北京律师事务所和律师提供涉外法律服务面临的一些挑战和问题：律所设立海外分支机构数量不足、成本较高；外国法律知识缺乏和对当地文化缺乏了解，并因此增加了涉外律师的执业风险；难以找到合适的管理当地分支机构的人才或在当地执业的人才；参与到跨国律师组织的北京律师太少；投资者存在外国律师水平高于中国律师水平的认识误区；等等。(5) 针对涉外法律服务的特点和北京律师行业现状，可以采取一些措施增强北京律师的竞争力，助力提升北京涉外法律服务综合实力

关键词： 北京律师 "一带一路" 涉外法律服务

一 "一带一路"法律服务市场的基本情况

2013年9月，习近平主席在访问哈萨克斯坦时提出构建"丝绸之路经济带"；同年10月，习主席在出席亚太经济合作组织（APEC）领导人非正式会议期间，在印尼国会发表演讲时提出中国愿同东盟国家加强海上合作，共同建设"21世纪海上丝绸之路"的倡议。2014年12月中央经济工作会议以及

2015年3月政府工作报告，都明确提及重点实施"一带一路"建设。2015年3月28日，国家发改委、外交部、商务部联合发布了《推动共建丝绸之路经济带和21世纪海上丝绸之路的愿景与行动》（以下简称《愿景与行动》），该文件已成为我国建设"一带一路"的纲领性文件。"一带一路"建设实施以来，对外，我国先后与土耳其、波兰等多个国家签署了共建"一带一路"谅解备忘录，且形成了"六廊六路多国多港"主骨架，中蒙俄、中国—中南半岛、新亚欧大陆桥、中国—中亚—西亚、中巴和孟中印缅经济走廊建设正在全力打造中。对内，中央与地方政府两个层面都在积极推进《愿景与行动》相关配套政策和实施方案的制定与落实。目前，"一带一路"建设无论是在顶层设计方面，还是在制定一揽子合作协议和各类配套政策方面，都取得了显著成果。随着我国全面深化改革开放，"一带一路"的实施将向纵深推进，这为律师服务"一带一路"建设提供了更广阔的空间。

自习主席2013年提出"一带一路"倡议以来，中国与世界各国的合作与交流显著增加，各种涉外活动空前频繁。各个国家和地区的法律制度不同，为适应世界多极化、经济全球化深入发展和国家对外开放的需要，国家需要一大批具有国际视野、通晓国际规则、能够参与国际法律事务和国际竞争的涉外法律人才。

2014年10月，党的十八届四中全会通过的《中共中央关于全面推进依法治国若干重大问题的决定》对发展涉外法律服务业做出了重要部署，提出建设通晓国际法律规则、善于处理涉外法律事务的涉外法治人才队伍。2016年底，司法部、外交部、商务部、国务院法制办公室联合发布了《关于发展涉外法律服务业的意见》（以下简称《意见》），在《意见》中，明确了国家或地方政府将采取扶持保障政策推动涉外法律服务业的发展，加大政府采购涉外法律服务的力度，落实税收支持政策等。这些都是涉外法律服务业发展的重要制度保障。《意见》还从微观层面（如信息平台建设、开展咨询服务、人才培养模式、人才输送渠道等方面）提供了指导性政策，鼓励主管部门和相关行业协会要为涉外法律服务机构和涉外企业搭建信息交流平台，加快涉外律师人才库建设，为发展涉外法律服务业储备人才。《意

见》的颁布预示着我国涉外法律服务发展又一新的机遇期的到来。

外贸投资活动的日益频繁，交易复杂程度的不断提高，伴生了大量涉外法律服务需求。随着中国企业"走出去"的步伐加快，中国律所在涉外法律市场上占据了更多份额，这为涉外律师提供了前所未有的平台和机遇。开展国际业务的中外企业对本国及东道国的涉外法律专业人员有着更急迫的需求。满足企业需求的高端复合型法律人才既要具有国际视野、通晓国际规则、善于处理涉外法律事务，又要能够参与国际合作与国际竞争。这类律师需要在熟练掌握专业知识的基础上，具备更高更多维的能力素质。一方面，能熟练运用外语，并进行有效的交流与谈判；另一方面，能通晓国际规则，精通国际商务谈判，参与国际法律事务，维护国家利益。简言之，涉外法律人才即明晰法律、精通外语（尤其是英语）的"精英明法"高端复合型人才。

涉外法律服务业在当前的法律业务中有不可替代的地位。它的类型覆盖范围广泛，业务遍布全国。当前，境外上市、海外并购、外商直接投资、中资企业对外投资、涉外争议解决等都是热门的涉外法律业务。

中国的涉外法律服务起步较晚，但国家政策的支持为涉外法律服务打开了广阔的市场，对涉外律师的需求日益迫切。主要原因在于两方面：第一，中国企业"走出去"后，无论是设立分支机构、具体业务运营，还是进行投融资、开展收购兼并，都离不开法律服务；第二，随着"一带一路"建设的推进，中国需要在相互尊重、相互信任、平等对待的基础上拓展和其他国家的合作领域，根据国际条约和互惠原则，在积极参与政策制定、规划设计和国际规则适用的过程中也需要优秀的涉外律师和顶尖的国际律所保驾护航，以防范法律风险、推动贸易和投资便利化、促进区域经济一体化。

（一）我国企业参与"一带一路"的法律需求

1. 基础设施类法律服务需求

作为"一带一路"建设的纲领性文件，《愿景与行动》中明确指出，"基础设施互联互通是'一带一路'建设的优先领域"。基础设施建设项目包括交通、通信、能源等,作为我国企业参与"一带一路"的重点投资项目,其有利于充分发挥我国基础设施建设方面的竞争优势。从项目分布看,铁路、公路和机场建设投资占到了全部投资的68.8%。[①] 同时,伴随着亚洲基础设施投资银行和丝路基金创立,俄罗斯《俄罗斯联邦至2030年交通发展战略》、巴基斯坦《2030年远景规划》等共建"一带一路"国家基础设施建设发展方面的产业规划,我国企业获得了广阔的投资空间。

国际上基础设施建设项目模式主要包括:DB(设计—建造)、DBB(设计—招标—建造)、EPC(设计—采购—施工)、BOT(建造—运营—移交)等。由于涉及跨国合作以及项目融资建设,"一带一路"的基础设施建设项目会涉及外商投资法律制度、项目融资法律制度和工程建设法律制度等,具体包括外资准入、股权融资、跨境承包、工程建设、材料进口、银团贷款、外汇管理、人员聘用等诸多方面。在项目招投标、合同谈判、合同签订、履约等基础设施建设的各个阶段都存在大量法律风险,由此产生了大量法律服务需求,包括基础设施项目所在国的法律法规环境,项目招投标阶段的政府资格预审公告和招标文件,交易架构设计及各方权利义务设置,等等,以降低企业参与"一带一路"基础设施项目的风险,提高对外投资效率和效益。

2. 贸易类法律服务需求

在"一带一路"建设背景下,我国企业参与国际贸易的广度和深度也在进一步提高。目前国际贸易法的法律渊源包括国际条约、国际习惯和国内法,主要调整的对象范围也由传统的国际货物贸易向国际技术贸易和国际服务贸易不断扩大。国际货物贸易具体又可以分为国际货物买卖、国际货物运输、国际货物运输保险和国际货款支付等几个环节。《中华人民共和国合同法》《中华人民共和国对外贸易法》规定了我国商事主体对外进行国际贸易的主体资格认定、权利义务、要约承诺、买卖合同主要条款、代理的法律效

---

① 周兰萍、孟奕:《PPP模式助力建企走出去——"一带一路"的法律思考》,《中国建筑装饰装修》2015年第7期。

果等国际贸易法中的关键问题，体系相对完善；我国加入了联合国国际贸易法委员会指定的《联合国国际货物销售合同公约》（CISG），用以调整国际货物买卖合同项下的问题；我国企业还可以通过与对方当事人约定的形式，适用《国际贸易术语解释通则》（Incoterms），明确、细化买卖双方在国际货物买卖合同某些方面的义务。我国还加入了保护知识产权的《保护工业产权巴黎公约》《保护文学艺术作品伯尔尼公约》和确立服务贸易管理法律框架的《服务贸易总协定》等。

尽管有上述国内法、国际协议以及其他双多边协议，我国企业在开展与共建"一带一路"各国的国际贸易时，仍存在很多障碍。"一带一路"涉及国家众多，相关国家和地区存在不同的贸易壁垒和投资障碍，如黎巴嫩、土库曼斯坦、乌兹别克斯坦、伊拉克、伊朗、叙利亚等国家不属于世贸组织成员，其相关法律法规和政策不受世贸组织约束，导致了贸易壁垒和投资障碍的产生。此外，在对外贸易过程中涉及的法律文件较多且极为复杂，如进出口货物买卖协议中的基本条款包括商品的名称、规格、数量、包装、价格、装运、交货、付款等；国际贸易中经常作为付款手段的信用证更是种类繁多，包括跟单信用证，可撤销信用证，不可撤销信用证，保兑信用证，即期信用证，远期信用证，光票信用证，红条款信用证，付款、承兑、议付信用证，可转让信用证，不可转让信用证，背对背信用证，对开信用证和循环信用证，等等。这种贸易壁垒和投资障碍及贸易的复杂多样性催生了对法律服务的巨大要求，除了需要聘请国内律师提供法律服务外，还需要贸易国专业律师的配合，这就需要中方律师借助其优势资源，协助企业选取外方律师，在对贸易方进行尽职调查、交易和交割等阶段相互合作完成法律服务。

3. 项目融资类法律服务需求

项目融资是基础设施建设、大型资源开发等项目通行采用的一种融资方式。新时期下"一带一路"建设的推进，为中国对外开放迎来了新机遇，我国企业在建设和投资海外基础设施项目、对外输出国内过剩产能、推动沿线国家共同发展、与沿线国家企业进行产业对接的过程中势必产生更多的融资需求。据统计,未来共建"一带一路"国家的基础设施投资缺口高达8万亿美元。中国正成长为世界主要的对外投资国之一,面对沿线国家的港口、铁路、公路、机场、通信等一系列基础设施每年数千亿美元的投资,[①] 单纯的银行融资已经不能满足企业对资金的需求,也会将风险集中在银行。

在"一带一路"项目融资类交易中,主要有政府融资、银行贷款融资和PPP融资三种模式。目前我国已经着手建立了亚洲基础设施投资银行和丝路基金,其功用就是建立起配合"一带一路"建设的多边机构以及融资平台。亚洲基础设施投资银行无疑是一个非常重要的、多边的投融资协作和协调机构,从最近的实践来看,其得到了很多国家的认可,其运行是十分成功的,前景也被广泛看好。[②] 银行贷款融资作为项目融资的重要方式,在"一带一路"建设中发挥着重要作用,作为核心的贷款协议及跨境担保不仅涉及我国国内的相关法律法规规定,还需要熟知投资东道国的法律环境,这些都增加了对法律服务的需求。PPP作为公私合作的新型项目融资模式得到了广泛运用,但是,PPP项目不仅存在贪污腐败、审批延误、国有化、政府信誉、不可抗力、外汇汇率、如期融资、调度限制(适用于电力和供水项目)、价格调整等风险,还要面临很大的合同风险,包括责任划分风险、合同价格和支付风险、罚款风险、保函风险等。因此,PPP项目在实施方案、操作程序及相关法律文件的合规性审查、合同谈判、条款设置以及项目实施过程中有着其独特且不可替代的法律服务需求。

4. 争端解决类法律服务需求

共建"一带一路"国家大多数属于新兴经济体和发展中国家。除了在基础设施、贸易投资等领域的法律法规、税收规定与我国有很大不同外,其法律体系也不尽相同,甚至在某些方面仍处于法律法规缺失状态。因

---

① 王一栋:《浅论"一带一路"战略下人民币国际化与新型国际货币体系》,《中国国际经济贸易法学研究会2015年年会论文集》上册,第47~54页。
② 董跃:《21世纪海上丝绸之路建设潜在投资法律风险及其应对》,《中国国际经济贸易法学研究会2015年年会论文集》上册,第91~97页。

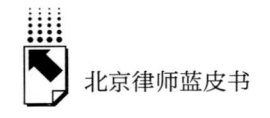

此，在我国企业参与"一带一路"建设实施过程中，法律冲突和纠纷是不可避免的。妥善、公正地解决这些问题，将进一步促进国家间经济贸易的发展。

目前，不同国家的一般当事人之间的国际经济贸易纠纷争议主要有诉讼、仲裁和替代性争端解决机制（以下简称"ADR"）三种解决方式。

诉讼，即通过司法方式解决有关争议。目前世界范围内不存在具有凌驾于各主权国家之上的管辖权的国际法院，短时期内也没有发展出此类国际法院的可能性，因此，国际争议通过诉讼方式解决，主要是一方当事人对不在同一国家的另一方当事人向法院提起有关诉讼，法院根据其国内法有关规定行使管辖权。目前我国法院处理此类案件主要适用《中华人民共和国民事诉讼法》（以下简称《民事诉讼法》）及其司法解释中的涉外部分，《中华人民共和国涉外民事关系法律适用法》（以下简称《法律适用法》）及其司法解释，以解决国际纠纷的管辖权以及法律适用问题。根据《民事诉讼法》的有关规定，我国法院对因港口作业中发生纠纷提起的诉讼，在中华人民共和国履行中外合资经营企业合同、中外合作经营企业合同、中外合作勘探开发自然资源合同所引发的纠纷，由我国法院专属管辖；对于涉外合同或者涉外财产权益纠纷，当事人可以自行选择由我国法院管辖。产生法律冲突时，实体法律的适用问题则根据《法律适用法》进行判断。但是，通过诉讼解决争议，在我国和当事人所属国没有民事和刑事司法协助的双边条约的情况下，可能面临我国判决无法在他国执行或他国判决无法在我国执行的风险。

适用仲裁解决涉外纠纷，必须有当事人在合同中订立的有效的仲裁条款或者事后达成的书面仲裁协议。仲裁绝对排除司法解决方式，因此，提交中华人民共和国涉外仲裁机构或者其他仲裁机构仲裁的，当事人不得向人民法院再提起诉讼。我国企业除约定在我国仲裁机构通过仲裁解决纠纷外，还可以在国际商事常设仲裁机构提起仲裁。例如，根据《解决国家与他国国民之间投资争议公约》设立的解决投资争议国际中心（以下简称"ICSID"），按照一国国内法设定的伦敦国际仲裁院、美国仲裁协会，等等。相较于诉讼，仲裁的解决方式具有机构选择灵活性、一裁终局性和保密性等特点，促使当事人更加积极、稳妥、有效地参与仲裁机制，有助于争议得到及时、妥善的解决。

在选择适用 ADR 的情况下，争议是通过双方当事人的友好协商或者谈判解决，争议双方也可以选择一个中立的第三方协助他们解决争议，但该第三方的作用不同于仲裁中的仲裁员，并且双方当事人就争议所达成的最终协议不具有法律上的约束力，并不能像法院判决、裁决、调解结果和仲裁裁决那样可以请求法院强制执行。在我国实践中，ADR 是穿插在诉讼程序和仲裁程序中的，如果双方当事人同意，法官和仲裁员也可以作为调解员，促成双方达成和解。中国国际贸易促进委员会（CCPIT）设有北京调解中心，在全国各贸促分会中设立了解决国际争议的调解中心，受理当事人提交的案件，由调解员进行调解。

由北京德恒律师事务所倡议，联合多家中外商会、协会、律师事务所共同发起设立的一带一路服务机制（BNRSC）是国际化综合性的资源对接和服务平台。北京融商一带一路法律与商事服务中心为 BNRSC 国际平台的执行机构，为"一带一路"建设提供法律、商事及纠纷调解等服务。其下设的一带一路国际商事调解中心（BNRMC）通过调解等多元化纠纷解决方式化解"一带一路"国际商事争议。北京融商一带一路法律与商事服务中心作为在"一带一路"开放合作平台建设方面最佳实践案例之一获商务部认可和推广。

我国企业在参与"一带一路"建设实施过程中，常常忽视对外投资涉及的合同所适用法律以及争议解决等条款。事实上，这些在海外投资尤其是基础设施和能源领域的投资项目合同中非常重要。例如，国际仲裁在保证争议解决机制的独立性、公正性方面有很大作用，但是有的东道国并不是《纽约公约》的缔约国，这就意味着在针对与这些国别的投资项目的争议相关的国际仲裁中，即使取得有利于中方的裁决，在获得东道国法院对这些仲裁裁决的承认和执行方面也有着重大的不确定性因素，从而使得仲裁结果难以落实。因此，我国企业在参与"一带一路"建设过程中，需要全面深入了解双边和

多边投资保护协定,充分利用法律工具保护投资利益,在项目初始就注意选择适用法律、设计好争议解决机制,从而争取对其最有利的结果。这些都需要专业律师针对具体的投资国别和项目具体情况出具专业法律意见。①

(二)我国企业参与"一带一路"建设面临的法律风险及防范

1. 投资保护与准入的法律风险及防范

我国企业参与"一带一路"建设下的国际直接投资本身即具有国际性的特点,加上我国与共建"一带一路"其他国家之间存在的利益上的对立及法律制度的差异,对于企业的投资保护就显得尤为重要。共建"一带一路"的65个国家,除伊拉克、约旦、阿富汗、尼泊尔等10个国家外,均与我国签署了以保护和鼓励双方私人投资为目的的双边投资保护条约。双边投资协定的具体内容有差异,但基本结构大致相同。就投资保护而言,以我国与巴基斯坦签订的《中华人民共和国政府和巴基斯坦伊斯兰共和国政府关于相互鼓励和保护投资协定》为例,主要包括下列几个方面。②

第一,最惠国待遇标准,即缔约一方的投资者在缔约另一方领土内的投资和与投资有关的活动应受到公平的待遇和保护,且受到的待遇和保护应不低于给予第三国投资者的投资和与投资有关的活动的待遇和保护。第二,有关征收或国有化及其补偿,即东道国必须在符合一定条件的情况下,依照采取征收措施的缔约一方的国内法律程序,并无迟延地给予被征收投资者补偿。第三,成本和收益的汇兑与转移,即保护投资者在投资国境内的财产及其收益可以自由转移。第四,代位权,即缔约国双方同意,缔约一方政府或其代理机构对投资者在他方国内遭受约定的损失,基于保险契约予以赔偿后,由该缔约方或其代理机构获得向东道国政府代为请求赔偿的权利。第

---

① 张晓慧:《解读"一带一路"新形势下境外投资的法律风险管理》,《国际工程与劳务》2015年第1期。
② 中华人民共和国商务部条约法律司:《我国对外签订双边投资协定一览表Bilateral Investment Treaty》,http://tfs.mofcom.gov.cn/article/Nocategory/201111/20111107819474.shtml,最后访问日期:2016年2月5日。

五，争议的解决，包括以外交或者仲裁方式解决与双边投资协定本身有关的争议，以及以向主管单位申诉、向法院或者国际仲裁庭提出审查的方式解决征收补偿的有关争议。

除了与我国签署促进和保护投资协定以外，共建"一带一路"国家的各种对于外资的优惠制度以及对外资的行业鼓励，于我国企业而言也是投资的利好措施。例如，根据《俄罗斯联邦外国投资法》的规定，在外国投资者对俄罗斯联邦政府确定的优先投资项目（主要涉及生产领域、交通设施建设或和基础设施建设项目）进行投资时，若投资总额不少于 10 亿卢布（约合 2857 万美元），将根据有关规定对外国投资者给予相应进口关税和税收的优惠。外国投资者还可以享受免征进口关税、增值税和利润税等多重优惠。

投资者准入制度以投资东道国的国内法调整为主，主要涉及投资行业限制、审批事宜、股权比例、投资方式、企业类型、出资形式、最低投资额、经营资质、并购程序等方面。以泰国《外商经营法》为例，明确禁止外国人投资种稻、捕鱼、牧业等行业，涉及国家安全、艺术文化、自然资源等行业的外商投资须经商业部门长官批准；对于享受投资优惠的企业设定了多项严格审批标准，并限制农业、畜牧业、勘探和采矿业以及部分服务业中的泰国投资者最低持股比例。

关于投资保护和准入，主要存在如下法律风险。

第一，政治法律风险。共建"一带一路"各国，特别是中亚、西亚的一些国家，政治体制多样，政局不稳定，政党政治不规范，时有政治事件和政治骚乱发生，必然会影响投资效率甚至是投资的顺利进行。以中亚哈萨克斯坦、乌兹别克斯坦、吉尔吉斯斯坦、塔吉克斯坦、土库曼斯坦五国为例，作为与我国毗邻的丝绸之路经济带上的重点国家，中亚五国的政治制度以强势的总统制为突出特点，政治强人政策偏好变化对政治经济活动影响较大，如果出现政治强人更替，很可能导致相关法律和政策的变化。

第二，无法享受优惠措施的风险。如前所述，各国为了吸引外资都不同程度地为外资企业提供了双边投资保护条约的国际法和国内法两方面的鼓励和保护措施。比较典型的是，国家会为投资某些特定行业以及某些特殊地区

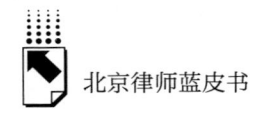

的外国投资者实施鼓励投资政策,主要是减免税负、放宽外资持股比例限制等。然而这些措施并非对所有海外投资者无条件开放,而是必须在满足法定标准的前提下才能享有这些优惠政策。

因此,如果企业未能全面了解投资东道国的政治法律环境和投资准入规定就盲目投资,势必会增加投资风险并导致损失。为了应对企业在"一带一路"建设过程中的上述风险,第一,企业应进行充分的事前政治法律风险评估。我国企业在对外投资前,应尽可能深入了解东道国的政治现状,了解当前政治局势,对政治走向、政治摩擦等政治风险进行评估;关注政治话语权控制的变化及其趋势,把握法律政策的调整变化,适时调整其投资策略。第二,采取前瞻性的投资策略。把握东道国政治、法律和政策走向,提前制定各种风险应对措施;主动与当地政府、利益集团等主要政治力量建立、保持良好关系,获得政治上的好感,甚至借助政治力量庇护投资、经营活动。第三,加强与当地的合作,严格遵守相关规定。避免单纯攫取东道国利益的投资方式,通过积极寻找我国企业与投资东道国的利益契合点,加强与当地的合作,形成与投资当地共同发展、和谐相处的可持续投资局面;同时,要全面了解投资东道国的相关优惠政策,严格遵守其相关规定,避免因不符合要求而失去享有优惠的资格。

2. 外汇管制的风险及防范

国际货币基金组织将外汇管制分为广义和狭义两个层次。狭义上的外汇管制是指:一国政府对居民从国外购买经常项目下商品劳务所需外汇的支付,运用各种手段加以限制、阻碍或推迟;广义的外汇管制则是指:一国政府对居民和非居民的外汇获取、持有、使用或者在国际支付中使用本币或外币所采取的管制措施与政策规定。① 在分析我国企业对共建"一带一路"国家投资过程中的外汇管制风险时,我们取其广义上的内涵。面对经济全球化下国际资本的流动对经济稳定性的影响,发达国家主要利用外汇管制推行其

---

① 钟卫东:《外汇管制与资产价格——理论研究与中国经验》,博士学位论文,山东大学,2012。

对外经济政策，发展中国家则主要利用外汇管制手段稳定本国汇率、促进收支平衡、保护本国经济。

共建"一带一路"的 65 个国家，根据实施外汇管制的宽严政策不同，可以分为严格外汇管制国家、部分外汇管制国家、无外汇管制国家。随着"一带一路"建设的推进，我国企业在海外的经营活动无时无刻不面临着外汇风险，企业的资产与负债、收入与支出等各项企业活动都涉及多种货币，汇率的波动对企业的经营活动和利润的影响巨大。各国外汇管制情况差异较大且随国家经济情况时常变化，因此，对于外汇风险的有效防范关系着我国企业"一带一路"建设的实施成效。具体而言，投资共建"一带一路"国家，主要包括以下外汇风险。

第一，流动性风险，即资金转移风险。货币能否自由汇兑，一直是从事国际投资的企业高度关注的问题。综观海上丝绸之路沿线国家，多数或多或少采取一定的货币管制措施，尤其是曾饱受亚洲金融风暴之苦的东南亚国家。以新加坡为例，新加坡是资本流动高度自由的一个国家，没有设定外汇管制，外国投资企业的资金汇兑没有特殊限制，也不需要交特殊费用。但是新加坡对于新加坡元并没有实行国际化，对于非居民持有新元的规模及个人携带现金出入境存在一定的限制，一定程度上给中国对新投资带来了不便甚至是外汇兑换、资金转移等风险。[①]

第二，汇率变动风险。汇率变动风险的产生，主要是由于企业达成以外币计价的交易（目前国际交易大多以美元计价），项目以外币计算的现金流量已定，但是因交易没有结束，无法进行结算，汇率变化会直接导致以本币结算时现金流量的变化。此外，由于投资东道国本国货币汇率的变动，汇率变动风险从投资开始确定以外币计价交易金额时已经产生，一直持续到最终实际结算时为止。

第三，外汇政策变动风险。全球经济的不稳定性是经济全球化大背景下

[①] 董跃：《21 世纪海上丝绸之路建设潜在投资法律风险及其应对》，《中国国际经济贸易法学研究会 2015 年年会论文集》上册，第 91~97 页。

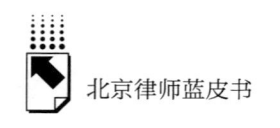

的显著特点，一国（尤其是发展中国家）为实现国际收支平衡、维持汇价的基本稳定，会经常调整外汇政策。

第四，各国外汇政策的差异性风险。"一带一路"建设涉及欧亚非大陆65个国家，区域内目前没有统一适用的外汇规定，各个国家由于自身经济状况、发展程度不同，外汇管理制度存在明显差异。

为了有效防范外汇管制风险，第一，要对外汇制度进行识别。我国企业要准确、全面地了解投资东道国的外汇制度，对东道国货币在整个货币体系中的地位进行明确的定位。据此，企业可以准确地判明自己可能承受的外汇风险的具体形态及其性质，进而对不同种类的外汇风险进一步做好相应的风险管理、防范准备。第二，中资企业应当重视对当地外汇政策的调查研究并保证严格遵守。一般而言，货币与外汇管理属于一国重要的基本金融制度，应当由国家法律来规定，但是由于外汇管理的复杂性以及与其他制度的交叉性，其具体实施制度通常由规章、政策等规范性文件加以规制，更增加了对当地外汇制度的调查研究和了解的难度。因此，企业应当尽可能地全面了解投资东道国的外汇制度体系，避免不能准确掌握外汇制度导致外汇损失的增加。另外，积极预测汇率走势和投资东道国汇率变化趋势，并采用有针对性的多种金融手段，主动避免外汇风险的损失，同时尽量取得风险收益。第三，从长远角度看，企业的投资实践有助于推动沿线国家制定统一的外汇管理制度，以区域性外汇政策降低外汇管制中产生的投资风险。

3. 税收法律风险及防范

在实施"一带一路"建设过程中，企业海外投资主要涉及跨境所得的税收管理以及国家之间的所得税分配问题。

企业海外投资，首先需要明确的是投资所涉及的税种。目前在世界各国税法理论中，税收主要分为直接税和间接税。直接税是指纳税义务人同时是税收的实际负担人，纳税人不能或不便于把税收负担转嫁给别人的税种，纳税人实际上就是税收承担者。直接税包括所得税、房产税、遗产税、社会保险税等。间接税则是指纳税义务人不是税收的实际负担人，纳税义务人能够用提高价格或提高收费标准等方法把税收负担转嫁给别人的税种，纳税人与实际上的负税人不一致。目前，世界各国多以关税、消费税、销售税、货物税、营业税、增值税等税种为间接税。以柬埔寨为例，柬埔寨实行全国统一的税收制度，根据《柬埔寨税法》，企业投资柬埔寨，可能涉及的主要税种包括利润税、预扣税、工资税、增值税、财产转移税、土地闲置税、专利税、进口税、出口税、特种税等。柬埔寨对私人投资企业所征收的主要税种和税率分别是：利润税9%、增值税10%、营业税2%。同时为了鼓励重点行业投资，共建"一带一路"国家也为外国企业投资提供了各种税收方面的优惠政策，如2013年，伊朗财经部副部长阿里西里宣布对在伊工业、矿业投资采取80%的免税政策，对在伊不发达地区投资实行10年的100%免税政策。

在企业海外投资过程中，企业既受到母国和投资东道国的国内法约束，也受制于相关国家之间签署的国际税收协定。国际税收协定是两个主权国家为了调整与其有关的国际经济活动中发生的税收管辖权关系以及分配问题，通过谈判而签订的书面协议，主要目的是解决国际重复征税问题，在国家之间划分税源，防止国际偷漏税和避税，避免国际税收歧视。参与"一带一路"的企业可能面临的税收风险主要包括以下几个方面。

第一，居民身份认定上的风险。国家对居民企业行使居民税收管辖权，对非居民企业行使收入来源地税收管辖权。征税国对居民企业在全球范围内的所得在注册国征税，对非居民企业的征税仅限于征税国境内的所得，对非居民企业来自征税国以外的所得无权征税。关于居民和非居民的划分标准，并不存在统一的国际规定，各国主要根据本国国情和财政上的考虑来确定。因此，如果投资母国与东道国之间认定居民企业的标准不一致，很可能导致企业成为两个国家认定的居民企业，如果该两国之间又没有双边税收协定，那么企业将面临其在全球范围内的所得被两次征税的风险。根据我国《企业所得税法》的规定，认定居民企业的标准采用企业实际管理机构所在地标准和注册成立地标准，即只要企业是在中国注册成立或者实际经营管理机构在中国，即认为该企业为中国纳税居民。因此，我国企业进行海外投资，如果注册地在投资东道国而实际经营管理机构在国内，而该国恰恰属于未与我国

签订双边税收协定的国家，企业就面临双重税收，大大增加了经营成本。

第二，双边税收协定条款与当地税收优惠的冲突风险。如前所述，各国为了鼓励特定行业、特定地区的外商投资积极性，会以税收优惠的方式吸引外资，在一定期限内免除或者减收所得税、营业税、固定资产税、商品注册税、股息税。然而我国企业在这些投资东道国最终是否能够享受这些税收优惠，既取决于当地政府是否履行优惠承诺，也取决于我国是否与该东道国签订了双边税收协定，以及双边税收协定是否认可这种优惠。如果税收协定承认投资者在东道国享有税收优惠，则投资者在国内纳税时，享受的抵扣税额是依照投资东道国规定享受其税收优惠之前的税率。否则我国企业在东道国因税收优惠而少缴的税款，则最终会在国内缴税时补上，实际上并没有享受到投资的税收优惠。国际税收协定将这种投资国承认投资东道国税收优惠称为"税收饶让抵免"（Tax Spring Credit），是指一国政府（居住国政府）对本国纳税人来源于国外的所得由收入来源地国减免的那部分税款，视同已经缴纳，同样给予税收抵免待遇的一种制度。税收饶让抵免不在于避免重复征税，而在于承认对方的税收优惠。

第三，税务处理的合法性判定不足的风险。企业为了尽可能地削减成本，在追求东道国税收优惠的同时，利用各国税收法律规定及不同国家之间订立的国际税收协定上的差别，采取变更经营地点或者经营方式等公开的合法手段，以谋求最大限度地减轻跨国纳税义务或者避免纳税义务。[①] 近年来，中国税制不断发展完善，出台了各种反避税政策，加强了与投资东道国的国际合作，企业因不了解相关规定，花费大量精力和成本为减轻税负进行的税务筹划可能不仅没有达到降低税负的目的，反而因违反我国和投资东道国的有关法律规定而受到处罚甚至承担刑事责任，不仅影响了企业经营状况，也对企业的声誉和社会形象造成了负面影响。

税收在我国企业参与"一带一路"建设实施过程中扮演着重要角色，我国企业在进行投资之前对税收的筹划和税收风险防范安排将对企业未来的

---

① 郭寿康、赵秀文主编《国际经济法》，中国人民大学出版社，2012，第339页。

经营产生重要影响。具体而言，企业应当从以下几个方面进行风险管理。第一，我国企业在确定了目标东道国之后，在正式投资之前，应当进行详尽的"税务尽职调查"，摸清东道国税收制度、监管制度以及与我国的双边税收协定情况。在对东道国税务环境有清晰认识的基础上，分析投资过程中可能出现的税收风险，提前进行风险防范。第二，企业应当尽可能地避免我国和东道国的双重居民身份认证，对投资地点和投资形式进行谨慎规划，利用子公司等多种组织形式，做好投资架构安排。一些国家税法规定总公司与分公司之间的资本转移不必承担额外的税负，但应注意我国规定境外分公司的亏损不得由他国所得弥补，同时分公司取得的利润均应视为总公司利润，应当汇回并缴纳国内的企业所得税。第三，企业还应注意东道国是否与我国签订有避免国际重复征税的税收协定，同时还应积极争取东道国的税收优惠政策，并注意享受的税收优惠待遇能否获得国内的税收饶让。第四，企业在进行海外投资的税务筹划时，务必以各国的反避税规则为底线，在国内反避税举措不断加重的趋势下，税务筹划必须确保是在法律允许的范围内。

4. 投资主体制度面临的法律风险及防范

投资主体制度是指投资东道国作为资本输入国关于投资主体的制度规定，主要包括东道国允许外国投资者以何种商事组织形态在本国进行投资以及对于不同商事组织形式的各种规定。从国际实践的角度来看，自20世纪80年代以来，通过收购投资东道国目标企业的方式进行对外直接投资的比重越来越大，跨国并购已经成为一种世界性的潮流。采用公司企业、合伙、自然人的形式参与国际投资，是目前主要的投资主体类型。

我国企业在共建"一带一路"国家进行投资时，在投资主体制度上可能遭遇的风险主要来自投资主体限制的风险，以及企业注册的风险。

第一，关于投资主体限制的风险。由于各国政体和经济发展水平的区别，不同国家所规定的商事组织形态不尽相同，对于投资方式的限制和宽严程度也不尽相同。比如新加坡就属于对外资限制比较少、投资政策比较开放的国家。除金融、保险、证券领域的投资要向主管部门报备以外，新加坡对于外资进入新加坡的股权比例等毫无限制；新加坡给予外资国民待遇，外国自然人依照法律可以申请成立独资企业或者合伙企业。还有一些国家的法律还可能要求外资在当地设立的公司有一定比例的本地股份，或对外资公司的经营范围等事项做出限制性规定。以土耳其为例，在土耳其现行《贸易法》的框架下，从事经营活动的企业形式包括独资公司、合资公司和合作社三种，其中合资公司又包括有限责任公司、集体公司和两合公司。对于特殊行业还要遵守股比的规定，如外商占股比例在广播业的限制为20%，在航空和航海运输业的限制为49%，半导体、电视机行业的外国投资股份不得超过25%，邮政、电讯、电报行业的外国投资股份不得超过51%。还有一些国家的法律禁止外国投资者设立某些类型的商事组织，例如个人独资企业等。由于上述对投资主体的一些限制性规定，企业就会面临相应的投资风险。

第二，关于企业注册的风险。无论采取上述何种商事组织形式，在绝大多数国家需要进行注册，如违反该国关于注册的相关规定，将面临无法注册、未能按期注册或注册存在瑕疵的风险。以柬埔寨为例，在柬埔寨进行经济贸易活动环境比较宽松，经商标准比较低，可以个人、合伙、公司等各种商业组织形式注册。但任何在柬埔寨从事商业活动的企业都必须进行注册，否则将被以非法从事商业活动罪论处。同时，注册证书从注册之日起，有效期为3年。企业应在注册证书到期前30天申请换发新的证书。若企业延误申请新的证书，则将被视为违法，其原有证书作废，企业必须重新申请注册并缴纳有关费用。

为了规避投资主体的风险，第一，我国企业应当在投资之前充分了解当地相关法律法规的规定，尤其是针对外国投资者的特殊规定，选择法律允许的组织形式，满足法律对于投资主体的一些特殊要求，并且根据投资目的和需要，选择能够给自身带来最大收益的投资方式。如果是采取与当地企业进行合资、合作的形式，则尽可能选择信誉度高、与当地政府和居民关系良好、可靠的企业作为合作伙伴，协助我国企业处理好当地事宜。第二，我国企业应当深入了解东道国企业注册的具体制度，并严格遵守；同时应当注意企业注册制度的时效性和地域性，时刻关注当地的政策变化。

5. 知识产权风险及其防范

随着《保护工业产权巴黎公约》(以下简称《巴黎公约》)和《与贸易有关的知识产权协定》(以下简称《TRIPS 协定》)等知识产权保护的国际公约的签订，知识产权保护问题进一步国际化、全球化。在我国企业投资共建"一带一路"国家中，许多国家是多项知识产权保护公约(如《巴黎公约》《TRIPS 协定》《商标国际注册马德里协定》)以及世界知识产权组织的成员国，还有一些国家已经与我国签订了《知识产权合作协议》。比如 2002 年，我国和乌克兰政府签订了《知识产权合作协议》，该协议规定：在知识产权保护领域，一国自然人和法人在对方国境内享有依该国法律及惯例授予其本国自然人和法人的同样权利；两国的自然人和法人在共同活动时所创造或获得的知识产权，根据缔约双方在合同和协议中商定的条件分配。因此，在国家间投资、贸易往来中，保护各国知识产权的法律基础，不仅仅限于各国国内法，还包括已经签署的《巴黎公约》和《TRIPS 协定》、双边合作协议等国际法渊源。另外，各国对于侵犯知识产权的处罚形式大同小异，包括判处罚金，适用一定期限的拘役刑，或拘役刑与罚金并罚。根据埃及《知识产权保护法》的规定，对违反专利和实用新型相关规定的责任人，处以 2 万~10 万埃镑罚金，再犯的处以 2 年以下监禁，并处以 4 万~20 万埃镑罚金；对违反集成电路布图设计相关规定的责任人，处以 4 万~10 万埃镑罚金，再犯的处以 2 年以下监禁，并处以 20 万埃镑以下的罚金；对违反未披露信息相关规定的责任人，处以 1 万~5 万埃镑罚金，再犯的处以 2 年以下监禁，并处以 5 万~10 万埃镑罚金；对违反商标、服务标记以及商业名称和标志相关规定的责任人，根据情节严重不同，处以 5000~20000 埃镑的罚金，重犯的个人处以 2 个月以上监禁，并处罚金；对企业来说，初次违反的企业关闭不超过 6 个月，再犯的企业责令关闭；对违反新型物种相关规定的责任人，违反的责任方处以 1 万~5 万埃镑罚金，再犯的处以 3 个月以上监禁，并处 2 万~10 万埃镑罚金。

我国企业在投资"一带一路"建设过程中面临的主要风险，一方面来自违反他国知识产权法的有关规定、侵犯他国知识产权而受到处罚，另一方面

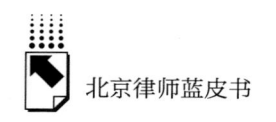

是缺乏有效的知识产权保护措施,使自身知识产权遭受侵犯导致巨大损失。上述两方面的知识产权风险,主要涉及版权法律风险、工业产权法律风险。

其中,版权法律风险包括版权保护风险、版权行使风险和版权侵权风险等。所谓版权保护风险是指我国企业作为版权权利人其权利不能在特定国家得到保护的风险。虽然《伯尔尼公约》规定了版权自动保护的原则,但是自动保护也是在提供保护的国家的法律规定框架下实现的。因此,权利人在特定国家能否获得版权保护需要根据该国国内法规定的版权保护的客体范围和保护条件具体确定。版权行使风险是指权利人在行使权利时违反特定国家法律规定所引发的风险。各国法律的版权保护制度都存在不同。我国企业如不了解特定国家的版权保护制度,如版权行使限制、版权保护期限等,可能面临版权行使的风险。而版权侵权风险可能使我国企业不仅面临民事责任,还面临行政处罚和刑事责任。

工业产权法律风险包括工业产权保护风险、工业产权维持及使用风险和工业产权侵权风险等。工业产权主要包括专利权和商标权。与版权保护不同,工业产权保护大多以审批或注册为前提,而各国的工业产权取得条件和取得程序都有所不同,因此,如果不了解工业产权的取得程序,中国企业可能面临工业产权保护风险。同时,在取得工业产权后,权利人还必须根据授予权利所在国的法律规定维持该工业产权,例如,专利权人取得专利权后,需要每年缴纳年费。因此,权利人还面临工业产权维持及使用的风险。另外,各国工业产权法律均规定了侵犯工业产权的法律责任,因此,在与共建"一带一路"各国的贸易中,我国企业生产、销售的产品、运用的技术、使用的商标等可能面临侵犯在当地已经获得核准或注册的工业产权的风险。

在遵守知识产权保护的法规和公约、保护他国公民、企业知识产权的同时,我国企业在走出去的过程中,也必须注意做好避免遭受知识产权侵权的防范措施。第一,我国企业在进行投资之前,应调查清楚东道国对于知识产权的保护力度,根据知识产权保护情况,灵活地确定在当地的投资模式、技术引进情况以及投资比例等方面的选择,并根据知识产权的有关政策变化灵活调整,以实现企业利润的最大化。共建"一带一路"各国对知识产权的保护力度并不相同。一般，发达国家要求发展中国家按《TRIPS 协定》实现统一的最低知识产权保护标准，加大知识产权保护力度；而发展中国家则希望通过较弱的知识产权保护进行对国外先进技术的吸收与模仿，实现技术与经济赶超。① 例如近些年来东南亚一些国家的市场上出现我国一些品牌产品的"山寨产品"。第二，在进行投资之前，应先进行知识产权布局，包括先行取得东道国的相关知识产权，包括专利权、商标权等，并由专人负责知识产权的维持。第三，应建立知识产权侵权的快速应对机制。如在东道国被诉侵权，应尽快采取相应法律措施，以进行抗辩和减少可能的损失。

6. 劳工法律风险及防范

经济全球化推动了贸易自由化，生产要素在全球范围内自由流动，而资本和技术流动的无国界性和劳动力流动的有国界性，使得劳动力在与资本的竞争过程中处于劣势地位。国际竞争造成了发达国家失业上升，导致了发展中国家的劳动条件恶化。因此，劳工权利保障已经成为投资的热点问题。

我国企业投资共建"一带一路"国家涉及的劳工法律制度，一方面是投资东道国当地劳动者的劳动保护制度和劳动保障制度，另一方面是以我国劳动者作为外国劳工进入投资东道国工作的准入制度。劳动保护制度是指以保护劳动者在劳动过程中的安全和健康为宗旨，以劳动安全卫生规则为内容的规范。此类规范一般为强制性规范，雇主必须严格遵守，不得违反，否则须承担相应的法律责任。共建"一带一路"各国劳动法规中对此制度都有不同详细程度的规定。劳动保障制度是指国家根据有关法律规定，通过国民收入分配和再分配的形式，对劳动者因年老、疾病、伤残和失业等而出现困难时向其提供物质帮助以保障其基本生活的一系列制度。各国大都从保障劳动者劳动环境安全、保障劳动者从事合适强度的劳动、保护劳动者健康、对女性职工和未成年职工实施特殊保护等角度，构建起对劳动者的劳动保护制度。以《乌兹别克斯坦共和国劳动法》为例，要求用人单位与劳动者签订

---

① 许和连、柒江艺：《知识产权保护对我国外商直接投资的影响研究》，《国际贸易问题》2010 年第 1 期。

合同时，必须以书面形式签订。工人的工作时间在正常不间断的情况下，不得超过 40 小时/周；加班必须经过工人同意，两天内连续加班的时间不应超过 4 小时，且 1 年不超过 120 小时，对加班工时的支付不得低于正常工薪的两倍；工人每年带薪休假时间为 15 个工作日，妇女在产前有 70 天的孕、产假，产后有 56 天或特殊情况下 70 天的产假；工人的最低工资不得低于乌兹别克斯坦政府规定的标准。乌克兰的《劳动法》中还规定，雇主还需为员工缴纳工资额 40% 的社保基金费；对在职退休人员、残疾人每年带薪休假的时间在普通工人 15 个工作日的基础上延长至 30 个工作日。工人临时病假或者无劳动能力期间的工资，由乌克兰国家社保基金分别按照工人月工资额的 75%～100% 支付。雇主向孕妇的孕、产假按照月劳动工资确定的比率额支付，并通过扣减国家社保基金交款的形式向雇主返还。总体来说，各国通过提供就业机会、提供就业培训、完善社会保险制度、提供员工福利等举措为处于较为弱势地位的劳动者提供了特殊保障。

　　由于各个国家对外来劳动者需求不同以及对本国劳动者的就业竞争保护程度不同，共建"一带一路"国家对于外来劳动者进入本国工作限制的宽严程度也有一些差异。西亚的卡塔尔国小人少，本国劳动力的 96%（妇女一般不工作）均在政府部门或者国有企业供职，因而需要大量引进外国人才和普通劳动力。截至 2014 年底，卡塔尔外国劳务规模约 180 万人。正因为对于外国劳工的需求量巨大，所以卡塔尔关于外国人在当地工作的规定非常宽松。外籍劳务到卡塔尔工作，只需由卡塔尔担保人向劳动部申请用工名额，获批后再到内政部办理工作签证；获得签证后，外籍劳务即可进入卡塔尔境内工作。这项本就对于外籍劳动者管理宽松的保人制度，又即将被新制度所取代。在新制度下，外国工作者离境不再需要卡塔尔担保人同意，当局将在 72 小时宽限期后自动签发离境签证；外国工作者在合同结束后，也可以不再需要经原雇主同意在国内自由更换工作。还有一些国家劳动力资源较为充足，自身就是劳动力输出大国，对于外国劳务需求较少，相应地就对外国劳动者进入该国工作的限制条件较多。比如根据泰国《外籍人工作法》的有关规定，泰国禁止外籍普通劳工到泰国工作，仅仅是有条件地输入技和管理人员。泰国只与老挝、缅甸、柬埔寨签订有劳务合作协议,每年从三国引进一些普通劳工以解决近些年才出现的劳工短缺问题。泰国还要求所有在泰国工作的外国人在工作前都要得到工作许可。

我国企业投资共建"一带一路"国家面临的劳工风险,主要集中在当地关于劳动保护制度和劳动保障制度的规定方面。具体而言,包括以下几个方面的法律风险。第一,违反劳动相关法律法规的风险。劳动法主要是用来调整雇主和雇员之间的劳动关系,明确雇主和雇员之间的权利义务。为了防止占相对优势地位的雇主侵犯劳动者权益,劳动法中的规定大多具有一定的强制性,并且有法定专门机关监督劳动法的遵守情况。如果我国企业不熟悉当地的劳动法律,极有可能会因为违反相关规定而遭到劳动管理部门的处罚,包括违反劳动合同签订的强制性形式规定,违反劳动时间、休假制度的规定,违反最低工资保障、工资支付方式等薪酬规定,违反安全标准、引发安全事故,违反保护残疾人、退休人员等弱势群体权益的保障规定,等等。第二,外国劳动者准入风险。大多数国家通过法规政策的明文规定外籍雇员进入本国工作需要办理一定的手续,获得工作许可证,有些还要求投资企业必须按照不同行业、不同职位的配额规定引进外国雇员。如果企业未能遵循这些规定,轻则可能导致雇员无法获得工作签证,不能以合法身份进行工作从而影响企业的正常经营运转,企业面临罚款等处罚,重则可能导致企业遭到组织偷渡等刑事罪名的指控。

面对上述风险,第一,企业需要全面了解和掌握东道国关于劳动法律法规的一般性规定并予以严格遵守,避免不知道或者不理解相关制度导致企业受到处罚和遭受不必要的损失。此外,还要关注东道国与我国劳动法中差距较大的特殊性规定。"一带一路"涉及的国家范围广,在政治、宗教、文化等方面均存在很多差异,例如,埃及劳动法规定雇员有朝拜耶路撒冷的假期,劳动合同应当采用阿拉伯语书写,等等,这些特殊规定都是我国企业需要特别关注的。第二,认真遵守东道国的劳动保护、劳动保障法律规定,须严格执行东道国对于劳动合同、最低工资、工作时间和休假、女工童工权利的特殊保护、社会保险及缴纳、雇佣关系解除等各个方面的强制性规定、指导性规定。第三,还要充分了解东道国的劳动救济制度。我国企业在东道国

投资，无论如何科学、合法经营管理，都难免会产生劳动纠纷，因此，需要企业提前了解当地劳动纠纷的解决机制，在遭遇劳动纠纷时便于及时恰当地选择合适的方式妥善地解决劳动争议。

7. 基础设施投资法律风险及防范

如前所述，基础设施项目是"一带一路"建设的重点项目，也就是我国企业投资的主要方向之一。共建"一带一路"国家中，许多国家将基础设施建设作为国家经济发展的优先方向，并陆续出台优惠措施吸引国外公司参与投资建设。同时，世界银行、亚洲开发银行等国际和地区金融组织加大了对这些国家的经济支持，国际融资渠道逐步拓宽。交通运输、电力、通信等行业的基础设施是沿线各国政府发展的重点领域，新建或改善公路、铁路、机场、港口、供水、供电等基础设施成为沿线各国振兴经济的优先发展方向。例如，2015年5月15日，在共建"一带一路"重要国家塔吉克斯坦，由中铁十九局集团承建的"瓦赫达特—亚湾"铁路项目开工。

目前，在基础设施建设投资项目中，我国企业已由以往单纯的承建方定位转向目前主要扮演规模较大、组织机构比较健全的投资商以及参与具体建设的各级分包商的角色，这意味着，我国企业将在基础设施投资中，面临更多的法律风险，主要如下。

第一，政府违约风险。在基础设施建设中，一方面，项目业主大多具有政府背景，是项目的参与者，同时也是规则的制定者、裁判者，这就使得国内企业在投资中处于明显劣势地位。另一方面，投资基础设施多采用BOT、PPP等项目融资形式。基础设施建设工程本身具有项目复杂程度高、资金需求量大、建设周期长、回收资金慢、相关投资收益率低的特点，这样，面临的政府违约风险更大。我国企业在最近的投资中已有失利经历。2014年中国交建在斯里兰卡开发建设科伦坡港口城项目，项目投资14亿美元，习近平主席还参加了动工仪式。然而，斯里兰卡新总统西里塞纳于2015年1月上台后，斯里兰卡政府对一系列外国投资项目进行重新评估，科伦坡港口城项目也因"缺少相关审批手续"被要求暂停施工，围绕科伦坡港口城项目的争议包括环境评估、土地使用权等问题。其背后的原因可能是新总统相比前总统更倾向于印度企业，最终导致项目停工，中资企业自然损失巨大。①

第二，跨区基础设施建设投资的风险。部分中国大型建设项目的建设和运营可能同时涉及不同的国家，因此会涉及不同政治体制、不同经济体制、不同的市场环境。而跨区基础设施建设投资会面临巨大挑战，如银行予以担保的项目有限、各国缺乏统一的程序与规则、跨越不同国境时所涉及的海关、税务手续差别等问题。

第三，土地权属风险。大型工程项目都需要占用大量土地，可能需要迁移安置大批居民。根据已有案例来看，出现的问题包括：有些工程涉及的土地的居民因项目开发带来的经济效益与社会效益显著，要求追加补偿；移民安置问题引发当地居民不满；相关项目移民再就业培训不足。这些情况容易引发社会冲突，导致我国企业在项目进行中受到阻碍，遭受损失。

第四，设计变更风险。由于土地、移民、文化、宗教等原因，在基础设施项目建设过程中往往会出现涉及重大变更而引起工期延误的情况，由此增加投资风险。非洲地域广阔，地理条件与气候条件与我国不同，如果在勘察设计阶段不能准确了解地质情况，在施工过程中就会遇到问题，导致重新勘察与设计变更。此外，政府部门的政策变更也会导致对设计变更的要求。

我国企业"走出去"投资基础设施，应注意以下几个方面。第一，应当在投资前对东道国的法律环境进行详尽的调查。通过委托专业的律师事务所全面了解东道国有关法律，摸清投资对象有关的投资制度、建设制度、许可制度等有关规定。国内法律工作者可能在缺乏对当地法律环境认识的前提下，对于准确理解国外法律文本的含义存在一定困难，很难把握法律、政策背后的民意动向与民族文化传统，因此，企业可以选择具有海外律师所联络网的本地律所，将国内法律服务和东道国当地第三方法律服务机构的地方性优势相结合，更好地解读当地法律环境和投资环境。由于基础设施牵涉面广，投资周期长，因此对于有关的政治、自然环境等各方面都有必要做详细的调查，

---

① 王秉乾：《"一带一路"基础设施建设中的风险与法律对应策略》，《中国国际经济贸易法学研究会2015年年会论文集》下册，第614~619页。

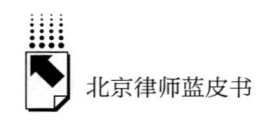

并把握好变化趋势。

第二，企业要特别注重降低合同履行中的风险，进行违约风险防范。在基础设施项目实施过程中，除要与东道国政府签署《特许经营协议》之外，通常还要与工程承包商签署《工程承包合同》，与当地供电、供水部门签署《购电、购水协议》等一系列法律合同。这些合同的履行期长、履行情况复杂，涉及多种具体的风险。如政府出尔反尔，撤销《特许经营协议》或者单方面对协议不予认可；东道国的政策、法规出现变化，导致合同继续履行显失公平；区域性的大型基础设施建设项目在某一处遭遇阻力而搁浅；等等。这就要求企业一开始在谈判合同时，就要认真研究合同条款，尽可能多地在合同中设置有利于自己和保护自己的关键条款。在合同履行过程中，要时时关注东道国政府的政策动向和合同履行情况，可以根据合同中设置的退出机制，减少因为时间或者是另一方违约带来的损失，有效降低风险。并且，在合同中约定争端解决机制，在合同纠纷出现时，采取及时有效的方式解决，防止陷入被动和僵局，尽早从失败的投资项目中解脱出来。此外，在项目进行之初就应全面考虑影响工程施工的各种因素并准备相应预案以避免或减少可能遭遇的风险或损失。

第三，企业要筹划好投资结构。我国企业在BOT项目中可以通过增加主体分摊风险。投资讲究分散风险，只由中国一家独自承担投资风险，虽然截至目前的投资都相当成功，但是风险归根到底是存在的。在这个问题上，唯有鼓励更多主体参与，才能分担风险。亚投行的创建过程表明，全世界有许多国家很乐意做这样的事情。全球并不缺资本，缺少的是好的投资项目和机会。通过加强国际合作，在分摊风险的同时，还能够追求更多的经济利益。

8. 投资退出及投资安全风险及防范

投资退出和投资安全实质上都是指如何保证投入的顺利退出和回报。投资的本性是追求高回报的，这种回报不可能像传统投资一样主要从单一的投资项目利润中得到，而是依赖于在从投入到回报，然后再投入的不断循环中实现的自身价值增值。所以，投资赖以生存的根本在于资本的高度周期流动，流动性的存在提供了资本退出的有效渠道，使资本在不断循环中实现增值，吸引社会资本加入投资行列。可以说一个顺畅的退出机制是投资收益的保障，而投资收益则是资本循环的关键环节。我国企业在投资"一带一路"建设过程中，投资退出方式主要包括股权转让退出、上市退出和清算退出三种。股权转让是股东行使股权经常而普遍的方式，是公司股东依法将自己的股东权益有偿转让给他人，使他人取得股权的民事法律行为。股权转让退出包括并购和回购两种方式。并购是兼并与收购的合称，兼并分为吸收合并和新设合并，收购又分为资产收购和股权收购。并购是指我国企业将其持有的股权通过出售给第三方的方式实现退出，需要严格遵守当地的法律法规规定。股权回购，主要是指投资东道国的公司或原始股东等通过收购我国企业所持股权，实现我国企业的退出。回购属于备用退出方式，是当所投企业前景不明朗时，为保证已投资本的安全而采用的方式。对于被投企业而言，通过回购可以重新获得企业的控制权，容易被企业接受。在国际投资领域，回购退出应用广泛，是战略投资者退出的重要途径。

上市退出一般是指首次公开上市（IPO），即企业在证券市场上第一次面向社会公众发行股票，在市场获得认同和投资收益，实现资本增值。我国企业在所投资的共建"一带一路"国家的企业经过运营发展，符合上市条件后，可以选择上市成为公众公司，我国企业在所投企业上市并限售期满后出售所持有的股份实现退出，从而获得较高的投资收益。清算退出主要是针对投资失败项目的一种退出方式。清算，是指企业因解散，或因企业破产，为终结企业的所有法律关系并消灭企业主体资格，处理企业的各项未了结的事务，特别是清偿债务并分配企业剩余财产的法律行为。清算退出是在所投企业由于各种原因解散的情况下，经过清算程序使所投企业主体资格终止，而主要在股东之间分配剩余财产。在绝大多数情况下，可供我国企业分配的企业剩余财产会很少，甚至为零，这显然意味着投资失败。对于我国企业而言，清算退出时主要考虑投资风险与损失的最小化。[1]

---

[1] 隋平、李广新：《泛资管时代私募股权投资基金操作图解与案例》，法律出版社，2014，第558页。

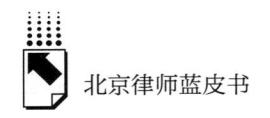

每种投资退出方式都面临着相应的法律风险。首先，在股权转让退出方式中，如果股权转让合同违反公司章程或者虽然不违反公司章程但是违反法律规定，则股权转让合同效力存在瑕疵；如果股权转让合同生效后，未办理相应的股权转让手续，或者受让方未按照约定支付相应的股权转让款以及违反其在股权转让合同中所做的任何保证，则存在股权转让合同的违约问题；如果股权转让合同需要经过审批而未办理相应的审批手续，则股权转让合同存在重大的效力瑕疵；如果拟退出方存在出资瑕疵的，则有欺诈或显失公平之嫌，尤其是在对方不知情的情况下，这也会影响到股权转让合同的效力。其次，在上市退出方式中，由于"一带一路"涉及国家众多，证券市场成熟度也不同，大部分国家的证券市场规模小，资本总额普遍比较小，上市公司的数量和股票品种偏少，信息披露制度不够规范，导致上市风险很大。最后，在清算退出方式中，即使是自行清算也有较为复杂的程序，具有成本较高、效率低下且投资回报率低的特点。

因此，针对不同的退出方式，我国企业应当采取不同的风险防范措施。

第一，在股权转让退出中，应当重点区分投资主体的形式，不同类型的公司有不同的股权转让规定，其公司章程的权限也各不相同，尤其要关注股东之间以及股东与第三人之间股权转让的差异，我国企业应当尽量利用自己的股东身份在公司章程的制定和修改中加入对自己有利的条款，便于股权安全退出；在签订股权转让合同前，中方投资者应当聘请专业人士起草、审核股权转让合同，做好事前预防，避免因后期违约给自己造成不必要的损失；我国企业务必对投资当地的股权转让手续进行调查，尤其是不能忽视当地的审批、登记等要求，建议在股权转让合同中约定被投一方对此类事项的提醒义务以及相应的违约责任，以最大限度地维护自身权益。

第二，在上市退出中，如果选择在投资东道国上市，则应当选择较为成熟的证券交易所，如果选择在境外上市，则要符合相应的上市要求，提前做好上市筹划与准备工作。另外，相较于其他退出方式而言，清算是最不理想的退出方式，中方投资者往往无法取得预期收益，为防控风险、确保收益，可以在投资协议中加入一些有利于中方投资者的条款。例如，充分利用普通法系公司和合同法律制度灵活的特点，约定清算优先权条款，以增加中方投资者的选择权；再如，在强制清算和破产清算中，司法机关和债权人介入较深，中方投资者风险较大，而用约定清算的方式自行组成清算组进行清算则更节约成本。中方投资者可以依据当地公司法、合同法或类似规定与公司股东约定修改公司章程，通过公司章程来约定清算，中方投资者可以在资金实际到位前，促使被投资企业及其股东在公司章程中落实相应的清算条款，以此作为投资到位的前提条件。综上，我国企业在参与"一带一路"建设过程中，会面临诸多的法律风险，需要律师提供全面、专业、细致的法律服务。

（三）北京律所涉外法律服务业务的基本情况

"一带一路"等政策引领着中国全方位对外开放的需求，涉外法律业务也在多领域全方位地推进，我们对北京规模排名前 900 家律所涉及的涉外法律服务领域进行了调查，统计出在每个领域中提供法律服务的律师事务所数量，调查结果表明（见图1），目前在涉外法律业务领域中，国际贸易/世贸业务占据第一位，而并列第二位的是涉外争议解决和海外投资（FDI/OBI）。

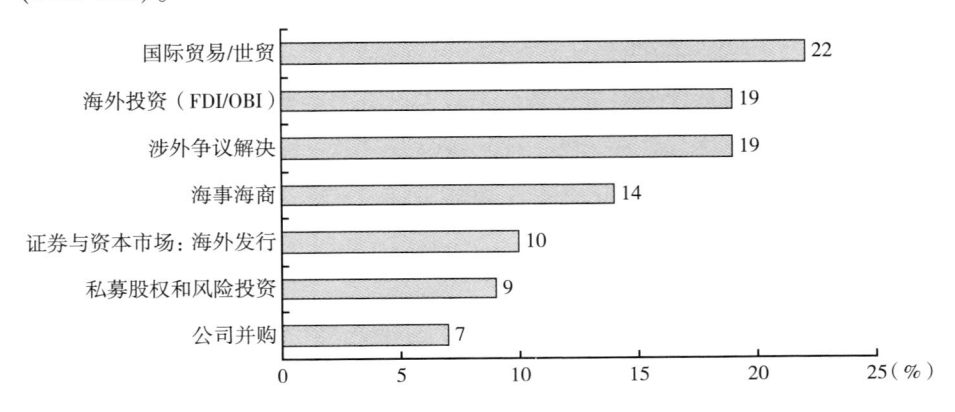

领域	比例(%)
国际贸易/世贸	22
海外投资（FDI/OBI）	19
涉外争议解决	19
海事海商	14
证券与资本市场：海外发行	10
私募股权和风险投资	9
公司并购	7

图1　北京律所主要涉外业务领域所占比例

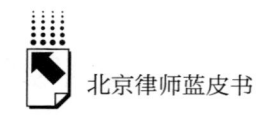

在北京律所的设立时间和涉外业务领域的关系方面,调查结果表明(见图2),对于2000年以前成立的律所,占比最大的两个领域是国际贸易/世贸和海外投资;对于2000~2010年成立的律所,占比最大的两个领域是国际贸易/世贸业务和涉外争议解决业务;对于近十年来新设立的律所,占比最大的两个领域为涉外争议解决业务和海外投资业务。

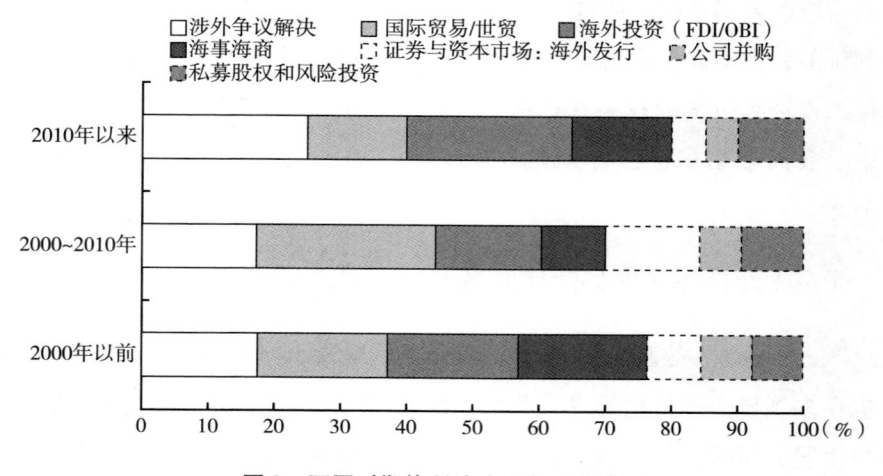

图2 不同时期律所涉外业务领域情况

二 北京涉外律师的发展现状

对于北京涉外法律服务发展现状,我们结合多种数据来源进行统计和分析发现,在改革开放40年之际,北京律师在涉外法律服务领域成绩显著。在司法部、全国律协和法制日报社等多种涉外律师的评比中,北京的涉外律师在全国都处于遥遥领先的水平。

(一)北京涉外律师人才数量居全国领先地位

1. 司法部全国千名涉外律师人才

2018年8月31日,司法部公布了《全国千名涉外律师人才拟入选名单》。名单涉及 30 个省级行政区，共计 988 位律师入选。其中来自北京的律师有 170 位，约占总人数的 17.21%，位列全国第一。入选全国千名涉外律师人才名单的数据统计如表 1 所示。

表 1 司法部全国千名涉外律师人才所属省（区、市）信息

排名	省（区、市）	人数（人）	占比（%）
1	北京	170	17.21
2	上海	99	10.02
3	广东	98	9.92
4	江苏	91	9.21
5	山东	59	5.97
6	浙江	57	5.77
7	福建	43	4.35
8	四川	39	3.95
9	辽宁	37	3.74
10	天津	29	2.94
11	河北	28	2.83
12	湖北	28	2.83
13	云南	28	2.83
14	陕西	28	2.83
15	湖南	25	2.53
16	河南	21	2.13
17	内蒙古	17	1.72
18	重庆	17	1.72
19	广西	15	1.52
20	安徽	11	1.11
21	吉林	8	0.81
22	黑龙江	8	0.81
23	江西	8	0.81
24	新疆	7	0.71
25	甘肃	5	0.51
26	海南	4	0.40
27	山西	3	0.30
28	贵州	3	0.30
29	西藏	1	0.10
30	宁夏	1	0.10
	合计	998	100

2."一带一路"跨境律师人才库

2017年8月,全国律协在京发布《"一带一路"沿线国家法律环境国别报告》,并宣布成立"一带一路"跨境律师人才库,共有143家中外律师事务所、205名中外律师被首次纳入"一带一路"跨境律师人才库,其中中方律师共计84名,各省(区、市)律师人数分布及占比见表2、图3。

表2 "一带一路"跨境律师人才库中方律师所属省(区、市)信息

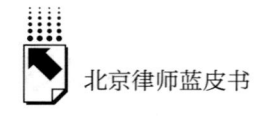

序号	省(区、市)	律师人数(人)	占比(%)
1	北京	21	25.00
2	广东	13	15.48
3	上海	12	14.29
4	浙江	6	7.14
5	江苏	4	4.76
6	天津	4	4.76
7	内蒙古	3	3.57
8	其他	21	25.00
	合计	84	100

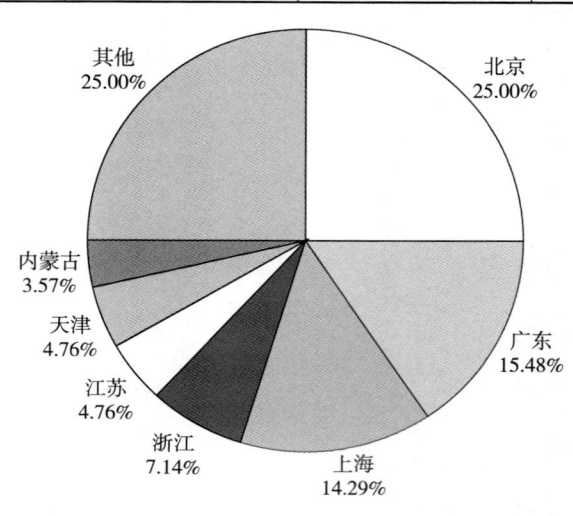

图3 "一带一路"跨境律师人才库中方律师各省(区、市)人数占比

表 2 显示，被纳入"一带一路"跨境律师人才库的 84 名中方律师中，来自北京的律师有 21 位，占所有中方律师的 25.00%，位列全国各省（区、市）第一。

3. "一带一路"十佳律师

法制日报社于 2018 年 9 月举办了"一带一路"优秀法律服务项目征集活动，并于 12 月在首届"一带一路"优秀法律服务项目颁奖典礼上揭晓了"一带一路"十佳律师（见表 3）。

表3 "一带一路"十佳律师名单

序号	律师姓名	执业律所	省（区、市）
1	陶景洲	美国德杰律师事务所驻北京代表处	北京
2	田文静	北京金杜律师事务所	北京
3	程军	北京中伦律师事务所	北京
4	赵敏	北京大成律师事务所	北京
5	邬国华	北京金诚同达律师事务所	北京
6	杨天斌	北京盈科（乌鲁木齐）律师事务所	新疆
7	张天翼	云南八谦律师事务所	云南
8	陈发云	国浩（南京）律师事务所	南京
9	尹湘南	上海兰迪（长沙）律师事务所	上海
10	刘克江	北京德和衡律师事务所	北京

荣获"'一带一路'十佳律师"称号的律师中来自北京的律师数量达到 60%，位列全国各省（区、市）第一。

（二）北京涉外律师提供涉外法律服务的综合能力较强

1. 涉外业务律师的语言能力和教育背景

涉外业务的竞争，人才是非常关键的因素。鉴于涉外业务的特点，其对律师的要求也比较高，首先是熟练的外语水平，涉外业务的客户可能是外国公司或外籍人士，在处理具体项目或案件时可能会有大量的外文材料，进行商务谈判时，可能全程使用外文，有时甚至需要到境外调查或开庭。上述事项都对涉外律师的语言水平提出了较高要求。对于当前北京执业律师的外语水平，我们

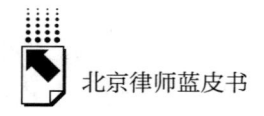

从 900 家律所中抽样统计了 296 位涉外律师的外语种类，从统计结果（见图 4）来看，绝大多数在北京从事涉外业务的执业律师可熟练使用英语，其次是日语、法语、德语、韩语和西班牙语等小语种，熟练应用小语种的律师人数相对有限。

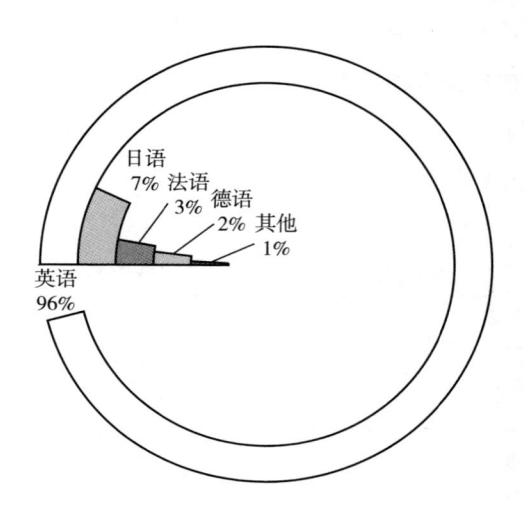

图 4　北京涉外律师外语语种抽样统计

外语在涉外业务中的重要性使得境外留学经历也成为涉外律师的重要优势之一，一般认为，境外留学经历可以保证更好的外语水平，同时还可以更加深入地了解境外的经济、政治、文化和法律制度，熟悉不同文化背景下的沟通方式，甚至可以利用留学经历建立一定的人脉关系。对受访对象的学历情况及北京涉外律师的学历背景进行抽样统计，调查结果（见图 5）显示，北京的涉外律师中，持有海外学历的占比超过 1/3，达到 39%。

图 5　涉外律师学历背景情况统计

2. 北京涉外律师的普遍执业年限

涉外法律服务业务对律师在语言、协商谈判能力及文化差异理解方面的要求需要多年的经验积累，从 900 家律所涉外律师执业年限（见图 6）来看，执业年限在 7 年以上的律师，所占比例达到 80%，执业年限在 3~7 年的律师所占比例为 12%，执业年限少于 3 年的律师所占的比例为 8%。

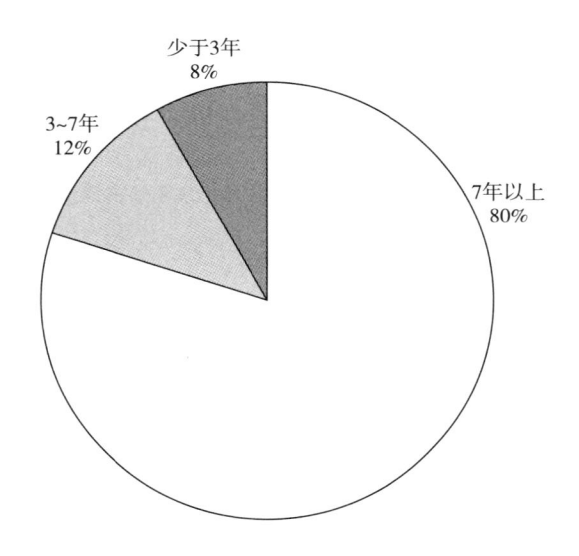

图 6　北京涉外律师执业年限情况

综合来看，无论是语言和教育背景，还是执业经验，北京的涉外律师都达到了比较高的水准，在语言方面，能够熟练使用英语的律师占比较高，在律师的执业年限方面，执业年限超过 7 年的资深律师人数达到 80%，这一方面说明了涉外业务对律师的各方面要求均较高，另一方面说明了北京涉外律师的综合能力比较强。

3. 北京涉外律师的执业领域

我们根据著名法律评级机构钱伯斯（Chambers and Partners）发布的《2018 亚太法律指南》（2018 Asia – Pacific Guide），对七大涉外领域北京律师人数的全国占比情况进行了统计（见图 7）。

除受到地理位置的限制，海事海商领域北京上榜律师仅占全国上榜律师

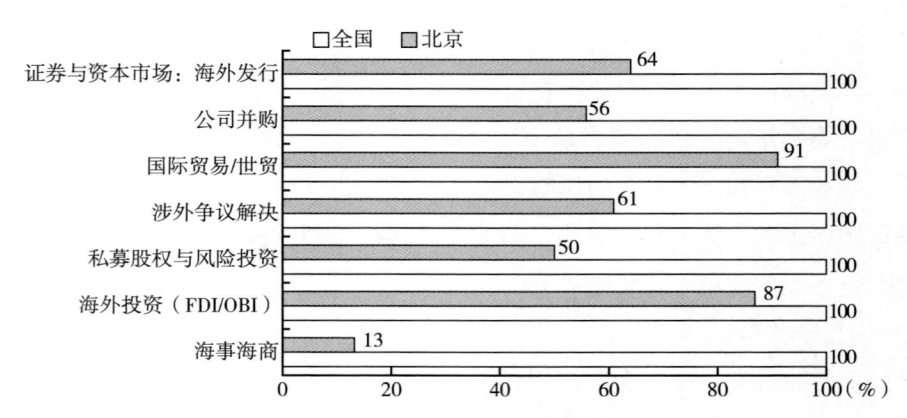

	全国	北京
证券与资本市场：海外发行	100	64
公司并购	100	56
国际贸易/世贸	100	91
涉外争议解决	100	61
私募股权与风险投资	100	50
海外投资（FDI/OBI）	100	87
海事海商	100	13

图7　2018钱伯斯涉外业务排行北京律师占比情况

的13%，其他各领域北京律师都占据了一半以上，其中海外投资领域北京律师人数的全国占比高达87%。

（三）北京涉外律师具有多方面的优势

1. 涉外律师的优势

在涉外法律业务中，中国律师有自身独特的优势。一方面，作为中国律师，对本国国情、文化十分了解，在为中国企业提供法律服务的时候，能做到准确了解客户的诉求、沟通方便高效、服务及时。另一方面，由于常年在本土执业，中国律师建立的人脉关系也能在客户需要选择国外合适的律师事务所和律师时起到重要的作用。从受访对象提供的数据（见图8）来看，在提供涉外法律服务时，这些优势主要体现在以下几个方面：

（1）了解中国客户，可以准确地了解中国客户的诉求；

（2）熟悉中国企业的运营管理模式；

（3）服务质量优质、高效；

（4）律师服务费用合理。

2. 涉外律师的劣势

由于中国的涉外法律服务起步较晚，涉外律师的业务水平和经验与国外同行相比还有一定的差距。境外法律业务的专业性和复杂性也导致了律师提

图8 北京律师开展涉外业务的优势

- 准确了解境外中国客户的诉求 23
- 服务质量优质、高效 22
- 熟悉中国企业的运营管理模式 21
- 语言沟通便利 18
- 律师服务费用合理 15
- 其他：有国外律师执业资格 1

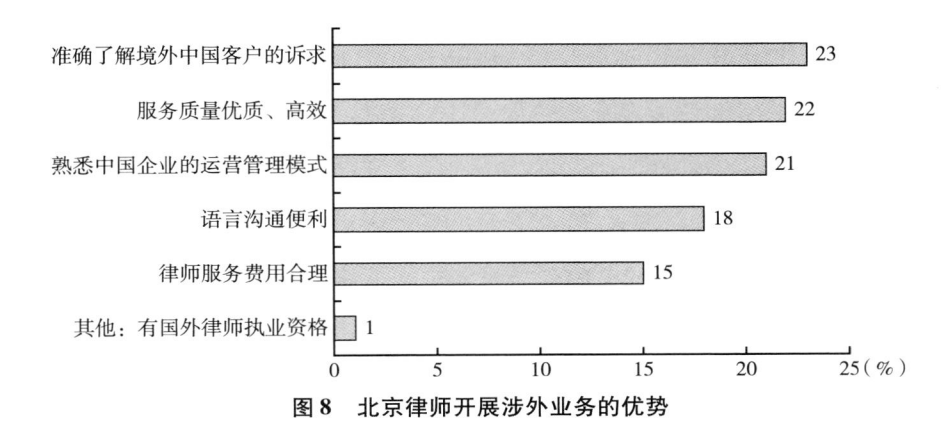

供的涉外法律服务对企业的作用在广度和深度上均不足。从受访者调查数据（见图9）来看，北京涉外律师在以下方面还有明显的不足：

（1）不熟悉外国法，或只有简单的了解，尚未达到掌握和熟悉的水平；

（2）使用外语工作的能力欠缺，用外国语言解决法律问题还有一定困难；

（3）专业知识不够：仅仅懂得法律还不够，需要懂得该行业基本知识，足以了解该行业背景并能够根据法律提出合理化建议，尤其是在风险防控能力方面；

（4）外国生活经历或服务经验欠缺。

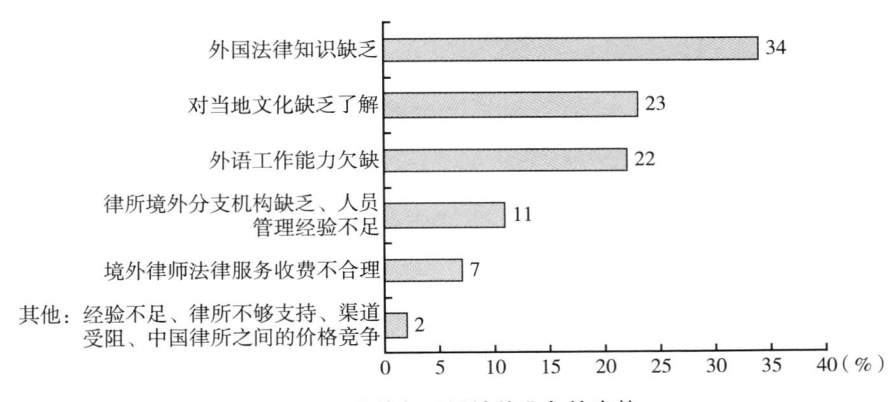

- 外国法律知识缺乏 34
- 对当地文化缺乏了解 23
- 外语工作能力欠缺 22
- 律所境外分支机构缺乏、人员管理经验不足 11
- 境外律师法律服务收费不合理 7
- 其他：经验不足、律所不够支持、渠道受阻、中国律所之间的价格竞争 2

图9 北京律师开展涉外业务的劣势

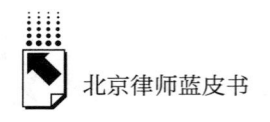

（四）北京律师对涉外法律业务市场的意向

同时，涉外业务受到国家政策、经济形势等多种因素影响，那么当前在北京执业的律师对涉外法律服务的意向又如何呢？从调查结果显示的受访对象的业务经历和意向（见图10）来看，除了68%的受访对象已正在提供涉外法律服务之外，剩余32%的受访对象中，虽然现在还没有相关经历，但有意愿在将来涉足的律师占了18%。没有经历且无意愿涉足该领域的仅占12%，另有2%的受访对象对此持不确定的态度。由此可见，律师对涉外法律服务的市场总体上的态度是乐观的。

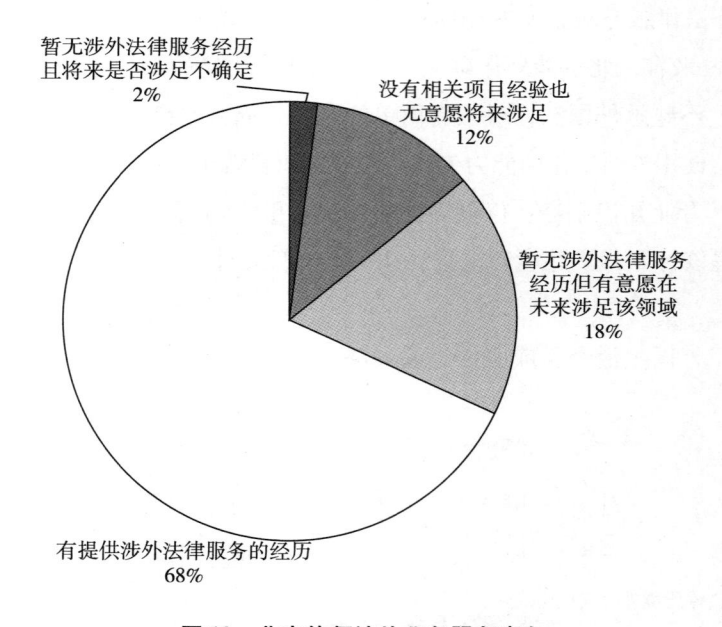

图10　北京律师涉外业务服务意向

这种乐观的态度受多种因素影响，包括市场环境、薪资、律师自身履历等。根据我们对这类积极因素的调查（见图11），律所的业务类型和境外的市场环境是最主要的因素。其次，涉外服务的收费也是律师重点考虑的因素。

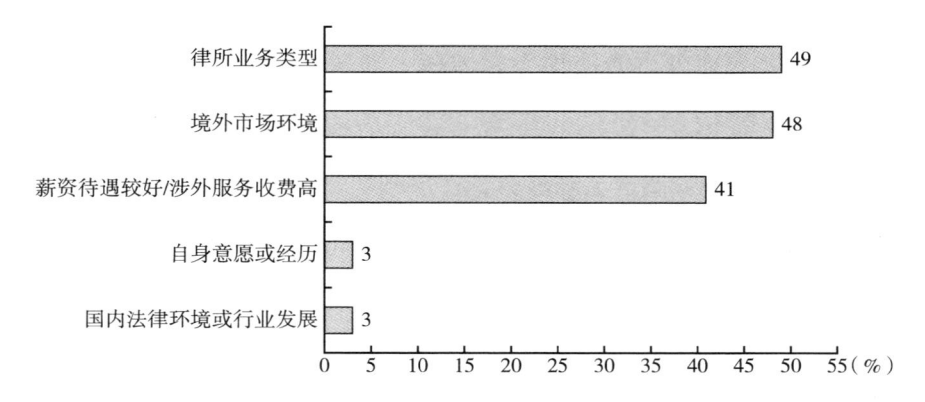

律所业务类型	49
境外市场环境	48
薪资待遇较好/涉外服务收费高	41
自身意愿或经历	3
国内法律环境或行业发展	3

图11 北京律师涉足涉外业务的重点考虑因素

三 北京开展涉外业务的律师事务所发展现状

（一）北京开展涉外业务的律所占比情况

根据我们对律师事务所的抽样调查，目前在北京开展涉外业务的律所约有47%（见图12）。

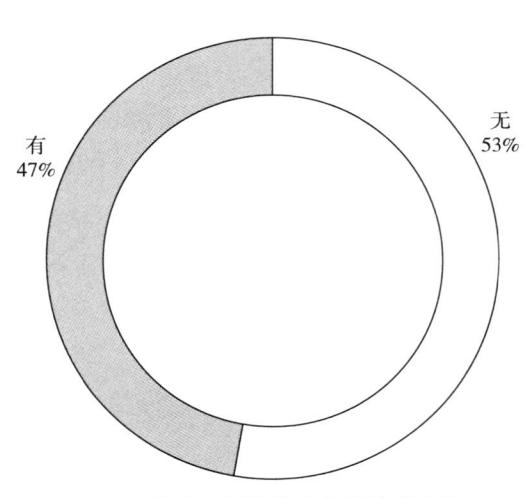

有 47%　无 53%

图12 北京开展涉外业务的律所占比

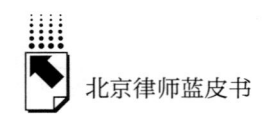

（二）北京律师事务所顶尖人才在全国名列前茅

在涉外业务方面，北京的律师事务所在全国范围内处于领先地位。根据司法部公布的《全国千名涉外律师人才拟入选名单》，我们调查了入选律师所在律师事务所的有关数据，入选律师人数排名前10位的律所如表4所示。

表4 司法部全国千名涉外律师人才所属律所排名

排名	律师事务所	人数	省（区、市）
1	北京金杜律师事务所	23	北京
2	北京德恒律师事务所	14	北京
3	北京中伦律师事务所	12	北京
4	北京大成律师事务所	11	北京
5	国浩律师（南京）事务所	8	南京
6	北京竞天公诚律师事务所	7	北京
7	上海锦天城律师事务所	6	上海
8	北京汉坤律师事务所	5	北京
9	北京盈科律师事务所	5	北京
10	上海锦天城（南京）律师事务所	5	南京

表4显示，北京金杜律师事务所进入名单的律师人数最多，共计23位，位列全国第一，北京德恒律师事务所与北京中伦律师事务所分别以14位及12位分列第二、三位。在上榜律师人数最多的10家律所中，有7家来自北京，2家来自南京，1家来自上海，来自北京的律所数量达到70%，位列全国各省（区、市）第一。

（三）北京律师事务所在核心业务领域业绩表现良好

具备较大规模及影响力的涉外法律项目需要律师提供更为专业的法律服务，也对律所的国际化程度提出了要求。因此，为了了解北京律师及律所在具体项目中的表现,我们对2018年港股市场及美股市场规模最大的中国企业IPO项目的服务律师信息进行了统计,数据反映了北京律师在涉外上市业务中的表现。①

1. 港股市场

香港是2018年全球最大的IPO市场,其中十大IPO项目全部来自内地,为这十大项目提供法律服务的律师事务所及所属省(区、市)如表5所示。

表5 为香港十大IPO项目提供法律服务的律师事务所及所属省(区、市)

排名	公司名称	募资规模(亿港元)	服务律所(发行人律师及承销商律师)	所属省(区、市)
1	中国铁塔	587.96	金杜、中伦、通商	北京
2	小米集团	426.11	君合、竞天公诚	北京
3	美团点评	331.39	汉坤、中伦	北京
4	平安好医生	87.73	海问、国浩(上海)	北京、上海
5	江西银行	85.98	中伦(上海)、金杜	上海、北京
6	海底捞	75.57	竞天公诚、国浩(上海)	北京、上海
7	百济神州	70.85	方达、君合	上海、北京
8	甘肃银行	68.43	国浩(上海)、金杜	上海、北京
9	山东黄金	52.46	金杜、嘉源	北京
10	易居企业控股	46.83	国浩(上海)、方达	上海

香港十大IPO项目中,北京律师参与的有9项,其中北京金杜律师事务所参与了中国铁塔、甘肃银行、江西银行和山东黄金4个项目,北京中伦律师事务所参与了中国铁塔和美团点评2个项目,北京君合律师事务所参与了小米集团和百济神州2个项目。

从律师事务所的角度来看,服务于2018年香港十大IPO项目的各律所参与项目数量统计如表6。

---

① 参见《2018年中资所A股、港股IPO业务成绩单》,智合,2018年12月24日,https://www.zhihedongfang.com/58071.html。

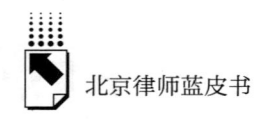

表6 服务于2018年香港十大IPO项目的各律所参与项目数量

序号	律所事务所	参与十大港股IPO项目数量	省(区、市)
1	北京金杜律师事务所	4	北京
2	国浩律师(上海)事务所	4	上海
3	北京中伦律师事务所	2	北京
4	北京君合律师事务所	2	北京
5	北京竞天公诚律师事务所	2	北京
6	上海方达律师事务所	2	上海
7	北京通商律师事务所	1	北京
8	北京汉坤律师事务所	1	北京
9	北京海问律师事务所	1	北京
10	北京嘉源律师事务	1	北京
11	北京中伦(上海)律师事务所	1	上海

2018年服务香港十大IPO项目的11家律所中有8家来自北京，3家来自上海，来自北京的律师事务所占比远超上海（见图13），体现出北京涉外律所及涉外律师在港股IPO业务中的卓越表现。

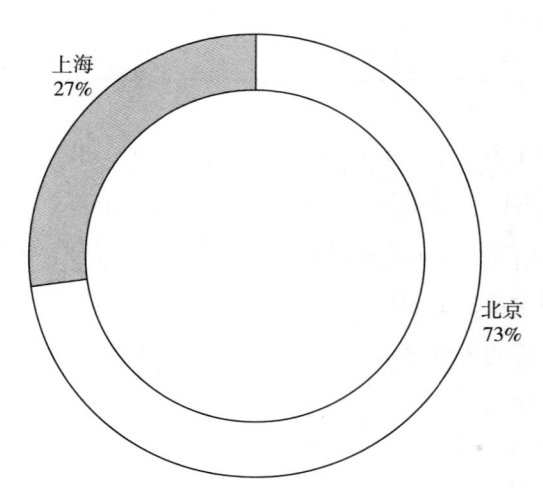

图13 2018年香港十大IPO项目中北京律所比例

2. 美股市场

从美股方面来看，为2018年中企赴美上市的最大五起IPO项目提供法律服务的律师事务所及所属省（区、市）如表7所示。

表7 2018年美股中企五大IPO项目服务律所及所属省（区、市）

排名	公司名称	募资规模（亿美元）	服务律所（发行人律师及承销商律师）	所属省（区、市）
1	爱奇艺	22.5	汉坤、竞天公诚	北京
2	拼多多	16.3	金杜、竞天公诚	北京
3	腾讯音乐	10.7	中伦（上海）	上海
4	蔚来汽车	10.0	汉坤、国浩（上海）	北京、上海
5	哔哩哔哩	4.8	通商、天元	北京

五大中国企业美国IPO项目中，北京市律师事务所参与了4项，比例高达80%，排名全国首位。其中北京汉坤律师事务所参与了爱奇艺和蔚来汽车2个项目，北京竞天公诚律师事务所参与了爱奇艺和拼多多2个项目。

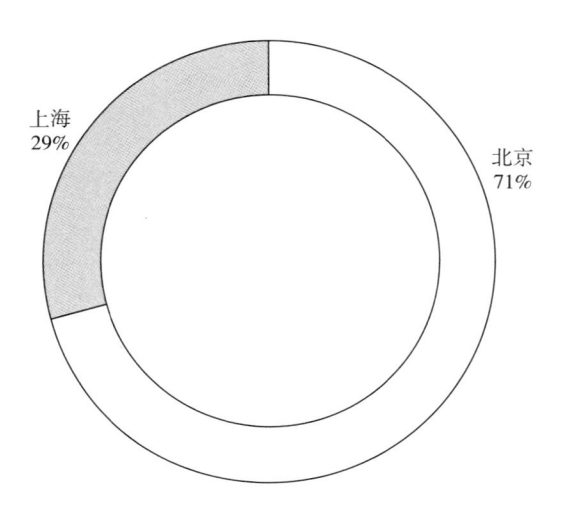

图14 2018年美股中企五大IPO项目中北京律所数量占比

上海 29%
北京 71%

与香港市场类似，北京涉外律师与涉外律所在美国市场IPO业务中同样有出色的表现（见图14）。

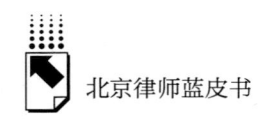

（四）北京律师事务所在境外市场拓展方面潜力较大

为了更好地开展涉外业务，北京也有相当数量的律师事务所在境外设立了分支机构，以进一步推动业务的发展。据不完全统计，目前在境外设立分支机构或已经开展涉外业务的北京律所如表8所示。

另外，在900家律所中抽样统计了96家律所在境外设立分支机构的情况，有7家律所设立了境外分支机构，约占抽样律所总数的7%（见图15）。

表8 在境外设立分支机构或已经开展涉外业务的北京律所名单
（按律师事务所名称音序排列）

序号	律所名称	序号	律所名称
1	北京大成律师事务所	13	北京竞天公诚律师事务所
2	北京德和衡律师事务所	14	北京君合律师事务所
3	北京德恒律师事务所	15	北京君泽君律师事务所
4	北京观韬中茂律师事务所	16	北京隆安律师事务所
5	北京国枫律师事务所	17	北京磐华律师事务所
6	北京汉坤律师事务所	18	北京尚公律师事务所
7	北京海问律师事务所	19	北京天睿律师事务所
8	北京嘉和律师事务所	20	北京天元律师事务所
9	北京嘉源律师事务所	21	北京炜衡律师事务所
10	北京金诚同达律师事务所	22	北京盈科律师事务所
11	北京金杜律师事务所	23	北京中伦律师事务所
12	北京京师律师事务所	24	北京中伦文德律师事务所

（五）律所规模与北京涉外律所开展涉外法律业务的情况关系密切

根据对本次受访律所涉外业务开展情况的调查，律所的规模对是否开展涉外业务以及是否有开展的意向影响较大。调查结果（见图16）显示，规模较大的律所（50人及以上的律所）基本已开展涉外业务，规模在50人以下的律所无涉外业务的较多，但在此规模的律所中，约有46.2%的律所对涉外法律业务表示了极大兴趣。

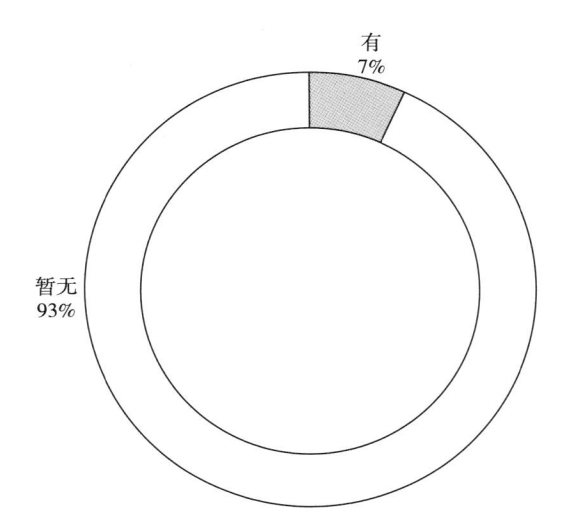

图15 抽样律所中设有境外分支机构的律所占比

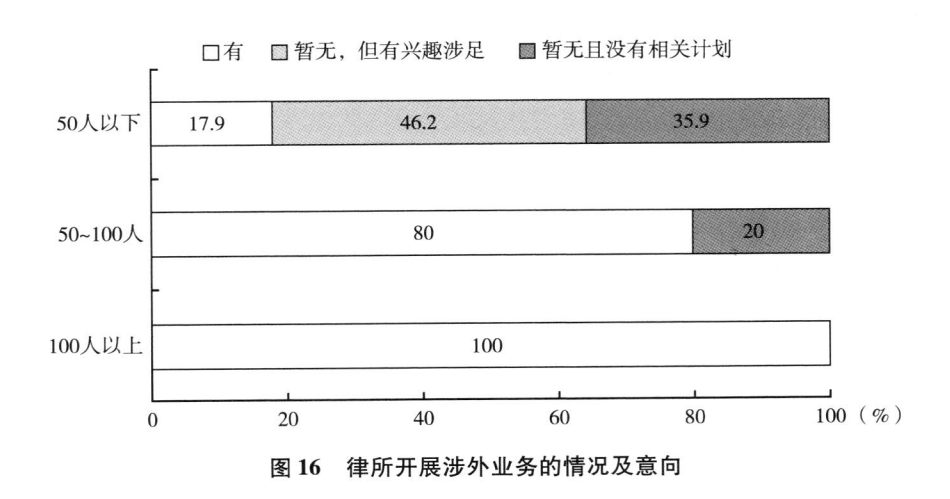

有 7%
暂无 93%

图16 律所开展涉外业务的情况及意向

图例：□ 有　▨ 暂无，但有兴趣涉足　■ 暂无且没有相关计划

规模	有	暂无，但有兴趣涉足	暂无且没有相关计划
50人以下	17.9	46.2	35.9
50~100人	—	80	20
100人以上	100	—	—

（六）律师事务所设立境外分支机构机遇和挑战并存

深度开展涉外业务可能采取的方式之一就是到境外设立分支机构。境外政治、经济环境复杂，设立涉外分支机构可能会给律师事务所带来巨大收益，但也存在一定的风险。选择设立哪种类型的分支机构、在哪些区域设立、可能会遇到什么困难都被认为是律所在设立涉外分支机构时要重点关注的问题。

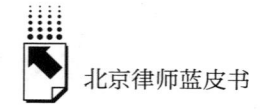

1. 境外分支机构类型的选择

律师事务所分支机构可以有多种类型，包括直营分所、代表处、法律服务公司等。对于律师事务所倾向于采用的分支机构类型，受访数据（见图17）显示，所占比例最高的两种分支机构是律师事务所和代表处，分别为56.1%和36.3%。

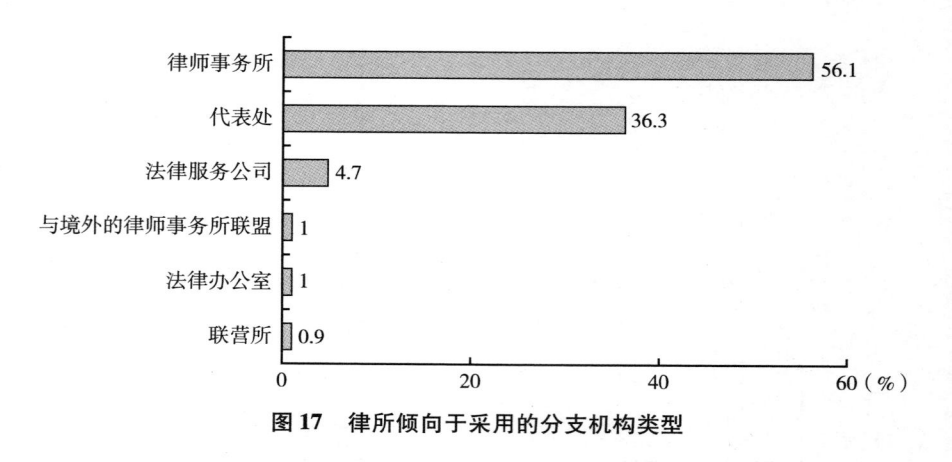

类型	比例（%）
律师事务所	56.1
代表处	36.3
法律服务公司	4.7
与境外的律师事务所联盟	1
法律办公室	1
联营所	0.9

图17 律所倾向于采用的分支机构类型

2. 律师事务所分支机构的地域选择和考量因素

境外分支机构的地理位置与律师事务所的业务息息相关，国家政策的倾斜也会对律师事务所设立分支机构的地区选择有影响。在"一带一路"政策的大背景下，调查结果（见图18）显示，设立分支机构最多的区域是我国港澳台地区和非洲，所占比例均为22%，其次是美洲，所占比例为17%。

从律所境外分支机构覆盖的地区数量来看，调查结果（见图19）显示，超过50%的律所只在一个或两个地区设立了分支机构，但也有约20%的律所已在五个地区设立了分支机构。

律师事务所在于境外设立分支机构的决策过程中会考虑诸多因素，包括设立的难易程度、涉及国家或地区的政治经济环境、境外分支机构的管理等。在众多的考量因素里，调查结果（见图20）显示，大部分律所在设立分支机构时首要的考量因素是业务所涉国家或地区的法律环境，其次为国家或地区层面的政策鼓励。

图 18 律所分支机构的地域选择

- 我国港澳台地区 22
- 非洲 22
- 美洲 17
- 大洋洲 13
- 亚洲（除我国港澳台地区） 13
- 欧洲 11
- 其他 2

图 19 律所境外分支机构覆盖的地区数量

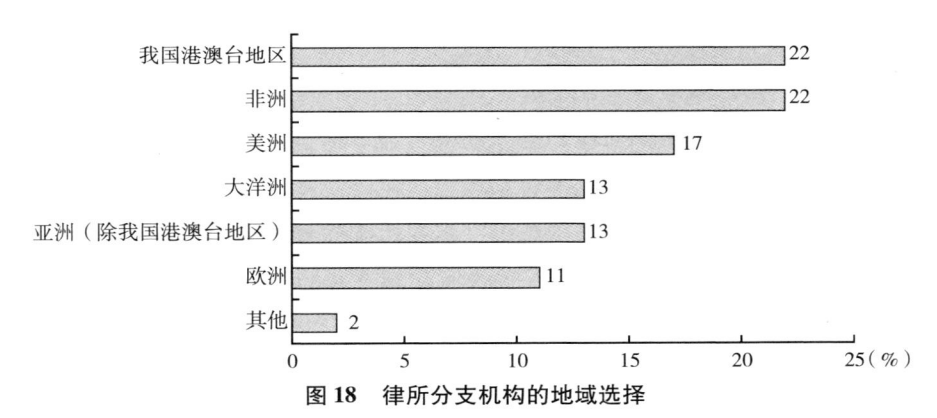

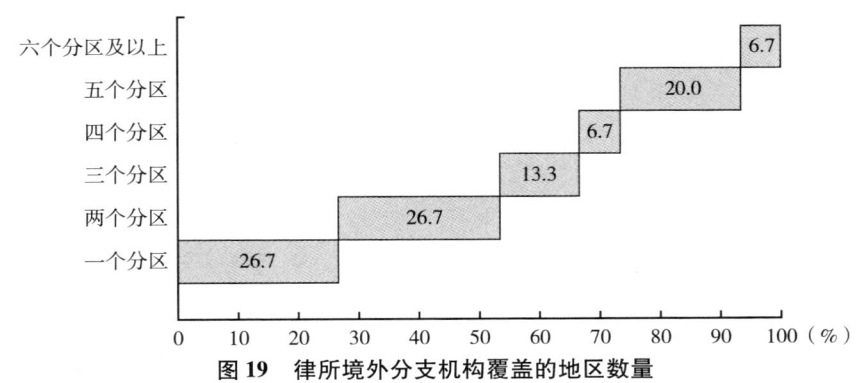

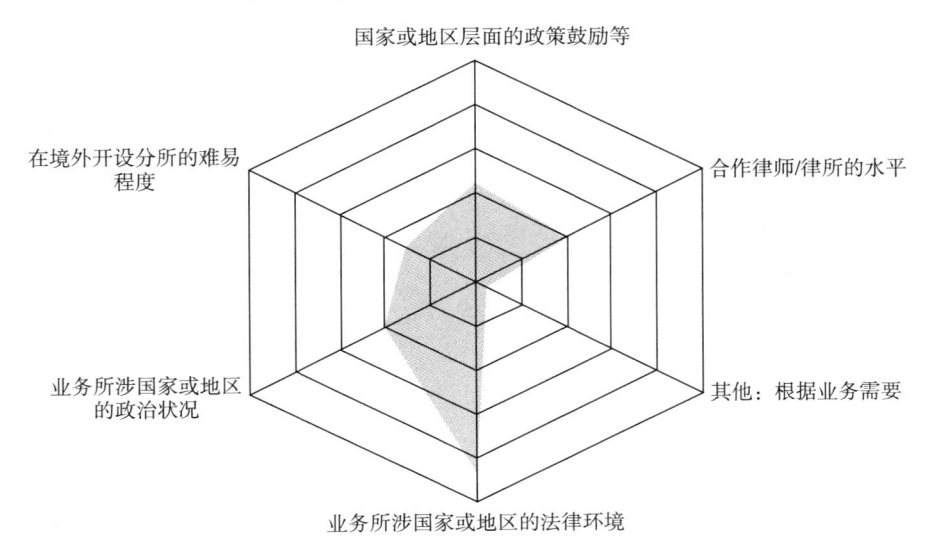

- 六个分区及以上 6.7
- 五个分区 20.0
- 四个分区 6.7
- 三个分区 13.3
- 两个分区 26.7
- 一个分区 26.7

图 20 设立境外分支机构的考量因素

- 国家或地区层面的政策鼓励等
- 合作律师/律所的水平
- 其他：根据业务需要
- 业务所涉国家或地区的法律环境
- 业务所涉国家或地区的政治状况
- 在境外开设分所的难易程度

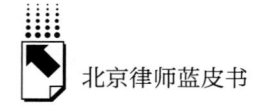

3. 设立境外分支机构的挑战

由于不同国家或地区政治经济文化制度的巨大差异，无论是何种规模的律师事务所，都很难做到对境外商业环境的全方位了解，这就增加了律师事务所在境外设立分支机构时的不可预测性。在设立过程中，律师事务所可能会遇到程序复杂、成本高、管理难等一系列的挑战和挫折。其中最直接的挑战，根据调查结果（见图21），在于难以找到合适的管理当地分支机构的人才或在当地执业的人才。

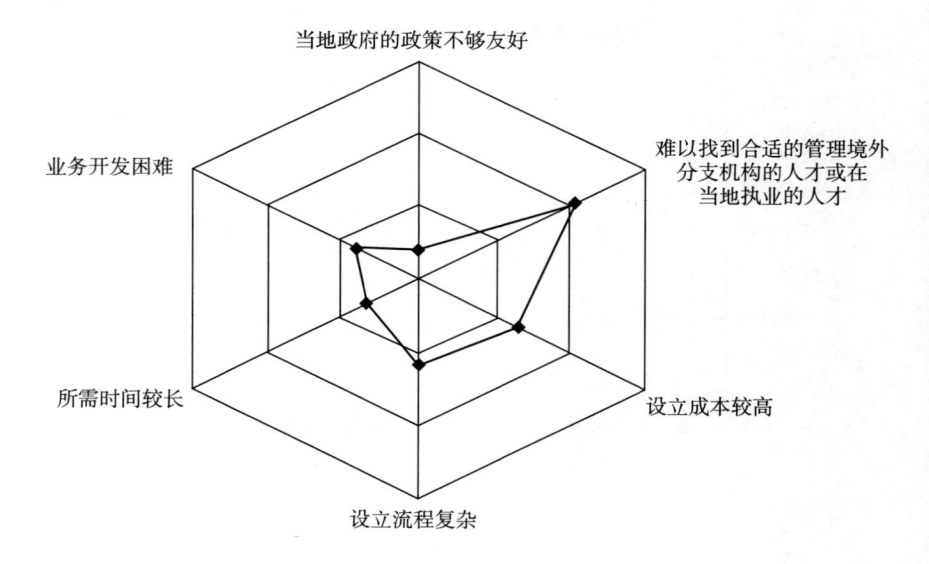

图21 设立境外分支机构的挑战

（七）培养涉外法律人才被认为是开拓涉外法律业务的重要方式

除在境外设立分支机构之外，为满足开拓涉外业务的需要，律师事务所还会同时采取其他开拓涉外市场或者辅助开拓的方法，比如制定涉外人才发展战略、增加与一些商会或者驻外使馆的交流等。根据我们的调查结果（见图22），受访律所最倾向于采用的方式是加强与涉外律师、律师事务所、律师协会等的交流合作和制定针对涉外法律服务特色的人才培训规划。其次，多数受访对象认为加强中国律师事务所的品牌建设和业务开拓意识也很重要。

北京律师"一带一路"涉外法律服务的调查与分析

雷达图数据：
- 加强与涉外律师、律师事务所、律师协会等的交流合作 22%
- 制定针对涉外法律服务特色的人才培训规划 20%
- 加强中国律师事务所的品牌建设 18%
- 提升中国律师事务所和律师的业务开拓意识 16%
- 加强与当地行业组织、商会的交流合作 12%
- 加强与我国驻外使馆的交流合作 7%
- 加强与当地政府部门的交流合作 4%
- 开办自己的业务培训

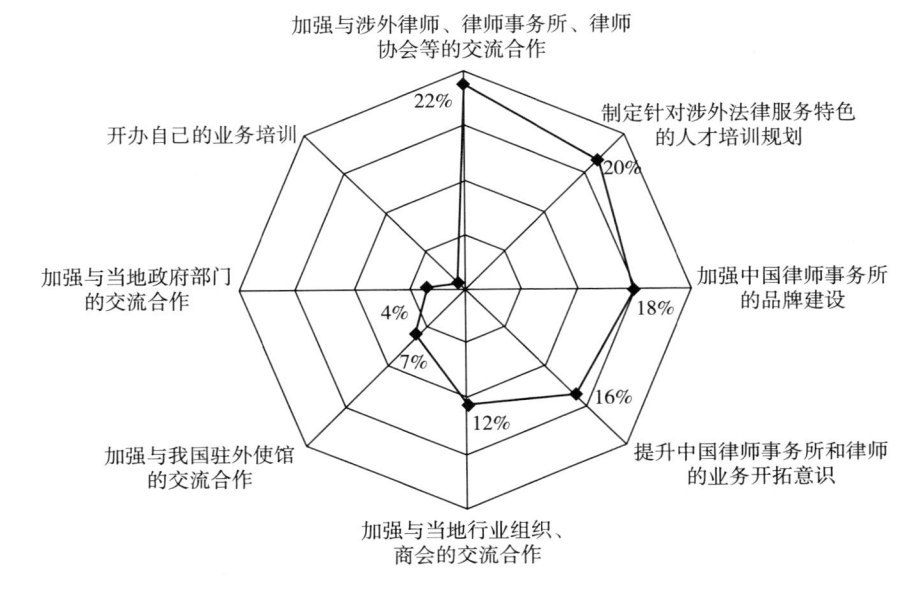

图 22　开拓新市场的方法

律所涉外业务市场的不断开拓，使得对涉外律师的需求也随之增长，关于律所招聘新涉外律师的途径，调查结果（见图 23）显示，各种规模的律所在招聘新涉外律师时，都更倾向于直接招聘已有丰富经验的律师。

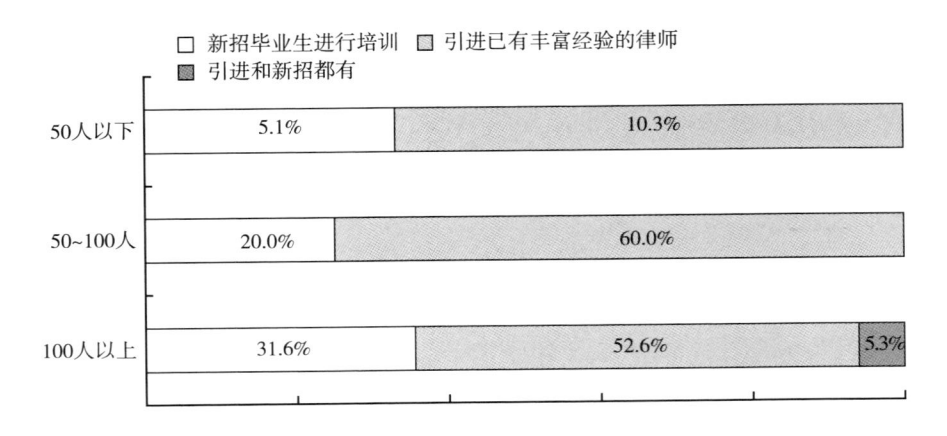

图例：□ 新招毕业生进行培训　▨ 引进已有丰富经验的律师　■ 引进和新招都有

规模	新招毕业生进行培训	引进已有丰富经验的律师	引进和新招都有
50人以下	5.1%	10.3%	
50~100人	20.0%	60.0%	
100人以上	31.6%	52.6%	5.3%

图 23　招聘新涉外律师的途径

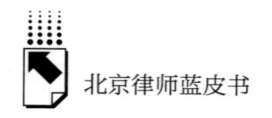

而从涉外律师招聘的具体要求来看，涉外法律业务的性质决定了从事涉外业务的律师应具备一定的外语能力，了解中外文化差异甚至当地的法律制度体系。调查结果（见图24）显示，受访对象最看中的是外语水平，其次是境外的律师资格和涉外项目经历。

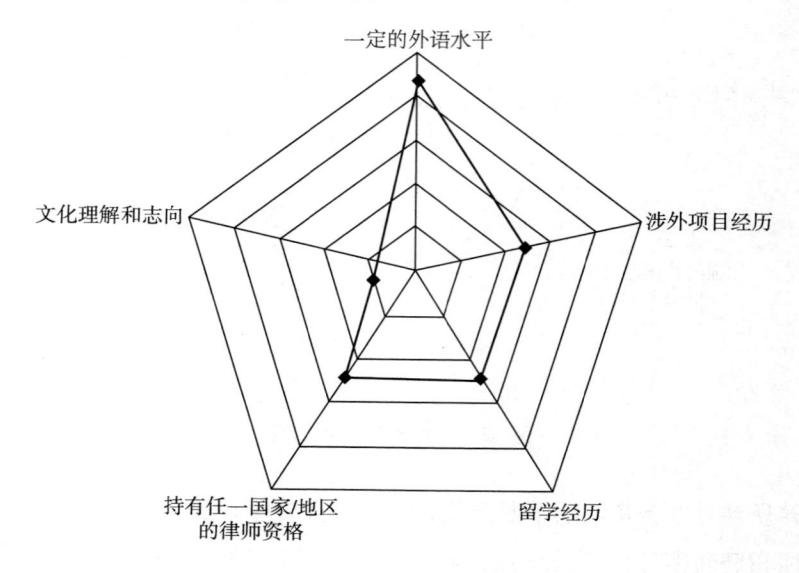

图24　涉外律师招聘要求

在涉外律师的待遇方面，调查结果（见图25）显示，62%的律所中涉外律师的待遇高于仅做境内业务的律师，38%的律所中涉外和非涉外律师的待遇无差别。

（八）通过提供专业培训培养涉外法律人才的方式被高度认可

涉外法律服务人才在语言、专业层面要求较高，目前我国涉外法律人才比较匮乏。因此，找准提升涉外律师业务能力的有效方法显得尤为重要。当前，已有律所或其他机构开展了包括语言培训和专业课程等在内的各种形式的培训，有的还在尝试一些交流活动。调查数据（见图26）显示，有两种方法被普遍认可，一是加强涉外高端法律人才的培养，二是鼓励律师和律所与国外律所建立沟通交流学习机制。

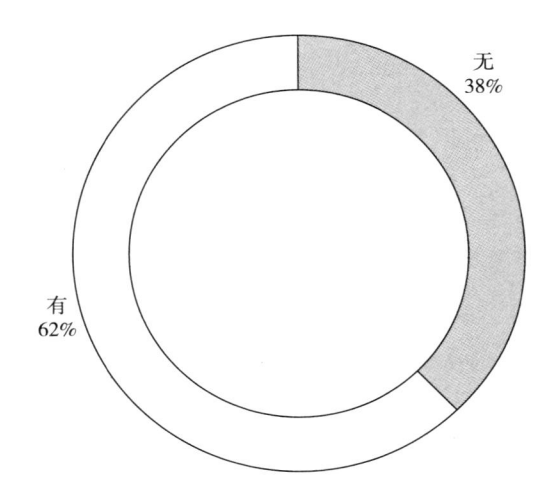

图25　律所涉外律师的待遇是否有差别

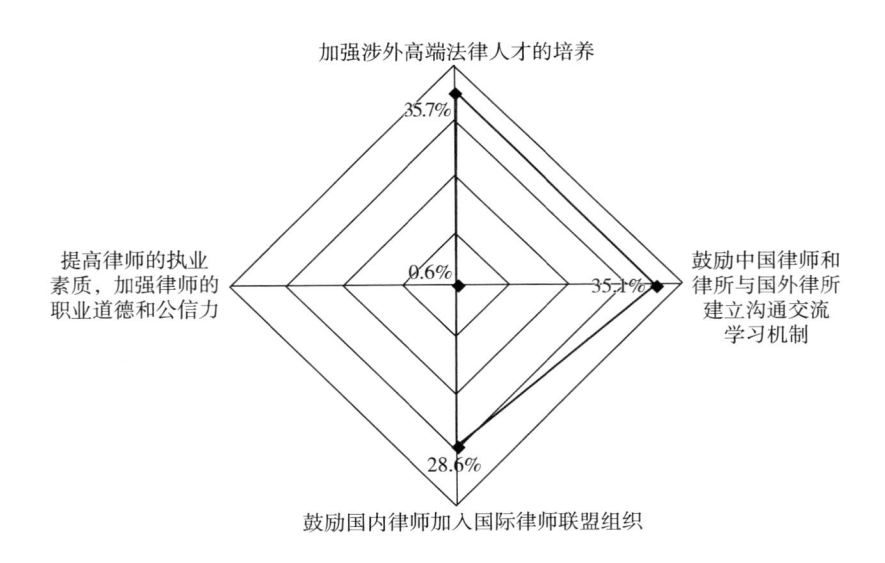

- 无 38%
- 有 62%

图26　提升涉外律师业务能力的方法

- 加强涉外高端法律人才的培养 35.7%
- 鼓励中国律师和律所与国外律所建立沟通交流学习机制 35.1%
- 鼓励国内律师加入国际律师联盟组织 28.6%
- 提高律师的执业素质，加强律师的职业道德和公信力 0.6%

培养一支专业素养高、能力全面的涉外律师队伍是一项长期工程。就现阶段而言，调查结果（见图27）显示，各个规模的受访律所均认为，组织涉外律师参加专业培训课程以及建立涉外人才信息库是最重要的两种途径。

规模在50人以下的律所，认为组织涉外律师参加专业培训课程是培养涉外律师最重要途径的比例高达64.1%，规模在100人以上的律所，这个比例达到了50%，因此，可以看出，让涉外律师有机会参加专业培训课程的需求比较急迫。

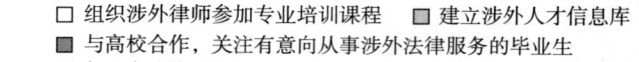

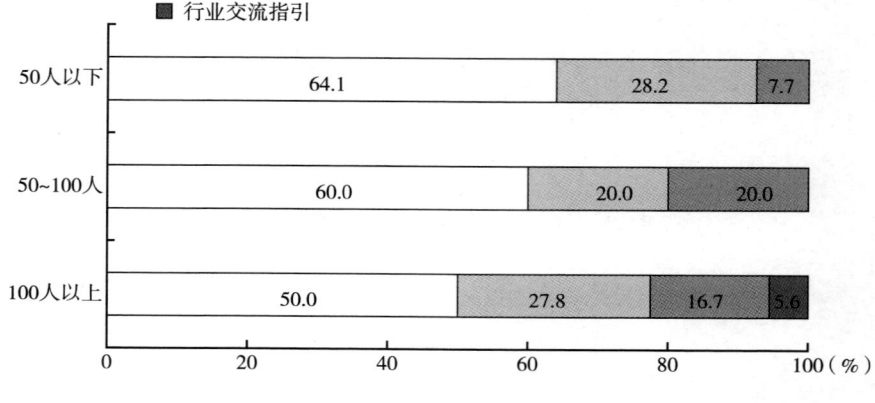

	组织涉外律师参加专业培训课程	建立涉外人才信息库	与高校合作，关注有意向从事涉外法律服务的毕业生	行业交流指引
50人以下	64.1	28.2	7.7	
50~100人	60.0	20.0	20.0	
100人以上	50.0	27.8	16.7	5.6

图27 培养涉外律师的途径

（九）涉外律师最期待同行之间的沟通交流

同行之间的交流能够为律师创造最直接的学习机会。尤其是初级律师，如果有机会通过律所之间的交流项目（例如互换初级律师），去涉外业务较多的律所参与一些涉外项目，以最直接的方式了解项目中的工作方式、工作节奏、文书要求、沟通机制等，不仅可以显著提高自身的专业能力，还有助于找到自身需要重点提升的方面。

律所之间的交流项目需要做的工作有很多，包括但不限于筛选参与的律师、组织律所内培训等，交流项目的顺利开展需要律所的配合和支持。调查结果（见图28）显示，在参加此类项目的意愿方面，各种规模的律所对此类交流活动的态度都是比较积极的。在规模为100人以上的律所中，94.4%的受访者表示愿意参与此类项目。规模在50~100人的律所中，有60.0%的受访者愿意参与，规模在50人以下的律所中，有74.4%的受访者愿意参与。

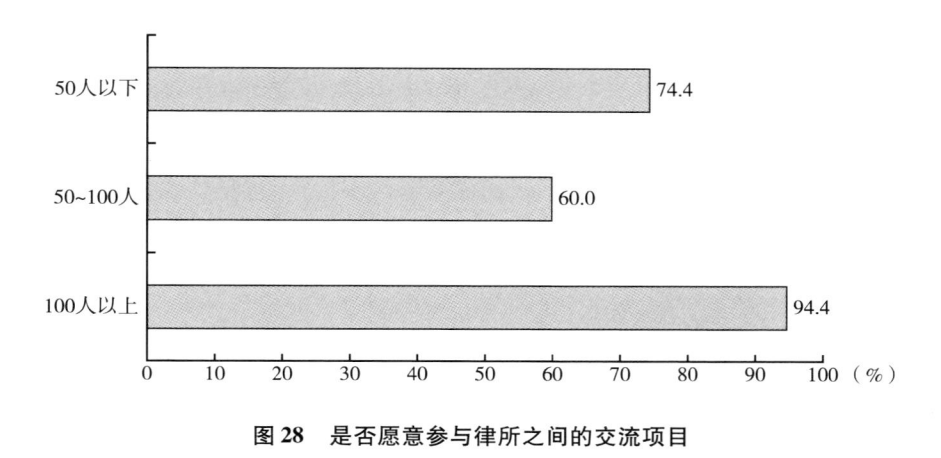

规模	比例(%)
50人以下	74.4
50~100人	60.0
100人以上	94.4

图28 是否愿意参与律所之间的交流项目

四 外国律师事务所驻北京代表机构的发展现状

虽然《外国律师事务所驻华代表机构管理条例》对外国律师事务所驻华代表机构（以下简称"外资律师事务所"或"外资律所"）的业务范围和规则设立了严格的限制，包括不能从事中国法律事务、不得聘用中国执业律师等，但在北京律所和律师开展涉外业务的过程中，外资律所有着不可忽视的作用。北京律师和律所在开展涉外业务时通常需要与外国律师合作，作为"合作方"，外资律师事务所是连接中、外律师的重要平台，也是为客户寻找外国律师时最重要及可靠的渠道之一。同时，在北京设立代表处的外资律所通常历史悠久、业务成熟，是"国际化"律所的典范，可以成为北京律所和律师发展涉外业务的目标和动力。

因此，本次调研亦对北京外资律所的规模和分支机构信息进行汇总分析，旨在提供北京涉外法律服务业的"合作方"信息，并为涉外法律服务的发展提供参考。

根据司法部公告第184号——关于215家外国律师事务所驻华代表机构

通过2017年度检验的公告①，外国律所驻北京的代表处总计80家，图29至图32为根据该80家律所官方网站公布的信息制作。

（一）外资律所驻北京代表处的规模普遍不大

如图29所示，北京外资律所的规模多为10人及以下，规模在5人及以下和5~10人的分别占36.25%和33.75%，而规模在20人以上的占比最小，仅为8.75%。

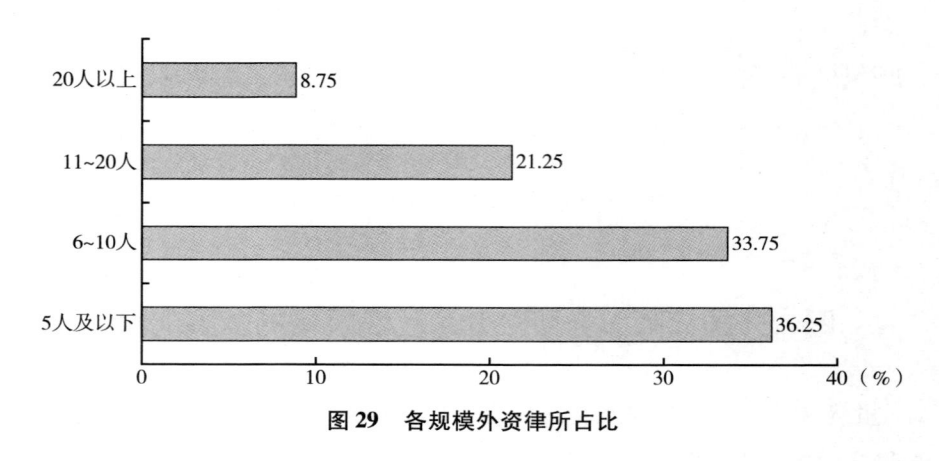

规模	占比(%)
20人以上	8.75
11~20人	21.25
6~10人	33.75
5人及以下	36.25

图29 各规模外资律所占比

（二）北京外资律所以美国和英国律所为主

如图30所示，在北京设立代表机构的外资律所中，美国律所数量遥遥领先，总计44家，占比高达55%，其次是英国律所，总计15家，所占比例为19%。英美两国法律体系完善、涉外法律市场成熟，同时，两国的母语英语又是世界通行语言，这是形成这种格局的重要原因。

（三）外资律所驻世界各地区的代表机构总量较多

如图31所示，在北京设立代表处的外资律所，还在北京以外的世界各

---

① 《中华人民共和国司法部公告第184号》，2018年10月19日，http：//www.moj.gov.cn/government_public/content/2018-10/19/gggs_41236.html。

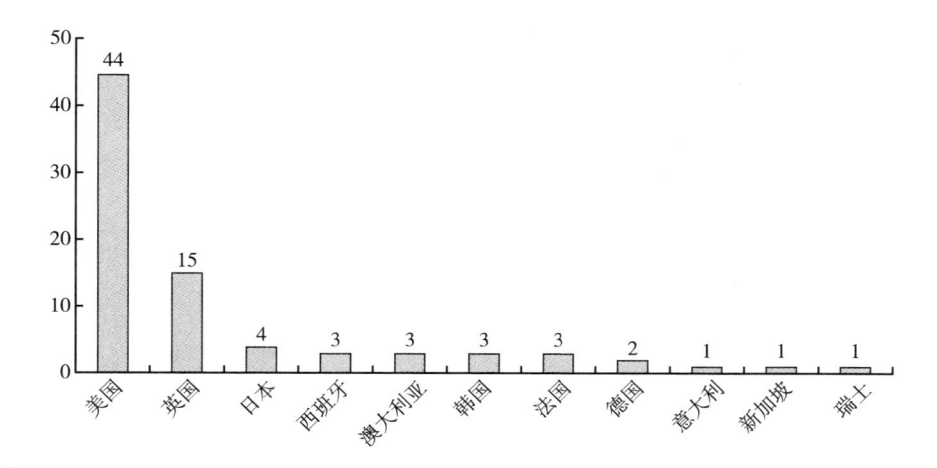

图30 外资律所总部所在国家分布情况

地区设立了众多代表机构，其中，有11~20家分支机构的外资律所最多，约占35%，有1~10家分支机构的外资律所占比达到了30%，而有30家以上分支机构的外资律所占比也达到了18%。

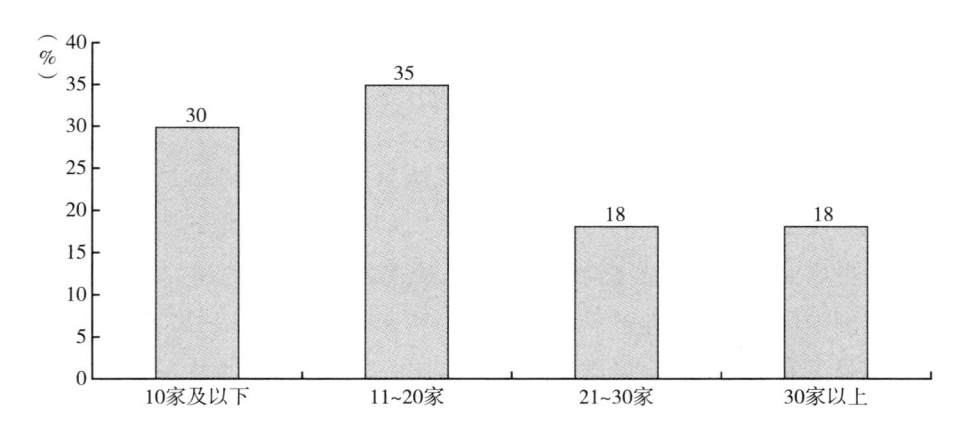

图31 外资律所分支机构数量情况

（四）亚洲是外资律所设立代表机构的第一选择

如前文所述，在北京设立代表处的外资律所已经达到了一定的国际化水平，除了代表机构数量普遍较多之外，地域的分布也很广。如图 32 所示，亚洲是最受欢迎的洲，其次是欧洲。这充分说明了亚洲市场的广阔，也为北京律师和律所的国际化进程提供了更多的合作空间。

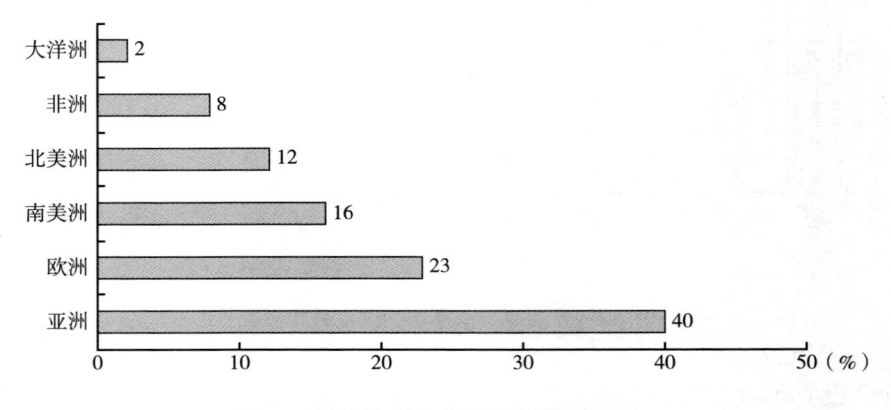

地区	数量
大洋洲	2
非洲	8
北美洲	12
南美洲	16
欧洲	23
亚洲	40

图 32　外资律所分支机构地域分布情况

五　北京律师服务"一带一路"项目代表案例分析研究

"一带一路"贯穿亚非欧大陆，沿线国家和地区在基础设施的互联互通、贸易投资和金融的便利化及自由化等方面互惠互利，展开了全方位的合作。为更好地服务国家整体经济和社会发展战略，培养精通相关领域业务和国际规则，具有丰富执业经验和跨语言、跨文化运用能力的懂法律、懂经济、懂外语的复合型、高素质律师成为涉外法律服务业发展中的重要议题。而在制定下一步策略之前，若能先对当前涉外法律服务的现状有所了解，将会起到事半功倍的作用。为此，我们收集汇总了近几年北京律师事务所涉外业务的一些代表案例，并以此为基础分析了当前涉外法律业务主要的业务类型、覆盖的地区、行业、客户类型等信息。这些信息可作为了解当前北京涉外法律服务项目的情况以及制定下一步发展策略的重要参考资料，下文对此逐一说明。

北京律师"一带一路"涉外法律服务的调查与分析

(一)涉外法律服务的业务和客户类型多样化

1. 涉外法律服务的业务类型

在我们收集的近 200 个来自不同规模的律师事务所的涉外案例中,涉外法律业务主要包括三种类型,分别是并购业务、上市业务和证券(债券资本市场)业务,分析结果(见图 33)显示,并购业务是当前涉外法律业务中占比最大的,达到 25.00%,其次是上市业务和证券业务,分别占比 23.30% 和 11.05%。

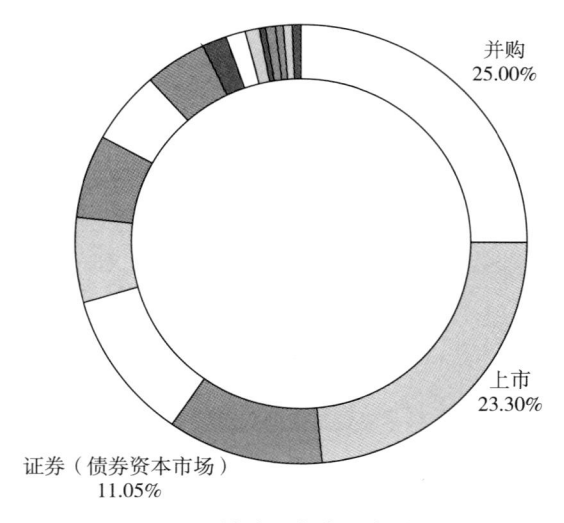

图 33 涉外业务主要类型

- 并购 25.00%
- 上市 23.30%
- 证券(债券资本市场) 11.05%

2. 涉外法律服务的客户类型

民营企业、国有企业和外国公司都是涉外法律服务中重要的客户。受年度经济形势和不时颁布的国家政策等因素的影响,各类型的企业会审时度势地调整投资和经营策略。

(二)涉外业务的行业和地域分布均比较集中

1. 主要业务的行业分类

如图 33 所显示的结果,并购业务、上市业务和证券(债券资本市场)

业务位列当前涉外法律业务量的前三名。而在这三类业务中，行业分布也十分明显。分析结果（见图34）显示，并购和证券业务的行业分布基本一致，涉外法律服务项目主要集中在金融行业，其次是制造业、高科技和互联网行业。对于上市业务，业务量最大的行业是制造业，金融业、高科技和互联网行业、批发零售业位列其后。

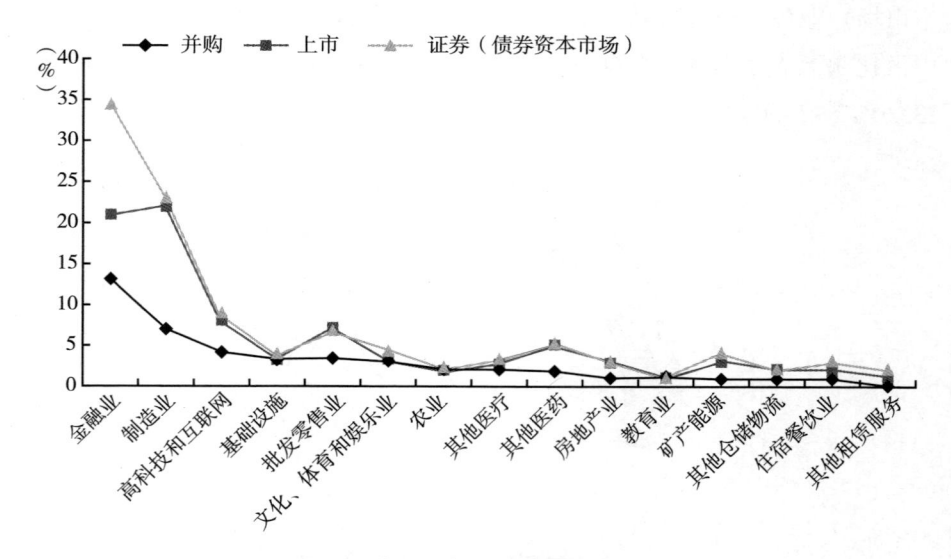

图34 主要业务领域下的行业分布

2. 主要业务的地域分布

不同类型的涉外业务有着自身独特的特点，有的需要大量的谈判及与当地有关机构的沟通，有的会直接受到当地国家法律政策的导向性限制，有的会凸显需要处理复杂的程序化事项的特征，这也决定了涉外业务的类型与业务地区直接相关。

六 调研的基本结论

北京是中国的政治中心、文化中心、国际交往中心和科技创新中心，在发展涉外法律服务业上拥有得天独厚的优势。截至2019年12月底，北京共有34755名律师、2732家律师事务所①，是中国涉外法律服务业发展的重要力量。近年来，北京律协在大力推动发展涉外法律服务方面做了很多具体工作。从第九届开始，北京律协就利用周末时间举办"涉外法律实务"培训班，邀请涉外业务领域里（包括外国律所）的大腕律师，给北京律师开设专题讲座。第九届共有近300名律师参加了培训。无论是成熟涉外律师还是年轻律师，经过培训后在法律业务协作、法律文书写作、商务谈判等方面，都有很大提高。除了举办"涉外法律实务"培训班外，北京律协还与中国政法大学及对外经济贸易大学合作举办法律英语培训。通过有意识地开展分级涉外法律培训，北京律师涉外法律服务水平一直保持在全国前列。

2013年9月，习总书记提出"一带一路"发展倡议后，北京律协加大了对涉外律师的培训力度，第十届北京律协设立了"扬帆百千万计划"培训项目。"百"即培养一百名涉外律师，百人计划已开展了三期，已有157人参加"扬帆计划"培训班。"千"即在律师学院定期开设涉外法律实务培训课程，邀请在涉外领域方面的专家及律师讲解外国法律体系现状、国际贸易争端解决、国际投资风险、知识产权实践、涉外法律服务文书撰写及案例分享等。"万"即北京律协计划开展网上培训，将相关的培训课程内容或者视频放在首都律师网站上，让会员随时都可以学习。同时北京律协还积极举办"一带一路"方面的研讨会。2016年8月26日，北京律协举办了"'一带一路'·中国律师——涉外律师业务机遇与发展"研讨会。2017年3月23日举办了"律师服务'一带一路'高峰研讨会"，全国有14个省、自治区、直辖市律师协会参加，共有近300人出席。举办研讨会不仅提高了律师的业务水平，还有利于各省（区、市）律师行业之间的互动交流，对提高涉外律师水平有很大的帮助。

与此同时，北京律协还积极主动服务国家"一带一路"发展倡议，两届先后完成东盟、中亚、拉美、非洲、西南亚、"一带一路"沿线、北美、

---

① 数据来源于北京市司法局律师管理系统。

欧洲等8个区域的国别法律风险评估报告丛书，对中国律师和中国企业防范投资过程中出现的重大法律风险进行前期预警和评估，护航中国企业"走出去"，有序推进北京涉外法律服务业发展。这契合了司法部倡导的"大力推进涉外法律服务深入健康发展"精神。可喜的是，北京律协2018年又公布了一个青年律师培养计划。帮扶青年律师赴国外留学深造，协会设有出国培训助学金，可以向协会申请无息借款，分期偿还。这是北京律协关注、扶持青年律师成长与成才的重要举措，也是加大对涉外法律服务人才培养力度的具体体现，希望通过这种方式帮助更多有志于赴境外学习深造的律师，以进一步提升北京律师队伍的涉外法律服务水平。

北京律协还与美国芝加哥肯特法学院合作，开展学历教育及短期培训等项目；与华盛顿大学法学院合作，为资深律师开设访问学者项目。同时，北京律协还鼓励北京律师参加各类国际会议，并给予参会律师部分差旅费补助。多年来，北京律协还组派多个代表团出访美国、加拿大、英国、德国、瑞士、西班牙、日本、韩国、新加坡、俄罗斯、白俄罗斯、澳大利亚、新西兰等国，增进与相关国家的业务交流与合作，扩大北京律师对外交往的范围，拓展业务领域，树立北京律师的国际形象并提升国际影响力。北京律协做这些工作的目的，第一是要服务会员；第二是积极响应国家的倡议、号召，为国家发展大局服务；第三是让北京律师在涉外法律服务领域保持领先地位。北京律师事务所也积极响应，把涉外法律服务作为事务所开展业务、拓展市场的一个方向，为国家"一带一路"发展倡议及中国企业"走出去"贡献自己的力量。

如前文所述，为了摸底北京律师事务所和律师提供涉外法律服务的现状，并为律师协会制订下一步行动计划，切实推动北京律师行业涉外法律服务的发展，北京律师协会发起了此次对涉外律师和律师事务所的调研项目。我们对北京律师及律师事务所发放了近万份调查问卷并进行了十几次实地走访，并对近千家律所进行了等距系统的抽样分析，历时几个月，结合调研问卷数据、代表案例分析以及深度访问，主要有如下发现。

（一）北京律师事务所和律师提供涉外法律服务的基本现状

1. 北京开展涉外业务的律所占比情况

关于涉外服务的定义，我们采取的标准是在法律关系中的任一要素具有涉外因素都为涉外业务，其代表的业务范围包括但不限于海外投资、跨境并购、国际贸易、海外发行、涉外争议解决以及外商在华投资等，根据我们对千家律所的等距系统抽样调查，在北京开展了涉外业务的律所占比为47%。

2. 北京开展涉外业务的主要业务领域

当前，涉外法律业务的类型主要有海外投资、国际贸易、国际工程、反垄断反倾销、海商、涉外知识产权、争议解决等，调研结果显示，尽管律师事务所的设立时间不同，从事涉外业务的具体领域有所不同，但总体上看，涉外法律业务广泛分布在国际贸易/世贸、争议解决、海外投资、海外上市等领域，其中国际贸易/世贸、争议解决和海外投资为占比最高的三个领域。

3. 北京涉外律师人才数量居全国领先地位

调研结论显示出北京涉外法律服务业蓬勃发展的现状。对于北京律师的具体表现，根据我们在前文提到的钱伯斯评选出的2017～2018年度中国顶级律师排行榜，北京律师在国际贸易、海外投资以及证券与资本市场领域优势显著。

2018年8月31日，司法部公布了《全国千名涉外律师人才拟入选名单》。名单涉及30个省级行政区，共计988位律师入选，其中来自北京的律师有170位，约占总人数的17.21%，位列全国第一。

2017年8月，全国律协在京发布《"一带一路"沿线国家法律环境国别报告》，并宣布成立"一带一路"跨境律师人才库，共有143家中外律师事务所、205名中外律师被首次纳入"一带一路"跨境律师人才库，其中中方律师共计84名。在被纳入"一带一路"跨境律师人才库的84名中方律师中，来自北京的律师有21位，占所有中方律师的25%，位列全国各省（区、市）第一。

法制日报社于2018年9月举办了"一带一路"优秀法律服务项目征集

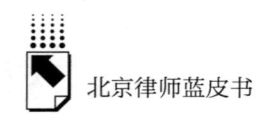

活动,并于12月在首届"一带一路"优秀法律服务项目颁奖典礼上揭晓了"一带一路"十佳律师,荣获"'一带一路'十佳律师"称号的律师中来自北京的律师数量达到60%,位列全国各省(区、市)第一。

4. 北京律师事务所在核心业务领域表现良好

我们对2018年港股市场及美股市场规模最大的中国企业IPO项目的服务律师信息进行了统计。

香港是2018年全球最大的IPO市场,其中十大IPO项目全部来自内地。在香港十大IPO项目中,北京律师参与的有9项,其中北京市金杜律师事务所参与了中国铁塔、甘肃银行、江西银行和山东黄金4个项目,北京市中伦律师事务所参与了中国铁塔和美团点评2个项目,北京市君合律师事务所参与了小米集团和百济神州2个项目。从律师事务所的角度来看,2018年服务香港十大IPO项目的11家律所中有8家来自北京,3家来自上海,来自北京的律师事务所数量远超其他城市。

从美股方面来看,为2018年中企赴美上市的最大五个IPO项目提供法律服务的律师事务所中,北京市律师事务所参与了4项,比例高达80%,居全国首位。

5. 北京律师事务所设立境外分支机构的机遇和挑战并存

根据调研,北京市目前有47%的律师事务所开设了涉外业务,而已在境外设立分支机构的律所占比为7%,说明有相当数量有能力处理涉外案件的北京律所尚未在境外布局机构网络,海外市场拓展方面潜力较大。同时,调研也反映出与英美律所动辄二三十家分支机构的全球布局思维不同,在有境外分支机构的北京律所中,超过50%的律所只在一个或两个地区设立了分支机构。"一带一路"政策的推进和《关于发展涉外法律服务业的意见》的出台为进一步建设涉外法律服务机构和发展壮大涉外法律服务队伍提供了政策支持,但从全国律协对外公布的数据来看,截至2017年3月,只有6家中国律师事务所在共建"一带一路"国家和地区设立了7个境外分支机构或代表处。

6. 北京律师进入涉外业务市场的意愿较高

从在线调研问卷结果显示的受访对象的业务经历来看，除了68%的受访对象正在提供涉外法律服务之外，剩余32%的受访对象虽然现在还没有相关经历，但有意愿在将来涉足的律师占了18%，另有2%的受访对象对此持不确定的态度。由此可见，总体上北京律师进入涉外法律服务市场的意愿是较高的。

7. 涉外法律服务对律师的综合能力要求较高

涉外法律服务对语言能力、律师的执业经验都有较高要求，调研结果显示，北京涉外律师的语言水平较高，英语已经普及使用，执业经验也比较丰富。80%的北京涉外律师的执业年限超过七年；涉外律师中，拥有海外学历的占比达到39%。由此可以看出涉外法律业务对律师的综合能力要求较高。

（二）北京律师事务所和律师提供涉外法律服务面临的主要挑战和问题

1. 关于律所设立境外分支机构

首先，北京律师事务所在境外开设分支机构的比例和数量与外资律所均存在差距。其次，从设立境外分支机构的地域覆盖来看，目前的状况与现实需求仍然存在一定差距，比如在共建"一带一路"国家设立境外分支机构数量仍然有限，这与国家战略顶层设计下企业"走出去"的涉外法律服务需求不相匹配。最后，调研中发现律所在境外设立分支机构面临成本较高等问题。

2. 关于涉外服务综合信息查询与同行交流

调研显示，开展涉外法律服务最大的两个劣势是外国法律知识的缺乏和对当地文化缺乏了解，涉外法律业务的复杂性决定了仅对外国法律有简单的了解是不够的，需要对外国法律有更深入的了解。这就需要律师做大量的法律调研工作，但实践中遇到的问题之一就是很难找到权威的国外法律资料，采用网上广撒网的搜索方式效率低且效果不好，同时将会面临多个国家多语

种法律查明的技术障碍。调研还显示，对于各种规模的律所，愿意参与律所交流项目的比例均超过了50%。但是目前，这些交流活动的通知安排基本由各律所各自发布，信息比较分散，律师由于业务繁忙等各种原因，可能会错过一些通知，说明目前缺乏一个涉外法律服务综合信息查询的平台。

3. 关于涉外法律人才的培养

根据调研，"培养涉外法律人才"被认为是开拓涉外法律业务的重要方式，而"难以找到合适的管理当地分支机构的人才或在当地执业的人才"是律所设立海外分支机构的首要障碍。对于语言培训，访谈中多位资深律师一致表示：外语是律师开展涉外业务的敲门砖。从调研结果可以看出，尽管绝大多数律师可以熟练运用英语，但语言问题仍被律师认为是开展涉外业务时最大的障碍之一。由此可以看出，用英语执业对语言的要求要远高于日常使用英语，对法律领域的专业英语培训对律师开展涉外业务有着比较重要的意义。同时，调研数据也反映出掌握小语种的律师人数较少。伴随企业"走出去"步伐的加快，共建"一带一路"国家投资纠纷案件呈明显上升趋势，企业迫切需要及时寻找专业律师来协助投资的有效开展，因此在WTO争端解决、涉外知识产权保护、竞争法与反垄断等领域也要加强专业培训，为民族企业保驾护航。

4. 关于外国律师事务所

在加入WTO后，我国逐渐开放了设立外国律师事务所、驻华代表机构的市场。根据司法部公告第184号——关于215家外国律师事务所驻华代表机构通过2017年度检验的公告，在北京设有代表处的外资律师事务所有80家，但由于目前国外律师在中国开展法律业务及其他种种业务的限制尚未取消，同时，又由于外国驻华代表机构不受律师协会行业管理，建立中外律师学习、交流、合作的平台阻力重重，所以国外律师专业化程度高、法律服务意识强、管理水平高的优点并未充分发挥出来。

即使如此，随着中国经济实力的增强，中国市场也越来越受到各行业、各领域的欢迎。同时，法治的日益健全也让越来越多的外国律师，尤其是已在别的国家有涉外业务经验的外国律师开始关注中国法律服务市场。对此，中国律师事务所可以抓住这个契机，引入外国律师进入中国的涉外法律服务行业，一方面可以了解他们作为一名成功的涉外律师的成长历程、经验教训，另一方面，这些外国律师之前所在的外国律师事务所，大多已经实现了国际化，对于此方面经验的学习，也会对中国律所实现国际化有重要意义。因此，建立中外律师互相学习与合作的平台、加强中外律师的沟通分享，将十分有助于中国律师了解具有涉外法律经验的外国律师在实操中总结得出的项目管理办法、各地法律实践心得以及开拓市场的经验。

5. 关于跨国律师组织

根据我们的不完全统计，在一些知名的跨国律师组织中，例如国际律师协会（International Bar Association）、环太平洋律师协会（Inter-pacific Bar Association），都已出现了北京律师的身影。

但是，从整体上看，还有大部分北京律师并未参与到跨国律师组织中，中国也未曾主导建立有国际影响力的跨国律师组织。跨国律师组织和一些跨国律师的国际交流会议是律师获取分享知识、经验和业务网络等资源的重要平台。

6. 关于涉外律师的执业风险

对于涉外法律业务来说，它的性质决定了律师的具体业务可能与世界的任何一个国家、地区的政治、经济、法律、文化制度紧密相关。与纯境内法律业务相比，不确定因素更多，调研结论也显示，北京律师普遍认为，开展涉外法律服务最大的两个劣势是外国法律知识的缺乏和对当地文化缺乏了解，这种信息的缺乏导致涉外法律业务具有更多的不确定性，也增加了涉外律师的执业风险。

7. 关于律师专业水平评价体系和评定机制

我们在调研过程中发现，除各大国际性法律评级机构每年定期发布的各领域优秀律所及律师排名和获奖情况外，中国市场中缺乏权威的律师专业水平评价体系和透明公开的评定机制，对于专业能力的评定方式还显单一。

8. 关于律师开拓涉外法律服务方式

我们从深度访谈中了解到，在国家政策的鼓励下，近年来企业对涉外法律业务的需求有显著增长，但是投资者在律师的选择上存在偏好，误认为到境外投资一定要选择外国律师，外国律师的专业水平一定高于中国律师，忽略了中国律师在"走出去"项目上积累的法律经验、业务能力以及与中方投资人良好的沟通能力，这种固有认知的误区会给北京律所在更大范围内参与和提供涉外法务服务带来限制。

七　对策与建议

建议从以下几个方面增强北京律师的竞争力，助力提升北京涉外法律服务综合实力。

（一）通过"境外法律服务招投标信息共享平台""律所境外分支机构设立实务指引"等措施鼓励和支持北京律师事务所"走出去"

第一，在开设境外分支机构的问题上，建议以需求引导布局，即让北京律师先能够更加密切地关注和了解海外法律服务的市场需求，可以探讨打造一个"境外法律服务招投标信息共享平台"，并鼓励律所综合实力较强的中大型律所到与内地经贸往来密切的境外地区开设分支机构。

第二，为了给北京律师事务所在境外设立分支机构提供更好的支持和帮助，由律师协会牵头，与外国使领馆以及国际律师协会合作，推出重点国家和地区的"律所境外分支机构设立实务指引"，包括但不限于"共建'一带一路'国家开设律师事务所分所指南"等内容，通过权威指引的发布来减少律师事务所的相关调研成本，为律所海外市场拓展决策提供重要参考和实践指引。

第三，为使律师协会间的合作对话"常态化"，开展首都间的律师协会合作，律师协会可以发挥在境外交流协作中的对话牵头作用，签署"律师协会间合作备忘录"，建立跨境服务联动机制。

第四，律师事务所作为涉外法律服务的核心主体，应充分发挥主体作用，树立全球眼光和战略思维，明确自身优势并找准定位，充分利用政府政策支持和律师协会的推动项目，选择恰当的路径，循序渐进地在全球经济重点发达地区和共建"一带一路"国家的法律服务市场中取得一席之地。

第五，根据《中华人民共和国律师法》的有关规定，国家可以出资设立律师事务所，依法自主开展律师业务，对于一些因为战乱等特殊原因在境外缺乏法律服务支持的地区，可以通过"国办律师事务所"的方式来补充，为境外民族企业提供必要的当地法律服务支持。

（二）为北京市律师事务所设立境外服务机构提供更多政策支持

在境外设立法律服务机构，由内地律所实施直接管理是北京律师"走出去"的最重要方式之一，现阶段，内地律师事务所在设立境外分所时在审批流程、外汇登记等方面仍面临许多困难。为鼓励中国律师"走出去"，建议政府为北京市律师事务所在境外布局提供更多政策支持，鼓励内地律师事务所通过在境外设立分支机构、境外并购、联合经营等方式，在世界主要经济体所在国和地区设立执业机构，不断提高北京市律师事务所在国际法律服务市场上的竞争力，具体建议包括：一是将律师事务所设立境外法律服务机构纳入对外投资管理，落实扶持政策，为北京市律师事务所在境外设立境外服务机构提供审批备案、外汇登记等方面便利，并提供一定的财政补贴及税收优惠；二是建议北京市律师协会加强同其他国家律师协会的沟通交流，采取牵线搭桥、重点推介等措施，扶持北京市律师事务所在共建"一带一路"国家和地区设立分支机构。

（三）运用前沿信息技术，建立首都律师涉外法律信息综合服务平台

可以考虑建设综合服务平台，整合涉外律师需要的各种资源，让一些法律服务相关栏目集中进驻，打造综合性、一站式的服务型窗口。对于综合服

务平台的主要内容，具体包括如下几个方面。

1. 查明外国法律、出版物等资料

如前所述，涉外法律业务的复杂性需要律师做大量的法律调研工作，会面临多个国家多语种法律查明的技术障碍，综合服务平台如果能够支持重点国家法律法规、案例、国际规则的检索，收录一些出版物和行业报告，同时鼓励律师共享一些资料（例如外国法规案例的翻译文本），将会为律师的业务工作提供很大的便利。

2. 翻译服务信息

根据我们对北京涉外律师语言能力的调查，除了英语之外，绝大多数律师不会其他外语，而在世界其他语种地区也有大量的涉外业务机会，此时，能够便捷地获取高质量的翻译服务就显得尤为重要。首都律师涉外法律信息综合服务平台能够提供获取权威翻译服务的信息渠道，将为律师扩展涉外业务的范围提供很大的帮助。

3. 培训信息

基于我们对培养涉外律师途径的调研，各个规模的律所都认为组织涉外律师参加专业培训是最重要的途径，亦有律师在接受访问时提到除了专业培训，适当加入语言培训也很有用。因此，若能将各机构、律所组织的培训信息集中在法律信息平台上发布，可以让涉外律师以最有效率的方式了解到有关的培训项目内容，并可根据自己的需要安排时间选择参加。

4. 同行交流活动

律师开展涉外业务的经验对同行，尤其是对刚涉足涉外法律服务的律师来说是非常宝贵的财产，也是最直接高效的学习机会。一个将有关信息集中发布的综合信息平台能够让律师通过一个网站了解到很多交流活动的信息，使律师不会错过参与同行交流的机会。

除此之外，为提高法律综合服务平台的普及度，还可以进一步探讨配套开发一些移动设备应用程序的可能，这样可以更好地实现法律综合服务平台的应用价值。

（四）注重人才培养，建立国际化的涉外法律服务队伍

人才在开拓市场、开设机构方面具有主导作用，涉外法律人才想要提升自身在国际法律服务市场上的竞争力，必须在自身上下功夫。天元律师事务所合伙人朱小辉在访问中表示"人才积累对涉外业务开展起重要作用"，律师作为直接为企业提供法律服务的主体，是提供优质高效法律服务的核心，其业务水平直接关系涉外法律服务的效果。因此，我们应当提高中国律师在国际事务、全球经济一体化和国际法律服务市场的影响力和参与度，使之与中国对外开放总体目标和经济发展总体水平相适应。

1. 律师事务所对涉外人才培养的创新和投入

首先，律师事务所作为直接参与提供涉外法律服务的主体，可以充分发挥主观能动性，在涉外人才培养方面在所内定期举办涉外业务专题学习研讨会，成立学习小组/知识管理中心进行学习与交流活动。同时建议律所设立"杰出涉外律师"专项奖金和荣誉称号，表彰在涉外业务领域进步突出的律师，并向其他律师分享学习经验。

我们也建议律所结合实务需要，有针对性地提高律师外语水平，在有条件的情况下，充分发挥律所翻译部门的作用，不让语言成为律师拓展法律业务的障碍。

对于那些已设立境外办公室的律师事务所，可以有计划地安排律师去其他国家/地区的办公室"轮岗"，在当地的法律环境下提升律师的综合能力，以使其在与境外法律专业人士协同工作时，能够高效地满足客户的需求。例如，金杜律师事务所会定期开展"青年法律英才培养计划"，学员在法律英才核心素养课程结业后，可提交参加海外实习交流项目和海外研学进修项目的申请。该计划自2019年发布以来，在金杜律师事务所各位合伙人和律师的大力支持下进展顺利，首期学员已于2019年7月正式毕业。基于首期运行的经验总结，法律英才核心素养课程将在2020年进一步升级，重点通过法律职业精神、律师核心能力基础（律师职业发展通识、英文法律文书写

作、律师谈判技能、律师思维、用户思维、争议解决律师必备技能、交易律师必备技能)、财务与商业管理等法商结合、跨界融合的课程内容,培养具有扎实律师专业能力素养基础、具备全球化视野与跨学科和跨界思维、面向未来的优秀青年法律人才。

2. 专项涉外法律实务培训

调研发现,目前能用小语种提供北京涉外法务服务的律师比例比较低,对于"一带一路"沿线涉及不同语言的多个国家和地区,北京律协如能够牵头组织为律师开设一些小语种法律常用术语的培训课程等,也会对其开展涉外法律业务有所帮助。在语言培训之外,我们建议律师协会通过举办法律英语技能大赛的方式来培养和发现涉外法律服务人才,包括但不限于在外语文书写作、外语法律谈判、外国法律文化知识等诸多版块进行技能比拼和才能展示。

由于涉外律师在提供涉外法律服务过程中应该能准确地适用国际法、有效地查明外国法、科学地适用外国法[①],通过专项培训来提高外国法律查明能力,可以更好地保障"一带一路"建设等涉外法律服务的顺利进行。涉外律师要从已经习惯了的中国法律思维中挣脱出来,以更客观、更国际化的角度对案件进行分析,在首都律师涉外法律服务综合服务平台的帮助下,做信息的贡献者和信息的受益者,共同充实外国法规案例数据库。

3. 定期组织涉外律师境外培训

为适用大力发展涉外法律服务业新形势,应全面推进涉外律师领军人才培养工作。中华全国律师协会与美国国际法学会、律师事务所及相关法律机构合作,定期举办"涉外律师领军人才"赴美培训班。涉外律师领军人才赴美培训班的举办,是加强涉外法律服务队伍建设,培养储备通晓

---

① 最高人民法院提出《关于人民法院为"一带一路"建设提供司法服务和保障的若干意见》,意见提出在"一带一路"建设中,要大力加强涉外民商事案件的审判工作,为"一带一路"建设营造良好法治环境,审判过程中要依法准确适用国际条约和惯例,准确查明和适用外国法律,增强裁判的国际公信力。这些指导意见不仅是对法院审判涉外案件的要求,也是对律师提供涉外法律服务的要求。

国际规则、具有世界眼光和国际视野的高素质涉外律师人才的有力举措。建议北京市律师协会借鉴此类培训模式，定期选拔顶尖的涉外律师并组织海外培训，培养精通相关领域业务和国际规则、具有全球视野及丰富执业经验和跨语言、跨文化运用能力的懂法律、懂经济、懂外语的复合型、高素质领军律师。

4. 发挥北京高校知名法学院教育资源优势

建议北京知名高校充分调配教育资源，加强学院间合作，开设共建"一带一路"国家法律制度与文化环境的相关课程。鼓励知名法学院校开设法律与外语、法律与国际贸易复合型人才实验班，鼓励律所与法学院校加强信息互通，将法律服务市场的人才需求充分传递。自2017年起，金杜律师事务所（及金杜公益基金会和金杜学院）与北京大学法学院一起携手打造了"北大金杜全球高端法商人才计划"，该计划推出"未来领袖"和"一带一路"法商人才培养课程。其中，"一带一路"课程旨在增进共建"一带一路"国家律界精英、政府官员和商业领袖对中国国家政策和制度的了解与把握，讲授与中国跨境经济活动相关的商业和法律实践专业知识，分享与中国跨境经济活动相关的商法和法律知识、技能和经验，提供对中国社会与商业文化的深度解析。北京大学法学院院长张守文说："北大金杜全球高端法商人才计划寻求跨越法律、商业及社会各领域的认知鸿沟，以知识的跨界实现智识的整合，塑造面向世界和未来，深具创新精神和勇于担当的复合型领袖人才。"

5. "涉外法律服务人才孵化器"计划

受到中国的涉外法律发展起步时间、法律执业环境、薪酬等诸多因素影响，在许多专业领域均存在人才流失的现象，海外知名法学院校毕业归国的中国留学生是外资律所中国分所的主力军。培养涉外法律服务人才的具体策略，除了前文提到要加强本土律所涉外法律服务人才专业技能和语言能力培训，将本土律师涉外法律服务质量和水平"提上来"，也要改善本土律所执业环境，加强对外宣传，将留学生及外所执业的中国法律专业人员"引回来"，即"涉外法律服务人才孵化器"计划。

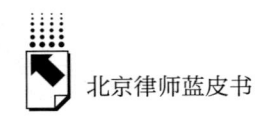

对此，一方面可以在北京高校知名法学院招募学生代表，为北京律协面向毕业后去国外法学院深造的学子们的宣传提供支持，让优秀的法学院毕业生更多地了解在国内外的法律职业规划等信息。另一方面，可以与境外知名院校留学生中国校友会等组织加强信息互通与交流合作，充分倾听外资律所法律工作者的声音，鼓励这部分涉外法律人才将本土律所作为职业发展中的优质选项。同时发挥中国律所境外分支机构自我宣传的作用，鼓励分支机构在境外法学院校中国留学生中选拔学生代表，宣传社会主义法治成果和中国本土律所执业环境的改善，吸引更多年轻涉外法律人才回归，以提高中国律师事务所的涉外业务服务能力。

（五）鼓励外国律师进入中国涉外法律服务行业

吸引外国律师加入中国涉外法律行业目前常用的两种方式是通过请外国律师到中国律所工作以及请外国律师到中国在境外设立的分所执业。通过这个过程，可以充分利用外国律师的丰富经验，协助中国律师行业实现"国际化"。可以尝试通过以下两种途径，最大限度地发挥外国律师的作用。

1. 通过聘用外籍顾问、培训、讲座等方式与外国律师直接交流

司法部于2017年3月发布了《关于开展国内律师事务所聘请外籍律师担任外国法律顾问试点工作的通知》，决定在北京市、上海市、广东省开展国内律师事务所聘请外籍律师担任外国法律顾问的试点工作，并对参与试点的律师事务所和外籍律师的条件做出规定。北京是试点地区之一，北京律师事务所可借此机会，按照该通知的规定，根据业务需要聘用外籍顾问，尝试与外国律师一起工作。在提升自身的语言能力、了解他们的工作方式的同时，为律所进一步扩展涉外业务、实现真正的国际化打下坚实的基础。

除聘请外籍顾问外，与外国律师的交流学习还有多种方式，包括但不限于聘请外国律师开办讲座、对中国律师进行培训等。对于不同规模的律师事务所，可能会有更适合自己的方式。笔者认为，对于大型律师事务所来说，其业务量较大、实现国际化的进程迫切，且资金实力雄厚，因此，直接聘请外国律师"驻场"作为外籍顾问，到中国律师事务所工作，参加工作会议，

处理法律允许的客户事务，等等，这种方式对律所的作用最直接和显著。但是对于中小型律师事务所来说，由于外国律师的收费较高，执业又有限制，出于成本控制的考虑，这种方式可能暂时无法承受。对此，聘请外国律师不定期地开办讲座或者培训可能是更适合的选择。

无论采取哪种方式，外国律师在同中国律师交流、合作的过程中，都会对中国律师服务优质高效、了解客户需求、专业严谨负责等诸多优点有进一步的了解。如若今后被问及中国律师的情况，外国律师给予的积极评价既是对中国律师的宣传，有利于提升中国律师的影响力，又可以加速涉外法律服务业的发展。

2. 开展人才交换计划项目

人才交换计划是指从外国律师事务所交换外国律师到中国律师事务所工作，搭建中国律师与外国客户的桥梁。中国经济日渐崛起，很多外国律师事务所，尤其是尚未进入中国市场的律所，为了扩展市场，积极与中国律所建立业务合作关系，还有部分律所将借调计划作为合作安排的组成部分。

该计划对律所要求较高，仅仅为境外律师提供办公场所的做法不足以起到交换人才的作用。需要律所为此类计划提供专项资金，建立更明确的内部制度，确保实现该计划的主旨目标，目前，最容易实行交换计划的律所是已在境外拥有联盟律所的中国律师事务所，通过交换有利于有效合作，帮助客户解决跨境法律事务，巩固中国律所与境外联盟律所的合作关系。

交换合作计划存在诸多挑战，其中之一就是交换律师的融入问题，合伙人日常业务非常繁忙，接收交换律师意味着律所和合伙人需要根据交换情况调整人事结构，确保交换律师能在工作中发挥作用，并获得丰富的工作经验。要想实现这个目标，需要付出较大努力。

从长远的角度看，人才交换计划是个双赢的选择。一方面，交换外国律师来中国律师事务所工作最大限度地发挥了外国律师的作用，例如扫清文化障碍、使沟通更加顺畅等。另外，根据我们的调研，在北京的外资律师事务所中，美国所和英国所的数量占比最高。这些来自法律制度健全的发达国家的律师更容易成为志在"走出去"的律师的学习对象，进而加速北京涉外

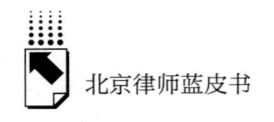

律师队伍的壮大和成长。另一方面，当前中国的经济蓬勃发展，中国的法律服务市场前景广阔，人才交换计划也为外国律师提供了了解中国法律服务市场和中国律师的机会。

（六）鼓励中国律师积极参与国际交流合作、加入跨国律师组织

除了在境外设立分支机构，涉外律师和律师事务所还有多种拓展业务的方式，根据我们的调查，律师和律师事务所非常重视与涉外律师、律师事务所和律师协会等的合作，认为这是开拓市场最重要的方式。因此，应鼓励中国的律师多参加这种组织和交流活动，若能打造上文提到的综合服务平台，可设立专栏，内容包括一些重要的跨国律师组织的介绍、加入要求、活动内容等信息，使越来越多的律师了解跨国律师组织，选择适合自己的主动参与进去。

随着中国经济实力的不断壮大和经济的快速发展，我国可以从区域经济合作的视角出发，以"一带一路"重点基础性业务领域为落脚点，设立由中国律师主导的跨国律师组织，以树立中国律师的国际形象、提高中国律师的知名度。

（七）推动律师执业责任保险制度发展

律师执业责任保险，是指律师或律师机构在执业时，以因过失行为给委托人或第三人造成的实际损失为保险标的的责任保险。律师执业责任保险制度是律师执业责任保险相关制度的总称，该制度在国际上已经发展得十分健全，但在中国，尽管已开展十余年，却仅在这几年才稍有大规模发展的迹象，而且操作中的做法更多是仿照其他责任险的方式或是取自国外，少有结合我国保险业和律师业的实际的成熟操作模式。

与纯境内法律业务相比，涉外法律业务的不确定因素更多，涉外律师的执业风险也更高。在此情形下，拥有完善的律师执业责任保险制度，更能保障律师的权益，从而提高律师从事涉外业务的积极性，使其投身于涉外法律服务事业中去。对此，我们对完善律师执业责任保险制度提出如下

几点建议。

1. 给予律师和律师事务所对于律师执业责任险的更多选择权

当前，律师执业责任保险合同一般由律师协会与保险公司统一签署，几家保险公司分别形成地域性垄断，律所和律师并无自由选择保险公司的权利。

然而不同律师、律所的执业风险因执业领域、执业经验、管理水平等因素而存在差异。通常情况下，在执业领域方面，普通民事案件的执业风险比证券、房地产、国际贸易等领域要小；律师的执业经验越多，执业风险就相对越小；管理科学、严谨的律所的执业风险相对较小。而采用行业统一投保模式，无论具体律师或律所的执业风险如何，其保险费率完全相同，并且统一投保考虑的是管辖下律师行业的平均风险系数，在此基础上订立的保险赔偿限额无法满足风险系数比较高的业务需求，也不利于律所和律师根据自身实际情况同保险公司约定自负额。

对此，若能在保留律师协会与保险公司统一签署律师执业保险合同的同时，也允许从事涉外业务的律师或律师事务所选择自行投保。以自身作为投保人，就具体的承保额度、期限、保险范围等事项与保险人协商，就可根据律师或律师事务所的业务特点、业务需求提高保险额度和扩大保险责任范围。

2. 采用律师责任险信息披露制度作为推动律师执业责任保险发展的辅助机制

律师责任险作为一种责任保险，其最终目的是保护受到被保险人损害的第三者的利益。在该制度下，对于标的较大、风险较高的案件，委托人将更倾向于选择已投保律师责任险的律所和律师，通过律所或者律师自愿投保，由律师协会或者有关机关将律所的保险情况，包括保险年限、赔偿限额、保险纠纷情况等向公众披露，这样既可保护委托人的权益，又可有效激励律所和律师投保。

3. 改进律师责任险合同条款

目前，各大保险公司使用的律师责任险条款对律师业的特点和需求的考虑并不充分，导致该险种并未起到应有的保障作用。为了推动对律师责任险合同条款的改进，北京律协将与保险公司探讨合同示范条款的优化，争取最大优惠和最优服务，进而扩大保险理赔范围、限制除外责任，甚至在此基础上统一优化保险理赔工作流程、提高案件理赔效率。对于条款的优化，我们有以下几个方面的考虑。第一，扩大被保险人和受益人范围。首先，尽可能扩大承保范围，并针对执业律师和其他法律工作人员设计不同的保险费率。其次，受益人不应局限于委托人，还应包括受到侵害的第三人。第二，限缩除外责任范围。可在设定最高赔偿限额的基础上，将精神损害赔偿、间接损失等赔付包括在赔偿范围内。此外，在国际商事活动中，基于业务类型的不同以及各国法律的巨大差异，当事人经常会选择适用外国法。但是当前不少保险公司将适用外国法产生的赔偿责任纳入除外责任的范围内，使得律所对是否接受适用外国法的委托业务态度极其谨慎，这极大限制了律所国际业务的拓展。因此我们建议，保险公司对适用外国法的委托业务，也应进行赔付。第三，增加保险人的义务。我国目前的律师责任险条款一般规定，保险人"有权"以被保险人的名义处理有关诉讼或仲裁事宜，这样在实际发生保险事故时，保险公司有时会以行使"权利"为理由，怠于介入纠纷处理的具体工作。因此，有必要在保险合同中增加有关保险人的义务条款，倘若保险人不履行该义务，被保险人可要求保险人承担违约责任。

（八）建立律师专业水平评价体系和评定机制

司法部于2017年3月印发《关于建立律师专业水平评价体系和评定机制的试点方案》，在刑事、婚姻家庭法、公司法、金融证券保险、建筑房地产、知识产权、劳动法、涉外法律服务、行政法9个专业，以政治表现、诚信状况、执业年限、执业能力四个方面为参评条件开展评定工作，评定的律师分别称为相应的专业律师。该方案已在内蒙古、上海、安徽、陕西等省（区、市）先行试点。

在执业能力方面，试点地区律师协会的执业能力专业评定采用网上申报、书面提交、书面审核及现场面试相结合的方式，由司法行政机关、律师协会、法学教学科研机构有关人员及相关专业领域的律师组成评审委员会开展评定工作，获得专业律师称号的律师可获专业律师证书。

2019年3月，司法部发布了《关于扩大律师专业水平评价体系和评定机制试点的通知》，把试点范围扩展到全国31个省（区、市）和新疆建设兵团。北京市应尽快贯彻落实吸取试点地区的经验，为德才兼备的涉外专业律师评定专业称号并颁发专业证书，鼓励北京律师更加积极地参与专业领域涉外业务实践，在优势领域深耕细作，同时依托自身多语言跨文化的能力优势，在与其他领域专业律师的沟通共享中探索新的交叉机会。

（九）转变律师开拓市场方式，帮助中国涉外律师获得客户信任

目前，中国律师开拓涉外法律服务领域主要依赖自我营销，这种方式有一些缺点，包括依靠律师的单一力量影响范围较窄，仅靠律师宣传缺乏客观性等，容易让企业产生不信赖感。近年来，虽然在国家政策的鼓励下，很多企业对涉外法律业务的需求有显著增长，但是一些投资者在律师的选择上存在一种误解，认为到境外投资一定要选择外国律师，外国律师的专业水平一定高于中国律师。

为消除投资者的这种顾虑，律师协会可以考虑与当前在中国律师事务所执业的律师协同合作，宣传中国律师事务所多年来取得的成绩，向投资者解释为何中国律师是投资者更适合的选择，以提高中国律师事务所的吸引力。同时，从长远角度看，还可逐步将涉外法律培训的范围扩大，将企业法律顾问这个在律师选择过程中有话语权的群体纳入参加培训的队伍，使他们了解中国律师是本企业的更优选择，给予中国涉外律师更多的业务机会。

除此之外，律师协会可采取多种方式齐头并进，为律师创造开拓市场的机会。例如，举办实务论坛，邀请公司法务人员及高级管理人员共同探讨实践经验等，积极搭建沟通桥梁，获取公司实际服务需求，展示涉外律师业务能力提升成果，使中国客户更了解中国律师。

B.4
北京律师执业权利保障调查与分析*

陈 宜**

摘 要： 伴随着律师制度的恢复与重建，我国律师执业权利体系开始逐步构建和发展。党的十八届三中全会以后，国家加大了律师权益保障的力度，有关的文件和制度规定陆续出台，律师权益保障由此迈入新的历史时期。在中央的政策文件精神指导下，在全国性的制度基础上，北京市律师协会通过修订律师协会章程，制定律师执业行为规范、律师执业权利保障细则和权益保障委员会工作规则，建立市、区两级权保委工作联动机制，联合成立跨区域个案维权协作机制等，加强律师权益保障的制度构建。为了加大律师权益保障的力度，北京市律师协会设立律师执业权利保障的专门工作机构与日常工作机构，积极参与涉及律师权益的法律、法规、部门规章的起草修订，加强与公检法等部门沟通协作，落实快速处置沟通机制。虽然国家和北京市在律师权益保障方面取得了较大的成绩，但是北京律师执业权利保障仍然面临对律师参与社会治理的作用认识不充分、保障律师执业权利的制度体系不健全、律师权利的保障实施机制衔接不畅、律师权利保障的相关配套措施不完善、律师执业环境有待优化等诸多困境。

---

* 本报告所依据的材料，除注明出处外，还有北京市律师执业权利保障现状调研报告，权益保障委员会2006年、2007年、2009年、2010年、2011年、2012年、2015年、2016年、2017年、2019年工作总结，2018年北京律协权保委工作回顾，北京市律师协会理事会2019年工作报告等，以及北京市律师协会网站资讯。

** 陈宜，中国政法大学教授，中国法学会律师法学研究会常务理事、副秘书长。

未来可以通过推动法律职业共同体理念构建、健全律师执业权利保障制度体系、完善律师执业权利保障的相关配套机制、完善律师执业权利保障的协调机制、优化律师执业权利的救济与惩戒制度等措施，完善律师权益保障体制机制，提升律师权益保障的实效。

关键词： 北京律师　北京市律师协会　权益保障委员会　律师执业权利维权

为了保障律师执业活动的正常进行，各国法律都对律师的权利做了明确规定。我国《律师法》《刑事诉讼法》《民事诉讼法》《行政诉讼法》以及有关的法规对律师的权利做了规定，律师的执业权利主要有：知情权、申请权、申诉权、控告权、提出意见权、辩护权、代理权、代为上诉权、调查取证权、阅卷权、会见通信权、参与诉讼权、获取涉案法律文书权、拒绝辩护权和法庭发问、质证、辩论权等。长期以来，我国有关法律法规虽然对律师的执业权利做出规定，但在司法实践中，基于惯性思维和对法律规定的理解与适用，有关部门或多或少限制律师的执业权利行使，导致律师执业权利得不到保障。随着司法改革的深入推进，相关的试点在不断地摸索经验，有关部门相继出台了维护和保障律师执业权利的新规定。

本报告内容侧重关注北京律师执业权利保障的调查与分析。

一　我国律师执业权利保障概述

律师执业权利保障问题，包含了法律体系赋予律师的执业权利、保障律师权利行使的配套制度以及权利受到侵害时的救济机制。在不同的历史时期，律师执业权利保障的侧重点有所不同，但随着时代的发展、法治的进

步、律师社会地位的提高，法律对律师执业权利的维护和保障制度逐步完善，律师充分行使执业权利，必然有利于促进社会主义法治建设进程，实现依法治国的伟大事业。

（一）新中国成立初期律师执业权利的相关规定

1954年宪法确定了"被告人有权获得辩护"的原则，1956年11月，司法部、公安部《关于律师会见在押被告人问题的联合通知》明确，律师持有该通知规定的固定式样的介绍信和律师本人的工作证，可径往看守所（或其他监管场所）经负责同志审查相符合，即准许与被告人会见。各地看守所（或其他监管场所）在现有的条件下，应辟有专供律师会见被告人的房间，以免除被告人的思想顾虑，便于律师进行工作。1956年12月，司法部《关于律师工作中若干问题的请示的批复》明确，"关于律师能否进行调查问题，我们认为在目前侦察技术水平还不高，法院案卷材料往往不完整的情况下，为了使律师出庭辩护或代理诉讼，能够根据充分的事实，提出辩护或诉讼理由，应该规定律师在开庭前可以单独对案情进行访问，包括到现场以及向有关证人、鉴定人或机关单位进行访问了解等等"。1957年3月，最高人民法院、司法部《关于律师参加诉讼中两个具体问题的批复》明确，除评议记录和副卷以外的全部案卷材料（包括起诉书、答辩书、证据、供词、勘验单、鉴定书等），法院应无保留地让律师查阅，不得借口保密而不给阅览。人民法院通知律师出庭，无论刑事案件或民事案件，均应用通知书。

（二）律师制度恢复重建时期律师执业权利体系初步建立

"文革"结束，律师制度恢复重建，律师执业权利体系初步建立，但保障律师权利行使的配套制度以及权利被侵害时的救济机制还不完善，实践中侵害律师合法权益的情形还时有发生。

1. 律师执业权利体系初步建立

1979年颁布的《刑事诉讼法》第29条，明确规定"辩护律师可以查阅本案材料，了解案情，可以同在押的被告人会见和通信"。1980 年《律师暂行条例》第 3 条第 2 款规定，"律师依法执行职务，受国家法律保护，任何单位、个人不得干涉"。第 19 条规定，"为维护律师的合法权益，交流工作经验，促进律师工作的开展，增进国内外法律工作者的联系，建立律师协会"，确定了律师执业权利的原则，以及律师协会维护律师合法权益的职责。1981 年 4 月，最高人民法院、最高人民检察院、公安部、司法部发布《关于律师参加诉讼的几项具体规定的联合通知》，就律师参与诉讼的查阅案卷、会见在押被告人、诉讼文书副本等事项做出规定。1996 年 5 月 15 日，第八届全国人民代表大会常务委员会第十九次会议通过了《中华人民共和国律师法》，第 1 条关于律师法的立法目的，明确规定了保障律师依法执行业务，第 3 条强调"律师依法执业受法律保护"，第 30～32 条规定，"律师参加诉讼活动，依照诉讼法律的规定，可以收集、查阅与本案有关的材料，同被限制人身自由的人会见和通信，出席法庭，参与诉讼，以及享有诉讼法律规定的其他权利"，"律师承办法律事务，经有关单位或者个人同意，可以向他们调查情况"，"律师在执业活动中的人身权利不受侵犯"。这些共同建立起了我国律师执业权利的基本体系。律师执业权利及内容列举如表 1。

表 1 律师执业权利及内容

执业权利	具体内容
查阅案卷的权利	1. 律师担任刑事案件的辩护人、代理人或民事案件的代理人,可以到法院查阅所承办的本案材料,了解案情。但审判委员会和合议庭的记录以及事关他案的线索材料,不应查阅。 2. 律师阅卷,法院应当给予必要的方便,并提供律师阅卷处所。 3. 律师阅卷可以摘录。摘录的材料存入法律顾问处的档卷。 4. 律师对于阅卷中接触到的国家机密和个人阴私①,应当严格保守秘密。
会见在押被告人的权利	1. 担任刑事案件辩护人的律师,可以凭法律顾问处的工作证以及有固定格式的专用介绍信,在看守所或其他监管场所(以下称看管场所)会见被告人。每次会见,律师去一人或二人,由法律顾问处决定。其他辩护人须经法院许可,并持有法院专用介绍信,才能会见在押被告人。

续表

执业权利	具体内容
会见在押被告人的权利	2. 律师和法院许可的其他辩护人会见在押被告人，看管场所应当给予方便，指定适当的会见房间。对于必须实行戒护的，看管人员要注意方式，尽量避免增加被告人谈话的顾虑；会见后也不要追问被告人与律师或其他辩护人谈话的内容，以免影响被告人充分行使辩护权。 3. 律师和法院许可的其他辩护人会见在押被告人时，要提高警惕，严防被告人逃跑、行凶、自杀等事件的发生。会见结束，要按看管场所规定的手续，将被告人交看管人员收监；对于看管中需要了解和注意的问题，应及时告诉看管场所。
取得诉讼文书副本的权利	1. 凡属公诉案件，检察院应当附起诉书副本一份，交由法院转发辩护律师。有律师辩护的第一审案件，检察院如提起抗诉，也应附抗诉书副本交由法院转发辩护律师。 2. 凡有律师参加诉讼的刑、民案件，无论一审、二审，法院所作的判决书、裁定书，都应发给承办律师副本。 3. 律师的辩护词在具备打印条件的情况下，应送交法院和检察院各一份存档。
其他有关权利	1. 依法不公开审理的有关国家机密、个人隐私的案件，被告人可以申请法院指定律师为其辩护，也可以自行委托经法律顾问处主任同意的律师进行辩护；如果被告人要求由律师以外的人担任辩护人，应由法院审查，决定可否。 2. 法院开庭审理案件，对于开庭日期的确定，应当留有律师准备出庭所需的时间。律师如因案情复杂，开庭日期过急，可以申请法院延期审理，法院应在不影响法定结案的时间内予以考虑。 3. 案件开庭审后，如果改期继续审理，在再次开庭前，法院也应适时通知承办律师。 4. 刑事案件的判决、裁定发生法律效力以前，法律顾问处认为有必要，可以直接派辩护律师到看管场所会见被告人询问对判决、裁定的意见。 5. 法院审理有律师担任诉讼代理人的刑、民案件，在庭审中不应讯问律师的姓名、年龄、籍贯、住址和职业。法庭应有律师的座位。 6. 律师参加诉讼（包括参加调解或仲裁活动），可以持法律顾问处介绍信向有关单位、个人进行访问，调查本案案情，有关单位、个人应当给予支持。

注：1979 年《刑事诉讼法》，1980 年《律师暂行条例》，1980 年司法部《关于依法不公开审理涉及国家机密、个人阴私案件是否允许被告人近亲属辩护的批复》，1981 年最高人民法院、最高人民检察院、公安部、司法部《关于律师参加诉讼的几项具体规定的联合通知》等，都采用了"个人阴私"的表述。1996 年修正后的《刑事诉讼法》才采用了"个人隐私"的表述。

在此基础上，律师执业权利体系逐步完善。2007 年，《律师法》对律师执业权利的规定有所突破，在原有"律师依法执业受法律保护"基础上，增加了"任何组织和个人不得侵害律师的合法权益"的表述，规定了"律师担任诉讼代理人或者辩护人的，其辩论或者辩护的权利依法受到保障"。"律师在执业活动中的人身权利不受侵犯。律师在法庭上发表的代理、辩护意见不受法律追究。但是，发表危害国家安全、恶意诽谤他人、严重扰乱法庭秩序的言论除外。律师在参与诉讼活动中因涉嫌犯罪被依法拘留、逮捕的，拘留、逮捕机关应当在拘留、逮捕实施后的二十四小时内通知该律师的家属、所在的律师事务所以及所属的律师协会。""有权会见犯罪嫌疑人、被告人并了解有关案件情况。律师会见犯罪嫌疑人、被告人，不被监听。"

2. 明确司法行政机关、律师协会维护律师合法权益的职责

1986年7月7日第一次全国律师代表大会通过《中华全国律师协会章程》，章程明确规定"支持律师依法履行职责，维护会员的合法权益"是全国律协的职责。1991年及1995年修订的《中华全国律师协会章程》赋予会员向律师协会提出维护律师执业合法权益要求的权利。

1996年《律师法》第40条将"保障律师依法执业，维护律师的合法权益"明确为律师协会的职责。

1999年4月28日第四次全国律师代表大会通过的《中华全国律师协会章程》再次明确"维护会员的合法权益"是律师协会的宗旨之一，律师协会"支持会员依法执业，维护会员的合法权益"，个人会员有"向律师协会提出维护律师执业合法权益的要求"的权利。

2002年修订的《中华全国律师协会章程》，规定个人会员"享有合法执业保障权"，并将"为律师行使权利、履行义务提供必要条件"规定为团体会员的义务。

2008年司法部颁布的《律师执业管理办法》，在规定律师依法执业受法律保护，任何组织和个人不得侵害律师的合法权益的同时，明确司法行政机关和律师协会应当依法维护律师的执业权利。"各级司法行政机关及其工作人员对律师执业实施监督管理，不得妨碍律师依法执业，不得侵害律师的合法权益……"

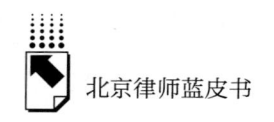

3. 公检法等相关部门出台保障律师依法执业规定

2003年12月，最高人民检察院发布了《关于人民检察院保障律师在刑事诉讼中依法执业的规定》，对律师会见犯罪嫌疑人、听取律师意见、律师查阅案卷材料、辩护律师申请收集、调取证据、律师投诉的处理等做出了规定。2006年，最高人民法院发布《关于认真贯彻律师法依法保障律师在诉讼中执业权利的通知》，要求进一步学习律师法和诉讼法有关规定，依法保护当事人及代理律师、辩护律师的各项诉讼权利。2012年3月，我国《刑事诉讼法》修改并颁布，其中对律师的会见权、阅卷权、调查权等做了修改。同年，律师法对与刑事诉讼法规定不一致的内容加以修改，其内容主要涉及律师参与刑事诉讼的权利。2012年刑诉法的修改和之后相关司法解释、规定、政策的制定，很大程度上解决了律师会见难、阅卷难、调查取证难等问题，但实践中有些问题仍没有完全解决。

4. 中央高层重视律师执业权益的保障

1986年7月，乔石在全国第一次律师代表大会上的讲话中强调，"各级党委、政府，各级政法部门要充分认识律师工作在健全社会主义法制中的重要地位和作用，进一步重视律师工作，支持律师工作。要坚决制止和处理阻挠、干扰律师依法执行公务甚至打击迫害律师的违法行为，切实保障律师的权利。要给律师工作者创造必要的工作条件，解决他们在工作中和生活上的各种实际困难"。

2010年9月，中共中央办公厅、国务院办公厅下发了《关于转发〈司法部关于进一步加强和改进律师工作的意见〉的通知》，其中强调"加强律师执业权益保障。完善刑法、刑事诉讼法关于律师执业权利的有关规定，制定进一步保障和规范律师执业权利的意见，认真落实法律赋予的律师在会见、阅卷、调查取证等方面的执业权利，完善诉讼中听取律师意见的制度"。

（三）十八届三中全会以后律师权益保障

习近平总书记在主持召开中央全面深化改革委员会第六次会议时强调：

党的十八届三中全会是划时代的，开启了全面深化改革、系统整体设计推进改革的新时代，开创了我国改革开放的全新局面。十八届三中全会《关于全面深化改革若干重大问题的决定》明确要求完善律师执业权利保障机制。2014年十八届四中全会《中共中央关于全面推进依法治国若干重大问题的决定》对深化律师制度改革做了进一步部署，再次强调完善律师执业保障机制。2016年6月，中共中央办公厅、国务院办公厅印发了《关于深化律师制度改革的意见》，进一步强调保障律师执业权益。公检法系统相继出台了保障律师执业权利的文件，司法行政机关及律师协会也积极完善律师执业权利保障的机制。

1. 中央对保障律师执业权利的部署

2015年8月，孟建柱同志在全国律师工作会议上指出："律师执业权利是当事人权利的延伸，律师执业权利的保障程度，关系到当事人合法权益能否得到有效维护，关系到律师作用能否得到有效发挥，关系到司法制度能否得到完善和发展。""其实我国刑事、民事、行政诉讼法和律师法等有关法律中，都明确写着律师在辩护、代理中享有知情权、申请权、阅卷权以及庭审中质证权、辩论辩护权等执业权利，但实践中还是存在执行不到位的问题。"要求"抓紧建立健全侦查、起诉、审判各环节重视律师辩护、代理意见的工作机制，把法律已规定的律师在辩护、代理中所享有的知情权、申请权、会见通信权、阅卷权、收集证据权和庭审中质证权、辩论辩护权等执业权利落实到位"。

2016年6月，中共中央办公厅、国务院办公厅印发了《关于深化律师制度改革的意见》，强调要保障律师诉讼权利，制定保障律师执业权利的措施，健全完善侦查、起诉、审判各环节重视律师辩护代理意见的工作机制；各司法机关和有关部门要建立健全沟通协调机制、执业权利救济机制。为完善律师执业保障机制，该意见提出了以下具体措施。一是保障律师诉讼权利。制定保障律师执业权利的措施，强化诉讼过程中律师的知情权、申请权、申诉权等各项权利的制度保障，严格依法落实相关法律赋予律师在诉讼中会见、阅卷、收集证据和发问、质证、辩论等方面的执业权利。完善律收集证据制度，律师办理诉讼和非诉讼法律业务，可以依法向工商、公安、海关、金融和不动产登记等部门调查核实有关情况。二是完善便利律师参与诉讼机制。律师进入人民法院参与诉讼确需安全检查的，应当与出庭履行职务的检察人员同等对待。完善律师会见室、阅卷室、诉讼服务中心、专门通道等接待服务设施，规范工作流程，方便律师办理立案、会见、阅卷、参与庭审、申请执行等事务。三是完善律师执业权利救济机制。对阻碍律师依法行使诉讼权利的，有关司法机关要加强监督，依法启动相应程序予以纠正，追究相关人员责任。律师因依法执业受到侮辱、诽谤、威胁、报复、人身伤害的，有关机关应当及时制止并依法处理。

2. 公检法系统保障律师执业权利的举措

2014年7月，最高人民法院发布"四五改革纲要"，提出落实律师在庭审中发问、质证、辩论等诉讼权利。2014年9月，最高人民检察院发布《人民监督员监督范围和监督程序改革试点工作方案》，将"阻碍律师办案"纳入监督。2014年12月，最高人民检察院印发《关于依法保障律师执业权利的规定》，2015年，公安部全面深化公安改革的框架意见则提出完善侦查阶段听取辩护律师意见的工作制度。

2015年9月，最高人民法院、最高人民检察院、公安部、国家安全部、司法部联合出台《关于依法保障律师执业权利的规定》（以下简称《规定》），将律师法定的执业权利按照每一个司法环节做了进一步细化，规定了具体的保障措施和手段，为律师权益保障工作开创了新的局面。《规定》进一步明确，司法行政机关、律师协会应当建立维护律师执业权利快速处置机制和联动机制，及时安排专人负责协调处理。律师的维权申请合法有据的，司法行政机关、律师协会应当建议有关办案机关依法处理，有关办案机关应当将处理情况及时反馈司法行政机关和律师协会。司法行政机关、律师协会持有关证明调查核实律师权益保障或者违纪有关情况的，办案机关应当予以配合、协助，提供相关材料。《规定》第45条规定，人民法院、人民检察院、公安机关、国家安全机关、司法行政机关和律师协会应当建立联席会议制度，定期沟通保障律师执业权利工作情况，及时调查处理侵犯律师执业权利的突发事件。

2015年1月,最高人民法院院长周强在全国高级法院院长会议上明确提出,法官要着力提高庭审驾驭能力和水平,正确发挥在庭审程序运行中的指挥、控制职能,尊重和保障律师依法履职。2015年2月修订后的《最高人民法院关于全面深化人民法院改革的意见》中强调:完善律师执业权利保障机制,强化控辩对等诉讼理念,禁止对律师进行歧视性安检,为律师依法履职提供便利。依法保障律师履行辩护代理职责,落实律师在庭审中发问、质证、辩论等诉讼权利。同年,最高人民法院印发《关于办理死刑复核案件听取辩护律师意见的办法》,规定了最高法相关审判庭在辩护律师提出有关事项时的处理办法和流程,包括查询立案信息,提交书面材料,查阅、摘抄、复制案卷材料,当面反映意见,送达裁判文书,等等。

2015年1月,最高检出台《最高人民检察院关于贯彻落实〈中共中央关于全面推进依法治国若干重大问题的决定〉的意见》,要求认真落实《最高人民检察院关于保障律师执业权利的规定》,依法保障律师会见、阅卷、调查取证等权利,规范听取律师意见制度,对律师提出的不构成犯罪、罪轻或者减轻免除刑事责任、无羁押必要、侦查活动有违法情形等意见,必须及时进行审查,从工作机制上保证律师的意见被听取、合理意见被采信。

2017年4月,最高人民法院、最高人民检察院、公安部、国家安全部、司法部和全国律协联合下发了《关于建立健全维护律师执业权利快速联动处置机制的通知》,要求各级人民法院、人民检察院、公安机关、国家安全机关、司法行政机关和各律师协会建立健全维护律师执业权利快速联动处置机制。指导各地建立快速受理、联动处理、结果反馈等工作机制,有效回应了律师权利受侵犯后向谁投诉、谁来受理、谁来调查等问题。2017年6月,最高人民检察院下发《关于进一步做好保障律师执业权利相关工作的通知》,要求各级检察机关进一步加大救济和保障力度,积极建立健全维护律师执业权利快速联动处置机制,确保律师执业权利受到侵犯后第一时间受理、调查,第一时间处理、反馈,及时有效保障律师依法执业。各级司法机关普遍在官方网站、办公场所公开了受理律师维权申请的机构名称、电话、

地址。

2018年4月,最高人民法院、司法部联合印发了《关于依法保障律师诉讼权利和规范律师参与庭审活动的通知》。

在中央关于深化律师体制改革的顶层设计之下,保障律师执业权利的规定不断细化,实践中,律师执业权利保障得以落实。

3. 司法行政部门、律师协会保障律师执业权利的机制

2013年3月,《全国律协关于进一步加强和改进维护律师执业合法权益工作的意见》出台,进一步加强和改进维护律师执业合法权益工作的指导思想、主要任务和基本原则;进一步明确全国律协和地方律师协会维护律师执业合法权益工作职责、建立健全维护律师执业合法权益工作机制。初步建立了律师协会"三级架构、整体维权"的工作机制,确保律师执业权利受到不当侵害时有渠道反映,及时得到解决。与此同时,各地司法行政部门积极探索律师执业权利保障工作。

2016年,司法部出台《关于进一步加强律师协会建设的意见》,这是深化律师制度改革的重要举措,对于进一步加强律师协会建设、充分发挥律师协会职能作用、促进律师事业发展具有重要意义。意见强调,进一步加强律师协会建设要全面贯彻党的十八大和十八届三中、四中、五中、六中全会精神,深入学习贯彻习近平总书记系列重要讲话精神和对律师工作的重要指示,坚持党的领导,坚持服务大局,坚持依法依章程开展工作,坚持改革创新,推动律师协会组织机构进一步健全,律师执业权利保障、执业行为规范和惩戒工作体系进一步完善,行业自律管理水平进一步提高,行业党的建设进一步加强,职能作用充分发挥。

2017年1月8日第九届全国律协常务理事会第二次会议审议通过《律师协会维护律师执业权利规则(试行)》(以下简称《维权规则》),《维权规则》结合近年来维护律师执业权利工作的实践经验制定,将《维权规则》从原来的专门委员会工作规则上升到全国性的行业规范,为各律师协会有效开展维护律师执业权利、充分履行职能作用提供了依据。《维权规则》明确规定了律师在执业过程中遇有知情权、申请权、申诉权、控告权,以及会

见、通信、阅卷、收集证据和发问、质证、辩论、提出法律意见等合法执业权利受到限制、阻碍、侵害、剥夺的，受到侮辱、诽谤、威胁、报复、人身伤害的，在法庭审理过程中，被违反规定打断或者制止按程序发言的，被违反规定强行带出法庭的，被非法关押、扣留、拘禁或者以其他方式限制人身自由的，以及其他妨碍其依法履行辩护、代理职责，侵犯其执业权利的情形，向所属的律师协会申请维护执业权利，律师协会应当受理。《维权规则》清晰界定了全国律协和地方律师协会维护律师执业权利工作的主要职责及分工。

2017年12月，《中华全国律师协会维护律师权利中心工作规则》发布，要求各级律师协会在秘书处设立维护律师执业权利中心，明确维权中心的组织机构、工作职责、工作规程、工作制度，规范中华全国律师协会维护律师执业权利中心工作，促进维权中心更好地发挥职能作用。

截至2017年底，地市级以上律师协会全部成立了律师维权中心，明确专人负责接待受理、线索移交、调查核实等工作，律师权利受侵害后投诉不畅的问题得到了有效解决。同时，部际层面和各个地方普遍建立了多部门共同参与的律师工作联席会议，加强各成员单位信息共享、整体联动，形成了共同维护律师执业权利的工作格局。[1]

二 北京市律师执业权利保障的制度建构

经过长期的实践及不断的完善，北京市律师执业权利保障已形成较为完整的制度体系。律师协会章程明确了协会维护和保障律师权益的职责；律师执业规范明确了律师执业权利的边界，为律师执业权利的保障奠定了基础；系列律师执业权利保障细则先后出台，将律师执业权利保障工作细化；建立健全了市、区两级权保委工作联动机制，完善了跨区域个案维权协作机制，

---

[1] 《蔡长春：一系列新举措新机制新做法让律师执业权利更有保障》，法制网，http://www.legaldaily.com.cn/locality/content/2018-04/27/content_7531989.htm?node=37232，最后访问日期：2019年2月18日。

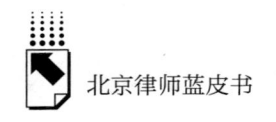

畅通了跨区域律师维权渠道；《北京市律师协会权益保障委员会工作规则》的出台，将律师权益保障工作规范化、制度化；编撰《北京市律师协会权益保障手册》，发放给全市律所、律师，帮助和指导广大律师有效维护自己执业权利。

（一）律师协会章程明确协会保障律师权益的职责

现行《北京市律师协会章程》于2008年12月北京市第七届律师代表大会第五次会议通过，2017年4月22日，北京市第十届律师代表大会第四次会议进行了第一次修订，将"完善律师协会服务与管理，保障律师的合法权益，规范律师行业管理及律师执业行为"作为章程制定的目的，"维护行业整体利益和会员合法权益"是律师协会的宗旨之一，将"保障会员依法执业，维护会员的合法权益"放在律师协会职责的首要位置，明确个人会员享有请求协会维护合法执业权益的权利。

（二）规范律师执业行为边界

2001年，我国首部律师行业的执业规范——《北京市律师执业规范（试行）》发布，进一步规范律师执业行为。2017年12月，北京市律师协会重新修订《北京市律师执业规范》并发布，整个规范共分12章83条，包括律师必须遵守的职业道德的基本准则、如何开始执业、律师行业的组织形式和律师间的关系、律师与委托代理人的关系以及违反律师执业规范将会受到的处分等内容。该规范是指导北京律师执业行为的准则，也是评判北京律师执业行为是否符合律师职业要求的标准，更是行业对违规律师及其所属律师事务所进行处理的依据。此外，北京市律师协会惩戒委员会还针对实践中出现的律师执业违规现象，出台规范执业指引。北京市律师执业规范及规范执业指引明确了律师执业行为的边界，为维护律师合法权益提供了依据。

（三）一系列律师执业权利保障细则

近年来，在北京市律师行业党委领导下，以及在北京市司法局指导下，北京市律师协会依据上位法单独或与有关部门联合制定并发布了诸多关于维护律师合法执业权利的规定，北京市公检法机关也先后出台了保障律师执业权利的相关规定。

2015年8月，北京市第四中级人民法院发布《关于充分保障律师执业权利，共同维护司法公正的若干规定》，进一步加强律师执业权利保护，推动法律职业共同体建设。这是北京法院首次发布针对保障律师执业权利的相关规定。

2015年12月，北京市高级人民法院、北京市人民检察院、北京市公安局、北京市国家安全局、北京市司法局联合制定了《北京市关于依法保障律师执业权利实施细则》，着力解决会见难、阅卷难、调查取证难的问题，对律师执业权利保障设置了救济机制，并结合北京市实际情况，比两院三部出台的《关于依法保障律师执业权利的规定》规定得更加详细、更具有操作性，如人民法院应当允许律师根据需要携带助理参与庭审，从事辅助性工作；应当在审判区设置律师更衣室，配备桌椅、资料查询终端、业务书籍等便利设施等，从律师工作的各个细节着手，大大方便了律师的工作。

2017年7月，北京市律师协会与北京市高级人民法院、北京市人民检察院、北京市公安局、北京市国家安全局、北京市司法局联合发布了《关于建立健全维护律师执业权利快速联动处置机制的通知》①。通知明确了维护律师执业权利的范围和途径，健全完善维护律师执业权利快速受理机制和联动处置机制。

2019年8月，北京市人民检察院印发了《关于加强和改善律师接待工作的通知》，制定了加强和改善全市检察机关律师接待工作的十项保障措施，依法保障律师会见权、阅卷权、申请收集调取证据权、知情权、代理权等各项权利。

2020年3月，北京市公安局发布《关于进一步推行律师远程视频会见

---

① 2017年7月7日，京司发〔2017〕70号文件，北京市高级人民法院、北京市人民检察院、北京市公安局、北京市国家安全局、北京市司法局、北京市律师协会发布《关于建立健全维护律师执业权利快速联动处置机制的通知》。

通告》。为充分利用信息化手段提升律师会见效率，维护在押犯罪嫌疑人、被告人合法权益，自2019年1月1日以来，北京市公安局创新推行律师远程视频会见新机制，律师可以在公安派出所，通过公安机关远程视频会见系统与看守所在押犯罪嫌疑人、被告人进行会见。经过一年多的推进实践，会见流程、运行机制、管理服务更加规范高效，从2020年4月1日起正式在全市进一步扩大推行。

（四）市、区两级权保委工作联动机制

2009年11月，北京市司法局出台《关于建立区县律师协会进一步完善我市律师管理和服务体制的工作意见》，宣武区律师协会是北京市试点成立的第一家区（县）律师协会，2018年12月，延庆区律师协会成立。至此，全市16个区已全部设立了区级律师协会，并且均在律师协会设立律师权益保障委员会。

在维护律师执业权益方面，北京市加大市、区两级律师协会在辖区执业环境上的改善及维权力度，构建市、区两级律师协会优势互补、分工合作、协调配合的权保工作格局。市律协权保委在各项工作中调动区权保委的积极性，既加强市、区两级纵向联系，同时也推动各区之间的横向交流。

（五）跨区域个案维权协作机制

2014年起，北京市律师协会权保委持续积极推进与兄弟省市律师协会的权保互助合作协议签约工作，既加强了律师投保工作的对外合作交流，又为与各省级律师协会协同维护律师执业合法权益提供了极大的便利。维权协议一方律师在签约省市发生维权事件时，另一方能够在第一时间快速启动维权机制，及时有效地开展维权工作。截至2018年12月，北京市律师协会已经与国内30家省级律师协会分别签署了律师维权协议，实现了北京律师维权互助合作网络全覆盖，进一步完善了跨区域个案维权协作机制，畅通了跨区域律师维权渠道，为切实维护律师执业合法权益提供有力保障。

（六）北京市律师协会权益保障委员会工作规则

2002年7月13日第六届北京市律师协会理事会第三次会议通过《北京市律师协会权益保障委员会工作规则》，2018年9月26日第十届北京市律师协会理事会第十八次会议进行了修订。规则共9章61条，包括：总则、工作机构、职责范围、申请和受理、调查、处理、反馈、工作机制、附则。明确北京市律师协会权益保障委员会是律师协会下属负责全市执业律师合法权益保障工作的调研、咨询、受理、调查、处理机构。北京市律师协会权益保障委员会在律师协会理事会领导下开展工作。

北京市律师协会权益保障委员会的主要工作职责：

（一）研究制定北京市维护律师执业权利的行业规范、实施细则及具体办法；

（二）向有关部门提出维护与保障律师合法执业权益的建议和意见；

（三）与北京市司法局等有关机关建立健全维护律师执业权利的工作机制；

（四）聘请有关专家参与律师执业权益保障工作；

（五）负责办理中华全国律师协会交办、督办案件；

（六）直接办理在北京市有重大影响的维护律师执业权利案件；

（七）办理北京市各区律师协会书面申请协调维护律师执业权利案件；

（八）办理外地省级律师协会请求协助的维护律师执业权利的案件；

（九）调研总结北京市律师行业维护律师执业权利工作情况；

（十）根据工作需要，组织安排北京市各区律师协会开展有关维护律师执业权利工作；

（十一）向北京市律师协会理事会报告律师权益保障工作情况，总结律师权益保障工作经验；

（十二）开展维护律师执业权利的其他工作。

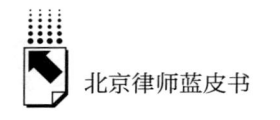

北京市各区律师协会维护律师执业权利工作的主要职责：

（一）负责本区所属律师维护执业权利案件的受理、调查、处理和反馈；

（二）与本区司法局等有关机关建立健全维护律师执业权利的工作机制；

（三）负责办理北京市律师协会交办、督办的维护律师执业权利案件；

（四）协助北京市律师协会办理外省市律师维护律师执业权利案件；

（五）根据北京市律师协会的统一安排，开展维护律师执业权利相关工作；

（六）向北京市律师协会和本区有关部门提出完善和保障律师执业权利的意见建议；

（七）向北京市律师协会和本区有关部门总结报告当地律师行业维护律师执业权利工作情况；

（八）开展维护律师执业权利的其他工作。

北京市律师协会维护律师执业权利中心的主要职责：

（一）接待维护律师执业权利申请；

（二）对维护律师执业权利申请进行初审，对于符合规定的申请提交北京市律师协会权益保障委员会受理；

（三）负责向北京市各区律师协会移交北京市律师协会交办、督办的案件；

（四）负责与相关办案机关、司法行政机关和律师协会间的组织协调工作，参与维护律师执业权利案件调查、处理、反馈工作；

（五）对符合启动快速处置机制或者需要向联席会议报告的重要工作、案件，负责报告、沟通、协调工作；

（六）定期开展对维护律师执业权利工作的汇总、归档、通报和回访；

（七）研究起草维护律师执业权利工作报告；

（八）其他应当由维权中心办理的工作。

（七）北京市律师协会权益保障手册

为了指导广大律师有效防范执业风险，切实维护自身执业合法权益；让广大律师清楚了解与律师执业权益保障相关的法律、法规、指引及规范性文件；熟悉维权工作流程，北京市律师协会权益保障委员会在2014年编辑了《北京市律师协会权益保障手册》，并向全市律所、律师发放。手册汇编了涉及律师权益保障的全国性及北京市的相关文件，深受广大律师的欢迎。2018年11月，北京市律师协会再次编辑北京市律师协会权益保障手册，为维护和保障律师执业权利提供依据。

三 北京律师行业制度性维护和保障律师执业权利

1995年第四届北京市律师协会成立，同时设立了律师权益保障委员会，由副会长刘红宇律师兼任权保委主任。权益保障委员会当时的工作主要包括两方面，一是会员执业权利受到侵害时的个案维权，二是行业制度性的维护执业权利，解决整个行业中存在的律师社会地位不高、调查取证难、会见难等大环境的执业权利受限制问题。1998年，第五届北京市律师协会秘书处设立了权益保障部，由张庆副会长分管，徐波任权益保障委员会主任。权益保障部负责日常、协调配合权益保障委员会开展工作，主要负责制定维权工作制度及实施细则，维权案件的受理、立案与处理，向有关部门提出保护律师执业权益的意见、建议，协助和指导区县律师协会维权工作。

根据北京市律师协会历届权益保障委员会工作报告，十八届三中全会前，北京律师维权案件有以下几个特点：一是律师在代理案件过程中，会见难、阅卷难、调查取证难占律师申请维权的较大比例；二是律师在执业过程中，执业权利受到司法机关的违法阻碍有所增加；三是律师在代理案件过程中受到来自案件当事人的不法侵害，当事人既包括委托方的当事人，又包括对方当事人，导致律师受到各种威胁和人身受到非法伤害的事件大幅度增加；四是律师事务所内部合伙机制和管理制度所产生的纠纷有所增加。律师个案维权存在的问题包括：一是缺乏强有力的可操作可执行的法律依据；二是与相关部门签署的一些协议不能解决具体问题，相关部门的具体做法并不相同；三是部分维权案件发生在北京以外的地区，缺乏一个全国联动机制和有效的渠道；四是权保委受理的个案维权案件，不能做到及时的跟踪回访；五是对全行业的律师被侵权案件状况掌握不及时、不准确、不全面；六是维权案件的界线、范围不明确，哪些申请维权案件应当介入，哪些维权案件不应当介入，甚至何时介入，这些问题始终没有得到有效解决，权保委工作的责任和标准不够明晰；七是部分申请维权案件的律所、律师，未能如实向协会反映真实情况，导致律师协会过于注重维权，极大地影响了维权效果；八是大部分律师及律所对律师的权益保障工作不够重视，不配合权保委开展的各种调研和信息资料的收集工作，从而影响权保工作正确决策和实施。

十八届三中全会以后，北京市律师协会权保委完善权保组织架构，建立和完善各项工作机制，畅通工作渠道，建立与公安、检察院、法院横向联系的良好的沟通交流平台，建立与外地律师协会的联系，完善个案维权响应和处理机制，北京市律师协会律师权益保障工作取得了很多突破性进展，成功推出多项优化律师执业环境的新举措，为北京律师营造了更为良好的执业环境。近年来，市律协修订并完善律师个案维权的工作程序，确定对律师维权个案进行调查、反映、协调、援助的条件和程序，使律师个案维权工作标准化、规范化和制度化，全面提升了律师个案维权速度与质量；建立个案维权工作值班制度，完善了律师个案维权的快速响应机制；设立了维权信箱和维权热线；成立律师执业保障与监督顾问团，邀请公检法机关人员担任律师维权顾问。"举旗"维护律师执业权利，"亮剑"规范律师执业行为，取得了显著效果。据《北京市律师执业权利保障现状调研报告》中的调查问卷，对于"当您的执业权利受到妨碍、侵害时,求助对象为?"问题,有高达79.16%的律师选择向律师协会求助,凸显了律师协会在保障律师执业权利方面的重要作用。

(一)设立律师执业权利保障的专门工作机构与日常工作机构

1995年,第四届北京市律师协会①设立了律师权益保障委员会,1998年,第五届北京市律师协会秘书处设立了权益部。此后,历届律师协会权保委及其组成人员与上一届律师协会权保委的工作实行无缝衔接,保证律师协会权保工作良性运转。2010年起,各区律师协会陆续成立,同步设立权益保障委员会。北京市律师协会权保委作为维护律师执业权利的先锋,以《维权规则》《维权中心办法》为纲领,以维权中心为载体,进行了多项突破创新,在制度维权和个案维权方面都做出了突出的成绩,为广大首都律师营造了良好的执业环境。为落实《律师协会维护律师执业权利规则(试行)》的规定和精神,北京市律师协会及各区律师协会均设立了权益保障委员会和维护律师执业权利中心。

2010年底,北京市13个区县成立了律师协会。2011年4月,市律协权保委召开工作会议,邀请了各区县分管权保委的副会长及权保委主任参加。会议分别就区县律师协会如何处理律师维权申请的相关规则做了培训。此次培训非常及时,有的区县律师协会反映已接到律师申请维权的案件,这次培训为他们处理投诉案件解了燃眉之急。市律协权保委还派人就区县律师协会如何为律师维权进行了相应的培训,针对区县权保委工作提出了要求并进行指导,努力探求市律协权保委与区县律协权保委共同维护律师权益的新模式。

近年来,北京市律师协会加大市、区两级协会在辖区执业环境上的改善及维权力度,构建市、区两级律师协会优势互补、分工合作、协调配合的权保工作格局。市律协权保委在各项工作中调动区权保委的积极性,既加强

---

① 第四届北京律协第一次由执业律师担任会长。

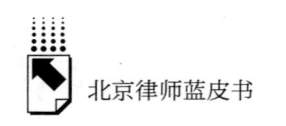

市、区两级纵向联系，同时也推动各区之间的横向交流。进一步完善市区两级权保联动工作机制，做好个案维权基层启动工作。

为进一步提升权保工作沟通面及宣传面的深度和广度，北京市律师协会建立市、区两级律师协会权保联络员制度，形成全市网格化权保信息沟通机制，充分调动会员参与律师权益保障工作的积极性，全面推动律师权益保障工作的开展。

2019年北京市律师协会建立市、区两级律师协会权保委联席会议制度，及时沟通交流信息，研究行业权保工作；市、区两级律协协作改善辖区执业环境，优势互补、分工合作、协调配合，开创权保工作新格局。

1. 北京市律师协会权益保障委员会

北京市律师协会权益保障委员会是北京市律师协会维护律师执业权利的专门工作机构，负责全市执业律师合法权益保障工作的调研、咨询、受理、调查、处理。其设立的目的是切实保障律师的执业权利，充分发挥律师在维护当事人合法权益、确保法律正确实施、维护社会公平和正义、促进司法公正的作用。2019年8月21日，第十一届北京市律师协会召开了权保委第一次全体会议，市司法局领导王群同志对新一届权保委提出了五点意见：提高政治站位，把握权保工作本质；明确工作方向，把握权保工作实质；优化权保机制，积极主动作为；讲究方式方法，突出权保工作重点；加强研究总结，提高权保工作规范化。

权保委与市司法局办公室、律师监管处建立日常沟通联络机制，定期召开联席会，传达工作精神，在涉及律师行业重大敏感问题的处理上保持一致。

2. 建立维护律师执业权利中心

根据司法部和中华全国律师协会就各地律师协会建立"维护律师执业权利中心"的重要部署，2017年3月2日，北京市律师协会举行了"维护律师执业权利中心揭牌仪式"。当日，市律师协会"维权中心"接待室正式投入使用，中心热线电话、电子邮箱和网址同步对外公布，接待室工作职责、工作流程、工作须知和工作人员照片全部上墙，并配备了维权手册及宣传折页供会员和市民免费领取。市律协"维权中心"成立后，各区司法局、律师协会按照市司法局和市律师协会的要求，参照和借鉴市律师协会"维权中心"的组建模式，加快推进"维权中心"的组建工作。同月8日，北京市12个区律师协会已经全部完成"维权中心"的组建工作，在全国率先实现了律师协会"维权中心"建设的全覆盖。北京市律师协会"维权中心"与各区维权中心形成联动，达到了北京市范围内维权案件快速反应、快速受理、快速解决的良好效果。截至2018年底，全市各区均建立了维权中心，形成了市区两级律师协会维权网络全覆盖。

维护律师执业权利中心是权益保障委员会的日常工作机构，设在律师协会秘书处。各区律师协会也设立了律师维权中心。北京市律师协会于2018年12月发布《北京市律师协会维护律师执业权利中心工作办法》，再次明确维权中心作为权保委员会日常工作机构的定位，维权中心负责律师维权申请的接待、初审、与相关各方的协调等具体工作。该办法从组织机构、工作职责、工作规程、工作制度等方面对维权中心的工作进行了规范。

3. 权保委值班制度和快速响应机制

北京市律师协会权保委建立并坚持主任和副主任带领委员轮流值班制度，定期接待个案维权申请律师和律师事务所，实行个案维权首案负责制，确保全部维权案件都有权保委委员专人接待、处理。

权保委努力加大工作力度、提高工作效率，建立个案维权快速响应机制，使个案维权常态化、制度化。个案维权力争实现第一时间受理维权申请，第一时间联系涉事律师，了解情况，告知维权程序、规则、方式，第一时间向涉事机关、单位及其工作人员了解情况，第一时间联系涉事所在省律师协会，请求协助维权，争取多方协商，及时快速采取有效维权方案，最大限度地维护律师的合法执业权益。因此，在处理律师申请维权方面，受到了会员好评，申请维权的案件越来越多，律师也越来越重视律师协会工作。

权保委重视舆情，完善律师行业舆情采集快速应对机制，指定专人即时关注网络上的律师行业动态和相关社会热点，将涉及侵犯律师执业权利的情况及时反馈到维权中心处理，做到第一时间了解情况，第一时间制定维权方案，加快行业协会主动维权的速度，加大维权力度。各律师协会之间、各律师协会与同级司法行政机关之间互通信息，共同妥善处置。根据调查处理的实际情况，适时发声、表达关注，公布阶段性调查结果或者工作进展情况，必要时及时向社会披露调查处理结果。

4. 成立律师维权志愿团

为贯彻落实司法部全国律师维权惩戒工作专题研讨班的会议精神，充分发挥律师维护当事人合法权益、确保法律正确实施、维护社会公平正义、促进司法公正的积极作用，切实保障首都律师执业合法权利，经过前期调研、结合实际情况，北京市律师协会从本市律师行业内政治素质高、业务能力强、熟悉律师权益保障工作、从事刑事辩护业务的律师中挑选出20名资深刑事律师组建律师维权志愿团，并由北京市律师协会会长高子程担任团长。成员包括：高子程、庞正忠、刘卫东、李法宝、杨矿生、郝春莉、石红英、许兰亭、钱列阳、韩嘉毅、王兆峰、杨晓虹、毛洪涛、温新明、孙明经、李殿钦、余尘、常铮、焦鹏、刘玲。律师维权志愿团积极为律师在执业权利被侵害时提供法律援助等其他帮助。维权志愿团的成立为广大律师提供了坚强的后盾，增强了律师的归属感，志愿团的工作得到广大律师的肯定。

5. 推动跨省权保交流协作

2014年7月，北京市律师协会与吉林省律师协会签订了《跨省（市、区）维护律师执业合法权益互助合作协议》，开创了北京市律师协会与外省市律师协会签订权保互助协议的先河，对全国范围内的律师行业共同开展维护律师合法执业权利工作起到了积极的推动作用。随后，北京市律师协会积极与相关省市就律师执业权益互助事宜进行沟通协商，并在原有跨区域合作的基础上，起草了《跨省（市、区）维护律师执业合法权益互助合作协议》，签订协议的双方将共同推进律师权益保障工作的开展，互助协作，互相配合，建立健全跨区域个案维权工作机制，进一步畅通跨区域的律师维权渠道，为切实维护律师执业合法权益提供有力保障。截至2018年12月，北京市律师协会已经与30家省级律师协会分别签署了律师维权协议，实现了北京律师维权互助合作网络全覆盖。这意味着，维权协议一方律师在签约省（区、市）发生维权事件时，另一方能够在第一时间快速启动维权机制，及时有效地开展维权工作。维权互助合作协议的全覆盖，进一步完善了跨区域个案维权协作机制，畅通了跨区域律师维权渠道，为切实维护律师执业合法权益提供了有力保障。跨区域律师维权机制的建立切实做到了多方联动、有效衔接、持续跟踪、措施有力，形成了全市系统有机联动、省市之间有效衔接的维权工作新格局。

为加强北京市律师协会与外地律师协会的交流，更好地保障本市律师的执业权利，2019年11月，市律协权保委赴福建省律师协会进行工作交流座谈。双方就如何加强两地维权协作进行了深度探讨，就执业过程中出现的律师会见难、立案难等问题进行了座谈。双方还对发生律师人身伤害案件一小时内属地律师协会快速介入事宜达成共识。

6. 建立健全律师维权统计报告制度

北京市律师协会建立并完善了律师执业权利工作信息统计报告制度，各区律师协会定期向北京市律师协会提交维护律师执业权利工作信息统计报告。这一制度的实施为北京市律师协会开展下一阶段的律师执业权利保障工作提供了数据基础，为北京市律师协会分析、研判律师执业权利保障的形势提供了依据，有利于针对相关事项做出科学合理的决策。

7. 深度调研，形成北京市律师执业权利保障现状调研报告

为切实维护北京市律师执业权益，全面了解北京律师权益保障工作落实情况，北京市律师协会权保委就律师权益保障工作现状开展了系列调研活动。权保委分别在东城、西城、朝阳、海淀、丰台等区共召开六场调研座谈会，权保委主任班子成员分头参加，毕文胜副会长全程参与。市律协针对此次调研活动，召开主任班子会，参会班子成员积极对调研活动提出相关意见和建议。2019年12月，针对非诉业务和非刑事辩护业务领域的其他专业律师领域开展两次专场座谈会进行深度调研。为确保多场座谈会顺利开展，落

实调研目标普遍性和深入性要求，调研座谈会开展前期，权保委调研工作小组着重开展了三个方面的工作。第一，调研小组对目前立法中涉及律师法定权益的范围做了详尽的汇总，建立了相关法规库；第二，对法律法规及相关文件中的律师法定权益相关规定做了详尽的研读和总结；第三，对调研提纲和调研律师对象均做了充分准备，调研提纲详尽细致，调研律师对象具有普遍性和代表性。通过第三方课题组组织多场座谈会，收集在线调查问卷1200多份，对目前北京市律师执业权利保障的制度建构及落实情况进行了客观、全面的分析，完成了6万余字的《北京市律师执业权利保障现状的调研报告》，为下一步更好地完善北京市律师协会权保工作提供了理论和现实依据。

北京市律师协会权保委还就律师持法院调查令查询企业及股东个人信息和律师专利代理的受限情况等问题开展调研。

8. 维权宣传、培训全面开展

北京市律师协会坚持以个案为突破口，通过发布典型维权案例发挥维权案例的示范效应和社会效果。维权案例的发布让广大律师了解到律师协会维权组织的存在，申请维权的途径、方式等内容，在律师队伍中营造出敢于维权、善于维权的良好氛围。

2016年，《北京市关于依法保障律师执业权利实施细则》正式发布以来，市区两级律师协会积极组织对该实施细则、《维权规则》和刑事执业规范等的宣传和培训。市律协权保委组建权保工作宣讲团，从资深委员中挑选讲师，在西城区、东城区、丰台区、朝阳区等举办了专题培训讲座，提高律师执业风险防范意识，引导广大律师规范执业、合法维权，切实提高维权和惩戒工作的及时性和有效性。

为了指导首都律师有效防范执业风险，切实维护自身执业合法权益，使广大律师清楚了解与律师执业权益保障相关的法律、法规、指引及规范性文件，熟悉维权工作流程，北京市律师协会由权保委编辑印发了《北京市律师协会权益保障手册》《维护律师执业权利工作手册》等书籍，向全市律所、律师免费发放，为维护和保障执业权利提供政策和法律帮助。

9. 加强委员会间的沟通，多渠道反映阻碍律师依法执业问题

市律师协会权保委加强同本会参政议政促进工作委员会、刑法专业委员会等相关专门委员会、专业委员会的合作，了解律师在不同法律领域中遇到的问题，形成报告，通过多种合法合理渠道向上级有关部门反映阻碍律师依法执业问题。

2019年12月，权保委与参政议政促进委员会就律师权益保障相关问题召开座谈会，与会人员围绕推进律师调查令、审判阶段律师阅卷电子化、各级法院律师通道优化设置、完善看守所律师会见工作等律师权益保护方面的热点难点问题进行了深入交流，提出了诸多实质性、可操作性强的意见建议。下一步权保委将通过律师行业中的人大代表和政协委员提出议案或提案的方式反映律师权保工作中的难点热点，为行业发展、社会进步鼓与呼。

（二）积极参与涉及律师权益的法律、法规、部门规章的起草修订

1. 组织起草《关于对刑法修正案（九）草案二审稿的意见》

2015年，权保委组织起草了《关于对刑法修正案（九）草案二审稿的意见》，围绕保障律师依法执业提出修改建议，并以北京市律师协会的名义提交给全国人大常委会。

2. 组织起草《北京市关于依法保障律师执业权利实施细则》

2015年9月16日，最高人民法院、最高人民检察院、公安部、国家安全部、司法部联合出台了《关于依法保障律师执业权利的规定》，这是深化律师制度改革、促进律师事业发展的重要举措，对保障律师执业权利、发挥律师作用具有重要意义。北京市律师协会组织起草了《北京市关于依法保障律师执业权利实施细则》，北京市的实施细则既保留了全国规定的内容，又吸收了近年来北京市律师协会与市检察院、市高级法院、市公安局沟通协调机制的最新成果，最大化地保障了北京市律师的执业权利。

3. 受全国律协委托起草《律师执业权利保障规则》

2002年全国律协制定了《律师协会维护律师依法执业权益委员会规则》，2015年9月，为适应形势的发展，根据司法部的指示，全国律协决定

对该规则进行修改并将初稿起草工作委托给北京市律师协会。权保委接受工作后即成立了起草工作小组,通过收集各方面资料、多次研讨沟通,9月20日完成初稿,9月23~24日全国律协何勇秘书长组织召开规则起草小组座谈会,确定了《律师执业权利保障规则》的框架结构、主要章节等。起草小组根据会议确定的原则精神,对规则的条款逐条修改。2015年11月23日,全国律协又组织了北京、天津、上海、山东、湖北等地律师协会副会长、秘书长、权保委主任座谈会,对规则再次提出修改意见。会后起草小组又根据修改意见确定了规则征求意见稿。该规则将在广泛征求意见的基础上,提交全国律师协会代表大会讨论。

4. 参与《关于律师会见在押罪犯参与刑事案件申诉的暂行规定》和《关于律师在狱内案件侦查阶段参与刑事诉讼活动的暂行规定》的修改

2015年,权保委积极参与市司法局组织的《关于律师会见在押罪犯参与刑事案件申诉的暂行规定》和《关于律师在狱内案件侦查阶段参与刑事诉讼活动的暂行规定》的修改工作,权保委主任李法宝、副主任石红英等参加了该起草小组,起草小组多次到监狱进行调研和座谈,并形成修改意见提交。

(三)加强与公检法等部门沟通协作,落实快速处置沟通机制

律师的执业权利,尤其是在诉讼中的执业权利,与公检法机关密切相关,律师执业权利的保障需要公检法机关的支持和配合。长期以来,北京市律师协会权保委在加强与公检法沟通协作、落实快速处置机制方面做了大量的工作,相互之间建立联络沟通协调机制,有效处理维护和保障律师执业权利工作和个案维权工作。

1. 加强与公安机关的沟通协作

2011年5月,北京市律师协会权保委与北京市公安局海淀分局签署保障会见权、规范法律服务协议书并开始实施。8月开始在海淀区看守所正式投入使用的LED大屏幕,全天候滚动播出"如何聘请正规律师"等内容。该屏幕的投入使用,将对净化法律服务市场、清理整顿"黑律师"起到积

极的作用。2011年7月，北京市律师协会权保委会同海淀区司法局、海淀区公安分局、海淀区看守所，对海淀看守所周边的律师执业环境进行了检查和整顿，有力地打击了"黑律师"，保护了律师和当事人的合法权益。与丰台公安分局、丰台区法院就保障律师权益、规范法律服务、净化服务环境、打击"黑律师"等进行多次沟通，签订相关保障律师权益的协议书。

2012年，北京律协权保委加强与公安监管部门的沟通与交流，保障律师在立案侦查及监管等各环节依法执业，实现律师凭"三证"可以无障碍地会见。

2015年，北京律协权保委多次与监管总队、预审总队进行座谈，解决律师会见中遇到的问题。①针对一些看守所会见窗口不足等问题与市监管总队和部分看守所多次沟通协调，基本解决了这些看守所会见难的问题。②与部分区律师协会共同协调，在相关看守所会见窗口配备了律师专用电脑和打印机，为律师会见提供了便利。③在全市看守所推广律师会见电话预约制度。④对看守所周边律师设点及违规会见等问题进行了调研。⑤对律师在会见中协助看守所干警消除危害监所安全隐患的行为进行了表彰。

2016年12月，北京市公安局与北京市律师协会召开联席会议，标志着市律协与市公安局的沟通平台正式建立。会议确定了律师数据共享机制、预约平台建设、公安机关如何依法保障律师执业权利以及下一步工作内容。

2017年9月，北京市律师协会与北京市公安局举行了律师法律顾问团的启动仪式。会上双方共同签署了《北京市公安局北京市律师协会关于成立律师法律顾问团合作意向书》，市公安局向律师法律顾问团代表颁发了聘书。北京市律师协会将全力支持和保障律师法律顾问团的工作，切实履行双方合作意向书中的内容，为推进法律职业共同体建设、促进公安机关规范执法做出积极的努力。

2018年，为提高律师会见效率，切实保障在押犯罪嫌疑人、被告人合法权益，北京市律师协会经与市公安局沟通协调，创建了律师远程视频会见的新模式，在派出所与看守所之间为律师与在押犯罪嫌疑人、被告人搭建快速会见平台，使律师远程视频会见在押犯罪嫌疑人、被告人成为现实，为畅

通会见开辟了新途径。

2. 推进检察院与市律协的沟通协作

2012年，北京市人民检察院与北京市律师协会沟通联络小组建立，该小组定期召开座谈会，共同推进律师在检察阶段的会见、阅卷及交换意见等各项合法权益落到实处，同时开通了"北京市检察机关律师接待平台系统"，为律师在预约会见、阅卷、交流意见等方面提供了便利。

2016年，北京市律师协会与北京市检察院建立了沟通协调工作小组，就建立完善新型检律关系配套工作机制及贯彻实施《北京市关于依法保障律师执业权利实施细则》进行沟通。5月，双方共同召开联席会议，并发布联席会议纪要，决定建立维权联络机制；建立违规通报查究机制；建立常态化的共同培训机制；探索建立检律办案工作相互评价机制；建立律师投诉、举报回应机制。着力解决律师普遍反映的职务犯罪会见难的问题及其他律师诉讼权利保障问题。完善便利律师参与诉讼的机制，如加强律师执业数据和律师接待平台的互联互通和信息共享；完善律师接待平台各项功能，方便律师网上预约；建立和完善专门的律师阅卷室；推进卷宗电子化工作。解决辩护律师执业权利受到侵害的救济问题。

2017年7月，北京市律师协会和北京市检察官协会签署协商互助协议。协议包括双方共同建立日常沟通交流合作机制、业务交流工作机制、办案协作机制、维权联动机制和共同培训工作机制等相关内容。双方将依托协议本身，积极开展协商互助机制的宣传工作，同时注重宣传律师和检察官的职业道德和执业纪律，共同维护律师和检察官的职业形象，确保联合活动的顺利开展。

2017年8月，权保委组织律检论坛，推进市检察院与市律协的沟通协作，律检论坛作为权保委推出的亮点工作取得良好效果，广大律师反响热烈。在北京市东城区人民检察院举办的"沟通·理解·尊重——新型检律关系主题实务论坛"，围绕"以审判为中心的诉讼制度改革背景下检律关系再审视"及"检察官司律师法律职业共同体定位之思考"两个主题展开，与会律师均反映达到了与检察部门良好沟通的效果。

2019年，北京市律师协会与市检察院召开依法保障律师执业权利座谈会，积极推进检察机关出台加强和改善律师接待工作的十项保障措施，依法保障律师会见权、阅卷权、申请收集调取证据权、知情权、代理权等各项权利。2019年8月，北京市检察院印发了《关于加强和改善律师接待工作的通知》，制定了加强和改善全市检察机关律师接待工作的十项保障措施，为依法保障律师会见权、阅卷权、申请收集调取证据权、知情权、代理权等各项权利提供了统一的标准。律师可以通过"北京市人民检察院"官方网站、"北京检察"微信公众号、"京检在线"微信公众号预约阅卷。同时，北京市人民检察院通过增设网上律师服务板块、公开全市各级检察机关的联系方式，以方便律师在阅卷时联系案件承办人。检察机关完善了律师接待场所及必要设备保障，设置了专门的律师阅卷场所，配备电脑、高拍仪、复印机、打印机等必要设备，并拓展律师查询方式，推进案件信息公开，及时为律师提供所查询案件的程序性信息。市检察院的通知为北京市"律师接待便利化"建设提供了新的方向与内容。

3. 完善市高院与市律协沟通协作工作机制

2013年7月，北京市律师协会与北京市高级人民法院召开座谈会，决定建立市高级法院、律师协会沟通联络工作小组，定期召开座谈会，就加强法院系统与司法行政系统的合作，特别是强化律师权益保障工作进行研讨。

近年来，北京市律师协会与市高院就强化律师权益保障工作取得了显著成效。①发布《北京律师进入法院简化安检程序指引》，解决了律师反映强烈的律师进入法院安检的相关问题。②关于律师出庭着律师袍的工作基本落实。③在全市各级法院均建立了律师工作室，律师工作室的配备均按照律师协会的要求进行设置。④在全市各级法院引入了保险担保。⑤在全市各级法院逐步推进实施调查令制度。⑥法官与律师的相互评价机制逐步建立。⑦市高院在诉讼服务工作及信息平台建设中重视征求律师意见。⑧北京市律师协会与北京市高级人民法院签订在律师中开展电子送达的合作协议。

2017年8月17日，北京市律师协会和北京市法官协会签署了合作协议。协议包括双方共同建立日常沟通交流合作机制、业务交流工作机制、文化建设和文体活动交流机制等相关内容。双方将依托协议本身，进一步加强沟通交流，合作举办党建、团建活动，并根据双方需求，有针对性地举办专题座谈，就会员关注的法律问题或社会热点开展深入研究探讨；双方还将努力做好沟通交流机制的宣传工作，使广大会员了解沟通交流的主要内容，增进彼此了解，切实推动法官与律师之间构建良性互动的新型关系，形成首都法治建设的合力，为共同推进职业共同体建设、全面深化司法改革、全面推进依法治国做出贡献。

为律师提供高效优质的诉讼服务，市权保委与市高院共同打造利用现代科技手段为律师服务的"新常态"，成功搭建"微律师""微诉讼"等多个网上办案平台，将实体诉讼服务向互联网端、移动端拓展，为律师提供案件查询、法官联络、材料递交、文书送达、投诉建议等多种服务功能，切实提升律师诉讼工作效率，有效维护了律师执业权利。

4. 建立健全维护律师执业权利快速联动处置机制

2012年，北京市律师协会与北京市东城区人民法院、北京市西城区人民法院、北京市西城区人民检察院签订了合作协议，就保障律师执业权利、加强相互之间的交流、净化法律服务市场等达成共识。

2017年7月7日，为落实司法部快速联动处置机制的通知精神，实现维护律师执业合法权益渠道畅通、快速受理、联动处置，北京市高级人民法院、北京市人民检察院、北京市公安局、北京市国家安全局、北京市司法局、北京市律师协会联合发布《关于建立健全维护律师执业权利快速联动处置机制的通知》，明确了维护律师执业权利的范围和途径，健全完善维护律师执业权利快速受理机制和联动处置机制。同时，市司法局、市律协推动各区级部门发文落实维护律师执业权利快速联动处置机制。截至2018年底，市区两级维权快速处置沟通机制在北京市范围实现全覆盖。市律协权保委和市司法局相关部门定期就律师权保召开沟通协调会，整合力量落实中央和北京市的有关通知精神。

5. 加强同政府部门沟通协作保障律师执业权利

（1）市律师协会权保委与北京市国土局数次沟通、召开座谈会，旨在认真贯彻落实国家相关法律、法规的基础上，对《律师法》中的律师自行取证权做出进一步的阐释和细化，规范律师查阅土地信息的内容与程序，探讨土地信息公开的程度和范围。

（2）市律师协会权保委与市交管局相关部门共同召开了"探讨律师查询车辆信息制度"座谈会，会议围绕如何简化律师查询机动车车辆信息的程序及方式等问题做了探讨，并在决策层面和操作层面提出了具体的意见和建议，共同推动这一问题早日得到解决。

（3）便捷律师通过专用 CA 证书实现互联网工商查档。针对律师查询工商企业档案、律师介入工商注册代理业务等问题，市律协与市工商局多次协调沟通，于 2013 年 2 月 4 日正式签订了合作协议，制定出台《律师查询利用工商企业档案操作指引》，就依法为律师查询工商企业档案提供便利、引导律师介入工商注册代理业务、起草规范化合同文件等内容达成了具体合作意向。同时针对律师查档中出现的问题，及时修订了操作指引，保证了律师利用工商企业档案的顺利进行。

为便捷北京律师查询工商企业档案、节约办案成本，市律协权保委与市工商局档案中心进行多次协商，推动工商档案查询服务平台的建立，律师通过配置的专用 CA 证书即可实现在互联网上便捷查询所有企业工商档案。自 2016 年 6 月 27 日起，北京律师查询企业登记信息材料可不必到现场办理，律师个人在所属律师事务所内通过本所的 CA 数字证书即可登录"北京市企业登记信息查询服务系统"，实现远程查询，并可得到优先审核。

（4）针对律师在专利代理工作中受到限制的问题，权保委联合市律协专利法委员会多次召开座谈会，形成专家意见，向国家专利局、司法部及国务院法制局等部门反映，通过多种途径为解决限制律师专利代理问题提供支持。

四　个案维护保障律师执业权利经典案例

近年来，北京市律师协会权保委通过主任和副主任带领委员轮流值班制

度，定期接待个案维权申请律师和律师事务所。依托市区两级维权中心和市区两级维权快速处置沟通机制，全部维权案件都有权保委委员专人接待、处理，基本上做到了会员一旦申请维权，律师协会维权工作及时到位，大部分维权案件已得到妥善处理。权保委努力加大工作力度、提高工作效率，收到的多起紧急维权个案，均在第一时间做出反应，及时了解详情，多方协商，及时快速采取应对方案，最大限度地保护律师的合法权益。在快速应对处理律师维权申请方面，受到了会员好评。

为进一步畅通维权渠道，切实、有力保障律师执业合法权益，权保委积极加强与全国律协及外省（区、市）律师协会之间的交流与沟通，对于重大敏感的维权案件积极寻求司法部、全国律协的支持，同时与外省（区、市）律协签订合作协议，建立了与外省（区、市）律师协会相互合作的平台，并形成联动机制。

（一）缓解会见难问题，取得良好效果

1. 会长体验"会见难"，力促看守所整改

2015年5月29日上午，市律师协会会长高子程到北京海淀看守所申请会见嫌疑人，被值班民警以"上级规定"为由拒绝。

高子程根据这次体验，分别向北京市人大、检察院等提出了12项建议。紧接着，北京市检察院责成有关部门专门督办；北京市公安局高度重视，要求立即整改；海淀看守所表示逐一整改。自2015年7月13日起，海淀看守所提前半小时办理会见手续，基本能够保证在当日即安排会见。

2. 现场调研协调，完善律师会见模式

2019年，针对长期以来的律师会见难问题，市律协权保委加大了工作力度，积极与市公安局监管总队沟通协调，取得了良好效果。9月11日，北京市律师协会副会长毕文胜、副秘书长陈强以及权保委主任李法宝等一行到朝阳看守所，就律师会见难问题进行调研，并与朝阳看守所召开了工作协调会，市监管总队支队长戴琳、朝阳区看守所所长郝飞参加了会议。会上，参会律师对现行会见机制出现的相关问题及情况进行了反馈，同时对当前新

形势下律师会见的新问题、新情况提出了建议和意见，与会双方对于进一步推动律师会见方式的改变及解决会见过程中连夜排队等突出问题交换了意见。根据协调会的建议，9月18日起，朝阳看守所调整完善律师会见模式。朝阳看守所推出的新的会见模式是为落实与北京市律师协会、朝阳区律师协会工作协调会会议精神采取的有力举措，是双方充分沟通交流的有效成果；在会见窗口少、会见缓慢的现实条件下，这一举措的实施更好地保障了律师及时会见在押人员，尽可能地缩短等待时间，增加了会见频次，缓解了朝阳看守所律师"会见难"问题。

（二）跨省市联动维权

1. 北京律师在外省被拦截、围堵案

2019年2月20日上午，北京JP律师事务所主任李律师在福建省某市JC区人民法院开庭后，在法院门口被对方当事人五六人拉扯、威胁、阻拦，经承办法官和法警劝说后被放行。随后在前往福州机场的路上，临近"宁德南"高速公路入口处，被对方当事人组织的3辆车围追、堵截，计有十余人。当日13时许，李律师向110报警，律所知道消息后亦向当地派出所报警，出警后围堵车辆及人员散去。13时35分，李律师在飞鸾收费站处再次被人围堵。律所向警方报案，请求派车护送到机场，被拒绝。其间，律所与李律师失联20余分钟。14时08分，北京JP律师事务所向北京市西城区律师协会权益保障委员会申请维权。北京市西城区律师协会权益保障委员会、西城律协维护律师执业权利中心收到维权申请后，随即于14时13分联系北京JP律师事务所核实了解情况。因该申请属于第三人侵权导致的突发事件（主要指第三人对律师的人身权、执业权造成损害，致使律师无法正常履行职责的），并涉及异地维权，西城区律师协会权益保障委员会立即将案件信息报送至北京市律师协会，北京市律师协会高度重视，随即启动联动工作方案，将案件信息传递至福建省律师协会会员部。14时29分，西城区律师协会权益保障委员会与李律师本人取得了联系，李律师在飞鸾收费站被迫坐上了对方的车，但是经律所报警又返回到了某市JC区人民法院，暂时

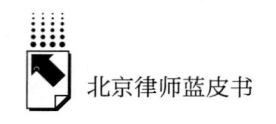

安全。西城区律师协会权益保障委员会告知李律师本人案件信息已报市律协，并联络福建律协，福建律协反馈随时启动保护，再有紧急情况，可以安排护送。15时38分，李律师反馈在去机场的路上，对方没有再尾随，确认已经安全，律师的合法权利和人身自由得到了及时有效的保障。

2. 北京律师在外省被拒绝律师会见案

北京市YD律师事务所于律师于2019年6月13日下午在某省HF监狱会见在押人员时，其会见申请已经HF监狱狱政管理科批准，但是监狱会见室以于律师穿裙子为由不准许会见。经了解，于律师身穿长袖、裙长到膝盖的黑色职业装（衬衫式裙装）。HF监狱未在办公场所公开张贴女律师会见不允许着裙装的明文规定。2019年6月13日14时09分，于律师致电北京市西城区律师协会权益保障委员会申请维权。北京市西城区律师协会权益保障委员会、西城律协维护律师执业权利中心收到维权申请后，快速反应核实了解了相关情况。因该申请涉及异地维权，西城区律师协会权益保障委员会立即将案件信息报送至北京市律师协会，北京市律师协会权保委随即启动联动工作方案，积极协调将案件信息传递至某省律师协会会员部。14时44分某省律师协会与于律师电话沟通并了解了相关情况，随即协调当地监狱管理部门。15时10分前后，于律师被允许会见。律师的合法权利得到了及时有效的保障。

3. 北京律师荆门被打案

2017年12月6日，北京市律师协会从海淀区律师协会维权中心获悉：北京京平律师事务所顾律师、王律师在湖北省荆门市中级人民法院开庭后被多名不明身份人员围殴。北京市律师协会律师维权中心第一时间启动跨区域联动维权机制，与湖北省律师协会沟通，请求湖北省律师协会对受侵害律师给予协助。同时，与两位律师取得联系，了解事情经过，并及时将有关情况上报中华全国律师协会律师维权中心。12月8日，湖北省荆门市司法局、律师协会一行6人来京通报北京律师被围殴一事最新进展。荆门市一行首先来到北京市律师协会，同市司法局和市律协有关负责人进行座谈。荆门市司法局局长胡孝光通报了事件最新进展，在得知北京两名律师被围殴后，湖北省和荆门市两级司法行政机关和律师协会高度重视，荆门市市委、市政府要求公安机关迅速成立专案组，依法、从快处理，迅速破案。当地公安机关立即开展工作，抓获包括主要策划组织者在内的七名犯罪嫌疑人。北京市司法局律师监管处副处长赵跃和市律协副会长庞正忠分别代表市司法局和市律协对湖北省及荆门市两级司法行政机关和律师协会所做的工作表示感谢。他们认为，在此次事件中，各有关单位旗帜鲜明、反应迅速、行动有效，充分体现了司法部、全国律协对律师"严管厚爱"的精神。同时他们希望双方进一步密切协作，共同做好依法维护律师执业权利工作。当天下午，荆门市一行在北京市律协有关负责同志的陪同下到京平所看望了两名律师，向京平所通报了事件最新进展，京平所主任赵健及两位律师对京鄂两地司法局和律师协会的关心和慰问表示感谢，对两地律师协会的快速维权表示满意。

2018年2月28日，经东宝区检察院提起公诉，周某等人寻衅滋事案在东宝区法院开庭审理。东宝区人民法院认为，被告人周某、邓某等人合伙在公共场所随意殴打他人，情节恶劣，破坏社会秩序，其行为均已构成寻衅滋事罪，分别对被告人周某等十人判处六个月至一年十个月有期徒刑，对其中情节较轻的三名被告人宣告了缓刑。宣判后，十名被告人均表示认罪悔罪，当庭未提出上诉。

4. 四川律师北京取证被阻案

2019年7月23日下午4时许，四川SD律师事务所张律师持律师证、律师介绍信、授权委托书、法院受理案件通知书、法院裁定书等法律文书，前往中国证券登记结算有限公司北京分公司调查案件中涉及查封的一家新三板上市公司的股权状态（质押、查封冻结情况）。公司工作人员口头告知："本单位只接受法院《调查令》，不接受律师的查询。"张律师主张，《律师法》第35条规定，"律师自行调查取证的，凭律师证执业证书和律师事务所证明，可以向有关单位或者个人调查与承办法律事务有关的情况"，中国证券登记结算有限公司北京分公司拒绝接受律师调查取证，已经涉及侵犯律师依法执业权利的规定，并通过四川省律师协会向北京市律师协会提出维护律师依法调查取证权利的申请。因中国证券登记结算有限公司北京分公司办

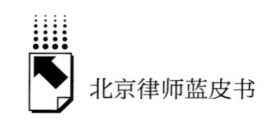

公地处于西城区，故北京市律师协会将该案件交由西城区权益保障委员会处理。7月24日上午7时多，西城区律师协会权保委副主任魏晓东便到达中国证券登记结算有限公司北京分公司，提前与张律师见面，查看张律师携带的法院案件相关材料，并进一步细致了解情况。之后，陪同张律师到查询柜台查询。公司工作人员与张律师各持己见，争执较为激烈。魏晓东副主任及时介入协调，避免了双方矛盾升级，最终经协商，中国证券登记结算有限公司北京分公司口头告知了查询的内容，张律师完成了调查。

5. 北京律师外地阅卷被阻案

2019年7月12日上午9时许，于律师持北京KD律师事务所刑事所函、犯罪嫌疑人之姐的授权委托书和其户口本原件及复印件、律师证原件及复印件到某省某市湖滨区人民检察院要求查阅、复制犯罪嫌疑人周某诈骗案的全部卷宗时，湖滨区检察院告知无法阅卷。理由是，周某诈骗案件是当地涉黑涉恶系列案件中的一部分，系涉黑相关案件，律师应当向律师协会报告备案，之后才可以介入辩护、阅卷。该市看守所也以同样的理由拒绝了辩护律师的会见申请。

辩护律师虽然并不认为该案涉黑涉恶，但是既然湖滨区人民检察院明确告知本案涉黑涉恶并且向辩护律师索要报告备案登记表，为了谨慎起见，更是出于依法办案的考虑，辩护律师立即返回北京，并向律师事务所主任、合伙人先后汇报该案情况以及当地办案机关拒绝律师辩护、阅卷和会见的理由。律师事务所当即召开合伙人会议，经讨论决定，严格依照涉黑涉恶案件的程序规定，立即依法向北京市司法局、北京市律师协会、海淀区司法局、海淀区律师协会履行报告备案义务。依照北京市律师协会要求，提供相应证明材料之后，北京市律师协会于2019年7月17日出具了备案证明。

2019年7月23日，辩护律师持北京市律师协会出具的备案证明再次前往湖滨区人民检察院，湖滨区人民检察院律师接待办公室负责检察官先后三次请示领导之后，告知辩护律师，检察院要求的备案证明是由该市律师协会出具的，北京市律师协会出具的备案证明不行，要求辩护律师到当地市级律师协会履行报告备案义务。

按照湖滨区人民检察院的要求，辩护律师到市司法局内的律师协会办公室履行备案手续时，律师协会办公室工作人员明确告诉辩护人，领导说该案不能备案，更不准给外地律师备案。辩护律师要求和市律协负责人员沟通，在等待近一个小时之后，终于见到了该市律协领导，该领导称该案不涉黑，不需要备案；如果需要备案，需要由湖滨区人民检察院工作人员告知该案涉黑，律师协会安排备案事宜。

辩护律师再次返回湖滨区人民检察院律师接待办公室，负责检察官说会向领导汇报该情况，让辩护律师下午 3 时 20 分打电话，其会告知该案是否需要备案。下午 3 时 20 分，辩护律师电话和马检察官电话沟通后，得知湖滨区人民检察院已经和该市律师协会高姓工作人员沟通过了，该案系涉黑相关案件，需要到该市律师协会备案，只有备案之后才能阅卷和会见。辩护律师又电话与该市律师协会沟通，再次前往该市律师协会当面协商备案事宜，答复不能备案……辩护律师阅卷工作陷入困局。

辩护律师依法向北京市海淀区律师协会报告阅卷权、会见权遭受侵害的事实，引起海淀区律师协会律师维权部门的重视。因涉及某省律师协会，海淀区律师协会将本案转至北京市律师协会。北京律协律师维权部门工作人员第一时间和辩护律师取得联系，并与某省律协取得了联系，对此事进行调查。同时，每周和辩护律师沟通进展情况，为辩护律师在某省内依法维权提供了强大的保障。

与此同时，辩护律师依法逐级多次向湖滨区人民检察院控申部门、市级人民检察院控申部门、省人民检察院控申部门、最高人民检察院控申部门反映律师会见权、阅卷权受阻的问题，引起了该省人民检察院、最高人民检察院的重视，并出面协调。

最终，湖滨区检察院认定周某诈骗案不涉黑，不需要履行备案手续，并于 2019 年 9 月 16 日依法准许辩护律师阅卷，辩护律师于当日晚上 6 点取得了卷宗光盘。2019 年 9 月 14 日，辩护律师会见了犯罪嫌疑人周某。

（三）维护律师事务所正常工作秩序

孙某、阚某 1 委托北京市 YF 律师事务所闵律师代理 2015 年 2 月 1 日造

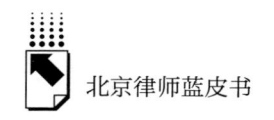

成阚某2（孙某前夫、阚某1父亲）死亡的交通事故的道路交通事故责任重新认定事项，并签订了《委托代理合同》。闵律师接受委托后，向办案机关提交了重新鉴定申请书。2016年9月6日，内蒙古ZLT旗检察院委托北京市LC交通事故司法鉴定所对交通事故车辆的行驶状态、行驶轨迹等事项进行痕迹司法鉴定，该鉴定所的鉴定意见说明ZLT旗交警的事故认定是基本正确的。闵律师于是与孙某协商于2017年6月14日签订了《终止委托代理合同协议书》，《委托代理合同》终止。

后孙某欲推翻该司法鉴定意见，最终改变交通事故责任认定，便指责该鉴定所的鉴定结论错误、鉴定所拍摄的事故车辆左前脸部的碰撞凹陷痕迹照片是伪造的，于是向闵律师索要由其代理期间拍摄的事故车辆照片进行比对。但其对比后发现闵律师拍摄的照片与鉴定所拍摄的照片所反映的事故车辆碰撞凹陷痕迹是一致的，就武断地认为闵律师与鉴定所合谋伪造照片。于是孙某连续长时间地到LC鉴定所吵闹，要求改变鉴定结论，但均被LC鉴定所拒绝。此后孙某向北京市司法局投诉闵律师在代理活动中不履行职责，伪造、隐藏证据，与鉴定人恶意串通侵害其合法权益。海淀区律师协会立案调查后，认定投诉不实，驳回其投诉请求。

此后，孙某又无理逼迫闵律师向其提供根本不存在的事故车辆没有碰撞凹陷痕迹的照片，在闵律师答复她这是要律师做伪证，是严重违法行为而予以拒绝的情况下，孙某表示要让闵律师所在YF律所不得安宁，于是就从2018年7月6日起连续数日到YF所无理取闹，采取吵闹、踢门、辱骂律师、阻拦当事人进入律所委托律师、踢伤YF所主任律师等手段扰乱YF所办公秩序达6个月之久，造成YF所的律师无法正常办公，8个客户放弃委托、5名律师要求转所调离等恶劣影响。其间YF所工作人员多次报警要求公安机关予以处理，但当地派出所警察来到现场只是轻描淡写地批评孙某几句，或将孙某带到甘家口派出所，但未对其进行处理。后孙某又在2018年11月23日、11月26日两天整个上午都在YF所辱骂、吼叫，并用脚蹬踏玻璃大门，造成闵律师和YF所无法正常工作。2018年11月27日，闵律师代表YF所向海淀公安分局甘家口派出所报案，对孙某的治安违法行为提出控告,并向警方提交了孙某打砸 YF 所的录像视频,甘家口派出所出具了《受案回执》。因此,闵律师向海淀律协申请维护 YF 所及其合法权益,保障 YF 所正常的工作秩序。

海淀律协权保委非常重视闵律师的维权请求,对该维权申请事件进行了研讨和评议。王宏伟主任和于国强律师及时到甘家口派出所了解情况,协调解决此事,最终公安机关对孙某采取了行政拘留措施,且其在解除拘留后暂未再到 YF 所干扰该所和闵律师的正常工作。

(四)律师执业人身权的维护

2019 年 3 月 4 日上午,北京 YQ 律师事务所唐律师在北京市海淀区劳动仲裁委员会代理一起劳动争议仲裁案件。开庭中间休息时,对方当事人在男洗手间对唐律师进行殴打。2019 年 3 月 11 日,唐律师致函北京市朝阳区律师协会维权中心申请维权,维权中心收到该维权申请后,认为符合受理条件,迅速启动维权程序。朝阳区律师协会权保委杨汉卿、王蕾第一时间联系唐律师了解情况,并到海淀区双榆树派出所了解情况,请求公安机关协助维护律师合法执业权利,依法处理殴打唐律师行为人。北京市海淀区双榆树派出所依法对殴打唐律师的当事人立案调查,该人同时表示不会再发生此类事件。

(五)律师执业被涉刑事追究维权

2017 年 12 月 30 日,郑律师(现为北京 FXJ 律师事务所执业律师)在北京市 SG 律师事务所执业期间,因受法律服务对象当事人王某 1、陈某邀请,参加二人的合作公司在河北省秦皇岛 QL 县某光伏项目办举行的商务对账活动做见证和记录活动,因对账持续时间长,王某 1 与陈某发生争议。王某 1 到公安机关控告陈某、王某 2 等人为黑恶势力,实施非法拘禁。2018 年 3 月 9 日晚,当地公安机关以涉嫌非法拘禁为由,对郑律师刑事拘留,4 月 13 日将其逮捕,6 月 4 日变更强制措施为取保候审,6 月 13 日侦查终结,移交 QL 县检察院审查起诉,8 月 24 日经秦皇岛市中级人民法院指令 FN 区人民法院审理,指控郑律师构成非法拘禁罪。2019 年 7 月 12 日,朝阳区律师协会接到郑律师维权申请，请求保护正当合法的执业权益和人身权益。北京市朝阳区律师协会维权中心收到该维权申请后，初步判断，检察机关指控郑律师违法犯罪事实，系在执业过程中发生，认为符合受理条件，迅速启动维权程序。权保委接到维权申请后，立即打电话联系郑律师并当面接待郑律师陈述案件事实，告知其维权方式并指派区律师协会权保委副主任杨汉卿、副秘书长杨林峰、委员张丽颖和刘玲参加7月24日至25日庭审旁听，了解案件情况及诉讼进展情况，同郑律师辩护人沟通交流案件情况，依法提出不构成非法拘禁的辩护建议，其两名辩护人也均认为郑律师的行为不构成非法拘禁罪，执业行为不存在过错。

2019年7月24日，郑律师案件开庭审理前，朝阳区律师协会权保委参加旁听的委员主动同该案审判长进行交流，了解案件情况，并主动要求参加旁听审理情况，法庭给予权保委员极大方便，保障委员全程参加了24日至25日两天的庭审情况，充分听取控辩双方意见。朝阳区律师协会权保委迅速启动维权工作，积极维护律师的执业权利，得到了HXJ所主任、郑律师的认可，他们对律师协会的工作给予高度评价。

五 北京律师执业权利保障困境

为切实维护律师执业权利，全面掌握北京市律师执业权利保障情况，北京市律师协会律师权益保障委员会委托社会第三方分别在北京市东城区、西城区、朝阳区、海淀区、丰台区、通州区等区就律师权利保障相关议题开展了多次深度访谈，并通过互联网邀请1200余名律师参与问卷调查。深度访谈和问卷调查的对象覆盖民事诉讼律师、行政诉讼律师、刑事诉讼律师、非诉律师等。通过深入分析访谈内容、对比分析问卷调查结果，反馈北京市律师执业权利保障的问题与困境如下。

（一）对律师参与社会治理的作用认识不充分

1. 部分司法机关工作人员对律师行使代理及辩护权设置障碍

在实践中，部分办案机关及其工作人员未能正确认识律师的作用，在思想认识上总把律师当作办案的阻力,甚至通过各种方式对案件当事人选择律师施加不当影响。

(1) 律师的会见权不能得到应有保障

由于刑事诉讼法修改、辩护律师会见当事人频率提高、律师会见范围扩大、刑事辩护全覆盖等影响,加之看守所律师会见室偏少,原本已解决的会见难问题再次出现,严重制约了律师有效会见问题。

调研发现,部分司法机关仍存在不同程度上对律师会见法外增设条件,阻碍律师行使会见权的现象,主要体现在以下三个方面。一是部分看守所会见管理制度的设置不合理、不科学。比如部分看守所实行限额会见制度,在不当增加律师排队等候时间的同时,也给律师成功会见带来了极大的不确定性。二是额外增设会见条件。例如,个别看守所要求必须在在押人员同意解除原律师的情况下,才允许新聘请的律师会见,甚至提出律师会见应当提供法律服务委托书正本等要求。三是在重大案件中普遍存在限制甚至禁止会见的情况。除了少数限制及拒绝律师会见的情况,新时期律师会见难更多体现在会见的质量和效率上。一是部分看守所仍然禁止律师会见时携带电脑。二是会见时间的规定过于刚性。针对不同类型案件或者复杂程度不同的案件规定同样的会见时间不利于律师全面了解案件事实、核实相关证据。律师为全面了解案件事实,不得不进行重复预约,这不仅严重影响律师办案的效率,而且不必要地增加了预约系统的负担。三是律师助理能否参与会见的制度规范不统一,部分看守所以不是《规定》① 所称"办案机关"为由,对律师助理的身份证明提出了更高要求。

(2) 庭审限制律师发言,对律师意见缺乏回应

根据问卷调查所反馈的情况,仍有部分律师认为庭审中律师提出法律意见权未完全得到保障(见图1)。一方面,律师发表意见权在庭审中被法官剥夺。该现象集中表现为:一是法官要求律师按照其总结的观点进行发言,

---

① 最高人民法院、最高人民检察院、公安部、国家安全部、司法部《关于依法保障律师执业权利的规定》。

以缩短庭审时长，便于法官庭后书写裁判文书；二是法官限制律师在法庭上长时间发表意见，要求律师在庭后提交书面意见。另一方面，法官不采纳律师的代理及辩护意见且不予说明理由。尽管法官准许律师在法庭中充分发表意见，但是法官并未在判决书中载入律师的相关意见，更未说明不予采纳律师意见的理由，导致律师难以知悉自己的辩护、代理意见不被认可的具体原因。

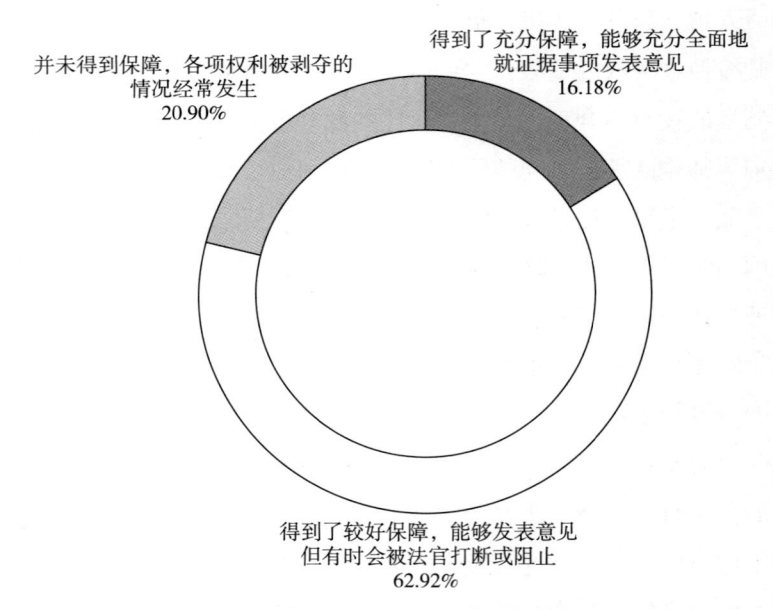

并未得到保障，各项权利被剥夺的情况经常发生 20.90%

得到了充分保障，能够充分全面地就证据事项发表意见 16.18%

得到了较好保障，能够发表意见但有时会被法官打断或阻止 62.92%

图1　律师对庭审中提出法律意见权是否得到保障的评价

（3）办案机关缺乏对律师关于重大程序性决定知情权的保障

调研中发现，北京市的部分办案机关对律师关于重大程序性决定的知情权缺乏保障。在刑事案件中，部分侦查机关在侦查终结后，并未及时、主动地告知辩护律师，对辩护律师的知情权构成了侵犯。在民事、行政案件中，及时向律师送达传票和其他各项通知是保障律师知情权的关键，但在实践中司法机关并不能做到及时通知律师，损害了律师的知情权。

2. 行政机关和其他社会组织对律师正常执业缺乏配合

从调研情况来看，行政机关、国有企事业单位出于防止泄露国家秘密、商业秘密和个人隐私的考虑，普遍对律师正常执业不予配合，甚至出现律师执法院的调查令也被拒绝的情况，对律师的正常执业造成了严重影响。

（1）行政机关拒不配合执行法院调查令

出于防范公开后可能造成风险的考虑，在立案阶段，律师执法院调查令向行政机关申请公开公司股东构成、银行账户、房产变更等信息时，行政机关往往以申请公开的信息属于国家机密、商业秘密或个人隐私为由拒不公开。由于有明确的被告人信息是法院立案的条件之一，行政机关的上述行为无疑人为增加了行政、民事诉讼案件的立案难度。

（2）律师向行政机关和其他社会组织自行调查取证难

调研发现，律师自行调查取证的困境主要集中在诉前阶段，律师为立案而向行政机关和其他社会组织搜集相关当事人的信息，如在涉及公司的案件中，律师需向市场监管部门申请有关公司的法人信息，但北京市的部分行政机关在律师的诉前调查中要求律师必须提交法院的立案证明，但此时案件尚处于诉前阶段，并未立案，律师搜集相关资料后才能立案，导致"立案"和"诉前调查取证"互为前提，进一步加大了立案的难度。

（3）律师查阅、摘抄、复制行政机关掌握的政府信息难

实践中，行政机关不执行国务院《政府信息公开条例》的情形主要有：一是行政机关在法外增设条件，阻碍律师调查取证权的行使，北京市部分行政机关增设了需要律师和法官一起当面申请公开信息的要求，对律师行使调查取证权设置障碍；二是部分行政机关以相关信息涉及国家机密、商业秘密或者个人隐私为由拒绝律师查阅、摘抄和复制。

3. 律师人身权被侵害的案件时有发生

律师人身权利得不到有效保障应当引起社会各界关注与重视。律师执业权利来自法律授权和当事人委托。保障律师人身权利是确保律师依法执业的前提条件。当前，侵害方既有自己的当事人，也有对方当事人，既有委托人本人，也有委托人的亲属、社会人员等。当事人只要对律师辩护或代理工作有异议，就可能针对律师采取非法手段，对此类案件应高度重视，及时有效地维护和保障律师的人身权利。

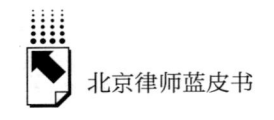

4. 少数律师的违规行为影响社会对律师行业的正面评价

调研表明，现阶段北京市仍存在少数律师滥用调查取证权，在获得相关信息后不履行法律规定的保密义务，将相关信息进行公开的情况，产生了恶劣的社会影响。律师在执业过程中滥用权利、不履行自己的义务，导致社会对律师产生了负面评价，不仅对律师个人、所在律所名誉产生了不良影响，而且降低了社会对律师群体的整体评价，也影响到了律师执业权利的正常行使。

（二）保障律师执业权利的制度体系不健全

现阶段，北京市相关部门已出台了多项制度、多部文件来保障律师执业权利，但多主体、多层次、多渠道的律师权利保障制度体系尚未形成，使得律师执业标准并不十分明晰、维权渠道尚存梗阻、保障律师权利的义务主体不配合现象仍不同程度地存在。

1. 律师行使权利的程序制度缺失

律师执业活动是保证司法制度正常运行的重要环节，但现阶段，对律师调查取证权、申请鉴定人和证人出庭的启动方式、行使程序等的规定并不明确，法官享有较大的自由裁量权。标准的缺失和自由裁量权的不当扩大，严重制约律师行使诉讼权利。

（1）申请检察院、法院调查取证难

律师的调查取证权由自行调查取证、申请调查取证两部分构成，律师根据案情需要，可以申请检察院、法院代为收集、调取案件证据。但由于律师申请调查取证具体制度的缺失，现阶段律师申请检察院、法院启动调查取证程序极为困难。另外，在检察院、法院拥有较大的自由裁量权的背景下，检察院、法院为防止律师使用调查令时滥用权利，亦为律师在申请调查取证时增设了其他诸多限制条件。

（2）申请鉴定人、证人出庭难

现有的法律法规以及相应的规范性文件，缺乏鉴定人、证人出庭做证的具体操作规程。证人、鉴定人出庭的配套制度尚未完善，且缺乏有效制约鉴定人、证人不出庭做证的法律规定。申请鉴定人、证人出庭做证难，使律师的知情权、质证权不能得到有效保障。

2. 律师与办案机关有效沟通的制度不健全

现阶段，律师在执业过程中经常遭遇到无法获悉案件承办人的联系方式、难以联系到案件承办人、法官不与律师协调开庭时间等困境，致使律师不能与办案机关进行有效沟通。不能进行有效沟通亦致使律师无法及时提出各项请求，导致律师执业权利无法得到有效保障。

调研中有律师反映，由于阅卷申请及沟通制度不健全，律师在申请调阅由检察院、法院掌握的犯罪嫌疑人、被告人证据的沟通方面存在障碍，既有的申请阅卷系统使用效率不高、办案人员处理电子申请的时间明显滞后，严重影响了律师阅卷的及时性。

3. 律师权利救济制度虚置

保障律师的投诉、举报制度的功能发挥受限，以及后续追责、惩戒制度不健全等因素导致律师权利受损时的救济制度并没有真正发挥作用。

（1）投诉举报制度的功能发挥受限

根据调研中律师反映的情况来看，律师在投诉、举报过程中面临的困境主要表现在两方面。一是缺乏相关的投诉、举报渠道。现阶段，北京市律师执业权利受到侵犯后主要是通过律师协会权保委进行维权，司法机关内部并没有设置专门的律师维权部门来处理律师的举报、投诉。二是相应机关不及时处理律师的投诉、举报。北京市近年来虽然完善了网络平台的投诉、举报渠道，但对网络平台的维护力度不足，加之相关部门对律师的举报、投诉不重视，因此并未取得预期效果。

（2）客观化的责任追究制度不健全

追责过程不够公开透明、追责标准不够明确清晰是责任追究制度中存在的主要问题。第一，办案机关或者其上一级机关、人民检察院在接到律师提出的投诉、申诉、举报、控告后，在对违法失职人员进行追责的过程中，存在追责程序不公开、不透明，以及缺乏相应的监督等缺陷。第二，追责标准不够明确清晰，惩戒机关拥有较大的自由裁量权，而过错与处罚不相适应导致办案机关及其工作人员违法成本较低，惩戒根本起不到制约及预防的作

用,律师执业权利不能得到有效维护。

4. 体现律师权利的部分制度不明确

细化具体制度、明确制度边界是为了更好地保障律师执业权利,调研显示,64.6%的受访律师认为北京市的相关保障制度仍尚待细化(见图2),以进一步保障律师执业权利。

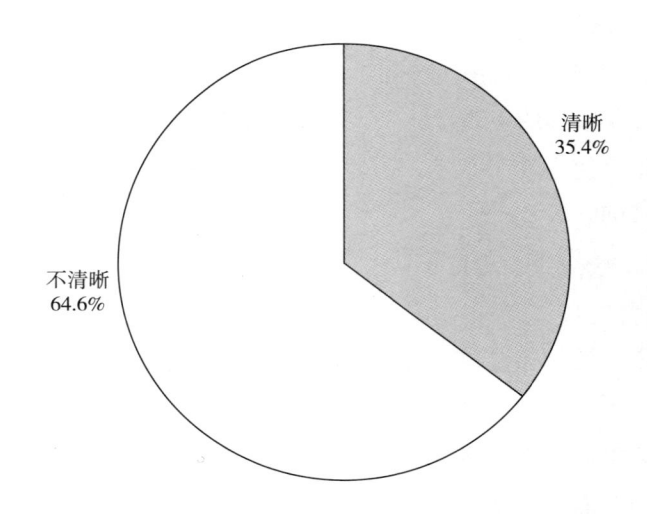

图2 律师对北京市律师执业权利保障制度规定是否清晰的评价

(1)律师阅卷权的范围和方式不明确

调研中,高达89.89%的受访律师反映现行法律法规对律师行使阅卷权的规范不够明确是其难以复制庭审材料的主要原因(见图3)。实践中律师提出复制庭审材料的申请经常不被法院所接受,或者法院常常在法外增设相关限制条件,如告知只有在结案后才能查阅相关庭审笔录,阻碍律师查阅、复制庭审笔录。

(2)律师"虚假陈述""妨害作证"的规定不明确

我国律师法明确规定律师在法庭上依法发表的代理、辩护意见不受法律追究,但立法并未对"虚假陈述""妨害作证"的免责范围做出清晰的界定。司法实践中,律师在进行代理或辩护时的相关言论有可能被法官肆意定性为构成"虚假陈述""妨害作证",进而受到相应的处罚。该风险的存在

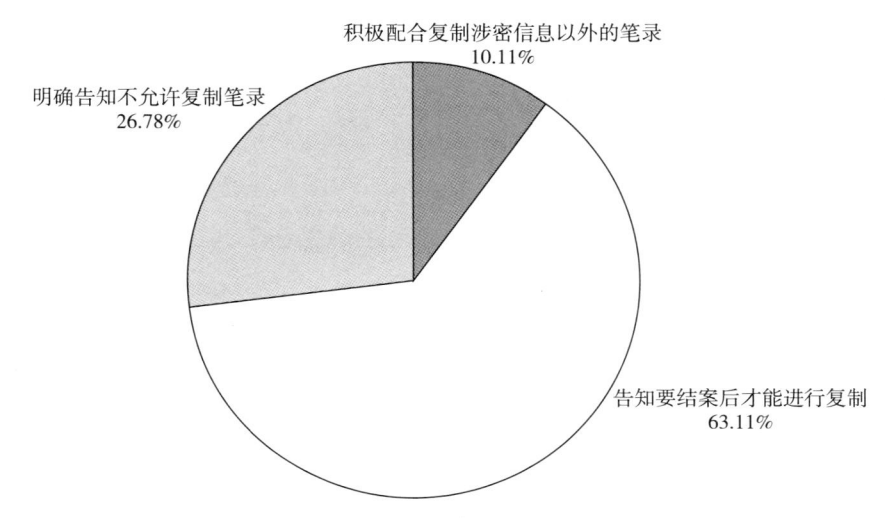

积极配合复制涉密信息以外的笔录
10.11%

明确告知不允许复制笔录
26.78%

告知要结案后才能进行复制
63.11%

图3　律师申请复制庭审笔录的相关情况

使得律师在执业过程中不敢充分发表自己的代理或辩护意见，限制了律师辩护权、辩论权的行使。

(3) 对律师"勤勉尽责"的要求不明确

在非诉领域中律师要做到"勤勉尽责"，强调律师的一般注意义务和特殊注意义务，但"勤勉尽责"的认定标准并不明确、处罚方式并不合理、追责机制并不完善，使得金融、证券等非诉领域的执业律师面临较大的执业风险。"勤勉尽责"标准的不明晰，造成了如下困境。第一，"勤勉尽责"认定标准不明确，赋予了行使处罚权的机关较大的自由裁量权，进而可能导致处罚不适当、不公正。第二，现阶段，为了起到相互监督的作用，法律对违反"勤勉尽责"义务的主体设置了无限连带责任，即与涉案律师有关联的律师事务所、证券交易所等都要接受相关处罚，但该归责方式很容易导致过错与处罚不一致。第三，违反"勤勉尽责"义务的追责机制不尽完善。既然法律设置了无过错连带责任的处罚方式，那么就应该为那些并没有过错却受到牵连的律师设置事后追偿机制，以弥补其受到的损失。

(4) 新业务的规则不明增加了律师执业风险

新业态、新模式（如P2P、PPP等）的行业创新在使律师业务范围不断

拓展的同时，也使得律师执业风险不断增大。新业务领域由于发展时间较短，相关监管规则滞后、缺位，而国家及地方政策文件多为指导性意见，造成律师在执业过程中因缺乏制度依据而需承担执业风险的困境（见图4）。

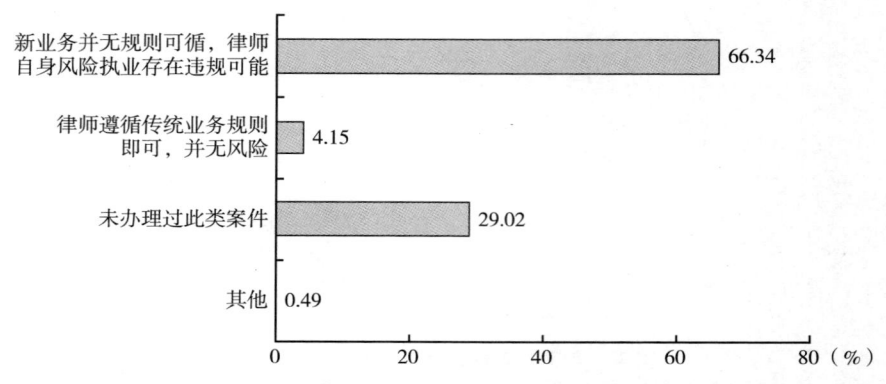

- 新业务并无规则可循，律师自身风险执业存在违规可能　66.34
- 律师遵循传统业务规则即可，并无风险　4.15
- 未办理过此类案件　29.02
- 其他　0.49

图4　新业务领域拓展后，律师对行业规则是否明晰的评价

（5）实习律师权利不明确

调研显示，有48%的律师认为，实习律师的权利尚未得到充分保障（见图5）。

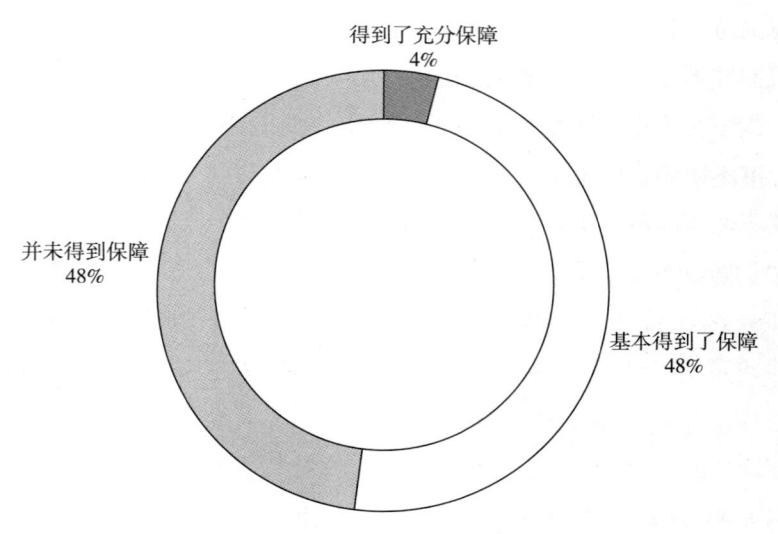

- 得到了充分保障　4%
- 基本得到了保障　48%
- 并未得到保障　48%

图5　实习律师执业权利是否得到保障

实习律师的权利保障不完善集中体现为实习律师的"立案难""会见难"。部分法院不允许实习律师单独进行立案,直接剥夺了实习律师的立案权利。实习律师的"会见难"体现在实习律师跟随律师到看守所会见当事人时,看守所增设了实习律师的会见条件,部分看守所甚至明令禁止实习律师会见当事人。

5. 律师执业权利和责任不相匹配

律师在获得执业权利的同时,亦应遵守勤勉尽责、保守秘密等相应执业规范。但多重追责导致律师执业负担过重,造成律师所享有的权利和所承担的责任不相匹配的困境。

(1) 诉讼律师执业负担过重

诉讼律师作为案件当事人的代理人或辩护人,其需要面对对方当事人、司法机关、行政机关等多方主体,在办案过程中,各方主体都可能对律师执业权利造成侵害。诉讼律师相较于非诉律师更易受侵害的情形集中表现为:一是更容易受到办案机关、办案人员言语上的侵犯,如办案机关工作人员法律职业共同体意识的缺失导致其对律师这一职业的不尊重,进而会出现对律师进行训斥等现象;二是办案过程中,诉讼律师更容易遭受到对方当事人的恐吓与威胁,甚至受到人身损害。

(2) 非诉领域多重追责制约行业发展

非诉领域执业律师负有"勤勉尽责"的义务,未履行该义务则要受到惩戒,但现在的多重追责制度制约了行业的发展。如《证券法》中明确了在证券业务中惩戒违法违纪律师的主体为证监会,但目前判断权却交由其他主体如交易所来行使。而且对于一个律师的限制与惩戒,会牵连到律所其他律师,有89.27%的被调研律师认为多重追责打击了行业发展的积极性(见图6)。

(三)律师权利的保障实施机制衔接不畅

现阶段,北京市虽有"五机关"出台保障律师权利的规定,但在实际落实层面还存在不足之处,使得联动机制并未发挥每个机关的特色作用和联合效能。

其他
1.71% 合理，可以起到威慑作用
        9.02%

并不合理，多重追责打击行业发展
89.27%

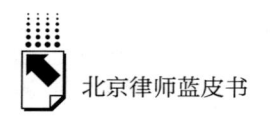

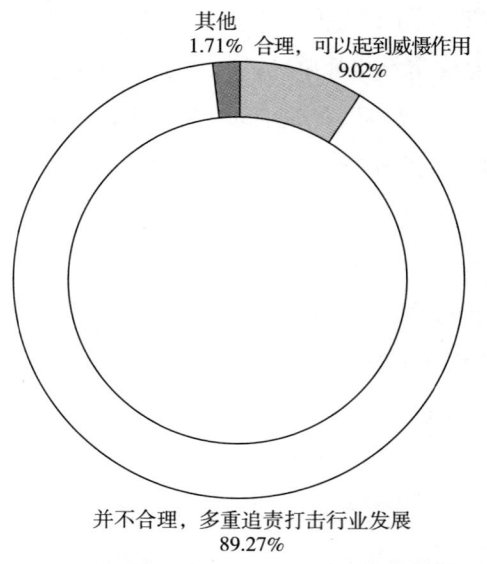

图6　律师对违规受到多方惩戒制度的评价

1. 律师知情权保障不到位

调查问卷的结果显示，现阶段各司法机关并未积极履行法定职责，主动告知律师案件进展情况，或及时告知律师可以行使相应权利（见图7）。有57.02%的受访律师认为在自己办理的案件中，有关司法机关均没有主动告知律师其所代理案件的进展情况。在与司法机关的日常沟通协作方面，受访律师对法院的认同度最高，达到34.74%，对公安机关的认同度最低，仅占1.87%。

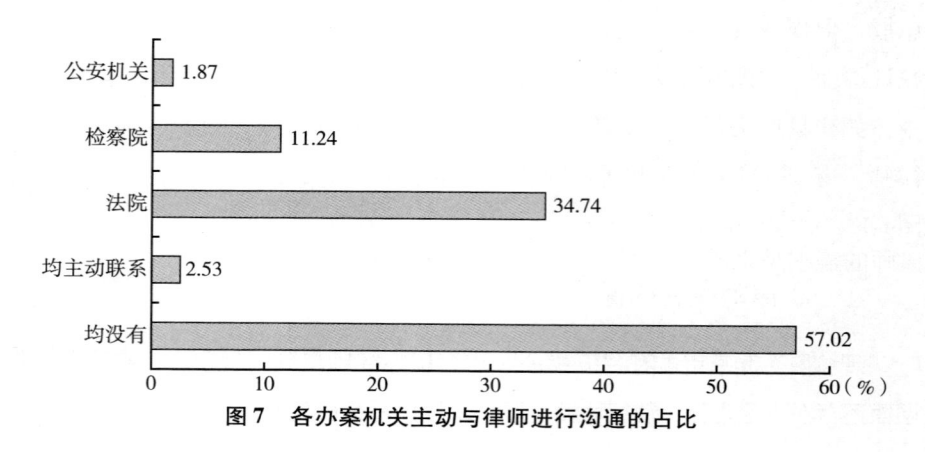

公安机关	1.87
检察院	11.24
法院	34.74
均主动联系	2.53
均没有	57.02

图7　各办案机关主动与律师进行沟通的占比

2. 律师投诉机制执行不到位

"五机关"发布的规定中,针对保障律师执业权利设置了四个层次的救济机制:投诉机制、申诉控告机制、维权机制、联席会议机制。以上救济机制虽规定得较为详尽,但在具体实施时,对于接到的律师投诉、申诉控告,并没有针对性的部门负责管理,也没有统一规定的维权部门。律师投诉维权需要单独找各部门,加大了投诉的难度,增加了律师维权所需的时间,使"五机关"联合保护律师权利的目的无法实现。

在律师维权过程中,经常出现因律师所在区与办案区不同而导致投诉无门的困境。另外,两个区的投诉部门在受理维权案件时,经常相互推诿,不作为。

3. 省级律师协会保障互助不到位

根据《关于依法保障律师执业权利的规定》《北京市关于依法保障律师执业权利实施细则》的规定,律师认为办案机关及其工作人员阻碍其依法行使执业权利的,可以向其所执业律师事务所所在地的市级司法行政机关、所属的律师协会申请维护执业权利。司法行政机关、律师协会应当建立维护律师执业权利快速处置机制和联动机制,及时安排专人负责协调处理。有些律师反映相关规定缺失省(区、市)律师协会之间的对接机制,律师在两地办案过程中,在北京市进行投诉后,无法与外省(区、市)律师协会建立有效沟通。建立健全维护律师执业权利快速联动处置机制的要求未得到全面落实。

(四)律师权利保障的相关配套措施不完善

完善配套措施是保障律师权利的必要环节,是保障诉讼程序的必要手段,也是促进律师执业公平的重要基础。随着社会和科技的发展,市场对于律师的需求越来越大,相关司法配套设施也亟须完善。

律师执业不仅需要公检法部门工作人员的配合,也需要优良的诉讼环境加以辅助。调研发现,律师通道、监所环境是亟须进行优化的律师执业环境。律师对北京市便利律师参与诉讼办案设施建设的评价见图8。

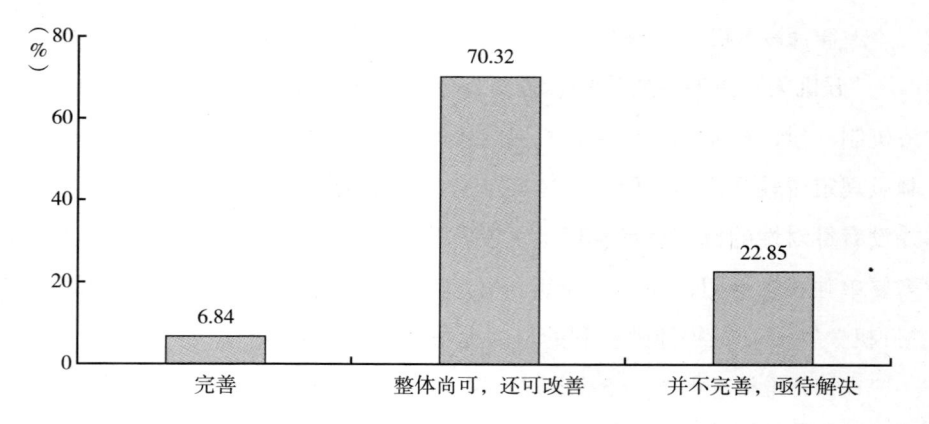

图 8　律师对北京市便利律师参与诉讼办案设施建设的评价

1. 律师接待的便利化亟待提升

2019年8月，北京市检察院印发了《关于加强和改善律师接待工作的通知》，制定了加强和改善全市检察机关律师接待工作的十项保障措施，为依法保障律师会见权、阅卷权、申请收集调取证据权、知情权、代理权等各项权利提供了统一的标准，实践中也出台了相应举措，为北京市"律师接待便利化"建设提供了新的方向与内容，但法院及其他司法部门在该方面的建设尚存进步空间，需为此做出积极回应，进一步提升律师接待的便利化程度。

2. 监所会见室环境有待提升

受刑事辩护全覆盖政策和法律规定影响，目前许多看守所不能适应当前律师会见数量要求，部分看守所为了增加会见室、会见窗口，降低会见难的问题，纷纷对会见室、会见窗口进行改装，以增加会见位置，从而造成会见室面积狭窄、相邻会见声音互相影响、谈话内容不能保密、会见室或会见窗口处没有电源提供、不能使用电脑等问题。监所会见室环境存在的问题直接加剧了律师会见的拥挤状况，恶化了会见室的室内环境，影响了律师会见的正常进行。看守所配备的排队机、等候区座位、电源插座、Wi-Fi等硬件设施不足，导致律师等候会见时，不能满足基本需求，提升了律师的工作强度，降低了律师会见的效率。

六 完善北京市律师执业权利保障的对策与建议

在过去几年中,北京市相关行政机关、司法机关、律师协会等组织,通过构建制度维权体系、健全制度维权机制体制、增强法律和政策落实执行力等措施,推进律师执业权利的保障,取得了良好的成效。但是,针对现阶段律师执业权利保障中存在的问题,尚需从强化法律职业共同体理念构建、健全律师执业权利保障制度体系、完善律师执业权利保障的相关配套机制、完善律师执业权利保障的协调机制、优化律师执业权利的救济与律师惩戒制度等方面着手,进一步提升律师执业权利保障水平。

(一)推动法律职业共同体理念构建,提升律师受尊重度

律师执业权利的保障需要公检法机关及相关部门的支持和配合。实践中,庭审中法官打断律师发言、看守所阻碍律师会见、律师阅卷权和调查取证权得不到保障等现象,与现阶段司法改革方向、立法理念、制度建构、社会参与性方面存在的缺失有着很大的关系。律师协会应积极推动公检法等职业共同体对职业平等观的认识,提高法律职业者的职业尊重观,提升律师在制度建构中的参与度,在法律职业者中树立并强化法律职业共同体的观念,进而提升司法机关对律师职业的尊重意识。通过社会舆论的引导,让社会成员意识到律师在中国特色社会主义法治体系的构建、维护社会公平正义中扮演着重要角色,从社会层面树立起对律师职业的正确认知,从整体上提升律师的受尊重度。

(二)健全律师执业权利保障制度体系

1. 加强现有规定的执行落实

当前,我国《刑事诉讼法》及相关司法解释中都有关于律师在执业过程中权利被侵害后如何救济的相关规定,如《刑事诉讼法》规定,辩护人、诉讼代理人认为公安机关、人民检察院、人民法院及其工作人员阻碍其依法

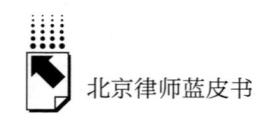

行使诉讼权利的，有权向同级或者上一级人民检察院申诉或者控告。但在实践中却屡屡出现律师权利被侵害后告状无门，或者即使检察机关接收了律师的控告或申诉，多数也没有任何反馈，或不能及时有效处理，律师执业权利被侵害的情形，无法得到纠正和解决。

保障律师执业权利的首要任务就是让已有的法律规定得到执行落实。司法机关要严格依法办事，让救济渠道真正发挥作用，切实保障律师执业权利。

2. 明晰律师行使执业权利的标准

明晰权利行使的标准是为了更好地保障权利。通过明确权利性质、规范行使方式、划定责任范围，对律师执业权利标准予以明晰，进而化解由于权利行使方式、免责范围不明确，给予司法机关、行政机关较大的自由裁量权，使得律师在办案过程中难以充分行使其执业权利的困境。同时，明确划定权利与责任的边界，能使律师在执业过程中重视规范自己的执业行为，避免因执业权利范围不明确而造成的执业风险。

（1）细化律师阅卷的方式

现有法律法规对律师阅卷权已加以规定，但现阶段，司法机关对律师行使阅卷权附加条件、不及时通知律师进行阅卷，以及各司法机关对阅卷权行使规定不一致。如审查起诉阶段，检察院提供电子卷宗，而审判阶段，法院则需要辩护律师自行拍照复制卷宗，不提供电子卷宗。阅卷的方式、流程不明确，导致在不同的部门阅卷方式也不同，甚至同一类司法机关，在不同的法院或检察院阅卷的方式也不相同。解决律师阅卷方式问题，细化阅卷流程，关键需要司法机关改革工作作风，从提高工作效率、环保低碳办公、提升服务意识出发，才能更加有效地改进律师阅卷的方式、流程。

一是在细化律师阅卷权方式的同时，明确司法机关依法保障律师执业权利的责任义务。通过制定地方性法规、规范性文件、行业规范，明确办案机关通知律师阅卷的时间、律师阅卷可采用的方式、办案机关提供电子卷宗以及庭审笔录的复制程序。二是细化律师滥用阅卷权的惩戒制度，在赋予律师阅卷权的同时，明确律师依法行使权利的责任义务，保证其审慎行使权利。

（2）完善"勤勉尽责"制度

"勤勉尽责"义务主要是针对证券、基金领域的执业律师而言的，该制度存在处罚标准不明确、归责原则不公正的现象，针对该制度现存的缺陷，可从以下三个方面进行完善。第一，明确"勤勉尽责"义务的标准。第二，优化"勤勉尽责"制度的处罚方式。我国立法规定违反"勤勉尽责"义务的律所承担无限连带责任，这意味着律所会计师事务所共同承担连带责任，律所所有合伙人都可能成为责任的最终承担者。一方面，律所与会计师事务所的执业范围、专业领域不同，对其采用连带责任不尽科学合理；另一方面，我国律所多为合伙制，让无过错的合伙人来承担重大处罚，则存在处罚与过错不对等的现象。第三，健全事后追责机制。

（3）优化新业务的行业规范

新业务的权利保障困境主要是行业规范的缺失，以及现有的相关制度相互矛盾造成的。现阶段，可以通过以下两个途径优化新业务的行业规范。首先，优化新业务领域中的立法，进一步完善相应法律法规，优化现有规则公开的方式。政策和立法的空白，以及相关制度没有全面公开，使得从业机构、从业人员的行为不规范，导致律师执业过程中，在对其他主体构成侵权的同时，也加大了自身的执业风险。其次，完善相关政策，协调相关制度间的矛盾。协调新金融领域中行政机关与司法机关相互矛盾的制度，将制度进行统一化，在便于律师适用法律制度的同时，也能为监管机关在履职时提供充分的法律依据，进而摆脱新金融领域中政策、制度规定不明确导致的律师适用法律困难、不愿意代理涉及新金融领域的案件的困境。律师应积极参与新业务领域中的制度建构，从而使新业务制度更好地从律师的实际需求出发，在保障新业务领域中律师的执业权利的同时，促进新业务领域的良性、健康、长效发展。

3. 构建对律师执业权利保障的评价机制

实践中，一些地方建立法官、检察官互评机制，对律师执业权利保障是评价的内容之一。律师协会可以促进法院、检察院将对律师执业权利保障的评价结果与检察官、法官的年终考评、绩效考评挂钩；或面向检察官、法官

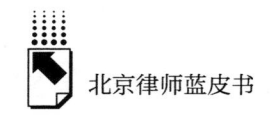

等非律师职业群体设置专门的律师权益保障奖项；或建立第三方评估，由专家学者、社会组织等根据自身的评价指标体系，按照一定的程序对法院、检察院、公安机关等部门律师权益保障情况进行评价。

4. 加强信息公开与共享制度建设

律师与办案机关信息沟通不对等，导致律师在办案过程中，无法准确知悉案件承办人的信息，无法就开庭时间进行协调，等等。同时，不能及时从司法机关、行政机关处获取案件的相关信息，将会对律师到法院立案产生影响。该现象的成因有二：一是信息公开、共享平台的建设不健全，造成案件相关信息在平台上的公开不够充分，同时，电子平台在办案机关与律师间的沟通作用也没有充分发挥；二是行政机关对公共信息的管理制度不完善，加之没有明确界定信息公开的范围，限制了司法机关对公共信息的公开。

可以通过完善公共信息分类管理制度，对于主动公开的信息，确保司法机关依照案件信息的分类标准，主动公开应当公开的相关案件信息，在办案过程中应及时、准确地将案件办理进度、案件当事人信息、证据等信息上传到平台上，便于律师及时知悉案件有关信息。对于依申请公开的案件信息，要充分发挥网上平台的沟通作用，建立健全律师网上申请公开、司法机关网上处理的便捷通道。

搭建信息共享平台，解决律师与法官间的沟通问题。一方面，通过借鉴北京市第四中级人民法院掌上智慧法院平台的运行模式，在现有的通过微信公众号进行网上调解、在线立案、微信庭审、举证质证、电子送达、卷宗借阅等在线诉讼服务的基础上，将该平台的辐射范围进行扩大，构建一个涉足北京全市，甚至是跨地域间的司法信息共享平台。法院负责定期将律师、法官的开庭时间进行上传，由系统直接协调出双方的最优开庭时间，既避免了律师与法官的私下接触，也可以通过大数据的介入，解决案件较多、开庭时间难以安排的问题。另一方面，律师在执业过程中存在不能及时联系到案件承办法官，以及法官不及时回复律师消息的现象，严重影响了诉讼的进程。在信息共享平台中，可以设置专门的留言区域，律师通过网上留言系统，直接、公开地与法官进行交流。

（三）完善律师执业权利保障的相关配套机制

1. 优化司法资源配置

据统计，北京市基层法院法官年均办理案件数量在 500 件以上。一方面，为了减少案件数量，减小法官办案压力，多数法院采用增设立案条件的方式阻碍律师进行立案，造成了"立案难"的现象。另一方面，对于已经立案的案件，为了确保案件能够在有限的审理期限内审结，多数法院采用以调解之名，行拖延审限之实的方式，将已经受理的案件进行搁置。同时，在庭审中限制律师发言时间、判决中不听取律师意见，以节省办案时间的现象频频出现。可以看出，司法资源的不足，不仅影响了公检法办理案件的效率和质量，还给律师执业带来了诸多不便。

2. 改善律师执业环境

行政机关、司法机关构建良好的律师执业环境，在为律师办理案件提供便利的同时，也使律师自身在执业过程中能体验到更多的获得感。北京市应从完善"律师通道"，进一步加强对各类"律师通道"的宣传与维护入手，协助律师提高办案效率。同时，大力营造良好的监所环境，优化监所的软硬件设施，充分保障刑辩律师在会见当事人时的执业权利。

（1）加强对律师通道的使用和维护

此处的律师通道，是指律师在办理案件过程中，向法院、检察院提交相关材料、获取案件信息的通道。自 2015 年最高人民法院召开全国法院诉讼服务中心建设推进会以来，北京法院不断升级和完善诉讼服务大厅、12368 热线和诉讼服务网络平台的服务功能，打造了实体与网络、现场与远程相结合的诉讼服务综合平台体系。市检察院也相继推出了"北京市人民检察院"官方网站以及"北京检察""京检在线"等微信公众号，便于律师申请阅卷、查询案件进展情况。

调研过程中，不少律师表示上述"律师通道"普遍存在不被律师知悉、难以注册使用、后台维护力度不足的现象。解决现阶段"律师通道"的问题，一是加大对相关系统的宣传力度。行政机关、司法机关要积极与新闻媒

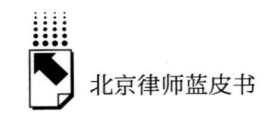

体进行对接，充分发挥社会传媒的宣传作用，确保律师知晓相关的电子办案平台。二是优化电子平台的运行模式。设立电子平台本就是为了便利律师办理案件，因此，对平台注册、使用的程序予以简化，才能达到便利律师办案的目的。三是加大后台维护力度。后台维护主要依靠行政机关积极作为，很多律师通过平台提交申请后，收到回复的速度远不如线下快。在平台运营中，增加人力资源的投入，重视平台在办案中的作用，是解决该困境的有效举措。

（2）创建良好的监所环境

由于受看守所建设年代和刑事辩护全覆盖政策影响，绝大多数看守所律师会见室数量当前不能满足律师会见需求，造成了新的会见难问题，北京市大多数看守所的问题更为突出，会见室明显不足。创建良好的监所环境，满足律师会见需求，成为公安机关及其看守所面临的新的难题。一方面，公安机关要提高重视程度，意识到监所环境的优化，不仅是在为律师办理案件提供便利，更是尊重法律、尊重律师、保障人权的体现；另一方面，需要政府逐步加大财政的投入力度，改善看守所办公条件，增加看守所的基础设施，满足正常办公需求。

为弥补现有条件的不足，在无法解决看守所硬件设施不完善问题的情况下，应尽可能运用新技术手段，有效缓解律师会见难的问题。2018年，为解决律师会见难问题，切实保障在押犯罪嫌疑人、被告人合法权益，北京市律师协会经与市公安局沟通协调，创建了律师远程视频会见的新模式。自2019年1月1日以来，北京市公安局创新推行律师远程视频会见新机制，律师可以在公安派出所，通过公安机关远程视频会见系统与看守所在押犯罪嫌疑人、被告人进行会见。在2020年疫情之下，远程视频会见模式发挥了独特的作用。2020年3月，北京市公安局发布《关于进一步推行律师远程视频会见通告》，律师远程视频会见将从2020年4月1日起正式在全市进一步扩大推行。

上海浦东看守所申请会见的律师在高峰时有200多人，但看守所只有40个会见室，不少律师为了赶早不得不早晨五六点钟就去排队。为解决这一问题，上海市公安局浦东分局在市公安局监管总队的指导下，以浦东新区看守所为试点，利用智慧警务，全面推动律师会见网上预约工作，让律师会见如同"网购电影票"一样方便快捷，律师不用"披星戴月"排队拿号了。2019年底，一款名叫"监所律师会见"的微信小程序上线试运行，需要在浦东看守所办理预约登记的律师，可直接通过这款小程序进行会见预约登记，免去了大排长队的烦恼。律师通过"监所律师会见"微信小程序，可以选择"监所名称"和"会见日期"。选择"浦东看守所"后，可以发现有5个时间段可供选择，每个时间段有12个预约名额，每天可以有60人进行预约会见，只要有人预约成功便会自动显示剩余的可预约人数，避免重复预约。此外，律师会见时长也可以进行选择，包含45分钟、60分钟、90分钟三种类型，律师可根据自己的需求和时间自主选择，届时再根据预约成功的时间提前到场登记确定便可。预约后，系统后台会对网上预约登记的信息进行自动比对，甄别律师执业证号等信息，最后还会人工复核，预约成功后会有系统短信予以提示。①

（四）完善律师执业权利保障的协调机制

保障律师执业权利需要相关部门间分工负责、相互配合，共同健全律师执业保障的协调机制。

1. 优化司法行政机关的协调功能

司法行政机关是联系司法机关和行政机关的纽带，在律师维权协调机制的构建中发挥着重要作用。一方面，作为行政机关，司法行政机关可以与其他的行政机关进行沟通、协调，解决因行政机关不配合影响律师执业权利行使的问题。北京市的律师在执业过程中，经常会遇到向银行、市监部门、房管部门等行政机关调取案件当事人信息被拒，进而导致不能到法院进行立案、申请保全等困境。此时，司法主管部门可以与相应的行政机关进行沟

---

① 《上海借"智慧警务"解决监所律师会见难》，新华网，http://csj.xinhuanet.com/2019-12/14/c_138630325.htm，最后访问日期：2020年7月5日。

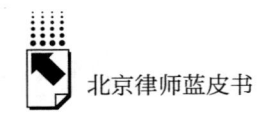

通、协调，采用联合制定相应的信息公开、调取制度，便于律师办理案件。另一方面，法院、检察院、公安机关、律师协会的司法主管部门内部要加强沟通，从律师权利保障的需求出发，就细化相关权利保障制度加以协商，共同制定相关政策，进而加强对律师执业权利的保障。

2. 发挥律师协会的沟通作用

（1）建立与司法机关的常态化沟通机制

律师协会要充分发挥作为律师代表的作用，建立与法院、检察院、公安机关的常态化沟通机制。一是深化与司法机关的沟通协调机制，积极推进决议事项的督办落实。律师到司法机关办案过程中普遍面临的停车位不够用、办案设施不健全等问题，都可以由律师协会出面与司法机关进行沟通来解决。二是完善联席会议制度，搭建良性互动平台。为司法人员与律师两个职业群体加强沟通、增进理解搭建制度化的平台。如朝阳区公检法司律每半年召开一次联席会议，重点讨论各方在具体工作中存在的制约司法公平公正的问题，研究探讨保障律师执业权利，促进司法公正，值得各地借鉴和学习。同时，广泛开展多层次、多领域的合作，构建律师和司法人员的新型关系，共同推进法律职业共同体建设。

（2）建立完善的律师维权机制

律师协会要健全现有的个案维权和制度维权机制，现阶段，促进两种维权方式的有效运转，不仅要协调好个案维权中各级别律师协会间的维权联动处理机制，也要在个案维权中充分发挥律师中人大代表、政协委员的作用。

在个案维权中协调好市区两级的联动处理机制。健全完善市区律师协会自身的维权联动机制，市区律师协会应当积极主动沟通协作，按照相关工作规则和工作程序受理、查处律师维护执业权利申请，避免职责不清、分工不明而导致的在维权过程中相互推诿、不主动作为的现象。

（3）发挥律师人大代表、政协委员的作用，反映律师权保工作中的难点热点

在维权中充分发挥各级律师人大代表、政协委员的作用。律师协会作为

律师整体利益的代表，要积极组织召开律师代表座谈会，征集具有代表性和普遍性的议案、提案，由律师人大代表和政协委员向"两会"提交。要充分发挥律师人大代表、政协委员代表行业参政议政、反映行业诉求的作用，推动进一步优化首都律师发展环境。

3. 健全律师维权快速联动处置机制

针对机制各个阶段存在的不足，在立足于北京市实际情况的基础上，通过借鉴外省（区、市）先进经验对其予以完善。

（1）完善案件申请与受理途径

现阶段，北京市律师协会可以借鉴浙江省的维权备案机制。浙江省出台的《关于建立健全维护律师执业权利快速联动处置机制的实施意见》规定，律师在执业权利受到侵害时，如果按诉讼程序请求救济其执业权利，应当向注册地的律师协会备案。该规定的好处是，尽管被侵权律师是向办案机关或其上级机关、人民检察院请求救济，其所属的律师协会也能立即知晓，决定是否直接启动律师维权快速联动处置机制的相关程序，也避免了相似的律师维权案件通过不同途径维权得到处理结果不同的可能，有利于律师自身执业权利的保障。

（2）优化律师异地维权程序

北京市在2017年出台了有关快速联动处置机制的规定，就市、区律师协会在联动处理机制中的职责进行了分工，细化了律师异地维权的程序，即律师在异地执业时受到侵权的，可以向区律协申请维权，由区律协及时通报侵权行为地的律师协会进行处理。该机制在一定程度上维护了律师异地办案过程中的权利，但是其维权效率普遍较低。

此处可以借鉴广东省的律师异地维权程序。在广东省范围内执业的律师，在非注册地执业时如果权利受到侵害，可以直接向事发地律师协会提交维权申请，事发地律师协会也可以直接对被侵权师进行救济，而不用先将该维权申请转交给律师注册地律师协会，再等待注册地律师协会向自己发来协助请求。该规定使得在紧急情况发生时，事发地律师协会从原有的被动地位变为主动地位，通过直接对被侵权律师进行救济，充分发挥事发地律师协会

独有的地理优势。

（3）充分发挥检察机关对妨碍律师依法执业行为的法律监督作用

最高人民检察院发布的《关于依法保障律师执业权利的规定》，明确各检察机关应当对妨碍律师依法执业的行为进行法律监督，畅通律师维权过程中的申诉、控告渠道，并主动加强与其他司法机关、行政机关、律师协会以及律师的联系，切实履行保障律师执业权利的义务。据最高检微信公众号信息，最高检决定自2019年7月至2020年1月，在全国检察机关开展保障律师执业权利专项监督活动。

（4）建立侵权人员责任追究制度

在救济律师执业权利的同时又在处置阶段对司法机关的侵权人员进行追责，通过给予行为人相对公正的处分达到对其惩戒的目的，能增加律师维权快速联动处置机制在维权中的附加效果，减少侵害律师执业权利行为情况的发生。对相关责任人的追责制度可从以下两方面着手。

一是赋予律师协会进行调查的权利，并由律师协会就是否追责进行评估。此处可以借鉴广东省的经验，即律师协会在收到维权申请后，由专门人员负责调查，相应行政机关要对其进行配合。这样就避免了由律师协会受理、反馈律师的维权申请，最终的查处机关却是行政机关，律师协会在维护律师执业权利的过程中权利处于架空状态的尴尬局面。二是律师协会要明确处分的标准。律师协会可以根据侵害律师执业权利的严重程度、先前是否有侵害律师执业权利的记录等因素确定侵权行为人应当受到的处分，并向行政机关提出给予行为人具体处分的建议。行政机关应当根据律师协会给出的建议予以行为人相应的处分，如果认为律师协会的处分建议不妥，应当书面告知律师协会相应的理由。这样有利于防止行政机关在追责时推脱过错的局面。

（五）优化律师执业权利的救济与惩戒制度

救济与惩戒在权利保障中具有一体两面的关系。健全北京市律师在维权过程中的投诉、救济渠道，确保相应机关在接到维权申请后积极作为，是使律师权利救济制度得以落实的保障。有权必有责，对滥用权利的律师进行处罚，有利于使其他律师的执业权利受到保障。而细化相应的处罚标准，则有利于实现过罚相当，防止不适当的处罚给律师带来的侵权。

1. 落实权利救济制度

律师的投诉、维权申请得不到及时有效的处理，是调研中普遍存在的问题，现阶段，北京市可通过以下方式解决该问题。一是加大救济渠道的维护力度。相关部门没有设立专门的机构、投入专门的人员负责处理维权申请，直接导致了维权申请处理时间过长、律师权利得不到及时救济的困境。针对以上问题，可以通过在相应机关内部设立专门的律师维权部门，在畅通渠道的同时，使维权申请得到妥善解决。否则，仅有畅通、健全的维权渠道，没有有效的维权应对、处理机制作为保障，完备的维权渠道就会陷入形同虚设的局面。二是细化各主管部门的职责。在接到投诉、救济申请后，相关部门间互相推脱责任，不仅使申请不能得到及时处理，也产生了后期追责对象难以确定的问题。应细化各主管部门的处罚职责，让各部门承担起依法保障律师执业权利的职责，加强各部门间的沟通、联动，将投诉、保障机制真正落到实处。

2. 推动律师惩戒权的规范化行使

部分律师滥用权利的行为，导致律师整体在执业过程中得不到司法机关、行政机关的信任，进而其知情权、调查取证权得不到保障。因此，对违法执业的律师设置相应的惩戒制度，界定处罚权的标准，有利于规范律师的执业行为，防止律师滥用权利。对少数违规违纪律师的查处惩戒，就是对绝大多数遵纪守法律师合法权益的最大保护。

B.5
北京市女律师职业状况调查与分析

汤超颖

摘　要： 本项目调查了社会公众和女律师对律师工作者的性别优势感知，以及北京市女律师其他四个方面的职业发展状况：职业心理状况、工作家庭自我平衡挑战、职业生涯管理、职业成就与职业态度。数据源于对823位北京市女律师，以及1059位社会公众。调查分析得到的主要结论包括五个方面。（1）北京市女律师群体是一个年轻、高知、关爱社会的群体，她们追求更好的职业表现，具有进一步服务公众的强烈愿望。（2）她们自信、热爱工作，对待工作游刃有余，拥有积极乐观心态。但是，她们自认为韧性与工作抗压水平还有待提升，她们对当前自身的职业成就与职业成功水平尚不满意，自评的社会关系与网络管理能力较低。为此，相关部门要进一步关爱女律师，女律师要积极地开展压力调试，进一步提升工作技能。（3）北京市女律师的家庭为其职场工作提供了重要的支持。但是，她们自评的工作家庭并没有得到较好平衡。为此，女律师和律师事务所要积极探索促进女律师工作家庭自我平衡的有效措施。（4）北京市女律师热爱律师职业，离开律师行业的意向弱。但是，她们没有积极规划与管理职业生涯。相比较之下，她们对律师事务所的忠诚度较低。为此，女律师和律师事务所要重视职业生涯管理，采取相应对策，律师事务所在优化组织文化等方面应进一步提升相关管理工作水平及工作技能。（5）社会公众对北京市女律师群体持有性别刻板印象，在委托部分律师业务时，存在倾向于选择男律师的意愿。此外，部分北京市女律师对于职业发展中的性别弱势和客户委托业务时的性别偏见有一定顾虑。为此，相关部门可以向社会公众加大宣传女律师的积极职业形象，促进女律师提升性别自信。本报告有关北京市女律师职业状况的描述与分析，可供北京市女律师，以及北京市律师事务所、律师协会、女律师工作委员会和女律师联谊会等相关组织和管理者参考。

关键词： 女律师　职业心理　职业表现　职业生涯管理　职业发展　性别偏见

北京市女律师是当代职业女性的代表性群体。近年来，北京市女律师的整体人数在不断增加。受性别因素影响，女律师不仅需要应对职场竞争，同时还要照顾家庭，在职业发展上面临双重挑战与更大压力。女律师的职业发展状况应当引发社会的更多关注。

为此，北京市律师协会开展了一次规模较大的问卷调查，本报告将汇总本次调研的结论。将从社会公众以及女律师对律师性别优势的感知、北京市女律师的职业心理状况、工作家庭自我平衡挑战、职业生涯管理、职业成就与职业态度五个方面，分析北京市女律师总群体与各类细分群体的现状，进而对北京市女律师的职业成长和律师事务所、律师协会的相关管理与服务工作提出建议。

一　北京市女律师发展现状

（一）北京市女律师人数比例

根据北京市律师协会提供的相关数据，截至 2020 年 5 月底，北京市律师总人数为 33313 人，其中，男律师总人数为 18337（占比为 55%），女律师总人数为 14976（占比为 45%）。男女律师比例如图 1 所示，男律师总人

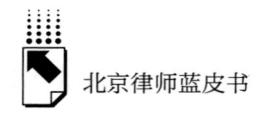

数所占比例比女律师高 10 个百分点。在北京市律师从业人员的性别构成上，女律师几乎可以撑起半边天。

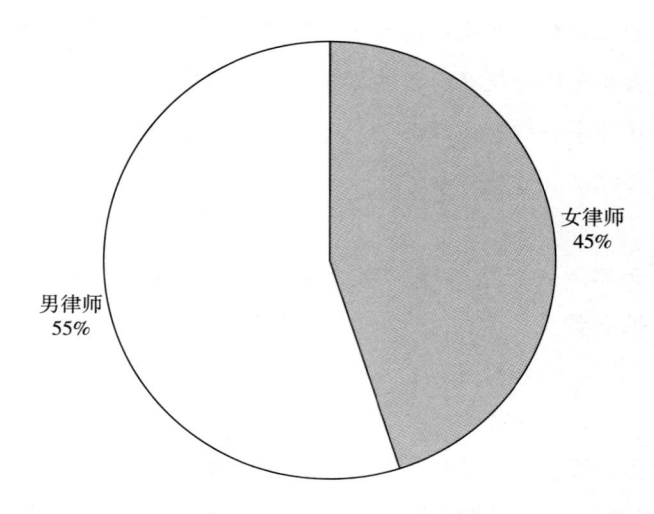

图1　北京市律师男女比例

（二）北京市女律师执业年限

如图 2 所示，北京市女律师的平均执业年限为 9 年，低于北京市律师的平均执业年限 11 年。

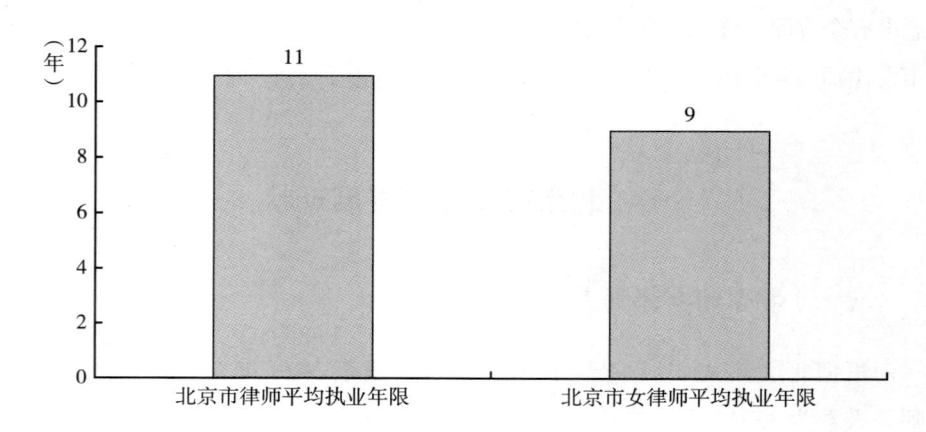

图2　北京市律师平均执业年限

我们对律师的执业年限按以下标准进行划分：从第 5 年开始，每增加 5 年为一个档位。统计发现，如图 3 所示，北京市律师的执业年限大多数分布在 4 年及以下。其中，在执业年限为 4 年及以下的群体中，有半数以上为女律师。这说明，新入行的女律师人数超过男律师，律师队伍的新生力量中，女性的规模在扩大。

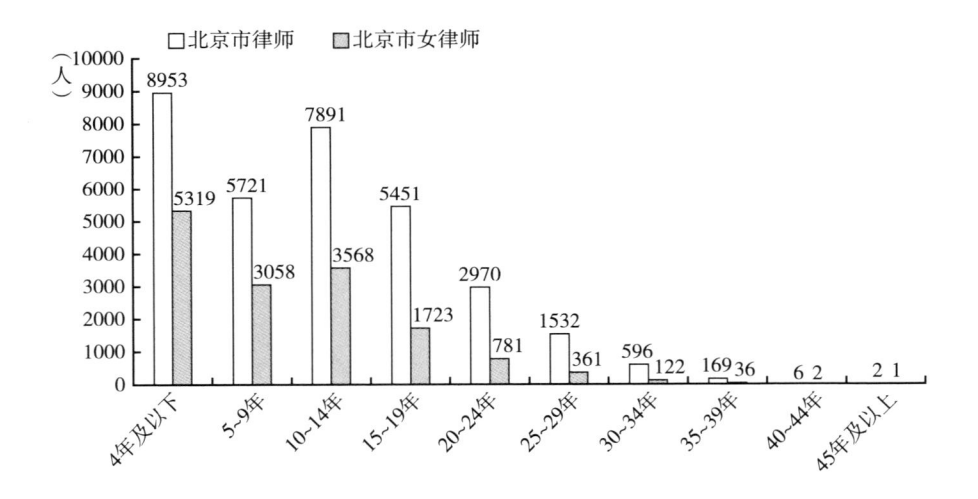

图 3　北京市律师执业年限

注：有 21 人没有首次执业时间（含 5 位女律师），有 1 人首次执业时间为 1900 年（原文如此，疑有误），以上数据未在表中呈现。

（三）北京市女律师年龄分布

北京市律师的年龄分布如图 4 所示。其中，年龄在 30～49 岁的律师约占律师总人数的一半以上。我们可以看到越来越多的年轻女性选择律师职业，在 25～29 岁、30～34 岁、35～39 岁三个年龄段，女律师的占比超过 50%。可见，与律师总群体的年龄分布状况相比较，北京市女律师群体的年龄分布偏向年轻化。

如图 5 所示，北京市律师平均年龄为 43 岁，北京市女律师平均年龄为 40 岁，北京市女律师的平均年龄比北京市律师的平均年龄小 3 岁。

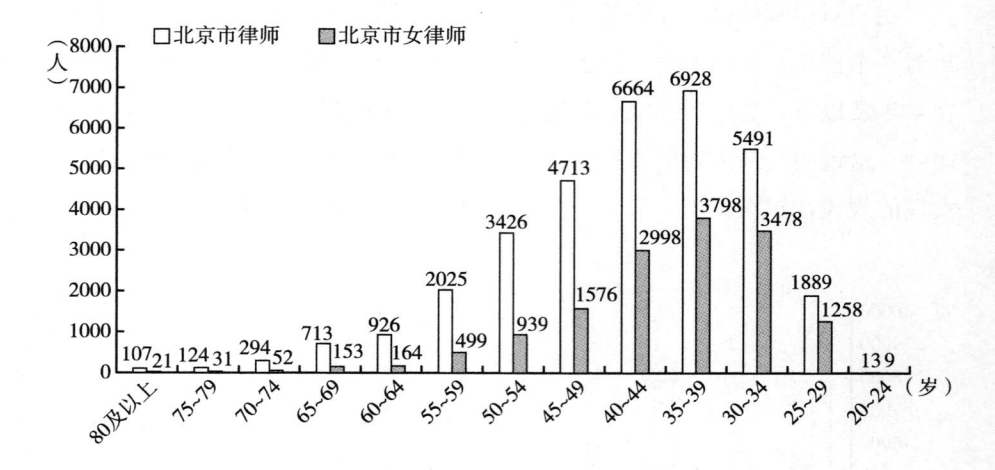

图 4　北京市律师年龄分布

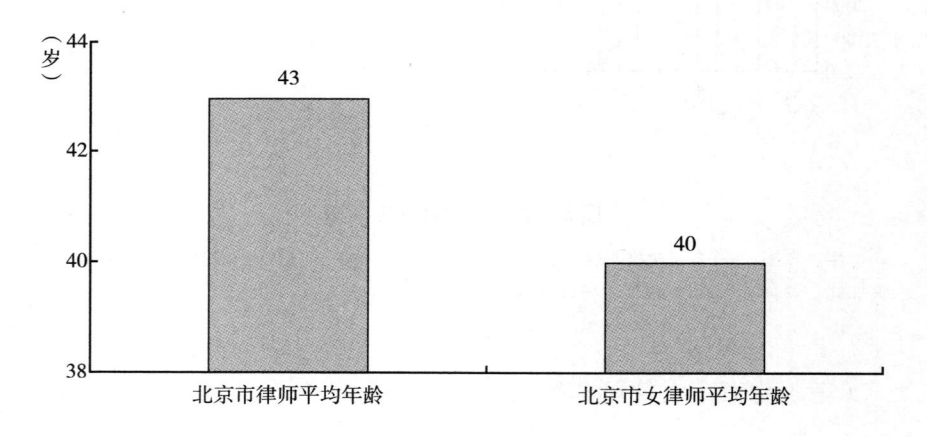

图 5　北京市律师平均年龄

（四）北京市女律师教育背景

如图 6 所示，北京市律师群体的学历主要为本科和硕士研究生。其中，在拥有硕士研究生学历的律师群体中，女律师的人数超过一半，这说明北京市女律师总体的受教育程度较高。

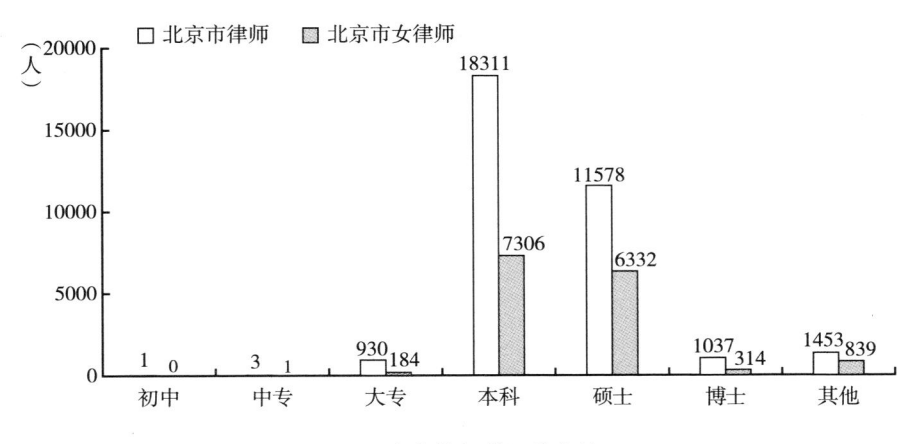

图 6　北京市律师学历分布情况

（五）北京市女律师擅长的业务类型

如图 7 所示，北京市律师擅长的业务类型中，合同法和公司法位居前两位。

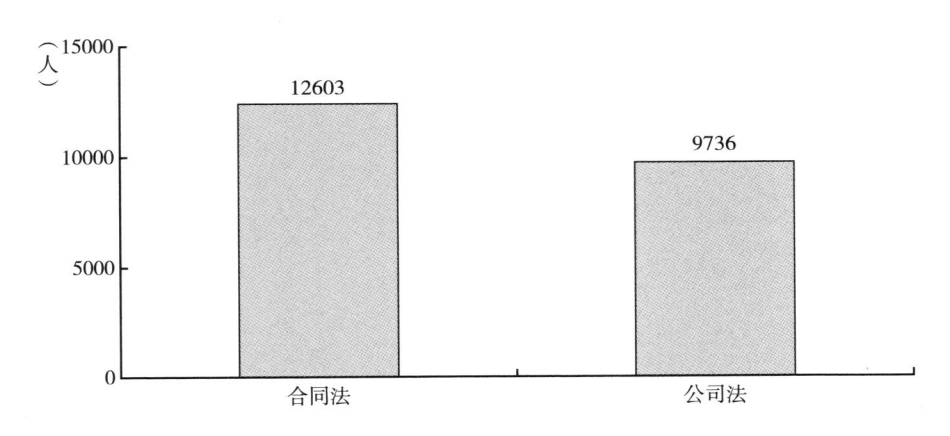

图 7　北京市律师擅长业务类型

如图 8 所示，北京市女律师擅长的业务类型中，位居前两位的也是合同法和公司法。

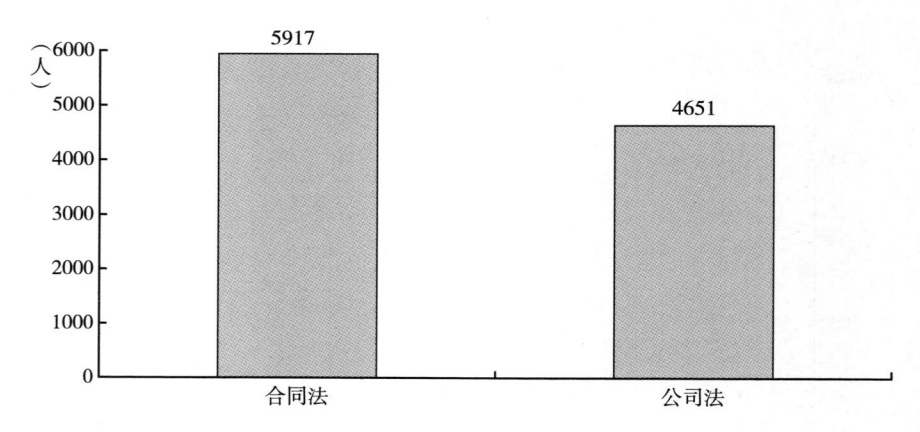

图8　北京市女律师擅长业务类型

（六）北京市律师事务所合伙人与主任中女性所占比例

如图9所示，在北京市律师事务所中，45%的合伙人为女律师，55%的合伙人为男律师。

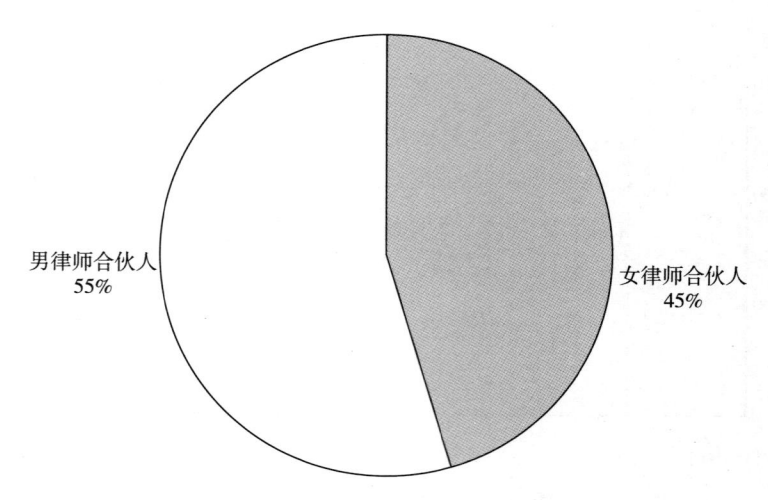

图9　北京市律师事务所合伙人男女比例

如图10所示，北京市女律师在律师事务所的任职情况如下：约22%的律师事务所主任由女律师担任，这一任职比例远低于男律师。

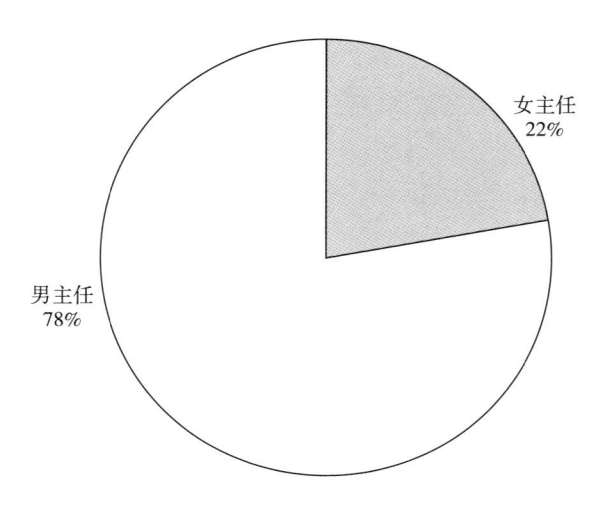

图 10　北京市主任律师男女比例

二　北京市女律师职业状况的问卷调研过程介绍

（一）调研取样过程以及样本情况

本次问卷发放得到了北京市律师协会等单位的帮助，调查对象包括两大类，一是北京市女律师，二是社会公众。问卷采用微信小程序定向发送给北京市女律师和社会公众。问卷发放时间为2020年5月21日至5月30日，共回收女律师调查问卷823份，社会公众调查问卷1059份。

比较发现，受访北京市女律师的执业年限、年龄、教育背景、所擅长的业务领域均与北京市律师总群体的特征基本吻合。因此，本次调研的样本具有一定代表性，具体信息如下。

女律师年龄分布情况如图11所示，年龄分布的范围为23~72岁，平均年龄39岁，主要集中在29~44岁年龄段，年龄大于60岁的有16人。

如图12所示，受访的女律师执业年限较短，约有45%的女律师执业年限为5年及以下。

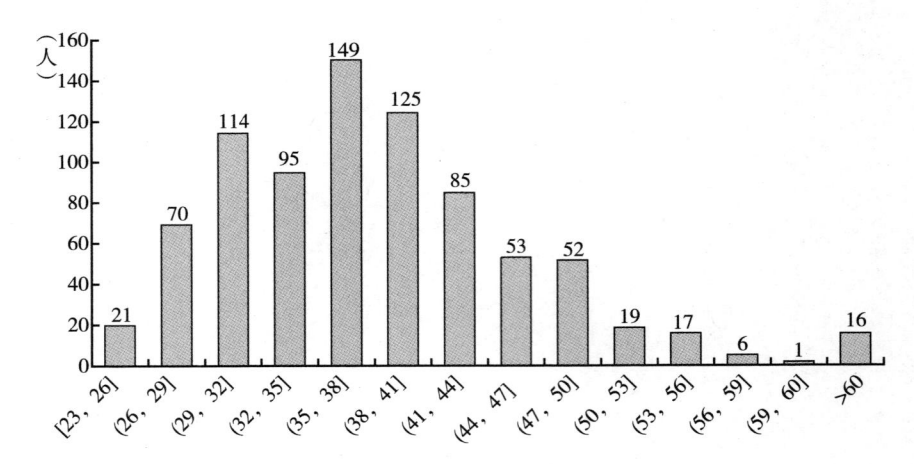

图 11 受访女律师年龄分布

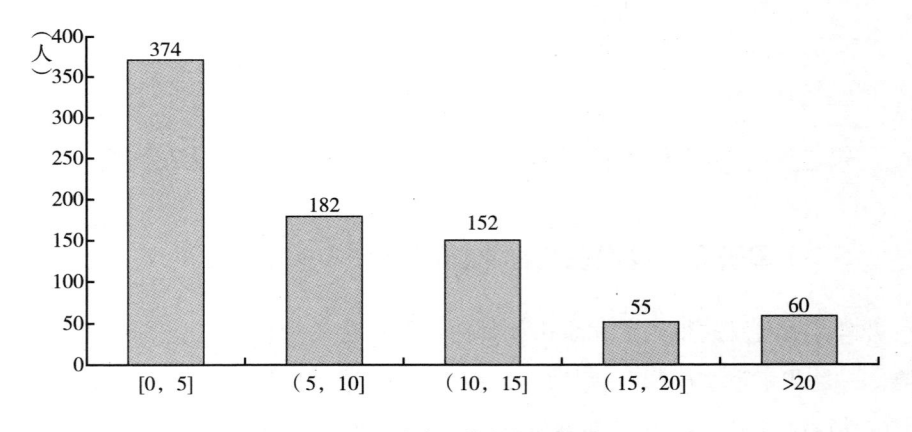

图 12 受访女律师执业年限

如图 13 所示,受访女律师的学历背景主要为本科和硕士研究生,分别为 48.48% 和 49.21%;拥有博士研究生学历的人数较少,仅占 1.58%。

如图 14 所示,受访女律师婚姻状况为:72.05% 已婚,22.60% 未婚,5.35% 离异。

如图 15 所示,受访女律师中的 69.91% 来自普通合伙律师事务所,18.39% 来自特殊普通合伙律师事务所,9.87% 来自个人律师事务所,1.83% 来自外省市驻京分所。

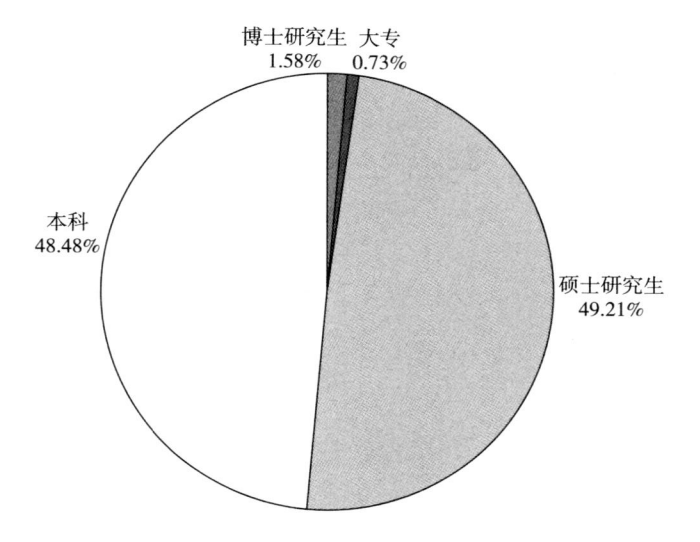

图 13　受访女律师学历分布

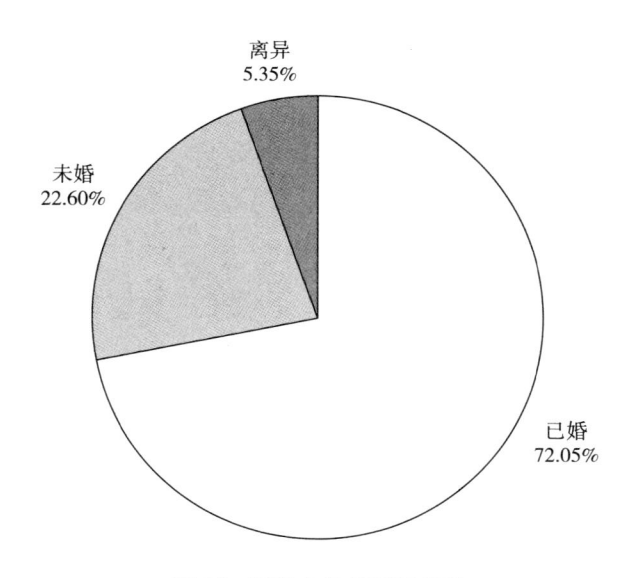

图 14　受访女律师婚姻状况

如图 16 所示，受访女律师所在律师事务所的主营业务分布如下：64.92% 为综合性律师事务所，28.14% 为诉讼为主的律师事务所，6.94% 为非诉讼为主的律师事务所。

个人律师事务所 9.87%

特殊普通合伙律师事务所 18.39%

外省市驻京分所 1.83%

普通合伙律师事务所 69.91%

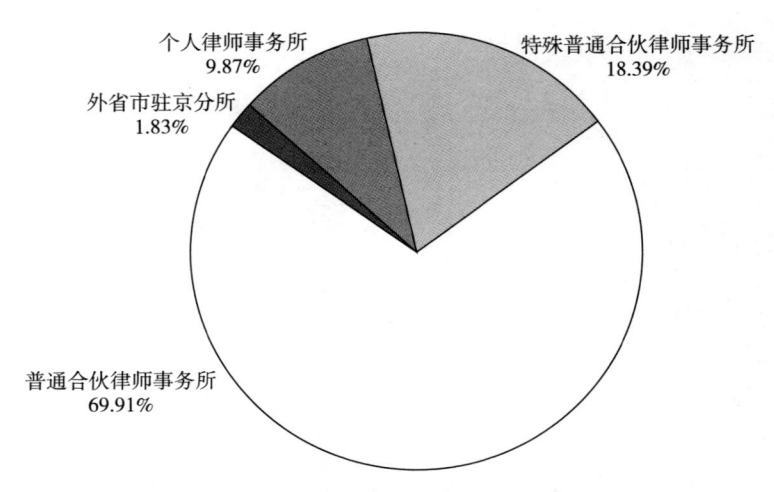

图15　受访女律师工作单位类型

诉讼为主的律师事务所 28.14%

综合性律师事务所 64.92%

非诉讼为主的律师事务所 6.94%

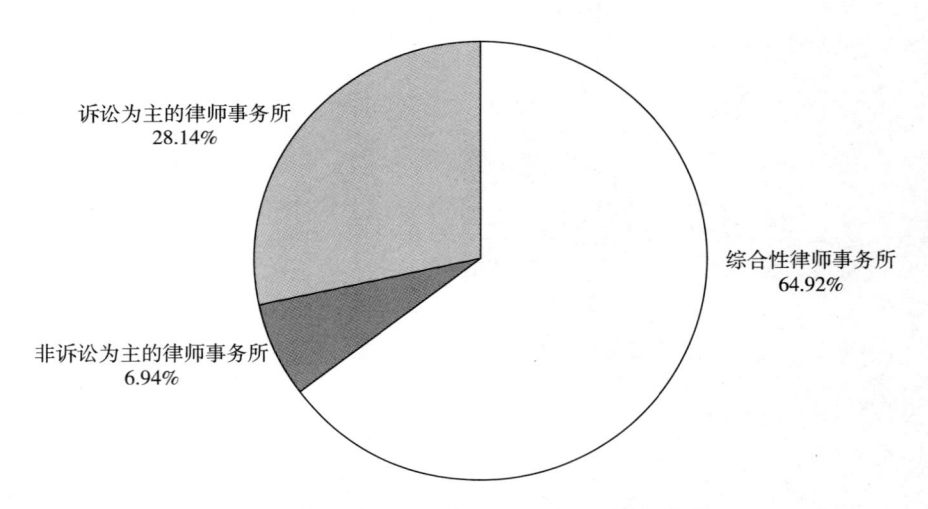

图16　受访女律师所在律师事务所的主营业务

受访女律师的业务类型如图17所示。其中，50.18%的女律师从事诉讼为主的业务，18.03%的女律师从事非诉讼为主的业务，29.60%的女律师从事综合业务。

如图18所示，受访女律师在律师事务所内的收入分配方式情况如下：提成律师占比最多，达到了39.45%，工薪律师为32.09%，有28.46%的女律师为律师事务所合伙人。

暂无主要方向
2.19%

综合
29.60%

诉讼为主
50.18%

非诉讼为主
18.03%

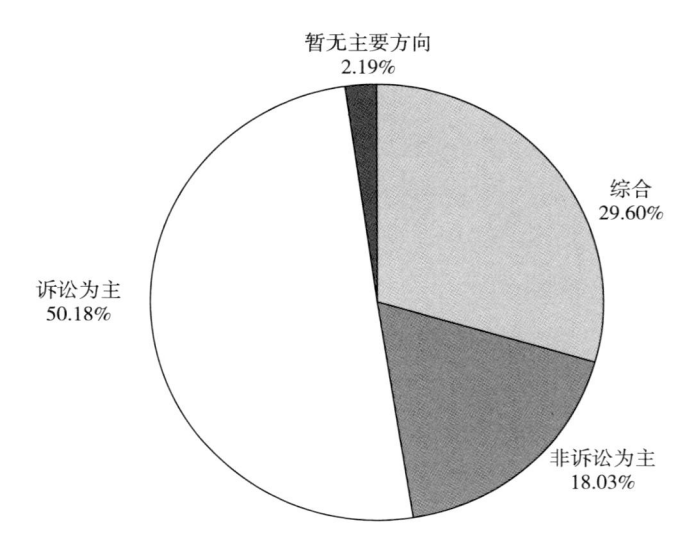

图 17　受访女律师业务类型

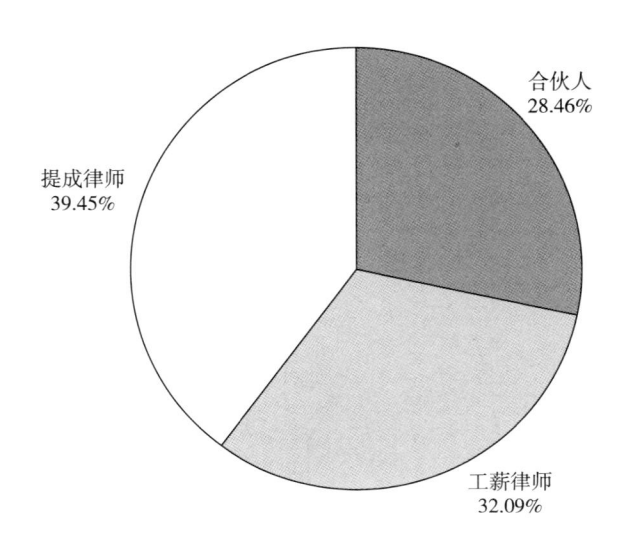

合伙人
28.46%

提成律师
39.45%

工薪律师
32.09%

图 18　受访女律师所内收入分配方式

如图 19 所示，受访女律师有 7.19% 曾经是公检法从业人员，92.81% 的女律师并没有相关从业经验。

是
7.19%

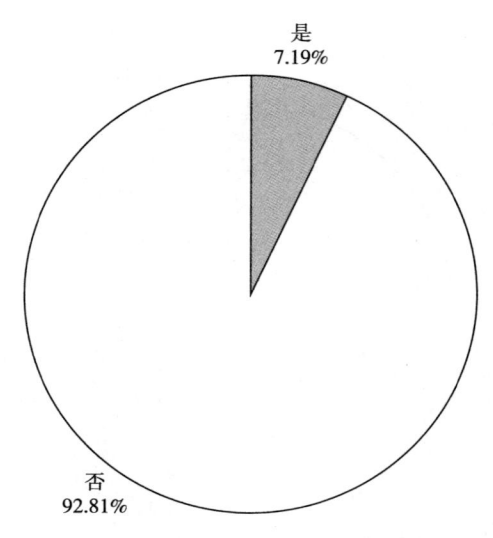

否
92.81%

图19　受访女律师是否曾是公检法从业人员

如图20所示，受访女律师在提及主要业务来源时，多数人表示来自亲戚朋友的推荐、老客户介绍，以及律师事务所分配。其中，提及频率最高的两个途径是亲戚朋友的推荐和老客户介绍。

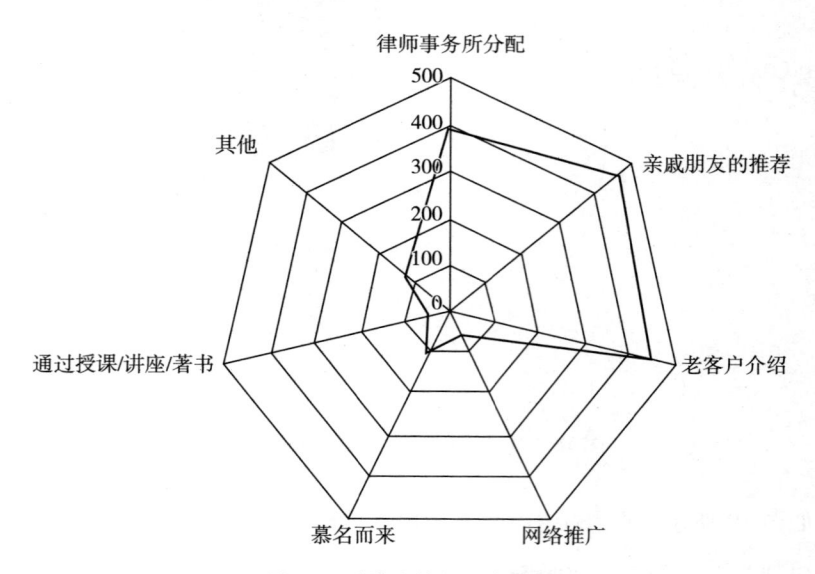

图20　受访女律师业务来源

如图 21 所示，北京市律师协会女律师工作委员会和女律师联谊会开展了参政议政、公益法律服务、综合技能培训、组织联谊等方面的工作。受访女律师在被问及是否了解以上活动时，有 8.28% 的女律师表示非常了解这些活动，37.27% 的女律师表示一般了解这些活动，54.45% 的女律师表示不了解这些活动。

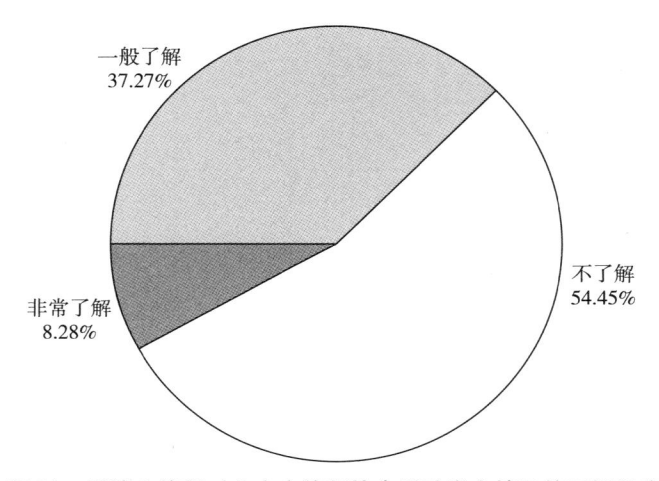

图 21 受访女律师对北京市律师协会活动举办情况的了解程度

如图 22 所示，受访女律师中 16.44% 经常参加这些活动，61.27% 偶尔参加这些活动，22.29% 没参加这些活动。

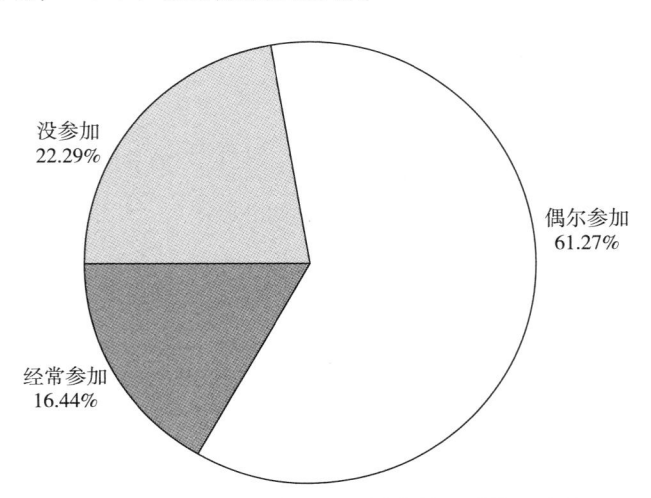

图 22 受访女律师参加律师协会等活动的百分比

如图 23 所示，在被问及希望得到北京市律师协会女律师工作委员会和女律师联谊会的哪些帮助时，多数受访女律师希望可以得到专业培训、业务拓展和权益保障方面的帮助。

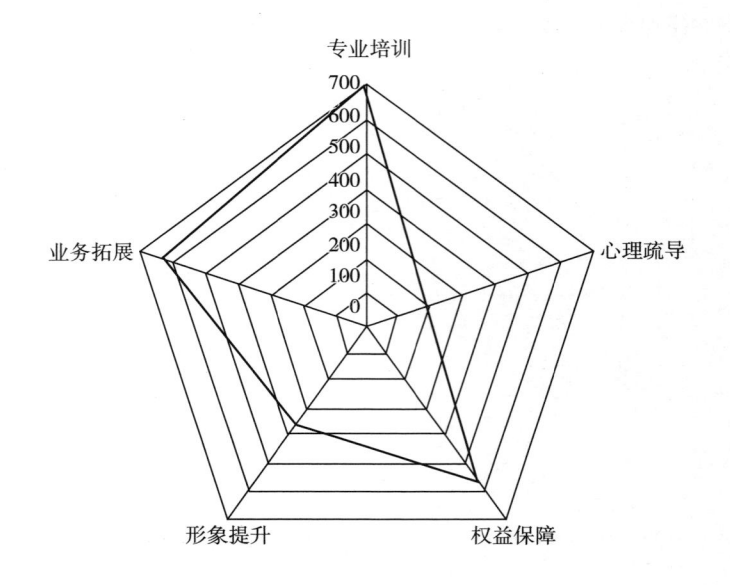

图 23　受访女律师希望得到律师协会的帮助类型

如图 24 所示，对于北京市律师协会女律师工作委员会在行业管理、权益保障、专业培训等方面开展的工作，46.77%的受访女律师表示满意，49.09%表示一般。

如图 25 所示，在参政议政意愿方面，24.73%的女律师没有参政议政的意愿，42.14%的女律师有参政议政的意愿，33.13%的女律师对参政议政的意愿一般。

如图 26 所示，被问及律师的社会责任时，97.20%的受访女律师认为律师做公益是履行律师行业的社会责任，对此持认可态度。

如图 27 所示，司法部倡导每名律师每年参与不少于 50 小时的公益法律服务或者至少办理两件法律援助案件，85.02%的受访女律师表示愿意付出时间做法律援助、社区咨询、法制讲座、普法宣传等社会公益活动，仅有

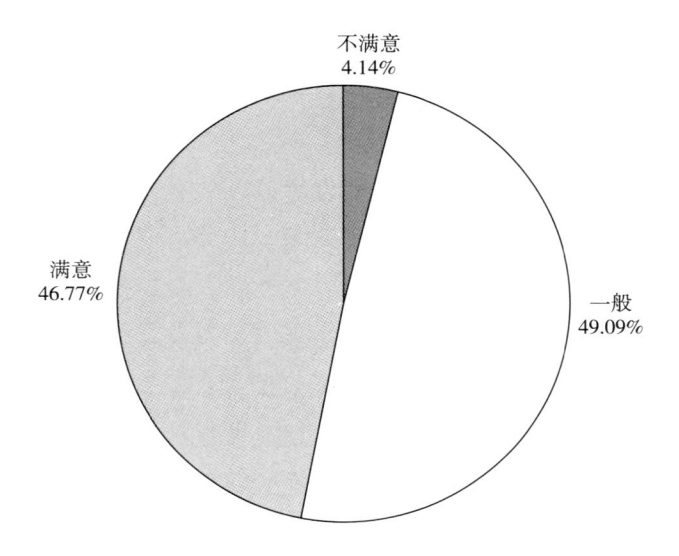

图 24　受访女律师对律师协会工作的满意度

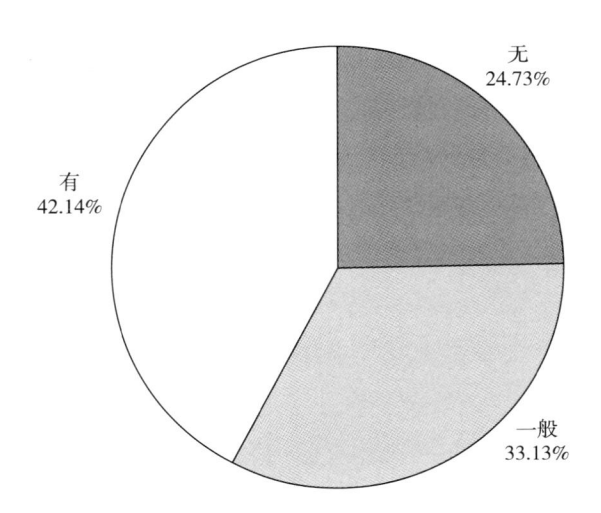

图 25　受访女律师参政议政意愿

1.22%的女律师表示不愿意参加这些活动。

如图28所示，受访女律师表示，愿意更好地参与公益法律服务活动，有95.62%的女律师希望能进一步获取公益法律服务方面的信息。

否 2.80%

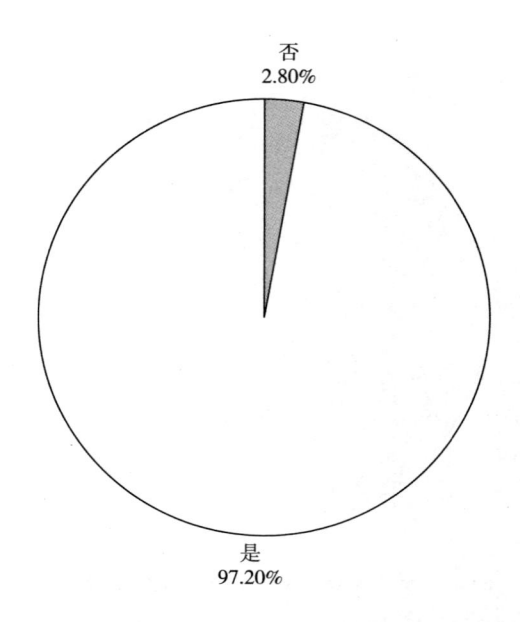

是 97.20%

图 26　受访女律师认为做公益是否为律师的社会责任

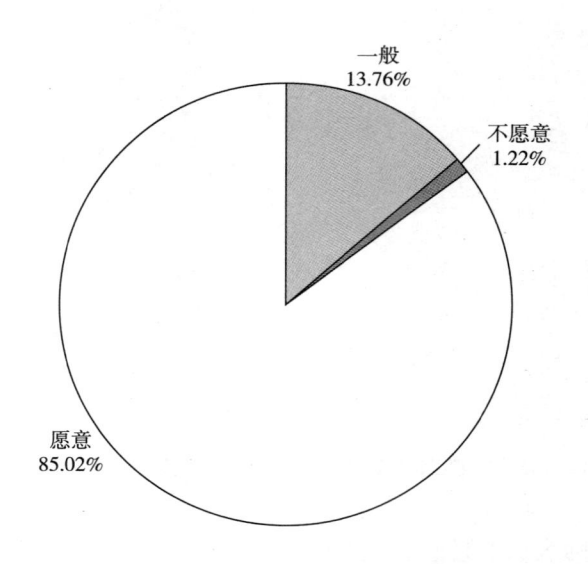

一般 13.76%

不愿意 1.22%

愿意 85.02%

图 27　受访女律师参与公益活动的意愿

图 28　受访女律师是否希望得到公益法律服务方面的信息

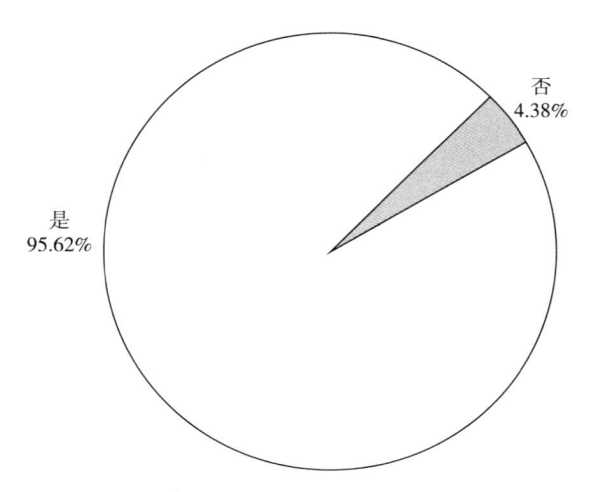

（二）北京市女律师职业状况调研的内容介绍

本次调研的内容具体如下：
- 社会公众以及女律师对律师的性别优势的感知；
- 北京市女律师职业心理状况；
- 北京市女律师工作家庭自我平衡挑战；
- 北京市女律师职业生涯管理；
- 北京市女律师职业成就与职业态度。

除了性别优势感知部分使用了心理学的内隐分析方法之外，其余的调研问卷均参考了职业心理研究中的成熟量表，并根据律师职业的特点进行了相应的语言调整。为保证问卷的易读性与适用性，在大规模的问卷发放之前，我们开展了问卷的预填写。

调查问卷是匿名问卷，填写要求提示受访者，打分并无好坏之分，请根据客观的感受进行打分，数据将进行群体化统计与分析，不针对任何个体进行数据分析，请放心做答。问卷打分采用了李克特 1~5 分量表，具体分值的意义如下：

- 1 分代表"非常不同意"

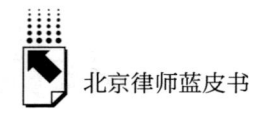

- 2分代表"不同意"
- 3分代表"不太同意"
- 4分代表"同意"
- 5分代表"非常同意"

三 社会公众以及女律师对律师的性别优势感知

"性别角色"是一种随社会分工而出现、随社会发展而变化的观念，在不同的文化和民族中，性别角色的内涵不同。"性别角色"反映了社会对男女性的社会地位和行为规范的不同期望，带有明显的社会、文化印记[1]，它对女性的职业发展有着深刻的心理影响。那么，女性在律师职业中，存在优势，或是劣势？为此，本次报告调查了社会公众对女性律师的印象感知，以及女律师对性别优势的感知。

（一）社会公众对女律师的印象感知

1. 有关女律师印象的词汇描述

刻板印象，是指将对某一群体的总体性评价和看法，挪用到对某一具体对象的感知上。这种以整体替代个体的倾向，将会忽视具体对象的个性化特征。[2]刻板印象在一定程度上可以提高认知的效率，但是也会在无意识中给人们带来感知偏差与行为偏见。[3]

本项目选取了已有研究中关于性别差异的关键词，包括柔弱、顺从、细心、亲和等，并且补充了社会公众对女性律师的整体印象，包括周全、细心、理性、正直、合作、冷静、果敢、善于换位思考、沟通能力强、认真、内向、亲和、稳重、坚韧、强硬、有耐心、心理素质好等关键词。问卷要求受访者对女律师的印象进行关键词选择。有1059位公众接受了问卷调查，其中，男性472人，女性587人。

如图29和图30所示，50%以上的男性受访者和50%以上的女性受访者，都认为女律师有以下特征：细心、善于换位思考、亲和、有耐心。"细心"是受访者对女律师印象认同中出现比率最高的词汇，社会公众总体的认同率为71.10%，其中，男性认同率为70.97%，女性认同率为71.21%。与此形成鲜明比较的是，无论是男性受访者还是女性受访者都认为"强硬"一词不太符合女律师，只有18.89%的受访者认为女律师具备这一特征，其中19.07%的男性受访者和18.74%的女性受访者持有此观点。

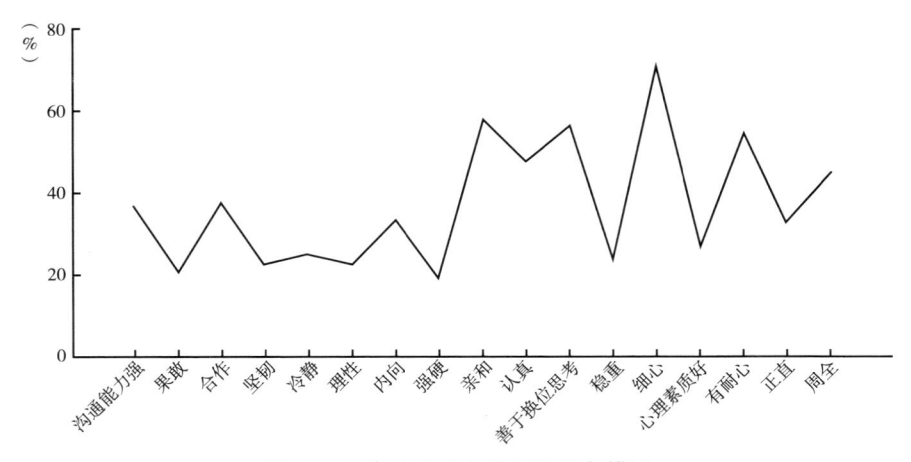

图29 社会公众对女律师的印象描述

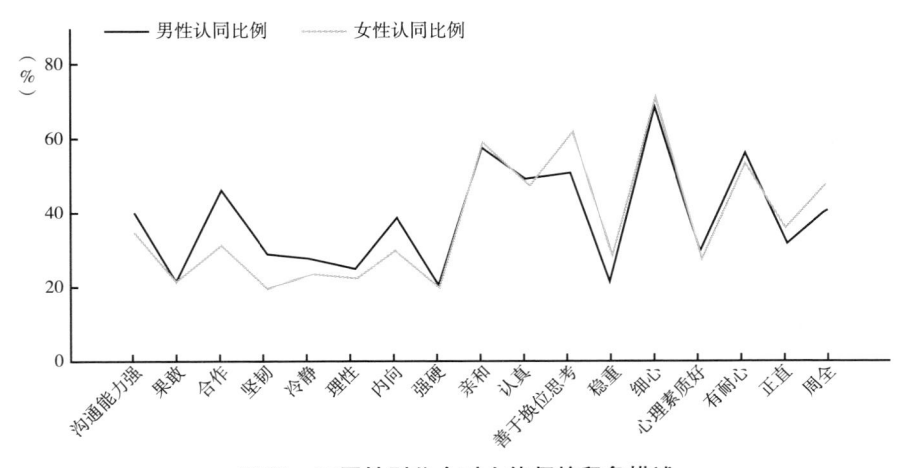

图30 不同性别公众对女律师的印象描述

相似的，只有22.95%的受访者认为女律师具有"理性"特征，其中，24.58%的男性受访者和21.64%的女性受访者持有此观点。

表1 女律师有以下特征吗？

	男性受访者认同数（占男性受访者比例）	女性受访者认同数（占女性受访者比例）	受访者总计（占总体比例）
细心	335(70.97%)	418(71.21%)	753(71.10%)
亲和	273(57.84%)	347(59.11%)	620(58.55%)
善于换位思考	243(51.48%)	363(61.68%)	606(57.22%)
有耐心	266(56.36%)	321(54.68%)	587(55.43%)
认真	231(48.94%)	275(46.85%)	506(47.78%)
周全	194(41.10%)	288(49.06%)	482(45.51%)
合作	217(45.97%)	186(31.69%)	403(38.05%)
沟通能力强	190(40.25%)	205(34.92%)	395(37.30%)
内向	187(39.62%)	170(28.96%)	357(33.71%)
正直	145(30.72%)	199(33.90%)	344(32.48%)
心理素质好	133(28.18%)	154(26.23%)	287(27.10%)
冷静	132(27.97%)	135(23.00%)	267(25.21%)
坚韧	136(28.81%)	109(18.57%)	245(23.13%)
稳重	94(19.92%)	150(25.55%)	244(23.04%)
理性	116(24.58%)	127(21.64%)	243(22.95%)
果敢	99(20.97%)	119(20.27%)	218(20.59%)
强硬	90(19.07%)	110(18.74%)	200(18.89%)

2. 社会公众在委托律师时的性别倾向

现有研究发现，性别是影响公众选择律师维护自身权益的重要考虑之一。[4]不同类型的案件由于工作性质和要求不同，可能关联到男性或女性的擅长领域，从而可能影响公众委托律师时的性别倾向。

如图 31 所示,受访者在离婚案件的离婚委托中,倾向于委托女律师,其中委托男律师的比例为 10.01%,委托女律师的比例为 55.81%。而在刑事案件中,受访者委托女律师的比例最低,为 11.80%,委托男律师的比例为 49.58%,说明在刑事案件律师委托中,公众可能对女律师存在顾虑。

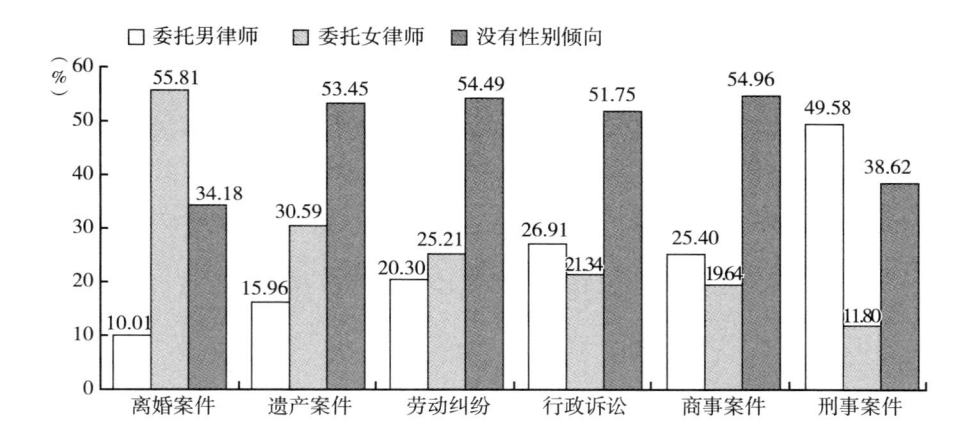

图 31 受访的社会公众委托律师时的性别选择倾向

(二)女律师对性别差异的感知

1. 女律师对客户委托律师时的性别顾虑的感知

女律师对性别歧视的感知会影响其工作满意度、职业成就感。高歧视感知将束缚女性的职业发展。[5]北京市女律师对性别劣势有一定程度的感知,具体如下。

如图 32 所示,受访女律师中有 308 位女律师认为客户"有歧视",404 位女律师认为"有歧视,但是不强",111 位女律师认为"没有歧视"。这说明,女律师所感知到的客户在委托律师时,存在性别考虑,对女律师有委托顾虑。

2. 女律师对职业性别优势的感知

相关研究表明,"一想到管理者就想到男性",这是一种普遍存在的管

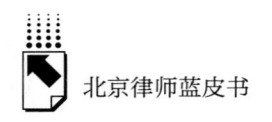

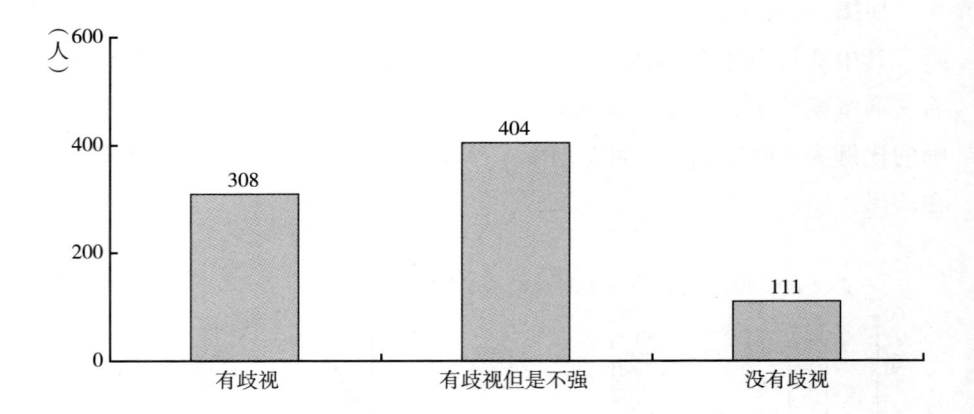

图 32　女律师感知的客户委托律师时的性别歧视

理者性别刻板印象。这种性别优势的思维定式会对组织中女性管理者的晋升、职业竞争优势产生影响。[5]因此，本次问卷中，特别就女律师是否具有职业的性别优势进行了调查。

如图 33 所示，受访女律师中有 404 位认为女律师与男律师相比"没有优势"，有 111 位认为"有优势"，而有 308 位认为需要"视情况而定"。从整体看，有约一半的女律师认为女律师的优势不如男律师，但是也有约一半女律师认为不存在性别优势一说，而只有少量女律师认为女律师更有优势。

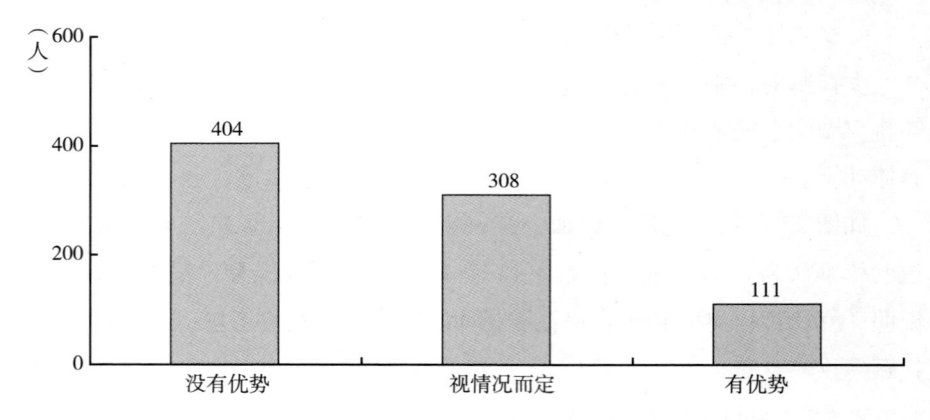

图 33　女律师比男律师更有职业优势吗？

3. 女律师搭档委托时的性别倾向调查

现有研究发现，在律师行业，律师虽然不会因为同事的性别或婚姻、生育状况而放弃与之合作。但是，部分律师有性别刻板印象，认为女律师的婚姻、生育等会导致工作态度和效率低于男律师。[6]此外，现有关于职业女性的研究发现，结婚可能导致劳动意愿下降。[7]因此，我们调查了北京市女律师在选择工作搭档时，是否存在性别顾虑。

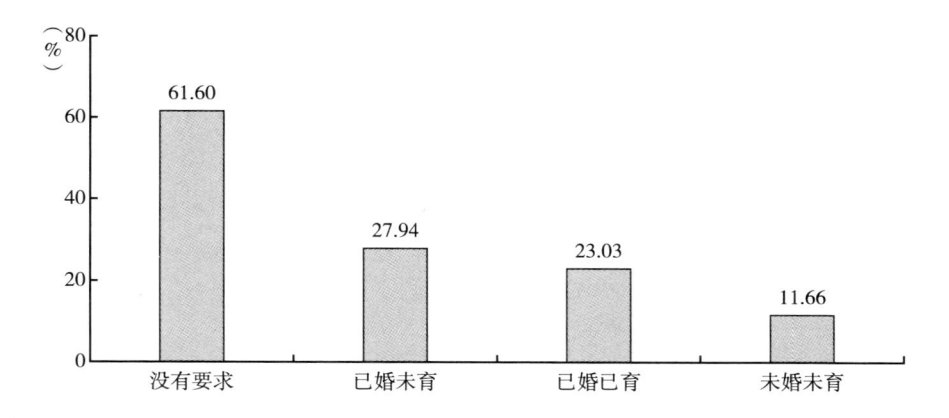

图34 北京市女律师搭档选择时的性别考虑

如图34所示，受访女律师中，超过61%的女律师对搭档律师并无明确性别要求，仅有27.94%的女律师倾向于选择已婚未育的女同事，选择已婚已育、未婚未育女律师的比例分别为23.03%、11.66%，占比较低，说明婚育状况对女律师搭档的选择并无明显影响。

如图35所示，不同年龄段划分女律师在选择搭档时的性别倾向有所差异，超过40岁的女律师选择女律师为搭档的比例最高，为25%；20~30岁女律师选择女律师为搭档的比例最低，为5%。此外，30~40岁女律师选择男性律师比例最高，为33%；20~30岁女律师次之，为26%；大于40岁女律师比例最低，为10%。三个不同年龄段均有超过50%的女律师并没有明确的性别选择倾向。这说明，目前北京市女律师在搭档选择时并没有过多考虑性别因素。

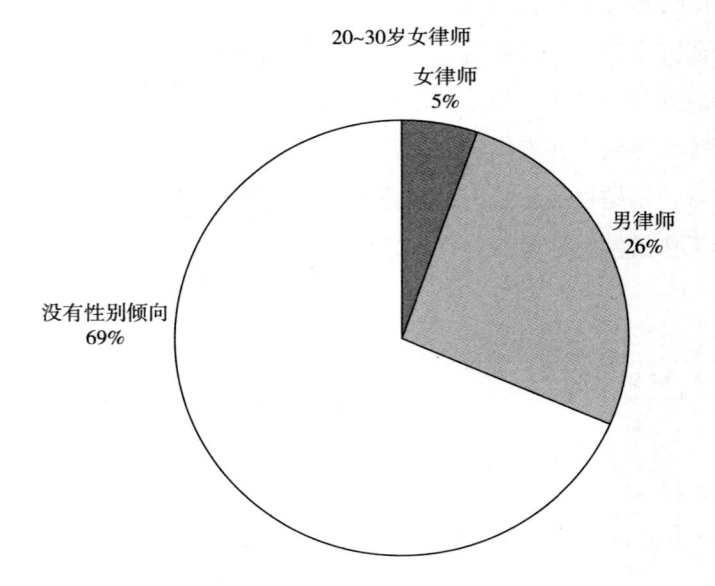

20~30岁女律师

女律师
5%

男律师
26%

没有性别倾向
69%

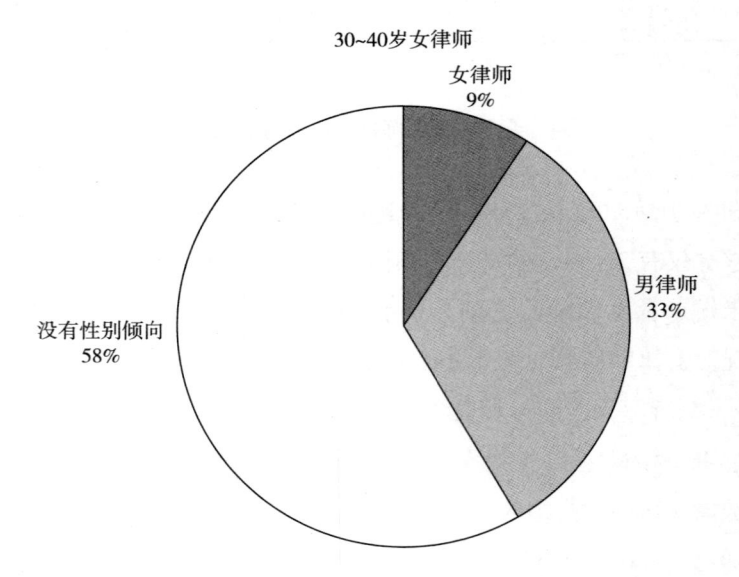

30~40岁女律师

女律师
9%

男律师
33%

没有性别倾向
58%

大于40岁女律师

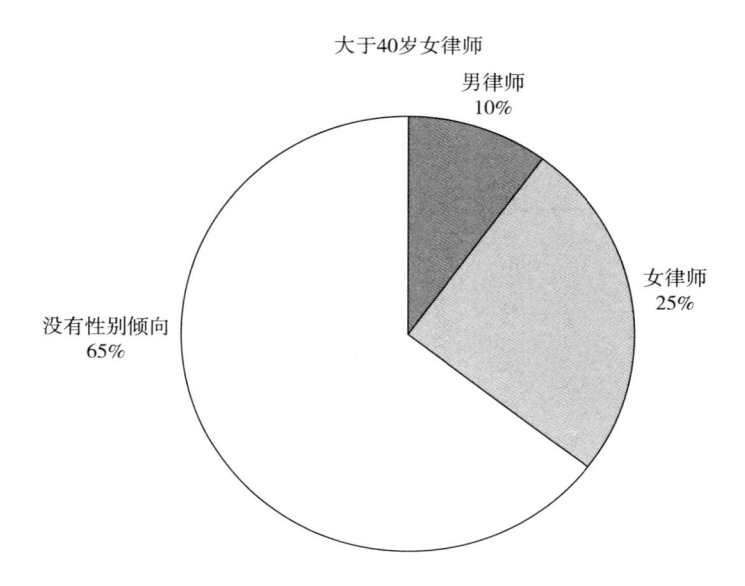

男律师
10%

女律师
25%

没有性别倾向
65%

图35 不同年龄段女律师搭档选择时的性别考虑

四 北京市女律师职业心理状况

本项目为了调查北京市女律师的职业心理状况,对女律师职业心理状况的以下六个方面的表现进行了调研:内部动机和外部动机、挑战型和阻碍型压力感、中庸取向、情绪耗竭、消极情绪和心理资本。

(一)内部动机和外部动机

动机即工作动力的来源,是职业发展的关键决定因素。从业动机分为内部动机和外部动机。内部动机指工作的动力来自于对工作自身的喜爱和感兴趣,外部动机指为了外部奖赏,比如工作带来的收入、稳定的生活、较高的地位。内部动机可以带来更持久的工作投入,是产生工作激情的重要前提。外部动机也有助于工作投入,但是如果外部动机过高的话,可能出现挤占内部动机的现象,反而不利于工作的认同感与奉献精神。

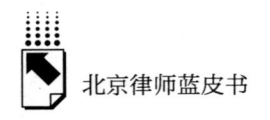

表2　三个年龄段女律师内部动机

年龄段	个案数	平均值	标准差	最低值	最高值
≤30岁	111	4.07	0.66	1.67	5.00
30~40岁	404	4.16	0.59	1.67	5.00
≥40岁	308	4.15	0.60	2.00	5.00
总计	823	4.14	0.60	1.67	5.00

图36　三个年龄段女律师内部动机

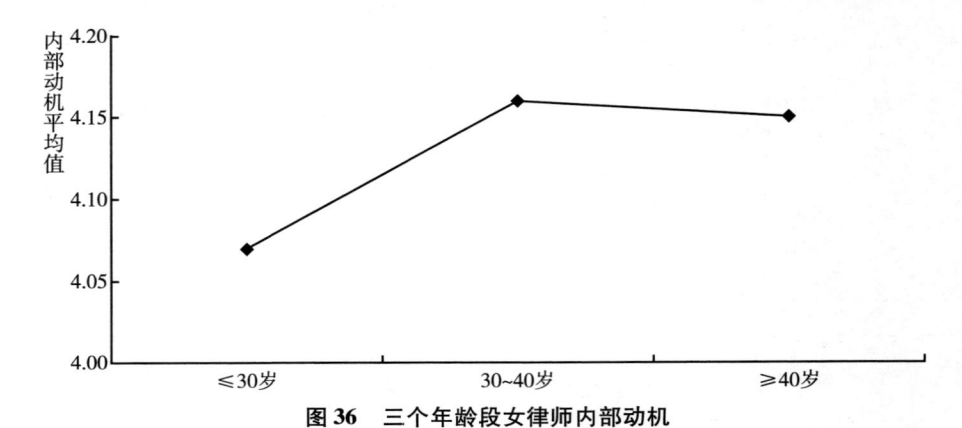

表3　三个年龄段女律师外部动机

年龄段	个案数	平均值	标准差	最低值	最高值
≤30岁	111	3.66	0.76	1.00	5.00
30~40岁	404	3.67	0.68	1.00	5.00
≥40岁	308	3.69	0.70	1.00	5.00
总计	823	3.68	0.70	1.00	5.00

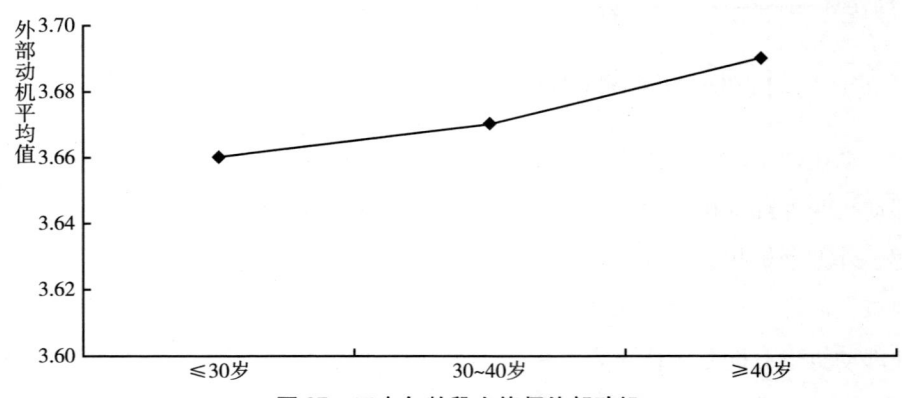

图37　三个年龄段女律师外部动机

如表 2、表 3、图 36 和图 37 所示，受访女律师总体内部动机均值为 4.14，外部动机均值为 3.68，内部动机要高于外部动机。女律师从业的外部动机随着年龄段的增加呈现上升趋势。随着年龄的上升，30~40 岁之间女律师的内部动机要较明显高于 30 岁以下，由 4.07 上升到 4.16；而外部动机略有上升，由 3.66 上升到 3.67。内部动机标准差为 0.60，外部动机标准差为 0.70，个体之间的差异较小。

表 4　三类执业年限女律师内部动机

执业年限段	个案数	平均值	标准差	最低值	最高值
5 年及以下	374	4.15	0.61	1.67	5.00
5~10 年	182	4.16	0.60	2.00	5.00
10 年及以上	265	4.14	0.61	2.00	5.00
总计（缺失 2 人）	821	4.15	0.60	1.67	5.00

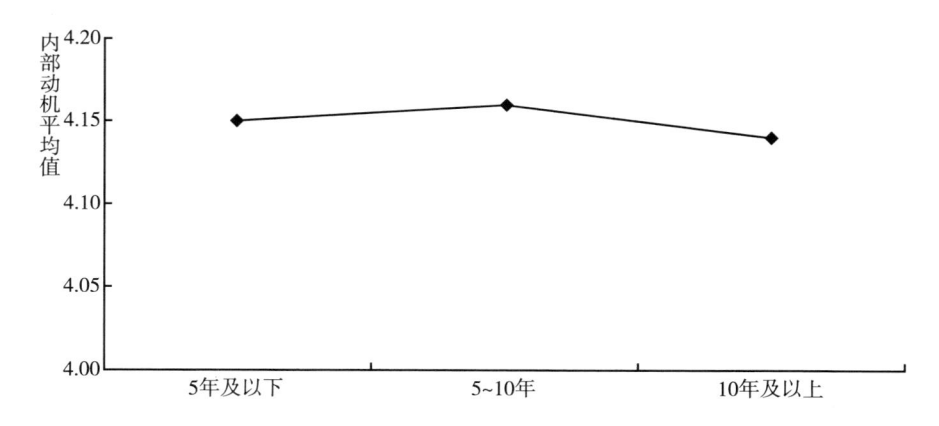

图 38　三类执业年限女律师内部动机

表 5　三类执业年限女律师外部动机

执业年限段	个案数	平均值	标准差	最低值	最高值
5 年及以下	374	3.60	0.73	1.00	5.00
5~10 年	182	3.77	0.61	2.00	5.00
10 年及以上	265	3.72	0.69	1.00	5.00
总计（缺失 2 人）	821	3.68	0.70	1.00	5.00

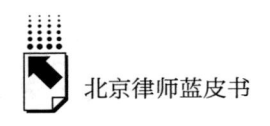

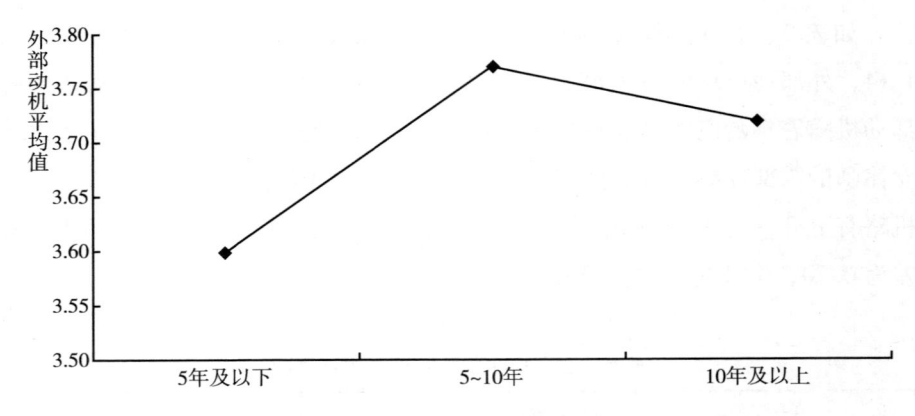

图39 三类执业年限女律师外部动机

如表4、表5、图38和图39所示，我们对女律师按照执业年限分为三组：5年及以下、5~10年、10年及以上。分析发现，受访女律师的内部动机和外部动机平均值均呈现先上升后下降的趋势。各类女律师群体的内部动机和外部动机平均值差异不超过0.17，并且，在具体的执业年限组别中，小组内部之间的标准差上下幅度也不超过0.12。因此，不同执业年限的女律师的内部动机和外部动机的自我评分差异较小。内部动机和外部动机的最高值均出现在执业年限5~10年。随着执业年限的增长，当执业年限达到10年及以上时，开始小幅下降。

（二）挑战型和阻碍型压力感

现有研究将压力源分为挑战型和阻碍型两类。其中，挑战型压力源是指工作量大、任务重、技能要求高、时间压力大等，这些压力感与工作发展有关，这部分压力一旦加以克服，会引发心理满足感并带来收益增长和职位晋升等回报；[8]阻碍型压力源主要包括工作资源不够、与客户产生冲突、工作时间不规律、常遇突发性任务等，这部分压力需要个体付出心智资源加以应对，却无法从中获益。阻碍型压力感会增强女律师感知环境的不确定性和挫折感，从而降低女律师工作绩效。因此需要将阻碍型压力源降低且控制在合适范围内。本次调研的北京市女律师的压力感状况如下。

表6 三个年龄段女律师挑战型压力感

年龄段	个案数	平均值	标准差	最低值	最高值
≤30岁	111	3.46	0.67	1.40	5.00
30~40岁	404	3.55	0.60	2.00	5.00
≥40岁	308	3.49	0.64	1.40	5.00
总计	823	3.51	0.63	1.40	5.00

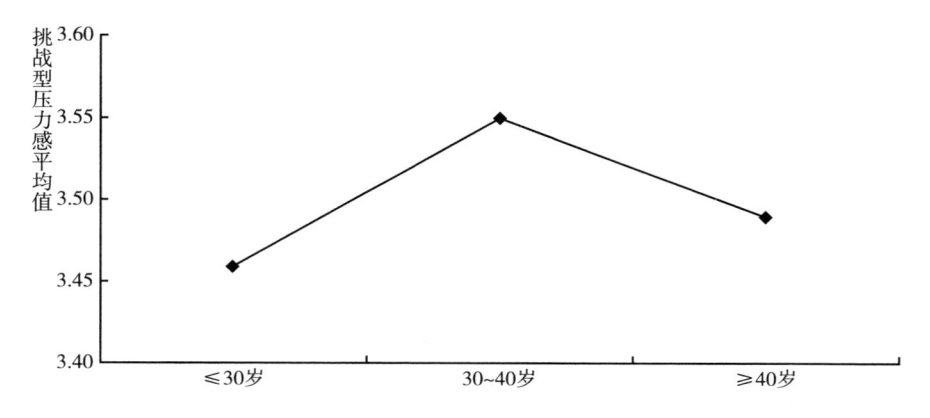

图40 三个年龄段女律师挑战型压力感

如表6和图40所示，受访女律师挑战型压力感整体平均值为4.00，压力感并不很高。三个年龄段挑战型压力感呈现先增后降的趋势，从30岁及之下的3.46，30~40岁上升到3.55，40岁及之后下降到3.49。总体标准差为0.63，分值波动较小，不同女律师之间在挑战型压力感方面没有显著的差异，总体压力感知不高。

表7 三个年龄段女律师阻碍型压力感

年龄段	个案数	平均值	标准差	最低值	最高值
≤30岁	111	3.36	0.64	1.50	5.00
30~40岁	404	3.34	0.62	1.00	5.00
≥40岁	308	3.13	0.61	1.00	4.75
总计	823	3.26	0.63	1.00	5.00

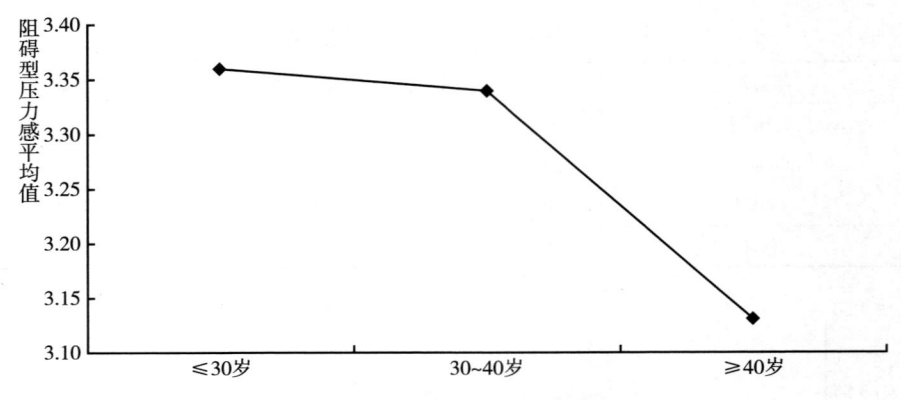

图41 三个年龄段女律师阻碍型压力感

如表7和图41所示，阻碍型压力感整体平均值为3.26，压力感并不高。而且，随着年龄增长逐渐下降，由最初的3.36下降到3.13。总体标准差为0.63，分值波动较小，女律师个体的阻碍型压力感差异较小。

表8 三类执业年限女律师挑战型压力感

执业年限段	个案数	平均值	标准差	最低值	最高值
5年及以下	374	3.52	0.62	1.40	5.00
5~10年	182	3.47	0.57	2.00	5.00
10年及以上	265	3.53	0.67	1.40	5.00
总计（缺失2人）	821	3.51	0.63	1.40	5.00

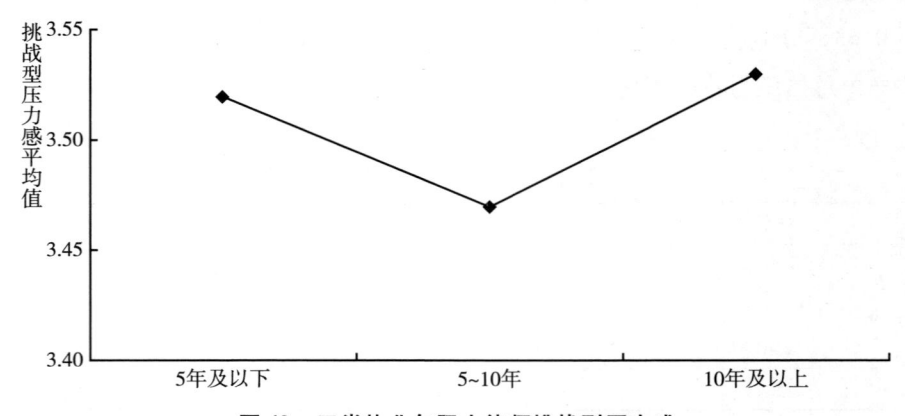

图42 三类执业年限女律师挑战型压力感

如表 8 和图 42 所示，挑战型压力感在女律师从业 5~10 年间相对最小，为 3.47。随着执业年限的上升，压力感分布呈现先下降后上升的趋势。5~10 年的女律师相比于刚刚执业阶段，工作更加得心应手，挑战型压力感稍有下降。而随着执业年限增加到 10 年及以上，需要承担更多工作任务和责任，工作对专业知识更新和学习能力等都提出了新的要求。相应的，10 年执业年限及以上的女律师挑战型压力感最大，为 3.53，甚至略高于初级执业阶段。

表 9　三类执业年限女律师阻碍型压力感

执业年限段	个案数	平均值	标准差	最低值	最高值
5 年及以下	374	3.36	0.62	1.50	5.00
5~10 年	182	3.20	0.64	1.00	4.75
10 年及以上	265	3.18	0.62	1.00	5.00
总计（缺失 2 人）	821	3.26	0.63	1.00	5.00

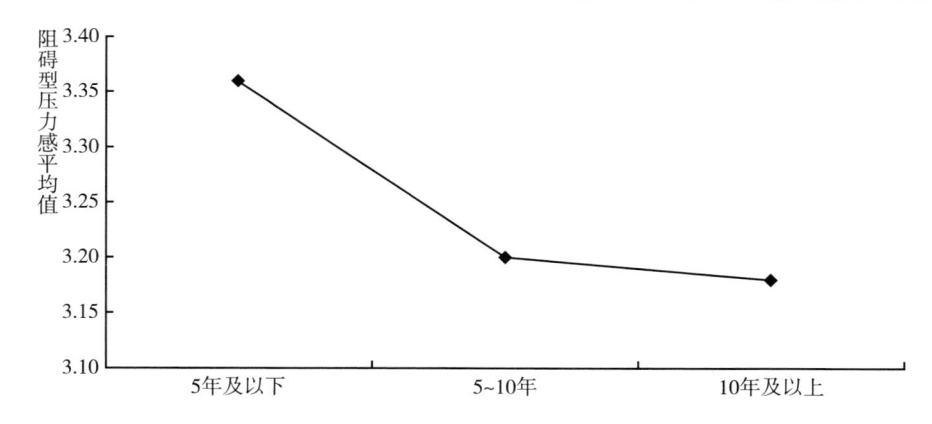

图 43　三类执业年限女律师阻碍型压力感

如表 9 和图 43 所示，随着执业年限的增长，女律师的阻碍型压力感呈现下降趋势，由初期的 3.36 下降到 3.18。

（三）中庸取向

中庸是中华民族传统文化的一种独特认知取向，已经根植于我们的民族性格和社会心理当中。中庸取向认为待人接物保持中正平和，做到因时制宜、因物制宜、因事制宜、因地制宜，以及执两用中。中庸取向有助于女律师在工作中形成灵活的对策。本次调查发现北京市女律师的中庸取向如下：

表10 三个年龄段女律师中庸取向

年龄段	个案数	平均值	标准差	最低值	最高值
≤30岁	111	4.21	0.45	3.00	5.00
30~40岁	404	4.19	0.41	2.40	5.00
≥40岁	308	4.13	0.40	1.40	5.00
总计	823	4.17	0.41	1.40	5.00

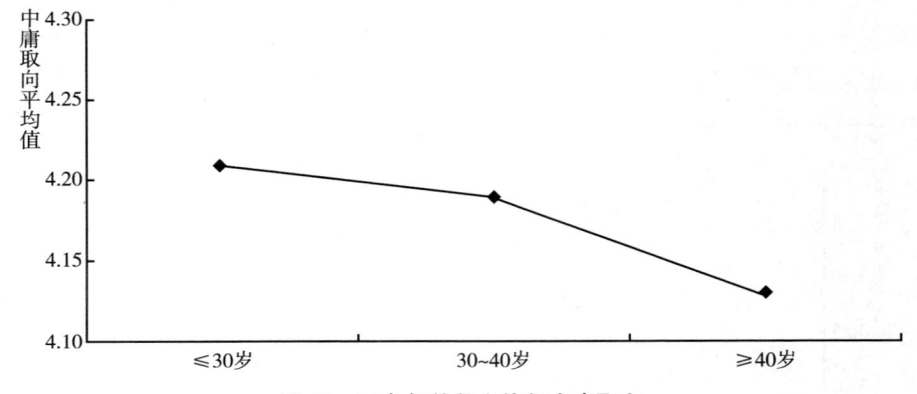

图44 三个年龄段女律师中庸取向

表11 三类执业年限女律师中庸取向

执业年限段	个案数	平均值	标准差	最低值	最高值
5年及以下	374	4.19	0.40	3.00	5.00
5~10年	182	4.17	0.43	2.40	5.00
10年及以上	265	4.15	0.41	1.40	5.00
总计(缺失2人)	821	4.17	0.41	1.40	5.00

如表10、表11、图44和图45所示，不论是按年龄段划分还是按照执业年限来区分，受访女律师中庸取向平均值都随着年龄或年限的上升而呈现下降趋势。30岁及以下的女律师群体中庸取向平均值最大，为4.21；执业5年及以下的女律师群体中庸取向平均值最大，为4.19。总体来看，在中庸

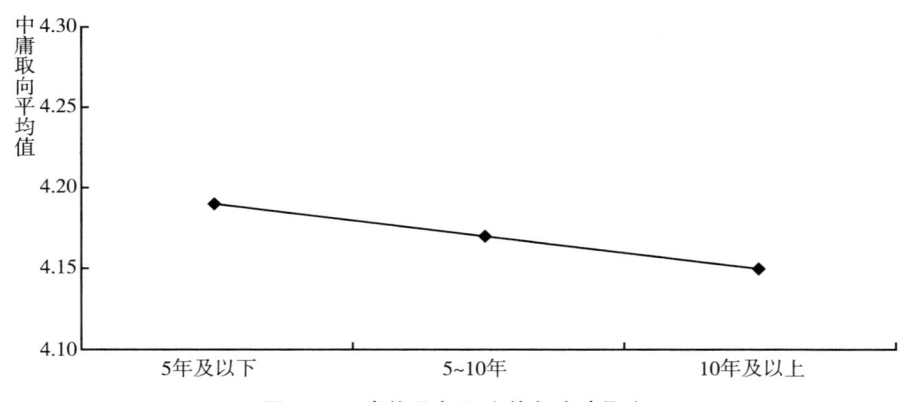

图 45　三类执业年限女律师中庸取向

取向上，三个年龄段女律师和三类执业年限女律师的平均值上下相差不超过 0.08 和 0.04，总体打分标准差均为 0.41，说明个体间差异小。同时，三个年龄段和三类执业年限的女律师关于中庸取向的分值的各组标准差均小于 0.45，说明组内波动也较小。可见，北京市女律师广泛持有中庸取向，不同年龄段或执业年限段的女律师的中庸取向得分相近。

（四）情绪耗竭

律师工作的体力与脑力强度很大，工作量繁重，需要长时间地专注工作，很容易产生情绪耗竭的现象，即过度使用心理和情绪资源后产生的疲劳状态。情绪耗竭往往伴随着焦虑、紧张、抑郁及其他一些负面情绪，出现精疲力竭并且懒得投入工作的现象。如果情绪耗竭管理不当，易引发职业倦怠，有损女律师的积极工作感受和工作幸福感。

表 12　三个年龄段女律师情绪耗竭

年龄段	个案数	平均值	标准差	最低值	最高值
≤30 岁	111	2.62	0.94	1.00	5.00
30~40 岁	404	2.58	0.84	1.00	5.00
≥40 岁	308	2.43	0.80	1.00	5.00
总计	823	2.53	0.84	1.00	5.00

图 46　三个年龄段女律师情绪耗竭

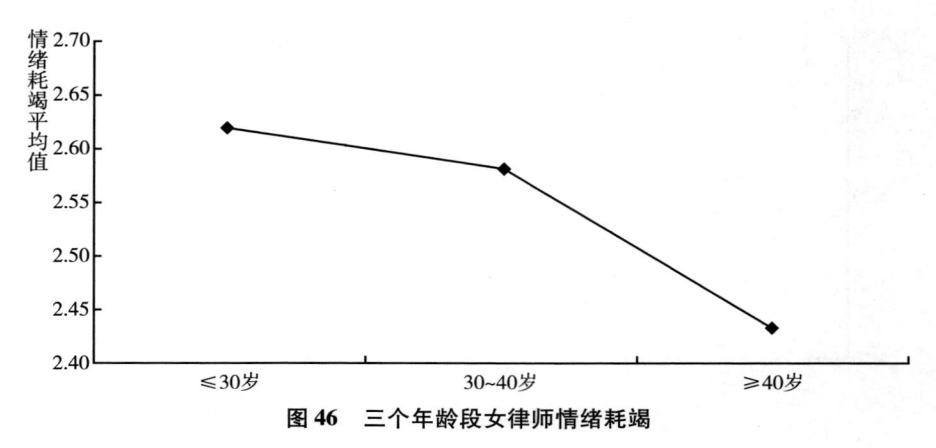

如表12和图46所示，三个年龄段的平均值呈现逐渐下降趋势，30岁及以下的女律师平均值最高，为2.62。40岁及以上的女律师平均值最低，为2.43。说明女律师群体随着年龄增长，情绪耗竭程度下降。总体标准差为0.84，个体之间差异较小，整体上看，女律师群体远离情绪耗竭状况。

表 13　三类执业年限女律师情绪耗竭

执业年限段	个案数	平均值	标准差	最低值	最高值
5年及以下	374	2.57	0.89	1.00	5.00
5~10年	182	2.57	0.80	1.00	5.00
10年及以上	265	2.45	0.79	1.00	5.00
总计(缺失2人)	821	2.53	0.84	1.00	5.00

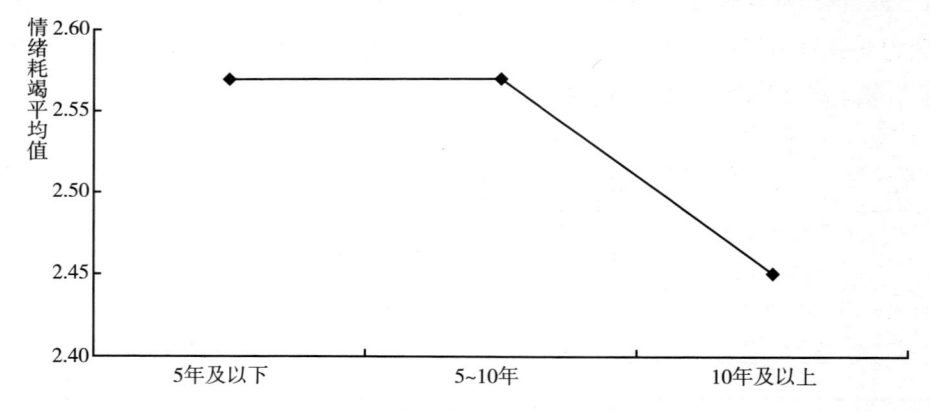

图 47　三类执业年限女律师情绪耗竭

如表13和图47所示，我们可以明显看到，女律师的情绪耗竭平均值随着执业年限增加而降低，在5年及以下、5~10年时达到2.57，超过10年时，降到最低，为2.45。从整体上看，分值总体标准差为0.84，个体之间差异较小，三类执业年限段的女律师没有明显的情绪耗竭现象。

表14 不同学历女律师情绪耗竭

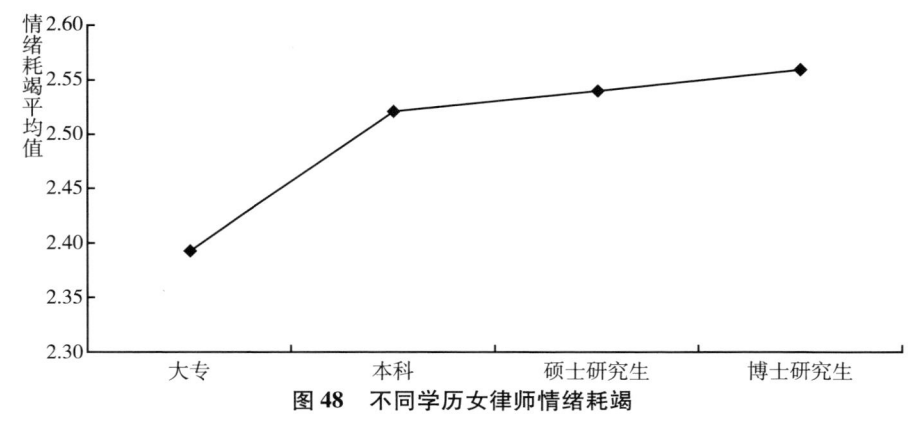

学历	个案数	平均值	标准差	最低值	最高值
大专	6	2.39	0.65	1.33	3.00
本科	398	2.52	0.77	1.00	5.00
硕士研究生	406	2.54	0.91	1.00	5.00
博士研究生	13	2.56	0.96	1.00	4.67
总计	823	2.53	0.84	1.00	5.00

图48 不同学历女律师情绪耗竭

如表14和图48所示，受访大专学历女律师情绪耗竭平均值最低，为2.39。受访博士研究生学历女律师平均值最高，为2.56。女律师随着学历的提高，情绪耗竭平均值细微上升。不同学历的女律师情绪耗竭平均值变动幅度为0.17，差距较小。各组的标准差也均小于1.00，组内差异较小。

表15 不同婚姻状况女律师情绪耗竭

婚姻状况	个案数	平均值	标准差	最低值	最高值
未婚	185	2.69	0.90	1.00	5.00
已婚	594	2.48	0.81	1.00	5.00
离异	44	2.58	0.86	1.00	4.00
总计	823	2.53	0.84	1.00	5.00

图 49 不同婚姻状况女律师情绪耗竭

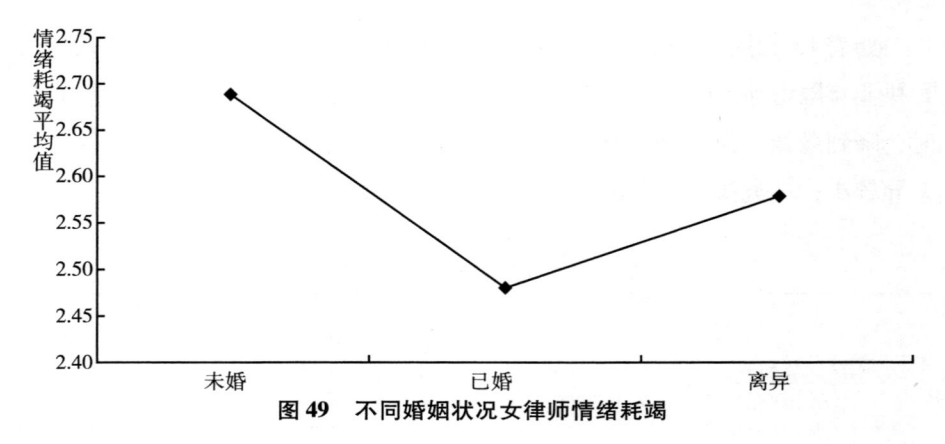

如表 15 和图 49 所示，已婚女律师情绪耗竭平均值最低，为 2.48。未婚女律师情绪耗竭平均值最高，为 2.69。女律师情绪耗竭会受到婚姻状况的一些影响。但是从整体上看，不同婚姻状况的女律师情绪耗竭平均值的变动幅度为 0.21，组间差距不大，情绪耗竭程度低。

表 16 不同类型律师事务所女律师情绪耗竭

律师事务所类型	个案数	平均值	标准差	最低值	最高值
普通合伙律师事务所	575	2.54	0.81	1.00	5.00
特殊普通合伙律师事务所	152	2.59	0.92	1.00	5.00
个人律师事务所	81	2.43	0.89	1.00	5.00
外省市驻京分所	15	2.27	0.68	1.33	3.33
总计	823	2.53	0.84	1.00	5.00

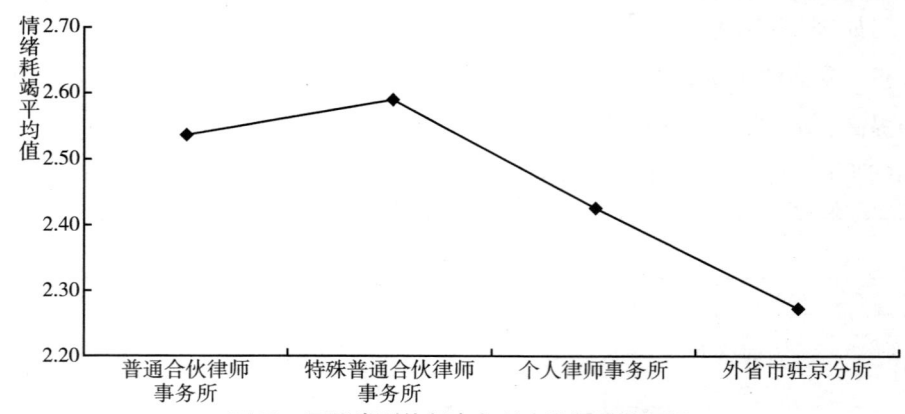

图 50 不同类型律师事务所女律师情绪耗竭

如表 16 和图 50 所示，就职于特殊普通合伙律师事务所的女律师情绪耗竭平均值最高，为 2.59，就职于外省市驻京分所的女律师平均值最低，为 2.27。从整体上看，不同律师事务所的女律师情绪耗竭平均值变动幅度为 0.32，组间差距不大，情绪耗竭程度低。组内的标准差数值均小于 0.95，组内差异小。

表 17 不同业务类型律师事务所女律师情绪耗竭

律师事务所业务类型	个案数	平均值	标准差	最低值	最高值
非诉讼为主的律师事务所	57	2.77	0.97	1.00	5.00
诉讼为主的律师事务所	231	2.49	0.80	1.00	5.00
综合性律师事务所	535	2.52	0.84	1.00	5.00
总计	823	2.53	0.84	1.00	5.00

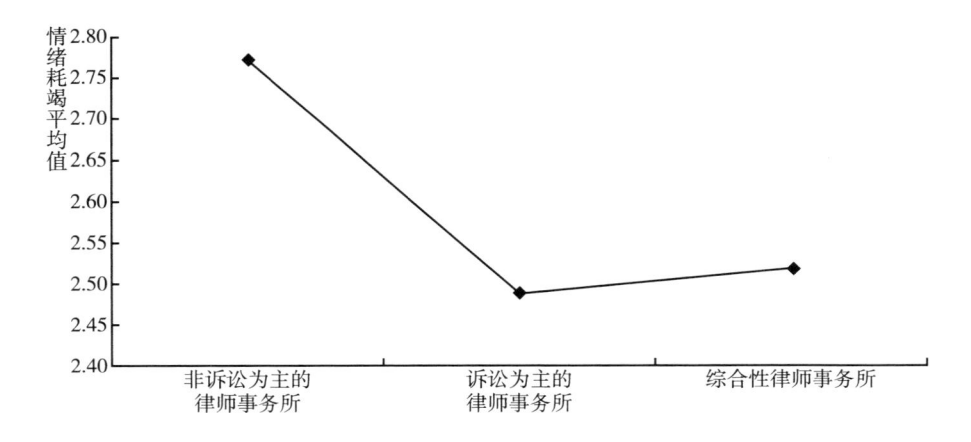

图 51 不同业务类型律师事务所女律师情绪耗竭

表 18 不同业务类型女律师情绪耗竭

女律师业务类型	个案数	平均值	标准差	最小值	最大值
诉讼为主	413	2.54	0.80	1.00	5.00
非诉讼为主	149	2.62	0.90	1.00	5.00
综合	243	2.47	0.87	1.00	5.00
暂无主要方向	18	2.43	0.76	1.00	3.33
总计	823	2.53	0.84	1.00	5.00

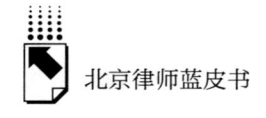

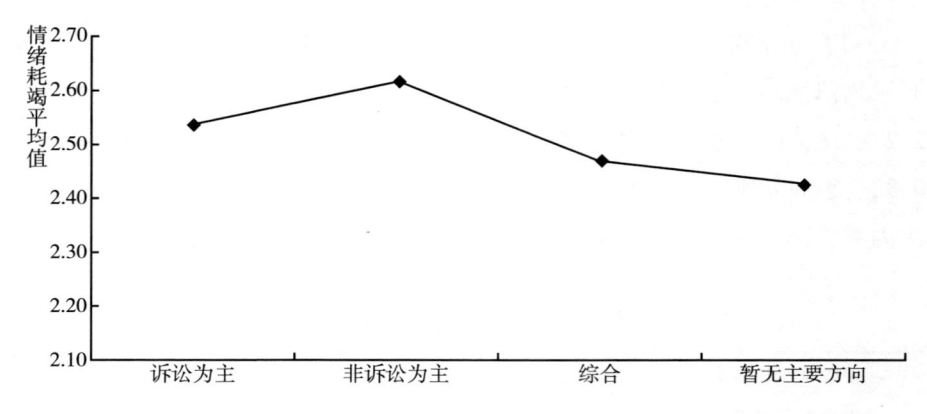

图 52　不同业务类型女律师情绪耗竭

表 17、表 18、图 51 和图 52 所示，按所在律师事务所的业务类型和女律师业务类型划分，女律师的情绪耗竭状况如下：女律师业务为非诉讼为主和就职于非诉讼为主的律师事务所女律师情绪耗竭平均值最高。其中，服务于非诉讼为主律师事务所的女律师的平均值最高，为 2.77；服务于业务以诉讼为主的律师事务所的女律师的平均值最低，为 2.49；从事非诉讼为主业务的女律师平均值最高，为 2.62；业务类型为暂无主要方向的女律师平均值最低，为 2.43。从整体上看，不同业务类型的律师事务所和不同业务类型的女律师在情绪耗竭自评均值上的总体变动幅度低，组内差异也较小，没有出现情绪耗竭现象。

表 19　是否主任律师情绪耗竭

是否主任律师	个案数	平均值	标准差	最低值	最高值
否	764	2.52	0.83	1.00	5.00
是	59	2.70	0.99	1.00	5.00
总计	823	2.53	0.84	1.00	5.00

表 20　是否工薪律师情绪耗竭

是否工薪律师	个案数	平均值	标准差	最低值	最高值
否	567	2.47	0.81	1.00	5.00
是	256	2.66	0.90	1.00	5.00
总计	823	2.53	0.84	1.00	5.00

表 21 是否提成律师情绪耗竭

是否提成律师	个案数	平均值	标准差	最低值	最高值
否	506	2.57	0.86	1.00	5.00
是	317	2.46	0.80	1.00	5.00
总计	823	2.53	0.84	1.00	5.00

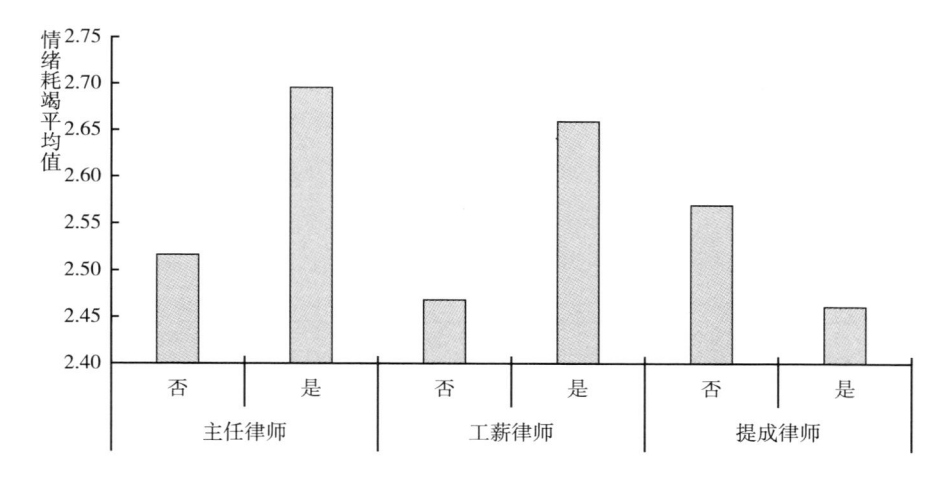

图 53 不同收入分配方式女律师情绪耗竭

如表19、表20、表21及图53所示，女律师在律师事务所内担任行政领导职务，可能会带来更多的情绪耗竭。其中，担任主任职务的女律师比非主任职务的女律师的情绪耗竭平均值高0.18，提成女律师比非提成女律师的情绪耗竭平均值低0.11，工薪女律师比非工薪女律师的情绪耗竭平均值高0.19。各组内的差异较小，没有明显的情绪耗竭现象。

（五）消极情绪

消极情绪包括忧愁、悲伤、愤怒、紧张、焦虑、痛苦、恐惧、憎恨等情绪。消极情绪不利于工作的开展或取得高绩效，消极情绪也是一个重要的工作满意度指标。女律师群体的消极情绪状况如下：

表22　三个年龄段女律师消极情绪

年龄段	个案数	平均值	标准差	最低值	最高值
≤30岁	111	2.22	0.83	1.00	4.00
30~40岁	404	2.18	0.80	1.00	5.00
≥40岁	308	1.89	0.63	1.00	5.00
总计	823	2.08	0.76	1.00	5.00

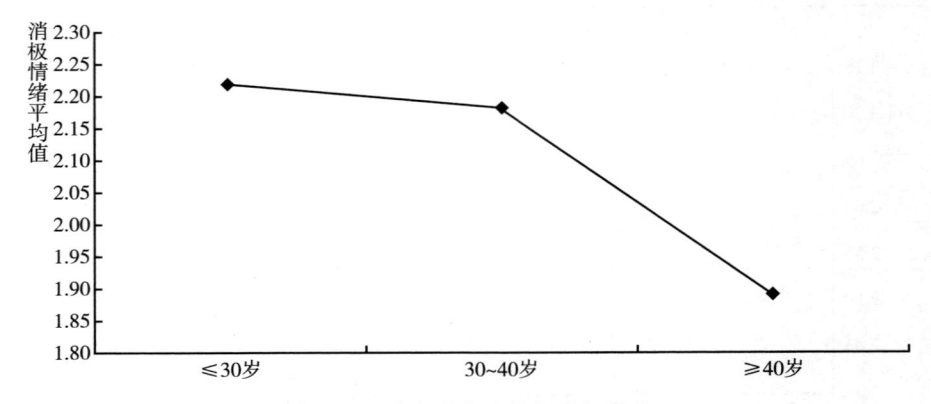

图54　三个年龄段女律师消极情绪

表23　三类执业年限女律师消极情绪

执业年限段	个案数	平均值	标准差	最低值	最高值
5年及以下	374	2.19	0.80	1.00	5.00
5~10年	182	2.08	0.78	1.00	5.00
10年及以上	265	1.91	0.66	1.00	5.00
总计(缺失2人)	821	2.08	0.76	1.00	5.00

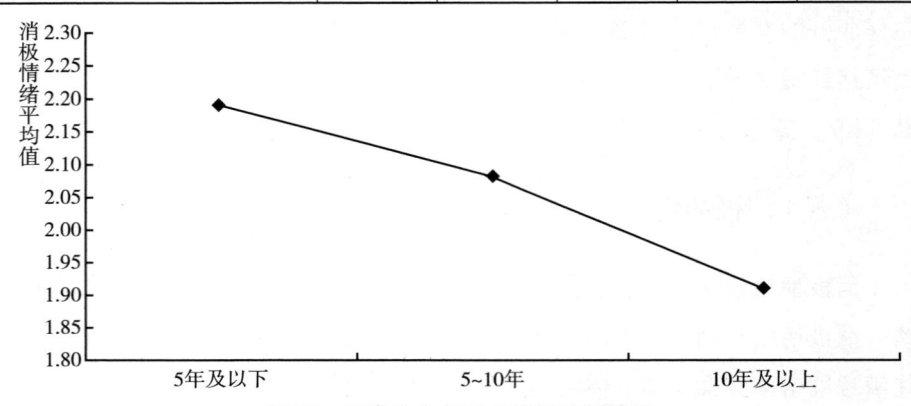

图55　三类执业年限女律师消极情绪

如表 22、表 23、图 54 和图 55 所示。受访女律师总体均值不到 2.50，消极情绪较低。消极情绪平均值与年龄和执业年限呈负相关，随着年龄和执业年限的增加，女律师消极情绪不断降低。30 岁及以下的女律师消极情绪平均值最高，为 2.22；40 岁及以上的女律师消极情绪平均值最低，为 1.89。执业年限为 5 年及以下的女律师消极情绪相对最高，为 2.19；10 年及以上的女律师消极情绪最低，为 1.91。从整体上看，三个年龄段的女律师消极情绪平均值变动幅度为 0.33，三类执业年限的女律师消极情绪平均值变动幅度为 0.28，差距较小。各组内打分标准差均不超过 0.90，说明组间个体之间差异较小。

表 24 不同学历女律师消极情绪

学历	个案数	平均值	标准差	最低值	最高值
大专	6	1.70	0.45	1.00	2.20
本科	398	2.03	0.74	1.00	5.00
硕士研究生	406	2.12	0.78	1.00	5.00
博士研究生	13	2.05	0.72	1.00	3.20
总计	823	2.08	0.76	1.00	5.00

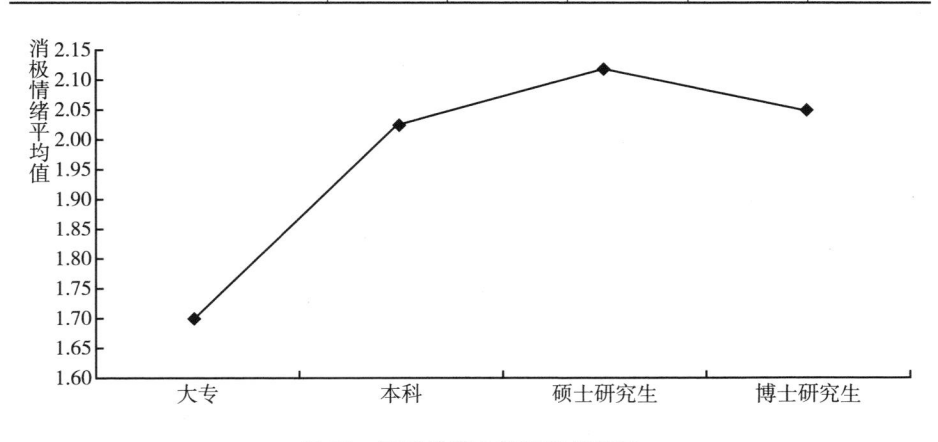

图 56 不同学历女律师消极情绪

如表 24 和图 56 所示，大专、本科和硕士研究生三个学历背景的女律师消极情绪平均值逐步略有上升。拥有硕士研究生学历的女律师消极情绪平均值相对最高，为 2.12；拥有大专学历的女律师平均值相对最低，为 1.70。

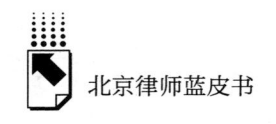

从整体上看，不同学历的女律师消极情绪平均值变动幅度为0.42。各组标准差均不超出0.78，组内差异较小，消极情绪较低。

表25 不同婚姻状况女律师消极情绪

婚姻状况	个案数	平均值	标准差	最低值	最高值
未婚	185	2.31	0.80	1.00	5.00
已婚	594	2.00	0.72	1.00	5.00
离异	44	2.17	0.88	1.00	5.00
总计	823	2.08	0.76	1.00	5.00

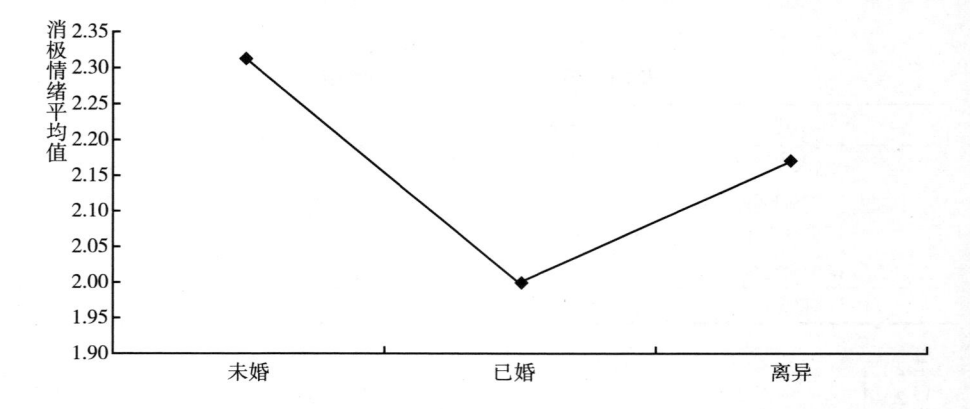

图57 不同婚姻状况女律师消极情绪

如表25和图57所示，已婚女律师的消极情绪平均值相对最低，为2.00；未婚女律师消极情绪平均值相对最高，为2.31；从整体上看，不同婚姻状况的女律师消极情绪平均值变动幅度为0.31。组内打分的标准差不超过0.90，组内差异不大，消极情绪较低。

表26 不同类型律师事务所女律师消极情绪

律师事务所类型	个案数	平均值	标准差	最低值	最高值
普通合伙律师事务所	575	2.07	0.74	1.00	5.00
特殊普通合伙律师事务所	152	2.17	0.85	1.00	5.00
个人律师事务所	81	1.99	0.75	1.00	5.00
外省市驻京分所	15	1.76	0.49	1.00	3.00
总计	823	2.08	0.76	1.00	5.00

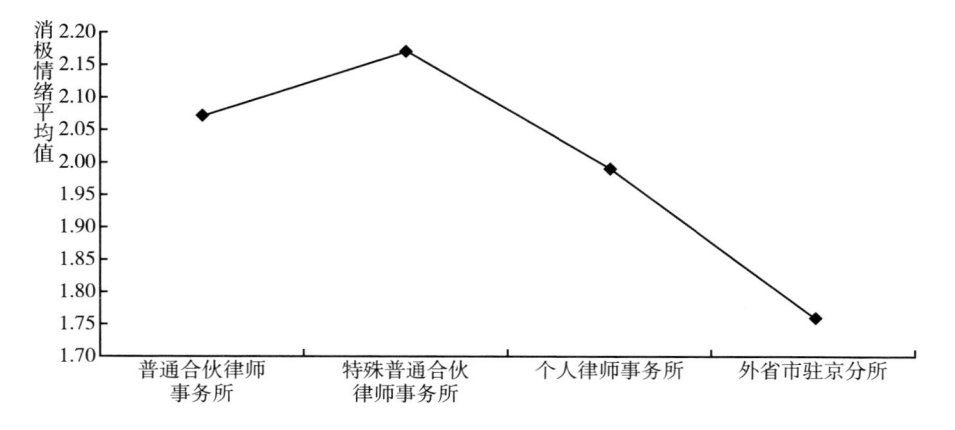

图 58 不同类型律师事务所女律师消极情绪

如表 26 和图 58 所示，普通合伙律师事务所和特殊普通合伙律师事务所工作的女律师消极情绪平均值略高于个人律师事务所和外省市驻京分所。特殊普通合伙律师事务所的女律师消极情绪平均值相对最高，为 2.17；外省市驻京分所的女律师消极情绪平均值相对最低，为 1.76；从整体上看，不同性质的律师事务所的女律师消极情绪平均值变动幅度为 0.41。组内打分标准差不超过 0.85，组内没有明显差异，消极情绪较低。

表 27 不同业务类型律师事务所女律师消极情绪

律师事务所业务类型	个案数	平均值	标准差	最低值	最高值
非诉讼为主的律师事务所	57	2.21	0.92	1.00	5.00
诉讼为主的律师事务所	231	2.08	0.72	1.00	5.00
综合性律师事务所	535	2.06	0.76	1.00	5.00
总计	823	2.08	0.76	1.00	5.00

表 28 不同业务类型女律师消极情绪

女律师业务类型	个案数	平均值	标准差	最低值	最高值
诉讼为主	413	2.08	0.80	1.00	5.00
非诉讼为主	149	2.19	0.90	1.00	5.00
综合	243	1.99	0.87	1.00	5.00
暂无主要方向	18	2.13	0.76	1.20	3.00
总计	823	2.08	0.84	1.00	5.00

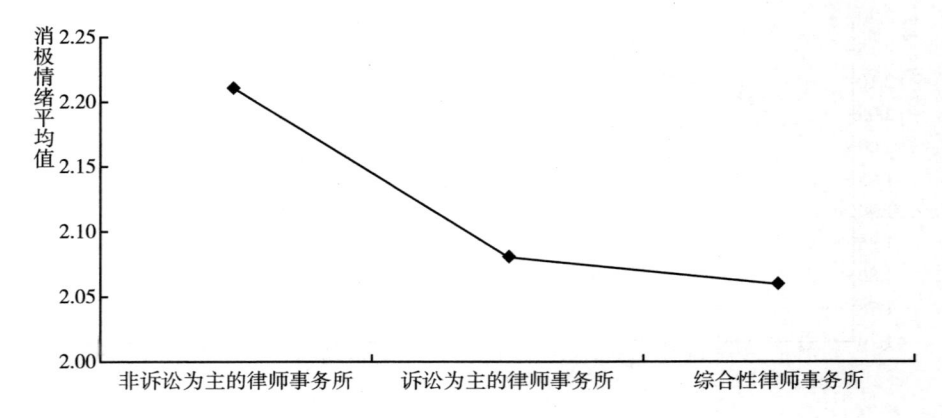

图59　不同业务类型律师事务所女律师消极情绪

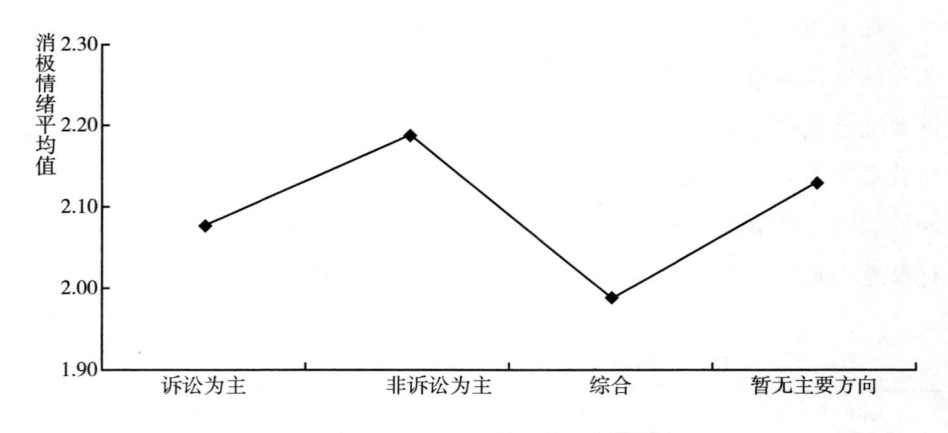

图60　不同业务类型女律师消极情绪

如表27、表28、图59和图60所示，在综合性律师事务所工作的女律师消极情绪平均值相对最低，为2.06；而在非诉讼为主的律师事务所工作的女律师消极情绪平均值相对最高，为2.21；从事综合业务为主的女律师消极情绪平均值相对最低，为1.99；从事非诉讼业务为主的女律师消极情绪最高，为2.19。从整体上看，不同业务类型的律师事务所和不同业务类型的女律师在消极情绪打分上差值不大，总体打分的标准差不超过0.90，个体之间差异低，消极情绪较低。

表29　是否主任律师女律师消极情绪

是否主任律师	个案数	平均值	标准差	最低值	最高值
否	764	2.08	0.75	1.00	5.00
是	59	2.01	0.84	1.00	5.00
总计	823	2.08	0.76	1.00	5.00

表30　是否工薪律师女律师消极情绪

是否工薪律师	个案数	平均值	标准差	最低值	最高值
否	567	2.00	0.72	1.00	5.00
是	256	2.24	0.82	1.00	5.00
总计	823	2.08	0.76	1.00	5.00

表31　是否提成律师女律师消极情绪

是否提成律师	个案数	平均值	标准差	最低值	最高值
否	506	2.12	0.80	1.00	5.00
是	317	2.00	0.68	1.00	4.20
总计	823	2.08	0.76	1.00	5.00

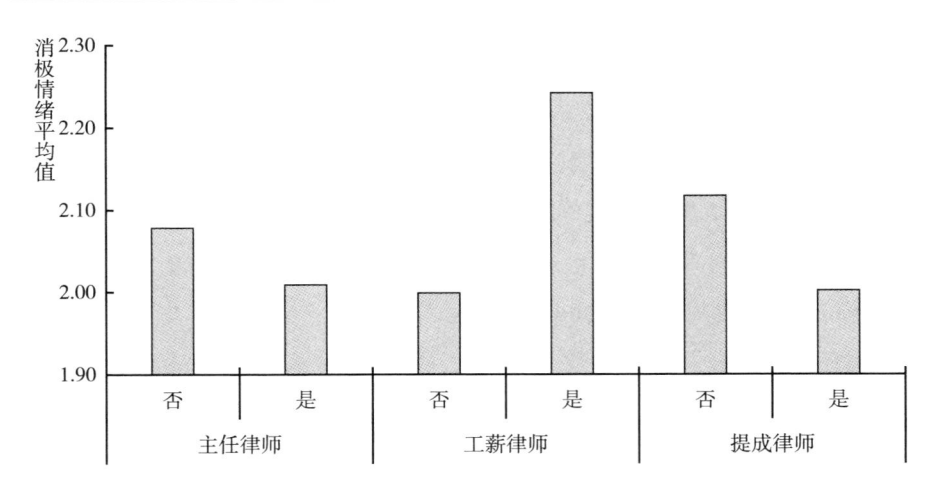

图61　不同收入分配方式女律师消极情绪

如表29、表30、表31及图61所示，不同收入分配的女律师的消极情绪分布如下：主任女律师的消极情绪平均值比非主任女律师低0.07，工薪

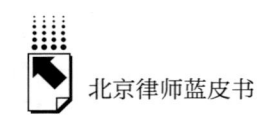

女律师消极情绪的平均值比非工薪女律师高0.24，提成女律师的消极情绪平均值比非提成女律师低0.12。不同收入分配方式的女律师的组内打分标准差均小于0.90，组内差异较小，消极情绪较低。

（六）心理资本

心理资本指个体在成长和发展过程中表现出来的一种积极心理状态，包括四方面要素：自我效能感、乐观、韧性和希望感。[10]其中，自我效能感指个体对完成工作有自信心。自我效能感越强，个体越能付出努力，越有可能成功；乐观指个体具有积极的归因方式，并对现在和未来持积极态度；韧性指个体能从逆境、挫折和失败中快速恢复过来，甚至积极转变和成长；希望感指通过各种途径努力实现预定目标的积极动机状态。

心理资本可以通过积极的认知重新评估帮助人们应对压力，这样可以减轻负面影响（如焦虑、担忧和不安全感）。心理资本对自尊、内控性和情感平衡等个体心理健康有显著的正向预测作用，对心理疾病有显著的负向预测作用。[11]本次调查显示北京市女律师在心理资本的自我效能感、希望感和韧性[12]三个方面的自我评价如下。

1. 自我效能感

如表32和图62所示，受访女律师自我效能感得分如下：30岁及以下平均值最低，为4.06；40岁及以上平均值最高，为4.18。随着年龄的上升，自我效能感的平均值呈上升趋势。总体打分的标准差为0.47，个体之间差异较小。女律师整体自我效能感较高。

表32 三个年龄段女律师自我效能感

年龄段	个案数	平均值	标准差	最低值	最高值
≤30岁	111	4.06	0.52	2.67	5.00
30~40岁	404	4.11	0.47	1.00	5.00
≥40岁	308	4.18	0.45	2.67	5.00
总计	823	4.13	0.47	1.00	5.00

图62　三个年龄段女律师自我效能感

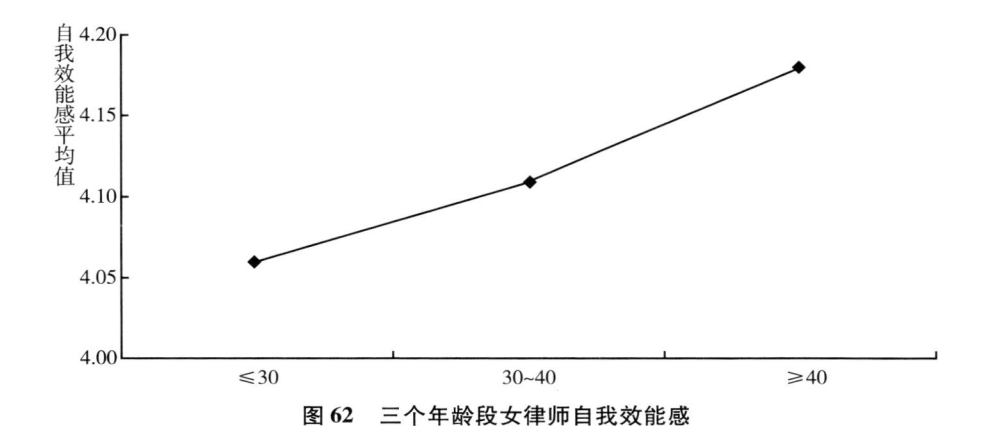

表33　三类执业年限女律师自我效能感

执业年限段	个案数	平均值	标准差	最低值	最高值
5年及以下	374	4.07	0.49	1.00	5.00
5~10年	182	4.12	0.45	2.67	5.00
10年及以上	265	4.20	0.45	3.00	5.00
总计(缺失2人)	821	4.12	0.47	1.00	5.00

图63　三类执业年限女律师自我效能感

如表33和图63所示，不同年龄段和不同执业年限的女律师对自我效能感的自评分值的分布状况相似，自我效能感均随着年限的增长而呈现上升趋势。执业年限为5年及以下的女律师的自我效能感平均值最低，为4.07；

执业10年及以上的女律师的自我效能感平均值最高，为4.20。总体趋势上，执业年限越长，自我效能感的平均值越高。各组打分的标准差均不超过0.50，组内差异较小，女律师整体自我效能感较高。

表34 不同学历女律师自我效能感

学历	个案数	平均值	标准差	最低值	最高值
大专	6	4.44	0.69	3.33	5.00
本科	398	4.05	0.45	1.00	5.00
硕士研究生	406	4.20	0.48	2.67	5.00
博士研究生	13	4.08	0.39	3.33	5.00
总计	823	4.13	0.47	1.00	5.00

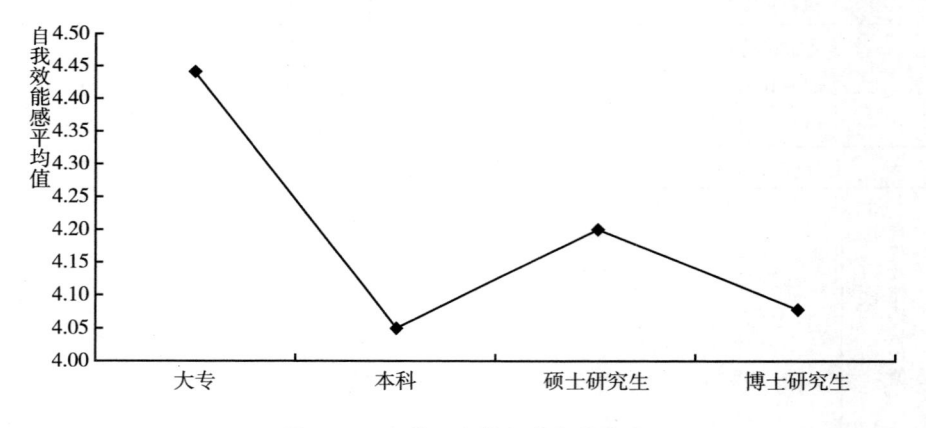

图64 不同学历女律师自我效能感

如表34和图64所示，大专学历的自我效能感得分最高，为4.44。本科为4.05，硕士研究生为4.20，博士研究生为4.08。本科学历的女律师不仅平均值最低，样本最低值也低于其他学历。由于大专学历受访人数过少，仅为6人，代表性受影响，不进入比较。总体上看，不同学历的女律师在自我效能感的打分上只存在细微差异。组内打分标准差均小于0.70，组内差异较小。

表35　不同婚姻状况女律师自我效能感

婚姻状况	个案数	平均值	标准差	最低值	最高值
未婚	185	4.08	0.47	2.67	5.00
已婚	594	4.13	0.47	1.00	5.00
离异	44	4.28	0.47	3.33	5.00
总计	823	4.13	0.47	1.00	5.00

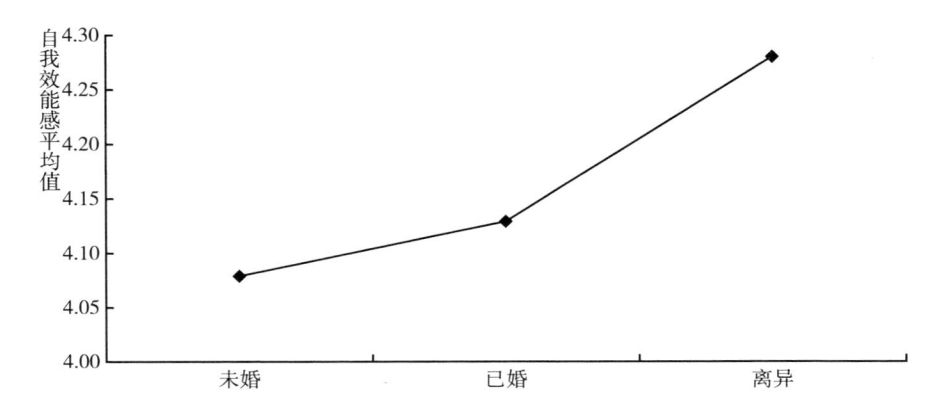

图65　不同婚姻状况女律师自我效能感

如表35和图65所示，在不同婚姻状况的女律师中，未婚女律师自我效能感平均值最低，为4.08，离异女律师自我效能感平均得值最高，为4.28。从整体上看，婚姻状况对自我效能感的影响细微。组内打分标准差均小于0.50，组内差异较小。

表36　不同类型律师事务所女律师自我效能感

律师事务所类型	个案数	平均值	标准差	最低值	最高值
普通合伙律师事务所	575	4.12	0.47	1.00	5.00
特殊普通合伙律师事务所	152	4.20	0.49	2.67	5.00
个人律师事务所	81	4.04	0.44	2.67	5.00
外省市驻京分所	15	4.00	0.53	3.00	5.00
总计	823	4.13	0.47	1.00	5.00

图66 不同类型律师事务所女律师自我效能感

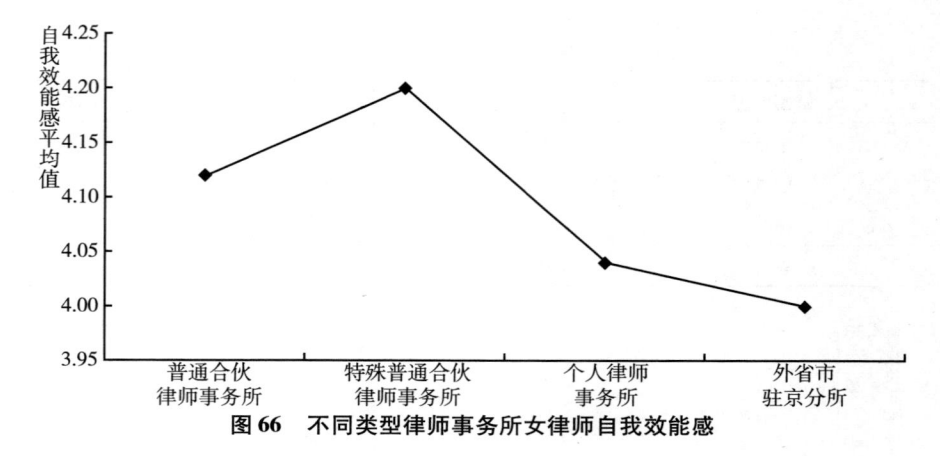

如表36和图66所示，在不同类型律师事务所中，特殊普通合伙律所的女律师自我效能感平均值最高，为4.20；外省市驻京分所自我效能感平均值最低，为4.00；从整体上看，不同类型律师事务所对女律师自我效能感的影响有细微影响。组内打分标准差均小于0.60，组内差异较小。

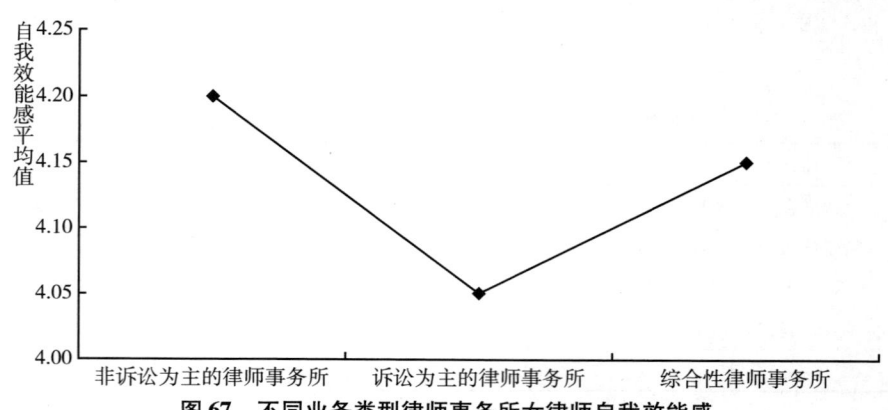

表37 不同业务类型律师事务所女律师自我效能感

律师事务所业务类型	个案数	平均值	标准差	最低值	最高值
非诉讼为主的律师事务所	57	4.20	0.45	3.33	5.00
诉讼为主的律师事务所	231	4.05	0.44	2.67	5.00
综合性律师事务所	535	4.15	0.48	1.00	5.00
总计	823	4.13	0.47	1.00	5.00

图67 不同业务类型律师事务所女律师自我效能感

如表 37 和图 67 所示，在不同业务类型律师事务所中，非诉讼为主的律师事务所的女律师平均值最高，为 4.20；服务于以诉讼为主的律师事务所的女律师的平均值最低，为 4.05。值得关注的是，服务于以非诉讼为主的律师事务所的女律师自我效能感不只平均值最高，打分最低值也远高于服务于其他两类律师事务所的女同行。所在事务所的业务类型不同，女律师的自我效能感有细微影响。组内打分标准差均小于 0.50，组内差异较小。

表 38　不同业务类型女律师自我效能感

女律师业务类型	个案数	平均值	标准差	最低值	最高值
诉讼为主	413	4.10	0.47	1.00	5.00
非诉讼为主	149	4.17	0.45	2.67	5.00
综合	243	4.15	0.48	2.67	5.00
暂无主要方向	18	4.07	0.37	3.67	5.00
总计	823	4.13	0.47	1.00	5.00

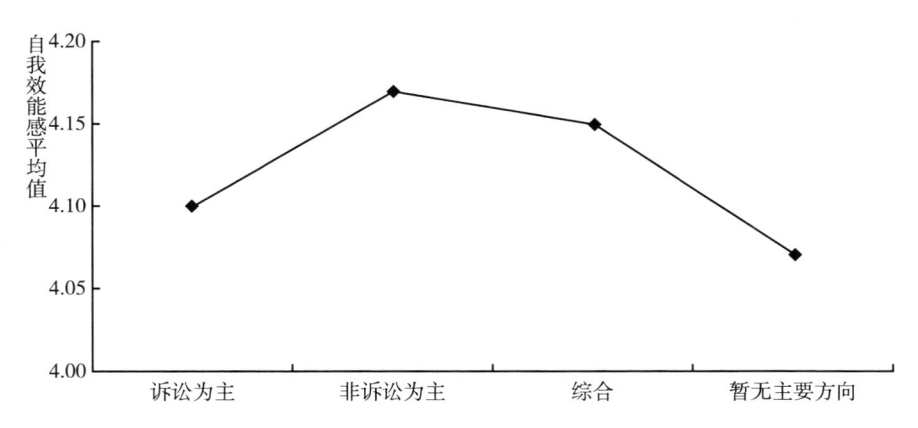

图 68　不同业务类型女律师自我效能感

如表 38 和图 68 所示。从事不同业务类型的女律师，暂无主要方向的女律师的自我效能感打分最低，为 4.07；业务类型以非诉讼为主的女律师打分最高，为 4.17。组内打分标准差均小于 0.50，组内差异较小。

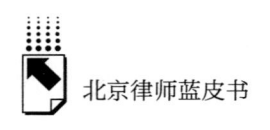

表39 是否主任律师女律师自我效能感

是否主任律师	个案数	平均值	标准差	最低值	最高值
否	764	4.12	0.47	1.00	5.00
是	59	4.24	0.49	3.00	5.00
总计	823	4.13	0.47	1.00	5.00

表40 是否工薪律师女律师自我效能感

是否工薪律师	个案数	平均值	标准差	最低值	最高值
否	567	4.15	0.47	1.00	5.00
是	256	4.07	0.46	2.67	5.00
总计	823	4.13	0.47	1.00	5.00

表41 是否提成律师女律师自我效能感

是否提成律师	个案数	平均值	标准差	最低值	最高值
否	506	4.14	0.47	2.67	5.00
是	317	4.11	0.47	1.00	5.00
总计	823	4.13	0.47	1.00	5.00

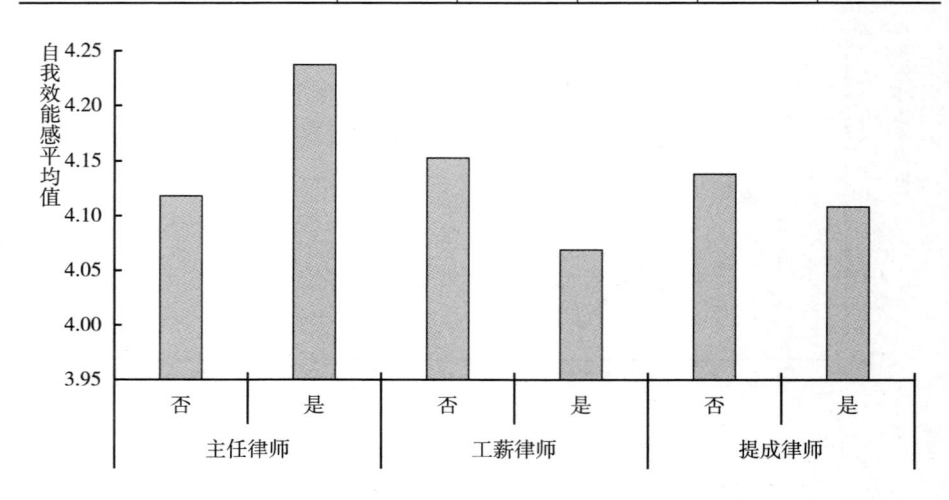

图69 不同收入分配方式女律师自我效能感

表39、表40、表41和图69可以看出，收入分配不同的女律师的自我效能感自评如下：主任女律师的自我效能感平均值、最低值均高于非主任女

律师；非工薪女律师自我效能感平均值高于工薪女律师；是否属于提成律师的两组女律师自我效能感自评十分相近。不同收入分配方式的女律师组内打分标准差均小于0.50，组内差异较小。

2. 希望感

希望感是指不管未来结果如何始终对生活持有坚定的信念，是一种基于内在成功感的积极的动机状态，它关系着个体的工作意愿和工作动力。本次调查时间为新冠肺炎疫情期间，这一指标的数据可能受到疫情影响，特此说明。

表42 三个年龄段女律师希望感

年龄段	个案数	平均值	标准差	最低值	最高值
≤30岁	111	3.74	0.58	2.00	5.00
30~40岁	404	3.68	0.57	1.00	5.00
≥40岁	308	3.76	0.53	2.33	5.00
总计	823	3.72	0.56	1.00	5.00

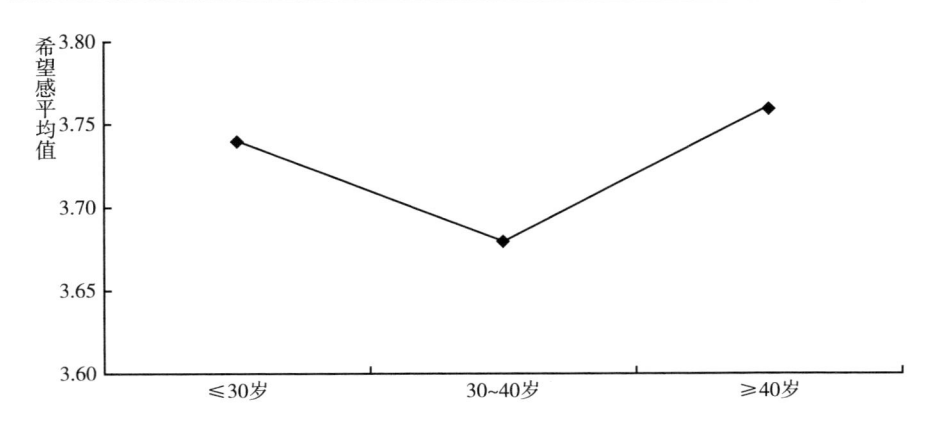

图70 三个年龄段女律师希望感

如表42和图70所示，北京市女律师自评希望感的平均值不到4.00，受访的30岁及以下女律师的希望感平均值高于30~40岁年龄段的女律师，40岁及以上女律师的平均值最高，达到3.76。总体打分的标准差为0.56，个体之间差异较小，总体自评希望感得分较低。

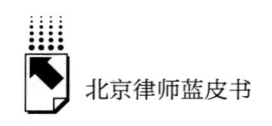

表43 三类执业年限女律师希望感

执业年限段	个案数	平均值	标准差	最低值	最高值
5年及以下	374	3.70	0.58	1.00	5.00
5~10年	182	3.71	0.52	2.00	5.00
10年及以上	265	3.76	0.55	2.33	5.00
总计(缺失2人)	821	3.72	0.56	1.00	5.00

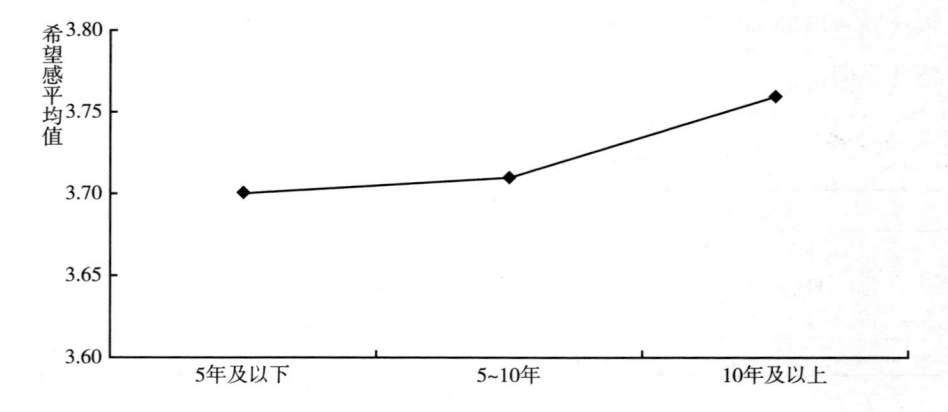

图71 三类执业年限女律师希望感

如表43和图71所示，不同执业年限的女律师的希望感随着执业年限的增加呈上升趋势。执业5年及以下的女律师平均值最低，为3.70；执业10年及以上的女律师平均值最高，为3.76。组内打分标准差均小于0.60，组内差异较小。

表44 不同学历女律师希望感

学历	个案数	平均值	标准差	最低值	最高值
大专	6	4.11	0.69	3.00	5.00
本科	398	3.65	0.53	1.00	5.00
硕士研究生	406	3.78	0.58	1.33	5.00
博士研究生	13	3.67	0.36	3.00	4.00
总计	823	3.72	0.56	1.00	5.00

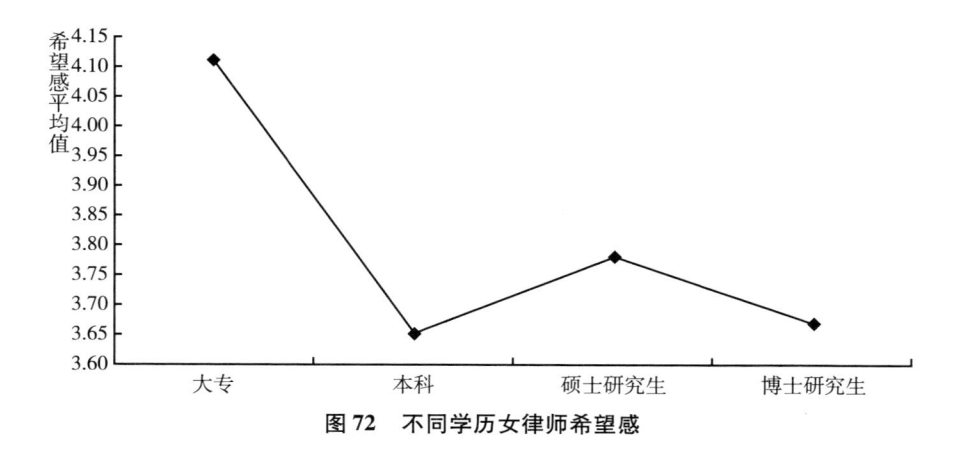

图72 不同学历女律师希望感

不同学历女律师的希望感如表44和图72所示，大专学历女律师的希望感平均值最高，为4.11；具有硕士研究生学历的女律师希望感平均值次之，为3.78，本科学历女律师的希望感平均值最低，为3.65。组内打分标准差均小于0.70，组内差异较小。

表45 不同婚姻状况女律师希望感

婚姻状况	个案数	平均值	标准差	最低值	最高值
未婚	185	3.67	0.56	1.33	5.00
已婚	594	3.73	0.56	1.00	5.00
离异	44	3.75	0.55	2.33	5.00
总计	823	3.72	0.56	1.00	5.00

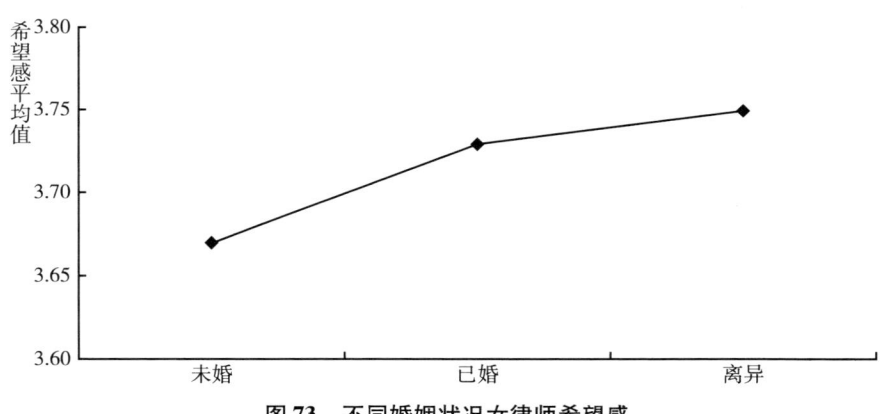

图73 不同婚姻状况女律师希望感

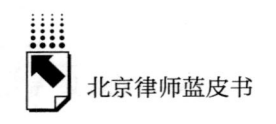

不同婚姻状况女律师的希望感得分如表 45 和图 73 所示，未婚女律师得分略低于已婚和离异女律师，为 3.67；离异女律师平均值最高，为 3.75。三类婚姻状况的女律师得分差距小。

表 46 不同类型律师事务所女律师希望感

律师事务所类型	个案数	平均值	标准差	最低值	最高值
普通合伙律师事务所	575	3.73	0.54	1.00	5.00
特殊普通合伙律师事务所	152	3.71	0.65	1.33	5.00
个人律师事务所	81	3.73	0.56	2.33	5.00
外省市驻京分所	15	3.62	0.43	3.00	4.67
总计	823	3.72	0.56	1.00	5.00

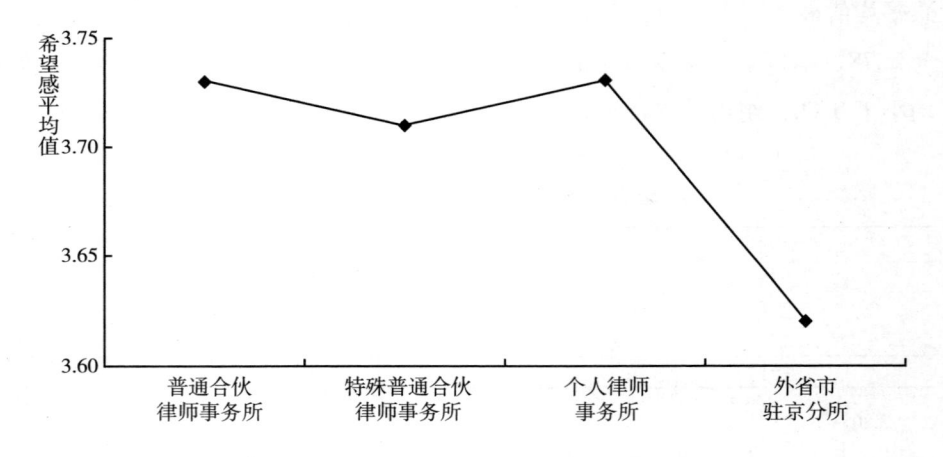

图 74 不同类型律师事务所女律师希望感

不同类型律师事务所的女律师希望感得分如表 46 和图 74 所示，来自普通合伙律师事务所和个人律师事务所的女律师希望感自评分均为 3.73，来自特殊普通合伙律师事务所的女律师希望感平均值略低于前两者，为 3.71；来自外省市驻京分所的女律师希望感平均值最低，为 3.62。组内打分标准差均小于 0.70，组内差异较小。

表47 不同业务类型律师事务所女律师希望感

律师事务所业务类型	个案数	平均值	标准差	最低值	最高值
非诉讼为主的律师事务所	57	3.84	0.64	2.00	5.00
诉讼为主的律师事务所	231	3.68	0.50	1.67	5.00
综合性律师事务所	535	3.72	0.57	1.00	5.00
总计	823	3.72	0.56	1.00	5.00

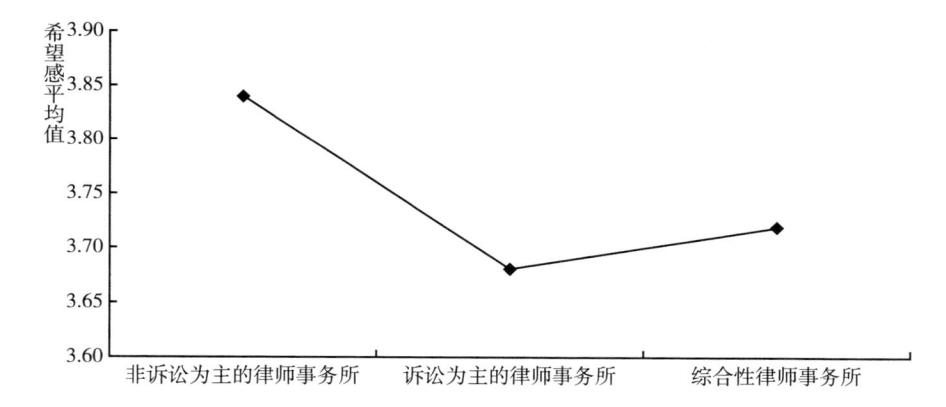

图75 不同业务类型律师事务所女律师希望感

如表47和图75所示，服务于以非诉讼为主的律师事务所的女律师希望感平均值最高，为3.84，高于来自综合性律师事务所和诉讼为主的律师事务所的女律师自评平均值。组内打分标准差均小于0.70，组内差异较小。

表48 不同业务类型女律师希望感

女律师业务类型	个案数	平均值	标准差	最低值	最高值
诉讼为主	413	3.71	0.53	1.00	5.00
非诉讼为主	149	3.72	0.64	1.33	5.00
综合	243	3.73	0.55	2.00	5.00
暂无主要方向	18	3.72	0.61	2.67	5.00
总计	823	3.72	0.56	1.00	5.00

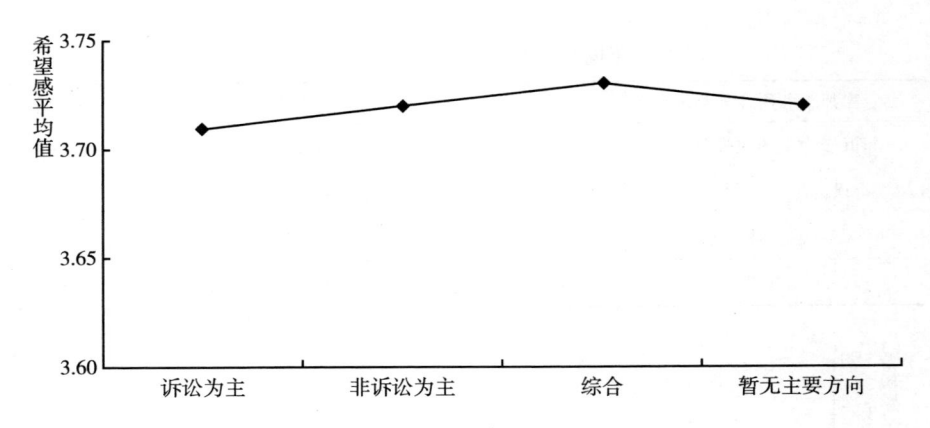

图 76　不同业务类型女律师希望感

从事不同业务类型的女律师的希望感自评分值如表 48 和图 76 所示，从事三类业务的女律师在希望感的得分上十分相似，组内打分标准差均小于 0.70，组内差异较小。

表 49　是否主任律师女律师希望感

是否主任律师	个案数	平均值	标准差	最低值	最高值
否	764	3.70	0.55	1.00	5.00
是	59	3.94	0.53	2.33	5.00
总计	823	3.72	0.56	1.00	5.00

表 50　是否工薪律师女律师希望感

是否工薪律师	个案数	平均值	标准差	最低值	最高值
否	567	3.75	0.55	1.00	5.00
是	256	3.64	0.57	1.33	5.00
总计	823	3.72	0.56	1.00	5.00

表 51　是否提成律师女律师希望感

是否提成律师	个案数	平均值	标准差	最低值	最高值
否	506	3.74	0.57	1.33	5.00
是	317	3.69	0.54	1.00	5.00
总计	823	3.72	0.56	1.00	5.00

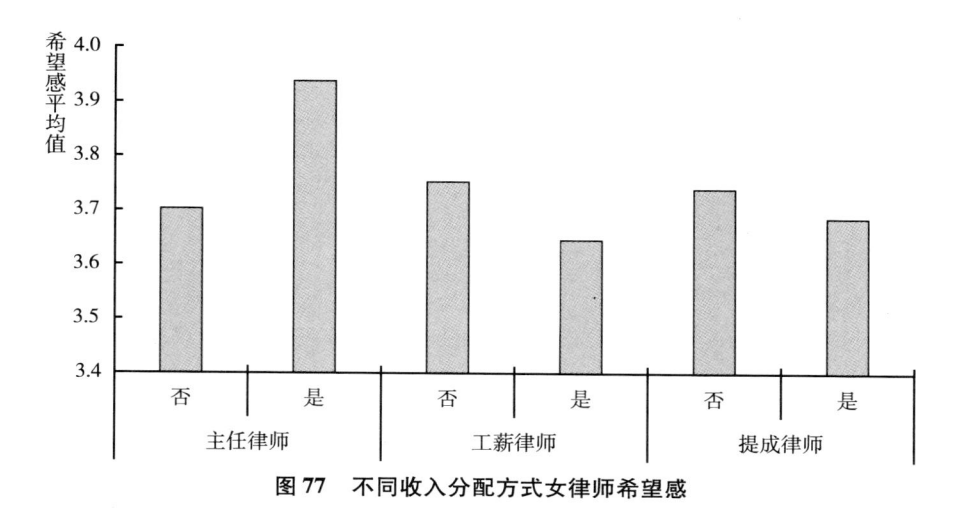

图77 不同收入分配方式女律师希望感

不同收入分配类型的女律师的希望感自评分值如表49、表50、表51及图77所示，主任女律师希望感平均值高于非主任女律师，为3.94；非工薪女律师希望感平均值高于工薪女律师，为3.75；非提成女律师高于提成女律师，为3.74。不同收入分配方式的女律师组内打分标准差均小于0.60，组内差异较小。

3. 韧性

韧性包括人们面对生活变化、威胁时进行自我保护的生物本能，也包括面对丧失、困难或者逆境时的有效应对和适应能力[13]。韧性的相关因素涵盖了应激与健康心理学领域中几乎所有的积极品质，比如自尊、自我效能感、责任感、成就动机、计划能力等。除了这些个人心理资源外，韧性还与家庭、社会方面的外部环境资源相关。韧性可以帮助人们探索个人生存和成长的力量源泉，降低逆境对个体的消极影响。

表52 三个年龄段女律师韧性

年龄段	个案数	平均值	标准差	最低值	最高值
≤30岁	111	3.38	0.54	1.67	5.00
30~40岁	404	3.39	0.47	1.00	5.00
≥40岁	308	3.42	0.52	1.00	5.00
总计	823	3.40	0.50	1.00	5.00

图78 三个年龄段女律师韧性

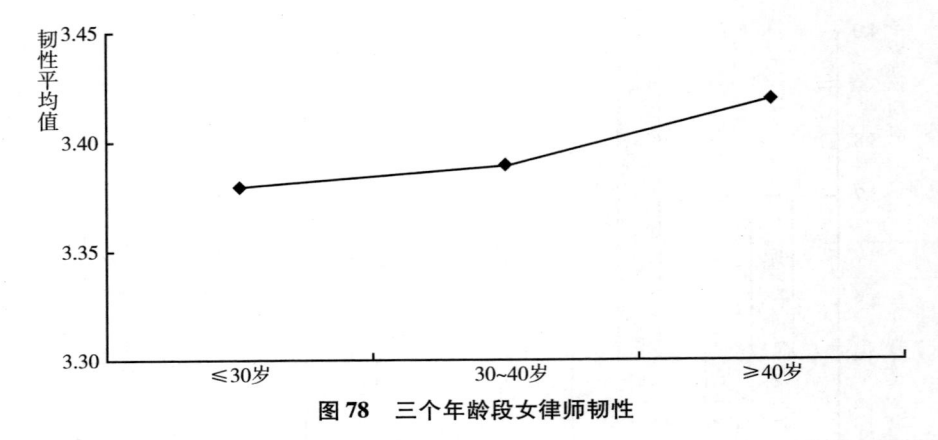

如表52和图78所示,北京市女律师的总体韧性自评分不到4.00,总体韧性较低。其中,30岁及以下女律师的韧性得分最低,为3.38;40岁及以上女律师的韧性得分平均值最高,为3.42。随着年龄的提升,女律师的韧性得分也呈细微上升趋势。总体打分的标准差为0.50,个体之间差异较小。

表53 三类执业年限女律师韧性

执业年限段	个案数	平均值	标准差	最低值	最高值
5年及以下	374	3.37	0.53	1.00	5.00
5~10年	182	3.44	0.42	2.00	5.00
10年及以上	265	3.41	0.51	1.00	5.00
总计(缺失2人)	821	3.40	0.50	1.00	5.00

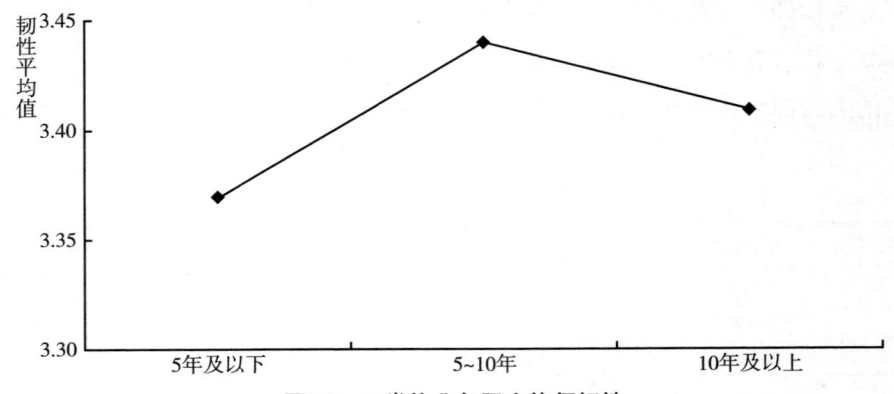

图79 三类执业年限女律师韧性

如表53和图79所示，不同执业年限的女律师韧性得分如下：执业年限在5~10年的女律师平均值最高，为3.44；执业10年及以上的女律师平均值反而低于执业5~10年女律师的平均值。组内打分标准差均小于0.60，组内差异较小。

表54 不同学历女律师韧性

学历	个案数	平均值	标准差	最低值	最高值
大专	6	3.61	0.25	3.33	4.00
本科	398	3.34	0.49	1.00	5.00
硕士研究生	406	3.45	0.51	1.00	5.00
博士研究生	13	3.59	0.36	3.00	4.00
总计	823	3.40	0.50	1.00	5.00

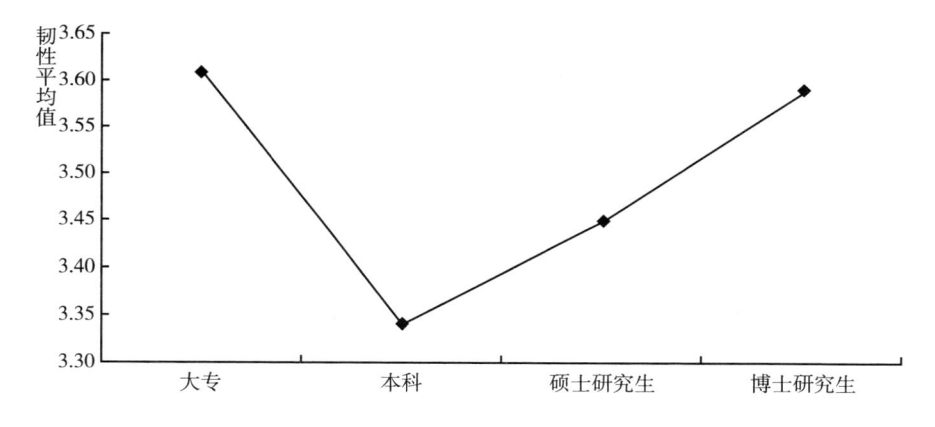

图80 不同学历女律师韧性

如表54和图80所示，参与本次问卷的具有大专学历的女律师的平均值最高，为3.61；本科学历的女律师韧性得分最低，为3.34。组内打分标准差均小于0.60，组内差异较小。

表55 不同婚姻状况女律师韧性

婚姻状况	个案数	平均值	标准差	最低值	最高值
未婚	185	3.40	0.50	2.00	5.00
已婚	594	3.40	0.51	1.00	5.00
离异	44	3.45	0.48	2.00	4.33
总计	823	3.40	0.50	1.00	5.00

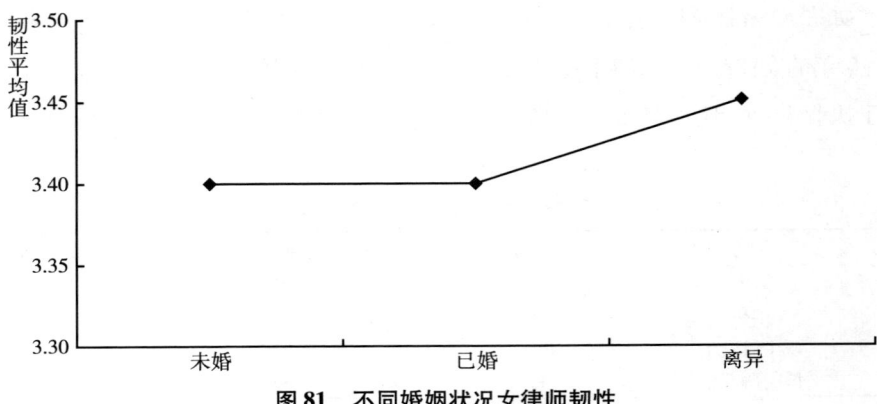

图 81　不同婚姻状况女律师韧性

如表 55 和图 81 所示，不同婚姻状况女律师的韧性平均值差别细微，未婚和已婚女律师的平均值均为 3.40。离异女律师的韧性平均值略高，为 3.45。组内打分标准差均小于 0.60，组内差异较小，总体韧性较低。

表 56　不同类型律师事务所女律师韧性

律师事务所类型	个案数	平均值	标准差	最低值	最高值
普通合伙律师事务所	575	3.40	0.48	1.00	5.00
特殊普通合伙律师事务所	152	3.40	0.56	1.00	5.00
个人律师事务所	81	3.40	0.57	2.00	5.00
外省市驻京分所	15	3.40	0.46	2.67	4.33
总计	823	3.40	0.50	1.00	5.00

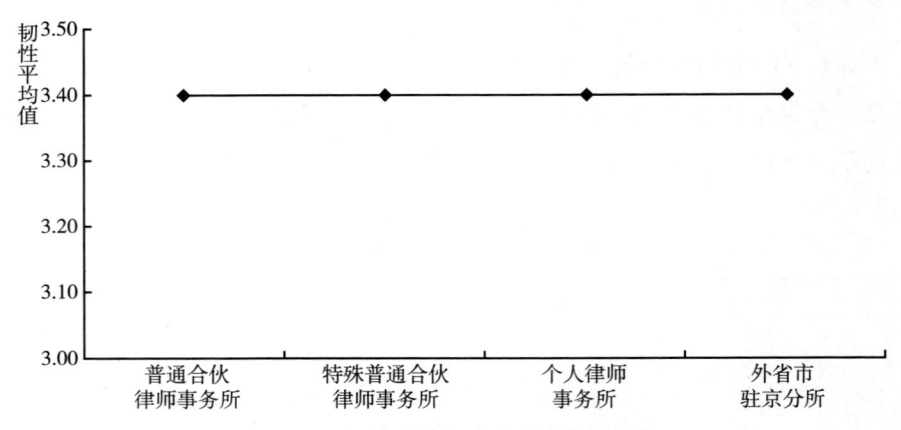

图 82　不同类型律师事务所女律师韧性

如表 56 和图 82 所示，不同类型律师事务所的女律师韧性平均值均为 3.40。组内打分标准差均小于 0.60，组内差异较小。

表 57　不同业务类型律师事务所女律师韧性

律师事务所业务类型	个案数	平均值	标准差	最低值	最高值
非诉讼为主的律师事务所	57	3.51	0.57	2.33	5.00
诉讼为主的律师事务所	231	3.34	0.43	2.00	5.00
综合性律师事务所	535	3.42	0.52	1.00	5.00
总计	823	3.40	0.50	1.00	5.00

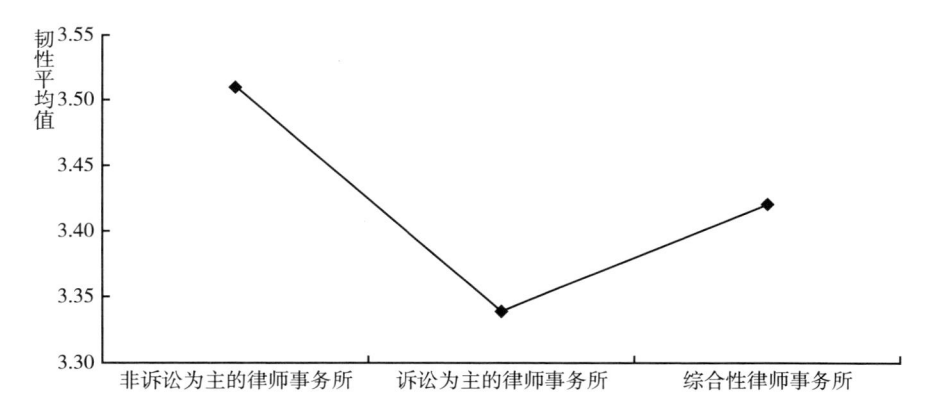

图 83　不同业务类型律师事务所女律师韧性

如表 57 和图 83 所示，来自非诉讼为主的律师事务所的女律师韧性平均值最高，为 3.51；来自诉讼为主的律师事务所的女律师韧性平均值最低，为 3.34。组内打分标准差均小于 0.60，组内差异较小。

表 58　不同业务类型女律师韧性

女律师业务类型	个案数	平均值	标准差	最低值	最高值
诉讼为主	413	3.40	0.47	1.00	5.00
非诉讼为主	149	3.46	0.54	2.00	5.00
综合	243	3.36	0.51	1.00	5.00
暂无主要方向	18	3.50	0.56	2.67	5.00
总计	823	3.40	0.50	1.00	5.00

图 84　不同业务类型女律师韧性

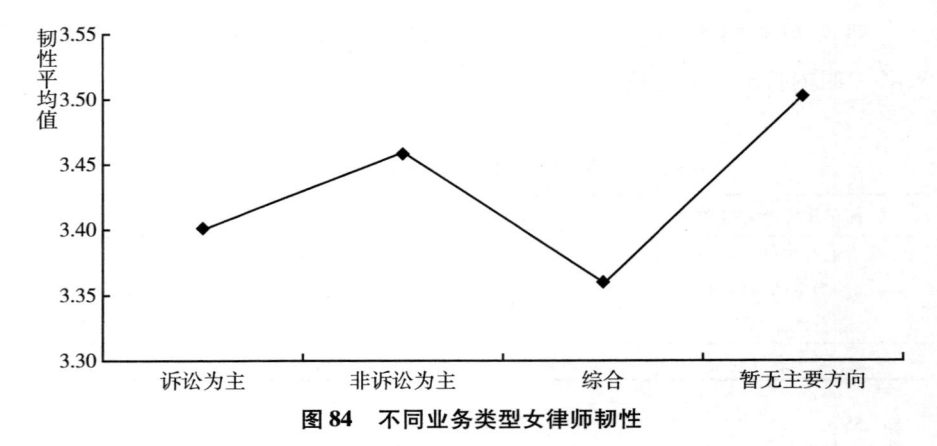

如表 58 和图 84 所示，从事综合性业务的女律师韧性平均值最低，为 3.36；以诉讼为主的女律师韧性平均值高于从事综合性业务的女律师，为 3.40；暂无主要方向的女律师韧性平均值最高，为 3.50。组内打分标准差均小于 0.60，组内差异较小。

表 59　是否主任律师女律师韧性

是否主任律师	个案数	平均值	标准差	最低值	最高值
否	764	3.39	0.49	1.00	5.00
是	59	3.55	0.63	1.00	5.00
总计	823	3.40	0.50	1.00	5.00

表 60　是否工薪律师女律师韧性

是否工薪律师	个案数	平均值	标准差	最低值	最高值
否	567	3.43	0.51	1.00	5.00
是	256	3.33	0.47	2.00	5.00
总计	823	3.40	0.50	1.00	5.00

表 61　是否提成律师女律师韧性

是否提成律师	个案数	平均值	标准差	最低值	最高值
否	506	3.42	0.50	2.00	5.00
是	317	3.38	0.51	1.00	5.00
总计	823	3.40	0.50	1.00	5.00

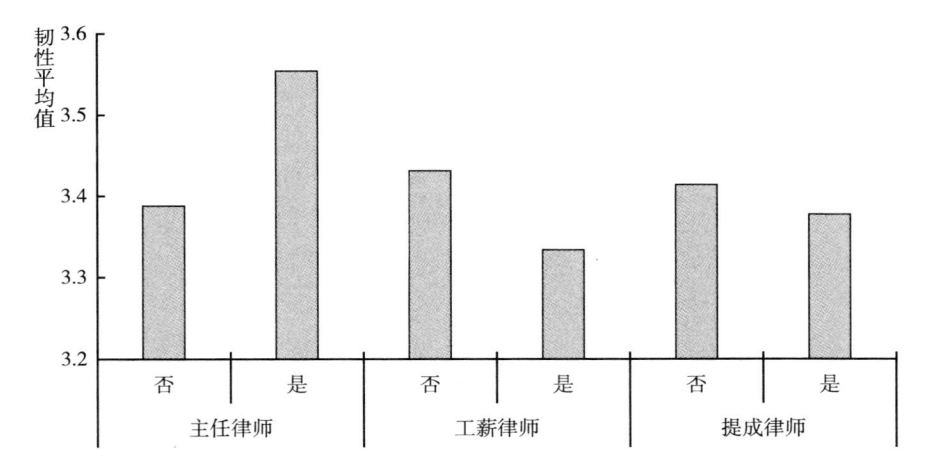

图 85 不同收入分配方式女律师韧性

不同收入分配类型的女律师的韧性自评分值如表59、表60、表61以及图85所示，主任女律师得分平均值高于非主任女律师，非工薪女律师得分平均值高于工薪女律师，非提成女律师得分平均值高于提成女律师。组内打分标准差均小于0.70，组内差异较小。

五 北京市女律师工作家庭自我平衡挑战

女律师不仅要完成好自身的工作，还要兼顾自身的家庭，实现"工作家庭两不误"需要保持对两者付出的平衡。本项目从工作家庭资源溢出、工作对家庭的补偿、工作家庭边界设定和工作家庭自我平衡四个方面进行调查，分析受访女律师的工作家庭自我平衡情况。

（一）工作家庭资源溢出

工作家庭资源溢出指家庭角色对工作角色的支持和辅助。[9]和睦的家庭关系促进女律师以更积极的状态投入工作中。研究发现，工作家庭的相互促进有助于女律师的职业生涯成功。女律师在家庭中积累的知识、技能和经验，可以帮助其在工作中更有自信，积蓄精力，工作表现得更加出色。良好

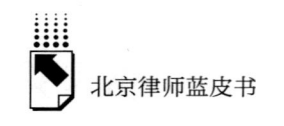

的家庭生活带来的好心情也可以迁移到工作场所,有助于人际关系和谐,令女律师更为乐观和充满希望,更为积极地应对职场挑战。

表62 三个年龄段女律师工作家庭资源溢出

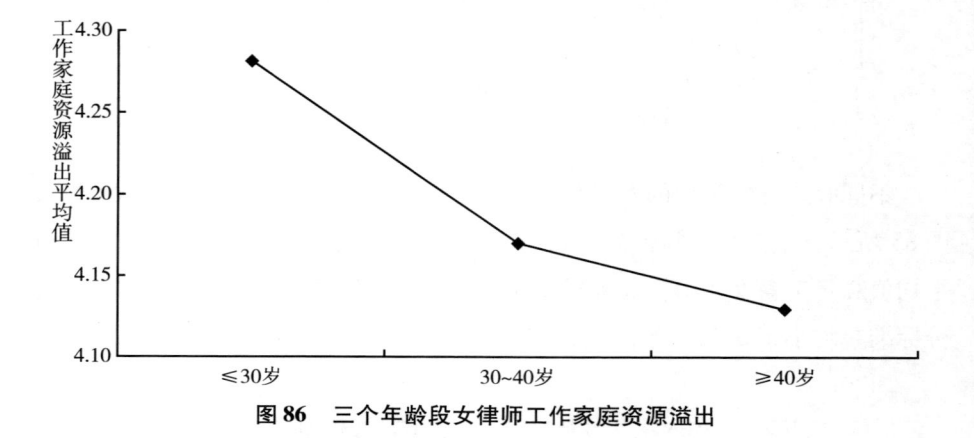

年龄段	个案数	平均值	标准差	最低值	最高值
≤30岁	111	4.28	0.56	2.67	5.00
30~40岁	404	4.17	0.52	2.00	5.00
≥40岁	308	4.13	0.46	2.00	5.00
总计	823	4.17	0.50	2.00	5.00

图86 三个年龄段女律师工作家庭资源溢出

如表62和图86所示,北京市女律师的工作家庭资源溢出得分超过4.00。随着年龄的增长,受访女律师的工作家庭资源溢出水平趋于下降。在30岁及以下的女律师中,工作家庭资源溢出平均值为4.28。在30~40岁的女律师中,工作家庭资源溢出的平均值相对略低,为4.17。40岁及以上的女律师得分最低,为4.13。总体标准差为0.50,个体之间差异较小,总体水平较高。

表63 三类执业年限女律师工作家庭溢出

执业年限段	个案数	平均值	标准差	最低值	最高值
5年及以下	374	4.22	0.53	2.00	5.00
5~10年	182	4.10	0.49	2.00	5.00
10年及以上	265	4.15	0.46	2.67	5.00
总计(缺失2人)	821	4.17	0.50	2.00	5.00

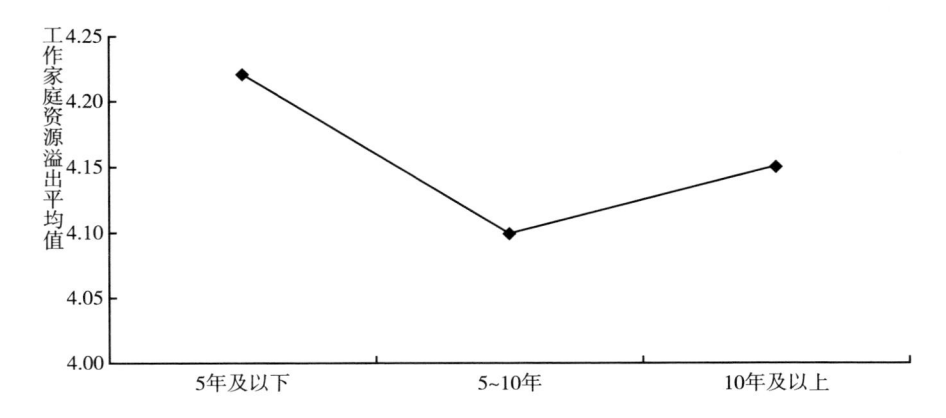

图87 三类执业年限女律师工作家庭资源溢出

如表63和图87所示，执业年限在5年及以下的女律师中，工作家庭资源溢出平均值为4.22；工作年限5~10年的女律师工作家庭资源溢出平均值最低，为4.10，工作年限在10年及以上的女律师得分次之，为4.15。随着执业年限的增加，工作家庭资源溢出平均值呈现先下降后上升的趋势。组内打分标准差均不超过0.53，组内差异较小。

表64 不同学历女律师工作家庭资源溢出

学历	个案数	平均值	标准差	最低值	最高值
大专	6	4.17	0.55	3.67	5.00
本科	398	4.12	0.49	2.33	5.00
硕士研究生	406	4.22	0.52	2.00	5.00
博士研究生	13	4.33	0.51	3.67	5.00
总计	823	4.17	0.50	2.00	5.00

如表64和图88所示，拥有博士研究生学历的女律师在工作家庭资源溢出的平均值最高，为4.33；得分最低的是拥有本科学历的女律师，为4.12。组内打分标准差均不超过0.55，组内差异较小。

图 88　不同学历女律师工作家庭资源溢出

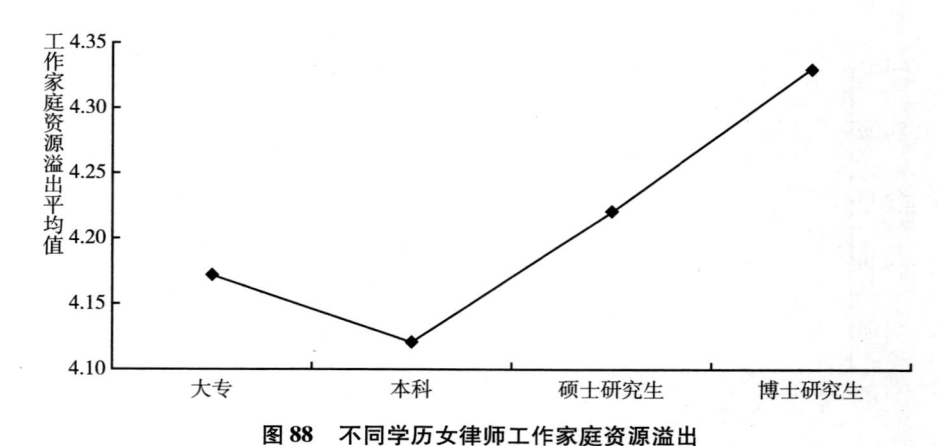

表 65　不同婚姻状况女律师工作家庭资源溢出

婚姻状况	个案数	平均值	标准差	最低值	最高值
未婚	185	4.15	0.52	2.33	5.00
已婚	594	4.19	0.50	2.00	5.00
离异	44	4.05	0.52	2.00	5.00
总计	823	4.17	0.50	2.00	5.00

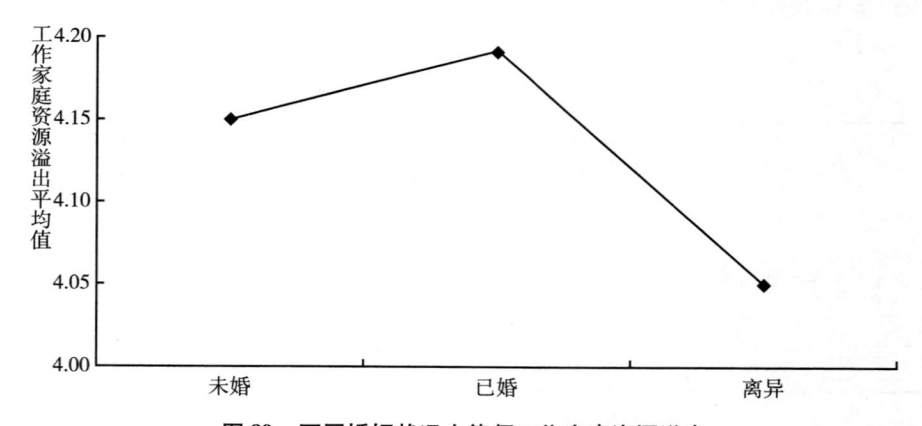

图 89　不同婚姻状况女律师工作家庭资源溢出

如表 65 和图 89 所示，已婚的女律师的工作家庭资源溢出平均值最高，为 4.19；离异的女律师工作家庭资源溢出的平均值最低，为 4.05。组内打分标准差均小于 0.60，组内差异较小。

表 66　不同类型律师事务所女律师工作家庭资源溢出

律师事务所类型	个案数	平均值	标准差	最低值	最高值
普通合伙律师事务所	575	4.15	0.50	2.00	5.00
特殊普通合伙律师事务所	152	4.22	0.53	2.67	5.00
个人律师事务所	81	4.22	0.46	2.67	5.00
外省市驻京分所	15	4.04	0.72	2.00	5.00
总计	823	4.17	0.50	2.00	5.00

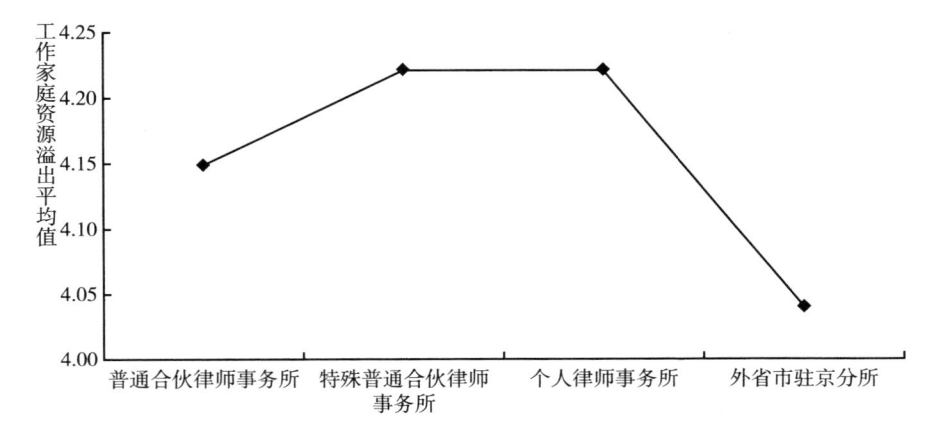

图 90　不同类型律师事务所女律师工作家庭资源溢出

如表 66 和图 90 所示，来自个人律师事务所和特殊普通合伙律师事务所的女律师的工作家庭资源溢出的平均值最高，均为 4.22；来自外省市驻京分所的女律师的工作家庭资源溢出的平均值最低，为 4.04。组内打分标准差均小于 0.80，组内差异较小，总体水平较高。

表 67　不同业务类型律师事务所女律师工作家庭资源溢出

律师事务所业务类型	个案数	平均值	标准差	最低值	最高值
非诉讼为主的律师事务所	57	4.16	0.57	2.00	5.00
诉讼为主的律师事务所	231	4.12	0.44	2.67	5.00
综合性律师事务所	535	4.19	0.52	2.00	5.00
总计	823	4.17	0.50	2.00	5.00

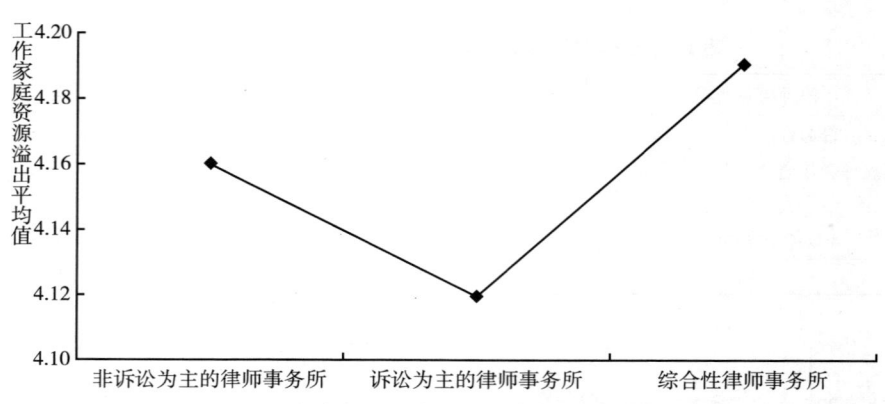

图 91　不同业务类型律师事务所女律师工作家庭资源溢出

如表67和图91所示，来自综合性律师事务所的女律师的工作家庭资源溢出的平均值最高，为4.19；来自以诉讼为主的律师事务所的女律师的工作家庭资源溢出的平均值最低，为4.12。组内打分标准差均小于0.60，组内差异较小。

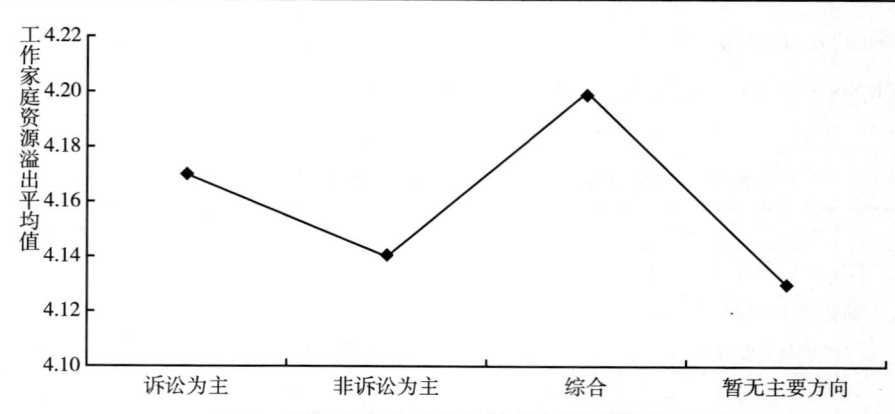

表68　不同业务类型女律师工作家庭资源溢出

女律师业务类型	个案数	平均值	标准差	最低值	最高值
诉讼为主	413	4.17	0.50	2.00	5.00
非诉讼为主	149	4.14	0.50	2.00	5.00
综合	243	4.20	0.51	2.00	5.00
暂无主要方向	18	4.13	0.58	3.00	5.00
总计	823	4.17	0.50	2.00	5.00

图 92　不同业务类型女律师工作家庭资源溢出

如表68和图92所示,从事不同业务类型的女律师在工作家庭资源溢出的平均值差距很小,暂无主要方向的女律师工作家庭资源溢出平均值最低,为4.13。从整体上看,从事不同业务类型对女律师的工作家庭资源溢出的影响细微。组内打分标准差均小于0.60,组内差异较小。

表69　是否主任律师女律师工作家庭资源溢出

是否主任律师	个案数	平均值	标准差	最低值	最高值
否	764	4.17	0.51	2.00	5.00
是	59	4.21	0.42	3.33	5.00
总计	823	4.17	0.50	2.00	5.00

表70　是否工薪律师女律师工作家庭资源溢出

是否工薪律师	个案数	平均值	标准差	最低值	最高值
否	567	4.16	0.46	2.00	5.00
是	256	4.20	0.59	2.00	5.00
总计	823	4.17	0.50	2.00	5.00

表71　是否提成律师女律师工作家庭资源溢出

是否提成律师	个案数	平均值	标准差	最低值	最高值
否	506	4.19	0.53	2.00	5.00
是	317	4.13	0.46	2.00	5.00
总计	823	4.17	0.50	2.00	5.00

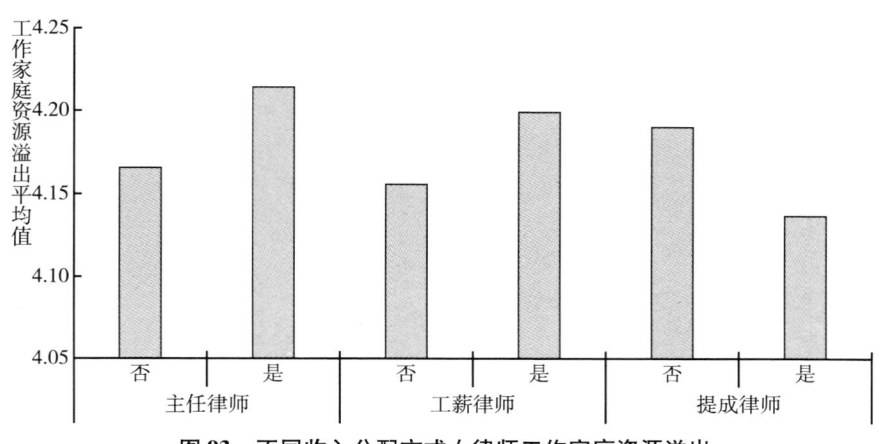

图93　不同收入分配方式女律师工作家庭资源溢出

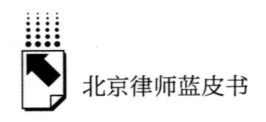

如表69、表70、表71和图93所示，主任女律师的工作家庭资源溢出的平均值略高，为4.21；非主任女律师的平均值略低，为4.17。工薪女律师的工作家庭资源溢出的平均值略高，为4.20；非提成女律师的工作家庭资源溢出的平均值略高，为4.19。组内打分标准差均小于0.60，组内差异较小。

（二）工作对家庭的补偿

工作对家庭的补偿，指女律师在工作上取得的高工作绩效可以回馈家庭生活，如提高婚姻质量、促进父母和子女之间的交流、增强家庭幸福感。工作对家庭补偿较高的女律师能够更好地扮演家庭角色。比如，工作获得的报酬，可以提升整个家庭的生活消费水平；工作获得的能力，有助于家庭成员之间的关系质量改善。

表72 三个年龄段女律师工作对家庭补偿

年龄段	个案数	平均值	标准差	最低值	最高值
≤30岁	111	3.44	0.77	1.00	5.00
30~40岁	404	3.49	0.70	1.00	5.00
≥40岁	308	3.62	0.61	1.00	5.00
总计	823	3.53	0.68	1.00	5.00

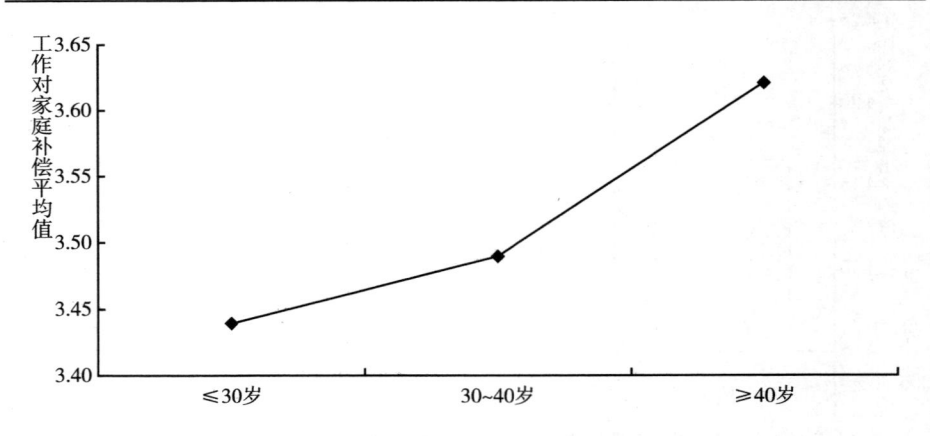

图94 三个年龄段女律师工作对家庭补偿

如表 72 和图 94 所示，北京市女律师的工作对家庭补偿的整体平均值低于 4.00，说明工作对家庭没有形成良好的补偿。随着年龄的增长，女律师工作对家庭补偿的平均值逐渐上涨。其中，30 岁及以下的女律师平均值最低，为 3.44；40 岁及以上的女律师平均值最高，为 3.62。总体打分的标准差为 0.68，个体之间差异较小。

表 73 三类执业年限女律师工作对家庭补偿

执业年限段	个案数	平均值	标准差	最低值	最高值
5 年及以下	374	3.47	0.71	1.00	5.00
5~10 年	182	3.52	0.62	2.00	5.00
10 年及以上	265	3.62	0.66	1.00	5.00
总计（缺失 2 人）	821	3.52	0.68	1.00	5.00

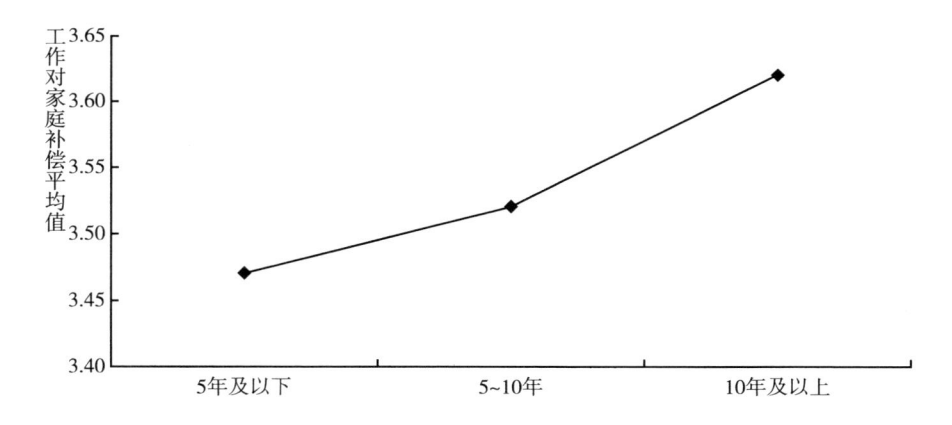

图 95 三类执业年限女律师工作对家庭补偿

如表 73 和图 95 所示，受访女律师的执业年限越高，工作对家庭补偿的平均值有上升的趋势，但是差异不大。其中，执业 10 年及以上的女律师得分最高，为 3.62；执业 5 年及以下的女律师得分最低，为 3.47。组内打分标准差均不超过 0.71，组内差异较小。

表74 不同学历女律师工作对家庭补偿

学历	个案数	平均值	标准差	最低值	最高值
大专	6	3.83	0.55	2.67	4.67
本科	398	3.53	0.49	1.67	5.00
硕士研究生	406	3.52	0.52	1.00	5.00
博士研究生	13	3.77	0.51	2.33	5.00
总计	823	3.53	0.50	1.00	5.00

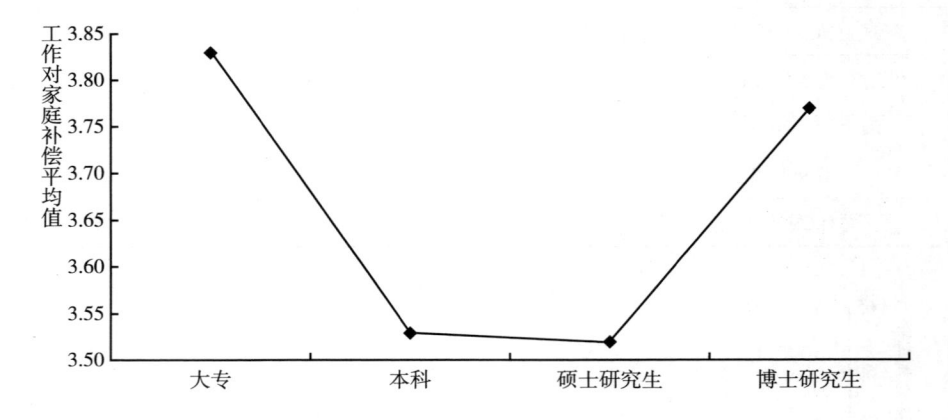

图96 不同学历女律师工作对家庭补偿

如表74和图96所示，拥有不同学历的女律师的工作家庭补偿分值如下：拥有大专学历的女律师的平均值最高，为3.83；硕士研究生学历女律师的平均值最低，为3.52。组内打分标准差均不高于0.55，组内差异较小，总体水平较低。

表75 不同婚姻状况女律师工作对家庭补偿

婚姻状况	个案数	平均值	标准差	最低值	最高值
未婚	185	3.43	0.76	1.00	5.00
已婚	594	3.56	0.64	1.00	5.00
离异	44	3.50	0.80	1.00	5.00
总计	823	3.53	0.68	1.00	5.00

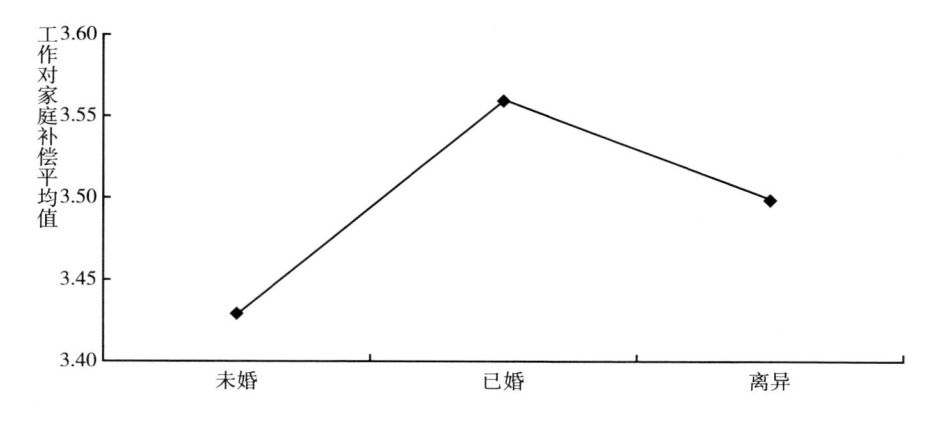

图97 不同婚姻状况女律师工作对家庭补偿

如表75和图97所示，不同婚姻状况的女律师的工作对家庭补偿的分值如下：已婚女律师的工作对家庭补偿平均值最高，为3.56；未婚女律师的平均值最低，为3.43；离异女律师的平均值为3.50。最高与最低的数据差为0.13。组内打分标准差均不高于0.80，组内差异较小。

表76 不同类型律师事务所女律师工作对家庭补偿

律师事务所类型	个案数	平均值	标准差	最低值	最高值
普通合伙律师事务所	575	3.55	0.67	1.00	5.00
特殊普通合伙律师事务所	152	3.41	0.73	1.00	5.00
个人律师事务所	81	3.62	0.70	1.33	5.00
外省市驻京分所	15	3.33	0.55	2.00	4.00
总计	823	3.53	0.68	1.00	5.00

如表76和图98所示，不同类型律师事务所女律师的工作对家庭补偿分值如下：个人律师事务所女律师平均值最高，为3.62；平均值最低的为外省市驻京分所的女律师，为3.33。总体上看，不同类型律师事务所关于工作对家庭补偿的最大差值为0.29。组内打分标准差均小于0.80，组内差异较小。

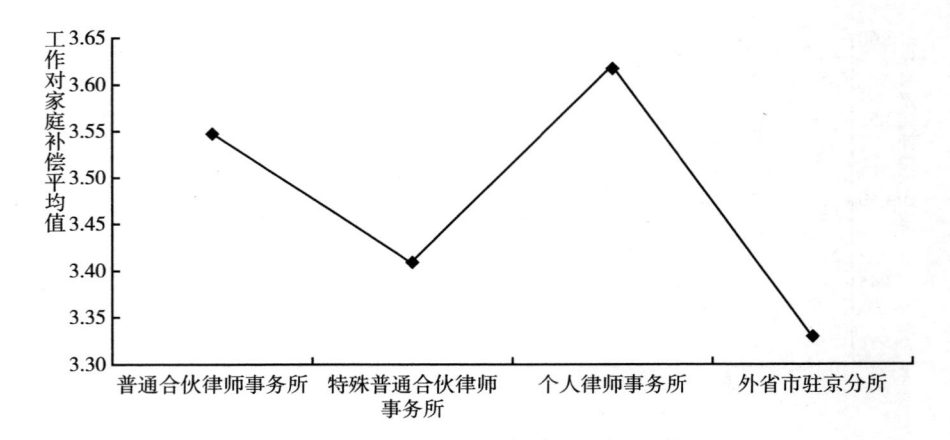

图 98　不同类型律师事务所女律师工作对家庭补偿

表 77　不同业务类型律师事务所女律师工作对家庭补偿

律师事务所业务类型	个案数	平均值	标准差	最低值	最高值
非诉讼为主的律师事务所	57	3.49	0.70	1.67	5.00
诉讼为主的律师事务所	231	3.59	0.67	1.00	5.00
综合性律师事务所	535	3.51	0.68	1.00	5.00
总计	823	3.53	0.68	1.00	5.00

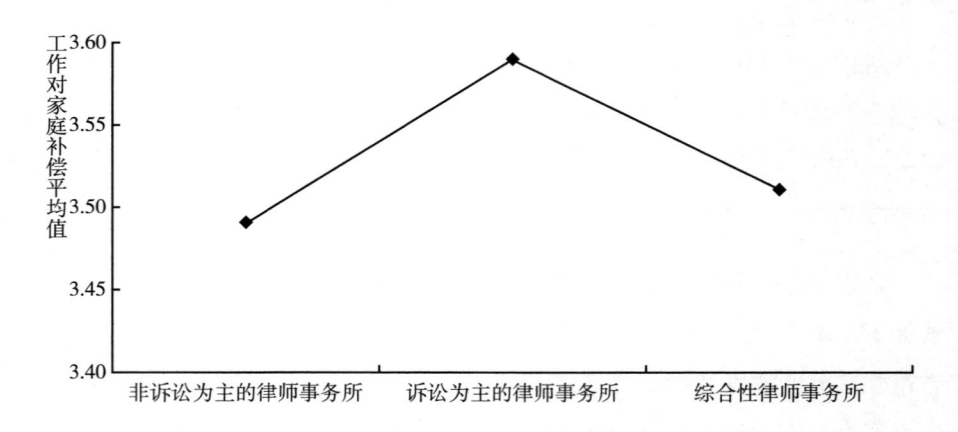

图 99　不同业务类型律师事务所女律师工作对家庭补偿

表 78 不同业务类型女律师工作对家庭补偿

女律师业务类型	个案数	平均值	标准差	最低值	最高值
诉讼为主	413	3.59	0.50	1.00	5.00
非诉讼为主	149	3.39	0.50	1.00	5.00
综合	243	3.53	0.51	1.33	5.00
暂无主要方向	18	3.33	0.59	2.00	4.67
总计	823	3.53	0.50	1.00	5.00

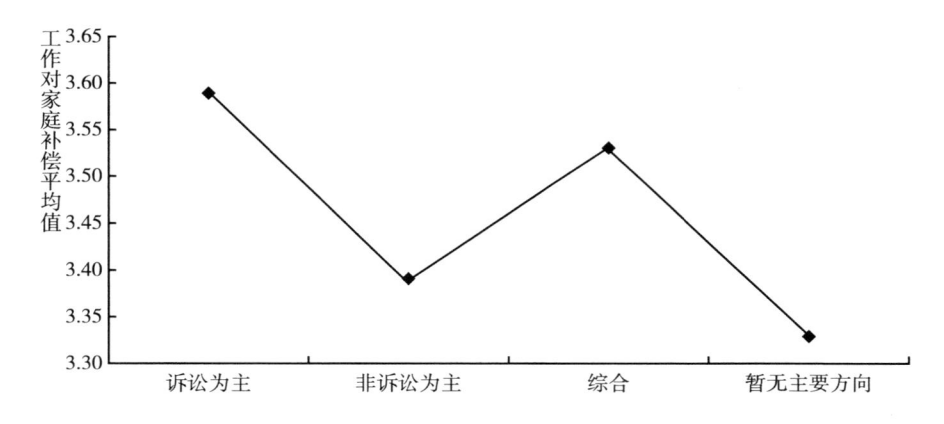

图 100 不同业务类型女律师工作对家庭补偿

如表 77、表 78、图 99 和图 100 所示，就职于不同业务类型的律师事务所和从事不同的业务类型的女律师，她们在工作对家庭补偿的得分如下：来自以诉讼为主的律师事务所的女律师的平均值略高于来自以非诉讼为主的律师事务所的女律师，为 3.59；个人业务以诉讼为主的女律师的平均值略高于以非诉讼为主的女律师，为 3.59；暂无主要方向的女律师平均值最低，为 3.33。从整体上看，不同业务类型的律师事务所及个人的不同业务类型，在女律师的工作对家庭补偿方面影响细微。组内打分标准差均不超过 0.70，组内差异较小。

表 79 是否主任律师女律师工作对家庭补偿

是否主任律师	个案数	平均值	标准差	最低值	最高值
否	764	3.51	0.68	1.00	5.00
是	59	3.77	0.64	1.67	5.00
总计	823	3.53	0.68	1.00	5.00

表80　是否工薪律师女律师工作对家庭补偿

是否工薪律师	个案数	平均值	标准差	最低值	最高值
否	567	3.60	0.65	1.00	5.00
是	256	3.38	0.72	1.00	5.00
总计	823	3.53	0.68	1.00	5.00

表81　是否提成律师女律师工作对家庭补偿

是否提成律师	个案数	平均值	标准差	最低值	最高值
否	506	3.54	0.70	1.00	5.00
是	317	3.52	0.65	1.00	5.00
总计	823	3.53	0.68	1.00	5.00

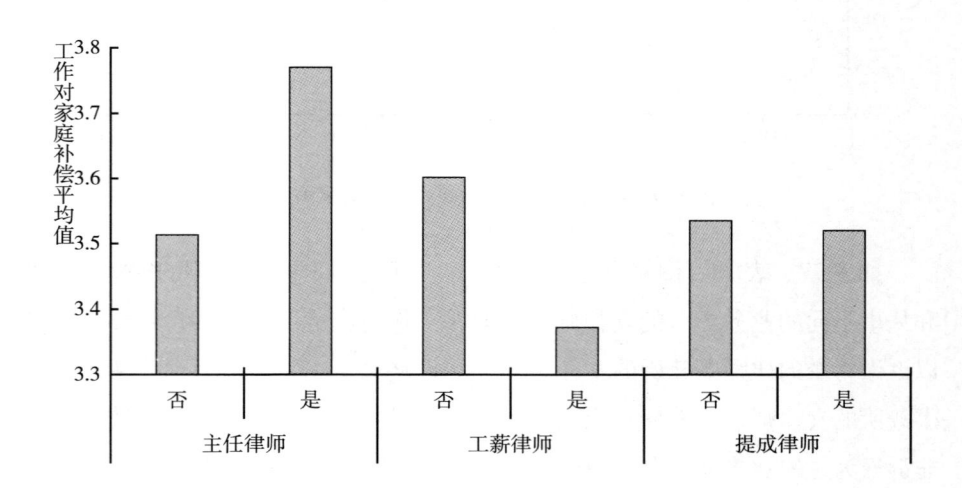

图101　不同收入分配方式女律师工作对家庭补偿

如表79、表80、表81和图101所示，女律师处于不同的职位时，工作对家庭的补偿有差异。主任女律师的平均值为3.77，非主任女律师的平均值为3.51；工薪女律师的平均值为3.38，非工薪女律师的平均值为3.60；非提成女律师比提成女律师平均值略高。组内打分标准差均小于0.80，组内差异较小。

(三)工作家庭边界设定

随着网络信息通信技术的普及,工作场所和工作时间更为灵活,工作和家庭的边界也越来越模糊,工作对家庭生活的潜在冲击增加了,女律师将面临更多的工作家庭冲突。在此情境下,适当地理解自身的工作与家庭角色,合理设定工作家庭的边界,将有利于女律师管理工作与家庭的冲突。

表82　三个年龄段女律师边界设定

年龄段	个案数	平均值	标准差	最低值	最高值
≤30 岁	111	3.18	0.79	1.33	5.00
30~40 岁	404	3.21	0.76	1.00	5.00
≥40 岁	308	3.01	0.71	1.00	5.00
总计	823	3.13	0.75	1.00	5.00

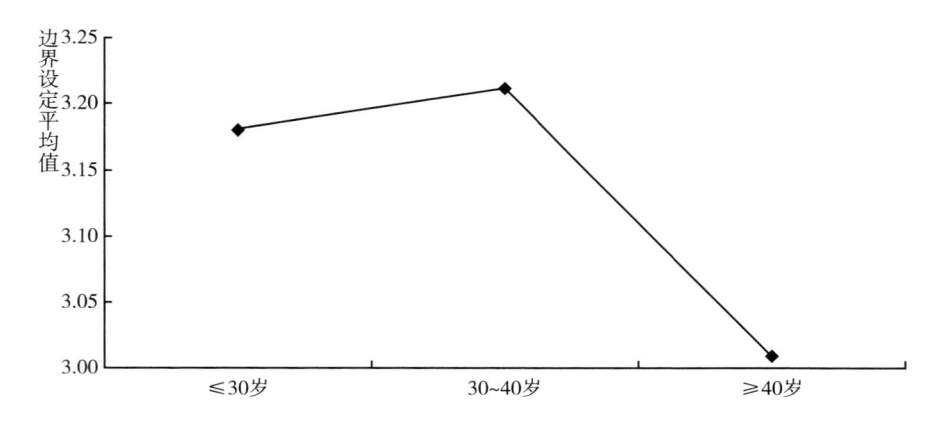

图102　三个年龄段女律师边界设定

表83　三类执业年限女律师边界设定

执业年限段	个案数	平均值	标准差	最低值	最高值
5 年及以下	374	3.20	0.77	1.00	5.00
5~10 年	182	3.11	0.77	1.33	5.00
10 年及以上	265	3.06	0.69	1.00	5.00
总计(缺失2人)	821	3.13	0.75	1.00	5.00

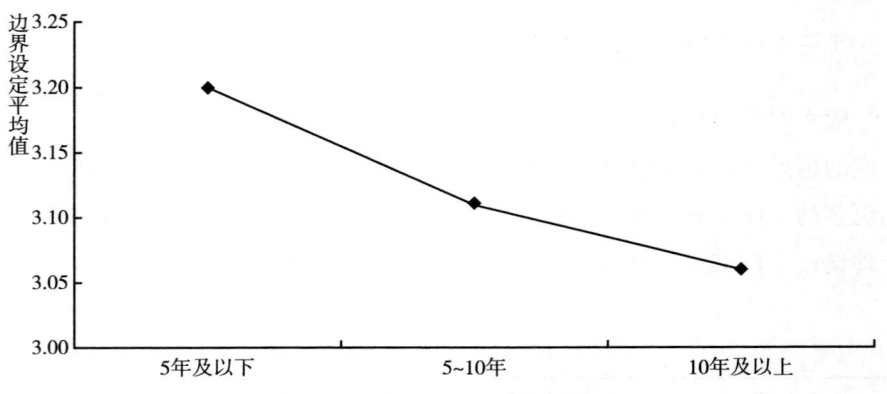

图 103 三类执业年限女律师边界设定

如表 82、表 83、图 102 和图 103 所示，受访女律师的总体边界设定得分不到 4.00，总体水平较低。边界设计的分值与年龄和执业年限有细微的关联。随着年龄和执业年限的增加，女律师的边界设定平均值略有下降。年龄段的相对最高值出现在 30~40 岁的女律师中，为 3.21；执业年限的相对最高值出现在 5 年及以下的女律师中，为 3.20。整体上看，三类执业年限关于边界设定之差为 0.14。总体打分的标准差均为 0.75，个体之间差异较小。不同年龄段及执业年限的女律师在工作家庭边界设定上没有明显差异。

表 84 不同学历女律师边界设定

学历	个案数	平均值	标准差	最低值	最高值
大专	6	3.11	0.69	2.00	3.67
本科	398	3.20	0.76	1.00	5.00
硕士	406	3.08	0.73	1.33	5.00
博士	13	2.85	0.90	1.00	4.00
总计	823	3.13	0.75	1.00	5.00

如表 84 和图 104 所示，在不同学历背景影响女律师的边界设定自评平均值中，博士学历的女律师得分最低，为 2.85；硕士为 3.08，本科为 3.20，大专为 3.11。四类女律师的平均值均较低，组内打分标准差均不超过 0.90，组内差异较小。

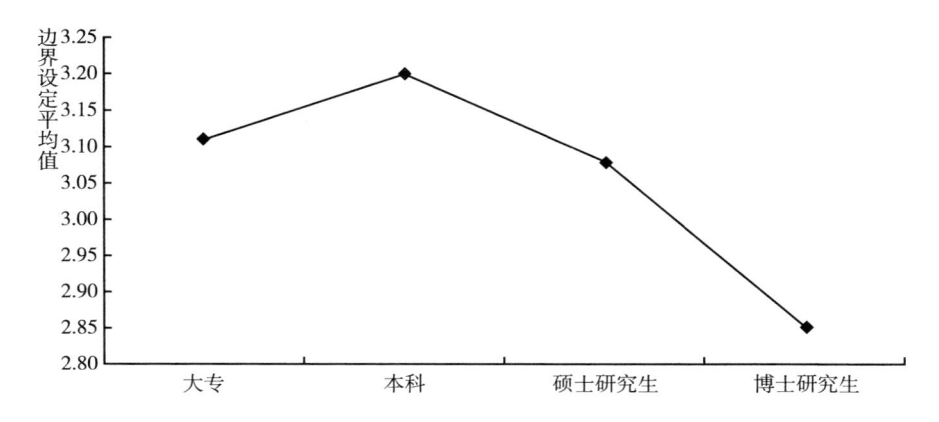

图 104　不同学历女律师边界设定

表 85　不同婚姻状况女律师边界设定

婚姻状况	个案数	平均值	标准差	最低值	最高值
未婚	185	3.22	0.77	1.33	5.00
已婚	594	3.12	0.73	1.00	5.00
离异	44	2.92	0.88	1.00	5.00
总计	823	3.13	0.75	1.00	5.00

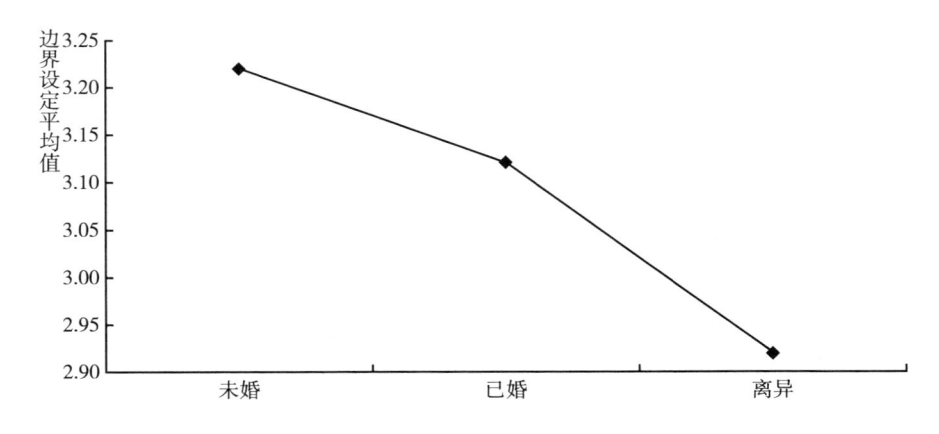

图 105　不同婚姻状况女律师边界设定

如表 85 和图 105 所示，不同婚姻状况的女律师的边界设定值如下：离异女律师的边界设定平均值最低，为 2.92；未婚女律师边界设定平均值最高，为3.22；已婚女律师的边界设定平均值为3.12。三类女律师的组间平均值的差异为0.30。边界设定受不同婚姻状况的影响细微。组内打分标准差均小于0.90，组内差异较小。

表86　不同类型律师事务所女律师边界设定

律师事务所类型	个案数	平均值	标准差	最低值	最高值
普通合伙律师事务所	575	3.15	0.74	1.00	5.00
特殊普通合伙律师事务所	152	2.98	0.76	1.33	5.00
个人律师事务所	81	3.28	0.76	1.67	5.00
外省市驻京分所	15	3.11	0.64	1.67	3.67
总计	823	3.13	0.75	1.00	5.00

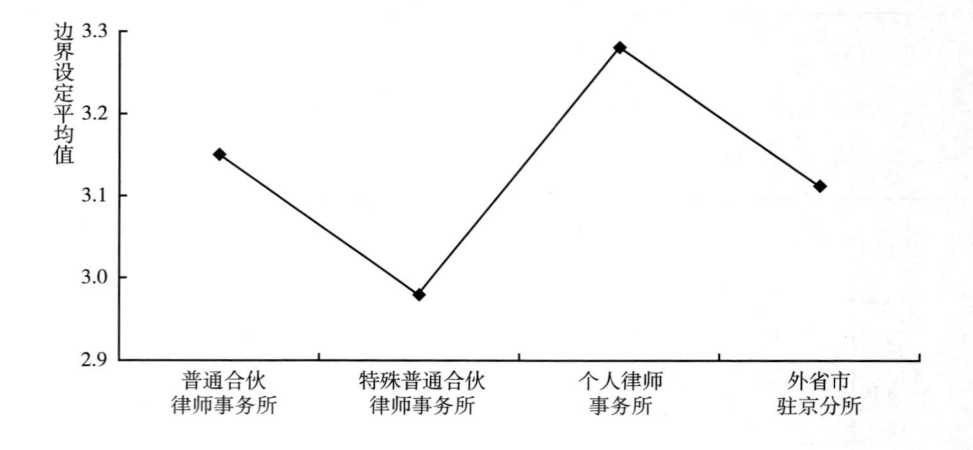

图106　不同类型律师事务所女律师边界设定

如表86和图106所示，普通合伙律师事务所和个人律师事务所女律师边界设定平均值略高于特殊普通合伙事务所。特殊普通合伙律师事务所的女律师得分最低，为2.98。从整体上看，来自各类型律师事务所的女律师的边界设定平均值变动幅度为0.30。组内打分标准差均小于0.80，组内差异较小。

表 87　不同业务类型律师事务所女律师边界设定

律师事务所业务类型	个案数	平均值	标准差	最低值	最高值
非诉讼为主的律师事务所	57	3.09	0.75	1.67	5.00
诉讼为主的律师事务所	231	3.27	0.75	1.67	5.00
综合性律师事务所	535	3.08	0.74	1.00	5.00
总计	823	3.13	0.75	1.00	5.00

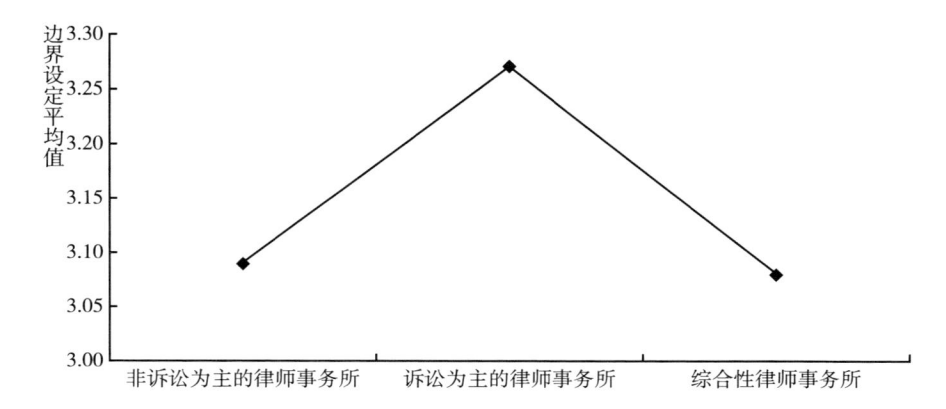

图 107　不同业务类型律师事务所女律师边界设定

表 88　不同业务类型女律师边界设定

女律师业务类型	个案数	平均值	标准差	最低值	最高值
诉讼为主	413	3.20	0.74	1.00	5.00
非诉讼为主	149	3.02	0.75	1.00	5.00
综合	243	3.08	0.75	1.33	5.00
暂无主要方向	18	3.33	0.77	1.67	4.33
总计	823	3.13	0.75	1.00	5.00

如表 87、表 88、图 107 和图 108 所示，服务于不同业务类型的律师事务所和从事不同业务类型的女律师的分值如下：来自以诉讼为主的律师事务所女律师边界设定平均值为 3.27，高于来自其他类型律师事务所的女律师；个人业务暂无主要方向的女律师边界设定平均值相对最高，为 3.33。律师事务所业务类型及个人业务类型以诉讼为主的女律师的边界设定均高于以非诉讼为主业务的女律师。组内打分标准差均小于 0.80，组内差异较小。

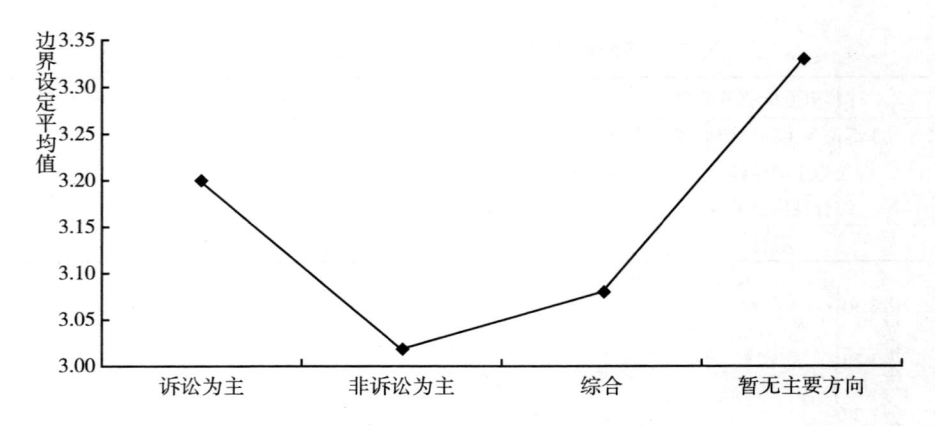

图 108　不同业务类型女律师边界设定

表 89　是否主任律师女律师边界设定

是否主任律师	个案数	平均值	标准差	最低值	最高值
否	764	3.13	0.75	1.00	5.00
是	59	3.14	0.69	1.67	5.00
总计	823	3.13	0.75	1.00	5.00

表 90　是否工薪律师女律师边界设定

是否工薪律师	个案数	平均值	标准差	最低值	最高值
否	567	3.10	0.74	1.00	5.00
是	256	3.21	0.77	1.67	5.00
总计	823	3.13	0.75	1.00	5.00

表 91　是否提成律师女律师边界设定

是否提成律师	个案数	平均值	标准差	最低值	最高值
否	506	3.14	0.75	1.00	5.00
是	317	3.13	0.75	1.00	5.00
总计	823	3.13	0.75	1.00	5.00

如表89、表90、表91和图109所示，主任女律师和非主任女律师的边界设定平均值几乎相同，说明女律师的职位对边界设定的影响很小。工薪女律师和提成女律师的边界设定差异也很小，说明女律师的收入分

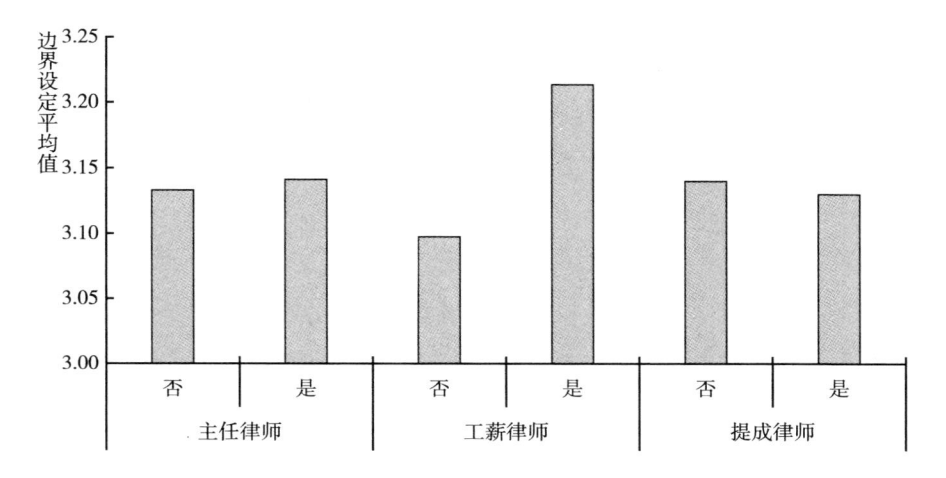

图 109　不同收入分配方式女律师边界设定

配模式对边界设定的影响不大。组内打分标准差均小于 0.80，组内差异较小。

（四）工作家庭自我平衡

工作家庭自我平衡指女律师在工作和家庭两个方面的角色都有良好表现，工作和家庭的角色冲突最小化，能兼顾工作和家庭角色活动，并且能享受个人生活，从生活中获得乐趣和心理满足。工作家庭自我平衡包括三个组成部分，即花在工作中、家庭生活中、个人乐趣中的时间比例合适、心理投入平衡，以及对自己的工作角色、家庭角色和个人生活均感受到满意。

表 92　三个年龄段女律师工作家庭自我平衡

年龄段	个案数	平均值	标准差	最低值	最高值
≤30 岁	111	3.61	0.80	1.00	5.00
30~40 岁	404	3.65	0.65	1.00	5.00
≥40 岁	308	3.87	0.57	1.00	5.00
总计	823	3.73	0.65	1.00	5.00

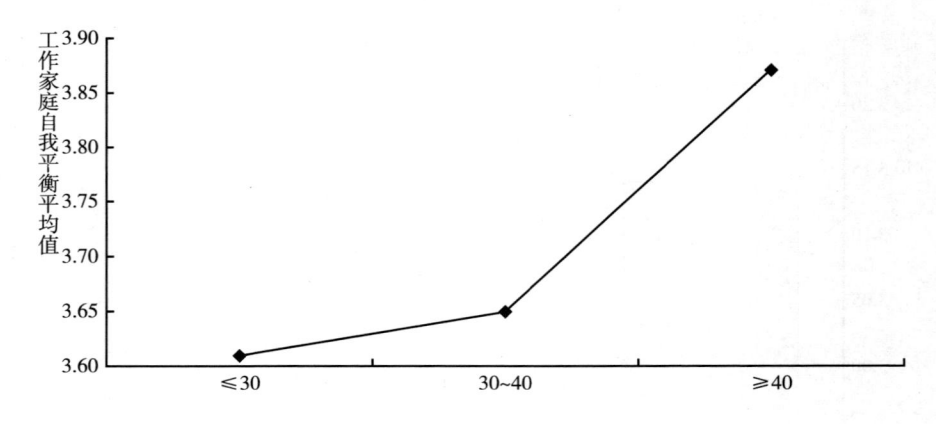

图 110　三个年龄段女律师工作家庭自我平衡

如表92和图110所示，受访的北京市女律师工作家庭自我平衡总体平均得分不到4.00，总体上讲，女律师的工作家庭自我平衡没有实现。受访的三个年龄段的女律师中，工作家庭自我平衡有不同表现。在30岁及以下的女律师中，工作家庭自我平衡的平均值最低，为3.61；在40岁及以上的女律师中，工作家庭自我平衡的平均值最高，为3.87。随着年龄的增长，女律师工作家庭自我平衡折线图的趋势略趋上升。总体打分的标准差为0.65，个体之间差异较小。

表 93　三类执业年限女律师工作家庭自我平衡

执业年限段	个案数	平均值	标准差	最低值	最高值
5年及以下	374	3.63	0.71	1.00	5.00
5~10年	182	3.73	0.61	1.00	5.00
10年及以上	265	3.86	0.57	1.00	5.00
总计（缺失2人）	821	3.72	0.65	1.00	5.00

如表93和图111所示，按照执业年限划分，女律师工作家庭自我平衡平均值呈现微小的上升趋势。执业10年及以上的女律师平均值最高，为3.86。组内打分标准差均不超过0.71，组内差异较小。

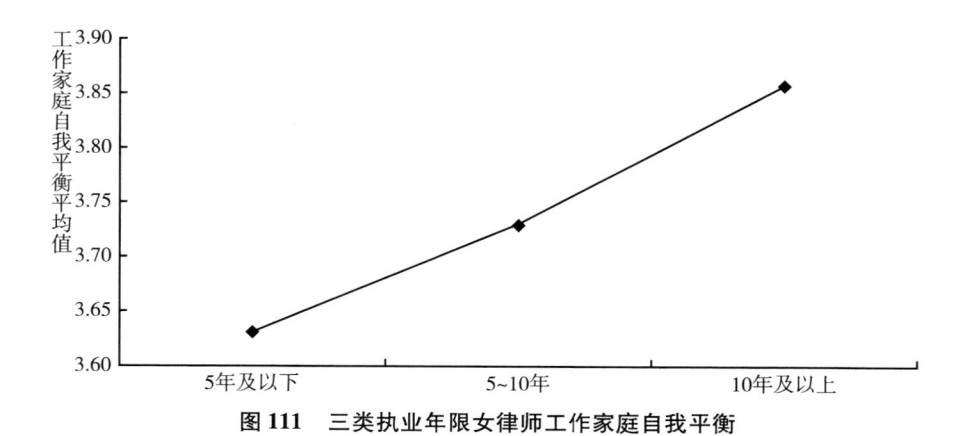

图 111　三类执业年限女律师工作家庭自我平衡

表 94　不同学历女律师工作家庭自我平衡

学历	个案数	平均值	标准差	最低值	最高值
大专	6	4.17	0.49	3.75	5.00
本科	398	3.75	0.60	1.00	5.00
硕士研究生	406	3.69	0.70	1.00	5.00
博士研究生	13	3.98	0.75	2.50	5.00
总计	823	3.73	0.65	1.00	5.00

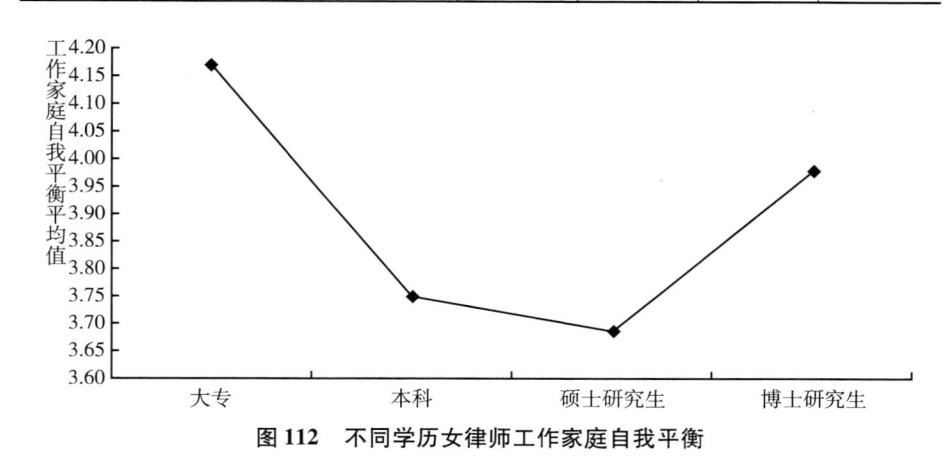

图 112　不同学历女律师工作家庭自我平衡

如表 94 和图 112 所示，随着学历的升高，女律师工作家庭自我平衡平均值是先下降后上升的。大专学历女律师的工作家庭自我平衡的平均值最高，为 4.17；博士研究生学历女律师的平均值次之，为 3.98；硕士研究生

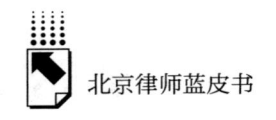

学历女律师的平均值相对最低,为3.69。不同学历关于工作家庭自我平衡的差值最大为0.48。组内打分标准差均小于0.80,组内差异较小。

表95 不同婚姻状况女律师工作家庭自我平衡

婚姻状况	个案数	平均值	标准差	最低值	最高值
未婚	185	3.59	0.77	1.00	5.00
已婚	594	3.77	0.59	1.00	5.00
离异	44	3.67	0.83	1.00	5.00
总计	823	3.73	0.65	1.00	5.00

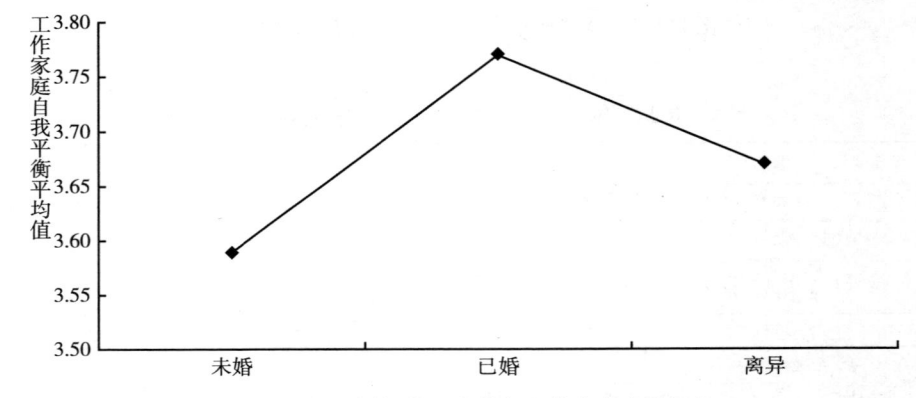

图113 不同婚姻状况女律师工作家庭自我平衡

如表95和图113所示,不同婚姻状况女律师工作家庭自我平衡分值如下:已婚女律师的工作家庭自我平衡的平均值最高,为3.77;离异女律师平均值次之;平均值最低的是未婚女律师,为3.59。组内打分标准差均小于0.90,组内差异较小,总体水平较低。

表96 不同类型律师事务所女律师工作家庭自我平衡

律师事务所类型	个案数	平均值	标准差	最低值	最高值
普通合伙律师事务所	575	3.77	0.58	1.00	5.00
特殊普通合伙律师事务所	152	3.52	0.85	1.00	5.00
个人律师事务所	81	3.80	0.64	1.00	5.00
外省市驻京分所	15	3.73	0.73	1.75	5.00
总计	823	3.73	0.65	1.00	5.00

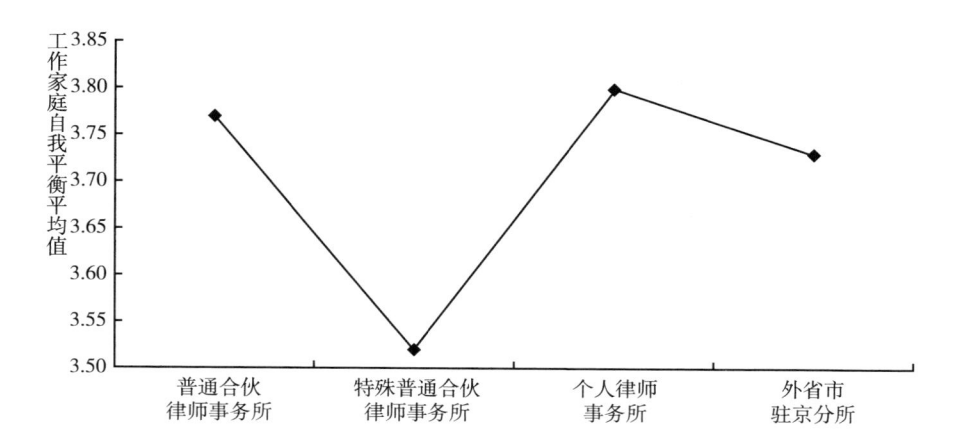

图 114　不同类型律师事务所女律师工作家庭自我平衡

表 97　不同业务类型律师事务所女律师工作家庭自我平衡

律师事务所业务类型	个案数	平均值	标准差	最低值	最高值
非诉讼为主的律师事务所	57	3.56	0.86	1.00	5.00
诉讼为主的律师事务所	231	3.81	0.55	1.00	5.00
综合性律师事务所	535	3.71	0.66	1.00	5.00
总计	823	3.73	0.65	1.00	5.00

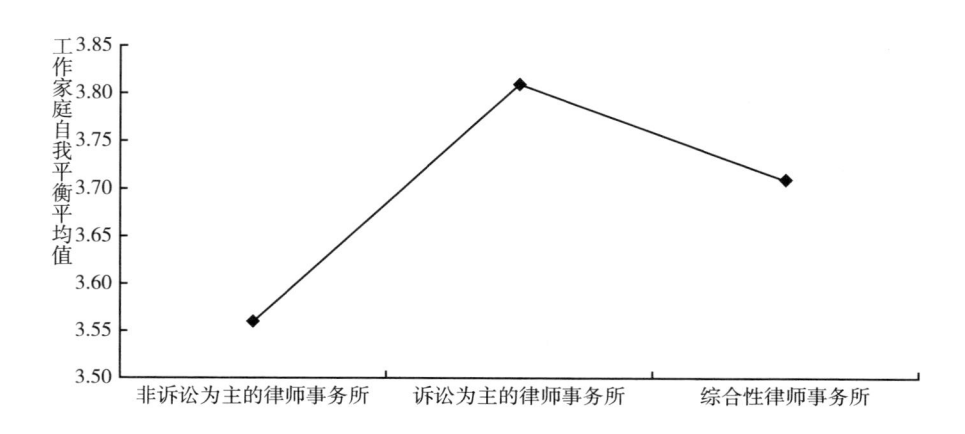

图 115　不同业务类型律师事务所女律师工作家庭自我平衡

如表96、表97、图114和图115所示，个人律师事务所的女律师工作家庭自我平衡的平均值最高，为3.80；特殊普通合伙律师事务所的女律师平均值最低，为3.52；以诉讼为主的事务所的女律师平均值高于其他类型事务所的女律师；综合性律师事务所和以诉讼为主的律师事务所的女律师得分差距很小。组内打分标准差均小于0.90，组内差异较小。

表98　不同业务类型女律师工作家庭自我平衡

女律师业务类型	个案数	平均值	标准差	最低值	最高值
诉讼为主	413	3.77	0.59	1.00	5.00
非诉讼为主	149	3.51	0.80	1.00	5.00
综合	243	3.78	0.63	1.00	5.00
暂无主要方向	18	3.65	0.67	2.00	5.00
总计	823	3.73	0.65	1.00	5.00

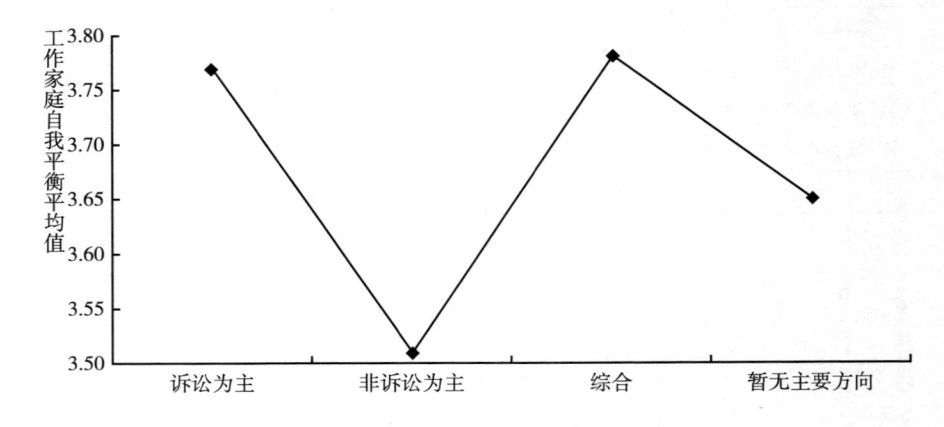

图116　不同业务类型女律师工作家庭自我平衡

如表98和图116所示，不同业务类型的女律师工作家庭自我平衡分值如下：非诉讼为主业务的女律师工作家庭自我平衡平均值相对最低，为3.51；综合业务的女律师平均值最高，为3.78。从整体上看，从事不同的业务对女律师工作家庭自我平衡有细微影响。组内打分标准差均小于0.80，组内差异较小。

表 99　是否主任律师女律师工作家庭自我平衡

是否主任律师	个案数	平均值	标准差	最低值	最高值
否	764	3.72	0.64	1.00	5.00
是	59	3.85	0.70	1.00	5.00
总计	823	3.73	0.65	1.00	5.00

表 100　是否工薪律师女律师工作家庭自我平衡

是否工薪律师	个案数	平均值	标准差	最低值	最高值
否	567	3.83	0.57	1.00	5.00
是	256	3.49	0.76	1.00	5.00
总计	823	3.73	0.65	1.00	5.00

表 101　是否提成律师女律师工作家庭自我平衡

是否提成律师	个案数	平均值	标准差	最低值	最高值
否	506	3.70	0.70	1.00	5.00
是	317	3.77	0.56	1.00	5.00
总计	823	3.73	0.65	1.00	5.00

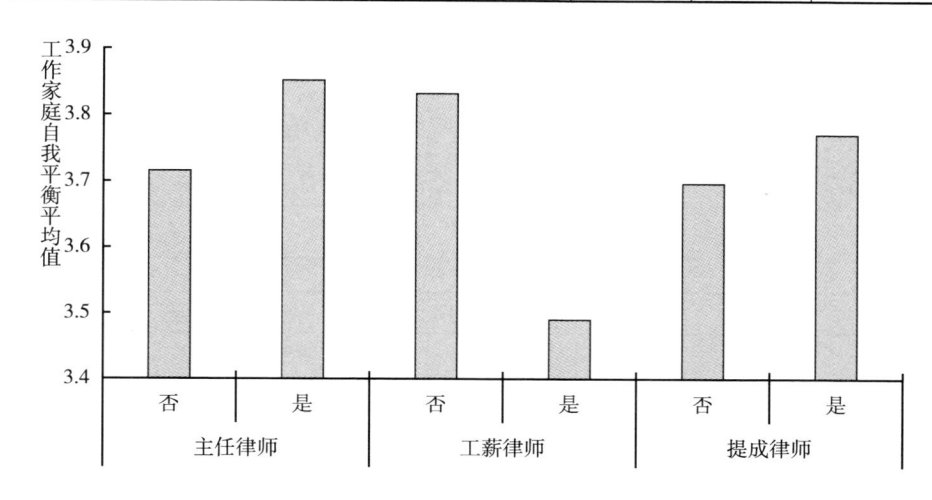

图 117　不同收入分配方式女律师工作家庭自我平衡

如表 99、表 100、表 101 和图 117 所示，是否为主任律师对女律师的工作家庭自我平衡状态有影响，职位为主任的女律师的工作家庭自我平衡平均值较高，为3.85；女律师为工薪律师时，工作家庭自我平衡平均值较低，为3.49；女律师为非提成律师时，工作家庭自我平衡平均值较低，为3.70。说明女律师的收入分配模式对工作家庭自我平衡有细微的影响。组内打分标准差均小于0.80，组内差异较小。

六 北京市女律师职业生涯管理

职业生涯管理按其管理主体，可以分为自我职业生涯管理和组织职业生涯管理。职业生涯管理有助于女律师客观分析自身的擅长点，以及环境所提供的职业发展机会，更为主动地进行职业发展途径的设计，更易获得职业成功。此外，在女律师的职业发展中，社会资本发挥了很大的作用。女律师的关系重塑和人际网络推广能力，是培育和积累社会资本的两大重要能力。因此，我们对以上四方面进行了问卷调研，所涉及的北京市女律师以上四个方面的情况具体如下。

（一）自我职业生涯管理

自我职业生涯管理指在组织环境下，由女律师自己主动实施的、用于提升个人竞争力的一系列方法和措施。自我职业生涯管理非常重要，关系到女律师个人生存质量和发展机会，也关系到保持律师事务所的竞争力。[15]

表102 三个年龄段女律师自我职业生涯管理

年龄段	个案数	平均值	标准差	最低值	最高值
≤30岁	111	3.70	0.56	2.00	5.00
30~40岁	404	3.56	0.52	1.00	5.00
≥40岁	308	3.49	0.51	1.00	5.00
总计	823	3.55	0.52	1.00	5.00

如表102和图118所示，受访的女律师自我职业生涯管理的总体平均分值为3.55，总体自我职业生涯管理的得分较低。女律师自我职业生涯管理自评分随着年龄升高，呈现下降趋势。30岁及以下的女律师的自我职业生

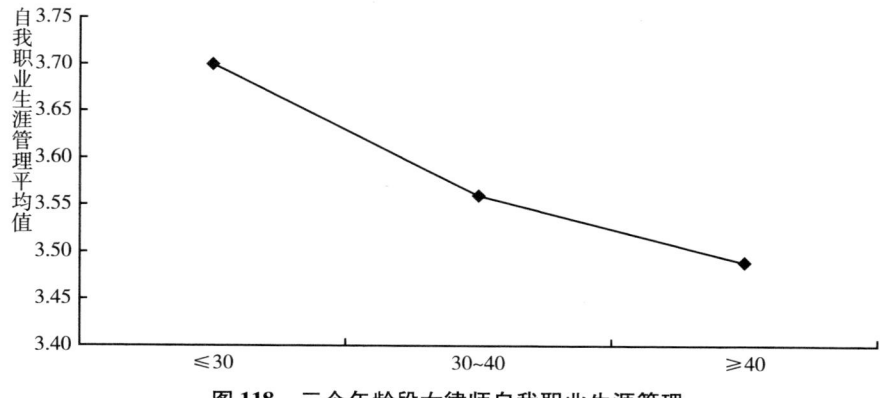

图 118　三个年龄段女律师自我职业生涯管理

涯管理的平均值相对最大，为 3.70。三个年龄段得分的变动幅度为 0.21，差别不大，总体标准差为 0.52，个体之间差异较小，可见不同年龄段的北京女律师在自我职业生涯管理上的得分相近。

表 103　三类执业年限女律师自我职业生涯管理

执业年限段	个案数	平均值	标准差	最低值	最高值
5 年及以下	374	3.63	0.52	1.00	5.00
5~10 年	182	3.48	0.50	1.67	5.00
10 年及以上	265	3.48	0.52	1.00	5.00
总计（缺失 2 人）	821	3.55	0.52	1.00	5.00

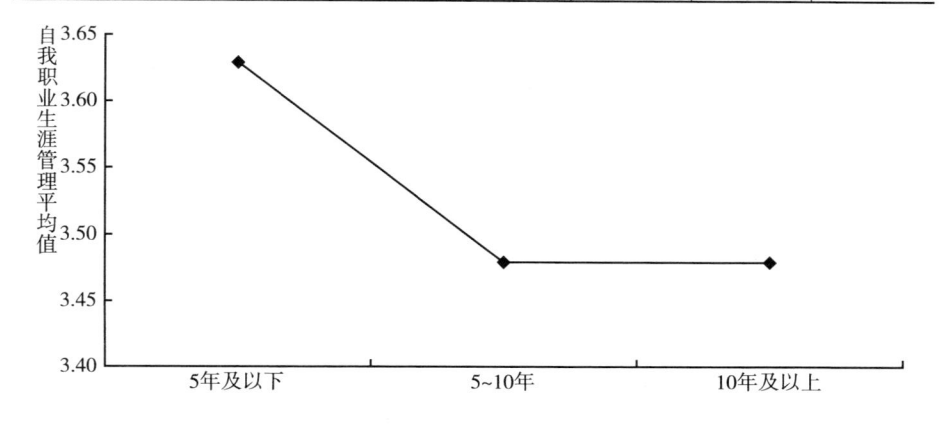

图 119　三类执业年限女律师自我职业生涯管理

如表 103 和图 119 所示，女律师自我职业生涯管理平均值随着执业年限增长呈现逐渐下降的趋势。5 年及以下执业年限段的女律师自我职业生涯管理的平均值相对最大，为 3.63。但总体看来，三类执业年限关于自我职业生涯管理的变动幅度是 0.15，差别较小。组内打分标准差均小于 0.60，组内差异较小。

表 104　不同学历女律师自我职业生涯管理

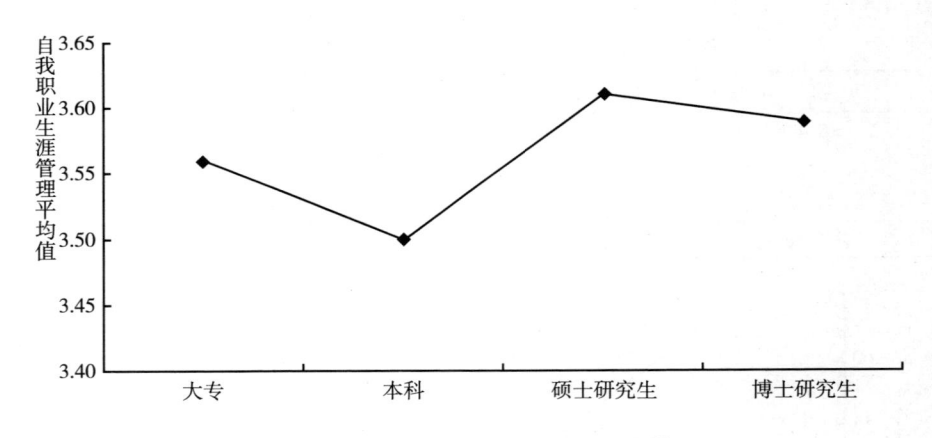

学历	个案数	平均值	标准差	最低值	最高值
大专	6	3.56	0.27	3.33	4.00
本科	398	3.50	0.53	1.00	5.00
硕士研究生	406	3.61	0.50	1.00	5.00
博士研究生	13	3.59	0.75	2.00	5.00
总计	823	3.55	0.52	1.00	5.00

图 120　不同学历女律师自我职业生涯管理

如表 104 和图 120 所示，按学历划分的女律师的自我职业生涯管理分值如下：硕士研究生学历的女律师自我职业生涯管理的平均值相对最大，为 3.61。但总体看来，不同学历关于自我职业生涯管理的变动幅度是 0.11，总体打分的标准差为 0.52，个体之间差异较小。

表105　是否主任律师女律师自我职业生涯管理

是否主任律师	个案数	平均值	标准差	最低值	最高值
否	764	3.55	0.52	1.00	5.00
是	59	3.59	0.57	2.33	5.00
总计	823	3.55	0.52	1.00	5.00

表106　是否工薪律师女律师自我职业生涯管理

是否工薪律师	个案数	平均值	标准差	最低值	最高值
否	567	3.53	0.54	1.00	5.00
是	256	3.60	0.48	2.00	5.00
总计	823	3.55	0.52	1.00	5.00

表107　是否提成律师女律师自我职业生涯管理

是否提成律师	个案数	平均值	标准差	最低值	最高值
否	506	3.56	0.51	1.00	5.00
是	317	3.54	0.53	1.00	5.00
总计	823	3.55	0.52	1.00	5.00

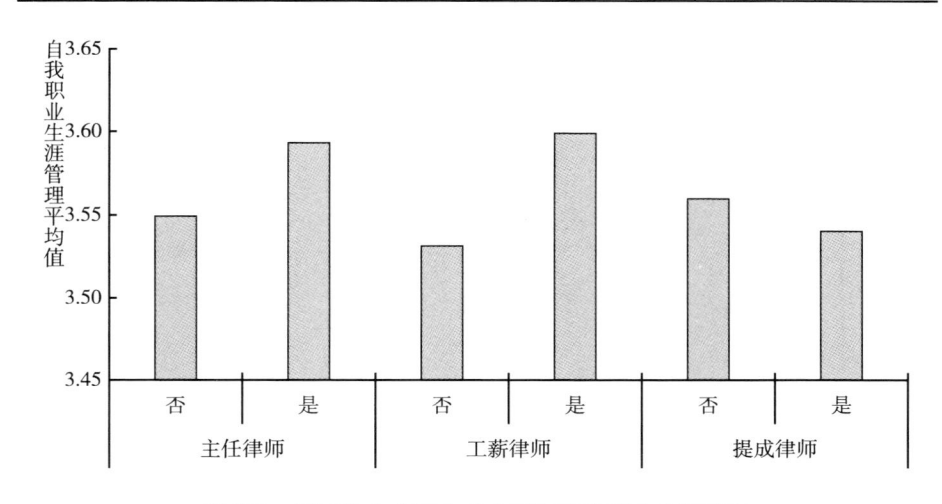

图121　不同收入分配方式女律师自我职业生涯管理

如表105、表106、表107及图121所示，主任女律师的自我职业生涯管理得分略高，平均值为3.59，非主任女律师平均值为3.55。工薪女律师自我职业生涯管理得分略高,平均值为3.60,非工薪女律师平均值为3.53。非提成女律师自我职业生涯管理得分略高,平均值为3.56,提成女律师平均值为3.54。可见,女律师是否为主任律师、工薪律师和提成律师对其自我职业生涯管理自评得分的影响很小。不同收入分配方式的女律师组内打分标准差不超过0.57,组内差异较小。

(二)组织职业生涯管理

组织职业生涯管理是指由律师事务所实施的旨在开发女律师的潜力、留住女律师、帮助女律师发挥职业专长和实现自我价值的一系列管理方法。[16]

表108 三个年龄段女律师组织职业生涯管理

年龄段	个案数	平均值	标准差	最低值	最高值
≤30岁	111	3.35	0.85	1.00	5.00
30~40岁	404	3.32	0.82	1.00	5.00
≥40岁	308	3.32	0.78	1.00	5.00
总计	823	3.33	0.81	1.00	5.00

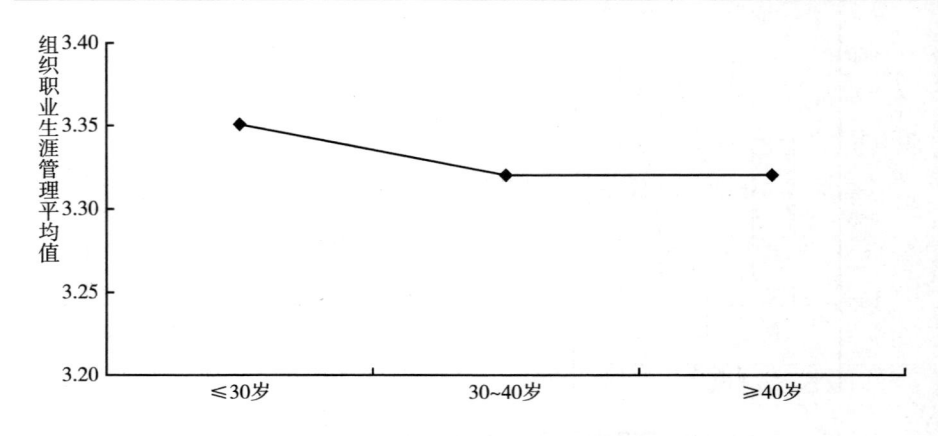

图122 三个年龄段女律师组织职业生涯管理

如表108和图122所示,按年龄段划分受访女律师的组织职业生涯管理的分值如下:30岁及以下的女律师组织职业生涯管理的平均值相对最大,为 3.35。总体打分的标准差为 0.81，三个年龄段关于组织职业生涯管理的均值相差不超过 0.03，个体差异很小。

表 109　不同业务类型律师事务所女律师组织职业生涯管理

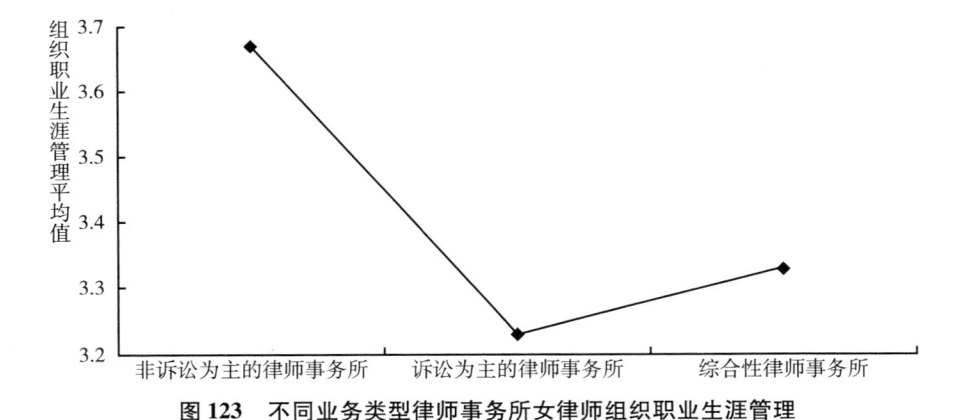

律师事务所类型	个案数	平均值	标准差	最低值	最高值
非诉讼为主的律师事务所	57	3.67	0.66	2.20	5.00
诉讼为主的律师事务所	231	3.23	0.87	1.00	5.00
综合性律师事务所	535	3.33	0.79	1.00	5.00
总计	823	3.33	0.81	1.00	5.00

图 123　不同业务类型律师事务所女律师组织职业生涯管理

如表 109 和图 123 所示，按不同业务类型律师事务所划分的女律师的组织职业生涯管理分值如下：服务于以非诉讼为主的律师事务所的女律师组织职业生涯管理平均值相对最大，为 3.67。各组女律师在组织职业生涯管理上的打分变动幅度是 0.44，差别较小。组内打分标准差均小于 0.90，组内差异较小。

表 110　不同业务类型女律师组织职业生涯管理

女律师业务类型	个案数	平均值	标准差	最低值	最高值
诉讼为主	413	3.28	0.83	1.00	5.00
非诉讼为主	149	3.53	0.71	1.00	5.00
综合	243	3.29	0.81	1.00	5.00
暂无主要方向	18	3.09	0.84	1.20	4.00
总计	823	3.33	0.81	1.00	5.00

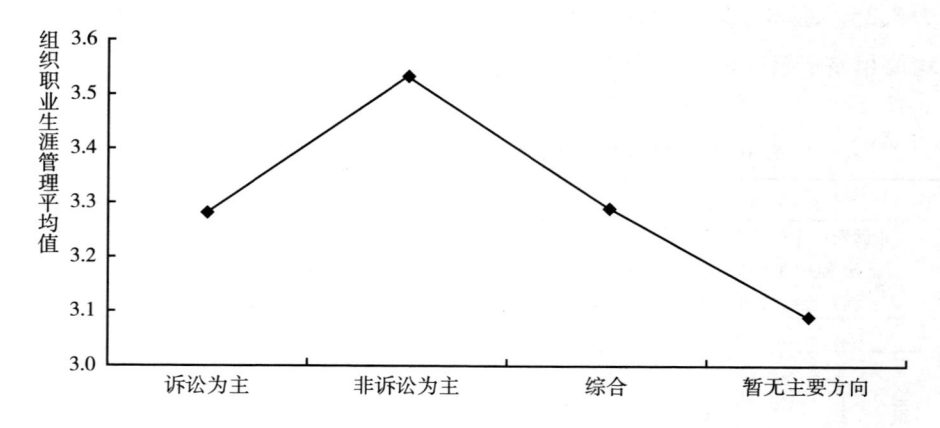

图 124　不同业务类型女律师组织职业生涯管理

如表 110 和图 124 所示，按不同业务类型划分的女律师的组织职业生涯管理分值如下：业务以非诉讼为主的女律师组织职业生涯管理平均值最高，为 3.53。总体看来，不同业务类型的女律师在组织职业生涯管理上的最大分差为 0.44，组间差异小。组内打分标准差均小于 0.85，组内差异较小。

表 111　是否主任律师女律师组织职业生涯管理

是否主任律师	个案数	平均值	标准差	最低值	最高值
否	764	3.29	0.81	1.00	5.00
是	59	3.80	0.57	2.00	5.00
总计	823	3.33	0.81	1.00	5.00

表 112　是否工薪律师女律师组织职业生涯管理

是否工薪律师	个案数	平均值	标准差	最低值	最高值
否	567	3.34	0.79	1.00	5.00
是	256	3.29	0.85	1.00	5.00
总计	823	3.33	0.81	1.00	5.00

表 113　是否提成律师女律师组织职业生涯管理

是否提成律师	个案数	平均值	标准差	最低值	最高值
否	506	3.40	0.81	1.00	5.00
是	317	3.21	0.79	1.00	5.00
总计	823	3.33	0.81	1.00	5.00

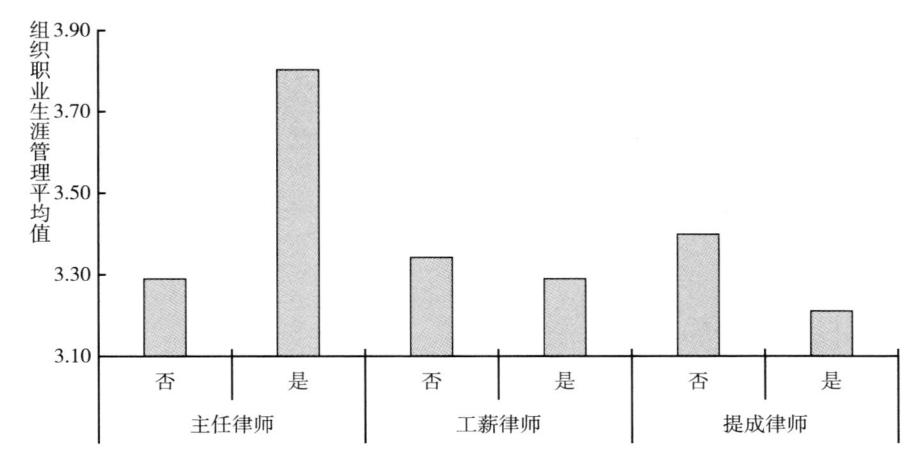

图 125　不同收入分配方式女律师组织职业生涯管理

如表 111、表 112、表 113 及图 125 所示，主任女律师的组织职业生涯管理平均值为 3.80，非主任女律师平均值为 3.29；非工薪女律师的组织职业生涯管理平均值为 3.34，工薪女律师平均值为 3.29；非提成女律师的组织职业生涯管理平均值为 3.40，提成女律师平均值为 3.21。组内打分标准差均小于 0.90，组内差异较小。

（三）关系重塑

关系重塑是指女律师对原有交际圈的范围、性质和关系的质量做出改变。关系重塑可细分为构建关系、重建关系和适应关系三个阶段。构建关系是指女律师主动去建立新的联系；重建关系是指女律师尝试改变原有的接触方式；而适应关系是指女律师向他人提供支持与帮助，从而从他人处获得支持、尊重与回馈。积极的关系重塑，将有助于女律师在职业生涯中持续地发展。

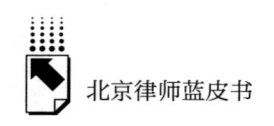

表 114 三个年龄段女律师关系重塑

年龄段	个案数	平均值	标准差	最低值	最高值
≤30	111	3.63	0.72	1.33	5.00
30~40	404	3.73	0.64	1.00	5.00
≥40	308	3.76	0.60	1.00	5.00
总计	823	3.73	0.64	1.00	5.00

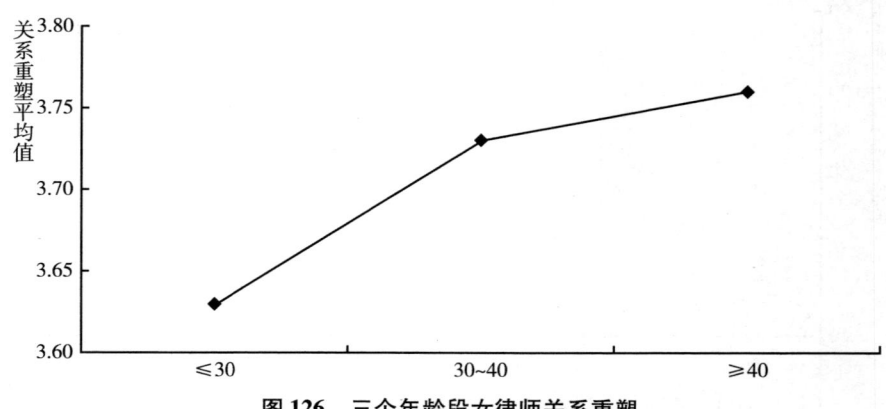

图 126 三个年龄段女律师关系重塑

如表114和图126所示，女律师群体的关系重塑总体平均值为3.73，总体得分较低。随着年龄段的上升，女律师关系重塑平均值也逐渐上升。30岁及以下的女律师关系重塑平均值最低，为3.63；40岁及以上的女律师得分最高，为3.76。总体打分的标准差为0.64，个体之间差异较小。

表 115 不同婚姻状况女律师关系重塑

婚姻状况	个案数	平均值	标准差	最低值	最高值
未婚	185	3.60	0.72	1.33	5.00
已婚	594	3.75	0.61	1.00	5.00
离异	44	3.91	0.51	2.67	5.00
总计	823	3.73	0.64	1.00	5.00

如表115和图127所示，已婚女律师较未婚女律师关系重塑平均值略高，为3.75。组内打分标准差均不超过0.72，组内差异较小。

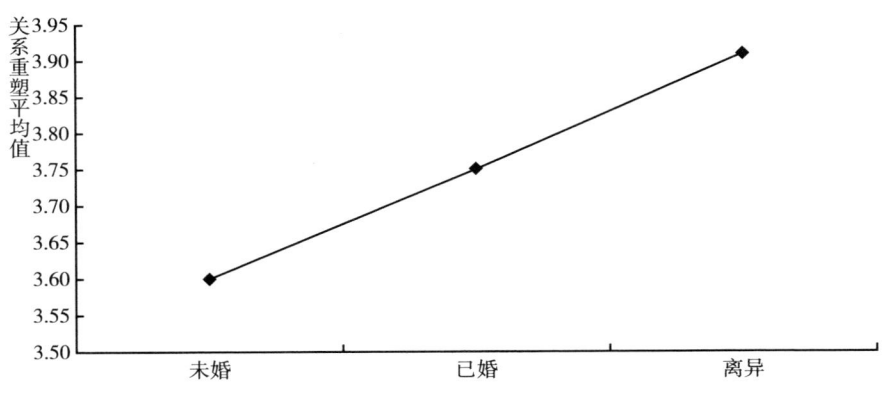

图 127　不同婚姻状况女律师关系重塑

表 116　是否主任律师女律师关系重塑

是否主任律师	个案数	平均值	标准差	最低值	最高值
否	764	3.71	0.64	1.00	5.00
是	59	3.94	0.64	2.00	5.00
总计	823	3.73	0.64	1.00	5.00

表 117　是否工薪律师女律师关系重塑

是否工薪律师	个案数	平均值	标准差	最低值	最高值
否	567	3.79	0.60	1.00	5.00
是	256	3.60	0.71	1.00	5.00
总计	823	3.73	0.64	1.00	5.00

表 118　是否提成律师女律师关系重塑

是否提成律师	个案数	平均值	标准差	最低值	最高值
否	506	3.72	0.67	1.00	5.00
是	317	3.74	0.59	1.00	5.00
总计	823	3.73	0.64	1.00	5.00

如表 116、表 117、表 118 和图 128 所示，主任女律师较非主任女律师关系重塑平均值略高，为 3.94；工薪女律师较非工薪女律师关系重塑平均值略低，为 3.60；提成律师得分相对略高，为 3.74。组内打分标准差均小于 0.90，组内差异较小。

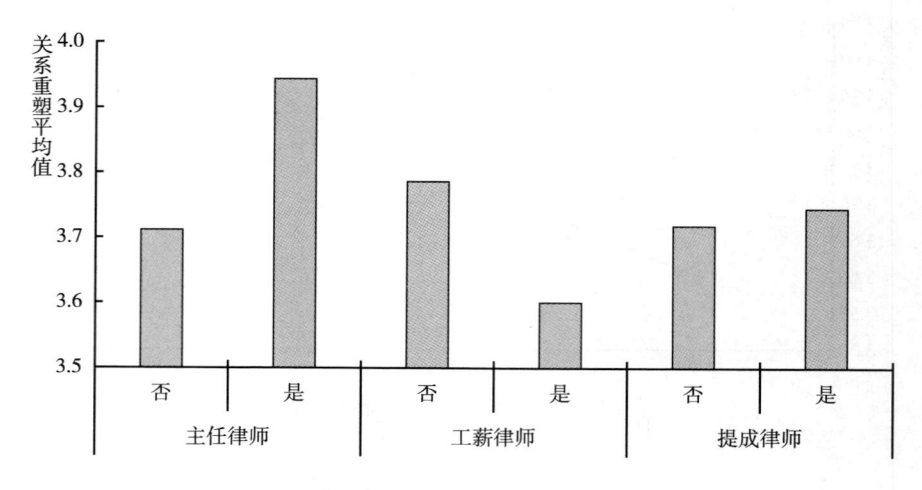

图128　不同收入分配方式女律师关系重塑

（四）网络推广

网络推广，是指女律师利用自身资源，组建和扩大社会关系网络的能力。网络推广能力涉及认知与行为方面的社会技能，具体包括以下五种：理解力、角色管理能力、自我管理能力、目标管理能力和信息获取能力。网络推广能力有助于女律师的社会资本积累，可以推动职业发展。

表119　三个年龄段女律师网络推广

年龄段	个案数	平均值	标准差	最低值	最高值
≤30岁	111	3.68	0.57	1.60	5.00
30~40岁	404	3.70	0.50	1.10	5.00
≥40岁	308	3.75	0.46	2.00	5.00
总计	823	3.71	0.49	1.10	5.00

如表119和图129所示，北京市女律师的网络推广能力总体平均值为3.71，总体水平较低。从不同年龄段来看，30岁及以下的女律师网络推广能力相对最低，为3.68；30~40岁为3.70；40岁及以上的女律师为3.75。

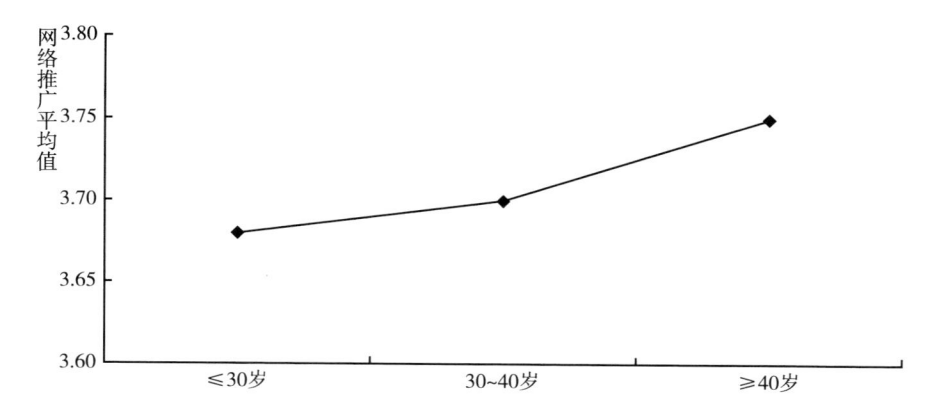

图 129　三个年龄段女律师网络推广

随年龄的增加，网络推广能力有细微增加。组内打分标准差均小于 0.60，组内差异较小。

表 120　不同婚姻状况女律师网络推广

婚姻状况	个案数	平均值	标准差	最低值	最高值
未婚	185	3.65	0.51	1.60	5.00
已婚	594	3.73	0.50	1.10	5.00
离异	44	3.81	0.35	3.00	5.00
总计	823	3.71	0.49	1.10	5.00

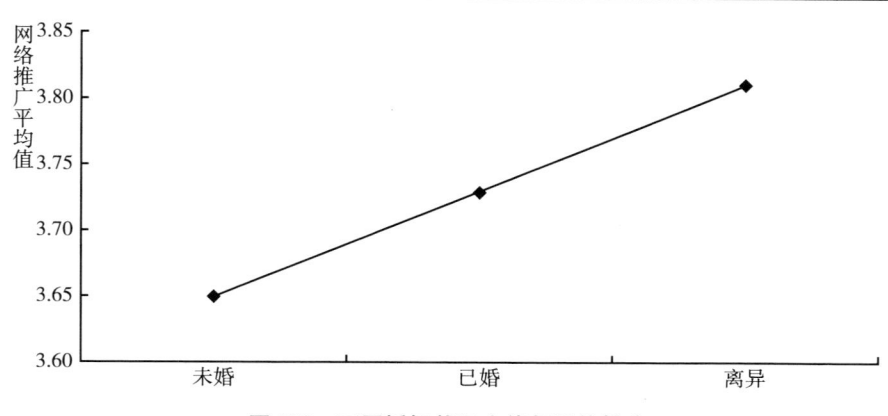

图 130　不同婚姻状况女律师网络推广

如表120和图130所示，受访的北京市女律师中离异女律师网络推广能力得分略高，为3.81。婚姻状况对网络推广能力有细微影响。组内打分标准差均小于0.60，组内差异较小。

表121 是否主任律师女律师网络推广

是否主任律师	个案数	平均值	标准差	最低值	最高值
否	764	3.70	0.49	1.10	5.00
是	59	3.88	0.49	2.40	5.00
总计	823	3.71	0.49	1.10	5.00

表122 是否工薪律师女律师网络推广

是否工薪律师	个案数	平均值	标准差	最低值	最高值
否	567	3.76	0.46	1.60	5.00
是	256	3.60	0.56	1.10	5.00
总计	823	3.71	0.49	1.10	5.00

表123 是否提成律师女律师网络推广

是否提成律师	个案数	平均值	标准差	最低值	最高值
否	506	3.70	0.53	1.10	5.00
是	317	3.73	0.44	2.00	5.00
总计	823	3.71	0.49	1.10	5.00

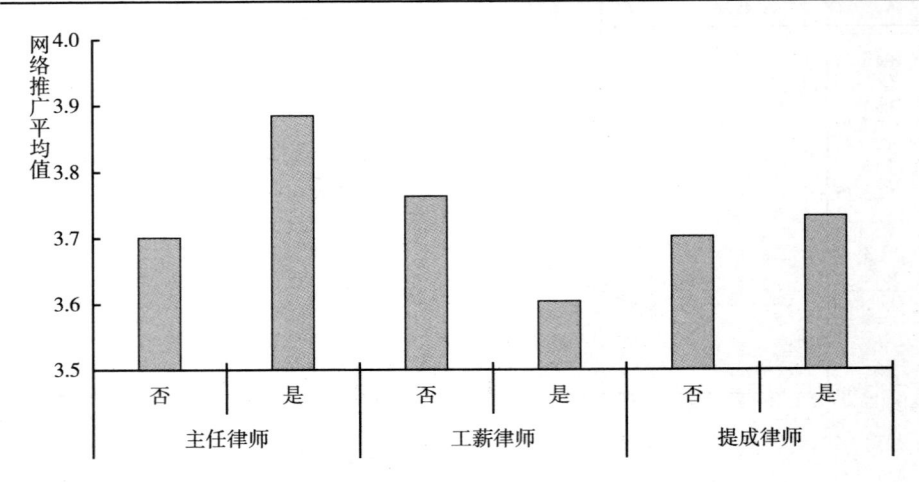

图131 不同收入分配方式女律师网络推广

如表 121、表 122、表 123 和图 131 所示，受访的北京市女律师中，主任律师的网络推广能力得分略高，为 3.88；非工薪律师得分略高，为 3.76；提成律师得分略高，为 3.73。这说明，收入分配方式对网络推广能力的自评得分有细微影响。组内打分标准差均小于 0.60，组内差异较小。

七 北京市女律师职业成就与职业态度

本次调查还包括可以反映北京市女律师职业表现的指标，包括：职业成就和职业态度。绩业成就反映了职业成就的取得，本次调查涉及工作绩效、职业成功感。工作态度是职业发展潜力的重要指标，本次调查中的工作态度指标包括组织承诺、职业承诺和离职倾向。

（一）工作绩效

工作绩效反映了女律师的专业水平，也关系到女律师在职业发展中的职位晋升，反映了女律师当下的职业表现状况。

表 124　三类执业年限女律师工作绩效

执业年限段	个案数	平均值	标准差	最低值	最高值
5 年及以下	374	3.81	0.57	1.00	5.00
5~10 年	182	3.73	0.51	2.00	5.00
10 年及以上	265	3.86	0.53	2.00	5.00
总计（缺失 2 人）	821	3.81	0.53	1.00	5.00

如表 124 和图 132 所示，调查发现北京市女律师自评的工作绩效打分为 3.81，总体的自评工作绩效较低。按执业年限段划分受访女律师的工作绩效分值如下：执业 10 年及以上的女律师工作绩效的平均值最高，为 3.86。总体看来，三类群体在工作绩效上的最大分差为 0.13，差别较小。总体打分的标准差为 0.53，个体之间差异较小。

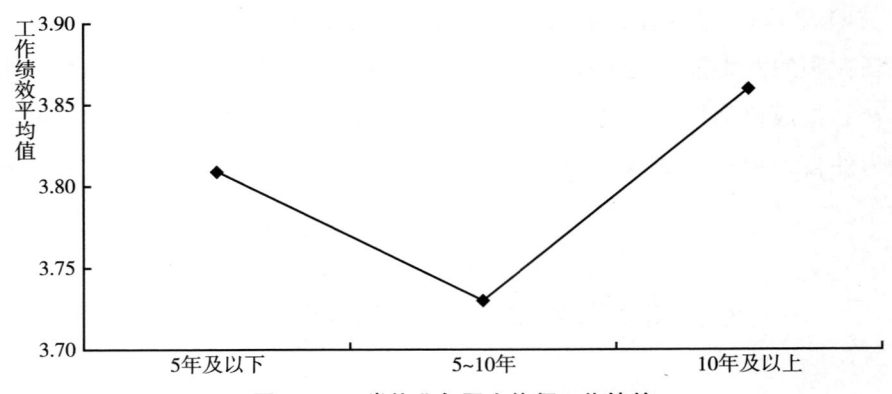

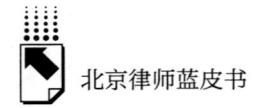

图 132　三类执业年限女律师工作绩效

表 125　不同学历女律师工作绩效

学历	个案数	平均值	标准差	最低值	最高值
大专	6	4.17	0.55	3.33	5.00
本科	398	3.75	0.54	1.00	5.00
硕士研究生	406	3.86	0.50	2.00	5.00
博士研究生	13	3.87	0.70	3.00	5.00
总计	823	3.81	0.53	1.00	5.00

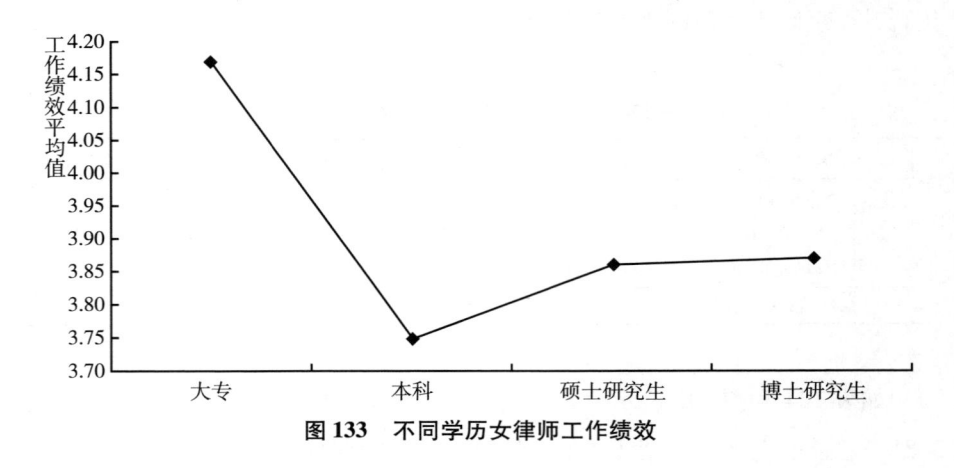

图 133　不同学历女律师工作绩效

如表 125 和图 133 所示，拥有不同学历的女律师的工作绩效分值如下：拥有大专学历的女律师自评最高，为 4.17。不同学历之间的女律师关于工作绩效的变动幅度是 0.42。组内打分标准差均不超过 0.70，组内差异较小。

表 126 是否主任律师女律师工作绩效

是否主任律师	个案数	平均值	标准差	最低值	最高值
否	764	3.79	0.52	1.00	5.00
是	59	4.02	0.52	3.00	5.00
总计	823	3.81	0.53	1.00	5.00

表 127 是否工薪律师女律师工作绩效

是否工薪律师	个案数	平均值	标准差	最低值	最高值
否	567	3.80	0.53	1.00	5.00
是	256	3.83	0.57	2.00	5.00
总计	823	3.81	0.55	1.00	5.00

表 128 是否提成律师女律师工作绩效

是否提成律师	个案数	平均值	标准差	最低值	最高值
否	506	3.85	0.52	2.00	5.00
是	317	3.74	0.53	1.00	5.00
总计	823	3.81	0.53	1.00	5.00

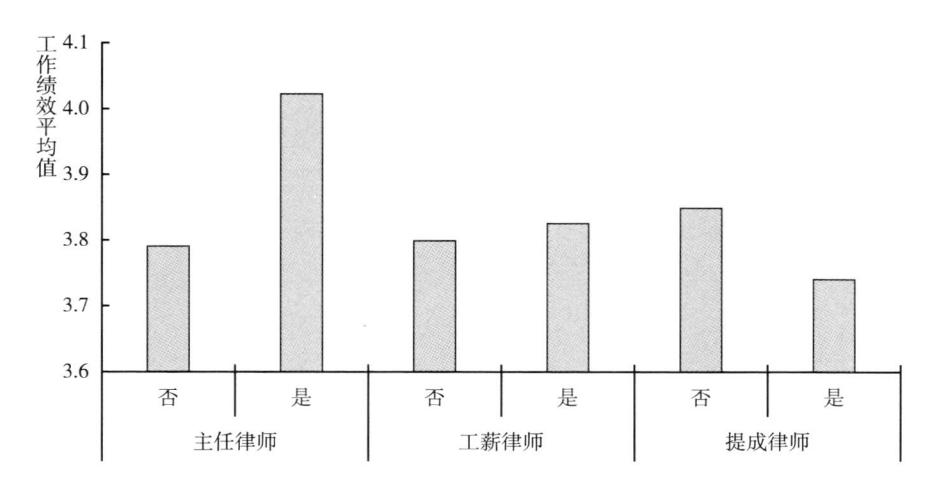

图 134 不同收入分配方式女律师工作绩效

如表 126、表 127、表 128 及图 134 所示，主任女律师工作绩效得分最高，为 4.02，非主任女律师平均值为 3.79；工薪女律师工作绩效得分略高，

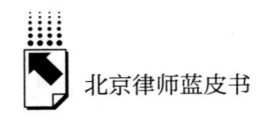

平均值为3.83，非工薪女律师平均值为3.80；非提成女律师工作绩效得分略高，平均值为3.85，提成女律师平均值为3.74。组内打分标准差均小于0.60，组内差异较小。

（二）女律师职业成功感

职业成功感指个体在工作经历中逐渐积累的与工作相关的成就感。高职业成功感的女律师，对自身的技能、岗位的重要性更为认可，更有信心发挥自身的工作潜能，有更好的职业成长和自我价值实现。[17]本次调查的职业成功感，包括女律师对自己在组织内、组织外的职业竞争力的感知，以及对自身职业表现的满意感。

表129　三个年龄段女律师职业成功感

年龄段	个案数	平均值	标准差	最低值	最高值
≤30岁	111	3.80	0.48	1.89	5.00
30~40岁	404	3.80	0.46	1.44	5.00
≥40岁	308	3.80	0.46	1.44	5.00
总计	823	3.80	0.46	1.44	5.00

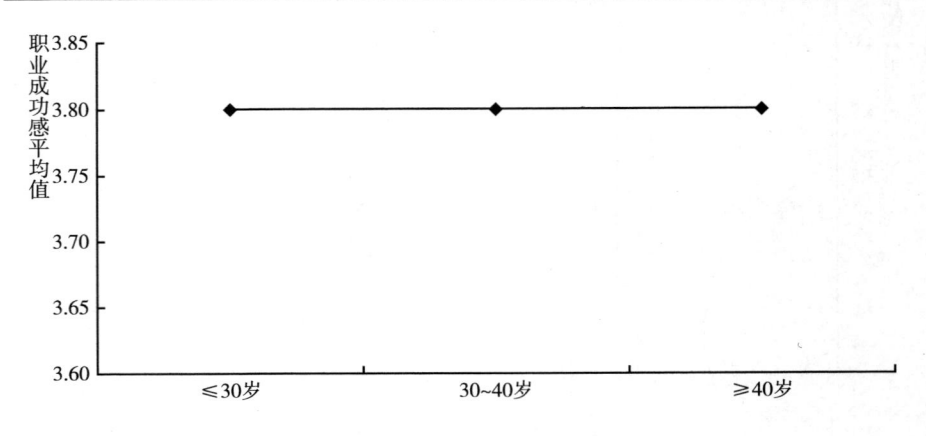

图135　三个年龄段女律师职业成功感

如表129和图135所示，调查发现北京市女律师自评的职业成功感打分平均值为3.80，总体得分较低。不同年龄的女律师对职业成功感的打分基本持平，平均值稳定在 3.80。因此，年龄对女律师职业成功感的影响微弱。总体打分的标准差为 0.46，个体之间差异较小。

表 130　三类执业年限女律师职业成功感

执业年限段	个案数	平均值	标准差	最低值	最高值
5 年及以下	374	3.80	0.47	1.44	5.00
5～10 年	182	3.73	0.46	1.44	5.00
10 年及以上	265	3.85	0.45	2.44	5.00
总计（缺失 2 人）	821	3.80	0.46	1.44	5.00

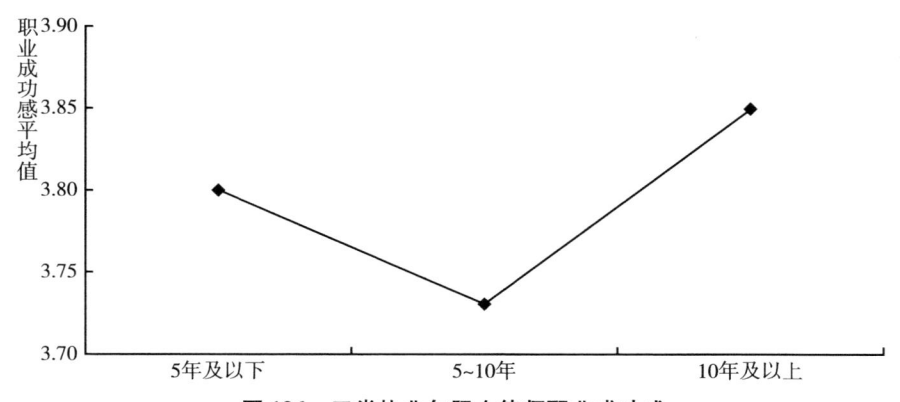

图 136　三类执业年限女律师职业成功感

如表 130 和图 136 所示，不同职业年限的女律师职业成功感略有差异。执业年限在 5～10 年的女律师职业成功感的平均值最低，为 3.73；执业 10 年及以上的女律师职业成功感平均值最高，为 3.85。组内打分标准差均小于 0.50，组内差异较小。

表 131　不同学历女律师职业成功感

学历	个案数	平均值	标准差	最低值	最高值
大专	6	3.93	0.45	3.33	4.67
本科	398	3.74	0.45	1.44	5.00
硕士研究生	406	3.85	0.46	2.00	5.00
博士研究生	13	3.97	0.52	2.89	5.00
总计	823	3.80	0.46	1.44	5.00

图 137　不同学历女律师职业成功感

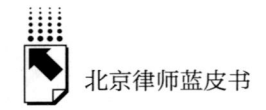

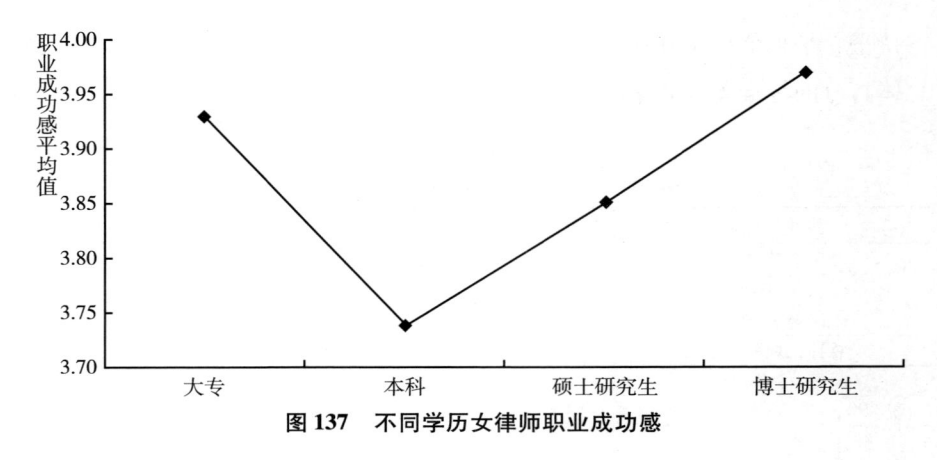

如表131和图137所示,不同学历的女律师职业成功感的得分如下:本科学历的女律师平均值最低,为3.74;博士研究生最高,为3.97。学历对女律师的职业成功感有细微影响。组内打分标准差均不超过0.52,组内差异较小。

表 132　不同婚姻状况女律师职业成功感

婚姻状况	个案数	平均值	标准差	最低值	最高值
未婚	185	3.77	0.49	1.89	5.00
已婚	594	3.80	0.46	1.44	5.00
离异	44	3.89	0.44	2.78	5.00
总计	823	3.80	0.46	1.44	5.00

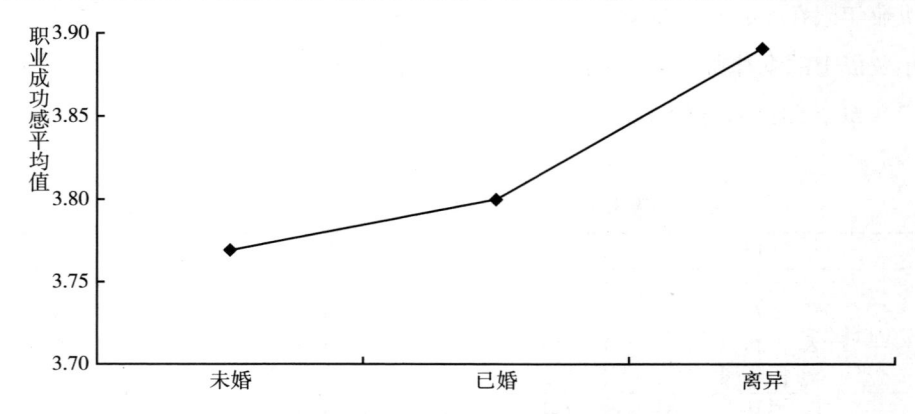

图 138　不同婚姻状况女律师职业成功感

如表 132 和图 138 所示,受访女律师中未婚女律师的平均值最低,为 3.77;离异女律师的平均值最高,为 3.89。组内打分标准差均小于 0.50,组内差异较小。

表 133 不同类型律师事务所女律师职业成功感

律师事务所类型	个案数	平均值	标准差	最低值	最高值
普通合伙律师事务所	575	3.79	0.47	1.44	5.00
特殊普通合伙律师事务所	152	3.83	0.45	2.11	5.00
个人律师事务所	81	3.84	0.47	2.67	5.00
外省市驻京分所	15	3.66	0.32	2.89	4.00
总计	823	3.80	0.46	1.44	5.00

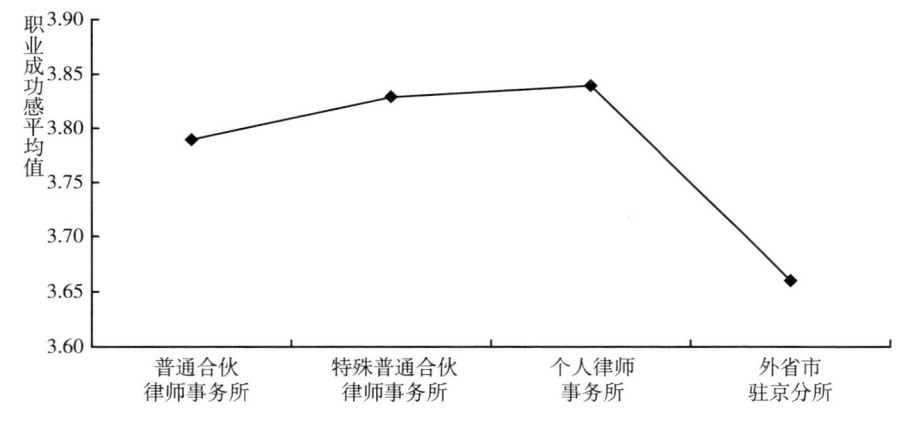

图 139 不同类型律师事务所女律师职业成功感

如表 133 和图 139 所示,来自个人律师事务所的女律师的平均值相对较高,为 3.84;来自外省市驻京分所的女律师自评分最低,为 3.66。组内打分标准差均小于 0.50,组内差异较小。

表 134 不同业务类型律师事务所女律师职业成功感

律师事务所业务类型	个案数	平均值	标准差	最低值	最高值
非诉讼为主的律师事务所	57	3.88	0.56	2.11	5.00
诉讼为主的律师事务所	231	3.76	0.43	1.44	5.00
综合性律师事务所	535	3.81	0.46	1.44	5.00
总计	823	3.80	0.46	1.44	5.00

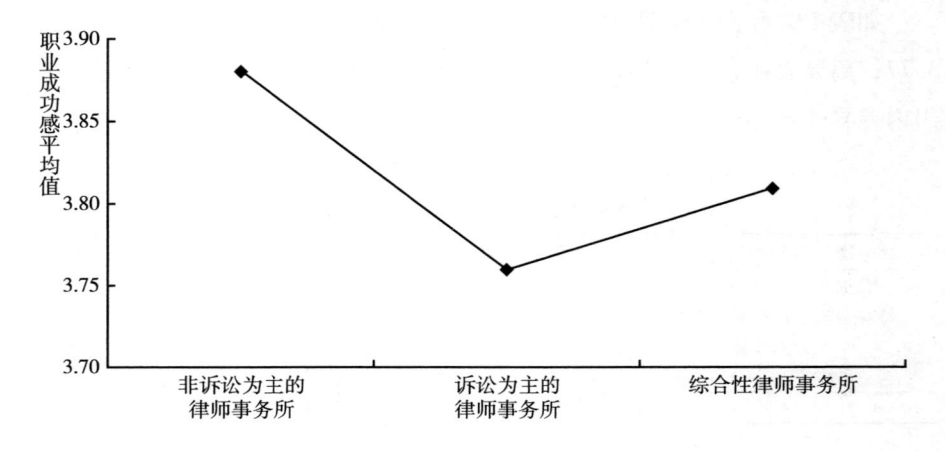

图 140　不同业务类型律师事务所女律师职业成功感

如表134和图140所示，在不同业务类型律师事务所中，服务于以诉讼为主的律师事务所的女律师对职业成功感的自评分均值最低，为3.76。律师事务所的业务类型对于女律师职业成功感的影响细微。组内打分标准差均小于0.60，组内差异较小。

表 135　不同业务类型女律师职业成功感

女律师业务类型	个案数	平均值	标准差	最低值	最高值
诉讼为主	413	3.80	0.45	1.44	5.00
非诉讼为主	149	3.82	0.48	2.11	5.00
综合	243	3.81	0.47	1.89	5.00
暂无主要方向	18	3.66	0.45	3.00	4.44
总计	823	3.80	0.46	1.44	5.00

如表135和图141所示，不同业务类型的女律师在职业成功感上的打分情况如下：业务上暂无主要方向的女律师打分相对最低，为3.66。组内打分标准差均小于0.50，组内差异较小。

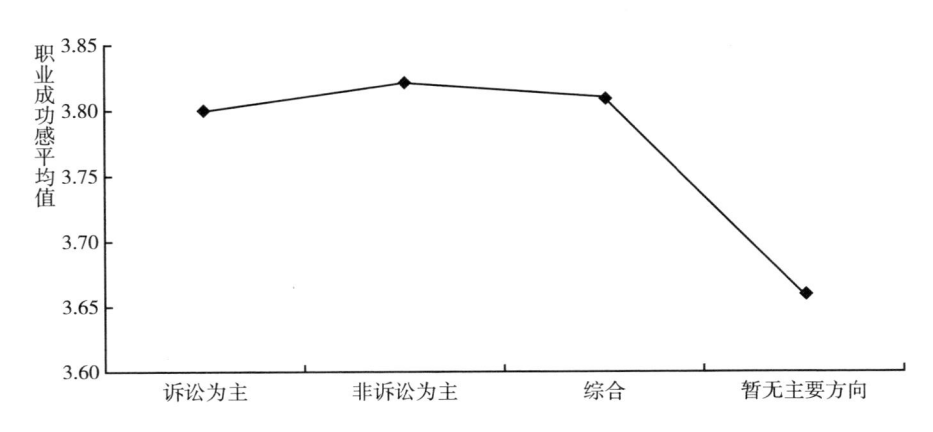

图 141　不同业务类型女律师职业成功感

表 136　是否主任律师女律师职业成功感

是否主任律师	个案数	平均值	标准差	最低值	最高值
否	764	3.78	0.45	1.44	5.00
是	59	4.04	0.56	2.78	5.00
总计	823	3.80	0.46	1.44	5.00

表 137　是否工薪律师女律师职业成功感

是否工薪律师	个案数	平均值	标准差	最低值	最高值
否	567	3.80	0.45	1.44	5.00
是	256	3.82	0.49	2.78	5.00
总计	823	3.80	0.46	1.44	5.00

表 138　是否提成律师女律师职业成功感

是否提成律师	个案数	平均值	标准差	最低值	最高值
否	506	3.81	0.49	1.44	5.00
是	317	3.79	0.42	1.44	5.00
总计	823	3.80	0.46	1.44	5.00

如表 136、表 137、表 138 和图 142 所示，主任女律师的职业成功感分值高于非主任女律师，为 4.04；工薪女律师的职业成功感得分略高，为

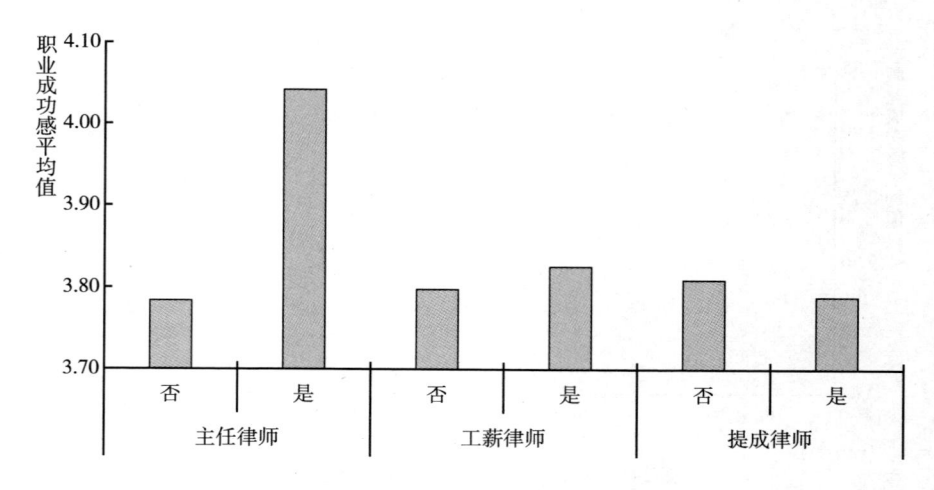

图 142　不同收入分配方式女律师职业成功感

3.82；提成女律师的职业成功感略低，为 3.79。不同收入分配方式的女律师总体打分的标准差均为 0.46，组间差异小。组内打分标准差均小于 0.60，组内差异较小。

（三）组织承诺

组织承诺指女律师愿意留在律师事务所，贡献自己才干的心理现象。组织承诺一方面有助于女律师的积极主动行为，有提高工作绩效的潜力；另一方面，其也是女律师忠诚度的观察指标，对律师事务所稳定律师队伍有重要意义。

表 139　不同业务类型律师事务所女律师组织承诺

律师事务所业务类型	个案数	平均值	标准差	最低值	最高值
非诉讼为主的律师事务所	57	4.10	0.56	2.67	5.00
诉讼为主的律师事务所	231	3.84	0.66	1.00	5.00
综合性律师事务所	535	3.94	0.61	1.00	5.00
总计	823	3.92	0.63	1.00	5.00

如表 139 和图 143 所示，来自不同业务类型律师事务所的女律师对组织承诺的打分均值不到 4.00，总体水平较低。服务于以非诉讼为主的律师事

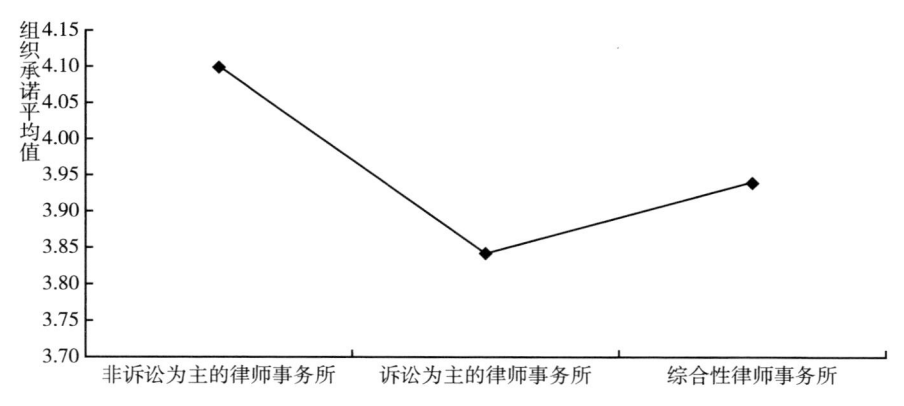

图 143　不同业务类型律师事务所女律师组织承诺

务所女律师的组织承诺打分最高，为 4.10。各组均值的变动幅度为 0.26，总体打分的标准差为 0.63，个体之间的打分差异较小。

表 140　不同业务类型女律师组织承诺

女律师业务类型	个案数	平均值	标准差	最低值	最高值
诉讼为主	413	3.93	0.63	1.00	5.00
非诉讼为主	149	3.95	0.64	1.00	5.00
综合	243	3.93	0.58	1.00	5.00
暂无主要方向	18	3.48	0.81	1.33	5.00
总计	823	3.92	0.63	1.00	5.00

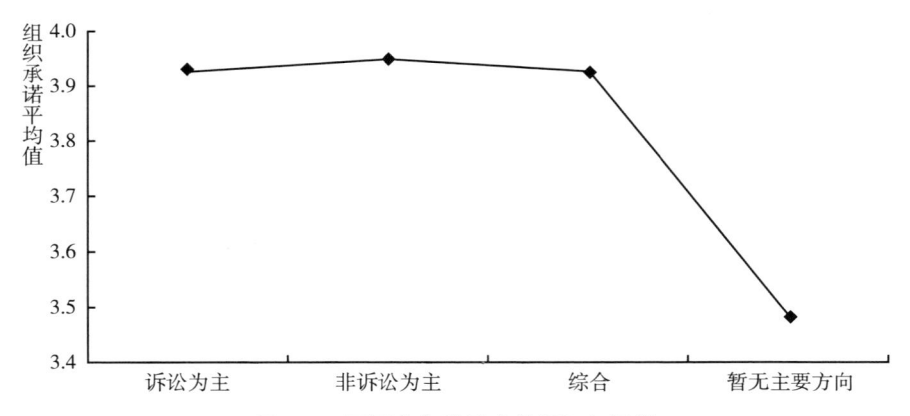

图 144　不同业务类型女律师组织承诺

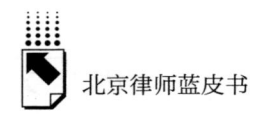

如表140和图144所示，不同业务类型的女律师组织承诺平均值有细微差异。以非诉讼为主的女律师组织承诺的平均值最高，为3.95，从事不同业务的女律师的组织承诺打分变动幅度是0.47，组间差异较小。组内打分标准差均不超过0.81，组内差异较小。

表141　是否主任律师女律师组织承诺

是否主任律师	个案数	平均值	标准差	最低值	最高值
否	764	3.90	0.63	1.00	5.00
是	59	4.21	0.58	2.00	5.00
总计	823	3.92	0.63	1.00	5.00

表142　是否工薪律师女律师组织承诺

是否工薪律师	个案数	平均值	标准差	最低值	最高值
否	567	3.98	0.57	1.00	5.00
是	256	3.80	0.72	1.00	5.00
总计	823	3.92	0.63	1.00	5.00

表143　是否提成律师女律师组织承诺

是否提成律师	个案数	平均值	标准差	最低值	最高值
否	506	3.95	0.58	1.00	5.00
是	317	3.88	0.53	1.67	5.00
总计	823	3.92	0.63	1.00	5.00

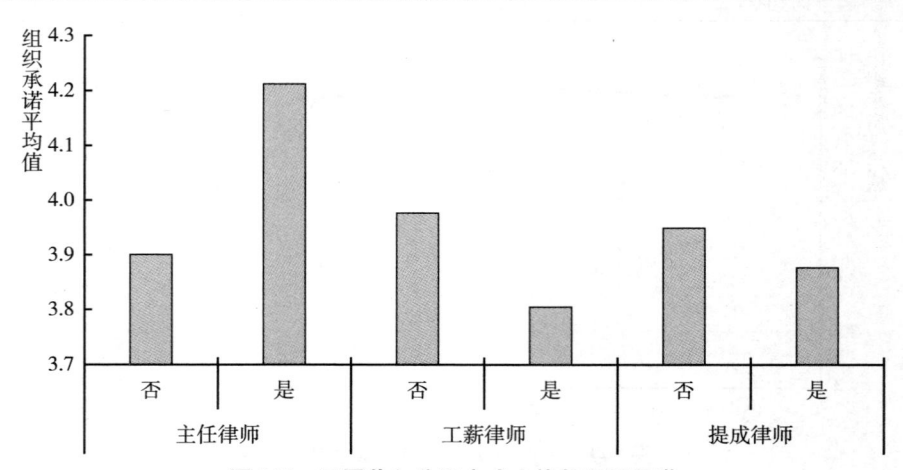

图145　不同收入分配方式女律师组织承诺

如表141、表142、表143和图145所示，主任女律师组织承诺略高，平均值为4.21；非主任女律师平均值为3.90。非工薪女律师的组织承诺略高，平均值为3.98；工薪女律师平均值为3.80。非提成女律师组织承诺得分略高，平均值为3.95；提成女律师平均值为3.88。组内打分标准差均小于0.80，组内差异较小。

（四）职业承诺

职业承诺是女律师与自己所从事的职业所签署的"心理合同"，是女律师对所从事的律师职业的认同和情感依赖，可以反映出女律师对职业的投入和对职业规范的内化认同。高职业承诺的女律师变更职业的意愿更低。通过这个指标，可以了解律师行业的女性工作者的队伍稳定程度。

表144 不同婚姻状况女律师职业承诺

婚姻状况	个案数	平均值	标准差	最低值	最高值
未婚	185	4.06	0.56	2.33	5.00
已婚	594	4.19	0.55	1.33	5.00
离异	44	4.23	0.49	3.33	5.00
总计	823	4.16	0.55	1.33	5.00

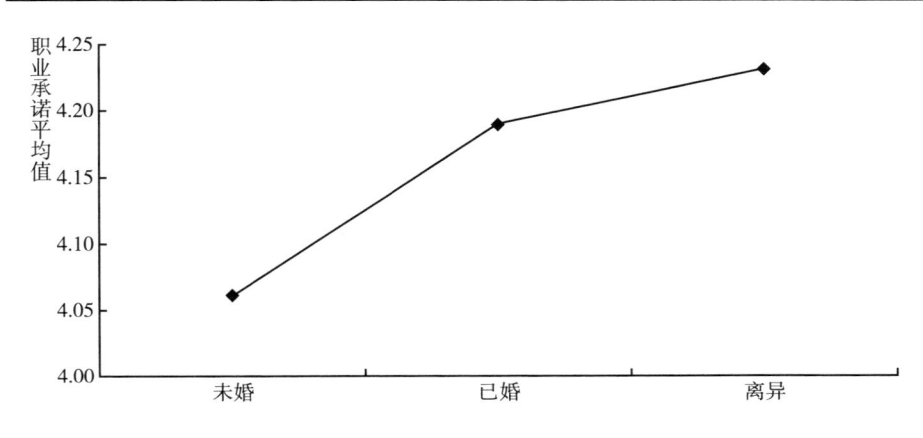

图146 不同婚姻状况女律师职业承诺

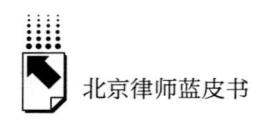

如表 144 和图 146 所示，按不同婚姻状况划分，受访的各组女律师中职业承诺平均值均超过 4.00，总体水平较高。离异女律师职业承诺的平均值最高，为 4.23。总体来看，不同婚姻状况女律师职业承诺的变动幅度是 0.17，组间差异较小。总体打分的标准差为 0.55，个体之间差异较小。

表145 是否主任律师女律师职业承诺

是否主任律师	个案数	平均值	标准差	最低值	最高值
否	764	4.16	0.55	1.33	5.00
是	59	4.23	0.60	2.33	5.00
总计	823	4.16	0.55	1.33	5.00

表146 是否工薪律师女律师职业承诺

是否工薪律师	个案数	平均值	标准差	最低值	最高值
否	567	4.21	0.53	2.00	5.00
是	256	4.07	0.51	1.33	5.00
总计	823	4.16	0.55	1.33	5.00

表147 是否提成律师女律师职业承诺

是否提成律师	个案数	平均值	标准差	最低值	最高值
否	506	4.16	0.56	1.33	5.00
是	317	4.17	0.53	2.00	5.00
总计	823	4.16	0.53	1.33	5.00

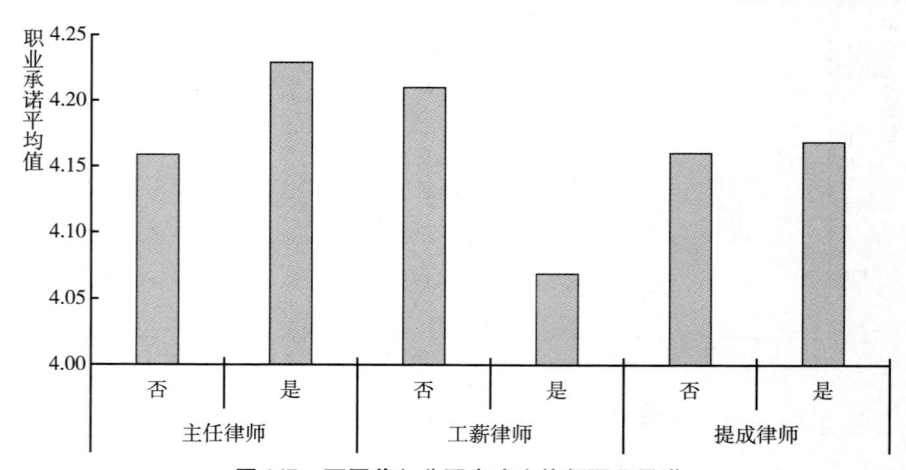

图147 不同收入分配方式女律师职业承诺

如表 145、表 146、表 147 和图 147 所示，女主任律师职业承诺得分略高，平均值为 4.23，非主任女律师平均值为 4.16；非工薪女律师比工薪女律师职业承诺得分略高，平均值为 4.21；提成女律师比非提成女律师职业承诺得分略高，平均值为 4.17，非提成女律师平均值为 4.16。组内打分标准差均不超过 0.60，组内差异较小。

（五）离职倾向

离职是一种面对工作中的不满而采取的退缩行为[18]。离职倾向对实际离职行为有重要预测作用，也是关系到女律师职业发展状况的重要心理指标[19]。本次对北京市女律师离职倾向的调查结果如下。

表 148　三个年龄段女律师离职倾向

年龄段	个案数	平均值	标准差	最低值	最高值
≤30 岁	111	2.48	0.66	1.00	4.25
30~40 岁	404	2.34	0.68	1.00	5.00
≥40 岁	308	2.17	0.63	1.00	4.75
总计	823	2.29	0.67	1.00	5.00

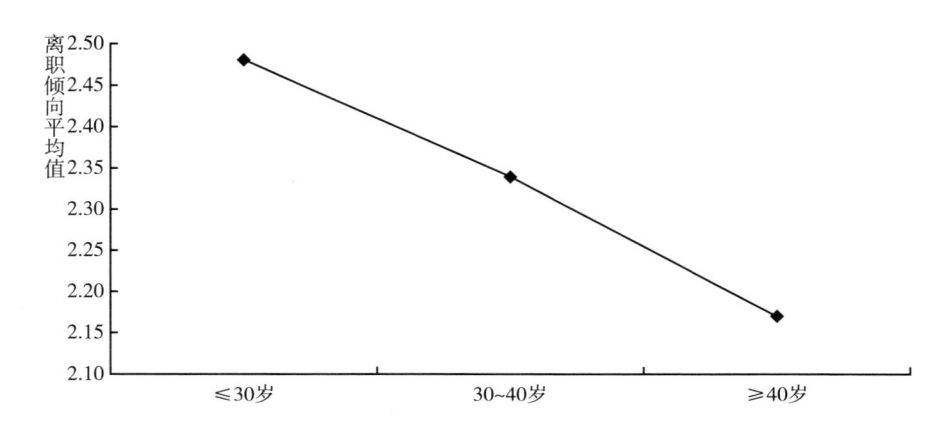

图 148　三个年龄段女律师离职倾向

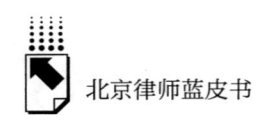

表149　三类执业年限女律师离职倾向

执业年限段	个案数	平均值	标准差	最低值	最高值
5年及以下	374	2.40	0.69	1.00	5.00
5~10年	182	2.25	0.64	1.00	3.75
10年及以上	265	2.17	0.64	1.00	4.75
总计(缺失2人)	821	2.29	0.67	1.00	5.00

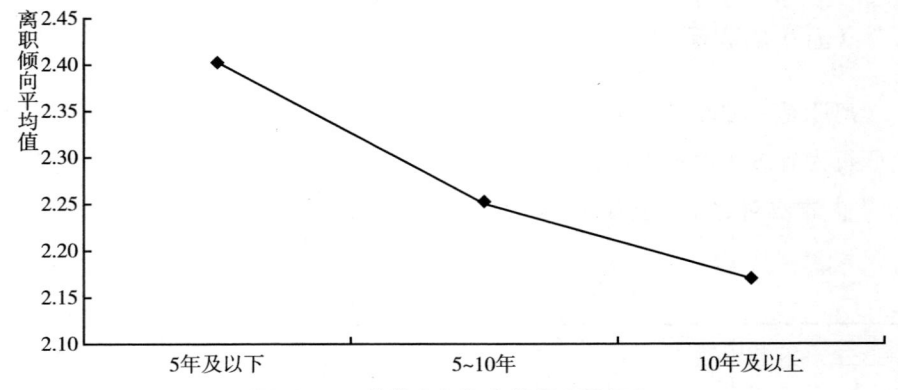

图149　三类执业年限女律师离职倾向

如表148、表149、图148和图149所示，北京市女律师的离职倾向平均值为2.29，队伍较为稳定。30岁及以下的女律师离职倾向平均值相对最高，为2.48；40岁及以上的女律师离职倾向平均值最低，为2.17。执业5年及以下的女律师离职倾向相对最高，为2.40；执业10年及以上的女律师离职倾向最低，为2.17。从整体上看，三个年龄段的女律师离职倾向差值为0.31，三个执业年限的女律师离职倾向平均值差值为0.23，两种分组情况下的组间差异均较小。总体打分的标准差为0.67，个体差异较小。

表150　不同学历女律师离职倾向

学历	个案数	平均值	标准差	最低值	最高值
大专	6	1.71	0.51	1.00	2.50
本科	398	2.25	0.64	1.00	4.50
硕士研究生	406	2.35	0.69	1.00	5.00
博士研究生	13	2.02	0.60	1.00	3.00
总计	823	2.29	0.67	1.00	5.00

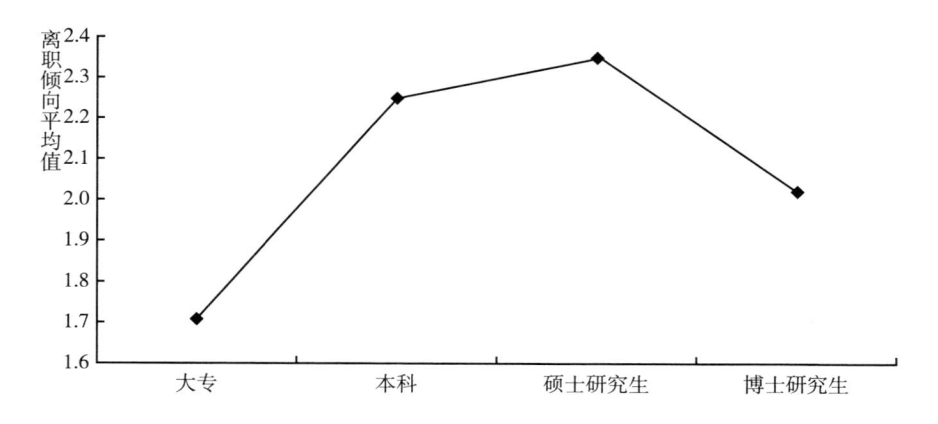

图 150　不同学历女律师离职倾向

如表150和图150所示，不同学历的女律师在离职倾向上，表现略有差异。拥有硕士研究生学历的女律师离职倾向平均值最高，为2.35；拥有大专学历的女律师离职倾向最低，为1.71。大专学历、本科学历和硕士研究生学历的女律师随着学历的提高，离职倾向的平均值呈现小幅上升。不同学历的女律师离职倾向平均值最大差值为0.64，组间差异较小。组内打分标准差均不超过0.70，组内差异较小。

表 151　不同婚姻状况女律师离职倾向

婚姻状况	个案数	平均值	标准差	最低值	最高值
未婚	185	2.44	0.70	1.00	4.75
已婚	594	2.25	0.65	1.00	5.00
离异	44	2.18	0.66	1.00	3.25
总计	823	2.29	0.67	1.00	5.00

如表151和图151所示，婚姻状况对女律师的离职倾向影响很小。未婚的女律师离职倾向平均值最高，为2.44，而已婚的女律师和离异的女律师离职倾向平均值略有下降。组内打分标准差均不超过0.70，组内差异较小。

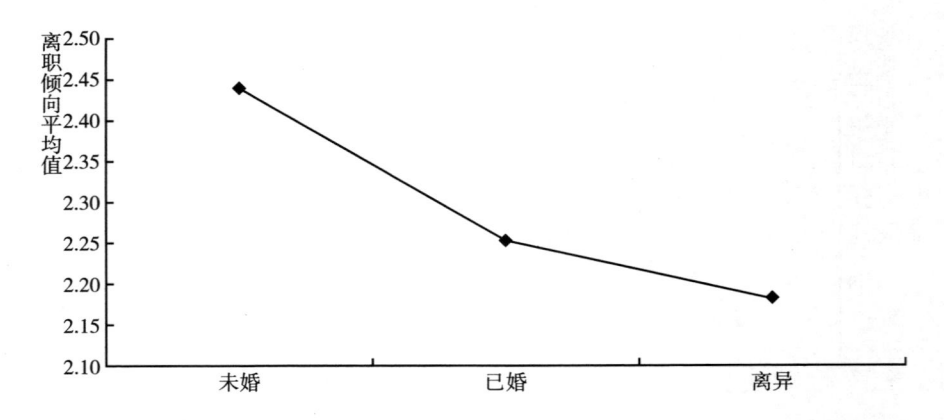

图 151　不同婚姻状况女律师离职倾向

表 152　不同类型律师事务所女律师离职倾向

律师事务所类型	个案数	平均值	标准差	最低值	最高值
普通合伙律师事务所	575	2.27	0.66	1.00	4.75
特殊普通合伙律师事务所	152	2.39	0.69	1.00	5.00
个人律师事务所	81	2.25	0.72	1.00	4.75
外省市驻京分所	15	2.37	0.42	1.50	3.00
总计	823	2.29	0.67	1.00	5.00

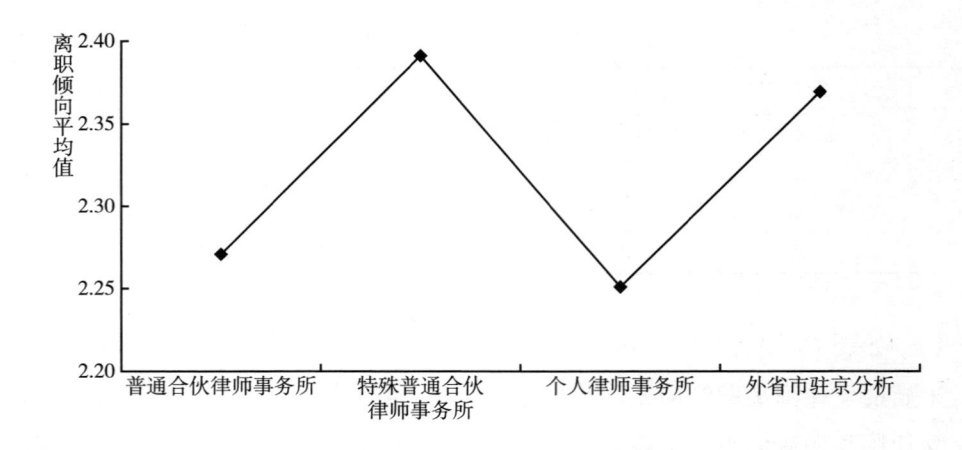

图 152　不同类型律师事务所女律师离职倾向

如表152和图152所示，就职于个人律师事务所的女律师离职倾向平均值相对最低，为2.25；就职于特殊普通合伙律师事务所的女律师离职倾向平均值相对较高，为2.39。从整体上看，不同类型的律师事务所的女律师离职倾向平均值差值为0.14，组间差异小。组内打分标准差均小于0.80，组内差异较小。

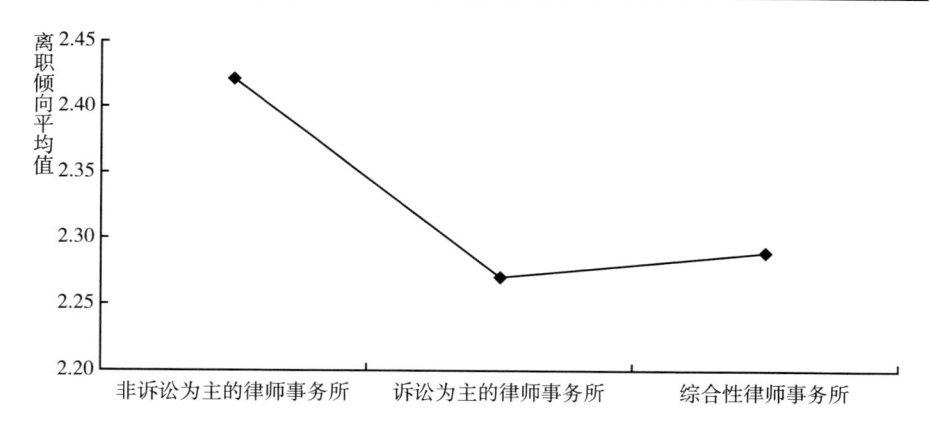

表153 不同业务类型律师事务所女律师离职倾向

律师事务所业务类型	个案数	平均值	标准差	最低值	最高值
非诉讼为主的律师事务所	57	2.42	0.57	1.00	3.50
诉讼为主的律师事务所	231	2.27	0.72	1.00	5.00
综合性律师事务所	535	2.29	0.66	1.00	4.75
总计	823	2.29	0.67	1.00	5.00

图153 不同业务类型律师事务所女律师离职倾向

如表153和图153所示，所服务的律师事务所的业务类型不同，女律师的离职倾向也略有不同。服务于以诉讼为主的律师事务所的女律师离职倾向平均值相对最低，为2.27；以非诉讼为主的律师事务所的女律师离职倾向平均值相对最高，为2.42。从整体上看，不同业务类型的律师事务所的女律师离职倾向平均值差值为0.15，组间差异小。组内打分标准差均小于0.80，组内差异较小。

表154　不同业务类型女律师离职倾向

女律师业务类型	个案数	平均值	标准差	最低值	最高值
诉讼为主	413	2.25	0.69	1.00	4.75
非诉讼为主	149	2.52	0.61	1.00	5.00
综合	243	2.20	0.64	1.00	4.00
暂无主要方向	18	2.60	0.58	1.50	3.50
总计	823	2.29	0.67	1.00	5.00

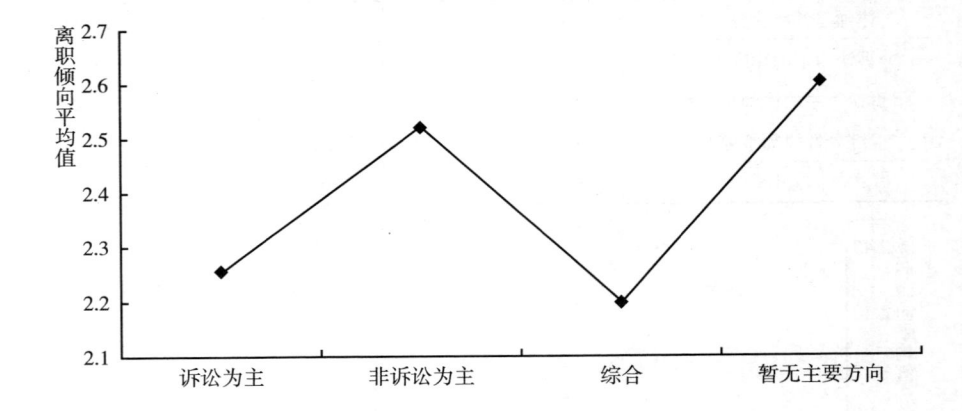

图154　不同业务类型女律师离职倾向

如表154和图154所示，暂无主要方向的女律师离职倾向平均值为2.60，略高于从事其他业务的女律师。从事综合业务的女律师离职倾向平均值最低，为2.20。从整体上看，不同业务类型的女律师离职倾向平均值差值为0.40，组间差异较小。组内打分标准差均小于0.70，组内差异较小。

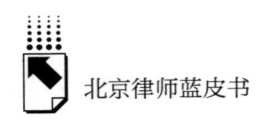

表155　是否主任律师女律师离职倾向

是否主任律师	个案数	平均值	标准差	最低值	最高值
否	764	2.31	0.66	1.00	5.00
是	59	2.06	0.69	1.00	4.75
总计	823	2.29	0.67	1.00	5.00

表156　是否工薪律师女律师离职倾向

是否工薪律师	个案数	平均值	标准差	最低值	最高值
否	567	2.19	0.64	1.00	4.75
是	256	2.51	0.68	1.00	5.00
总计	823	2.29	0.67	1.00	5.00

表157　是否提成律师女律师离职倾向

是否提成律师	个案数	平均值	标准差	最低值	最高值
否	506	2.30	0.70	1.00	5.00
是	317	2.28	0.61	1.00	4.25
总计	823	2.29	0.67	1.00	5.00

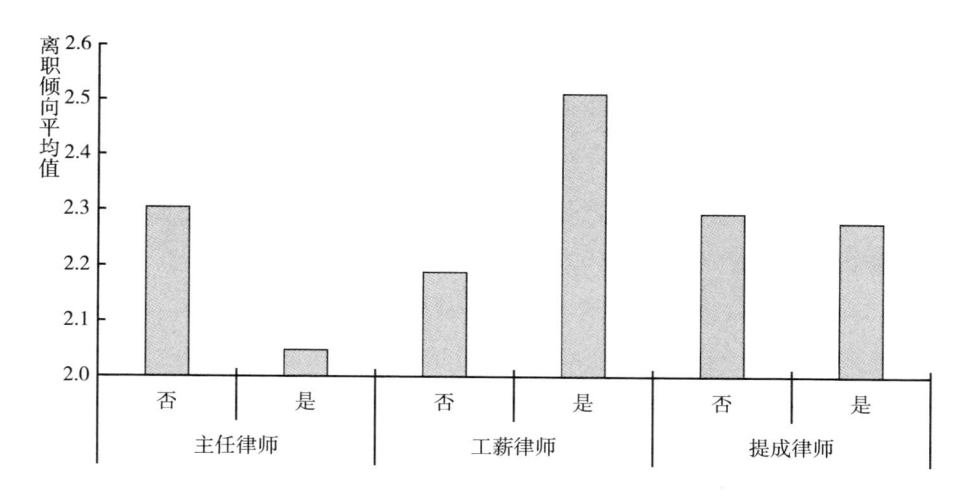

图155　不同收入分配方式女律师离职倾向

如表155、表156、表157和图155所示，主任女律师的离职倾向平均值为2.06，比非主任女律师低0.25；工薪女律师的离职倾向平均值为2.51，比非工薪女律师高0.32；提成女律师的离职倾向平均值为2.28，比非提成女律师低0.02。女律师的收入分配情况对女律师的离职倾向影响细微。组内打分标准差均不超过0.70，组内差异较小。

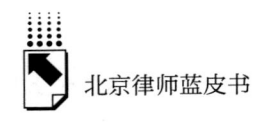

八 调研结论与对策建议

（一）主要调研结论

本次调研的主要结论包括以下四个方面：北京市女律师的群体肖像特征、北京市女律师的职业心理状况、北京市女律师的职业发展状况、社会公众对北京市女律师群体的总体印象。主要如下：

1. 北京市女律师的群体肖像特征

（1）北京市女律师群体整体年龄分布呈现年轻化趋势，平均年龄为40岁，比男律师群体低3岁；执业年限相对较短，执业4年及以下的女律师占比约35%；约半数的北京市女律师拥有硕士研究生及以上学位，比例高于北京市律师总体水平。总体而言，北京市女律师是年轻化的职业群体，学历水平较高。

（2）北京市女律师群体已经取得了较好的职业地位，北京市律师事务所45%的合伙人、22%的主任为女律师。

（3）北京市女律师群体从事的业务领域以合同法和公司法为主，重要的业务来源依次是亲戚朋友推荐、老客户介绍和律师事务所分配。

（4）北京市女律师群体富有社会责任感，且热心社会公益。有超过42%的北京市女律师有参政议政的意愿，有超过85%的北京市女律师愿意付出时间从事法律援助、社区咨询、法制讲座、普法宣传等社会公益活动，还有95%以上的北京市女律师希望能够进一步获取公共法律服务方面的信息。

综上，北京市女律师群体是一个年轻、高知、关爱社会的群体，她们希望自己的职业表现能够更好，同时还有进一步服务公众的强烈愿望。

2. 北京市女律师的职业心理状况

（1）北京市女律师自信心强，情绪态度积极，负面情绪较少，工作压力感普遍较低，具有中庸权变的观念。随着学历的提升，北京市女律师的抗压能力与自信心也有所提升。

（2）北京市女律师工作中的内部动机明显高于外部动机，工作的主要驱动力是对职业的喜爱而非外部奖励性诱因。

（3）北京市女律师感知的工作中的挑战型压力与阻碍型压力均较低，其中，挑战型压力感高于阻碍型压力感，执业年限10年及以上的女律师挑战型压力感相对最高。

（4）北京市女律师有较高的自我效能感和较低的希望感与韧性自评分。

综上，北京市女律师群体是一个自信、自我驱动、对待工作游刃有余、热爱职业的群体，她们对未来拥有积极乐观心态。目前，她们所面临的工作压力感较低，但是，她们的工作抗压力或韧性较低。因此，这是一个富有工作潜力的职业群体，但是，也存在内在的脆弱性，是一个需要组织关爱的群体。

3. 北京市女律师的职业发展状况

（1）北京市女律师对当前自身的职业成就和职业成功并不满意。由于本次调查是自评数据，我们认为它并不反映女律师客观工作绩效的低下，其中的主要原因，可能是女律师群体的个性要强，对自己的要求颇高，从而不满足于当下的工作业绩。

（2）女律师对于人脉关系的建立与管理，以及社会网络组建方面的评分较低。性别因素有可能对社交活动带来影响，由于本次调查没有涉及男律师，我们还无法得到肯定的结论。由于社会资本对律师职业成功的重要影响，我们建议北京市女律师积极提升关系重塑能力和网络推广能力，开展更为多样化的社交活动。

（3）北京市女律师的自我职业生涯管理以及组织职业生涯管理均较为欠缺。专注于专业工作中的女律师，很可能忽略了职业生涯管理，对自身的职业发展缺少规划，而律师事务所也可能在日常管理上忽略了这一工作事项，没有对女律师的职业生涯发展路径进行必要的设计和引导。

（4）北京市女律师认为家庭对工作的溢出效应要大于工作对家庭带来的补偿，家庭对北京市女律师工作的支撑作用较强。北京市女律师在工作家庭自我平衡管理上得分较低，工作与家庭和个人生活的补偿关系还有待建

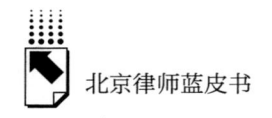

立。此外，北京市女律师群体还没有找到有效的工作与家庭边界设定的对策。

综上，北京市女律师是一个在事业上要强的职业化群体。但是，她们的职业发展规划与职业能力都还有待进一步提升。女律师和所在律师事务所均需要进一步重视女律师职业生涯管理，进一步就职业生涯管理与工作家庭自我平衡做出积极的探索，寻找有效的对策。

4. 社会公众对北京市女律师群体的总体印象

（1）本次参与调研的1059名社会公众对北京市女律师的总体印象，基本上吻合社会公众对女性群体的刻板印象，包括细心、善于换位思考、亲和、有耐心等。

（2）社会公众在刑事案件委托时倾向于选择男律师，这一观念可能会对从事刑事业务的北京市女律师有不利影响。

（3）在北京市女律师群体中，40岁以上女律师在选择搭档时更青睐女律师，40岁及以下女律师则更偏向选择男律师。

综上，社会公众对北京市女律师群体持有一定的性别刻板印象。女律师要获得更多的职业发展机会，需要社会各方共同努力，消除职业的性别偏见。为了培育有助于女律师职业发展的社会环境，一方面，女律师要在自身擅长的业务领域积极发挥优势；另一方面，要主动改变社会对刑事案件承办律师的性别歧视现象，为有志于在此领域工作的女律师培育更好的业务环境。此外，需要改变执业年限低的女律师们的女性劣势心理，提升她们的性别自信。

5. 北京市律师协会等机构的活动状况

通过本次调研发现，北京市女律师的职业身份感强，这为北京市律师协会女律师工作委员会和女律师联谊会等机构的相关工作奠定了良好的群体心理基础。目前，女律师职业群体活动得到了一定的重视。北京市律师协会女律师工作委员会和女律师联谊会开展了参政议政、公益法律服务、综合技能培训、组织联谊等方面的工作，有约50%的女律师了解上述活动，约88%的女律师参加过活动。其中，约16%的女律师经常参加这些活动。另外，约

50%的女律师表示对北京市律师协会女律师工作委员会和女律师联谊会的工作感到满意。同时，女律师希望通过北京市律师协会女律师工作委员会和女律师联谊会可以进一步得到业务拓展、专业培训和权益保障方面的帮助。

（二）相关建议

根据上述结论内容，并结合行业发展情况，本报告围绕北京市女律师的健康职业心理与职业成长发展，对北京市女律师、北京市律师事务所、北京市律师协会提出如下建议。

1. 对北京市女律师的建议

一名优秀的女律师，不仅要熟悉法律知识，具备专业技能，了解法学前沿理论，为客户提供高质的服务，也需要懂得如何关心爱护自己，优化职业生涯规划，协调工作与家庭的关系，享受个人生活的乐趣。女律师从事的是高强度、高压力的工作，女律师要关爱自身，化解各方压力，追求更高的自我价值实现。

（1）北京市女律师需要关注自身心理健康，提升心理素质。

律师工作是知识密集型的对抗性极强的工作，律师职业的良好发展，需要拥有健康的心理状况和强大的心理资本。

①女律师要树立"我认为我能"的积极自我暗示与信念，用优秀的职业素养和强大的内心承诺能力，应对紧张的生活工作节奏与工作生活挑战，以便更从容淡定地处理执业中的冲突与矛盾。

②女律师要积极锻造抗压品质，关注自身的心理资本，了解并意识到自身所拥有的各类资源，如个人资产、经验能力、专业技能、关系网络等。通过整理自身拥有的积极资源对其自身能力有更明确清晰的认知，增强应对各种压力时的信心与韧劲，在遭遇困境时能够自主调动所拥有的资源来解决问题。

③女律师要培育自我压力调适能力，以应对未来的工作挑战和压力。可以开展冥想、瑜伽等各类减压方式，注意身体锻炼，积极参与户外运动，舒缓心理压力，释放负面情绪，有效放松身心，及时合理宣泄负面情绪。积极

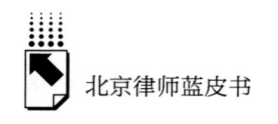

开展心理调适与压力管理训练，改变认知角度，以乐观、超越、挑战的态度看待挫折，化挑战为机会。

④女律师要树立性别自信，破除社会文化长期对女性不如男性的偏见，挣脱性别偏见的心理束缚，充分利用自身优势服务社会。

（2）北京市女律师需要进一步加强职业生涯规划与管理。

律师工作对知识技能更新要求较高，优秀的律师不仅要有高尚的品德情操、良好的综合素养，还要有精湛的业务技能。在行业知识不断更新、行业动态不断变化的背景下，自我职业生涯规划与管理是女律师迈向职业成功所不可或缺的工作。女律师要通过自身的探索与经验的交流，深入了解律师职业的特点，把握优秀律师的成长规律，为自己确定合理的阶段性职业发展目标，通过不断学习和历练，寻找到适合自己的职业成长策略。

①女律师要在紧张的工作中，有效地反思与总结，选择好业务发展方向，培育自己的能力，提升职场竞争力。新入职的女律师要尽快掌握各种工作方法和技能，比如各种办公软件和设备、各种法规数据库的使用等；尽快建立和提高自我学习、研究和解决法律问题的方法和能力；接触不同类型、不同领域的法律问题和案例，打下坚实的专业基础；深入了解社情民意，熟悉专业知识，为社会群体提供更为有效的法律服务；设定主攻的专业方向，尽快能够独立研究、判断、出具法律意见；积极积累经验，精通主攻专业方向和领域的法律，并对相关联业务领域进行研究，开拓和研究新业务。

②女律师有必要管理自身对工作绩效与职业成功的期望，适度地放松对自身的工作成果的期望，可能对于平衡工作家庭与自我有一定的正向影响。建议女律师把关注点移到工作过程中，比如，加强案件处理能力，与团队同事有效沟通，高效完成其案件基础性工作；积极寻找对策，处理好同事关系，积极展示自我，争取发展机会；逐步发展领导力，协调团队合作完成工作；成为资深律师后，具备领导、协调并培育团队成员的能力；积极参与律师事务所事务的管理，熟悉律师事务所运作。这样的认知关注点的调整，对于女律师的工作幸福感将有积极的影响。这需要女律师用自信心来面对工作中的不确定，尤其是疫情带来的业务变动。这也需要律师事务所相关组织管

理的支持。

③女律师要积极主动地争取客户，建立和维护属于自己的客户群体；专业、高效地完成各项受托的法律事务；积极关注和拓展市场，维护人际关系，积极参与宣传及推介活动；主动建立人脉网络，拓展社交资源，通过多种渠道寻找潜在的客户，寻找与客户有效交往和合作的对策；与客户、政府机关、中介机构等建立深度信任关系，建立和谐和良好的工作关系；了解不同人群的工作状态、工作性质和工作流程；积极参与各种社会工作，承担更多社会责任。

（3）北京市女律师要积极思考，结合自身情况探索实现工作和家庭平衡的对策。

"女律师"的称号意味着一种责任、重担和压力。家庭是中国人幸福感的来源，以及工作奋斗的重要意义所在。工作和家庭是女律师最为重要的两个领域。随着放开二胎政策的实施，女律师进一步面临工作家庭自我平衡的挑战。工作角色和家庭角色相互协调，可以发挥双向促进作用；如果协调不好，将严重影响自身的身心健康和职业发展。

①分清家庭与工作之间的重点，确定优先次序。"鱼与熊掌不可兼得"，要事为先，分清主次，学会舍弃。

②进一步开阔视野，积极更新观念，不要被"女主内"的家庭观念束缚，降低由于工作而无法全心照顾家庭所带来的内疚。

③有效地管理工作和个人生活之间的边界。对两类角色的差异和要求有清晰的认识，客观接纳两类角色对自己的精力与情感投入的要求，提升自己的心理成熟度。

④积极构建工作和家庭平衡计划，将工作中获取的支持资源以及产生的积极影响带入家庭生活中，对家庭产生增益，并进一步推动后续工作，形成家庭与工作的良性互动。

⑤提升促进工作和家庭平衡的能力，动用积极思维策略，通过乐观的思维或认知方式来调控自己的知觉，管理不良情绪，冷静应对，尽力寻找可以兼顾两类角色的工作策略，在时间安排上进行有效管理，积极寻求亲友与单

位的援助，实现工作与家庭的平衡。

2. 对北京市律师事务所的建议

现阶段，女律师执业环境仍有较大改善空间，律师事务所作为女律师执业的平台，在女律师执业发展过程中具有重要作用。律师事务所是为公众提供法律服务的专业机构，但有些律师事务所还存在内部管理专业化程度低，管理效率不高，管理机制不完善，管理制度不健全，律师之间合作交流不够，缺乏凝聚力、创新精神和活力等问题，不利于女律师的个人成长与职业发展。

（1）北京市律师事务所要加强文化建设，重视女律师的心理归属感。

文化建设是律师事务所发展的灵魂与方向，其中涉及女律师发展和权益保护等方面的文化内容，有助于加强女律师的心理归属感，提升其组织忠诚度。

①加强思想政治学习，强化女律师社会责任感。律师工作是社会性的服务窗口，工作的社会影响面大，关系到维护社会稳定、维护社会正义、促进司法公正。律师事务所应通过各种方式或途径，进一步促进女律师时刻关注社会政治、经济、文化等方面的发展变化，坚定政治信念，增强社会使命感。

②进一步完善合伙人的合作理念，提高管理者的服务意识和管理素养，切实为女律师业务拓展、专业提升等方面提供帮助和支持，增进女律师对律师事务所的认同感。

③树立正确的工作价值导向，进一步抓好组织文化建设，凝练共同的价值导向，提升组织凝聚力，促进对外形象宣传。建议对新入职的女律师的工作价值观进行培训与引导，明确律师工作的原则与底线、目标与使命、理想与方向，引导女律师形成积极、正确的职业发展理念。将文化建设渗入到律师事务所的各项业务与管理工作中，强化健康的职业规范，提高女律师的组织认同感。

④加强对女律师群体中的优秀人物和事迹的宣传力度，使社会公众能够全面正确地了解女律师，从而提高女律师的社会地位，提升公众对女律

师的专业信任感和认可程度,这也有助于促进律师事务所文化建设和健康发展。

⑤改进运营和财务等管理制度,为女律师工作需求提供便利,降低女律师工作成本,减少高强度的工作压力。

(2)北京市律师事务所要积极开展女律师的职业生涯规划与管理。

建立科学的女律师职业生涯管理服务体系,重视并关注女律师的心理成长和技能发展,形成人本化的职业成长氛围,是律师事务所组织建设的重要组成部分。

①创新体制机制,重视女律师的职业生涯规划。当前北京市女律师队伍呈年轻化趋势,人力资源管理部门应更加重视处于职业生涯早期阶段的女律师职业规划,不断创新青年女律师的晋升机制,为青年女律师设立规范通畅的职业发展通道,保证职业生涯早期女律师与其他阶段的女律师处在一个公平的竞争平台上,这有助于增强青年女律师的组织归属感,提高其忠诚度和工作满意度。

②在人才招聘时要注重考察女律师自身的职业规划和职业目标,帮助女律师个人的职业目标、职业规划和律师事务所提供的工作岗位、发展环境匹配,有助于促进女律师的个人职业发展及增强工作稳定性。

③通过各种途径加强与女律师的沟通,深入了解女律师个人的职业发展规划,尽可能地尊重女律师的发展要求,为不同类型的女律师开辟合理的职业通道,积极为女律师职业目标实现提供机会和平台。对于缺乏职业规划的女律师,应根据各自的能力差异及个性特征辅助女律师制定相应的职业规划,并帮助其挖掘自身的潜能,以促进其职业生涯顺利发展。

④建设有助于女律师成长的业务合作氛围。通过改进律师事务所单一的提成利益分配方式,对于受聘律师采用"底薪+奖金(提成)+制度考核"的多元化综合分配方式,对于合伙人的分配可以采用"提成+分红+制度考核"的分配方式,促进律师间的合作,实现资源共享,有助于女律师的生存和发展,并有助于增加女律师参与律师事务所管理的热情。

⑤面向不同阶段的女律师设计和实施包括技能培训、职业发展路径设计和业务支持等在内的个性化的职业支持方案，尊重女律师的个体间差异，强化女律师对律师事务所的融入。在日常工作中，赋予女律师合理的工作自主权和必要的支持，健全与女律师的沟通反馈机制，缓解女律师工作压力带来的负面影响。律师事务所还需要为女律师提供学习的机会和环境，加强女律师的职业能力培训，建立经验分享和师带徒制度，提倡终身学习，重视女律师的领导力培养，为女律师开拓客户资源提供更多平台机会，进一步提高女律师职业动力，增强其职业自豪感。

（3）北京市律师事务所要帮助女律师解决家庭与工作失衡问题。

女律师作为职业女性，同时在生活中还是妈妈、女儿、妻子等各种身份。她们既希望全身心地投入工作，有所建树和发展，同时又要照顾家人、孩子，如何有效支配时间和精力，是女律师需要面对的重要问题。

①重视女律师的工作家庭冲突，在工作岗位分配、任务安排时，充分尊重女律师的特殊需求，并投入相应资源，了解、分析本所女律师的个性化需求，减少女律师所面临的工作家庭冲突。

②组织开展女律师关爱计划，设立女律师工作委员会，关心女律师健康、对女律师进行节日问候、为女律师营造舒适的工作环境等。有条件的律师事务所，可以为忙于工作的女律师的子女提供活动空间，建立小型的托儿服务部门，短暂帮助女律师临时托管孩子，解决后顾之忧；对孕期和哺乳期的女律师提供工作和生活的便捷，为怀有身孕的女律师提供舒适的办公场所，为哺乳期的女律师提供母婴室等。

③设立专项基金，通过内外部力量，帮助女律师解决家庭遇到的突发困难，针对不同女律师群体，制定个性化的家庭援助对策；同时奖励为社会、律师事务所做出突出贡献的女律师，增强女律师的归属感。

④聘请专业的心理服务机构，定期为女律师进行心理测试及疏导，减少女律师的焦虑等负面心理，有助于女律师身心健康发展。

⑤确保女律师在合伙人管理委员会中的比例，保证相关决策兼顾女律师的权益，为女律师提供保障。

3. 对北京市律师协会的建议

为了维护保障女律师的权益，北京市律师协会设立了女律师工作委员会和女律师联谊会，专门为女律师成长与发展提供服务和帮助。随着时代的进步发展，女律师的发展需求也在不断提高，律师协会为女律师提供了多方面的发展机会，有助于女律师的执业技能等各方面的提升。

（1）北京市律师协会要培养女律师参政议政的能力。

律师行业有天然的参政议政的追求和能力，女律师在参政议政方面具有专业优势和得天独厚的职业优势。律师协会应充分发掘女律师参政议政的潜力，提升女律师参政议政的水平。

①律师协会可以进一步加强女律师思想政治建设，使其具备坚定的政治信念，敏锐的大局观念，拥护党的方针政策，积极参政议政，为法治建设贡献力量。

②律师协会可以为女律师参政议政提供途径和方式，建议女律师聚焦法治建设，向各级人大、政协推选优秀的女律师，为共同营造良好的法治环境、推进社会和经济建设建言献策。

③律师协会可以借助"京律学苑"网络培训平台扩大业务培训范围，帮助女律师为人大代表、政协委员们每年承接的各种课题提供法律方面的专业支持，展现参政议政的能力。

④律师协会可以在"巾帼维权以案释法宣讲团"的基础上，扩大普法宣传范围，引导女律师更多地走进基层，提出更多接地气的提案、议案，促进民生问题的解决。

⑤律师协会应关注更多有理想的女律师，鼓励优秀的女律师通过加入共产党或民主党派为民主法治的建设添砖加瓦。帮助女律师中的党派成员发挥所长，在律师协会的平台上，通过与各党派的横向交流，分享经验，提升女律师的参政议政水平。

（2）北京市律师协会要更加关注女律师发展需求。

为了满足女律师的工作需求，北京市律师协会先后创办了提升女律师综合素质的"首都女律师向日葵培训发展计划"、解决女律师单身问题的"缘

分天空单身联谊"、增强女律师语言表达能力的"律媛说"、促进女律师普法宣传的"巾帼维权以案释法宣讲团"等多个品牌项目。在此基础上，律师协会还需要进一步关注了解女律师的需求，及时解决女律师遇到的困难。

①律师协会需要进一步提升工作服务水平，畅通联系服务女律师的渠道，做好女律师参政议政、公益法律服务、综合技能培训、组织联谊等方面的组织管理工作。

②律师协会要强化对女律师执业权利的保障，健全女律师维权工作机制，涉及女律师提出的维权个案，由律师协会维权部门和女律师工作委员会联合调查和专项督查。

③律师协会应与司法局、税务局等相关部门对接，反映女律师的呼声，为女律师争取更多的权益，如疫情期间的优惠政策，尽力为女律师争取更多的支持，鼓励帮助女律师实现自己的目标。

④律师协会可以更多地组织开展女律师职业规划沙龙活动，邀请优秀的女律师为大家分享经验，交流心得体会，鼓励、帮助女律师创业，成长为律师事务所主任、高级合伙人、合伙人，引导女律师做好职业规划。

⑤律师协会要关注女律师家庭角色的承担和子女教育能力的提升，提供相应的培训辅导，开展针对女律师的家庭关爱活动，帮助女律师在工作与家庭之间取得平衡。

（3）北京市律师协会要加大对女律师工作的宣传力度。

社会公众对女律师持有性别刻板印象，律师协会应进一步关心女律师形象宣传，做好女律师的相关表彰与典范事迹宣传工作，为优化女律师形象开展舆情引导。

①律师协会可不定期评选专业能力强、热心公益事业等方面的优秀女律师代表，并对其先进事迹进行积极宣传。

②律师协会可以与其他地区的律师协会或其他社会团体进行交流，宣传女律师普法工作、法律援助、爱心奉献等典型事迹。

③律师协会可以通过多种方式和途径宣传女律师工作，线上线下相结合，行业内外相辅助，让社会公众更加理解和信任女律师。

④律师协会可以在现有的基础上,为各社会团体、组织引荐优秀的女律师代表,为其提供法律服务,让社会公众知悉女律师的业务水平与能力。

⑤律师协会可以与其他从事法律工作的协会共同组织开展活动,充分显现女律师的业务能力和综合素质,促进法律职业共同体的建设和发展。

经本次调研发现,北京市女律师群体是一个年轻化、积极向上、自我驱动、热爱律师职业、富有社会责任感的群体。但是,她们对性别偏见持有一定顾虑,抗压能力还有待提升,还需要更好地实现家庭与工作的平衡,职业生涯管理水平较低。为此,女律师需要调整性别观念,建立性别自信。女律师要更好地扮演家庭与工作中的角色,一方面需要女律师提升自身的全面素质与能力,积极规划与管理职业生涯。另一方面也需要律师事务所和律师协会等组织改进当前的服务与管理,为她们的职业发展提供进一步的援助。女律师多方面能力的提升和完善,将有助于女律师在工作和家庭中的平衡,有助于女律师业务能力的提高,有助于女律师更好地服务于社会,积极有效地参与和谐北京的建设,促进京津冀一体化的发展,为建设社会主义法治中国贡献力量。

注释

[1] 顾明远:《教育大辞典(简编本)》,上海教育出版社,1999。
[2] Krieger L, H., "The Content of Our Categories: A Cognitive Bias Approach to Discrimination and Equal Employment Opportunity," *Stanford Law Review* (1995).
[3] 王沛等:《熟悉性和兼容性对复合社会范畴刻板印象表征的影响》,《心理学报》2015年第3期。
[4] 何雅菲:《从"劳动平权"到"友善家庭职场"——女性就业保障的国际方略与治理困境》,《理论月刊》2018年第10期。
[5] 黄春梅:《学术女性职业发展影响因素的实证研究》,《现代大学教育》2017年第3期。
[6] 梁达然:《律师职业中的社会性别因素——基于职业性别刻板印象角度的考察》,硕士学位论文,浙江财经大学,2018。

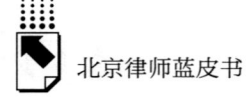

［7］续继、黄娅娜：《性别认同与家庭中的婚姻及劳动表现》，《经济研究》2018年第4期。

［8］于伟、张鹏：《挑战性——阻碍性压力源对研发员工主观职涯成功的影响：职业自我效能和组织职涯管理的作用》，《管理评论》2018年第12期。

［9］龙立荣、方俐洛、凌文辁：《组织职业生涯管理与员工心理与行为的关系》，《心理学报》2002年第1期。

［10］Salover P., Mayer J. D., "Emotional Intelligence," *Imagination, Cognition and Personality* 9, 3 (1990).

［11］张阔、张赛、董颖红：《积极心理资本：测量及其与心理健康的关系》，《心理与行为研究》2010年第1期。

［12］李超平：《心理资本：打造人的竞争优势》，中国轻工业出版社，2008。

［13］于肖楠、张建新：《韧性——在压力下复原和成长的心理机制》，《心理科学进展》2005年第5期。

［14］吴遐、刘兵、李媛：《家庭支持型主管行为与员工工作投入关系分析——内部人身份感知和工作-家庭增益的链式中介作用》，《技术经济与管理研究》2020年第5期。

［15］Hall D. T., Moss J. E., "The New Protean Career Contract: Helping Organizations and Employees Adapt," *Organizational Dynamics* 26, 3 (1998).

［16］Hall D. T., Career Development in Organizations, Jossey-Bass Inc. Pub., 1986.

［17］温志毅：《工作绩效的四因素结构模型》，《首都师范大学学报》（社会科学版）2005年第5期。

［18］Porter L. W., Steers R. M., "Organizational, Work, and Personal Factors in Employee Turnover and Absenteeism," *Psychological Bulletin* 80, 2 (1973).

［19］Mobley W. H., "Intermediate Linkages in the Relationship between Job Satisfaction and Employee Turnover," *Journal of Applied Psychology* 62, 2 (1997).

北京市女律师职业状况调查表

各位女律师：

您好！感谢百忙中参与本次调查问卷活动，北京市律师协会女律师工作委员会希望通过本次问卷调查，了解首都女律师的职业状况，为改善、推进首都女律师工作提供帮助。调查问卷内容涉及女律师基本情况及对环境和工作等感受。问卷完成约需要20分钟，为匿名调查，数据只做群体分析，并严格保密，答案没有正误，请如实回答所有问题，非常感谢您的认真参与！

一 基本情况

1. 您的出生日期：[填空题]*

　_____

2. 您的执业年限：[填空题]*

　_____

3. 您的最高学历：[单选题]*

○大专　　　　○本科　　　　○硕士研究生　　○博士研究生

4. 您目前的婚姻状况：[单选题]*

○未婚

○已婚____子女人数_____

　（直接填写子女人数）

○离异____子女人数_____

　（直接填写子女人数）

5. 您所在律师事务所的类型：[单选题]*

○普通合伙律师事务所　　　　　　○特殊普通合伙律师事务所

○个人律师事务所　　　　　　　　○外省市驻京分所

6. 您所在律师事务所的业务类型：[单选题]*

○非诉讼为主的律师事务所　　　　○诉讼为主的律师事务所

○综合性律师事务所

7. 您所从事的律师业务类型：[单选题]*

○诉讼为主　　　　○非诉讼为主　　　○综合　　　　　　○暂无主要方向

8. 您在律师事务所内的职务：[多选题]*

○主任　　　　　　○合伙人　　　　　○工薪律师　　　　○提成律师

○兼职律师

9. 您是否曾是公检法从业人员：[单选题]*

○是　　　　　　　　　　　　　　　　○否

10. 您的业务来源主要是：[多选题]*

○律师事务所分配　　　　　　　　　　○亲戚朋友的推荐

○老客户介绍　　　　　　　　　　　　○网络推广

○慕名而来　　　　　　　　　　　　　○通过授课/讲座/著书

○其他

11. 您对北京市律师协会女律师工作委员会、女律师联谊会的工作是否了解：[单选题]*

○非常了解　　　　○一般　　　　　　○不了解

12. 您是否经常参加北京市律师协会的活动：[单选题]*

○经常参加　　　　○偶尔参加　　　　○不参加

13. 您希望北京市律师协会能在哪些方面为您提供帮助：[多选题]*

○专业培训　　　　　　　　　　　　　○心理疏导

○权益保障　　　　　　　　　　　　　○形象提升

○业务拓展

14. 您对北京市律师协会在行业管理、权益保障、专业培训等方面的工作是否感到满意：[单选题]*

○满意　　　　　　○一般　　　　　　○不满意

15. 您是否有参政议政的意愿：[单选题]*

○有　　　　　　　○一般　　　　　　○无

16. 您是否认为律师做公益是履行律师行业的社会责任：[单选题]*

○是　　　　　○否

17. 司法部倡导每名律师每年参与不少于五十小时的公益法律服务或者至少办理两件法律援助案件，您是否愿意付出时间做法律援助、社区咨询、法制讲座、普法宣传等社会公益活动：[单选题]*

○愿意　　　　○一般　　　　○不愿意

18. 如果您愿意参与公益法律服务，在获取公共法律服务的信息方面，您是否希望能够得到更多帮助：[单选题]*

○是　　　　　○否

19. 新冠肺炎疫情对于您律师工作的影响：

	非常不同意	不同意	不太同意	同意	非常同意
1. 新冠肺炎疫情让您感觉您的工作具有不稳定性	○	○	○	○	○
2. 新冠肺炎疫情让您感觉您的工作前景会有改变	○	○	○	○	○
3. 新冠肺炎疫情之下，您感觉您的工作并不安全	○	○	○	○	○

二　职业心理与能力状况

20. 职业认同

	非常不同意	不同意	不太同意	同意	非常同意
1. 律师工作与您的职业规划吻合	○	○	○	○	○
2. 律师工作与您个人价值观吻合	○	○	○	○	○

21. 专家认同

	非常不同意	不同意	不太同意	同意	非常同意
1. 成为您所在领域的专家，对您的自我身份定位很重要	○	○	○	○	○
2. 成为所在领域的专家，对您的自我感受有很大影响	○	○	○	○	○

22. 家庭认同

	非常不同意	不同意	不太同意	同意	非常同意
1. 无论在何处，您首先是家庭的一员	○	○	○	○	○
2. 家庭是您最重要的身份来源	○	○	○	○	○

23. 成就感

	非常不同意	不同意	不太同意	同意	非常同意
1. 获得成功对您很重要	○	○	○	○	○
2. 失败会给您很不好的感觉	○	○	○	○	○
3. 有时，您觉得不一定非得取得成功	○	○	○	○	○

24. 自我创造力效能

	非常不同意	不同意	不太同意	同意	非常同意
1. 您感觉您擅长产生新颖的思路	○	○	○	○	○
2. 您对自己创造性解决问题的能力有自信	○	○	○	○	○
3. 在律师工作中开发新方法或方案方面，您有诀窍	○	○	○	○	○

25. 心理资本问卷

	非常不同意	不同意	不太同意	同意	非常同意
（一）自我效能					
1. 您相信自己能分析复杂的问题，并找到解决方案	○	○	○	○	○
2. 您在陈述自己工作范围之内的事情方面很自信	○	○	○	○	○
3. 您相信自己能够与本律师事务所外部的人联系，并讨论问题	○	○	○	○	○
（二）希望					

续表

	非常不同意	不同意	不太同意	同意	非常同意
4. 如果您发现自己在工作中陷入了困境,您能想出很多办法摆脱困境	○	○	○	○	○
5. 目前,您在精力饱满地完成自己的工作目标	○	○	○	○	○
6. 目前,您认为自己在工作上相当成功	○	○	○	○	○
(三)韧性					
7. 在工作中遇到挫折时,您很难恢复过来并继续前进	○	○	○	○	○
8. 您通常对工作中的压力能泰然处之	○	○	○	○	○
9. 在您目前的工作中,您感觉自己能同时处理很多事情	○	○	○	○	○

26. 工作动机:内部、外部

	非常不同意	不同意	不太同意	同意	非常同意
(一)内部动机					
1. 您非常喜欢律师工作	○	○	○	○	○
2. 您在律师工作中获得快乐	○	○	○	○	○
3. 律师工作帮助您实现个人目标	○	○	○	○	○
(二)外部动机					
4. 律师工作为您带来稳定的生活水准	○	○	○	○	○
5. 律师工作给您带来了较高的收入	○	○	○	○	○
6. 律师工作可以为您带来较高的地位与身份	○	○	○	○	○

27. 挑战型/阻碍型压力

	从不	偶尔	有时	经常	非常频繁
(一)挑战型压力					
1. 您感到工作量太大、工作太辛苦	○	○	○	○	○
2. 您感到时间压力大、工作节奏快	○	○	○	○	○

续表

	从不	偶尔	有时	经常	非常频繁
3. 您感到工作需要很多不同知识和技能及现有知识不断更新	○	○	○	○	○
4. 您需要同时处理多任务和多项目	○	○	○	○	○
5. 您承担的责任太大	○	○	○	○	○
(二)阻碍型压力					
6. 您的资源有限	○	○	○	○	○
7. 您不能得到客户的理解和认同	○	○	○	○	○
8. 您的工作时间不规律,常遇突发性任务	○	○	○	○	○
9. 您感到律师行业内部市场竞争激烈	○	○	○	○	○

28. 情绪耗竭

	非常不同意	不同意	不太同意	同意	非常同意
1. 律师工作令您感觉没有激情	○	○	○	○	○
2. 律师工作令您感觉崩溃	○	○	○	○	○
3. 每当想到不得不面对新的一天的律师工作时,您感到筋疲力尽	○	○	○	○	○

29. 请您根据自己的实际感受和体会,用下面 5 项描述在过去的 30 天之内工作对您情绪的影响,选择最为吻合的状态

	从不	偶尔	有时	经常	非常频繁
1. 生气	○	○	○	○	○
2. 焦虑不安	○	○	○	○	○
3. 讨厌	○	○	○	○	○
4. 害怕、惊恐	○	○	○	○	○
5. 愤怒	○	○	○	○	○

30. 工作创造力

	非常不同意	不同意	不太同意	同意	非常同意
1. 您在工作中尝试了很多新方法或新方案	○	○	○	○	○
2. 您与同事分享创新方法或方案,也支持同事的创新做法	○	○	○	○	○
3. 您建议尝试新方法或新方案完成工作任务	○	○	○	○	○

31. 关系重塑

	非常不同意	不同意	不太同意	同意	非常同意
1. 您会积极组织或参加与律师工作有关的社交活动	○	○	○	○	○
2. 您会积极组织一些特别的活动,如为同事庆祝生日	○	○	○	○	○
3. 在律师工作中,您会有意识和同行或有相同专业背景及兴趣的人交朋友	○	○	○	○	○

32. 网络推广

	非常不同意	不同意	不太同意	同意	非常同意
1. 您会主动通过多种渠道寻找潜在的客户	○	○	○	○	○
2. 您会对潜在的客户的达成合作的可能性进行评估	○	○	○	○	○
3. 在与某客户合作之前,您会首先评估建立这个合作关系是否会妨碍您与其他客户的关系	○	○	○	○	○
4. 您知道与何种社交资源保持何种关系	○	○	○	○	○
5. 您会主动了解客户拥有什么资源和信息	○	○	○	○	○
6. 您能够判断客户提供的资源是否可以发挥作用	○	○	○	○	○
7. 您能够有效利用客户的资源和信息	○	○	○	○	○
8. 您在与潜在客户合作之前会提前讨论合作的方式	○	○	○	○	○
9. 您与客户保持通畅的沟通	○	○	○	○	○
10. 您能够处理好与客户的关系	○	○	○	○	○

33. 中庸价值取向

	非常不同意	不同意	不太同意	同意	非常同意
1. 您认为与人相处,只做到合理是不够的,还要合情	○	○	○	○	○
2. 您认为任何事情总有个限度,过了头和达不到都不好	○	○	○	○	○
3. 您认为在办理业务时要为了大局观的和谐调整自己	○	○	○	○	○
4. 您做事情会考虑各种可能的状况	○	○	○	○	○
5. 您会在不同意见中,找折中方案或平衡点	○	○	○	○	○

三 家庭与工作平衡

34. 工作家庭自我平衡

	非常不同意	不同意	不太同意	同意	非常同意
1. 您在工作之余还有时间充分享受生活	○	○	○	○	○
2. 您在繁重的工作压力下依然能够保持身心健康	○	○	○	○	○
3. 您在工作中还能兼顾家庭	○	○	○	○	○
4. 您的事业、家庭和个人生活能够达到一种平衡状态	○	○	○	○	○

35. 工作家庭资源溢出

	非常不同意	不同意	不太同意	同意	非常同意
1. 家庭带来的放松让您更好应对明天的工作	○	○	○	○	○
2. 家庭的爱与尊敬让您工作中更有自信	○	○	○	○	○
3. 为了满足家庭所需,您要更努力地工作	○	○	○	○	○

36. 工作对家庭补偿

	非常不同意	不同意	不太同意	同意	非常同意
1. 工作中获得的社会地位和资源能弥补您在家庭中的投入不足	○	○	○	○	○
2. 工作中获得的收入能弥补您在家庭中的投入不足	○	○	○	○	○
3. 您可以同时满足家庭和工作方面的需求	○	○	○	○	○

37. 边界管理偏好

	非常不同意	不同意	不太同意	同意	非常同意
1. 您喜欢在家处理工作	○	○	○	○	○
2. 您不喜欢在家处理工作	○	○	○	○	○
3. 您喜欢回家后忘却工作	○	○	○	○	○

四 职业生涯管理

38. 自我职业生涯管理

	非常不同意	不同意	不太同意	同意	非常同意
1. 您经常反思目前的律师工作是否合适自己	○	○	○	○	○
2. 您已经制定了一个律师职业发展规划	○	○	○	○	○
3. 您已经设定律师职业目标,并努力实现它	○	○	○	○	○

39. 组织职业生涯管理:

	非常不同意	不同意	不太同意	同意	非常同意
1. 您所在的律师事务所为员工绩效提供反馈	○	○	○	○	○
2. 您所在的律师事务所有计划地为您调换工作岗位,以丰富工作经验	○	○	○	○	○

续表

	非常不同意	不同意	不太同意	同意	非常同意
3. 您所在的律师事务所按工作绩效评估结果评定薪酬	○	○	○	○	○
4. 您所在的律师事务所有明确晋升标准	○	○	○	○	○
5. 您所在的律师事务所为员工提供学习条件和学习材料	○	○	○	○	○

五 工作产出类

40. 组织承诺

	非常不同意	不同意	不太同意	同意	非常同意
1. 您愿意为所在的律师事务所付出额外的努力	○	○	○	○	○
2. 您骄傲地告诉他人在所在的律师事务所工作	○	○	○	○	○
3. 您更愿意选择在目前的律师事务所工作,而非其他律师事务所	○	○	○	○	○

41. 职业承诺

	非常不同意	不同意	不太同意	同意	非常同意
1. 您十分高兴选择了律师职业	○	○	○	○	○
2. 您经常很自豪地告诉朋友您的职业和工作内容	○	○	○	○	○
3. 您十分关心律师职业的未来发展	○	○	○	○	○

42. 工作绩效

	非常不同意	不同意	不太同意	同意	非常同意
1. 和同事相比,您的工作成绩比较优秀	○	○	○	○	○
2. 您的领导对您的工作成绩比较满意	○	○	○	○	○
3. 同事对您的工作成绩评价比较高	○	○	○	○	○

43. 女性职业成功

	非常不同意	不同意	不太同意	同意	非常同意
1. 您正在做对律师事务所很重要的工作	○	○	○	○	○
2. 因为您的技能和经验，律师事务所认为您能为其创造价值	○	○	○	○	○
3. 您能在所在律师事务所之外有很多发展机会	○	○	○	○	○
4. 您很容易在别的律师事务所找到类似工作	○	○	○	○	○
5. 您在6个月内找到一个更好工作机会的可能性很大	○	○	○	○	○
6. 凭您的专业能力和经验，您有很多工作机会可以选择	○	○	○	○	○
7. 随着知识和技能不断积累，您有可能成为所在领域的专家	○	○	○	○	○
8. 您能在工作中发挥自己的特长	○	○	○	○	○
9. 您能从工作中得到满足感和成就感	○	○	○	○	○

44. 离职倾向

	非常不同意	不同意	不太同意	同意	非常同意
1. 您想离开律师行业	○	○	○	○	○
2. 您想离开所在的律师事务所	○	○	○	○	○
3. 您希望一直做律师	○	○	○	○	○
4. 您希望在所在的律师事务所工作到退休	○	○	○	○	○

六 性别差异感知

45. 您认为女律师在执业中与男律师相比是否有优势？[单选题]*

○有优势　　　　　　　　○没优势（有劣势）

○视具体情况而定

46. 您认为客户对女律师是否存在由于性别差异而造成的选择顾虑？
[单选题]*

○有，但很少　　　　　　　　○有，且很多

○没有

47. 如果您需要一位搭档律师，您更优先选择：[单选题]*

○女律师　　　　　　　　　　○男律师

○我没有明确的性别倾向要求

48. 如果目前需要选择女律师搭档，您更倾向于选择：[单选题]*

○未婚未育　　　　　　　　　○已婚未育

○已婚已育　　　　　　　　　○我没有明确的要求

北京市女律师职业状况调查表——公众版

您好！感谢百忙中参与本次调查问卷活动，北京市律师协会女律师工作委员会希望通过本次问卷调查，了解首都女律师的职业状况，为改善、推进首都女律师工作提供帮助。问卷完成约需要5分钟，为匿名调查，数据只做群体分析，并严格保密，答案没有正误，请如实回答所有问题，非常感谢您的认真参与！

1. 您的年龄：[填空题]*

_____

2. 您的性别：[单选题]*

○男　　　　　　　　　　　　○女

3. 您的教育程度：[单选题]*

○初中　　　○高中　　　○专科　　　○大学本科

○硕士研究生　　○博士研究生

4. 您有无诉讼经历：[单选题]*

○有　　　　　　　　　　　　○无

5. 您的工作性质：[单选题]*
   ○学生　　　　　○公司　　　　　○事业单位　　　　　○机关
   ○其他

6. 请选择您所在城市：[填空题]*

   _____

7. 面对以下案件，您更倾向于推荐男律师还是女律师？

	男律师	女律师	没有明确性别倾向
劳动纠纷类案件	○	○	○
遗产纠纷案件	○	○	○
离婚案件	○	○	○
刑事案件	○	○	○
行政诉讼案件	○	○	○
商事案件	○	○	○

8. 针对以下关键词，您认为男/女律师更符合：

	男律师	女律师	没有明确性别倾向
周全	□	□	□
细心	□	□	□
理性	□	□	□
正直	□	□	□
合作	□	□	□
冷静	□	□	□
果敢	□	□	□
善于换位思考	□	□	□
沟通能力强	□	□	□
认真	□	□	□
内向	□	□	□

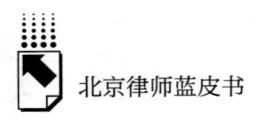

续表

	男律师	女律师	没有明确性别倾向
亲和	□	□	□
稳重	□	□	□
坚韧	□	□	□
强硬	□	□	□
有耐心	□	□	□
心理素质好	□	□	□

大事记

Key Events

B.6
2018~2019年北京律师大事记

2018年

1月（10）

1月6日 北京市律师协会传媒与新闻出版法律事务专业委员会与中国传媒大学媒体法规政策研究中心联合主办"2017年度中国十大传媒法事例发布会暨学术研讨会"。

1月7~8日 主题为"新时代、新格局、新机遇——《律师法》修改与深化律师制度改革"的第十届中国律师论坛在深圳举行。北京市律师协会高子程会长参加了闭幕式的律协会长话发展对话沙龙环节，10位北京律师发表了主题演讲。

1月8日 2018年香港法律年度开启典礼在香港举行。北京市律师协会副会长张峥作为观礼嘉宾参加了典礼。

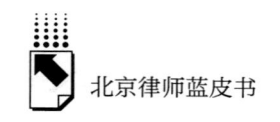

1月11~12日 北京市律师协会会长高子程、秘书长萧骊珠参加司法行政服务京津冀协同发展推进会。会议对近三年来司法行政服务京津冀协同发展工作情况进行总结，发布了司法行政服务京津冀协同发展2018年合作项目，并签订合作协议。

1月18日 北京市第十三届政协委员名单正式公布，全市有16名律师当选，比上届增长78%。2017年12月1日，北京市第十五届人大代表名单正式公布，全市有14名律师当选，比上届增长75%。同时，3名律师当选北京市第十二届党代表，8名律师当选区级党代表。北京律师当选北京市第十三届政协委员名单如下（排名不分先后）：高警兵（高警兵所）、许涛（国联所）、刘凝（易行所）、金莲淑（金平所）、刘劲容（环球所）、马慧娟（嘉诚泰和所）、白涛（君合所）、尤杨（金杜所）、欧阳继华（中同所）、王涛（雍泽所）、马元颖（名谦所）、刘燕（大成所）、赵一凡（方桥所）、张伟（雷杰展达所）、马一德（致诺所）、冯莉琼（京东方科技集团股份有限公司）。北京律师当选北京市第十五届人大代表名单如下（排名不分先后）：高子程（中创所）、刘红宇（金诚同达所）、朱建岳（观韬中茂所）、卫爱民（护宪所）、刘子华（华伦所）、王冬梅（威欧盛所）、张丽霞（华贸硅谷所）、肖微（君合所）、张雪梅（致诚所）、毕文胜（嘉观所）、梁秀稳（稳正所）、郝永芳（亚太所）、李大中（隆安所）、陈旭明（大成所）。北京律师当选北京市第十二届党代表名单如下（排名不分先后）：王丽（德恒所）、孟丽娜（康达所）、吴晓刚（诚实所）。北京律师当选各区党代表名单如下（排名不分先后）：蒋勇（东城区，天同所）、曲惠清（东城区，君合所）、李晓光（西城区，李晓光所）、张小炜（海淀区，炜衡所）、孟丽娜（朝阳区，康达所）、李海珠（丰台区，慧海天合所）、吴晓刚（昌平区，诚实所）、赵长凤（顺义区，顺新所）。

1月19日 北京市律师协会召开公职律师工作座谈会。本次座谈会是在全市公职公司律师工作进入全面推进阶段的背景下召开的，旨在加强协会和各公职律师单位之间的联络沟通，推进公职律师工作有序、健康开展。

1月22~23日 由北京市律师协会与广东、上海、广州、深圳五地律师协会共同主办的"第二届中国竞争与反垄断实务论坛"在广州举行。北京市律师协会副会长邱宝昌率团出席论坛并致辞。

1月23日 北京市律师协会举办《"一带一路"沿线六十五个国家中国企业海外投资法律环境分析报告汇编暨外国投资法律制度分析报告汇编》新书发布会。

1月23日 团中央"青年之声"服务体系2017年工作总结表彰会暨2018年工作部署会在京召开。会上，北京市律师协会荣获"青年之声"建设先进单位；会长高子程被聘为"青年之声"维权服务联盟主席；副会长张峥、宣联委主任沈腾被聘为"青年之声"维权服务联盟副主席；李超峰、李凯被聘为"青年之声"维权服务联盟副秘书长；刘玉香、盛乃龙、李凯荣获团中央"青年之声"服务体系2017年度优秀个人奖。

1月24日 为进一步推进《律师法》修改与深化律师制度改革相关课题研究，北京市律师协会举办《律师法》"律师工作管理体制"修改建议座谈会。

2月（6）

2月2日 北京市律师协会公司与公职律师工作委员会召开公司律师工作座谈会。各单位代表围绕公司律师工作的开展分别提出了意见建议，并就公司律师工作的继续推进进行了深入交流探讨。

2月7日 北京市委统战部严卫群副部长一行到北京市律师协会专题调研律师行业统战工作。会上，观看了《党旗映红法治路　党建助推律业兴——北京律师行业党建工作巡礼》专题片；介绍了第十届北京市律师协会主要工作和北京律师行业统战工作情况；律师代表分享了参政议政的心得体会。

2月8日 北京市律师协会召开老律师座谈会，介绍《口述历史——回眸北京律师业发展历程》第一辑的编写情况，并就第二辑编印工作征求老律师、历届会长的意见和建议。

2月8日 北京市律师协会通过微信公众号首次推出《北京市律师协会

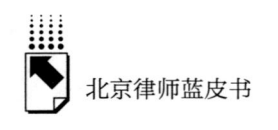

新春祝福》视频短片，向会员拜年。

2月11日 由北京市司法局、首都文明办主办，北京市律师协会承办的"2017北京榜样·寻找律师楷模"主题活动揭晓仪式在北京电视台演播厅举行。丁琛（高界所）、马兰（高通所）、白涛（君合所）、吕立秋（观韬中茂所）、乔守东（奥援所）、杨晓虹（潮阳所）、时福茂（致诚所）、欧阳继华（中同所）、赵小鲁（赵晓鲁所）、郝春莉（东卫所）10位律师荣获"律师楷模"，马航MH370家属律师服务团队、疏解整治促提升公益法律服务团、义联劳动法援助与研究中心3个律师团队荣获"特别推荐奖"，万欣（道信所）、马江涛（大成所）、王石启（圆融所）、王志红（致宏所）、王毅伟（中恒所）、石红英（英弘所）、刘安信（邦盛所）、杜超（延恒所）、李学辉（兰台所）、杨晓刚（中勉所）、余尘（合达所）、张利国（国枫所）、陈立元（嘉观所）、赵华（方桥所）、郝永芳（亚太所）、徐波（徐波所）、盛乃龙（盛堂所）、常卫东（常鸿所）、康春杰（檀州所）、韩映辉（纪凯所）20位律师荣获"提名奖"。

2月28日 北京市律师协会与市总工会法律服务中心召开座谈会，就进一步加强双方联络，共同推进北京市劳动争议案件联动机制建设进行讨论。

3月（15）

3月7日 北京市律师协会与中国法学学术交流中心召开座谈会，围绕共同推进律师更好地为国家"一带一路"倡议提供法律服务、更多地参与国家重大法律事务等方面展开沟通与交流，并商谈本年度重点工作及培训项目等合作事宜。

3月9日 北京市律师协会举办首都女律师庆"三八"暨"巾帼维权·送法到家"女律师以案释法宣讲活动推进培训会。

3月13日 第十届北京市律师协会监事会召开第十一次全体会议。审议通过了监事会2017年工作报告、2018年工作计划及预算安排的议案、《北京市律师协会选任人员履职考核办法》，研究部署了2017年度会长、副会长履职考核工作。

3月20日 市委政法委组织处处长陈岳一行到北京市律师协会调研律师党建工作，就推动成立区级律师行业党委、理顺全市律师行业党建管理体制和工作机制、强化党组织负责人管理和激励机制等工作进行了讨论交流。

3月21日 北京市妇联召开2018年度北京市三八红旗奖章获得者（社会推荐）表彰会，郝春莉（东卫所）、李军（易和所）、段凤丽（天驰君泰所）3名律师荣获奖章。

3月22日 第十届北京市律师协会理事会召开第十五次会议，审议通过了北京市律师协会理事会2017年工作报告、2017年度会费预算执行情况报告、2018年工作计划（草案）、2018年度会费预算（草案）的议案。

3月22日 第十届北京市律师协会监事会组织召开会长、副会长2017年度履职考核测评会议。

3月22日 由北京市律师协会报送的《北京市律师行业党建工作调研报告》（2017年7月）经中央党校、市委组织部等单位专家组成的评审组评审，荣获2017年度优秀自选课题成果一等奖。

3月27日 北京市律师行业党委举办北京律师行业学习贯彻全国两会精神专题报告会。

3月27日 北京市司法局和北京市律师协会联合举办律师人大代表和政协委员培训会。会议通报了北京市律师当选人大代表、政协委员的基本情况；与会律师人大代表、政协委员就参政议政的经验和体会进行沟通与交流；高子程会长传达了全国两会精神。

3月29日 由司法部组织的律师学习宣传贯彻宪法座谈会在京召开。高子程会长代表北京市律师协会发言。皮剑龙律师、吴革律师分别做"宪法修正案是新时代中国建设改革的根本保障""拥护宪法 尊重宪法 践行宪法"主题发言。

3月31日 北京市第十届律师代表大会第五次会议举行，会议审议通过了北京市律师协会2017年理事会报告、2017年监事会报告、2017年会费预算执行情况报告、2018年工作计划及2018年会费预算草案。

3月31日 北京市律师协会召开新闻通报会，通报了2017年北京市律

师协会的六大突破和亮点工作。

3月 北京市律师协会会长高子程作为市人大代表提出《关于将北京律师业高精尖人才纳入优先办理户籍范围的建议》，北京市人力资源和社会保障局就此建议予以了答复，其中两项涉及北京律师的内容是律师行业工作的重大突破：一是北京律师事务所可以为其聘用的优秀律师申请办理"北京市工作居住证"；二是将律师事务所纳入北京人才引进的范围，符合条件的优秀律师均可享受多项人才引进待遇。

3月 杨晓虹律师（潮阳所）入选第七届"北京市政法系统优秀人才"。

4月（12）

4月13日 新加坡律师公会会长 Gregory Vijayendran 一行4人到访北京市律师协会，就如何提高律师协会的社会影响力、扩大律师公益法律援助惠及面、协助律师事务所在境外设立分支机构、搭建资源共享和信息共享平台等进行了交流探讨，并就互派青年律师进修、相互派遣律师参加法律研讨活动等达成了共识。

4月14日 北京市律师协会参政议政促进工作委员会赴杭州参加"浙江省律师参政议政培训交流会暨京沪粤苏浙五地律师参政议政交流会"。会上，五地律师协会成员就举办京沪粤苏浙参政议政论坛提出倡议，并举行了签约仪式。

4月16日 北京市律师协会通过首都律师网发布《首都律师礼仪手册》，并在微信公众号同步予以推送。该版手册以"严格规范 竞争创新"为核心内涵，用图解的形式生动展示了律师执业过程中的各项礼仪。

4月17日 根据市委政法委部署安排，由中国人民大学法学院教授陈卫东、北京师范大学教授宋英辉、天津大学法学院教授黄太云、中国社会科学院法学研究所研究员熊秋红等专家组成的中国法学会北京市司法改革第三方评估组及市委政法委执法监督处有关同志一行13人到访北京市律师协会，就北京市司法改革的落实情况及如何进一步推进司法改革进行了交流。

4月19日 北京市价格监督检查与反垄断局价格检查处、市场价格监管处工作人员，赴兆亿、德恒、德和衡、京师4家律师事务所巡查检查法律服务明码标价情况。经北京市人民政府批准，自2018年4月1日起，取消北京市律师诉讼代理服务收费政府指导价，实现市场调节价。

4月22～24日 司法部在厦门举办全国律师维权惩戒工作专题研讨班。北京市司法局副局级干部、市律师行业党委书记王群代表北京市司法局做了题为"坚持首善标准 务实创新做好北京律师维权工作"的发言。

4月26日 北京市司法局、北京市律师协会联合举办2018年市区两级律师协会骨干培训会。会上，传达了全国律师维权惩戒工作专题研讨班上熊选国副部长讲话精神；通报了北京市律师协会2017年亮点工作和2018年重点工作；介绍了监事会发挥职能作用的情况；部署了北京市律师协会对各区律协、律师工作联席会2016～2017年度经费使用情况专项审计及2018年度区律协、律师工作联席会经费划拨工作；分享了各区做好相关工作的经验。

4月26日 北京市律师协会惩戒委员会与北京市司法局律师监管处召开联席会议。会议传达了司法部副部长熊选国在全国律师维权惩戒工作专题研讨班上的讲话精神；强调了做好律师行业惩戒工作的重要性和紧迫性；就如何进一步做好律师行业惩戒工作进行交流与沟通。

4月26日 北京市律师协会召开新闻通报会。会上通报了北京市律师协会在律师权益保障方面的亮点工作和十大典型维权案例。

4月26日 北京市律师协会与北京市高级人民法院就优化首都营商环境、便利当事人及其他诉讼参与人参与诉讼活动举行了座谈会。

4月27日 北京市律师协会与中央广播电视总台社会与法频道共同举办《律师来了》节目第一季总结会。30余名律师获得《律师来了》第一季节目"优秀法律顾问奖""最佳案件代理奖""杰出贡献奖"。

4月27～28日 北京市律师协会惩戒委员会召开市区两级律协惩戒工作会议，就进一步完善市区两级律协惩戒工作流程和标准以及惩戒工作培训机制等相关问题进行了深入交流。惩戒委还走访了顺义律协，就市区两级律协惩戒工作的流程及衔接机制进行了交流讨论。

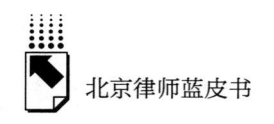

5月（12）

5月3日 北京市律师协会召开北京市律师行业税收政策座谈会，围绕北京市律师行业税收政策相关问题展开讨论。

5月3~4日 北京市律师协会团工委和青工委在北京律师培训基地共同举办"梦想与担当——'五四'青年节庆祝活动"。

5月5日 律师协会（全国）监事会论坛监事长2018年度会议在宁波召开。北京市律师协会监事长张卫华一行5人参加会议。与会人员就如何完善律师协会监督机制、进一步发挥监事会职能作用等进行了座谈交流。

5月10日 北京市律师协会思想道德建设委员会举办"名家大讲堂"活动。活动邀请国共隐蔽战线斗争史研究者、革命烈士刘光典之子刘玉平老师做"不忘初心、牢记使命——生命写就忠诚"专题报告，110余人聆听报告。

5月10~11日 北京市律师协会携手天津市律师协会、北京市延庆区司法局在北京市延庆区共同召开"京津冀司法行政服务北京2022年冬奥会和冬残奥会 河北雄安新区法律服务团座谈会"。

5月28日 新时代北京商务服务业国际化品牌化发展高峰论坛在国家会议中心举行，高子程会长代表北京市律师协会参加论坛。9家行业协会联合发布了"2017北京市商务服务业自主品牌百强榜"，大成、高文、浩天安理、金诚同达、金杜、京师、君合、兰台、柳沈、万慧达、炜衡、信利、中伦、天驰君泰、天达共和、国浩（北京）等16家北京律师事务所入围。

5月29日 司法部部长傅政华到北京市调研律师行业党建工作。傅政华一行实地走访了京师律师事务所和北京市律师协会，听取关于律师行业党建工作情况的汇报，探讨深入推进律师事业发展的重大问题。

5月29日 全国律协召开5月例行新闻发布会。北京市律师行业党委副书记、北京市律师协会会长高子程代表北京市律师协会参加会议，并通报了北京市开展律师行业党建工作调研的相关情况。

5月29日 中国国际法律服务高峰论坛在国家会议中心举行。张巍副会长受邀担任"科技浪潮下的法律服务"议题的主持人。3位北京律师做主题发言。

5月30日 以中台湾律师联盟理事长吴光陆为团长的代表团一行11人到访北京市律师协会并座谈，就如何加强两地律师在知识产权、投融资及仲裁等领域的合作、增进两地律师间的交流等话题进行座谈。

5月初 北京市司法局在全市司法行政系统组织开展了"法治好青年"评选表彰活动。欧阳继华（中同所）、芦云（汇佳所）、于旭坤（致诚所）3名律师荣获首都司法行政系统"法治好青年"荣誉称号，常铮（尚权所）、陈娜（纳诚所）、程晓璐（德恒所）、郭宏（亚东所）、韩雪（嘉观所）、何欢（兰台所）、胡家润（东卫所）、李瑞（中伦所）、卢亮（君合所）、孙莹（双利所）、唐容（檀州所）、王阳（观韬中茂所）、周保民（亚太所）等13名律师荣获首都司法行政系统"法治好青年"推荐提名奖。

5月 2390家律师事务所的28847名律师参加北京市律师协会律师2018执业年度考核。其中，考核结果为称职的律师共28777人，考核结果为基本称职的律师共43人，考核结果为不称职的律师共5人，暂缓考核的律师共22人。

6月（12）

6月6日 北京市律师协会会长高子程应邀参加最高人民检察院控告检察厅组织的座谈会，就组织北京律师参与最高检控告检察厅涉法涉诉信访化解及代理工作达成一致。

6月13日 北京市第一中级人民法院联合北京市司法局、北京市公安局法制总队、北京市律师协会召开新闻发布会，发布四方会签的"关于创新完善司法衔接工作机制，深入推进以审判为中心的刑事诉讼制度改革的会议纪要"。

6月14日 以会长李讃熙为团长的韩国首尔律师协会代表团一行11人到访北京市律师协会并参加第二十一届北京·首尔律师协会交流会，就行业

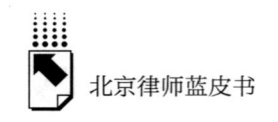

发展、律师服务公益及冬奥会相关法律事宜等感兴趣的话题展开交流；北京市律师协会外事委主任王正志律师就"《专利法》修改的焦点及其争议"做主题演讲；首尔律协国际委员会委员全祐正律师就中国企业在韩国成功上市的案例及相关法律法规做主题演讲。

6月14~15日 北京市律师协会召开"专业委员会（研究会）负责人2018年度年中会议"。

6月20日 北京市政协召开2018年"三年百人计划——香港青年学生北京社会实践活动"协调会议，就香港学生在京实习相关工作进行分工与安排。6月26日，市政协举行该项活动开营仪式。北京市律师协会组织金杜、君合2家律师事务所接待4名香港青年学生进行为期1个月的相关实践学习。

6月22日 北京市律师协会与东城区人民法院在东城法院举行"《关于开展律师调解工作的框架协议》签约仪式"。

6月22日 北京市律师协会与对外经济贸易大学法学院联合举办"涉外法律服务大讲堂"项目启动仪式。张巍副会长代表北京市律师协会与对外经济贸易大学法学院龚红柳副院长共同签署了"涉外法律服务大讲堂"项目合作备忘录。

6月22日 首都公共法律服务体系正式推出，北京法律服务网正式上线。公共法律服务项目平台同时发布了首批《北京市公共法律服务项目（产品）目录》。2018年共发布三批目录。北京市律师协会报送的58家律师事务所提供的120个法律服务项目入库。

6月26日 北京市律师协会召开市区两级律师协会监事长联席会议。与会人员围绕如何加强市区两级律协监事会沟通交流机制，充分发挥监事会职能作用等议题进行了座谈。

6月27日 第十届北京市律师协会理事会召开第十六次会议。会议通报了司法部部长傅政华到北京市调研律师行业党建工作和司法部党组书记袁曙宏到河北省调研律师行业党建工作的相关情况；审议通过了关于撤销北京市律师协会业务指导与继续教育委员会的议案及《北京市律师协会培训费管理办法（暂行）（修订草案）》、《北京市律师协会重新申请律师执业人员和异地变更执业机构人员审查考核办法（修订草案）》；并就《北京市律师协会理事会工作规则（修订稿）》《北京市律师协会会长会议规则（修订稿）》进行了讨论。

6月27日 市委社工委召开社会领域纪念中国共产党成立97周年暨党建重点任务推进会，对全市社会领域先进党组织、优秀共产党员、优秀党务工作者和优秀党建活动品牌进行表彰。北京市律师行业共有2个党委、4名个人和3个项目获奖。君合律师事务所党委、西城区律师行业党委荣获"北京市社会领域先进党组织"称号，周凯（北京市律师协会）、王辉（东城区律师协会）、牛琳娜（易和所）、邵浩（方正所）荣获"北京市社会领域优秀党务工作者"称号，市律师行业党委"思想道德建设委员会"、京师律师事务所党总支"京师千百万法律促和谐"、奥援律师事务所党支部"党建服务疏解非首都功能提升首都核心价值"被评为"北京市社会领域优秀党建活动品牌"。

6月29日 第十届北京市律师协会举行律师舞蹈团、摄影俱乐部、太极俱乐部成立仪式。

7月（15）

7月2~3日 外交部和中国法学会联合举办"一带一路"法治合作国际论坛，张巍副会长代表北京市律师协会参加了会议。会议主题为"共建'一带一路'规则与协调"。

7月3日 蒙汉双语青年律师培训座谈会在北京市律师协会召开。内蒙古律协选派10名青年律师赴北京市所属律师事务所进行为期两个月的学习培训。安理所、大成所、国浩所、尚公所、中洲所分别就本所的情况及培训安排做了简要介绍。8月30日，项目结业仪式在北京举行。

7月3日 内蒙古自治区律师协会监事会主席张承根一行8人到访北京市律师协会，就律师协会监事会建设进行座谈交流。

7月3日 北京市律师协会行业规则委员会召开工作会议，专题研究协

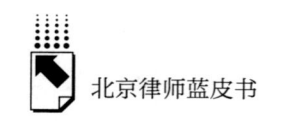

会章程修订工作。会议对《中华全国律师协会章程》修订条款进行了认真解读，并对《北京市律师协会章程》修订内容进行了研究与讨论。

7月4日 北京市律师协会召开2018年度"1+1"中国法律援助志愿者行动北京律师行前会。北京地区2018年"1+1"志愿律师是叶红梅（中闻所）、张祎（天津益清北京分所）、孔建（君永所）、王宗斌（汉马所）、马兰（高通所）、凌霄（德和衡所）、黄志雄（智舟所）、王铮（檀州所）、李敦勇（共信所）、胡勇峰（精维所）、康力泽（嘉安所）、丁弘（盛景所）、刘列（博陆所）、卢龙吉（湛源所）、朱彦忠（佳泰所）、任宇（李晓光所）、马政（长安所）、李建国（亚奥所）、姚丽波（中银所）。

7月7日 第十届北京市律师协会理事会召开第十七次会议。会议传达了司法部部长傅政华在第九届全国律师代表大会第二次会议上的讲话精神；审议通过了关于召开北京市第十届律师代表大会第六次会议的议案、关于提请律师代表大会审议《北京市律师协会章程（修订草案）》的议案和关于提请律师代表大会补选理事的议案。

7月8日 北京市第十届律师代表大会第六次会议举行，会议传达了司法部部长傅政华在第九届全国律师代表大会第二次会议上的讲话精神，对2017~2018年度北京市律师行业先进党组织、优秀共产党员、优秀党务工作者和党建之友进行表彰，修改《北京市律师协会章程》，将"坚持以习近平新时代中国特色社会主义思想为指导"、"坚定维护以习近平同志为核心的党中央权威和集中统一领导"和加强党的建设工作写入章程。

7月11~12日 北京市司法局和北京市律师协会在北京律师培训基地举办2018年公职公司律师颁证仪式暨"深化改革 服务创新"经验交流会。

7月17日 第十届北京市律师协会监事会召开第十二次全体会议。会议梳理了本年度监事会工作计划落实情况、本届监事会工作设想和计划落实情况；对组织参加第六届律师协会（全国）监事会论坛相关事宜进行了研究；就《理事会工作规则（修订稿）》和《会长会议工作规则（修订稿）》进行了讨论并提出相关建议；通报了市区两级律协监事长联席会议相关情况。

7月17日 由北京市法学会、台湾法曹协会、北京市律师协会共同主办的第四届两岸法律实务专业研讨会在北京台湾会馆举办。

7月17日 北京市律师协会召开"新时代、新思想、新宪法、新作为"——习近平新时代中国特色社会主义思想和新宪法修正案学习研讨会。

7月20日 北京市委常委、统战部部长齐静一行到北京金诚同达律师事务所和北京市律师协会调研北京律师行业统战工作。

7月26日 中国拍卖行业协会与北京市律师协会就签署战略合作协议在北京市律师协会召开座谈会。会上对战略合作协议的主要内容进行了深入的研究探讨。

7月26日 中央统战部八局调研组一行到北京市律师协会和北京市京师律师事务所调研北京律师行业统战工作。

7月27日 北京市高级人民法院、北京市律师协会共同召开"实习律师参与人民法院诉前调解工作培训会"。会议介绍了实习律师参与诉前调解相关工作内容，明确了工作要求，强调了工作纪律，并详细解答了实习律师提出的问题。

8月（11）

8月1日 北京市律师协会与北京市高级人民法院共同召开"实习律师参与诉前调解工作部署会"。会上，宣读了29位实习律师参与诉前调解工作的分配方案，各基层法院领导与实习律师进行了对接。

8月1日 北京市司法局和北京市律师协会举办2018年第一期首都律师宣誓仪式，共有84名新执业律师在殷杰副会长的带领下进行了庄严宣誓。

8月2、9日 北京市律师协会举办两次律师事务所主任、管理合伙人税务培训。华税律师事务所合伙人魏志标律师以"律师事务所税务风险管理和筹划实务"为题授课并进行答疑。

8月20日 全市司法行政系统新闻舆论工作会议召开。北京市律师协会荣获北京市司法行政系统新闻宣传工作先进单位，北京市律师协会官方微博入选北京市司法行政系统十大最具影响力新媒体，北京市律师协会秘书处宣传（国际）联络部主任李凯被评为北京市司法行政系统新闻宣传优秀通讯员。秘书长萧骊珠就"全面提升新时代首都律师行业宣传工作水平"做典型发言。

8月27日 京蒙两地律师协会合作交流座谈会在内蒙古自治区锡林浩特市召开。会上，当地律师事务所代表介绍了律所发展概况、业务开展及发展目标；与会人员共同回顾了京蒙两地律协及律师行业的合作历程，并就进一步扩大合作交流提出了许多意见和建议。

8月27日 由中国法学会主办的第五届"国际投资经贸法律风险及对策研讨会"在北京友谊宾馆举行。张巍副会长代表北京市律师协会参加了开幕式，并以"'一带一路'法律服务合作"为题发言。

8月29日 应北京市第三中级人民法院邀请，北京市律师协会参加了"北京市第三中级人民法院首届驻站公益律师工作总结会"。会议就近两年公益法律服务工作站工作进行总结，并给北京市法律援助中心、北京市律师协会发了感谢信。

8月29日 北京市公安局维权办专程到北京市律师协会赠送锦旗，对协会"维护民警执法权益律师顾问团"及程璇律师在代理民警权益受侵害案件时提供细致周到的法律服务表示感谢。

8月30日 北京市律师协会联合北京市第四中级人民法院举办行政模拟庭审活动。

8月30～31日 北京市律师协会女律师工作委员会举办"律媛说"女律师辩论赛。

8月31日 北京市律师协会律师事务所管理指导委员会和惩戒委员会联合举办律师事务所主任、管理合伙人职业道德与执业纪律培训。会议强调了律师事务所承办重大疑难案件、涉嫌黑恶势力犯罪案件的报告备案工作流程和注意事项，介绍了协会行业惩戒工作的基本情况，澄清了律所和律师对于行业惩戒的主要认识误区，并针对律所常见的违规情形进行了分析，对律所规范执业提出了建议。

9月（17）

9月1～16日 北京市律师协会与中国法学学术交流中心联合主办"扬帆计划"之百人涉外法律培训计划第3期"国际经济合作与争议解决法律实务培训班"。本次培训班为期3周，57名律师顺利结业。

9月3日 北京市律师协会行业规则委员会召开全体会议，讨论了《北京市律师协会理事会工作规则（修订稿）》、《北京市律师协会会长会议规则（修订稿）》和北京市律师协会行业规范汇编目录体例。

9月6～7日 由北京、上海、广东、广州、深圳五省（市）律师协会共同主办，北京市律师协会竞争与反垄断法律专业委员会承办的第三届中国竞争与反垄断实务研讨会在北京市律师协会培训基地举办。

9月7、12、14、19、21日 第十四期青年律师阳光成长计划——律所游学之旅"高效工作技能"专题培训班分别在金诚同达所、一法所、竞天公诚所、君合所、大成所举办，共200余人次青年律师现场参加培训，参与线上培训的律师共计6000余人次。

9月8日 北京市律师协会应邀参加通州区律协惩戒委成立大会，并召开市区两级律师惩戒工作交流培训会。会上，就市区两级投诉案件受理及工作职能划分、案件查处及惩戒工作衔接，以及惩戒委工作内容和履职要求等内容进行了介绍。

9月10日 北京市律师协会组织召开律师行业党组织和党员信息登记核查工作专题培训会，各区律师行业党组织党务工作人员参加培训。

9月17日 北京律师参与最高检化解和代理涉法涉诉信访案件工作正式开始。12家律师事务所共120名律师参与值班工作。最高检控告检察厅每个信访接待日安排一名北京律师在现场为上访群众评析案件、化解案件，引导群众依法信访。

9月19日 中华全国律师协会副会长张学兵一行4人到北京市东卫律师事务所看望慰问援藏律师李静、雪化平和梁艳艳。

9月19～21日 北京市委社会工委、北京社会建设工作领导小组办公

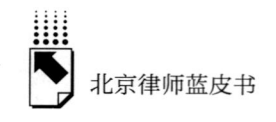

室共同主办的第四届"北京社会公益汇"在京举办,北京市律师协会副会长张峥应邀参加开幕式。北京市律师协会申报的"村居法律顾问"项目获得第四届北京市社会组织公益服务品牌铜奖。

9月20日 根据宁夏律师协会要求,北京市律师协会组织"宁夏律师事务所高级管理人才培训班"的50位律师分别走访大成、中伦、德和衡、亿达等4家北京律师事务所,就律所专业化运行、人才培养、品牌建设等内容进行交流和探讨。

9月21日 "同心共筑中国梦 法治文艺京城行"北京市2018年法治文艺大赛总决赛暨颁奖仪式在中国宋庆龄青少年文化交流中心举行。北京市律师协会合唱团、舞蹈团共同参演节目《律政之光》最终总分排名第四并荣获二等奖。

9月22日 北京市律师协会组织180余名老律师前往国家大剧院观看中国广播民族乐团中秋音乐会。

9月26日 第十届北京市律师协会理事会召开第十八次会议。会议审议通过了《北京市律师协会理事会工作规则(修订草案)》《北京市律师协会会长会议规则(修订草案)》《北京市律师协会规章制度工作委员会规则(修订草案)》《北京市律师协会财务管理办法(修订草案)》《北京市律师协会财务管理委员会规则(修订草案)》《北京市律师协会权益保障委员会工作规则(修订草案)》《北京市律师协会对外公益捐赠办法(修订草案)》及《北京市律师协会申请律师执业人员实习管理实施细则(修正案)》,审议通过了关于调整会费预算方案的议案和关于协会固定资产折旧方案及报废申请的议案。

9月26~29日 世界城市律协领导人会议2018年年会在美国芝加哥举行,会上就城市律师行业的现状和问题进行了深入研讨和交流。北京市律师协会副会长张巍参加会议。

9月28日 香港律师会第二届"一带一路"法律论坛在香港会议展览中心举行。北京市律师协会副会长张峥参加论坛。

9月29日 北京市司法局慰问团赴新疆阿克苏地区,看望和慰问参加

"1+1"中国法律援助志愿者行动的胡永峰、孔建两位北京律师。

9月 北京市律师协会荣获中央电视台社会与法频道公益法律服务节目《律师来了》第一季"2017~2018年度'最佳组织奖'",封跃平等15位律师荣获"优秀法律顾问奖",曹凤林等9位律师荣获"优秀法律服务奖",王晶等4位律师荣获"最佳公益代理奖",刘琳律师荣获"节目杰出贡献奖"。

10月（11）

10月18~19日 第六届律师协会（全国）监事会论坛在大连举行。北京市律师协会监事长张卫华一行8人参加会议。论坛以"在加强律师协会建设大背景下监事会工作的发展与创新"为主题。

10月23日 北京市律师协会主办的"改革开放四十年 北京律师成果展示——优秀辩护词代理词原音重现"活动在北京梅地亚中心多功能厅举行。王人宪（百瑞所）、李赫（中伦文德所）、张莉（中伦所）、王鑫（国舜所）、李永（盈渊所）、师晓燕（金诚同达所）获得"最佳口才奖";董梅（炜衡所）、张学明（金朔所）、石红英（英弘所）、张砾心（中盈所）、由莉雅（圣奇所）、史欣悦（君合所）获得"最佳风采奖"。

10月23日 北京市委统战部新的社会阶层人士工作处到北京市律师协会调研律师行业统战工作。北京市司法局律师综合指导处、党建工作处,北京市律师协会相关负责人参加座谈。

10月24日 北京市律师协会张卫华监事长一行5人回访了河南省洛阳市府店镇第三初级中学（原北京律师希望小学）。其间,张卫华监事长一行走访了洛阳市律师协会,并进行交流座谈。

10月24日 北京市律师协会公司与公职律师工作委员会举办公司与公职律师业务培训。北京市高级人民法院行政庭法官潘振东以"行政行为的司法审查"为题授课。

10月24~26日 高警兵副会长带队的北京市律师协会惩戒委员会、业务拓展与创新工作委员会一行赴贵州省律师协会考察交流。考察团先后与贵

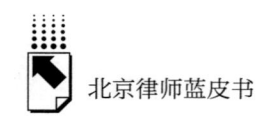

州省律师协会、遵义市律师协会就执行全国律师协会纪律处分规范的情况、辖区内基层惩戒工作与事务所内部惩戒管理工作的经验及特点、为律师拓展业务及引导律师开拓业务领域提供支持的经验、大数据业务落地贵州后贵州律师新业务与新特点等进行了交流和探讨。其间，考察团还走访了贵州君跃律师事务所。

10月25~26日 两岸四地青年律师论坛（2018）在香港召开。北京市律师协会副会长赵曾海参加论坛。论坛主题为"法律创新：机会与挑战"。

10月26日 北京市律师协会举办"2018年第二期首都律师宣誓暨老律师光荣执业三十年授牌仪式"。4位老律师代表和70位新执业律师参加授牌仪式。

10月29日 北京市律师协会副会长邱宝昌一行5人赴四川省什邡市回澜镇，回访北京律师捐建的陈家观"北京律师希望小学"。其间，邱宝昌副会长一行走访了四川省雅安市律师协会，并进行交流座谈。

10月29日至11月2日 北京市律师行业党委在延安举办北京市律师行业党务工作者专题培训班，并举行了北京、延安两地律师协会党建互联共建签约仪式。

10月 北京市律师协会组织完成《欧洲国别法律风险与投资案例专题研究报告》的最后校对及刊印工作。

11月（19）

11月1日 由中华全国律师协会、中国围棋协会主办，江苏省律师协会承办，苏州市律师协会协办的第九届中国律师围棋赛在江苏省苏州市举办。北京律师围棋队荣获团体第六名。

11月2~3日 全国律协宣传工作会议暨律师行业新媒体宣传培训班在苏州召开。中华全国律师协会对北京市律师协会宣传工作给予肯定及表扬，王笑娟副秘书长代表北京市律师协会做典型发言。

11月4日 北京市律师协会行业规则委员会召开全体会议，就制定协会选举推举类通用规则相关工作进行了研究。

11月6日 北京市委统战部严卫群副部长一行到北京市律师协会调研北京律师行业统战工作相关情况。

11月6~7日 北京市司法局和北京市律师协会共同举办"2018年青年骨干律师和入党积极分子培训班暨青年律师读书会"。

11月8日 北京市律师协会召开2018年度市区两级律师协会惩戒工作联席会。会上，市区两级律协惩戒工作相关负责人就各自工作开展情况及工作设想进行了交流。

11月10日 由天津市律师协会主办，北京市律师协会、河北省律师协会协办的第二届"京津冀律师篮球友谊赛"在天津工业大学体育馆举行。北京市律师协会篮球队蝉联冠军，河北和天津分获第二、三名。

11月16日 北京市律师协会举办首都女律师向日葵发展计划暨"巾帼维权·送法到家"女律师以案释法宣讲活动座谈会。会议介绍了宣讲团的工作开展情况，就进一步推动宣讲团工作进行讨论。

11月17日 北京律师太极拳俱乐部参加了2018年第四届北京国际武术文化节暨第十二届北京国际武术邀请赛，获得6金10银6铜的成绩。

11月18~20日 由京、云、贵、川四省（市）律师协会共同主办，云南省律师协会承办的第二届京云贵川律师实务研讨会成功举办。北京市律师协会副会长庞正忠率团出席并致辞。

11月22~23日 北京市律师协会召开市区两级律协2018年度权保工作会暨权保培训会。

11月24~25日 由中华全国律师协会环境、资源与能源法专业委员会和北京市律师协会共同主办的"新环保执法环境下的律师环保、资源业务——中华全国律师协会环境、资源与能源法专业委员会2018年年会暨京津冀律师环保研讨会"在北京律师培训基地召开。

11月25~28日 北京市律师协会副会长邱宝昌一行赴广东省、广州市、深圳市律师协会考察交流。邱宝昌副会长代表北京市律师协会与广东省律协签署了《跨省（市、区）维护律师执业合法权益合作协议》。考察团成员与当地律师就两地律师业发展现状及省市律师协会配合协调机制、专业委

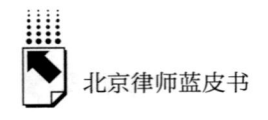

员会建设方面的工作特点，公职、公司律师与社会律师共同发展优势互补的经验等内容分别进行了深入座谈。考察团还走访了广州市公职律师事务所、广州越秀集团、广东宝城律师事务所。

11月26日 山东省律协副会长马东宁一行12人拜访北京市律师协会，就律师协会管理模式、服务模式、市区两级律师协会两结合工作机制等话题进行了交流。

11月26日 新加坡律师公会副会长M. Rajaram一行26人拜访北京市律师协会并交流座谈。交流活动分为两组进行。第一组主要围绕"一带一路"倡议下的跨境替代性争议解决机制、"一带一路"倡议下的合资企业并购、诉讼类业务拓展等议题展开；第二组主要围绕离婚程序、涉外婚姻、涉外仲裁裁决的执行、遗产继承、小型律师事务所的发展方向及知识产权领域法律问题等议题展开讨论。与会双方还就如何促进会员的执业实践以及组织开展业务培训等方面进行了讨论与沟通。

11月28~29日 北京市司法局和北京市律师协会举办"2018年优秀律所党支部书记、优秀党员律师培训班"。全市16个区38个律师事务所的42名律师参加了本次培训。

11月29日 司法部和最高人民法院在合肥召开刑事案件律师辩护全覆盖和律师调解试点工作推进会。会上，北京市司法局副局级干部王群同志做题为"勇于担当 精心作为 着力构建律师调解和律师辩护全覆盖工作北京模式"的发言。

11月29日至12月1日 北京市律师协会监事长张卫华一行4人赴安徽省律师协会就监事会工作进行交流考察。与会人员围绕各自协会监事会制度建设情况，监事会在履职过程中的经验、体会和面临的问题以及对会长、副会长、理事等开展履职考核工作的情况等议题进行了交流。

11月 为了积极营造良好法治环境，给民营企业健康发展提供优质法律服务，北京市律师协会遴选了90余名专业律师组建民营企业法治体检律师服务团。服务团在2018年底前为北京市重点民营企业开展一次免费全面法治体检。

12月（20）

12月1日 北京市律师协会举行"宪法宣传周"律师集体宣誓活动。

12月1~2日 第十届"京津沪渝粤琼"律师羽毛球赛在广东省深圳市举行。北京律师羽毛球队夺得本届赛事的团体亚军。

12月3日 "弘扬宪法精神 走进司法行政——北京市律师协会开放日"活动举行。活动通过设立法律服务咨询台、现场义务解答居民法律问题、律师法治宣传书画展以及设置北京市律师协会工作满意度问卷调查等方式，为社区居民提供服务，增进普通市民对北京律师行业的了解和关注。

12月4日 北京市律师协会参加由司法部普法与依法治理局指导，法制日报社、中共陕西省委普法办、陕西省司法厅主办的首届全国快乐学法大赛总决赛（现场赛）。北京代表队获得团体第三名，北京市律师协会获得组织奖，高婷婷律师获得个人优胜奖，韩映辉、于虹飞、刘明明、王聪4位律师获得个人优秀奖。

12月5日 北京市律师协会参政议政促进工作委员会和法治北京促进研究会共同召开"征集2019年北京市两会建议案、提案"座谈会。与会人员就律师参与冬奥会及冬残奥会筹办法律服务、河北雄安新区法律服务、公共法律服务体系建设、疏解整治促提升、涉法涉诉等工作展开探讨，还就律师事务所设立相关问题、律师会见难、开设法院律师安检通道等执业过程中遇到的具体问题进行了交流讨论，提出了几十项意见建议。

12月6~28日 由北京市律师协会主办，天津市律师协会、河北省律师协会协办的2018年首届京津冀三地律师艺术节在京举办。此次京津冀三地律师艺术节为期一个月。艺术节期间安排了文艺演出、芭蕾和歌剧艺术讲座、现代艺术赏析、戏曲赏析、律师戏曲爱好者之夜等活动及三地律师书画摄影手工艺作品展。12月28日，举办了北京市律师协会律师书画院、戏曲社、围棋俱乐部成立仪式。

12月7日 北京市司法局、北京市律师协会在北京小桔科技有限公司举行民营企业"法治体检"专项活动启动仪式暨座谈会。

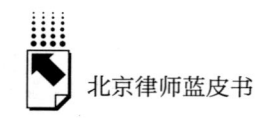

12月12日 市委组织部、市司法局联合召开全市律师行业党建工作座谈会。市委组织部副部长张革，市司法局党委书记苗林出席并讲话。市司法局局长李富莹主持会议。会上，西城区委组织部、朝阳区司法局、炜衡律师事务所党委、致宏律师事务所党支部做了交流发言。

12月14~15日 第十届北京市律师协会专业委员会（研究会）总结表彰大会在北京律师培训基地召开。会上，根据投票结果产生了第十届北京市律师协会十佳及优秀专业委员会（研究会）各10个、十佳及优秀专业委员会（研究会）主任各10名。大会颁发了"第十届北京市律师协会专业委员会（研究会）专项工作奖"23个、"第十届北京市律师协会智库贡献奖"2个。

12月15日 第十届北京市律师协会理事会召开第十九次会议。审议通过了《北京市律师协会关于扶持引导青年律师可持续发展的指导意见（草案）》《北京市律师协会出国培训助学金申请办法（修订草案）》《北京市律师协会助学金评审委员会评审规则（修订草案）》《关于成立北京市律师协会换届工作办公室的议案》。

12月17~18日 北京市律师协会副会长高警兵、赵曾海、刘卫东分别带队赴海口、哈尔滨、西安，与海南、黑龙江、陕西三省律师协会签署律师维权互助协议，并就律师维权工作进行经验交流。

12月20日 四川省律师协会会长程守太一行拜访北京市律师协会，就律师行业发展战略、文化建设，律师协会专门、专业委员会的设立，行业宣传及如何为行业发展营造良好舆论环境等内容进行了深入交流与探讨。

12月21日 中华全国律师协会2018年走基层、进律所媒体交流日活动在北京举行。北京市律师协会被评为先进集体，荣获"守正出新奖"；北京市律师协会秘书处宣传（国际）联络部主任李凯被评为优秀个人，获得"锐意创新奖"；北京市律师协会荣获"寻找律师感人瞬间"活动"优秀组织奖"；陈立元律师的摄影作品《北京市律师协会7任会长图》荣获"寻找律师感人瞬间"活动优秀摄影作品征集活动"特等奖"。

12月21~22日 北京市律师协会惩戒委员会召开工作总结暨表彰大

会。会上，惩戒委进行了总结述职并对优秀委员予以表彰；各区律协通报了惩戒工作情况，并就进一步加强市区两级律协惩戒委工作衔接等内容进行交流；听取了全体委员对2019年惩戒委工作的意见和建议。

12月25日 第十批公益法律服务中心志愿律师培训会举行。会上，介绍了值班律师接访规则和接访技巧，并就值班过程中突发情况和应对措施等进行了经验交流。

12月27日 北京市律师协会与北京市公安局监管总队召开"2018年度监管系统律师会见工作座谈会"。与会双方表示将加强双方联系和沟通，畅通解决问题的渠道，及时解决律师会见中发生的各种问题，充分保障律师正当合法的执业权益。

12月28日 市司法局副局级干部、律师行业党委书记王群带领律师服务团到汉能控股集团开展"法治体检"专项活动。双方就协助汉能建立法律风控合规管理系统，对接国际模式；举办针对集团高管、部门领导、员工等不同层级的专题培训、法律知识讲座；风控合规、合同审核注意事项等展开深入的交流。

12月 中央政法委"改革开放40周年政法系统新闻影响力人物"评选结果揭晓，北京市致诚律师事务所主任佟丽华获此殊荣。

12月 北京市律师协会指导东城、西城等12个区律协圆满完成换届工作，协助怀柔、平谷等4个区顺利完成区律协组建工作，率先实现直辖市律师行业组织市区两级全覆盖。

12月 北京市律师协会积极构建体现首都特色的律师调解工作格局，依托北京多元调解发展促进会平台，指导全市33家律师事务所成立律师调解中心，认证律师调解员435人，推进成立北京市律师协会调解中心；同时，选派393名资深律师和30名实习律师进驻法院开展诉前调解，着力扩大律师参与调解的广度与深度。

北京市律师协会2018年度培训、考核、宣传、公益、维权、惩戒等工作情况

培训工作：

举办大型业务培训2期，参加律师1050人次；举办小型业务培训51

期，参加律师 6860 人次；专业委员会举办业务研讨活动 64 期，参加委员 3530 人次。

北京律师学院举办律师业务专题培训班 31 期，参加律师 4970 人次。

考核工作：

收到《实习律师备案申请表》4150 份，为符合申报条件的 3886 人发放了"实习律师证"。

组织实习律师集中培训 9 期，2796 人次参加，考核合格 2732 人。

组织实习期满申请律师执业人员面试考核 64 期，2560 人次参加，考核合格 2218 人。

组织重新申请律师执业人员和异地变更执业机构人员面试考核 12 期，490 人次参加，考核合格 370 人。

宣传工作：

在报纸、杂志、电台、电视台刊发宣传稿件 2000 余件。

通过北京市律师协会微信公众号发布文章 691 篇，累计阅读量达到 486522 人次，截至 12 月底关注人数达到 15312 人；通过北京时间号和腾讯企鹅号两个专区发表文章 243 篇；通过官方微博发布文章 484 篇；今日头条北京律协专号发布文章 17 篇。

公益工作：

北京市律师协会公益法律服务中心组织志愿律师 800 余人次，接听咨询电话 1453 次，接待现场咨询 1775 人次。

北京市律师协会组织 7 名女律师参加全国妇联信访接待，值班 24 天，接待信访人员 96 人次。

北京市律师协会女律师工作委员会组织 20 名女律师参加"巾帼维权·送法到家"女律师以案释法宣讲活动 139 场，累计受众 1.2 万人次。

维权工作：

北京市律师协会维权中心协调解决个案维权案件 14 起。

惩戒工作：

接到当事人投诉 612 件（次），接到各区律协报送的建议给予行业纪律处分的案件84件，立案111件，审结97件（含上一年度立案未审结案件），对26家律师事务所、37名律师做出了行业纪律处分。

召开听证会76次。

受理会员纪律处分复查申请11件，审结11件（含上一年度申请复查案件）。

其他：

为21名重病律师发放互助金118万元。

2019年

1月（10）

1月9日　北京市律师协会与北京市高级人民法院联合举办北京法院"微诉讼"平台使用培训班。市高院对"微诉讼"平台的各项功能进行了详细讲解，并对该平台的预约立案、在线调解、裁判文书自动生成等核心环节进行现场演示。

1月9日　北京市律师协会召开2018公共法律服务项目平台建设工作总结会。会议详细介绍了2018年公共法律服务项目工作开展情况并为各律所颁发了"公共法律服务项目入选证书"；4位律师事务所代表现场分享了项目构思和推进的经验。

1月10日　河北省律师协会会长张金龙一行6人拜访北京市律师协会。双方就律师行业发展战略、文化建设、青年律师扶植、涉外法律人才培养等内容进行了深入交流与探讨。双方一致认为，在京津冀一体化发展的大背景下，两地律协可以在扶植青年律师、律师队伍建设、涉外律师人才培养及律师业务交流研讨等方面进一步加深合作，两地律协可以互派代表列席对方的代表大会，并在举行各类业务研讨会及培训等方面共享资源，携手并进，共同发展。

1月22日　北京市律师协会召开市区两级律师协会监事长联席会议。

会议通报了北京市律师协会监事会本届重点工作开展情况；各区律协监事介绍各自监事会基本情况、本届工作设想并对工作中面临的问题等进行了交流；与会人员围绕加强市区两级律协监事会沟通交流，创新监事会工作方式方法，进一步发挥监督职能作用等议题进行了座谈。

1月24日 北京市律师协会召开2019年度第一次新闻通报会。会上，通报了2019年北京律师行业十大亮点工作，并就北京市律师协会涉外法律服务新举措及北京实现律师远程视频会见等内容回答了记者提问。

1月28日 中华全国律师协会副会长张学兵一行到北京市纪凯律师事务所，慰问患病律师并调研党建工作，与会人员围绕北京律师行业发展中存在的问题及困难、加强律师党建工作的路径与措施、律师协会工作短板和薄弱环节等调研课题进行了深入讨论。

1月28日 北京市高级人民法院与北京市司法局、北京市律师协会联合召开"优化营商环境工作"座谈会。与会人员围绕如何进一步优化首都营商环境，推进"执行合同"和"办理破产"两项指标的提升进行了充分的沟通和交流。

1月29日 北京市公益法律服务促进会到北京市律师协会调研、座谈。双方围绕"如何共同建立对参与涉法涉诉信访及代理申诉工作的律师事务所和律师选拔机制，激励、奖励机制""如何完善律师参与涉法涉诉信访及代理申诉工作的保障机制、工作培训机制""如何进一步发挥律师在涉法涉诉信访及代理申诉工作中的作用"进行了充分的沟通和交流。

1月30日 北京市律师行业党委组织第十届北京市律师协会理事、监事履职考核测评，以及北京市律师协会监事会组织会长、副会长2019年度履职考核测评。

1月30日 北京市律师行业党委召开第十次会议。会议集中学习了习近平在中央政法工作会议上的重要讲话精神、司法部全国司法厅（局）长会议精神、北京市委政法工作会议精神、北京市司法行政工作会议精神、北京市司法局2019年工作要点、中国共产党政法工作条例。

2月（3）

2月20日 北京市律师协会公司与公职律师工作委员会召开公司律师单位法律队伍建设情况座谈会。会上，各单位代表分别介绍本单位律师工作基本情况，并就司法部新颁布的《公司律师管理办法》的落实提出意见和建议。

2月21日 北京市律师协会面向全市律师事务所和律师召开两场"北京市优化营商环境政策培训会"。会上，介绍了北京市2019年"9+N"政策出台以来，在政务环境、投资贸易环境、创新创业环境、诚信法治环境等方面的主要工作进展以及"9+N"政策2.0版的突出特点和主要内容，并解答了与会律师事务所代表、律师提出的问题。

2月23日 北京市律师协会正式开通抖音账号，通过发送记录行业重大活动及律师先进事迹等内容的短视频，向社会及时报道和集中展示北京律师行业整体风貌及优秀律师个人风采。

3月（10）

3月2日 北京市律师行业党委召开2018年度民主生活会。市司法局党委书记苗林，市纪委、市监委驻市司法局纪检监察组组长鲍雷，市律师行业党委委员参加会议。市律师行业党委书记王群主持会议。会议通报了2017年度民主生活会整改和巡视整改措施落实情况、2018年度民主生活会征求意见情况，党委班子进行对照检查；党委委员依次做个人对照检查发言，开展批评与自我批评。

3月5日 在北京市委政法委的指导下，北京市律师协会与北京市公益法律服务促进会共同召开"2019年度第三方社会力量参与北京市法院系统涉法涉诉信访终结工作专题会"。

3月7日 北京市律师协会在西苑饭店举办"最心灵——首都律媛情动'三八'"活动。活动共分"说提升""虑公益""参政议政""致绽放"四个篇章。

3月12~19日 北京市税务局、北京市司法局、北京市财政局、北京市律师协会组成的北京市律师行业税收政策联合调研组赴大成、金诚同达、金台、华贸硅谷、国联、致诚、慧海天合、集佳、李晓斌等9家律师事务所进行实地调研，了解了2016年至2019年律师事务所财务管理、纳税核算和纳税申报的情况，特别是律所开展公益活动和党建活动的状况，听取了各所对行业税收征收的建议。

3月14日 北京市司法局党委书记苗林到天驰君泰律师事务所调研律师行业党建工作。与会人员围绕如何进一步加强律师行业党建工作进行了座谈交流。

3月16日 第十届北京市律师协会理事会召开第二十次会议。会议审议通过了《北京市第十一次律师代表大会代表产生办法（草案）》及《关于会员处分复查专门工作委员会非执业律师委员聘任方案的议案》，并就《第十届北京市律师协会理事会工作报告（征求意见稿）》进行了讨论。

3月20日 中华全国律师协会3月新闻发布会在北京举行。北京市律师协会会长高子程向与会人员介绍了《北京市涉外法律服务调研报告》的相关情况。

3月20日 北京市律师协会与北京互联网法院举行座谈，双方就进一步优化营商环境、积极推进电子数据资源互通、探索涉及互联网的诉讼业务新模式、建立北京市律师协会与北京互联网法院长效交流机制等方面进行了深入细致的探讨。

3月23日 北京市律师协会举办青年律师与两会代表"面对面"座谈会，就青年律师如何参政、议政，如何从律师个人发展过渡到关注行业发展，如何坚持做好公益事业，如何处理重大敏感案件等进行互动交流。

3月28日 由北京市律师协会、中央广播电视总台社会与法频道《律师来了》栏目共同举办的北京律师行业"时代新人有律师"主题演讲活动在北京梅地亚中心多功能厅举行。13名律师登台演讲，展现出北京律师的"奋斗幸福观"。

4月（4）

4月3日 北京市律师协会通过首都律师网发布《关于开展涉外法律服务优秀案例评选活动的通知》。截至4月30日，共征集案例169个。

4月19日 第十届北京市律师协会理事会召开第二十一次会议。会议传达了蔡奇书记在市律师协会换届工作进展情况报告上做出的重要批示，通报了换届工作进展情况，并就下一步工作提出了具体要求。会议审议通过了《北京市第十一次律师代表大会代表推举办法（草案）》，并组织完成了北京市第十一次律师代表大会代表推举工作，会议还就《第十届北京市律师协会会费收支情况报告（征求意见稿）》进行了讨论。

4月27日 北京市第十一次律师代表大会代表培训会在北京会议中心召开。会议通报了北京市第十一次律师代表大会代表选举、推举的相关情况；就第十届北京市律师协会理事会报告、监事会报告及第十一届北京市律师协会理事、监事、会长副会长、监事长选举办法起草情况向代表进行了说明；与会代表进行了分组讨论，并开展了第十一届北京市律师协会相关职位人选自荐、推荐工作。

4月29日 北京市律师行业党委召开律师行业党建工作推进会。会议传达学习了《中组部、司法部党组〈关于全面加强新时代律师行业党的建设工作的意见〉的通知》精神，对开展律师行业党建规范化建设年活动进行了部署，西城区司法局、通州区律师行业党总支、中伦律师事务所党总支、致诚律师事务所联合党支部等4家单位做了经验交流发言。

5月（8）

5月5日 北京市司法局党委在行政副中心举行首都司法行政系统"青春心向党·建功新时代"青年展示活动。北京市中同律师事务所崔森律师代表北京青年律师参加展示。

5月5日 北京市律师协会组织编印完成《口述历史——回眸北京律师业发展历程》（第二辑）。该书通过采访12位曾在国办所执业的老律师，全

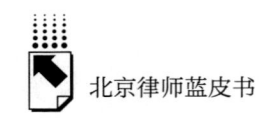

面回顾了北京律师行业恢复重建以来的改革历程及发展脉络，展现了北京律师行业的优良传统。

5月8日 第十届北京市律师协会监事会召开第十四次全体会议。会议对第十届北京市律师协会监事会工作进行了全面总结，对如何进一步发挥监事会监督职能、创新监督方式方法等提出了意见建议，审议通过了《关于将〈第十届北京市律师协会监事会工作报告〉提交代表大会审议的议案》。

5月10、15日 北京市律师协会应邀参加丰台区律师协会、西城区律师协会惩戒委员会培训会，分别就《律师协会会员违规行为处分规则（试行）》、如何撰写《调查报告》、投诉案件的调查程序等内容进行讲解说明和授课答疑。

5月11日 第十届北京市律师协会理事会召开第二十二次会议。会议传达了全国律师工作会议精神，组织学习了傅政华部长、袁曙宏书记和熊选国副部长在全国律师工作会议上的重要讲话，并就会议相关文件进行了讨论。会议审议通过了《关于召开北京市第十一次律师代表大会的议案》《关于提请律师代表大会审议〈第十届北京市律师协会理事会工作报告〉的议案》《关于提请律师代表大会审议〈第十届北京市律师协会会费收支情况报告〉的议案》。

5月19～20日 北京市召开第十一次律师代表大会。司法部党组成员、副部长熊选国，市委常委、政法委书记张延昆，市高级法院党组书记、院长寇昉，市检察院党组书记、检察长敬大力，全国律师协会会长王俊峰，市委副秘书长张铁军，市委政法委副书记鲁为，市公安局党委副书记、副局长亓延军，市委统战部副部长严卫群等应邀出席大会。会上对荣获"2015～2019年度北京市优秀律师事务所、北京市优秀律师"的50家律师事务所和100名律师予以了表彰。大会通过了《第十届北京市律师协会理事会工作报告》、《第十届北京市律师协会监事会工作报告》和《第十届北京市律师协会会费收支情况报告》，经投票选举产生了第十一届北京市律师协会理事会和监事会。高子程律师当选第十一届北京市律师协会会长；王清友、张小炜、赵曾海、高警兵、刘卫东、张峥、马慧娟、毕文胜、韩映辉、郝春莉等律师当选第十一届北京市律师协会副会长；王志强律师当选第十一届北京市律师协会监事长；第十一届北京市律师协会理事会聘任萧骊珠为秘书长。

5月28日~29日 北京市律师协会参加中国国际服务贸易交易会。5月28日，北京市律师协会推荐的5家从事涉外业务的律师事务所代表参加全球服务贸易峰会，并同与会嘉宾围绕"全球服务，互惠共享"主题展开深入探讨；5月29日，法治中国互通论坛上发布了"2019北京商务服务业创新品牌和国际品牌百强榜"，27家北京律师事务所入围。

5月 2555家律师事务所的31009名律师参加北京市律师协会律师2019执业年度考核。其中，考核结果为称职的律师共30950人，考核结果为基本称职的律师共40人，考核结果为不称职的律师共2人，暂缓考核的律师共17人。

6月（10）

6月3~9日 北京市律师协会出访团一行5人赴白俄罗斯、俄罗斯走访调研。在白俄罗斯访问期间，代表团拜会了明斯克市律师协会，走访了中铁二十五局集团白俄罗斯工程项目部、中白工业园区开发股份有限公司、白俄罗斯中国企业商会，访问了明斯克市叶夫根尼马林斯基律师事务所；在俄罗斯访问期间，代表团拜会了莫斯科市律师协会、中国驻俄罗斯大使馆，走访了俄中丝路创新园、俄罗斯中国总商会及商会所在地格林伍德贸易园，并到北京德和衡（莫斯科）律师办公室进行了调研。

6月4日 北京市律师协会召开党建工作座谈会。会议传达学习了司法部熊选国副部长、全国律师协会韩秀桃秘书长在全国律师行业党组织书记示范培训班上的讲话精神，传达了苗林书记和王群同志的批示；对开展全市律师行业党建全覆盖"回头看"与推进全规范调研检查、开展2018~2019年度市律师行业党建评优表彰方案以及基层党组织书记轮训等工作进行了部署；总结了规范化建设年活动进展情况，并就进一步做好相关工作提出了要求。

6月4日 第十一届北京市律师协会监事会召开第二次全体会议，对监

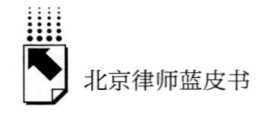

事会工作思路和方法进行了讨论，研究了 2019 年度监事会工作计划和预算安排，明确了各位监事的职责分工，与会人员就进一步发挥监事会监督职能、创新监督方式方法及加强市区律协监事会工作沟通交流等提出了意见建议。

6 月 12 日 司法部法治督察局副局长王磊一行 4 人到北京市律师协会就"保护民营企业发展"进行调研座谈。与会律师就民营企业发展过程中遇到的立法、执法、司法等问题，结合典型案例展开充分交流讨论。

6 月 12 日 北京市高级人民法院党组成员、副院长蔡慧永一行十余人到北京市律师协会调研座谈。与会律师对北京法院优化营商环境的各项便民举措，尤其是"微律师"平台表示欢迎，并就北京法院诉讼服务工作充分发表了意见和建议。

6 月 14~17 日 "北京·遵义律师事务所管理培训班"在北京律师培训基地举办。30 余名北京中小律师事务所主任、管理合伙人和 50 名遵义律所主任参加培训。培训班包括管理培训、业务培训、座谈交流和参观学习四部分内容。

6 月 20 日 第十一届北京市律师协会理事会召开第二次会议。会议通报了北京市第十一届律师代表大会第二次会议暨律师行业党建规范化建设年工作推进会安排，审议通过了《关于提请律师代表大会审议〈北京市律师协会 2019 年工作计划〉（草案）的议案》《关于提请律师代表大会审议〈北京市律师协会 2019 年度会费预算〉（草案）的议案》《第十一届北京市律师协会专门工作委员会（联谊会）设置方案及主任、副主任建议名单》《北京市律师协会专业委员会工作规则（修订草案）》《第十一届北京市律师协会专业委员会（研究会）设置方案》。会议还印发了《中共北京市律师行业委员会关于在全市律师行业开展"不忘初心、牢记使命"主题教育的指导意见》。

6 月 26 日 北京市律师协会召开座谈会，讨论《北京市开展律师专业水平评价试点工作实施办法（试行）》、《北京市律师专业水平考核评审委员会组织管理办法》及专业律师评价指标体系等内容。与会律师就试点范围选择、评审团队组建、评审程序安排、评价标准制定、市场公平保证等问题提出了建议，就如何科学制定不同专业领域的评价指标发表了意见。

6月29日 北京市第十一届律师代表大会第二次会议暨律师行业党建规范化建设年工作推进会举行。北京市司法局党委书记苗林出席会议并讲话，北京市司法局副局级干部、市律师行业党委书记王群出席会议。会议审议通过了《北京市律师协会2019年工作计划》和《北京市律师协会2019年度会费预算》。

6月30日 全国律师行业党委在青岛召开"全国律师行业党建工作先进典型表彰暨经验交流会议"。北京市天同律师事务所党支部等5个党组织、牛琳娜等14名律师、宋晓江等3名同志分别获得"全国律师行业先进党组织""全国律师行业优秀党员律师""全国律师行业优秀党务工作者"称号。易和所牛琳娜律师作为优秀党员律师代表做"党员律师使命不变 初心不改"大会发言，天同律师事务所党支部作为先进党组织代表做"以党建促发展　传递诉讼正能量"大会发言。

7月（9）

7月2日 北京市律师协会与北京市高级人民法院就国际商事纠纷问题举行座谈会。与会双方围绕涉外商事审判中遇到的问题、涉外商事纠纷案件变化情况及涉外仲裁裁决的确认与执行等进行了沟通与交流。

7月4日 司法部、中华全国律师协会、中国法律援助基金会召开"1+1"中国法律援助志愿者行动2018年度总结暨2019年度启动仪式。北京地区2018年度志愿律师代表和2019年参加志愿服务的11名律师参加会议。大会表彰了2018年度"1+1"志愿者行动的优秀律师，部署了2019年度"1+1"志愿者行动，7月5日，11名北京志愿律师分赴新疆、青海、内蒙古、广西、湖南、海南等地开展为期一年的志愿服务。

7月11日 北京市司法局党委书记苗林带队到北京市百瑞律师事务所调研指导律师行业党建工作。苗林书记一行听取了海淀区司法局、百瑞所、炜衡所、嘉观所、华贸硅谷所、京平所的党建及律师工作情况，重点就贯彻落实全国律师工作会议精神、全市律师行业党建工作座谈会精神以及如何加强律师行业党的建设等内容进行了深入的沟通交流，并对有效解决律师行业党建工作的重点、难点问题提出了指导性意见。

7月11日 司法部、中华全国律师协会、中国法律援助基金会在拉萨市举行"援藏律师服务团"启动仪式。北京市司法局副局级干部、市律师行业党委书记王群，北京市参加志愿服务的13名律师参加会议。启动仪式上，王群同志代表北京市司法行政系统做了经验交流发言。

7月15日 北京市贸促会、北京国际商会副会长马长军一行6人到北京市律师协会就参与"一带一路"建设进行走访调研。与会双方就如何进一步加强双方在法律服务领域内的业务合作、人员培训等进行了交流。

7月19日 北京知识产权法院立案庭党支部书记、负责人仪军一行4人到北京市律师协会调研。与会律师围绕涉外案件认证手续和网上立案等问题发表意见建议。

7月23日 由光明日报社、公安部新闻宣传局、最高人民检察院新闻办、最高人民法院新闻局、司法部法治宣传中心指导，光明舆情、新浪微博、今日头条、清博大数据、抖音提供数据支持的第六届"政法系统新媒体应用案例"推选活动颁奖仪式暨研讨交流会在北京举行。北京市律师协会《风雨无阻！专业敬业的首都律师刷爆朋友圈》荣获2018全国司法行政系统"十佳新媒体案例奖"。北京市律师协会副会长高警兵代表协会参加会议并领奖。

7月30日 北京市高级人民法院、北京市司法局、北京市律师协会联合召开实习律师参与诉前调解工作推进会。会上，2019年参与诉前调解工作的4名实习律师代表做了经验交流；北京市京师律师事务所介绍了律所支持实习律师参与诉前调解工作的举措；朝阳区律师协会、通州区法院分别介绍了实习律师参与诉前调解工作相关情况。北京市高级人民法院通报了实习律师参与诉前调解工作的情况：2019年试点工作启动以来，第一批29名实习律师共成功调解1753件纠纷，调解成功率为35.4%。

7月31日至8月1日　北京市司法局、市律师行业党委联合举办律师行业党组织书记示范培训班。

8月（9）

8月6日　山西省律师协会会长高剑生一行拜访北京市律师协会并座谈。与会双方就律师协会专门工作委员会、专业委员会的职责范围，组成人员产生办法，工作运行机制以及考核激励机制等议题进行了座谈交流。

8月8日　北京市律师协会应邀组织北京律师合唱团参加"北京普法联盟成立暨开展庆祝新中国成立70周年主题普法宣传活动启动仪式"并参与合唱《我和我的祖国》，北京律师合唱团40余名律师参加了活动。

8月14日　北京市律师协会会长高子程带队赴北京市第二中级人民法院就"破解执行难"和"建立庭前专业调解机制"等议题进行座谈交流。

8月17~19日　北京市律师协会70个专业委员会（研究会）分别召开成立会。会议由北京市律师协会副会长和副秘书长主持，监事全程监督。419名候选人分别在各委员会全体委员大会上陈述了履职设想，经各委员会委员表决后，70名律师当选为主任，336名律师当选为副主任。2000余名委员参加成立会并领取委员证书。

8月20日　司法部部长傅政华到北京市中伦律师事务所开展律师事务所"走出去"专题调研。江苏省司法厅以及中伦、金杜等9家律师事务所的负责同志做了交流发言。

8月23~24日　北京市律师协会惩戒委员会召开第一次全体会议。全体委员认真签署了履职承诺书并宣誓；与会领导为惩戒委员颁发了委员证书；会议选举产生了第十一届北京市律师协会惩戒委裁判委员会委员。

8月26日　广东省律师协会会长肖胜方一行6人拜访北京市律师协会，就律师协会秘书处建设进行交流座谈。

8月29日　北京市律师协会监事长王志强一行赴新疆乌鲁木齐，看望和慰问参加"1+1"中国法律援助志愿者行动的张砾心、吕铸、王跃、胡永峰、李建国和孔建6位北京律师。慰问期间，北京市律师协会一行与新疆

生产建设兵团司法局进行座谈；行政法与行政诉讼法专业委员会主任陈猛、委员赵彬应邀为新疆生产建设兵团司法局有关人员授课。

8月29日 北京大成律师事务所主任彭雪峰荣获"全国非公有制经济人士优秀中国特色社会主义事业建设者"称号。

9月（10）

9月5日 北京市律师协会举办庆祝新中国成立70周年"巾帼维权·送法到家"女律师以案释法宣讲团培训会。部分参与2018年宣讲工作的律师介绍了宣讲工作经验。

9月6日 北京市律师协会党建工作委员会召开第一次全体会议，研究部署重点工作。全体委员审议通过了《关于建立律师行业党建工作督查制度的通知》。

9月9日 北京市律师协会惩戒委员会与北京市市司法局律师工作处召开惩戒工作联席会。会议就巩固北京市市司法局、北京市律师协会惩戒工作联席会制度，落实工作衔接机制等进行沟通，确定了定期召开惩戒工作联席会等相关事宜；听取了近期行业惩戒工作通报，与会人员重点就规范律师和律师事务所网络宣传问题进行讨论，就具体工作进行部署；提出了近期行业惩戒工作要点，并研究列入今明两年工作计划。

9月11日 北京市律师协会与朝阳区看守所举行了律师会见工作协调会。与会人员就朝阳看守所律师会见的特点、整体情况及具体会见工作中存在的问题等进行了沟通和交流，对进一步推动律师会见方式改革及解决会见过程突出问题交换了意见。

9月15日 北京市律师协会高子程会长一行7人赴新疆参加交流座谈会，代表北京市律师协会与新疆律师协会签署战略合作协议。会后，北京市律师协会一行分别与喀什地区律师协会和阿勒泰地区律师协会举办了"北京律师与新疆律师面对面"活动，与两地律师就党建促进所建、青年律师成长、律师事务所管理、刑事业务的规范、政府法律顾问业务的创新等进行交流和探讨。交流团还参观了新疆新昀律师事务所、新疆克兰律师事务所和新疆元正盛业律师事务所。

9月18日 北京市投资促进服务中心及香港一国两制研究中心课题组一行5人到北京市律师协会调研。与会双方就北京法律服务领域发展现状、面临的挑战等问题进行深入交流。

9月24日 北京市律师协会区律协联络工作委员会赴朝阳区律师协会开展"区律师协会的规范与发展"调研座谈。

9月27日 北京市司法局、市律师行业党委联合召开会议，对全市律师行业"不忘初心、牢记使命"主题教育做出全面动员部署。会议传达了全国律师行业主题教育动员部署会的精神和市司法局党委书记苗林对市律师行业主题教育的批示精神，部署了律师行业主题教育活动安排，朝阳区司法局、海淀区司法局、中伦律师事务所党委、乾成律师事务所联合党支部分别做表态发言。

9月27日 第十一届北京市律师协会理事会召开第三次会议。会议传达了全国律师行业"不忘初心、牢记使命"主题教育动员部署会议精神，通报了第十一届北京市律师协会专门工作委员会（联谊会）和专业委员会（研究会）组建情况及第十一届北京市律师协会会长会分工安排；审议通过了第十一届北京市律师协会会员处分复查专门工作委员会委员建议名单。

9月30日至10月7日 北京市律师协会在北京国宾酒店举办"祖国颂 翰墨情 庆祝中华人民共和国成立70周年暨律师制度恢复重建40年北京律师书画展"。共有47位作者的125幅书法、绘画、篆刻作品参与本次展览。

10月（9）

10月18~19日 北京市律师协会监事长王志强一行5人应邀赴天津参加京津冀律师协会监事工作交流会。会议期间，与会人员围绕监事会机构设置和制度建设、新形势下监事会工作的开展和创新及如何进一步加强京津冀三地律师协会监事会交流合作等议题进行了座谈交流，北京市律师协会监事毕文强、刘笑宇以"如何做好监事会工作"为题做了主题培训。

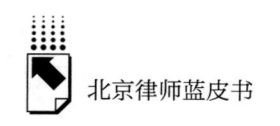

10 月 23~30 日 北京市律师协会权益保障委员会就律师权益保障工作现状开展系列调研。其间,权保委分别在东城、西城、朝阳、海淀、丰台等区共召开 6 场调研会,就调研活动中收集到的问题和意见建议进行整理归纳,并撰写调研报告。

10 月 24 日 北京市律师协会举办"不忘初心·阳光十年再出发"同学汇暨北京青年律师阳光成长计划第十五期培训班开班仪式。同学汇活动中,往期优秀学员代表分享了参加阳光班培训的心得、感受和收获;阳光导师代表讲述了在阳光班授课多年的感悟。阳光班第十五期开班仪式上,新导师代表、新学员代表分别发表感言。开班仪式结束后,"青年律师阳光成长计划"第十五期培训班正式开始,王群同志向全体学员讲授"不忘初心、牢记使命"主题教育专题党课。参加本期培训的青年律师学员共 100 人。培训班邀请 29 位导师,利用连续 7 个周六为青年律师讲授了总计 40 小时的课程。培训内容以党建、成长、文化、律政、创新五大板块为核心,全面提升青年律师职业素养和执业能力。培训班于 12 月 7 日结业。

10 月 25 日 北京市破产管理人协会成立暨第一次会员大会召开。会议表决通过了《北京市破产管理人协会章程》《北京市破产管理人协会会费标准及管理办法》《北京市破产管理人协会第一次会员大会选举办法》,选举产生第一届北京市破产管理人协会理事 25 名、监事 7 名。北京市破产管理人协会第一次理事会选举产生了会长、副会长和监事长。

10 月 28 日 北京市律师协会公职与公司律师工作委员会赴公职律师单位北京仲裁委员会考察调研。与会双方就公职律师管理政策、申请与审批相关要求进行了讨论,就深入开展合作并组织业务交流活动达成了初步意向。

10 月 29 日 北京市律师协会召开老律师工作联席会。各区老律师工作负责人分别介绍了本区老律师工作现状、特点和经验,反映了工作过程中遇到的问题,并从行业党建、公益服务、会员福利等方面对北京市律师协会老律师工作提出了意见。

10 月 30 日 北京市检察院第五检察部一行三人赴北京市律师协会,与北京市司法局、北京市律师协会就律师会见工作进行交流座谈。会上,市检察院通报2019年以来北京市律师在监管场所会见犯罪嫌疑人存在的一些问题以及改进的措施、建议。与会人员分别从落实律师执业权利、规范律师执业行为的角度就律师会见工作进行讨论，并有针对性地提出了相关意见和建议。

10月31日至11月1日 海南省司法厅副厅长陈文彬、海南省律师协会会长张晓辉一行来我市宣传推介《海南经济特区律师条例》。海南省代表团到访北京市律师协会并座谈，就律师协会党建工作、监事会工作、教育培训工作、投诉查处工作等话题进行了深入交流。

10~12月 北京市律师行业主题教育指导组到全市16个区指导"不忘初心、牢记使命"主题教育工作并召开座谈会。指导组听取了各区律师行业主题教育工作进展情况汇报，围绕学习教育规定动作及方式方法创新、律所党组织规范化建设、加强无党员律所党建工作、规范联合党支部建设、支部书记轮训、党建工作力量配备、党建促所建、主题教育常态化、整改落实律所建设、公益法律服务等问题进行了沟通交流。

11月（15）

11月2~3日 第十一届"京津沪渝粤琼"暨纪念律师制度恢复40周年律师羽毛球赛在京举行。北京律师羽毛球队获得冠军。

11月5日 美国宾夕法尼亚大学法学院院长Theodore Ruger一行4人拜访北京市律师协会。与会双方就涉外法律人才培养的方向、形式及需求等话题展开了深入交流和探讨。

11月6日 深圳市律师协会副会长尹成刚一行10人拜访北京市律师协会并座谈。与会双方着重就协会财务管理制度建设、各项基金使用管理及律师培训等内容进行了交流。

11月5~9日 北京市律师行业党委在湖南举办党组织书记主题教育示范培训班。11月6日，王群同志为全体学员讲授专题党课；湘潭县委党校赵湘芝教授做"不忘初心、牢记使命，做信仰坚定的共产党员"专题讲座。培训期间，北京市律师行业党委和湖南省律师行业党委在上海建纬（长沙）

律师事务所举行座谈会,围绕贯彻落实全国律师行业主题教育推进会精神,推进律师行业主题教育和党建工作进行了深入交流。

11月6日 北京市律师协会会员处分复查专门工作委员会召开第一次全体工作会议。全体委员签署了履职承诺书并宣誓;会后,复查委对全体委员进行了培训,就复查案件审理内容、报告撰写及复查工作流程和要求等进行了详细讲解。

11月6~7日 中华全国律师协会副会长盛雷鸣带队到北京指导"不忘初心、牢记使命"主题教育。巡回指导组先后实地考察了京师律师事务所、德恒律师事务所、扬轩律师事务所、顺新律师事务所和圣伟律师事务所,听取了部分区律师行业党组织和律师事务所党组织主题教育情况汇报,并通过查看查阅主题教育台账、工作记录、实物资料和询问,全面了解了主题教育安排和学习教育、调查研究、检视问题、整改落实等各方面的进展情况,并对开展好主题教育给予了精准指导。在市律师协会,巡回指导组召开座谈会,听取了北京市律师行业党委主题教育情况汇报,与炜衡律师事务所党委、东卫律师事务所党总支、乾成律师事务所党支部负责人进行了座谈交流,并就学习教育如何覆盖全员、如何针对不同规模的律所开展分类分层指导、如何加强联合党支部建设、如何发挥党组织作用调动党员律师积极性等进行了深入探讨。

11月8日 全国律师行业党委在长沙召开"不忘初心、牢记使命"主题教育工作推进会。北京市律师行业党委副书记、市律师协会秘书长萧骊珠参加会议。北京市律师行业党委在会上做《坚持首善标准,高质量推进首都律师行业主题教育》交流发言。

11月14日 南京市律师协会副会长刘伟一行7人拜访北京市律师协会,就律师行业惩戒工作进行交流座谈。与会人员就处理投诉案件的审查、决定、执行程序,以及行业惩戒工作的人员配备、宣传、警示教育等具体工作内容进行交流。

11月14~15日 北京市律师协会公职与公司律师工作委员会举办公职律师与公司律师培训。会上,以"公职公司律师的律师职业认同"为题,简要阐述全国和北京律师行业的发展历程，并详细介绍北京市律师协会的组织构架、行业自律管理体系和全市两公律师发展情况；重点讲述《公职律师管理办法》《公司律师管理办法》中规定的两公律师管理模式、任职条件、工作职责，并对两公律师制度的进一步探索做了分析。参会人员进行了集中交流座谈，各两公律师单位代表分别介绍本单位两公律师工作开展情况、职责特点和工作体会，并就北京市律师协会两公律师工作的进一步开展分别提出意见建议。

11月21日 北京市司法局、市律师行业党委联合举办党的十九届四中全会精神辅导报告会，中央党校政法部教授、博士生导师姜小川做辅导报告。

11月21日 北京市破产管理人协会监事长孙卫宏带队赴北京破产法庭就"服务优化营商环境"议题进行专题座谈交流。北京市第一中级人民法院党组书记、院长吴在存主持座谈会。

11月21~22日 北京市律师行业党委召开"不忘初心、牢记使命"主题教育推进会。会议传达了全国律师行业"不忘初心、牢记使命"主题教育推进会精神和全国律师行业主题教育督导组督导北京律师行业主题教育情况；通报了全市律师行业"不忘初心、牢记使命"主题教育工作进展情况；朝阳区律师行业党委、德恒律师事务所党委、扬轩律师事务所党支部分别做经验交流，丰台区律师行业党委做表态发言，京师律师事务所刘亚晶分享了参加国庆阅兵女民兵方阵的感悟与体会；表彰了北京律师行业庆祝新中国成立70周年先进集体和先进个人。

11月23日 由河北省律师协会主办，北京市律师协会、天津市律师协会协办的第三届"京津冀律师篮球友谊赛"在河北省石家庄市举行。北京律师篮球队蝉联冠军。

11月28日 北京市律师协会一行7人赴福建省律师协会就律师权益保障工作进行交流座谈。双方就如何加强两地维权协作进行探讨，就执业过程中出现的律师会见难、立案难等问题进行座谈，对发生律师人身伤害案件一小时内属地律协快速介入事宜达成共识。

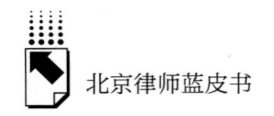

11月30日 北京市律师协会与对外经济贸易大学联合主办的"扬帆计划"之百人涉外法律培训计划第四期"'一带一路'争议解决法律实务培训班"举行开班仪式。培训班于12月8日结束。

12月（24）

12月3日 北京市律师协会民营企业法治体检律师专家组成立会召开。萧骊珠秘书长为专家组成员颁发证书。会议明确了深入开展民营企业"法治体检"活动的总体要求、主要任务以及组织实施，介绍了北京市律师协会前期开展民营企业"法治体检"工作的情况，并分享了牵头开展北京小桔科技有限公司的"法治体检"工作过程中的心得体会和经验总结。

12月3日 北京市律师协会与北京市公安交通管理局召开座谈会。与会双方就进一步完善加强"北京市律师协会公安交通管理法律服务团"的工作进行沟通，对现阶段服务团的基本架构、服务方式、人员组成、联络机制、定期培训等内容进行了探讨。

12月4日 "弘扬宪法精神 推进国家治理体系和治理能力现代化——司法行政70年"司法行政在身边——北京市律师协会开放日活动在北京市律师协会举办。活动组织30余名高校学生参观了北京律师博物馆，介绍了北京市律师协会和北京律师行业的基本情况，志愿律师为市民群众解答了有关婚姻、劳动纠纷等多个社会热点和百姓关心的法律问题，协会还发放了宪法、"70年与法同行系列专题片"等资料、书刊及宣传折页。

12月4日 司法部、全国普法办和中央广播电视总台共同主办"宪法的精神、法治的力量——2019年度法治人物评选及颁奖礼"，高宗泽律师被评为"CCTV 2019年度致敬奖"，吴金钻律师被评为"CCTV 2019年度法治人物"。

12月5日 北京市律师协会会长高子程一行前往北京右安门医院慰问在执业中被歹徒砍伤的北京光勤律师事务所李光勤律师。

12月8日 由北京市律师协会主办的2019北京律师杯足球联赛在奥体中心开幕，共有8支队伍159名律师运动员参加。

12月8~10日 中华全国律师协会主办的世界律师大会在广州举行，会议围绕"科技发展与法律服务"等主题、议题进行了研讨和交流。会议期间成立了"一带一路"律师联盟。北京市律师协会会长高子程在大会第四次新闻发布会上就北京律师行业涉外法律服务发展情况做了简要介绍。

12月10日 北京市律师协会参政议政促进工作委员会召开"两会"议案提案线索征集座谈会。与会人员围绕"一带一路"建设、京津冀协同发展、疏解整治促提升、冬奥会法律服务保障、公共法律服务体系建设、服务优化营商环境、律师权益保障及律师行业发展中的热点难点问题等，提出了50余条意见建议。与会人大代表、政协委员认真听取了律师的意见建议，并就相关问题进行了回应和研讨。

12月12日 国际律师联盟主席Jerome C. Roth拜访北京市律师协会。与会双方决定建立定期互访制度，并决定共同推动双方《合作备忘录》的签署。

12月13日 北京市律师协会举办纪念律师制度恢复重建40年座谈会。整场座谈会分为开篇、奠基与致敬、开拓与创新、传承与展望四个篇章。开篇中，高子程会长宣布文集《40年40人 讲述律师故事》和影集《100场1000人 凝固经典瞬间》发布，并向影集作者陈立元律师赠书。在奠基与致敬篇章，中华全国律师协会原会长高宗泽及北京市司法局原副局长周纳新为老律师代表张宏久律师、田文昌律师、张月姣律师颁发了"光荣执业三十年"纪念牌和荣誉勋章；纪念4位已故北京律师，也是文集中律师故事的主人公——傅志人律师、柳谷书律师、张涌涛律师、于宁律师；王志强监事长向捐献物品的3位律师代表牛琳娜律师、金莲淑律师和周塞军律师颁发了"北京律师博物馆收藏证书"。开拓与创新篇章以采访形式展开，主持人按照专业领域、公益领域、行业发展领域、参政议政领域4个方面对律师故事中的15位主人公进行采访。传承与展望篇章主题是"历任会长话行业发展"，北京市律师协会第四、五届会长武晓骥律师，第六届会长张庆律师，第七届会长李大进律师，第八、九届会长张学兵律师，第十、十一届会长高子程律师与来宾们一同回顾了北京律师行业的发展。

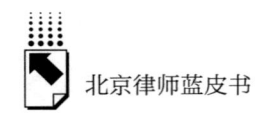

12月13~14日 北京市律师协会权益保障委员会召开2019年权保工作总结会和市区两级律协权保工作座谈会。会议总结2019年权保工作、通报2020年工作计划、介绍权保委组织架构及工作分工,并对个案维权提出新的工作要求。各区律协代表总结本区工作,与会人员就更好地开展和推进权保工作进行了座谈。

12月14~15日 由北京市、天津市、河北省律师协会联合举办,河北省律师协会承办的"第二届京津冀刑事辩护论坛暨三地律师合作发展研讨会"在河北省石家庄市召开。北京市律师协会会长高子程一行30余人参加会议。

12月17日 北京市委统战部副部长、市政府侨务办公室主任刘春锋一行到北京市律师协会就律师服务"一带一路"建设,进一步做好为侨法律服务工作开展调研。

12月17日 北京市知识产权维权援助中心主任王连洁一行5人到访北京市律师协会。与会双方就海外知识产权维权援助、纠纷调解、志愿服务等工作进行交流座谈。

12月18日 香港律政司刑事检控科高级检控官傅悦耳女士拜访北京市律师协会。双方就两地司法合作、刑事业务领域业务探讨等进行交流。

12月18日 深圳市律师协会副会长章成一行7人拜访北京市律师协会,就律师权益保障工作进行交流调研。双方就如何加强两地维权工作衔接进行了探讨,就执业过程中出现的律师会见难、立案难等核心问题进行了讨论,并就维权工作保持常态联络达成共识。

12月20日 北京市律师行业党委召开北京市律师行业新的社会阶层人士联谊会成立大会。会议通报了新联会筹备情况、宣读了《关于成立北京市律师行业新的社会阶层人士联谊会的决定》和新联会组成人员名单。严卫群和王群同志为新联会揭牌,与会领导为新联会会长、副会长颁发了证书。

12月21日 由北京市律师协会主办、北京律师桥牌俱乐部承办的首届"北京律师杯"桥牌邀请赛举行。河北省司法厅代表队获得第一名,西城区律师协会、中国国际招投标公司代表队分获第二、三名。

12月27日 第十一届北京市律师协会监事会召开第三次会议。会议梳理了2019年监事会工作计划落实情况，听取了与会人员对理事会年度工作开展情况的意见建议，对2020年理事会、监事会工作思路和计划进行了征集，并对组织开展会长副会长等协会选任人员年度履职考核工作、《北京市律师协会监事会2019年工作报告》起草工作等近期重点工作进行了研究部署。会议还就提交第七届律师协会（全国）监事会论坛的推荐报告进行了讨论，并提出修改意见和建议。

12月27日 第十一届北京市律师协会理事会召开第四次会议。会议审议通过了《北京市律师协会申请律师执业人员面试考核考官管理办法（草案）》《关于增补专门工作委员会（联谊会）副主任的议案》《关于增补会员处分复查专门工作委员会委员的议案》；会议还征集了与会人员对2020年协会工作思路的意见建议。

12月27日 北京市司法局、北京市律师协会召开部分"1+1"志愿律师参加的座谈会。座谈会上，王群同志、高子程会长简要通报了一年来的律师工作情况，认真听取了志愿律师工作情况汇报，详细询问了志愿律师的工作、生活、学习情况，与志愿律师进行了深入的沟通交流。2019年，北京派遣了11名律师参加"1+1"中国法律援助志愿者行动，派遣了13名律师参加援藏律师服务团。

12月27日 由司法部、人民日报社、中央广播电视总台、光明日报社、法制日报社、爱奇艺6家单位共同主办的"新时代司法为民好榜样"正式揭晓。刘凝、时福茂、佟丽华、马兰等4位北京律师获此殊荣。

12月30日 北京市律师协会副会长、市律师行业新联会会长高警兵带队到朝阳区律师协会调研并进行座谈。与会人员围绕区级律师行业新联会组建、工作机制以及协会宣传联络等工作进行深入交流。

12月31日 北京市律师协会公职与公司律师工作委员会赴公职律师单位北京市市场监管局考察调研。会议围绕市市场监管局公职律师相关制度进行了讨论，就公职律师如何更好地发挥作用、律师协会如何更好地支持两公

律师工作开展提出了意见和建议。

北京市律师协会 2019 年度培训、考核、宣传、公益、维权、惩戒等工作情况

培训工作：

举办大型业务培训 4 期，参加律师 2000 余人次；举办小型业务培训 47 期，参加律师 7110 人次；专业委员会举办业务研讨会 27 期，参加委员 2050 人次。

北京律师学院举办律师业务专题培训班 23 期，参加律师 3860 人次。

考核工作：

收到《实习律师备案申请表》5235 份，为符合申报条件的 4780 人发放了"实习律师证"。

组织实习律师集中培训 11 期，3386 人次参加，考核合格 3344 人。

组织实习期满申请律师执业人员面试考核 79 期，3160 人次参加，考核合格 2780 人。

组织重新申请律师执业人员和异地变更执业机构人员面试考核 15 期，609 人次参加，考核合格 458 人。

宣传工作：

在报纸、杂志、电台、电视台刊发宣传稿件 2000 余件。

通过北京市律师协会微信公众号发布文章 695 篇，累计阅读量达到 871303 人次，截至 12 月底关注人数达到 30143 人；通过北京时间号和腾讯企鹅号两个专区发表文章 534 篇；通过官方微博发布文章 682 篇；今日头条北京律协专号发布文章 65 篇。

公益工作：

北京市律师协会公益法律服务中心组织志愿律师 741 人次，累计值班 247 天，接听咨询电话 1088 次，接待现场咨询 1911 人次。

北京市律师协会组织 4 名女律师参加全国妇联信访接待，值班 12 天，接待信访人员 72 人次。

北京市律师协会女律师工作委员会组织 295 人次女律师参加"巾帼维权·送法到家"女律师以案释法宣讲活动 148 场，累计受众 8000 余人次。

维权工作：

北京市律师协会维权中心协调解决个案维权案件 15 起。

惩戒工作：

接到当事人投诉 632 件（次），接到各区律协报送的建议给予行业纪律处分的案件 134 件，立案 154 件，审结 99 件（含上一年度立案未审结案件），对 19 家律师事务所、31 名律师做出了纪律处分。

召开听证会 75 次。

受理会员纪律处分复查申请 12 件，审结 11 件（含上一年度申请复查案件）。

其他：

为 22 名重病律师发放互助金 126 万元。

社会科学文献出版社

皮 书

智库报告的主要形式
同一主题智库报告的聚合

❖ 皮书定义 ❖

皮书是对中国与世界发展状况和热点问题进行年度监测,以专业的角度、专家的视野和实证研究方法,针对某一领域或区域现状与发展态势展开分析和预测,具备前沿性、原创性、实证性、连续性、时效性等特点的公开出版物,由一系列权威研究报告组成。

❖ 皮书作者 ❖

皮书系列报告作者以国内外一流研究机构、知名高校等重点智库的研究人员为主,多为相关领域一流专家学者,他们的观点代表了当下学界对中国与世界的现实和未来最高水平的解读与分析。截至2020年,皮书研创机构有近千家,报告作者累计超过7万人。

❖ 皮书荣誉 ❖

皮书系列已成为社会科学文献出版社的著名图书品牌和中国社会科学院的知名学术品牌。2016年皮书系列正式列入"十三五"国家重点出版规划项目;2013~2020年,重点皮书列入中国社会科学院承担的国家哲学社会科学创新工程项目。

中国皮书网

（网址：www.pishu.cn）

发布皮书研创资讯，传播皮书精彩内容
引领皮书出版潮流，打造皮书服务平台

栏目设置

◆ **关于皮书**
何谓皮书、皮书分类、皮书大事记、
皮书荣誉、皮书出版第一人、皮书编辑部

◆ **最新资讯**
通知公告、新闻动态、媒体聚焦、
网站专题、视频直播、下载专区

◆ **皮书研创**
皮书规范、皮书选题、皮书出版、
皮书研究、研创团队

◆ **皮书评奖评价**
指标体系、皮书评价、皮书评奖

◆ **互动专区**
皮书说、社科数托邦、皮书微博、留言板

所获荣誉

◆ 2008年、2011年、2014年，中国皮书网均在全国新闻出版业网站荣誉评选中获得"最具商业价值网站"称号；
◆ 2012年，获得"出版业网站百强"称号。

网库合一

2014年，中国皮书网与皮书数据库端口合一，实现资源共享。

权威报告·一手数据·特色资源

皮书数据库
ANNUAL REPORT(YEARBOOK) DATABASE

分析解读当下中国发展变迁的高端智库平台

所获荣誉

- 2019年，入围国家新闻出版署数字出版精品遴选推荐计划项目
- 2016年，入选"'十三五'国家重点电子出版物出版规划骨干工程"
- 2015年，荣获"搜索中国正能量 点赞2015""创新中国科技创新奖"
- 2013年，荣获"中国出版政府奖·网络出版物奖"提名奖
- 连续多年荣获中国数字出版博览会"数字出版·优秀品牌"奖

成为会员

通过网址www.pishu.com.cn访问皮书数据库网站或下载皮书数据库APP，进行手机号码验证或邮箱验证即可成为皮书数据库会员。

会员福利

- 已注册用户购书后可免费获赠100元皮书数据库充值卡。刮开充值卡涂层获取充值密码，登录并进入"会员中心"—"在线充值"—"充值卡充值"，充值成功即可购买和查看数据库内容。
- 会员福利最终解释权归社会科学文献出版社所有。

卡号：446567341121
密码：

数据库服务热线：400-008-6695
数据库服务QQ：2475522410
数据库服务邮箱：database@ssap.cn
图书销售热线：010-59367070/7028
图书服务QQ：1265056568
图书服务邮箱：duzhe@ssap.cn

S 基本子库
SUB DATABASE

中国社会发展数据库（下设12个子库）

整合国内外中国社会发展研究成果，汇聚独家统计数据、深度分析报告，涉及社会、人口、政治、教育、法律等12个领域，为了解中国社会发展动态、跟踪社会核心热点、分析社会发展趋势提供一站式资源搜索和数据服务。

中国经济发展数据库（下设12个子库）

围绕国内外中国经济发展主题研究报告、学术资讯、基础数据等资料构建，内容涵盖宏观经济、农业经济、工业经济、产业经济等12个重点经济领域，为实时掌控经济运行态势、把握经济发展规律、洞察经济形势、进行经济决策提供参考和依据。

中国行业发展数据库（下设17个子库）

以中国国民经济行业分类为依据，覆盖金融业、旅游、医疗卫生、交通运输、能源矿产等100多个行业，跟踪分析国民经济相关行业市场运行状况和政策导向，汇集行业发展前沿资讯，为投资、从业及各种经济决策提供理论基础和实践指导。

中国区域发展数据库（下设6个子库）

对中国特定区域内的经济、社会、文化等领域现状与发展情况进行深度分析和预测，研究层级至县及县以下行政区，涉及地区、区域经济体、城市、农村等不同维度，为地方经济社会宏观态势研究、发展经验研究、案例分析提供数据服务。

中国文化传媒数据库（下设18个子库）

汇聚文化传媒领域专家观点、热点资讯，梳理国内外中国文化发展相关学术研究成果、一手统计数据，涵盖文化产业、新闻传播、电影娱乐、文学艺术、群众文化等18个重点研究领域。为文化传媒研究提供相关数据、研究报告和综合分析服务。

世界经济与国际关系数据库（下设6个子库）

立足"皮书系列"世界经济、国际关系相关学术资源，整合世界经济、国际政治、世界文化与科技、全球性问题、国际组织与国际法、区域研究6大领域研究成果，为世界经济与国际关系研究提供全方位数据分析，为决策和形势研判提供参考。

法律声明

"皮书系列"(含蓝皮书、绿皮书、黄皮书)之品牌由社会科学文献出版社最早使用并持续至今,现已被中国图书市场所熟知。"皮书系列"的相关商标已在中华人民共和国国家工商行政管理总局商标局注册,如 LOGO( )、皮书、Pishu、经济蓝皮书、社会蓝皮书等。"皮书系列"图书的注册商标专用权及封面设计、版式设计的著作权均为社会科学文献出版社所有。未经社会科学文献出版社书面授权许可,任何使用与"皮书系列"图书注册商标、封面设计、版式设计相同或者近似的文字、图形或其组合的行为均系侵权行为。

经作者授权,本书的专有出版权及信息网络传播权等为社会科学文献出版社享有。未经社会科学文献出版社书面授权许可,任何就本书内容的复制、发行或以数字形式进行网络传播的行为均系侵权行为。

社会科学文献出版社将通过法律途径追究上述侵权行为的法律责任,维护自身合法权益。

欢迎社会各界人士对侵犯社会科学文献出版社上述权利的侵权行为进行举报。电话:010-59367121,电子邮箱:fawubu@ssap.cn。

社会科学文献出版社